抗日战争专题研究

张宪文 | 主
朱庆葆 | 编

第六辑
战时经济
与社会

战时西部农业改造与发展

张燕萍　著

江苏人民出版社

图书在版编目(CIP)数据

战时西部农业改造与发展 / 张燕萍著. 一 南
京：江苏人民出版社，2022.1
(抗日战争专题研究 / 张宪文，朱庆葆主编)
ISBN 978 - 7 - 214 - 26355 - 1

Ⅰ. ①战… Ⅱ. ①张… Ⅲ. ①农业经济史一研究一中
国一1931一1945 Ⅳ. ①F329.06

中国版本图书馆 CIP 数据核字(2021)第 123356 号

书　　　名	战时西部农业改造与发展
著　　　者	张燕萍
责 任 编 辑	周晓阳
装 帧 设 计	刘葶葶
责 任 监 制	陈晓明
出 版 发 行	江苏人民出版社
地　　　址	南京市湖南路 1 号 A 楼,邮编:210009
照　　　排	江苏凤凰制版有限公司
印　　　刷	苏州市越洋印刷有限公司
开　　　本	652 毫米×960 毫米　1/16
印　　　张	37　插页 4
字　　　数	430 千字
版　　　次	2022 年 1 月第 1 版
印　　　次	2022 年 1 月第 1 次印刷
标 准 书 号	ISBN 978 - 7 - 214 - 26355 - 1
定　　　价	138.00 元

(江苏人民出版社图书凡印装错误可向承印厂调换)

教育部哲学社会科学研究重大委托项目
2021年度国家出版基金资助项目
南京大学"双一流"建设卓越计划项目

合作单位

南京大学　北京大学　南开大学　武汉大学
复旦大学　浙江大学　山东大学
台湾中国近代史学会

学术顾问

金冲及　章开沅　魏宏运　张玉法　张海鹏
姜义华　杨冬权　胡德坤　吕芳上　王建朗

总　序

张宪文　朱庆葆

　　日本侵华与中国抗日战争是近代中国最重大的历史事件。中国人民经过 14 年艰苦卓绝的英勇奋战，付出惨重的生命和财产的代价，终于取得伟大的胜利。

　　自 1945 年抗日战争结束至 2015 年，度过了漫长的 70 年。对这一影响中国和世界历史进程的重大事件，国内外历史学界已经做过大量的学术研究，出版了许多论著。2015 年 7 月 30 日，在抗日战争胜利 70 周年前夕，中共中央政治局就中国人民抗日战争的回顾和思考进行集体学习，习近平总书记发表重要讲话，指示学术界应该广为搜集整理历史资料，大力加强对抗日战争历史的研究。半个月后，中共中央宣传部迅速制定抗日战争研究的专项规划。8 月下旬，时任中共中央宣传部部长刘奇葆召开中央各有关部委、国家科研机构和部分高校代表出席的专题会议，动员全面贯彻习总书记的讲话精神，武汉大学和南京大学的代表出席该会。

　　在这一形势下，教育部部领导和社会科学司决定推动全国高校积极投入抗战历史研究，积极支持南京大学联合有关高校建立抗战研究协同创新中心，并于南京中央饭店召开了由数十所高校的百余位教授、学者参加的抗战历史研讨会。台湾中国近代史学会也派出十多位学者,在吕芳上、陈立文教授率领下出席会议,共同协商在新时代深入开展抗战历史研究的具体方案。台湾著名资深教授蒋永敬在会议上发表了热情洋溢的讲话。经过几个月的酝酿和准备,南京大学决定牵头联合我国在抗战历史研究方面有深厚学术基础的北京大学、南开大学、武汉大学、复旦大学、浙江大学、山东大学及台湾中国近代史学会,组织两岸历史学者共同组建编纂委员会,深入开展抗日战争专题研究。中央档案馆和中国第二历史档案馆也积极支持。在南京中央饭店学术会议基础上,编纂委员会初步筛选出 130 个备选课题。

南京大学多次举行党政联席会议和校学术委员会会议,专门研究支持这一重大学术工程。学校两届领导班子均提出具体措施支持本项工作,还派出时任校党委副书记朱庆葆教授直接领导,校社科处也做了大量工作。南京大学将本项目纳入学校"双一流"建设卓越计划,并陆续提供大量经费支持。

江苏省委、省政府以及江苏省委宣传部,均曾批示支持抗战历史研究项目。国家教育部社科司将本项研究列为哲学社会科学研究重大委托项目,并要求项目完成和出版后,努力成为高等学校代表性、标志性的优秀成果。

本项目编纂委员会考察了抗战历史研究的学术史和已有的成果状况,坚持把学术创新放在第一位,坚持填补以往学术研究的空白,不做重复性、整体性的发展史研究,以此推动抗战历史研究在已有基础上不断向前发展。

本项目坚持学术创新,扩大研究方向和范围。从以往十分关注的九一八事变向前延伸至日本国内,研究日本为什么发动侵华战争,日本在早期做了哪些战争准备,其中包括思想、政治、物质、军事、人力等方面的准备。而在战争进入中国南方之后,日本开始实施一号作战,将战争引出中国国境,即引向亚太地区,对东南亚各国及东南亚地区的西方盟国势力发动残酷战争。特别是日军偷袭美军重要海军基地珍珠港,不仅给美军造成严重的军事损失,也引发了日本法西斯逐步走向灭亡的太平洋战争。由此,美国转变为支援中国抗战的主要盟国。拓展研究范围,研究日本战争准备和研究亚太地区的抗日战争,有利于进一步揭露日本妄图占领中国、侵占亚洲、独霸世界的阴谋。

本项目以民族战争、全民抗战、敌后和正面战场相互支持相互依靠的抗战整体,来分析和认识中国抗日战争全局。课题以国共两党合作为基础,运用大量史实,明确两党在抗日战争中的地位和作用,正确认识各民族、各阶级对抗日战争的贡献。本项目内容涉及中日双方战争准备、战时军事斗争、战时政治外交、战时经济文化、战时社会变迁、中共抗战、敌后根据地建设以及日本在华统治和暴行等方面,从不同视角和不同层面,深入阐明抗日战争的曲折艰难历程,以深刻说明中国抗日战争的重大意义,进一步促进中华民族的伟大复兴。

对于学界已经研究得甚为完善的课题,本项目进一步开拓新的研究角度和深化研究内容。如对山西抗战的研究更加侧重于国共合作抗战;对武汉会战的研究将进一步厘清抗战中期中国政治、经济、社会的变迁及国共之间新的友好关系。抗战前期国民党军队丢失大片国土,而中国共产党在十分艰难的状况下,在敌后逐步收复失地,建立抗日根据地。本项目要求各根据地相关研究课题,应在以往学界成果基础上,着力考察根据地在社会改造、经济、政治、人才培养等方面,如何探索和积累经验,为 1949 年后的新中国建设提供有益的借鉴。抗战时期文学艺术界以其特有的文化功能,在揭露日军罪行、动员广大民众投入抗战方面,发挥了重要作用。我们尝试与艺术界合作，动员南京艺术学院的教授撰写了与抗日战争相关的电影、美术、音乐等方面的著作。

本项目编纂委员会坚持鼓励各位作者努力挖掘、搜集第一手历史资料，为建立创新性的学术观点打下坚实基础。编纂委员会要求全体作者坚决贯彻严谨的治学作风，坚持严肃的学术道德，恪守学术规范，不得出现任何抄袭行为。对此，编纂委员会对全部书稿进行了两次"查重"，以争取各个研究课题达到较高的学术水平，减少学术差错。同时，还聘请了数十位资深专家，对每部书稿从不同角度进行了五轮审稿。

本项目自2015年酝酿、启动，至2021年开始编辑出版，是一项巨大的学术工程，它是教育部重点研究基地南京大学中华民国史研究中心一直坚持的重大学术方向。百余位学者、教授，六年时间里付出了艰辛的劳动，对抗战历史研究做出了重要贡献！编纂委员会向全体作者，向教育部、江苏省委省政府以及各学术合作院校，向江苏凤凰出版传媒集团暨江苏人民出版社，向全体编辑人员，表示最崇高的敬意和诚挚的感谢！

目　录

导　论

　　抗日战争是中国历史上一次规模最大、持续时间最长的反侵略战争,中国在沿江沿海经济发达的地区被日本侵略者占领之后,依靠经济比较落后的西南西北地区支持抗战,并最终取得了胜利。众所周知,经济是战争的基础,战争离不开经济的支撑。抗日战争基本上是一个落后的农业国中国与一个比较发达的工业国日本之间的较量,为什么一个经济比较落后的农业国最终能取得战争的胜利? 除了抗日战争的正义性、进步性这一根本因素外,战时国民政府如何依托经济落后的中国西部地区来支撑抗战,是非常值得深入探讨的。本课题从农业动员的角度,探究战时中国西部落后的农业如何通过改造,获得了较快的发展,从而基本上满足了战争对农产品的需求,支持抗战并最终取得胜利。

一、研究范围界定

　　战时中国西部,到底是个什么概念呢?

　　今天我们讲中国西部,一般是从两个角度界定:一是从地理角度讲,中国西部包括我国的西南地区和西北地区,西南地区包括四川、云南、贵州、西藏等省、自治区和重庆市,西北地区包括陕西、甘肃、青海、宁夏、新疆等省、自治区和内蒙古自治区的西部。二是从经济角度讲，西部除了上述的省、自治区、直辖市外，还包括湖北省的恩施土家族苗族自治州和湖南省的湘西土家族苗族自治州。而按照西部大开发计划既定以及国务院西部地区开发领导小组协调的范围，西部地区则由四川、云南、贵州、西藏、重庆、陕西、甘肃、青海、新疆、宁夏、内蒙古和广西 12 个省、自治区、直辖市以及湖北的恩施土家族苗族自治州和湖南的湘西土家族苗族自治州构成。

　　民国时期的省区划分与今天的省区划分有很大不同。1912 年1 月 1 日，中华民国政府成立，《中华民国临时约法》规定："中华民国领土，为二十二行省、内外蒙古、西藏、青海。"省县之间设道。其后，北洋政府在 22 个行省外设了京兆、热河、察哈尔、绥远、川边等特别区域和西藏、外蒙、青海 3 个地方。国民政府成立后，废"道"，设立行政督察区作为省的派出机构，将奉天改为辽宁，将京兆特别区并入直隶，并改名河北，将热河、察哈尔、绥远、宁夏和青海都升格为省，西康特别区改为西康省（1939 年正式成立省政府）。[①]1927 年前的甘肃省界与清朝时的省界一致，包括今甘肃、内蒙古西部、青海北部和东部一些地区，外蒙古西南边、宁夏。1927 年，甘肃撤道为省。1929 年 1 月，宁夏、青海省正式成立。1929 年成立的宁夏省是将原宁夏道（今银川市、石嘴山市和宁夏各直辖县）从甘肃省划出来，加上阿拉善旗和额济纳旗成立的。青海省界 1927 年前与清代时的一致，未包括原西宁道地区，1929 年青海建省后划入了西宁道。新疆 1884 年建省，1928 年以后，新疆处在金树仁、盛世才的统治下，行政制度上撤道改区，置迪化、伊犁、阿克苏、喀什噶

---

① 傅林祥、郑宝恒：《中国行政区划通史》中华民国卷，上海：复旦大学出版社 2007 年版，第 66 页。

尔、塔城、焉耆、和阗、阿山、哈密、莎车 10 个区,下辖各县①。抗战前中国的"西南"主要以"西南六省"(川滇黔桂粤湘)为主体范围,整体上体现出由西南向东部沿海地区延展的趋势。抗战以来,"西南"范围逐渐转变为以"西南五省"(川滇黔桂康)说为主导。新中国成立前夕,"西南四省"(川滇黔康)说则呈现出急剧上升的趋势。与抗战前相比,抗战以来的"西南"受到国防战略布局的影响,呈现出向内收缩、向西部高地(西康)延展的特点,而粤、湘、桂三省则有一个逐渐脱离"西南"范围的明显变化过程。②

　　根据民国时期的省区划分,综合学术界的基本共识和现在民众的习惯,笔者将本课题研究的战时西部限定为国民政府统治下的西南西北地区,包括抗战时期的四川、西康、云南、贵州、重庆、新疆、青海、甘肃、宁夏、陕西(不包括中国共产党领导的陕甘宁边区)。限定这个范围,主要根据三个原则:一是地理角度上的中国的西部,上述省市区都在中国地理版图的西部;二是抗战时期国民政府实际控制的西部地区;三是根据当时的经济和科技条件,农业改造能到达的区域。本课题主要研究战时上述地区农业的改造与发展,特别是农业改造与发展对支持抗战所起的重要作用。

　　我们知道,传统农业是以土地资源为生产对象,栽培农作物和饲养牲畜的生产事业。广义的农业包括种植业、渔业、林业、畜牧业、副业五种产业形式,而狭义的农业就是指种植业,具体包括种植粮食作物、经济作物、饲料作物和绿肥等农作物的生产活动。因为研究时间和能力的限制,本课题所涉及的农业主要是狭义的农

①　郑宝恒:《民国时期政区沿革》,武汉:湖北教育出版社 2000 年版,第 121—131 页。
②　张轲风:《民国时期西南大区区划演进研究》,北京:人民出版社 2012 年版,第 202 页。

业,即种植业。

农业是人类衣食之源、生存之本,是一切生产的首要条件。农业作为第一产业,是国民经济重要组成部分,为国民经济其他产业部门提供粮食、副食品、工业原料、资金和出口物资等。战时中国是一个典型的农业国家,农业不仅是国家的主要产业,而且是财政收入的主要来源,国内接近 80% 的劳动力从事农业生产。据专家估计,1933 年中国农业的净产值约为 187.6 亿元,占国内净产值的65%。这些产值是 2.05 亿个农业劳动者生产的,占全国劳动力的79%。[1] 可以说,战时中国的国民经济基本就是农业经济,农业在整个国家的经济、政治和社会生活中占有非常重要的位置。抗战时期的日本已经是一个实现了现代化的工业国家,虽然国土面积狭小、资源贫乏,但是工业特别是军事工业比较发达。因此,可以说,抗日战争基本上是一个落后的农业国家和一个现代化的工业国之间的对抗。战时中国农业仍然非常落后,处于手工工具和畜力农具向机械化农具转变、由劳动者直接经验向近代科学技术转变、由自给自足的生产向商品化生产转变的阶段。农业生产工具基本上是手工工具和畜力农具,机械化农具微乎其微。农民依靠传统的耕作经验从事农业生产,农业科技不发达,农产品的商品化程度很低。在整个国家的农业区域发展中,东北、华北、长江中下游、华南地区农业相对发达,西南、西北地区农业则比较落后。20世纪 20—30 年代,东北地区农业发展形势最好,农产品的商品化程度最高,在全国对外贸易中是唯一保持出超的地区。东北农业发展不仅为关内提供了大量的商品粮、商品肥(豆饼),而且是关内

---

[1] [美]费正清编:《剑桥中华民国史》(1912—1949 年)上卷,北京:中国社会科学出版社 2017 年版,第 65 页。

棉花、土布等农产品和手工业品的重要消纳市场,也为华北地区的一部分剩余劳力和失业农民提供了就业机会,每年数以万计的关内农民出关谋生。[①] 1931 年九一八事变后,东北沦陷,使华北和整个关内的农业生产乃至整个国民经济受到了严重损害。全面抗战爆发后,中国农业比较发达的地区,如东北、华北、长江中下游地区、东南沿海,也就是中国主要的稻麦、粮棉、丝茶的产地大部沦陷,国民政府不得不依靠偏远的西南、荒凉的西北坚持抗战。西部地区被视为中华民族的生命线,蒋介石提出:"西南对于国防的重要,将来对外作战时,西北与西南,必更形重要,余不可不未雨绸缪,而早为之所也。"[②]但是,抗战时期的西部地区除四川盆地和关中、陕南等少数地区外,大多是人口稀少、农业比较落后的地区,要支撑抗战,满足战时军民衣食需求,难度很大。为了支持抗战,国民政府与西部各省出台了一系列促进西部农业发展的方针政策,对西部农业进行改造,在一定程度上促进了西部农业的快速发展,为抗战胜利起到了重要的支持作用。本课题主要研究全面抗战爆发后,中国农业遭受的严重破坏,国民政府及西部地方政府对西部农业的改造,战时西部农业的发展及存在的问题,战时西部农业怎样支持抗战,满足军民基本衣食需求及易货偿债换取外汇和外来物资等。

二、学术界研究现状综述

经初步查询,关于战时中国西部农业,目前国内尚没有一部完

---

① 刘克祥、吴太昌:《中国近代经济史》(1927—1937),北京:人民出版社 2010 年版,第 473 页。

② 《出席云南省党部及各界民众大会讲"希望全滇民众负起民众复兴之责"》,吕芳上主编:《蒋中正先生年谱长编》第 5 册,台北:中正纪念堂、中正文教基金会 2014 年版,第 61 页。

整的系统的专著。20 世纪 80—90 年代出版的中国农业发展史和农业经济史对战时西部农业的论述非常简略，有的甚至没有论及，如阎万英、尹英华《中国农业发展史》①、曹贯一《中国农业经济史》②都只写到清代。杜修昌《中国农业经济发展史略》③对民国时期的土地制度、农业经营、农业生产商品化仅有简略的描述。郑庆平、岳琛《中国近代农业经济史概论》④总括性地介绍了中国近代土地所有制及其特点、近代农业的经营形式、近代农业生产力状况、近代农业人口问题、近代农业中的地租剥削、近代农民的赋税负担、近代农产品商品化等，但对抗战时期的农业没有专门的论述。美国知名学者珀金斯的《中国农业的发展（1368—1968 年）》1984年由上海译文出版社出版了中文版，对 1368—1968 年 600 年间农业现代化之前的中国农业作了比较深入的研究，分析中国农业如何在农村经济变革非常缓慢的情况下，在应对人口不断增长的需求下，仍然为城市和工业化提供少量的剩余农产品。作者在 20 世纪 60 年代末提出的关于传统中国农业发展的不少观点和论述至今仍为许多学者所引用。

　　20 世纪 80—90 年代，学术界出版了比较多的近现代经济史专著，在这些经济史著作中，对抗战时期的农业有所论述。如史全生教授《中华民国经济史》⑤一书，对南京国民政府成立后的农业政策、日本帝国主义殖民统治下对台湾、东北、关内农业的掠夺、战时经济体制下国统区农业以及抗战时期中国共产党根据地农业的发

---

① 阎万英、尹英华：《中国农业发展史》，天津：天津科学技术出版社 1992 年版。
② 曹贯一：《中国农业经济史》，北京：中国社会科学出版社 1989 年版。
③ 杜修昌：《中国农业经济发展史略》，杭州：浙江人民出版社 1984 年版。
④ 郑庆平、岳琛：《中国近代农业经济史概论》，北京：中国人民大学出版社 1987 年版。
⑤ 史全生：《中华民国经济史》，南京：江苏人民出版社 1989 年版。

展进行了较为系统客观的研究。1991 年出版的周滔宁的《中国近代经济史新论》,陆仰渊、方庆秋的《民国社会经济史》都涉及大后方的农业。2010 年出版的中国社科院经济所刘克祥、吴太昌主编的《中国近代经济史(1927—1937)》在充分占有大量翔实史料的基础上,对 1927—1937 年中国农业和农村经济状况进行了完整的、全面的叙述,对日本帝国主义对东北、华北的殖民主义掠夺、国民政府的农业政策、乡村改良运动、农村土地关系和租佃制度、农村阶级结构与农户经济、农业生产与农业经营等问题进行了深入的研究,这个高水平的研究成果对于我们考察 1931—1937 年的中国农业有非常大的帮助。2016 年,丛树海教授主持编写了三卷本《中国经济发展史(1840—1949)》[①],用一编的篇幅研究中国近代农业发展,其中第六章概述了抗日战争时期国统区、中国共产党领导的根据地和沦陷区农业发展状况。

20 世纪 80—90 年代,学术界对于西部区域经济发展的研究成果大多涉及了西部农业,如周天豹、凌承学《抗日战争时期西南经济发展概述》[②]、黄立人《抗战时期大后方经济史研究》[③]对抗战时期的西南农业有所论述。李珪主编的《云南近代经济史》[④],李振纲、史继忠、范同寿主编《贵州六百年经济史》[⑤]、彭通湖主编《四川近代经济史》[⑥]对西南各省的经济变迁进行了较全面的梳理,对抗

---

① 丛树海:《中国经济发展史(1840—1949)》,上海:上海财经大学出版社 2016 年版。

② 周天豹、凌承学:《抗日战争时期西南经济发展概述》,重庆:西南师范大学出版社 1988 年版。

③ 黄立人:《抗战时期大后方经济史研究》,北京:中国档案出版社 1998 年版。

④ 李珪主编:《云南近代经济史》,昆明:云南民族出版社 1995 年版。

⑤ 李振纲、史继忠、范同寿主编:《贵州六百年经济史》,贵阳:贵州人民出版社 1998 年版。

⑥ 彭通湖主编:《四川近代经济史》,成都:西南财经大学出版社 2000 年版。

战时期西南各省区农业发展都有所探讨。西北陕西、青海、甘肃、宁夏各省都出版了本省或西北地区通史或经济史,如丁焕章《甘肃近现代史》①,陈育宁《宁夏通史》②,张得祖、杜常顺《青海通史》③,李清凌《西北经济通史》④,王致中、魏丽英《中国西北社会经济史研究》⑤,李清凌《甘肃经济史》⑥,翟松天《青海经济史》(近代卷)⑦,徐安伦、杨旭东《宁夏经济史》⑧,陈舜卿《陕甘近代经济研究》⑨等都对西北地区农业和农村经济社会问题做了研究。近年来,学术界加强了少数民族地区经济研究,2016年出版了9卷本系列著作《中国少数民族省区经济史》,其中《云南省经济史》《贵州省经济史》《青海省经济史》《宁夏回族自治区经济史》《新疆维吾尔自治区经济史》都或多或少地涉及了战时西部省区的农业问题。较集中研究西部农业的著作有杨新才的《宁夏农业史》⑩,其中第九章"近代农业危机和农业近代化的萌芽"认为,近代以来,宁夏农牧渔业破产和凋敝,农田水利工程衰败,但是新式农具试制、新技术缓慢推广,还是推动了宁夏农业的缓慢发展;郭声波的《四川历史农业地理》⑪,从历史农业地理的角度,对清代中叶至民国时期四川农业生产力发展、结构与布局的特点与规律进行了研究,积极总结和评价

---

① 丁焕章:《甘肃近现代史》,兰州:兰州大学出版社1989年版。

② 陈育宁:《宁夏通史》,银川:宁夏人民出版社1993年版。

③ 张得祖、杜常顺:《青海通史》,西宁:青海人民出版社1999年版。

④ 李清凌:《西北经济通史》,北京:人民出版社1997年版。

⑤ 王致中、魏丽英:《中国西北社会经济史研究》,西安:三秦出版社1992年版。

⑥ 李清凌:《甘肃经济史》,兰州:兰州大学出版社1996年版。

⑦ 翟松天:《青海经济史》(近代卷),西宁:青海人民出版社1998年版。

⑧ 徐安伦、杨旭东:《宁夏经济史》,银川:宁夏人民出版社1998年版。

⑨ 陈舜卿:《陕甘近代经济研究》,西安:西北大学出版社1994年版。

⑩ 杨新才:《宁夏农业史》,北京:中国农业出版社1998年版。

⑪ 郭声波:《四川历史农业地理》,成都:四川人民出版社1993年版。

了近代以来四川农业的发展。

20 世纪 90 年代,国家提出西部大开发战略,学术界兴起了研究西部的热潮,有不少研究西北开发的著作问世,主要有魏永理《中国西北近代开发史》①,马敏、王玉德《中国西部开发的历史审视》②,杨红伟《抗战时期西北经济开发思想研究》③等,对历史上的西部开发进行了研究,特别是王荣华《危机下的转机:国民政府时期西北经济开发研究》④,对西北农业,特别是农田水利和移民垦殖的研究比较深入。其后,关于西南西北农村经济研究的力作不断问世,陕西师大黄正林教授的《农村经济史研究——以近代黄河上游区域为中心》⑤一书在充分占有史料的基础上,对黄河上游区域甘肃、青海、宁夏的农业问题,包括土地制度、地权与租佃关系、土地利用与农作物的栽培、农业技术的传承与变革、农田水利的兴废、新式金融业与农村借贷、农村市场及其演变等农业和农村经济中的重要问题进行了深入细致的研究,为本课题的写作提供了重要的借鉴。西南大学谭刚教授《抗战时期大后方交通与西部经济开发》⑥研究了抗战时期大后方交通与西部农业的开发,主要就大后方交通与粮食运销、大后方交通与西部主要经济作物的分布与推广、大后方交通与西部主要土特产运销、大后方交通与西部垦殖

①魏永理:《中国西北近代开发史》,兰州:甘肃人民出版社 1994 年版。
②马敏、王玉德:《中国西部开发的历史审视》,武汉:湖北人民出版社 2001 年版。
③杨红伟:《抗战时期西北经济开发思想研究》,北京:中国社会科学出版社 2013 年版。
④王荣华:《危机下的转机:国民政府时期西北经济开发研究》,北京:中国社会科学出版社 2015 年版。
⑤黄正林:《农村经济史研究——以近代黄河上游区域为中心》,北京:商务印书馆 2015 年版。
⑥谭刚:《抗战时期大后方交通与西部经济开发》,北京:中国社会科学出版社 2013 年版。

业的发展进行了研究。

经过综合梳理,现将学术界关于战时西部农业研究的主要成果总结如下:

(一)关于战时国民政府农业政策及对西部农业发展影响的研究

国内大部分学者认为,为满足军民衣食和易货偿债的需要,国民政府对西部农业比较关注,出台了一系列促进农业发展的政策和措施,在地方政府的支持和配合下,西部农业有所发展,但同时也指出了战时国民政府农业政策存在的诸多不足之处。如毛磊、项晨光的《抗战时期西南农村经济的矛盾发展》在肯定国民政府有关农业的方针政策促进了西部农业发展的同时,也指出,田赋征实、统购统销等政策使农业生产倒退,还加重了农民的负担、挫伤了农民的积极性。[①] 周春英《抗战时期西部农业发展略论》认为:抗日战争时期,西部农业获得一定发展,主要体现为耕地面积扩大、农作物产量增加,而且呈现出战时急需物资发展快、西南部发展速度快及发展过程曲折等特点。西部农业的发展为支持抗战奠定了必要的物质基础,但在政府职能发挥、农业技术推广、人才与资金等方面存在许多不足。[②] 林建曾《抗战时期贵州农业的发展及其特点》认为,历史上,贵州农业长期落后,一直到全面抗战前都维持着自给自足的自然经济状态,但在抗战时期,贵州农业却获得了一定的发展,还出现了突破封建自然经济模式的商品化倾向。[③] 徐涛

---

① 毛磊、项晨光:《抗战时期西南农村经济的矛盾发展》,《档案史料与研究》,1998 年第 1 期。

② 周春英:《抗战时期西部农业发展略论》,《济南大学学报》哲学社会科学版,2006 年第 2 期。

③ 林建曾:《抗战时期贵州农业的发展及其特点》,《贵州社会科学》,1996 年第 6 期。

《抗战时期国民政府的农业政策及其对四川农村经济发展的作用》认为,抗战爆发后,国民政府的战时农业政策刺激了四川农业的发展,四川农业经济一度出现了良好的发展态势,粮食产量增加,商品化程度显著提高,但国民政府的农业政策缺乏长远规划、执行也不彻底,到抗战后期,四川农业逐渐呈现衰退趋势。[①] 不少学者认为,抗战时期,在政府政策鼓励下,贫穷落后的西北实现了由传统农业向近代农业的转变,如张奇、杨红伟《论抗日战争时期中国西北地区的农业开发》[②],马进霞《抗战时期国民政府开发西北农业的措施及其成效》[③],石慧玺《抗战时期国民政府对甘肃农业的开发及成就》[④],赵喜军、宋美媛《抗战时期陕西传统农业向近代农业的转变》[⑤]等都认为,抗战前几十年间,由于兵匪战乱、苛捐杂税,再加上资金短缺、技术落后、环境恶化、自然灾害频繁,西北农业农村凋敝残破。全面抗战开始后,东南沿海富庶地区相继陷落,国民政府为满足抗战需要,将目光投向闭塞落后的西北,将"开发西北"口号部分付诸实施,西北农业获得了前所未有的重视与开发,国民政府采取了发放农贷、兴修水利、推广先进农业生产技术、移民垦殖等措施,在地方政府的支持与配合下,西北农业和农村经济获得了较

[①] 徐涛:《抗战时期国民政府的农业政策及其对四川农村经济发展的作用》,《安徽农业科学》,2012 年第 4 期。

[②] 张奇、杨红伟:《论抗日战争时期中国西北地区的农业开发》,《甘肃社会科学》,2002 年第 4 期。

[③] 马进霞:《抗战时期国民政府开发西北农业的措施及其成效》,《河西学院学报》,2011 年第 6 期。

[④] 石慧玺:《抗战时期国民政府对甘肃农业的开发及成就》,《西北民族大学学报》哲学社会科学版,2009 年第 1 期。

[⑤] 赵喜军、宋美媛:《抗战时期陕西传统农业向近代农业的转变》,《西北农林科技大学学报》社会科学版,2009 年第 6 期。

快发展，加速了西北农业由传统农业向近代农业的转变，推动了西北农业现代化进程，突出表现为：近代水利事业成效显著，农业科研力量有所增强，棉麦等粮食作物的优良品种在较大范围内得到推广，农业机械及农药、化肥初步得到运用，近代农垦事业获得了一定的发展，初步建立了现代农业金融，农村出现了半工业化的倾向等。但学者们也普遍认为，由于国民政府缺乏建设西北的坚定决心，整个西北农业开发取得的成效有限。

从现有研究成果中，我们可以看出，不少高校和研究机构的博士硕士研究生们也将战时西部农业作为自己的论文选题，如西南大学杨宁的硕士论文《抗战时期陕西国统区农业开发研究》认为，陕西作为西北农业发展条件最优越的省份，备受国民政府及各级地方政府重视。抗战时期，国民政府和陕西地方政府出台和执行了一系列刺激农业发展的方针政策，陕西国统区农业获得了较快发展，为抗战做出了积极贡献。但是，这些促进农业发展的方针政策也存在不少缺陷和问题，导致了抗战后期陕西国统区农业发展停滞和衰退，并最终随着国民政府的倒台走向了崩溃。西北大学高航硕士论文《抗战时期陕西的农业改良与农村经济发展研究》认为，陕西自古是我国的农业大省，农产品种类丰富，农民擅长精耕细作。全面抗战前，陕西农业就在国民政府开发西北政策的扶持下获得较快发展，无论是兴修农田水利工程，还是引进、培育与推广优良农作物品种，均取得一定成效。全面抗战爆发后，国民政府在政策、资金与技术方面进一步对陕西进行扶持，陕西地方政府也采取了促进农业发展的方针政策，使陕西农业和农村经济获得了较快发展。抗战时期，陕西兴修的农田水利工程，无论是施工规模还是工程技术在国内都首屈一指；陕西的农业科研、教育机构逐步建立和完善，对陕西农业进行改良，促进了陕西农业科技的发展和广泛传播。西北师范大学喻泽文的硕士论文《20 世纪 20—40 年代甘肃农村经济研究》、论文《试论二十世纪三四十年代甘肃国统区农业结构的转变》认为,抗战时期,国民政府在"抗战与建国"并行的方针指导下,大力开发甘肃农业,加大政策支持力度和资金的投入,甘肃农业获得很大发展,一定程度上改变了甘肃的种植业结构、生产关系结构和生产技术结构,特别是农业高等教育和科研机构的建立和发展,促使甘肃农业由传统向近代转变。[①] 华中师范大学裴庚辛的博士论文《1933—1945 年甘肃经济建设研究》也认为,抗战时期,在政府的引导和银行的支持下,甘肃改良农作物品种、推广先进农业生产技术,利用农贷大力兴修农田水利工程,改善了甘肃农牧业生产条件,促进了甘肃农业的发展,抗战时期,甘肃粮食总产量连年稳步增长,为抗战提供了更多的军粮和马匹,支持了长期抗战。

但也有一些学者认为,从总体上来说,战时中国农业的发展是局部的,整体是下降的。赵德馨《中国近现代经济史(1842—1991)》认为,战时经济体制下中国农业是整体下降与局部上升。[②] 林志彬《抗战时期国统区农业生产力问题探析》认为,抗战时期,国统区农业生产力水平只在个别年份有所提高,但总体来讲是严重衰退的,劳动力严重不足、技能低下,耕地大量荒芜、面积不断缩小,农具十分落后和短缺,表明国统区农业生产力正一步步走向崩溃。林志彬认为,导致国统区农业生产力日益衰退的主要原因是封建土地制度的束缚、国民政府农业政策措施的失效、日本侵略战

---

① 喻泽文:《试论二十世纪三四十年代甘肃国统区农业结构的转变》,《内蒙古农业科技》,2007 年第 6 期。

② 赵德馨:《中国近现代经济史(1842—1991)》,厦门:厦门大学出版社 2013 年版。

争的破坏等。国统区农业生产力危机造成了农民生活的不断恶化，加速了国民政府的垮台。① 陈鹏飞对抗战时期的川东农业生产状况进行了考察，他在《土地、技术与劳动力——抗战时期川东地区农业生产》②《抗战时期川东地区农业生产状况考察》③中认为，抗战时期，川东是一个生态环境、经济结构比较特殊的地区，境内多山，耕地数量不足且细碎化程度严重；工具落后、耕畜不足、缺乏化肥、水利设施荒废，严重限制了该地区的农产品产量。国民政府"征壮丁"补充兵源导致农业劳动力短缺，农民文化水平低下，更进一步制约了川东农业的发展。陈鹏飞和陆希《抗战时期川东地区农民生活水平量化分析》还对抗战时期川东农民的生活水平进行了量化考察，作者认为，以恩格尔系数衡量，川东地区农民的消费结构严重失衡，食物消费占绝对优势，农民连最基本的生存需要都不能满足。川东地区农民收入很低，基本没有存款，普遍靠借贷度日，且不得不忍受高利贷剥削。食物方面，川东农民以植物类食物为主，动物类及调味类极为少见，农民的房屋、衣着粗劣不堪，卫生条件很差，其消费结构基本属于绝对贫困型，农民的普遍贫困是川东农业缺少资金投入的重要原因。④

（二）关于战时西部地区人地关系与租佃制度的研究

民国时期的租佃制度一直是学界研究的热点问题，大多数研

---

① 林志彬：《抗战时期国统区农业生产力问题探析》，《河南师范大学学报》哲学社会科学版，2008 年第 1 期。

② 陈鹏飞：《土地、技术与劳动力——抗战时期川东地区农业生产》，《山东农业大学学报》社会科学版，2016 年第 3 期。

③ 陈鹏飞：《抗战时期川东地区农业生产状况考察》，《重庆交通大学学报》社会科学版，2016 年第 4 期。

④ 陈鹏飞、陆希：《抗战时期川东地区农民生活水平量化分析》，《农业考古》，2016 年第 4 期。

究成果集中于对东北、华北、长江中下游、华南地区租佃制度的研究,西南、西北租佃制度的研究成果主要有四川大学李德英教授的著作《国家法令与民间习惯:民国时期成都平原租佃制度新探》[1],对民国包括抗战时期成都平原的租佃制度进行了深入而细致的研究,指出成都平原不论地主还是佃农,情况都很复杂,不能一概而论,要进行具体而深入的分析。作者着重探讨了在租佃制度中,国家法令的执行与地方习惯、个人利益之间的关系。西北地区租佃制度研究的主要成果有:秦晖《封建社会的"关中模式"——土改前关中农村经济研析之一》认为,陕西关中农村地权分配平均,几乎可以概括为"无租佃"[2];郑磊《民国时期关中地区生态环境与社会经济结构变迁(1928—1949)》认为,关中地区自耕农社会产生的直接原因是西北地区灾荒频繁,人口大量死亡,人地关系出现了恶性宽松的状况。[3] 总之,目前学术界普遍认为民国时期中国租佃制度非常复杂,各区域有很大的不同,简单的、单一的租佃制度理论难以解释西南、西北农村复杂的土地制度和经济关系。

至于战时国民政府土地政策和保护佃农、扶植自耕农政策在多大程度上改变了西南、西北的租佃制度,从而影响西部农业发展,目前的研究还不够深入。1930 年,国民政府颁布了《土地法》,宣扬"耕者有其田"和保护佃农的政策,但除了在江西等地进行土地测量和登记、浙江局部实行了二五减租外,1930 年的《土地法》并

---

[1] 李德英:《国家法令与民间习惯:民国时期成都平原租佃制度新探》,北京:中国社会科学出版社 2006 年版。

[2] 秦晖:《封建社会的"关中模式"——土改前关中农村经济研析之一》,《中国经济史研究》,1993 年第 1 期。

[3] 郑磊:《民国时期关中地区生态环境与社会经济结构变迁(1928—1949)》,《中国经济史研究》,2002 年第 3 期。

未得到贯彻实施。抗战时期,国民政府在西部部分地区进行了农地整理,在重庆北碚、甘肃湟惠渠等地举办了自耕农示范区。黄立人、章欣《论"北碚扶植自耕农示范区"》[1]一文根据档案史料,对抗战时期国民政府北碚扶植自耕农示范区进行了较全面的研究,既客观分析了该示范区取得成功的主要原因,也指出了扶植自耕农示范区试验本身存在的局限。西北农林科技大学樊瑛华的博士论文《抗日战争时期国民政府农业经济问题研究——自耕农示范区、农业贷款和农产品贸易的个案分析》,用新制度经济学和新经济史学理论,对抗日战争时期国统区自耕农示范区进行了实证研究,剖析在战时统制经济体制下国民政府农业政策的成败得失。黄正林《国民政府"扶植自耕农"问题研究》认为,不论是在政策还是制度层面,国民政府都对扶植自耕农进行了比较好的设计,但由于受各方面因素制约,扶植自耕农实际上只是在国统区少数地区试办,是实验性土地改革,很难真正解决国统区土地问题。[2]王强《"地力动员":抗战时期国统区的农地整理运动及成效》认为,抗战爆发后,由于沿江沿海主要粮食产区相继沦陷,大后方军粮与民食供应日益紧张,加上部分豪绅地主大肆投机土地、囤积粮食,导致农村人地关系恶化,大量耕地抛荒,国统区粮价飞涨。为解决粮食供应问题、稳定物价,国民政府实施了以改善农村人地关系、提高土地利用效率为主要内容的农地整理运动,最大限度地提高了农民耕作积极性与土地利用效率,在一定程度上促进了粮食生产,缓和了人地关系的紧张局面,但农地整理运动只是局部的改良措施,效果有限,未能真正实现"耕者有

---

[1] 黄立人、章欣:《论"北碚扶植自耕农示范区"》,《档案史料与研究》,1998 年第 1 期。

[2] 黄正林:《国民政府"扶植自耕农"问题研究》,《历史研究》,2015 年第 3 期。

其田"的目标。[1]

　　（三）关于战时西部粮食问题的研究

　　传统农业生产的主要产品是粮食,战时农业建设的首要目标就是要满足军粮民食需求,因此,粮食问题是战时农业问题的关键。不少学者深入研究战时的粮食问题,代表性的著作如王洪峻《抗战时期国统区的粮食价格》[2]、台湾地区侯坤宏《抗战时期粮食供求问题研究》[3]对战时大后方粮食的供求状况和价格变动进行了分析,研究了战时国民政府为粮食增产所作的努力和取得的成效,战时田赋征实的得失,战时粮食供应及对军民生活的影响。赵黎花、陈雷《试论抗战时期四川的粮食增产问题》研究了抗日战争时期四川省政府发起的粮食增产运动,认为设立粮食增产机构、改良种子、培养技术人才、更新农具、扩大粮食种植面积、兴修水利等举措,使四川省农业生产条件得到改善,粮食产量增加,为满足后方民众的粮食需求、支持抗战起到了重要作用。[4] 在湘潭大学罗玉明教授的指导下,硕士生刘珊珊、吴美芳、陈新征、陈薛祥、陈丹丹对抗战时期国统区的粮食生产、储运、供给、征收、管理分别进行了研究。还有不少学者对国统区粮食危机及原因,国民政府应对粮食危机采取的政策措施进行了研究,对国民政府的粮食管理政策,特别是田赋征实政策进行了实事求是的分析和评价。郝银侠《社会

① 王强:《"地力动员":抗战时期国统区的农地整理运动及成效》,《社会科学辑刊》,2015
　　年第 3 期。

② 王洪峻:《抗战时期国统区的粮食价格》,成都:四川省社会科学院出版社 1985 年版。

③ 侯坤宏:《抗战时期粮食供求问题研究》,北京:团结出版社 2015 年版。

④ 赵黎花、陈雷:《试论抗战时期四川的粮食增产问题》,《山西师大学报》社会科学版,
　　2014 年 S4 期。

变动中的制度变迁:抗战时期国民政府粮政研究》①对战时国民政府的粮政机构与组织、粮食生产、征集、供应、管理等进行了系统的研究,揭示了战时国民政府粮政的变迁过程以及粮政实施过程中各利益集团的博弈,是一部比较全面的研究战时粮政问题的专著。

抗战时期的军粮和民食供应问题,也有一些研究成果。陕西师范大学张静的硕士论文《抗战时期陕西国统区军粮问题探析(1937—1945)》首先概述了陕西省粮食生产状况,重点论述了抗战后期陕西国统区的军粮征购、仓储和运输问题,作者认为,抗战时期陕西军粮的办理不仅解决了本省驻军的军粮需求,还接济了河南、山西等省,为抗战胜利做出了贡献,同时客观上为战后陕西工业、农业、交通运输业的发展奠定了一定的基础,但是也存在诸多问题,一定程度上影响了办理的成效。河北大学陈善本的硕士论文《1937—1945年国统区军粮问题探析》,以安徽省为例,研究了军粮征收、军粮的仓储和管理,军粮运输、拨交过程及存在的种种问题,指出农民为军粮供应做出了重大贡献,但是战争却给广大农民带来了痛苦和灾难。贵州师范学院刘树芳《抗日战争时期国民政府陆军粮政述论》指出,抗战时期,国民政府陆军军粮供应经历了初期的自由放任、粮政系统初步建立和调整充实三个阶段,国民政府对军粮征购、储运、拨补等系统不断调整完善,力图最大限度满足部队需要,但由于军粮征购、储运、补给机构互不统属,加上战时环境复杂、技术条件差、军粮政从业人员素质低等因素,导致粮政运行过程中问题丛生,从而制约了国民政府陆军的军事行动,也成

---

① 郝银侠:《社会变动中的制度变迁:抗战时期国民政府粮政研究》,北京:中国社会科学出版社 2013 年版。

为丧师失地的重要原因。① 南京财经大学魏殿金《国民政府战时公粮配给制度》研究了国民政府在抗日战争时期实施的公粮配给制度，主要探讨国民政府公粮配给的对象、定量标准、公粮来源、实施目的和绩效等。②

（四）关于战时西部农业改良和农业科技推广的研究

学术界普遍认为，战时国统区农业科技推广对农业发展有重要的促进作用。如郑起东《抗战时期大后方的农业改良》认为，抗日战争时期，国民政府对大后方的农业进行了大规模的改良，大后方农业科技人员和广大农民共同奋斗，取得了显著成效，促进了大后方农业经济的发展。③ 西北大学陈艳涛的硕士论文《抗战时期大后方农业科技发展分析》认为，抗战是大后方农业科技发展的一个契机，在国民政府各种政策措施的鼓励和后方军民的努力下，大后方农业科技确有一定程度的发展。赵秀丽《抗战时期国民政府的农业推广政策初探》认为，抗战时期国民政府为促进农业生产，出台了一系列农业科技推广的政策措施，一定程度上促进了西部农业的发展，但是，推广经费短缺以及人才不足、训练缺乏等影响了农业科技推广的成效。④ 华中师范大学赵肖硕士论文《农产促进委员会与战时农村经济（1938—1944）》研究了在战时特殊的环境下，在国统区建立的自上而下的较为系统的农业推广体系及其开展的农业推广工作，虽然由于经费不足、人员缺乏、中心业务未确定等原因，农业推广工作只能在夹缝中求发展，但仍在一定程度上促进了国统区农业的发展，缓解了战时粮食紧张局面，为抗战做出了贡

---

① 刘树芳：《抗日战争时期国民政府陆军粮政述论》，《军事历史研究》，2019 年第 4 期。
② 魏殿金：《国民政府战时公粮配给制度》，《南京财经大学学报》，2009 年第 3 期。
③ 郑起东：《抗战时期大后方的农业改良》，《古今农业》，2006 年第 1 期。
④ 赵秀丽：《抗战时期国民政府的农业推广政策初探》，《农业考古》，2014 年第 1 期。

献。四川大学李俊的博士论文《抗战时期大后方农业科技改良研究——以四川省农业改进所为中心的考察》，对抗战时期四川农业改进所的农业科研和农业推广进行了研究，认为农业科研和农业推广工作广泛传播了近代农业科技知识，在很大程度上改变了西部农村旧有的耕作制度，大量农作物良种的推广，则提高了大后方各省农作物产量，尤其是经济作物的种植与销售，使西部农业的商品化率提高，自然经济进一步解体，西部农业由传统农业向近代农业转变。许峰《论抗战时期贵州农业技术下乡之路》认为，抗战时期贵州农业获得长足发展主要得益于科技推动，中央农业实验所和贵州农业改进所、浙江大学农学院等农业科技人员，首先到贵州农村实地调查，然后进行科学试验，将良种和先进耕作技术加以推广，使现代平原型农业科技逐渐本土化，形成符合贵州特点的山地型农业生产技术，对贵州农业和农村经济发展起到了重要的促进作用。① 复旦大学历史地理研究中心杨伟兵的《贵州省农艺作物的品种改良与农业发展（1938—1949）》梳理了 1938—1949 年贵州省的农业技术推广运动，在这个运动中，粮食、棉、麻、油料等农作物和经济作物品种得到改良，各级农技培养与服务体系得到完善，贵州出现了自清代中期移民开发以来农业发展的又一个高潮。尽管这一轮的农业开发时间较短，但在 20 世纪 40 年代中期取得了良好的经济效益，同时也对当地农业经济、生态和社会产生了深刻影响。② 作者不仅研究农业发展中的品种改良问题，而且观照到了地区经济、社会和生态问题，以小见大，研究具体、深入，对于我们研

---

① 许峰：《论抗战时期贵州农业技术下乡之路》，《农业考古》，2016 年第 3 期。
② 杨伟兵：《贵州省农艺作物的品种改良与农业发展（1938—1949）》，《贵州文史丛刊》，2012 年第 5 期。

究战时贵州农业有较大帮助。

　　冯成杰、郭根秀《抗战时期西北农业科技推广初探——以陕、甘、宁三省为中心的考察》认为，抗战时期，国民政府调整农业推广机构，制定农业推广的政策措施，在西北地区积极推广棉麦良种、施用肥料、防治病虫害等，成效显著，促进了农业增产，改变了农民传统耕作观念，并推进了区域农业的现代化，但农贷推行、农业科技推广区域和程度都有较大的局限。[①]　黄正林《论抗战时期甘肃的农业改良与推广》研究了甘肃农业改良和推广机构及其经费来源，认为以小麦品种改良、推广植棉、改良砂田、防治病虫害、推广肥料为主的甘肃农业改良与推广取得了一定的成效，但仅仅是一个起步，绩效不足。[②]

　　抗战时期，金陵大学农学院、中央大学农学院、浙江大学农学院以及四川大学农学院、西北农林专科学校—西北农学院等农林院校积极从事农业科研和推广工作，学术界对这些院校的农业科研和推广工作有不少研究成果。如四川师范大学滕昱廷的硕士论文《抗战时期中央大学农学院的农业科研与推广》，研究了抗战时期中央大学农学院在成都、重庆等地的农业科研和推广工作，指出其为大后方农业现代化做出贡献的同时，也存在推广材料缺乏、农民不肯接受、推广范围有限等局限性。南京农业大学葛明宇的硕士论文《中央大学农学院与金陵大学农学院比较研究》，对两校农学院的科系设置、学制、课程设置、师资力量、学生培养、管理模式和研究领域进行了比较，两校农学院以水稻、小麦、棉花为重点，培

① 冯成杰、郭根秀：《抗战时期西北农业科技推广初探——以陕、甘、宁三省为中心的考察》，《农业考古》，2017 年第 4 期。

② 黄正林：《论抗战时期甘肃的农业改良与推广》，《史学月刊》，2014 年第 9 期。

育了大量良种,还设立农业推广部,推广先进的农作物品种和农业生产技术,兴办了生产、运销和信用合作组织,探索了现代农村建设的新道路等,其中对抗战时期两校的农业科研和推广工作的研究对本课题的研究有借鉴意义。四川大学张永汀的硕士论文《"打通一条血路":国立四川大学农学院的建设与发展(1935—1945)》指出,抗战时期的四川大学农学院形成了"教育、研究与推广"三位一体的教育科研与推广体系,不仅为国家和地方培养了农业科技人才,而且开展的农业改良和推广工作为促进四川农业的发展、支持抗战做出了自己的贡献。

(五)关于战时西部农村金融、农村合作金库、农贷的研究

抗战时期,农村金融枯竭、农业资金缺乏是制约农业发展的巨大障碍,有不少学者对抗战时期的农村金融和农贷进行了比较深入的研究。如曾耀荣《南京国民政府的农业贷款问题研究》①是一本全面考察南京政府农业贷款问题的著作,作者研究国民政府的农贷目标和农贷政策、银行、合作金库、农本局等机构投资农贷的原因、具体行动、特点和作用,农民对贷款的需求,贷款的使用、还款和拖欠等,指出政府的农贷目标是希望通过低利的农业贷款来发展农业,消灭农村中的高利贷;并借助农业贷款来推进农村合作事业,达到重构和控制乡村社会,赢得农民政治支持的目的。国民政府的农业贷款虽然部分解决了农民短期流动资本问题,但并未解决20世纪30—40年代的农业农村危机,解决农村问题的关键在于政府改变农村、农业和农民在现代化中的边缘地位。朱荫贵《抗战时期国统区的农村金融》依据台湾"中研院"近代史研究所馆藏中央农业实验所农业经济系农村金融调查,对1939—1944年间,

---

① 曾耀荣:《南京国民政府的农业贷款问题研究》,北京:人民出版社2013年版。

国统区 15 省农村金融和农贷状况进行了具体考察,还对抗战前后的情况进行了比较,揭示了抗战时期国统区农村金融和农贷的发展演变情况。[1] 易棉阳《金融统制与战时大后方经济——以四联总处为中心的考察》[2]、论文《抗战时期四联总处农贷研究》认为,抗战时期,四联总处作为农贷的最高决策机构,为发展大后方农业,积极办理农贷,促进了大后方农业生产的发展,但因利益集团的介入,农贷一定程度上出现了扭曲,真正需要资金的广大贫苦农民获利甚微。[3] 石涛《民国时期商业银行农贷业务述评——以中国银行为中心的考察》对 1932—1942 年中国银行长达 10 年的农贷业务进行了全面系统考察,指出中国银行农贷数额逐年增加,部分缓解了大后方农村金融枯竭的局面,促进了农业的发展,同时也推动了农村合作事业的发展,增强了农民对政府的信赖,融洽了民族关系。[4]关于农贷的重要机构农本局,华中师范大学黄娟娟硕士论文《民国时期农本局研究(1936—1941)》指出,农本局是在传统农村金融衰落,新式农村金融尚未健全,政府力量逐渐深入农村的背景下产生的,农本局通过辅设合作金库流通农业资金,通过建设农仓系统调整农产运销,办理农业生产贷款促进农业发展等,但由于农本局本身存在制度缺陷,既作为农村金融管理机关要完成政策性使命,又作为金融机关要兼顾各商业银行利益,结果既没有完成政府赋予它的使命,又没有从根本上改变农村金融现状,且因农贷业务与中

---

① 朱荫贵:《抗战时期国统区的农村金融》,《安徽史学》,2015 年第 5 期。

② 易棉阳:《金融统制与战时大后方经济——以四联总处为中心的考察》,北京:北京大学出版社 2016 年版。

③ 易棉阳:《抗战时期四联总处农贷研究》,《中国农史》,2010 年第 4 期。

④ 石涛:《民国时期商业银行农贷业务述评——以中国银行为中心的考察》,《历史教学》,2013 年第 8 期。

国农民银行发生冲突，最终导致自身被改组。

关于合作金库的研究成果，主要有李顺毅《民国时期合作金库发展研究》①研究了民国时期合作金库的创办与发展、合作金库的经营运作、合作金库体系的结构特征、外部环境与合作金库发展之间的关系等。张朝晖《抗战大后方合作金库网络的构建及其特点》概述了全面抗战爆发后大后方合作金库网络的构建，指出合作金库网络的构建目标是要建立独立的合作金融系统，促进农业和农村经济发展，但在复杂的战时环境下，由于条件不成熟和制度的缺陷，大后方合作金库虽经过连续几年的发展高潮，但最终只能是昙花一现。② 成功伟的著作《民国时期四川合作金库研究》③研究了民国时期四川合作金库体系，合作金库的农贷业务、存款、汇兑业务及损益分析，国家金融机构与四川农贷的统一化进程，合作金库制度带来的乡村社会变迁等，揭示了该制度背后的国家、地方与乡村社会的互动关系。贵州大学李奕君的硕士论文《抗战时期贵州合作金库研究》研究了抗战时期贵州合作金库对贵州农业的促进作用。云南大学杜洪银的硕士论文《民国时期云南合作金库研究（1942—1949）》系统梳理了云南合作金库的发展轨迹，对云南合作金库对农业发展的促进作用、特点以及不足进行了总体评析。

关于农贷成效的评价，成功伟《论析抗战时期川省农贷的时效性》一文认为，放款时间与期限是考察农贷时效性的两个重要因素，抗战时期的四川农贷常常背离农业生产规律与农民的实际需求，不仅影响了农贷的正常使用，对提高农业生产力帮助不大，还

---

① 李顺毅：《民国时期合作金库发展研究》，北京：中国社会科学出版社 2016 年版。

② 张朝晖：《抗战大后方合作金库网络的构建及其特点》，《西南大学学报》，2016 年第6 期。

③ 成功伟：《民国时期四川合作金库研究》，成都：四川大学出版社 2017 年版。

在一定程度上加重了农民的负担。① 陕西师大黄正林教授《农贷与甘肃农村经济的复苏（1935—1945）》运用近代报刊和甘肃省档案馆的档案对 20 世纪 30—40 年代甘肃省的农贷进行了实证研究，认为甘肃农贷以 1941 年为界分为两个阶段，1941 年之前以救济农村为主，之后以经济建设为主，发放的农田水利、农业推广、土地改良、农村副业和畜牧业等贷款，都取得了比较好的成效，甘肃农业和农村副业有一定程度的恢复和发展，农民生活有了改善，抗战时期成为近代以来甘肃农业和农村经济发展最好的一个时期。② 裴庚辛的论文《抗战时期甘肃农贷及对河西农业的扶持》认为，河西走廊是甘肃农贷的重点地区，农贷对于缓解农业资金和种子周转困难，促进河西走廊农业和农村经济发展起了重要作用，特别是河西水利专款工程的实施，直接推动了河西水利建设和粮食增长。③ 石涛《抗战时期的农贷与陕西农村经济的发展——以国家行局为中心》研究了国家行局在陕西办理的各种农贷，指出国家行局的农贷为陕西农村注入了农业资金，对于增加农业生产、提高农民收入、打击高利贷，都发挥了积极作用。④ 黄正林教授新近的论文《"到农村去"：金融进村与农村经济变化研究》⑤指出，20 世纪 20—30 年代，陕西农村经济凋敝、农民日益贫困，为解决农村资金问题，从政府到民间，大量的资金进入关中农村，部分解决了关中农村金

---

① 成功伟：《论析抗战时期川省农贷的时效性》，《兰州学刊》，2015 年第 3 期。
② 黄正林：《农贷与甘肃农村经济的复苏（1935—1945）》，《近代史研究》，2012 年第 4 期。
③ 裴庚辛：《抗战时期甘肃农贷及对河西农业的扶持》，《中南民族大学学报》人文社会科学版，2008 年第 4 期。
④ 石涛：《抗战时期的农贷与陕西农村经济的发展——以国家行局为中心》，《陕西师范大学学报》，2016 年第 3 期。
⑤ 黄正林：《"到农村去"：金融进村与农村经济变化研究》，《史学集刊》，2019 年第 1 期。

融枯竭问题,使关中的农田水利、农业生产和农产品运销都发生了很大变化,特别是现代农业知识和农业技术在关中传播,使关中农村有了现代农业的气息,但作者也认为,对农贷要全面评估,既要看到其在社会经济发展中发挥的作用,也要看到其中的不足。

(六)关于战时西部农田水利建设的研究

西北地区属于典型的大陆性气候,大部分地区干旱少雨,因此,农田水利建设对西北农业发展至关重要。抗战时期,西北地区的农田水利建设有所加强。学者们的研究成果主要有:王荣华《危机下的转机:国民政府时期西北经济开发研究》,对 1927—1945 年西北经济开发中的农田水利建设做了研究。黄正林《农村经济史——以近代黄河上游区域为中心》第五章第四节专门论述了抗战时期的西北甘宁青的农田水利建设以及水利与农村经济的关系。西北师范大学杜军辉的硕士论文《抗战前后陕甘宁三省农田水利探析》,对抗战前后陕甘宁三省加强农田水利建设的起因,国民政府推动三省农田水利建设的具体举措,取得的成效以及不足进行了研究。上述研究成果既对西北省区战时农田水利建设的成就给予了肯定,同时也指出其中的不足之处。陆和健《抗战时期西部地区农田水利建设述论》认为抗战时期西部农田水利建设有较快的发展,特别是陕甘川农田水利建设取得了较大的成就,促进了农业发展,支持了抗战。① 陕西师范大学温艳《危机与契机:甘肃农田水利研究》认为,九一八事变后尤其是全面抗战期间,国民政府从维护国家安全的角度大力加强西北建设,对甘肃水利建设特别重视,从 1934 年开始,全国经济委员会就在甘肃勘测、调查、设计

---

① 陆和健:《抗战时期西部地区农田水利建设述论》,《扬州大学学报》人文社会科学版,2004 年第 9 期。

农田水利工程,到全面抗战时期,甘肃水利林牧公司负责兴修大型农田水利工程,中国农民银行举办小型农田水利贷款,甘肃农田水利建设取得明显成效,但1946年后,国家在甘肃的农田水利投资迅速减少,表明该省农田水利建设具有明显的战时性特点。① 云南大学刘春秀硕士论文《抗战时期云南水利建设研究》指出,抗战时期,国民政府对云南省水利事业十分重视,给予了资金、技术和政策支持,中国农民银行和富滇银行提供了资金支持,经济部选派专业技术人员进行技术指导,国民政府提供政策优惠,抗战时期成为云南历史上水利事业发展最好的时期。西南大学程得中的《抗战时期重庆大后方水利建设》认为国民政府迁都重庆后对以重庆为中心的大后方水利建设十分重视,颁布了《水利法》,制定战时水利建设方针,加大农田水利工程贷款,为大后方水利建设提供技术和人才支持等,重庆农田水利建设比战前有了飞跃发展,为巩固大后方、支持抗战发挥了重要作用。②

　　总之,近些年来,学界对战时西部农业进行了多方面、多角度的研究,但大多是就一个省或几个省、一个方面或几个方面进行研究,还没有一部系统研究战时西部农业的专著。现有的研究成果大多集中在农业科研与推广、农村金融与农贷等方面,对农村土地与租佃制度、农业劳动力问题研究还不够;对西南地区四川、云南、贵州农业发展的研究成果比较多,西康农业改造与发展的研究成果很少;西北地区,对陕西、甘肃农业改造与发展的研究成果比较多,对宁夏、青海以及新疆农业改造与发展的研究成果比较少;对国民政府和西部各省省级政府农业改造的方针政策研究较多,对

---

① 温艳:《危机与契机:甘肃农田水利研究》,《青海民族研究》,2018年第7期。
② 程得中:《抗战时期重庆大后方水利建设》,《北方论丛》,2017年第4期。

县以下单位,特别是西部农民在农业改造和发展中的作用的研究成果则非常少见。我们知道,任何农业发展的方针政策只有落实到具体农业农村中,才可能真正落到实处,作为农业直接生产者的农民,他们在战时西部农业改造和发展中的作用,理应得到关注。

三、研究思路与方法、可能的创新点与不足

(一)研究思路

本课题是按照总论和分论的方式展开的:

第一章概述全面抗战爆发前西部农业的基本情况,就西部农业生产的自然条件进行总括性的介绍,然后较全面地介绍全面抗战爆发前,西部各省的农业人口、耕地情况,农产品的产量和结构,农业生产技术、农产品的商品化程度等。

第二章对全面抗战爆发后,国民政府为适应抗战需要,对中央和地方农业行政机构进行调整,制定战时农业建设的方针政策进行研究。

第三、四、五、六章分别从农业生产要素即耕地、劳动力、农业生产技术、农业资金等几个方面,研究战时国民政府和西部各省地方政府对农业的投入及取得的成效、存在的问题。

第七章研究战时西部各省的农田水利建设及对农业发展的促进作用。

最后,对战时西部农业的改造和发展进行综合性的分析和评价。

(二)研究方法

本课题运用了历史学研究方法,尽可能广泛收集第一手史料,力图对战时西部农业的改造和发展真实情况有准确全面的了解。除了运用已有的资料汇编外,还运用了中国第二历史档案馆藏国

民政府农林、经济、财政、地政等部门及中央农业实验所的档案,陕西省档案馆藏陕西农业改进机构的档案,当年各界人士对西南西北农业农村的考察报告,国民政府主计处统计局的统计资料,中央农业实验所农情报告等第一手资料,以准确描述战时西部农业改造和发展的真实状况。

本课题运用了农业经济学的研究方法,从土地、劳动力、资金、技术等农业生产要素构建全书的框架结构,除对全面抗战前西部农业基本情况进行概述、对国民政府战时农业建设的方针政策进行总论外,还就与西部农业建设密切相关的农田水利建设加以论述,可以较为全面地反映战时西部农业经济发展的状况。

本课题运用了农业科学的基本理论,运用农业科学知识对全面抗战时期西部农业的改造和发展的成效进行实事求是的分析评价。农业是一个受自然条件约束的产业,农业改造必须遵循农业发展规律,而不能违背农业发展规律,更不能为所欲为。战时国民政府和西部地方政府出台的农业改造的方针政策有些顺应了农业发展的规律,从而较好地促进了西部农业的发展,支持了抗战,但有些政策措施是在违背当地农业生产自然条件的情况下强行推广的,效果并不理想。

（三）可能的创新点、困难和不足

1. 本课题可能的创新点

（1）学术界目前对战时西部农业改造和发展的研究成果大多集中在一个省或几个省、一个方面或几个方面,还没有一部整体的系统的研究战时西部农业的专著。本课题力求对战时西部农业进行比较全面的、系统的分析和研究,以便学术界对战时西部农业改造与发展有一个总体把握。

（2）本课题依据农业发展规律,从农业生产要素的主要方面如耕地、劳动力、农业生产技术、农业资金以及农田水利等方面构建研究框架体系，结构比较合理，囊括了农业生产涉及的主要因素，便于对战时西部农业生产力和生产关系进行全方位的系统分析，有一定的新意。

（3）学术界目前对西部农业改造和发展的研究成果大多集中在国民政府的农业政策、农业科技和推广、农业金融等几个方面，对土地问题、农村租佃关系、农村劳动力的研究成果较少，本课题在现有研究成果的基础上，对西部各省的地籍整理，地价税，国民政府保护佃农、扶植自耕农政策做了一些研究，对西部农业劳动力动员、农业生产合作组织、国营农场、合作农场、指导农民合作经营等问题进行了探索，虽然还没有突破性成果，但也是一种尝试。

2. 不足之处

（1）应该说，抗战时期，西康、青海乃至新疆的农业改造与发展也取得了一定成效，但因为笔者目前掌握的史料有限，对上述地区尤其是新疆战时农业改造和农业发展的研究还很不够。

（2）本课题最初设计时，希望对县以下单位，尤其是农民群体在农业改造与发展中所起的作用进行研究。但是，抗战时期，农民是失语者，没有话语权，也缺少代言人，很难找到有关农民在农业改造和发展过程中所发挥作用的第一手史料，因此，对县以下单位，尤其是农民群体在农业改造与发展中所起作用的研究初衷没有实现，比较遗憾，希望在后续研究中有机会弥补。

（3）对战时西部农业改造与发展的描述较多，理论分析、总体把握还不足。笔者虽然努力运用农业经济学、农村金融学理论对战时西部的农业经营问题、租佃制度、农贷等问题进行分析，但是仍觉得比较粗浅，力度不够，期待能在今后的研究中加以改进。

总之，战时中国西部农业农村实在是一个很有价值但又很有难度的研究课题,本人有幸在张宪文老师的指导下,进入了这个领域,感觉很有意义,自己也非常有兴趣,好像是触摸到了20世纪三四十年代辽阔西部地区农业农村的发展脉搏,朦胧中仿佛看到了西部农民既有愚昧落后的一面,又勤劳质朴、坚强向上的形象。不过,由于时间、精力尤其是水平的限制,本研究还只是开端和起步,还有许多不成熟和遗憾之处。我将以本课题为起点,以存在的不足为导向,在这一领域继续努力探索,也请学界大家和同仁给予批评、帮助、鼓励和支持。

第一章 全国抗战爆发前中国西部农业的基本情况

第一节 中国西部农业生产的自然条件

农业是人类衣食之源、生存之本,是各种生产的基础;种植业又是农业的主要组成部分,是整个农业的基础。种植业的劳动对象是有生命的植物,受自然条件影响很大,不同植物的生长发育要求不同的自然条件。地形、气候、土壤、水等自然条件对农业生产有直接的影响,其中,海拔高度、光照、降水、土壤等是影响农作物分布与农业生产的最重要因素。农业专家认为:不同的地形适宜发展不同类型的农业,平原地区地势平坦、土层深厚,有利于实现农业的水利化和机械化,适宜发展种植业;山地耕作不便,且不易于水土保持,适宜发展林业和畜牧业;海拔 3 000 米以上的高山,不适宜大部分农作物的生长,但在山间谷地、坡地等海拔较低的地方,能够进行农业生产;干旱的沙漠、戈壁,年降水量小于 250 毫米的干旱地区,一般不能发展农业,但是在雪山冰川融化、有灌溉条件的绿洲也能够进行农业生产。土壤是农作物生长的物质基础,土壤的肥沃程度与农作物的生长直接相关,不同种类的土壤适宜种植不同的农作物。例如我国东南丘陵地区广泛分布着酸性红壤,适宜种植茶树;东北平原黑土土壤肥沃,适合水稻、小麦、大豆种植;我国秦岭—淮河一线以南不少地方土质是水稻土,适宜种植水稻。由于水稻在生长期间需要的水分较多,因此,水稻田多集中在河流两岸和三角洲地区。我国长江流域、珠江流域、四川盆地和台湾西部平原大量种植水稻,属于水稻农业区;东北、华北、西北部分地区属于谷物家畜农业区,种植旱作谷类与饲养家畜相结合,主要种植小麦、大豆、棉花、烟草、麻、甜菜等。可见,由于地形、气候、土壤、水资源情况不同,我国农业呈现比较明显的区域特征。

我国西部地区有着独特的自然条件,无论是地形地貌,还是土壤、河流、气候等,都有其独特之处,对西部农业生产影响极大。

一、西北地区农业生产的自然条件

(一)西北地区的地形

众所周知,中国总体地势特征为西高东低,从西部青藏高原到东部沿海大陆架,呈现为明显的"三级台阶"格局。西北地区处于第一台阶的青藏高原东北部和第二台阶蒙古高原的西部、黄土高原的主体部分,地形有高原、平原、丘陵、盆地、山地等,而以高原所占面积最广。

新疆位于西北地区的西部。新疆地势西高东低,南有昆仑山,北有阿尔泰山,天山横亘中部,将新疆分为五个部分,阿尔泰山山地、准噶尔盆地、天山山地、塔里木盆地、昆仑山地及介于其中的伊犁河谷平原、帕米尔高原。准噶尔盆地是一个略呈不规则三角形的封闭式内陆盆地,海拔约500—1 000米,盆地北部是沙漠,不生草木,西部及南部邻近天山北麓,是主要农业区。塔里木盆地是我国最大的内陆盆地,位于昆仑山、天山、阿尔金山之间,是大型封闭型山间盆地,地势西高东低,略向北倾,地貌呈环状分布,边缘是与山地连接的砾石地带、中心是辽阔的沙漠,砾石地带和沙漠之间是冲积扇和冲积平原,有绿洲分布,也是主要的农业区,主要有天山以南沃地、吐鲁番沃地、哈密沃地。天山以南沃地位于天山南侧、昆仑山北侧,夏季冰川积雪融化形成众多的山涧小河,"这些小河的共同特点是河水甚浅,在山中流速很快,出山以后,只要碰上一块适宜耕种的土地,便被引去浇地,"①形成了一条宽窄不一的绿洲,可以进行农耕。吐鲁番是个极深的陷落盆地,南北宽约 88 公里,东西长约 160 公里,是古代罗布泊的湖水干涸而成。吐鲁番盆地北部边缘博克多雪山的融雪可以灌溉农田,靠近北侧形成了农业沃地。巴尔山东南麓的盆地型沃地就是哈密沃地,长约 11 公里,宽约 8 公里,哈密位于沃地中央,是我国著名的瓜果产地之一。②

　　1928 年青海设省,省会西宁,是从甘肃省划隶,东界四川、甘肃,南界西康,西界西藏、新疆,北界甘肃。③ 青海的地形地貌复杂,主要由青南高原、柴达木盆地和祁连山地组成。青南高原是指青海省昆仑山以南,唐古拉山以北的那部分土地,处于青藏高原东北部,面积 35 万平方公里,占全省总面积的一半。南部的唐古拉山是西藏和青海的界山,北部的昆仑山及其支脉海拔多在 5 000 米以

---

① 〔俄〕尼·维·鲍戈亚夫连斯基著,新疆大学外语系俄语教研室译:《长城外的中国西部地区(其今昔状况及俄国臣民的地位)》,北京:商务印书馆 1980 年版,第 8 页。

② 张萍主编:《西北近代经济地理》,上海:华东师范大学出版社 2015 年版,第 535 页。注:为避免讹误,本书引用的自然地理数据,相关单位如"公里"等,均沿用原始出处的表述法,不替换为"千米"等更符合当前表述规范的单位,下文中不一一注明。

③ 汤惠荪、雷男、陆年青:《青海省农业调查》,《资源委员会季刊》第 2 卷第 2 期,1942 年,第 265 页。

上,其中阿尔喀山主峰布喀达坂峰海拔 6 860 米,是青海的最高峰。这些山脉间的高原海拔也多在 4 000 米以上,是青海省最高的地区。[①] 这些高山雪线以上积雪终年不化,雪山冰川广布,山间河流、湖泊、沼泽、湿地众多,是长江、黄河和澜沧江的发源地,有三江源之称。青海省的西北部是柴达木盆地,西北抵阿尔金山脉,西南至昆仑山脉,东北有祁连山脉,面积约 25.1 万平方公里,[②]是我国四大盆地之一,也是地势最高的盆地。祁连山位于青海省的东北部和甘肃省的西部,是由一群西北东南走向的高山与宽谷盆地平行排列组成的山脉群,平均海拔在 4 000—5 000 米,西段地势较高,南部有沙漠、戈壁和坡地,山间夹杂有湖盆、谷地,如疏勒河、党河、黑河、大通河和哈拉湖及青海湖等。山间的谷地、河谷宽广,面积约占山地总面积的三分之一以上,是水草丰美的牧场。青海湖东面的日月山以东、长城以南、太行山以西、秦岭以北便是辽阔的黄土高原。[③] 青海东北部地势较低的大通河谷、黄河和湟水谷地,属于黄土高原。黄河及其支流湟水、湟水支流大通河冲刷形成的谷地,地形平坦,土质肥沃,水源充足,有较好的农业生产条件。它们与甘肃陇中的部分河谷地区共同构成黄土高原区主要的精耕细作农业区。[④]

民国时期,甘肃东界陕西,南界四川,西界青海、新疆,北界宁

---

① 《青海省情》编委会:《青海省情》,西宁:青海人民出版社 1986 年版,第 22 页。

② 曾昭璇:《中国的地形》,广州:广东科技出版社 1985 年版,第 243 页。

③ 史念海、曹尔琴、朱士光:《黄土高原森林与草原的变迁》,西安:陕西人民出版社 1985 年版,第 6 页。

④ 萧正洪:《环境与技术选择:清代中国西部地区农业技术地理研究》,北京:中国社会科学出版社 1998 年版,第 21 页。

夏及外蒙古,[1]处于青藏高原、黄土高原、蒙古高原的交汇地带,地形东西长而南北狭,两端阔而中腰窄,成一哑铃形。[2] 甘肃地势西北高而东部低,地形地貌复杂,依自然环境不同,大致可分为六个区域:陇东、陇中黄土高原,陇南山地,甘南高原,祁连山地,河西走廊和北山山地。陇东、陇中黄土高原位于甘肃省中部和东部,东起甘陕省界,西至乌鞘岭,经过亿万年地壳运动和灾害侵蚀,黄土高原支离破碎。甘南高原是青藏高原东部边缘一隅,地势高耸,平均海拔在3 200米以上,是典型的高原区,这里草滩宽广、水草丰美,是优良的牧场。河西走廊是甘肃西北部狭长的堆积平原,长约1 000公里,宽几公里到几百公里不等,位于祁连山以北、合黎山以南、乌鞘岭以西、甘肃新疆边界以东地区。"河西全区,又可以嘉峪关为界分为东西两部,东部自古浪到酒泉,约长500公里,祁连山耸峙于南,海拔多在4 000公尺[3]以上,合黎山屏障于北,海拔概在3 000公尺左右,其间平地低落,海拔平均不过1 500公尺"[4],疏勒河中游谷地,海拔不及1 000米,玉门关海拔仅900米。河西走廊地势平坦,光热充足,水资源丰富,是著名的戈壁绿洲。

1929年1月,宁夏与甘肃分立,划改行省,以旧甘肃宁夏道所属各县与西套蒙古所属阿拉善、额济纳两旗为行政区域,后来又在伊克昭盟鄂托克旗西南隅的陶乐湖地方设陶乐县,也划入宁夏省

---

① 汤惠苏、雷男、董涵荣:《甘肃省农业调查》,《资源委员会季刊》第2卷第2期,1942年,第123页。

② 华西协和大学西北考察团编:《华西协和大学西北考察团报告》,1941年,张研、孙燕京主编:《民国史料丛刊》第818册,郑州:大象出版社2009年版,第363页。

③ 本书引文中多处出现旧制长度、面积单位,如"公尺""亩""担""方里"等,出于避免转换讹误及保留资料原始真实性之考虑,选择沿用,不一一注明。

④ 陈正祥:《西北区域地理》,上海:商务印书馆1947年版,第7—8页。

行政区域。宁夏省会设宁夏，东界绥远，南与西皆界甘肃，北界外蒙古，南以一隅界陕西，东西1500里、南北1200里，成不规则三角形，面积910 498方里(合491 668 920亩)，内县治(农耕)区115 785方里，占总面积的12.73%，阿拉善、额济纳两蒙旗地749 713方里，占总面积的87.27%。① 宁夏地势南高北低，北面的贺兰山脉绵延250公里，成为宁夏平原的天然屏障，南边则为六盘山脉。宁夏平原又称银川平原，位于宁夏中部黄河两岸，是断层陷落后经黄河冲积而成，南北长约280公里，宽10—50公里，海拔1 000—1 200米，面积7 800平方公里。② 黄河斜穿宁夏平原，这段黄河水面宽阔，水流平缓，沿黄河两岸地势平坦，"土地肥美，沟渠数十道，皆引河水以资灌溉，岁月丰穰。"③自古以来，宁夏水利事业就比较发达，每年春季，祁连山冰雪融化成河，宁夏人民就修渠筑坝，引水灌溉农田，形成沙漠中的绿洲。

民国时期的陕西东界山西、河南，南界四川、湖北，西界宁夏、甘肃，北界绥远④，在西北五省中位置最偏东，"东西距百八十公里，南北距八百六十公里，其形狭长，其地势大部为丘陵，西北高而东南低"⑤，"北近大漠、中耸秦岭，而形成陕北盆地及关中平原，陕南

---

① 汤惠荪、雷男、董涵荣：《宁夏省农业调查》，《资源委员会季刊》第2卷第2期，1942年，第34页。

② 曾昭璇：《中国的地形》，广州：广东科学技术出版社1985年版，第173页。

③ 王金绂：《西北地理》，北平：立达书局1932年版，第44页。

④ 汤惠荪、雷男、董涵荣：《陕西省农业调查》，《资源委员会季刊》第2卷第2期，1942年，第3页。

⑤ 陕西省银行研究室：《陕西经济十年(1931—1941)》，1942年，西安市档案馆重印，1997年，第2页。

则山脉纵横,低垲浅谷,惟汉水流域略见平原,故全省大部皆为丘陵。"①按地理环境划分,全省可分为三区,陕北黄土高原、关中盆地和秦巴山地。陕北黄土高原是我国黄土高原的中心部分,位于"北山"(泛指陕北黄土高原南缘与关中盆地过渡地带的一系列以灰岩为主的石质山丘)以北,地势西北高东南低,为黄土丘陵沟壑与黄土高原沟壑地貌,基本地貌类型是黄土塬、梁、峁、沟。关中盆地位于陕西省中部、秦岭和北山之间,西起宝鸡、东到潼关,海拔325—900米,地势西高东低,东西长约360公里,南北宽约30—80公里,西窄东宽,呈喇叭状。关中盆地以平原和黄土台原为主,渭河及其支流泾河、北洛河流经关中盆地,形成两岸宽阔的阶地平原。河流携带大量泥沙淤积,土质肥沃、水源丰富,自然条件优越,是中国开发较早的农耕区域之一,也是中国历史上农业最发达的地区之一。秦巴山地,秦指秦岭,巴指大巴山,秦巴山地就是指长江最大支流——汉水上游的秦岭大巴山及其毗邻地区,其主体位于陕南,主要地貌为秦岭山地、大巴山地和汉江谷地。汉江谷地包括陕西汉中、洋县、城固、安康等县河谷地带,是由汉江冲击而成的平原和残丘,土地肥沃,沟渠纵横,山多草木,颇具南方气象。②

(二)西北地区的气候

西北地区西部新疆位于欧亚大陆中部,是极端干燥的大陆性气候,夏季酷热、冬季严寒,冬夏长而春秋短,无霜期在150—200天。据民国时期记载,新疆北部"气候早寒,雨雪较多,每年十月即降雪,翌年三月始融。每届十一月十二月则冰雪封山,五六月间冰

---

① 汤惠苏、雷男、董涵荣:《陕西省农业调查》,《资源委员会季刊》第2卷第2期,1942年,第5页。

② 许济航:《陕西省经济调查报告》,张研、孙燕京主编:《民国史料丛刊》第818册,郑州,大象出版社2009年版,第6页。

雪融化,则洪流奔驰而下,溢于田野,潴水为湖泊。天山附近南山一带森林尚茂,雨水调和,气候与内地各省相同。至西北塔尔巴哈台、阿尔泰则寒度更剧,五六月间人民犹衣皮裘,七月在塔城附近,幕内尚有火炉,六月降雪之事则迭见不鲜。南路气候炎热,以吐鲁番为最"。"每届二三月间,即衣薄衫,五六月间居民悉入地室,商旅皆夜行昼寐。三月有微雨,夏季对流甚强,雨量较多。焉耆、库车、阿克苏一带地势较高,气候温和,惟雨量亦甚缺乏。和阗、于阗、若羌一带,位于大漠之南,气候亢燥,与吐鲁番无异。"①全省"一年雨雪之日,不过二十至二十五日,温度在一月时降至华氏冰点下三十度,夏则升至八十六度以至九十度。风则日中最烈,夜间则稍静。春季最烈,夏季稍静。气候之变化,颇为剧烈"②。可见,民国时期的新疆气温温差大,由极冷到极热,变化剧烈,南疆的气温高于北疆,北疆的降水高于南疆。北疆的迪化全年降雨量为318.2毫米,南疆的库车年降雨量只有20.1毫米,③南疆沙漠地区雨量极少,其中,塔里木盆地、吐鲁番—哈密盆地、天山东北端的淖毛湖戈壁,年降水量都在50毫米以下,属极端少雨地区,④对农作物的生长不利。

西北地区的中部青海、甘肃、宁夏三省,属于典型的大陆性气候,冬有严寒、夏有酷暑,昼夜温差也大。降水稀少,属于干旱(沙漠)、半干旱(草原)地区,从东南夹杂着水气的季候风,自东而西接连被秦岭、陇山、乌鞘岭、祁连山阻挡,"从东南到西北降水量依次递减,渭河流域的天水年降水量为631.7毫米,泾河流域的平凉为

---

① 王金绂:《西北之地文与人文》,上海:商务印书馆1935年版,第47页。

② 王金绂:《西北之地文与人文》,上海:商务印书馆1935年版,第48页。

③ 廖兆骏:《新疆之天然环境与农业》,《西北论衡》第6卷第5期,1938年,第87页。

④ 刘奕频、张继书:《西北的气候》,西安:陕西人民出版社1988年版,第82—84页。

598.4 毫米,兰州西宁一线降为 300 毫米左右,宁夏平原为 148.5 毫米,河西走廊地区年降水量不足 100 毫米,最低的安西敦煌仅有 30 余毫米。"①一年之中,冬季降水最少,7—8 月雨水最多,年变率(历年雨量百分平均偏差)很高。从气温来看,1 月温度最低,7 月温度最高,由东南到西北随着纬度和海拔越来越高、温度越来越低。"1 月平均温度渭河流域的天水和泾河流域的平凉为−3 ℃,宁夏平原的平均温度为−9.7 ℃,河西走廊的肃州、安西分别为−8.8 ℃和−7.1 ℃,青藏高原的都兰为−9.3 ℃,7 月平均温度渭河流域的天水和泾河流域的平凉分别为 22.9 ℃和 21.3 ℃,宁夏平原为 23.3 ℃,而河西走廊的肃州、安西分别为 23.7 ℃、26.3 ℃,青藏高原的都兰为 18.1 ℃。"②结合气温和雨水条件看,6—9 月是三省多雨的季节,也是一年中气温最高、热量最丰富的时期,"雨热同期,有利于农作物与林草的生长"③,为这一区域农业和畜牧业的发展创造了基本条件。但是,三省都属于干旱、半干旱气候区,降水量稀少,"干旱气候区,无灌溉则无农事,半干旱气候区,雨水也与农作密切相关,冬作以小麦为主,夏季则以小米和棉花为主,因此,春季(夏初)雨水变率大,不可靠,使主要作物(冬麦)之收成常受威胁。"④

具体来看,青海气候寒暑变化更加剧烈,"青海寒期较长,每年八月即雨雪,至翌年五月始融解。因境内崇山峻岭河川湖泊错流其间,地势高下不平,故气候亦因之而异。柴达木一带夏日炎热,

---

① 张萍主编:《西北近代经济地理》,上海:华东师范大学出版社 2015 年版,第 375 页。
② 张萍主编:《西北近代经济地理》,上海:华东师范大学出版社 2015 年版,第 375 页。
③ 史念海、曹尔琴、朱士光:《黄土高原森林与草原的变迁》,西安:陕西人民出版社 1995 年版,第 21 页。
④ 程纯枢:《黄土高原及西北之气候》,《地理学报》第 10 卷,1943 年,第 33—34 页。

十一月始结冰，因空气干燥，其热甚于江南。柴达木河流域一月平均温度八九度，八月平均温度为六十三度。在黄河上游公窟都受曲加三族之地，寒时堕指裂肤，每届六月，则炎暑异恒，惟早晚犹须衣裘。黄河下流之贵德、西宁、化隆及青海周围，则雨量丰沛，寒暑适中。南部玉树一带，气候与西康省相似。"①从降雨量看，青海雨量稀少，蒸发量大，东南部年均降水量为 350—450 毫米，蒸发量为 1 500 毫米左右，西北部降水量为 50—150 毫米，蒸发量为 1 800—2 600 毫米。② 降水量少，蒸发量大，日照时数多，但因地势高寒，热量条件差，不利于农作物的生长。

"甘肃北部气候寒冷，冬季积雪甚厚，河水皆冰；时有朔气自蒙古挟砂吹入。夏季炎热，其温度恒达华氏一百零五度左右，每年平均约十三度左右。南部山脉绵亘，地势高耸，气候较为和煦。"③"一年中一月温度最低，七月温度最高，春夏两季为雨期，惟雨量仍感不足。秋冬苦旱，降雪多则兆丰年。东南天水一带，雨量颇多，气候温和，因汉水低谷，送来湿气，无高山峻岭阻隔之故。"④河西走廊地区年降水量严重不足，主要依靠"贺兰山脉、祁连山脉之积雪，每届盛夏，即融解流注，土人多引以灌田"⑤。

宁夏黄河附近气候温和，1 月宁夏平原的平均温度为 −9.7 ℃，7 月平均温度为 23.3 ℃，降水量为 150—200 毫米，降雨年变率极大，少而不稳定，季节分布极不均衡，主要集中在 7、8 两个月，降水过于集中，"不仅无助于一般农作物的生长，且往往因潦

① 王金绂：《西北之地文与人文》，上海：商务印书馆 1935 年版，第 49—50 页。
② 冯迈：《青海地理概况》，西宁：青海人民出版社 1958 年版，第 14 页。
③ 王金绂：《西北之地文与人文》，上海：商务印书馆 1935 年版，第 49—50 页。
④ 王金绂：《西北之地文与人文》，上海：商务印书馆 1935 年版，第 49—50 页。
⑤ 王金绂：《西北之地文与人文》，上海：商务印书馆 1935 年版，第 49—50 页。

而成灾。就[民国]二十六年雨量分配言,七八两月占全年雨量百分之四十九点二三,六七两月占全年雨量百分之二十七点零三,其为农作利用者其量甚微。"①

　　西北地区东部陕西省由于受大气环流和南北狭长跨度大的影响,气候类型复杂多样,由南至北可分为北亚热带、暖温带、中温带三个气候带。秦岭南麓和巴山北坡之间属于北亚热带气候;秦岭北坡、关中和陕北南部属于暖温带气候;陕北北部属于中温带气候。从气温来看,陕西"榆林区地接大漠边缘,不惟冬夏寒热均剧,即昼夜温差也相差很大"②。民国年间,陕西榆林年平均气温9.3℃,最冷的1月,月平均气温-8.3℃,最高为7月,月平均气温24.4℃。关中盆地西安的年平均气温为14.1℃,最低1月为-1.3℃,最高7月为28.0℃。陕南汉水谷地以南郑为例,其气温年平均为15.1℃,最冷1月为3.0℃,最热7月仅26.3℃。③陕南汉水谷地与关中平原为陕西的两个暖区,年平均气温12℃—16℃,热量条件较好。陕北长城沿线地区和秦岭中高山区是陕西的两个冷区,年平均气温6℃—9℃,热量条件较差。陕西年降水量的变化在400—1 000毫米之间,以陕南地区为最多,可达760毫米,关中地区年均500毫米,陕北高原则只有200毫米以下,总的趋势是越向北降水量越少。从季节上看,春季降水量占全年的11%,夏季为43%,秋季为40%,冬季仅占6%,夏秋降水量多,冬季降水

---

① 宁夏省政府:《宁夏资源志》,银川:宁夏省政府,1946年,第14页。
② 汤惠荪、雷男、董涵荣:《陕西省农业调查》,《资源委员会季刊》第2卷第2期,1942年,第6页。
③ 陕西省银行经济研究室:《陕西经济十年(1931—1941)》,1942年,西安市档案馆1997年重印,第3页。

量最少。①

气温、热量、雨水等气候条件直接影响陕西农作物的区域分布,但也不绝对,与海拔、地形关系也很大。如陕北整个冬季有五个月以上,1月的平均气温在-6℃以下,冬小麦难以生长,故主要作物是春小麦和杂粮,而"秦岭雨量在高处虽亦可达一千粍,但除造林外多无农作物可当。其南麓自西向东之七五〇粍等雨线,则为我国主要稻作区北界之一段。此线约自四川汉县东北入陕襄(襄)城,沿秦岭南麓东引经桐柏山沿淮河至海。此纯就气候条件而言,实则农作物的种类受地形之限制亦大,汉南气候虽宜稻作,然谷地狭窄,稻作面积不广。渭河区虽雨量大减,然南沿秦岭北麓之区,低地得山水积蓄之惠,水稻耕种也颇可观。不过渭河区究以麦为主要农作物。其他春季干燥而夏季温度高,加以钙质土壤,故宜于棉作"②。

(三)西北地区的河流

新疆北部较大的河流有伊犁河、额尔齐斯河等,河流的补给主要靠冰雪融化,年降水量稳定,有利于农业生产。伊犁河的西南源名为帕克斯河,发源于腾格里山的北麓,东北流与崆吉斯河会合,西北流纳霍尔果斯河之后,再向西注入巴哈喀什湖,长达864公里。其干支流有利于农田灌溉,形成了伊犁河谷"到处部落相望,田园相连,树木繁茂,牧草丰饶"③的美丽自然和人文景观。额尔齐斯河发源于阿尔泰山西南坡,在我国境内有546公里,流灌区域面积5.7万平方公里,是新疆第二大河,可以用于灌溉农田。天山以

---

① 陈舜卿主编:《陕甘近代经济研究》,西安:西北大学出版社1994年版,第3页。

② 陕西省银行经济研究室:《陕西经济十年(1931—1941)》,1942年,西安市档案馆1997年重印,第5页。

③ 张献廷:《新疆地理志》,台北:成文出版社,据1914年石印本1968年影印,第29页。

北还有乌鲁木齐河和玛纳斯河,乌鲁木齐河"源于乌克克山,长 400 里左右,流域面积 4.5 万方里,纵贯迪化县内,其支流及于昌吉县境,河之沿岸颇多可耕之地"①。今乌鲁木齐所在的乌鲁木齐河流域以及绥来(今玛纳斯县)所在的玛纳斯河流域,均以盛产稻米而著称。南疆较大的河流有塔里木河、阿克苏河、叶尔羌河等。"塔里木河长 3 800 里,流灌区域面积 120 万方里,沿沙漠流行,耕地多沿沙漠边际一带,居民引河水或高山雪水以溉田。阿克苏河为塔里木河的支流,长 1 000 余里,流灌区域面积 10 余万方里,此一带气候温和,与江南颇相似,又支渠错杂,良田万顷,为新疆产米最佳之地"。②

　　青海省的南部是长江、黄河、澜沧江的发源地——三江源。长江发源于唐古拉山各拉丹冬峰西南侧,上游通天河及其支流雅砻江、嘉陵江,嘉陵江的支流白龙江和西汉水也流经青海、甘肃、陕西。澜沧江发源于青藏高原,其上游干流在青海省内有 448 公里,河谷宽广、水流平缓。黄河发源于青海省巴颜喀拉山脉,向东汇入星宿海,再向东入札陵湖、鄂陵湖,再由湖的东北角流出,流经青藏高原、黄土高原,流经黄土高原时,夹带了大量的泥沙,被称为世界上含沙量最大的河流。黄河上中游主要支流有白河、黑河、湟水、洮河、大黑河、窟野河、渭河、泾河、汾河、延河等。黄河及其支流流经的区域形成了一些平原和谷地,如河湟谷地、宁夏平原、渭河平原、泾河谷地等,是黄河流域主要灌溉农业区。

　　青海境内的内流河主要分布于柴达木盆地、青海湖盆地。柴达木盆地有大小河流 160 多条,其中比较大的有柴达木河、格尔木

---

① 廖兆骏:《新疆农业区域之概观》,《西北论衡》第 6 卷第 6 期,1938 年,第 109 页。
② 廖兆骏:《新疆农业区域之概观》,《西北论衡》第 6 卷第 6 期,1938 年,第 110 页。

河等,它们的水源主要来自盆地四周的雪山和冰川,河水流向盆地内部,呈向心式分布,流程较短,水量较小,但滋润了盆地内的草原和农田,对于调节盆地内的气候也有较大作用。青海省绝大多数内流河渗入地下,消失于荒漠中,有些大的内流河流入内陆终端湖,如布恰河流入青海湖,格尔木河的北流分支注入达布逊湖。

甘肃河西走廊的内流河主要有发源于祁连山脉的石羊河、黑河、疏勒河、哈尔腾河等。它们的水源由祁连山的冰雪融水和雨水补给,年径流量稳定,水能储藏量大。[1] 这些河在流出祁连山地后,大部分渗入戈壁形成潜流,小部分被利用灌溉农田,形成绿洲农业。河西走廊三个独立的内陆水系,即疏勒河、弱水和石羊河水系形成了三群绿洲,疏勒河即有玉门、安西等绿洲,弱水即有张掖、酒泉、金塔、高台、山丹等绿洲,石羊河形成了武威、民勤等绿洲[2],现在是甘肃著名的商品粮基地。

陕西境内的河流以外流河为主,内陆河分布在陕北长城沿线一带,仅占全省流域总面积的 2%。外流河以秦岭为界,分属黄河流域和长江流域,黄河"自府谷县入陕西境,与山西分界,南流到清涧县会无定河,至宜川县会延水,又南历壶口龙门到华阴县,渭水自西来会,遂经潼关趋河南"[3]。长江流域内主要河流有汉江、嘉陵江、丹江、牧马河等。嘉陵江"源自凤县东北嘉峪谷,西南流掠甘肃一角,复入境会来自甘肃的西汉水,至阳平关西南入四川境。汉水源出蟠家山口漾水,东流经沔县曰沔水,经褒城县纳褒水,始名汉,水量乃大,东流左纳溵西、子午、乾佑诸河,右纳牧马、任岚诸河,趋

---

[1] 冯绳武:《甘肃地理概论》,兰州:甘肃教育出版社 1989 年版,第 98 页。

[2] 曾昭璇:《中国的地形》,广州:广东科学技术出版社 1985 年版,第 178—179 页。

[3] 汤惠荪、雷男、董涵荣:《陕西省农业调查》,《资源委员会季刊》第 2 卷第 2 期,1942 年,第 6 页。

湖北省"①。

（四）西北地区的土壤

从土壤情况来看,青海"土质以东部及东北部附近之山地山麓最肥沃,耕种极佳,沿河之地,概为冲积土,余则砂石相间,可耕之地甚少,中部多系火山遗迹,成为湖泊,故其沿边土壤多含盐质,南部各处山麓亦甚肥沃,惟西部属于高原干燥地带,土质硗瘠"②。从土壤类型看,青海土壤主要有"黑钙土,富有机质,结构甚佳,最适合耕种;栗钙土,由表土至深层,皆砂黏合度,全部皆可耕种;淡栗钙土,除有机质外,营养成分并不低,如果加以灌溉,生产能力自佳;未成熟栗钙土,为粒或柱状元粉砂质黏壤土,含石灰质,土性疏松,含石灰质较少者,宜于生长期短的小麦、大麦、荞麦;未成熟淡栗钙土,由强石灰性黄土构成,若雨水多,蒸发小,则表土色泽更为深暗,有机质聚集越多,作物的生产力越高。石灰质土,如能加以灌溉,改良土性,亦为农垦佳良之土"③。西宁、互助、大通、丰源、乐都、共和、湟源等县都有黑钙土、栗钙土,循化、贵德、共和、同仁等县有未成熟栗钙土,丰源、循化、都兰有淡栗钙土,乐都、民和、化隆、贵德、同仁等县有未成熟淡栗钙土,西宁、贵德、化隆、循化、民和、同仁、都兰都有石灰质土,都适合农耕,只有灰钙土及黄灰色的漠境土含有机质极低,石灰质极强,不适农垦。柴达木盆地主要土类为盐化荒漠土和石膏荒漠土、草甸土、沼泽土,一般均有盐渍化

---

① 汤惠苏、雷男、董涵荣:《陕西省农业调查》,《资源委员会季刊》第 2 卷第 2 期,1942 年,第 6 页。

② 汤惠苏、雷男、陆年青:《青海省农业调查》,《资源委员会季刊》第 2 卷第 2 期,1942 年,第 267 页。

③ 汤惠苏、雷男、陆年青:《青海省农业调查》,《资源委员会季刊》第 2 卷第 2 期,1942 年,第 267—268 页。

现象,只有具高度抗旱能力的灌木半灌木和草本植物能够生长。

甘肃省"兰山区皋兰、永登、靖远、永靖、景泰等县大都系灰钙土及黄灰色之漠境土,临夏、宁定、临洮、洮沙等县为表面呈极浅栗色之钙层土,陇东全区都是未成熟的栗钙土及淡栗钙土,陇南区天水附近系未成熟的栗钙土及淡钙土,渐南则系灰棕色及暗灰棕色之砂质森林土,洮西区系黑钙土及变质黑钙土、栗钙土,河西区系灰钙土及黄灰色之漠境土及冲积之石灰质土壤,嘉峪关外则全系漠境沙丘及石灰质"①。可见,甘肃省除嘉峪关外的沙漠、皋兰等县,河西区部分灰钙土及黄灰色之漠境土有机质含量极低,石灰质极强,不适合农作物生长外,其他陇东、陇南、洮西区的土质都适合农耕。甘肃、陕西黄土高原的黄土层,可分为原生黄土和冲积黄土两种,原生黄土地带在陕北、陇东、陇南一带,冲积黄土在陕南、关中盆地、宁夏沿河一带。黄土土壤富有毛细管的作用,如遇水多时,极易渗漏,水少时可使地下水上汲,具有自肥的作用,为农业适宜的土壤。② 陕西关中有些地方是褐土,适宜发展旱作农业。

宁夏"卫宁平原均系盐质及非盐质冲积土(石灰质),金积、灵武之南,宁朔,宁夏,平罗之西均为灰钙土及黄灰色之漠境土,豫旺、盐池则为未成熟之淡栗钙土。西套漠境区大部均为砂石质地,惟河流、湖泊附近系盐质冲积地。贺兰山以西,几尽属沙漠"。可见,民国时期的宁夏有大片的沙漠,砂石遍地,在卫宁平原、河流湖泊附近土壤适合农耕。

总之,由于西北地区特殊的自然条件,农业经济比较发达的地

---

① 汤惠荪、雷男、董涵荣:《甘肃省农业调查》,《资源委员会季刊》第 2 卷第 2 期,1942 年,第 126—127 页。

② 黎小苏:《西北经济地理环境之特殊性》,《西北研究(西安)》第 4 卷第 6 期,1941 年,第 14 页。

区主要分布在地势平坦、灌溉条件较好的平原、绿洲与河谷地带，如宁夏平原、河西走廊绿洲、黄河、湟水谷地、新疆的伊犁河谷、乌伦谷河与额尔齐斯河流域、乌鲁木齐河一带及塔里木河流域有水的地方。黄河的支流洮河、湟水、泾河、北洛河、渭河等，滋养着流域内的土地，也是西北地区灌溉农业最发达的地区。除农耕区域外，西北地区有广阔的天然牧场，如青南高原就是良好的天然牧场，具有草原面积大、类型多的特点。在长江、黄河、大通河的上游，布恰河及青海湖四周，河流纵横交错，水草茂生，适合放牧。柴达木盆地有些地方土地湿润，芦苇茸草生长特别茂盛，适合马、驼、牛羊的繁殖，也是优良的牧场。

二、西南地区农业生产的自然条件

（一）西南地区的地形

本课题研究的西南地区包括青藏高原的东南部、四川盆地及其周边山地、云贵高原。青藏高原的东南部主要包括今天四川北部、西部、西南部和云南省的西北部；四川盆地及其周边山地主要包括四川省中东部、贵州省中北部、云南省东北部和重庆市的大部；云贵高原主要包括贵州全境与云南省的中南部和中东部。抗战时期，这些地方分属四川、西康、云南、贵州和重庆市。

"四川位于长江上游，西邻西康，南接滇黔，东连湘鄂，北界陕甘，西北角且与青海接壤，面积四十三万一千两百零六方公里，居全国第五位。"[①]四川地势"四周高峻，中间低平，实具有盆状之形式。四川盆地东北省境为大巴山脉，高度自一千至二千五百公尺；正东在川鄂界上为巫山山脉，乃长江三峡所从出；东南为武陵山脉

---

① 稼轩：《图书介绍〈四川地理〉（胡焕庸著）》，《图书季刊》新 1 第 1 期，1939 年，第66 页。

及娄山山脉,高自一千至一千五百公尺;西与西南为大雪山和大凉山,高度自二千至四千五百公尺;西北则有岷山山脉,高自三千至四千公尺。盆地内部北部较高,南部较低,其海拔高度约自三百公尺至七百公尺"①。"四川盆地一般分为川东平行岭谷、川东方山丘陵和川西成都平原三种地形区。川东平行岭谷指渠江以东、大巴山以南、长江以北的低山丘陵,由 20 余条长短不一的并列山地组成,均作东北西南向,除华蓥山(1 704 m)以外,海拔均不到1 000 m,山间谷地海拔只有 200 多 m。"②"谷地宽而缓,丘陵间分布的局部平原,俗称'坝子',是农业精华所在。"③"川中方山丘陵指渠岷之间的方山、丘陵和单面山分布区,海拔约 350 m 左右,高出江面约 100 m,顶部有硬砂岩保护时,因流水切割,往往形成小型的方山地形。本区内河流多迂回曲折,曲流发育,沿岸多废弃的河曲、浅滩、离堆山。川西冲积扇平原以成都平原为主,东西介于龙泉山脉和川西高原之间,在后斜构造基础上,由岷江、沱江、青衣江联合冲积而成。平原中间宽、南北窄,由于岷江水量丰富,挟带冲积物多,所以灌县以下的冲积扇面积最大(21 000 km²),为成都平原主体。"④四川盆地气候温暖,雨水丰沛,土质肥沃,自然条件非常有利于发展农业,自古以来就是我国重要的粮食和经济作物的主产区之一,尤其是成都平原,地势平坦,土层深厚肥沃,河流密布。春秋时期,成都平原水患严重,秦蜀郡守李冰父子在前人治理岷江水患的基础上,建成了都江堰水利工程,变岷江水害为水利,溉灌

---

① 胡焕庸:《四川地理》,重庆:正中书局 1938 年,第 1 页。

② 冯绳武主编:《中国自然地理》,北京:高等教育出版社 1989 年版,第 193 页。

③ 中国科学院《中国自然地理》编委会:《中国自然地理·总论》,北京:科学出版社 1985年版,第 291 页。

④ 冯绳武主编:《中国自然地理》,北京:高等教育出版社 1989 年版,第 193 页。

沃野千里,保证了成都平原万顷良田稳定丰收,此后,成都平原的水利灌溉系统逐渐形成,成都平原也成为天府之国。

1939 年 1 月 1 日,西康省成立,其地域范围"东至雅安金鸡关,与四川分界,西至德格、巴安一带,暂与藏人划金沙江为守,南至会理、盐边各县,与云南毗连,北至石渠一带与青海接壤,全境习惯上分康宁雅三区"①。全省面积共 451 521 万平方公里,康区 19 县,面积 271 600 平方公里,宁区 8 县,面积 44 940 平方公里,雅区 6县,面积 34 981 平方公里。②"西康地形东西绵长,南北短促,而东西南北四隅均向外伸张,宛如一横卧之蛱蝶,全境为一高原地带,平均高出海面三千五百公尺,山峦起伏,沟谷纵横。"③西康境内山脉统称为横断山脉,境内地势北高南低,自北而南,为各大河流所蚀切,与山脉构造平行,愈南河谷之切蚀愈深,多构成深沟狭谷。④河谷地带分布着狭窄的冲积平原,可以农耕。"康区全境均为高原,气候酷寒,土质硗薄,除金沙、雅砻、大渡诸流域河谷地带,比较温暖,可供耕种外,余均不适合农作,只宜牧畜。宁属全境气候温暖,土质肥美,安宁河流域的农田尤佳。雅属全境河流甚多,气候温和,土地状态略同内地。"⑤

云南位于我国的西南部,根据其自然地理特征可以划分为具有高原热带景观的滇南山间盆地亚区和具有山原亚热带景观的云

---

① 郭沅卿、杨仲华:《西康之自然地理》,《康导月刊》第 5 卷第 7—8 期,1943 年,第 15 页。
② 郭沅卿、杨仲华:《西康之自然地理》,《康导月刊》第 5 卷第 7—8 期,1943 年,第 16 页。
③ 郭沅卿、杨仲华:《西康之自然地理》,《康导月刊》第 5 卷第 7—8 期,1943 年,第 16 页。
④ 郭沅卿、杨仲华:《西康之自然地理》,《康导月刊》第 5 卷第 7—8 期,1943 年,第 15—16 页。
⑤ 鲁筱庵:《西康土地陈报概述》,《西康经济季刊》,1943 年第 2—4 期,第 24—25 页。

南高原亚区,以及高山深谷为特征的横断山脉亚区。[①] 滇南山间盆地东起富宁,西到芒市、盈江,包括西双版纳及河口等地,大部分山岭海拔在 1 500 米以下,少数可到 2 000 米以上,元江下游的河口海拔只有 84 米,是云南海拔最低的地方。云南高原亚区位于点苍山和哀牢山以东,包括云南中部和东部,大部分地区海拔在 1 400—2 200 米,北部较高,向南逐渐降低。横断山脉区包括哀牢山—点苍山以西地区,南北走向的高山与深谷平行排列,山岭与河谷排列紧密,相对高差最大,河谷中没有宽阔的盆地,山顶上也没有较大的高原面。[②] 可以说,云南地形是山原、河谷、盆地交错分布,有高山、中山和低山,有波状起伏的高原,高原上有众多间山盆地(坝子),而且是山中有坝、原中有谷,分布较散。其中,地面坡度一般小于 8°的坝区,较为平坦,交通便利,开发较早,是云南种植业的主要地区,属于"坝子农业"。

　　贵州东界湖南省,西界云南省,北邻四川省,南邻广西省,面积 170 196.22 平方公里。[③] "西承云贵高原,北接四川盆地,东连湖北丘陵,南界广西丘陵,地势大致西高东低,形如一大斜坡,南向广西为急倾斜,北向四川为缓倾斜。"[④] 贵州为一崎岖不平的分割高原,在短距离内地形有复杂的变化,故有"地无三里平"之谚。"平均海拔为 1 500 公尺,最高地势如西部苗岭一带,海拔达 2 000—3 000 公尺,其中低处约 1 500—2 000 公尺;最低地势,海拔在 400 与 700

---

① 任美锷、杨纫章、包浩生编著:《中国自然地理纲要》,北京:商务印书馆 1979 年版,第 285、289 页。

② 任美锷、杨纫章、包浩生编著:《中国自然地理纲要》,北京:商务印书馆 1979 年版,第 285 页。

③ 丁道谦:《贵州经济地理》,重庆:商务印书馆 1946 年版,第 9 页。

④ 周恩济:《贵州的气候》,《现代防空》第 3 卷第 1 期,1944 年,第 42 页。

公尺之间。"①全省地貌类型复杂，除高原、山地、丘陵、台地、盆地外，落水洞、伏流、暗河、溶洞等分布较普遍，是典型的喀斯特地貌。从地形特征来看，贵州分为五个亚区，贵州南部低山盘谷亚区，海拔 500—900 米，以低山、丘陵河谷盆地为主，热量丰富，基本无霜，年可三熟；东部山地丘陵亚区，以低山丘陵为主，热量充足，降水丰富，农作物可二至三熟；西部高原中山峡谷亚区，海拔 1 800—2 600 米，高原面保存良好，地形平缓，牧草茂盛；中部丘原亚区，海拔 1 000—1 400 米，高原面上丘陵与盆地（坝子）广布，终年温暖湿润；北部中山峡谷亚区，地势上为高原斜坡，地形起伏大，均以山原和中低山为主，其间分布有面积不等的河谷盆地。贵州的农业耕作区一般北部高于南部，河谷平坝区高于丘陵山区，贵阳、安顺、遵义、毕节等地及赤水河谷、乌江河谷地带是开发较早的农业地带，黔东南、黔西南、黔南开发较晚。水田从东南向西北，从低海拔向高海拔递减，旱地则相反。因此，贵州东南部为稻作区，西北部为旱作区，中部为水旱兼作区，全省大部分地区可以一年两熟或二年三熟。

（二）西南地区的气候

四川盆地属于亚热带季风湿润气候，冬季温暖，夏季炎热，雨水丰沛，无霜期长，十分有利于农业生产。"四川系盆地构造，加以僻居内陆，离海较远，故夏季甚为炎热，较同纬度各地气温均高。四川盆地因受北方秦岭和大巴山的障蔽，冬季殊为和暖，各月温度之分布，大致自东南向西北递减，川西河谷，常年为温度最高之地，西北草原始终为最冷部分之所在，冬季盆内平均温度大都在摄氏六度八以上，六度为植物生长之最低温度，故盆地之内，植物于冬

---

① 周恩济：《贵州的气候》，《现代防空》第 3 卷第 1 期，1944 年，第 41 页。

季仍可继续生长。四周山地温度略低,约在四度至七度之间,西北草原则多在零度以下。夏季盆地温度大部在二十八度至三十度之间,山地略低两三度,而西北草原则多在二十度左右。年平均温度,盆地内大部在十七至十九度间,长江河谷自十九至二十度,四周山地多在十五至十七度之间,惟西北草原则低至十度以下。"[①]"全年日均温≥10 ℃的活动积温达 5 000 ℃—5 800 ℃,高于同纬度地区。盆地的热量资源足供所有亚热带经济作物和水果生长需要,除棉花因日照不足,影响成长外,麦稻可以两熟。"[②]四川降水主要来自夏季风,冬半年的降水部分来自寒潮,年降水量在 1 000 毫米左右,其中一半降水在夏季,冬雨只占 2%,春雨也不多,秋雨较多。冬春降雨少,增温快,常有春旱。[③] 另外,霜期的长短也会影响农作物生长,结霜的时候,植物内部的水分被冻结,会破坏植物纤维,故植物生长之日,必为无霜之期,"四川冬季和暖,因此霜期很少。以重庆为例,1935 年,仅成霜一次,1936 年 3 次,1937 年 6 次,12 月下旬以前,2 月初旬以后,均少成霜机会,全年生长期可有 315日。成都位置偏北,成霜机会较多,但植物生长期也在 270 日。四川冬季降雪的机会也很少,根据近 8 年的统计,重庆降雪共计 11日,平均每年仅有 1 次,成都近 5 年(1934—1938 年)的记录,实际降雪很少,1935 年全年降雪仅一次。"[④]可见,四川(包括重庆)气候是冬暖夏热,温度年变化不大,盆地内农作物在冬季仍然可以继续生长,日均温超过 10 ℃的活动积温高,热量资源充足;全省雨量充沛,尤其是夏季,雨量占全年 50% 以上,雨量的年平均变化率在

① 易明辉:《四川的气候》,《川康建设》第 1 卷第 1 期,1943 年,第 51 页。

② 冯绳武主编:《中国自然地理》,北京:高等教育出版社 1989 年版,第 194 页。

③ 冯绳武主编:《中国自然地理》,北京:高等教育出版社 1989 年版,第 194 页。

④ 易明辉:《四川的气候》,《川康建设》第 1 卷第 1 期,1943 年,第 52 页。

9％—50％之间,年变率较小;全省湿度大而多云雾,霜雪极少,无霜期长达 290—350 天,植物的生长期很长,这些气候条件,都有利于农业生产,缺点是容易发生春旱。

云南属于亚热带高原季风气候,受季风和地形的影响,云南气候干湿分明。降水集中在 5 月—10 月,占全年降水量的 80％—90％,为湿季;10 月到次年 4 月降水极少,只占 10％—20％,为干季。从降水的空间分布来看,滇西南多于滇中,山地多于河谷。滇西南年降雨量达 1 500—2 500 毫米,滇东、滇西北为 1 500 毫米左右,滇北只有 700 毫米,金沙江上游谷地仅 500 毫米。所以云南春旱现象比较普遍且影响广泛,尤其滇东北几乎每年都有春旱,但当暴雨来临时,因云南多高山深谷,地形起伏大,坡陡水急,易发山洪,造成洪涝灾害。[1] 云南因为纬度低、海拔高,冬天不冷,夏天不热,气温年变化小,有"四季皆春"之说,但是日温差大,大致12 ℃—20 ℃,尤其是干季,昼夜温差更为剧烈。[2] 云南的热量资源不如华南丰富,但热量的有效性较高,对农业生产有利,稻、麦、棉花、油菜均可种植,有些地方还可以栽种热带经济作物,如橡胶、油棕、胡椒和热带、亚热带水果。

贵州居北温带南缘,属亚热带湿润季风气候,季候风夏季由海洋吹入大陆,冬季则由大陆吹向海洋,对贵州温度、雨量和农业生产有很大影响,季候风带来海洋的水气,故贵州夏季雨量较多,但是全年雨量分配相当平均,有"天无三日晴"之谚。"贵州年降水量一般在 1 000—1 300 mm,以夏雨为主(占 40％—60％),冬雨虽少,

---

① 冯绳武主编:《中国自然地理》,北京:高等教育出版社 1989 年版,第 217 页。
② 冯绳武主编:《中国自然地理》,北京:高等教育出版社 1989 年版,第 217 页。

而雨日很多,"①雨水对于贵州各地农业灌溉有非常重要的意义。从气温来看,"贵州年均温超过 15 ℃,7 月均温在 24 ℃以上,1 月均温大于 5 ℃,"②大部分地区年平均气温为 14 ℃—16 ℃,但由于地形起伏较大,气候的局部变化也相当明显。贵州全年雾日较多,云量大,日照较少,为全国多雾区之一。"如贵阳日照仅 1 338 小时,而雨日>180 天,冬季雪日不足 10 天,全年无霜期280—300 天。"③雨热同期,有利于农作物生长。但因阴雨天太多,一些需要高温和日照长的作物如高粱、棉花和一些长绿果树的栽培受到一定的限制,但对一般农作物颇为有利。双季稻在一些河谷内,亦可获得丰收。④

（三）西南地区的河流

"四川河流纵横交错,遍布盆地,其舟楫之便,灌溉之利,全国鲜与伦比,全境除长江横贯东西外,更有岷沱嘉涪渠黔诸流,亦甚重要。"⑤长江上游称为金沙江,至宜宾汇入岷江,至泸县汇入沱江,至重庆汇入嘉陵江,一路向东奔流。岷江发源于岷山,经松潘茂县而入灌县,过成都平原到达嘉定,与青衣江、大渡河汇合,至宜宾与金沙江合为长江。都江堰分岷江江流为内外两支,灌溉成都平原16 县农田,即使干旱之年,仍能丰收。沱江是岷江的支流,在金堂赵家渡与绵阳河汇合,自此而下贯流成都平原,经简阳、内江、富顺而达泸县汇入长江。沱江长 345 公里,虽然长度不长,但对于四川

---

① 冯绳武主编:《中国自然地理》,北京:高等教育出版社 1989 年版,第 196 页。

② 冯绳武主编:《中国自然地理》,北京:高等教育出版社 1989 年版,第 196 页。

③ 冯绳武主编:《中国自然地理》,北京:高等教育出版社 1989 年版,第 196 页。

④ 冯绳武主编:《中国自然地理》,北京:高等教育出版社 1989 年版,第 196 页。

⑤ 中国农民银行四川省农村经济调查委员会:《四川省农村经济调查总报告》,《中国农民银行四川省农村经济调查委员会调查报告》第 1 期,1941 年,第 9 页。

农产品运销有非常重要的作用,成都之米,藉此接济资内、自贡,金堂、什邡之烟,资内之糖,自贡之盐,亦藉此道而直下重庆。嘉陵江是连通四川与陕甘之交通要道,东源为东河,出自陕西凤县,西源为西汉水,出甘肃境,二源汇入四川,经昭化与白龙江汇合,再南流经合川与涪江、渠江相会,出小三峡汇入长江。[①] 四川河流径流总的来说比较丰富,年际变化和年内季节变化不大,相对稳定,有利于航运和灌溉。四川还有丰富的地下水资源,是我国最早利用地下水资源进行农田灌溉和农业生产的地区。

西康有金沙江流经,还有较大河流雅砻江、大渡河、青衣江、澜沧江、怒江、雅鲁藏布江等。西康河流大多在高山深谷中流淌,水流湍急,筑坝蓄水,既可以发电,又可以灌溉农田。雅砻江、大渡河、安宁河、黑水河等可以灌溉农田,青衣江流经雅属,流域内也适宜农林。

云南境内河流众多,且多源远流长,有些是国内有名的巨江大河,有些还是国际性的河流,主要有金沙江(长江上游)、南盘江(西江上游)、元江(红河)、澜沧江(湄公河上游)、怒江(萨尔温江上游)、独龙江(伊洛瓦底江上游)和雅鲁藏布江7大水系,它们以怒山为界,分别流入太平洋和印度洋。河流的水源补给主要靠降水,特别是西南季候风带来的降水,冰雪融水也占一定的比重,因此,河水的洪、枯水期变化非常明显,汛期开始晚,来势迅猛,夏秋水量最大,冬春水量最小,增加了洪水危害和春旱威胁。另外,云南还有40多个高原湖泊,多数为断陷型湖泊,较大者有滇池、洱海、抚仙湖等,均有蓄水、灌溉、水产、航行之利,还可以调节气候。

---

① 中国农民银行四川省农村经济调查委员会:《四川省农村经济调查总报告》,《中国农民银行四川省农村经济调查委员会调查报告》第1期,1941年,第9页。

贵州东南部的苗岭是长江和珠江两流域的分水岭，以北属长江流域，主要河流有乌江、清水江、赤水河等。贵州西北部的赤水河源出云南镇雄县境，中游一段作为川、黔界河，循西北边境在四川合江附近入注长江。[①]"乌江又称黔江，自西横贯东北，入川归注长江，流域最广，为黔省第一大水。抚河、清水江居省之东境，入湘合为沅江。"[②]苗岭以南属珠江流域，主要河流有榕江、盘江（南盘江、北盘江）、红水河等。"榕江又名都江，为柳江之上流，源出独山县，东流到三都即名都江，自此折而南，经榕江，下江而入广西。"[③]"盘江有南北两源，北源为北盘江，出自威宁，西入云南宣威，为滇黔两省界河。南盘江源自云南沾益县西北之花山，南汇为中延泽，西南流为黔桂两省界河，始称南盘江，经兴义、安龙、册亨等县，至者香渡与北盘江会，两源既合，称红水河。"[④]贵州具有高原峡谷型地貌结构特征，导致水土资源分布不平衡。高原面为河流上游，谷宽流缓，地形较平坦，土层厚，田水高差小，耕地集中连片，但水量常不足。山地峡谷是河流中、下游，坡降大，谷窄流急，水资源丰富，但地形起伏，山高水低，耕地分散，利用不便。土层厚、肥力高、水利条件好的耕地所占比重较低。

（四）西南地区的土壤

四川省"地质为新赤色砂岩，全盆地皆系此种砂岩构成，故有红盆地之称，盆地四周皆山，多为原始时代及古生化岩层，四川省内，除去成都平原之红土层外，大部分含有新赤色砂岩层，土壤之

---

① 冯绳武：《中国自然地理》，北京：高等教育出版社 1989 年版，第 196 页。

② 周恩济：《贵州的气候》，《现代防空》第 3 卷第 1 期，1944 年，第 43 页。

③ 丁道谦：《贵州经济地理》，重庆：商务印书馆 1946 年版，第 17—18 页。

④ 丁道谦：《贵州经济地理》，重庆：商务印书馆 1946 年版，第 18 页。

化学成分,自然肥沃丰饶,适于农耕"①。中国科学院《中国自然地理》记载,四川盆地的土壤主要是紫色土(紫红色岩层上发育的土壤),其次为冲积土和黄壤。紫色土分布在广大丘陵地带,富含磷、钾等养分,肥力较高,有利于各种作物的生长,只是氮素不足,质地粗疏,具沙性,渗水和通气调节较好,蓄水能力较差,抗旱能力低。冲积土主要分布于平原和河流两岸,如成都平原地区,也是全国水稻土分布区域最集中的地区,水稻土土层上部酸性,中下部微酸性或近中性,母质以河湖相沉积、冲积物为主,一般肥力较高,有机质含量可达 2.5% 以上,具有保水保肥力强的特点,土层深厚,质地适中,结构良好,养分含量丰富,是高肥力土壤。② 四川盆地北缘大巴山区部分山地分布有棕色森林土和灰化棕色森林土,其南侧山麓为酸性黄壤,土层薄,有机质含量低,农业生产性能差。四川岷江上游调查所见的垂直地带:在海拔 2 000 —2 600 米间为针阔混交林,有铁杉、油松、桦木松、白桦、槭树等,林下有竹和草类植物,土壤是山地褐色土。2 600—3 600 米为以云杉为主的针叶林带,下部的土壤为山地灰化棕壤;3 500 米以上亦常见落叶松林,主要是山地灰化土。3 600 —3 800 米为高山灌木带,以大叶杜鹃乔状灌木为主,林下生长苔藓植物,土壤为山地泥炭灰化土。3 800 —4 000米间的草甸植物下是山地草甸土。高原南部低海拔地区分布着较多的红壤、山地棕壤。③

　　根据农林牧业的种类,西康可划分为稻作区、麦作区、森林区、

① 吕平登:《四川农村经济》,上海:商务印书馆 1936 年版,第 2 页。

② 中国科学院《中国自然地理》编委会:《中国自然地理·总论》,北京:科学出版社 1985 年版,第 289 页

③ 马溶之:《中国土壤的地理分布规律》,《土壤学报》第 5 卷第 1 期,科学出版社,1957 年,第 8—9 页。

童山草地区四类。稻作区土壤呈浅灰色,大多系古代河流运积而成,土壤细而多肥,粘而不重,极宜种稻。西康宁、雅两属,康区泸定、康定及得荣察隅等县产稻区就是这种冲积土。西康各地倾斜山地之土壤,其色赤,亦称赤壤区域,这种倾斜山地,最宜于大小麦、青稞、包谷(玉蜀黍)的生长。该区土质中庸而不肥沃,性微粘而重。此种赤土,漫延极广,凡宁、雅属及康属3 500公尺以上的土地,不论其倾斜之缓急,概属此类土壤。森林区大多为褐色土壤,性坚而润湿,黏重异常,多位于8 000到9 500尺(英尺)之间,区内农作不安,居民甚少,多业牧畜。童山草地区大多在西康高原之中,林木缺乏,童山濯濯,土壤颇似印度之棕色土而略带黄色,故又称为红黄土,腐植质少,肥沃不足,且以风化透彻,所含胶体物较丰,而盐基质流失颇大,土薄水少,率成一望无垠之草坡。分布于康属理化、石渠、俄洛、术雅诸草原,仅适于牧畜,不宜农作。①

　　"云南土壤情况相当复杂,种类繁多,据统计有19个土类,80个土种,以赤红壤、红壤、棕色森林土、灰化棕色森林土和山地草甸土最为重要,前两者主要分布在南部的平坝和河谷,后三者在北部高寒山地。"②滇中高原(昆明)一带为红壤,往西至下关逐渐过渡至褐红壤,继续往西南,在芒市镇则分布砖红壤性红壤。"蒙自、思茅、沧源一线以南以铁质红色砖红壤为主,以北以砖红壤化土壤为主。云南的土壤分布垂直差异也很大,在平原和盆地的底部为红褐土、湖积土和河流冲积土。在海拔1 000米以下的高原和山地地区为红褐土,1 500米以下为砖红壤,1 500米以上为山地红壤、山

①　郭沅卿、杨仲华:《西康之自然地理》,《康导月刊》第5卷第7—8期,1943年,第20页。
②　冯绳武:《中国自然地理》,北京:高等教育出版社1989年版,第218页。

地红棕壤、山地棕壤。在滇西横断山地和滇东北高山地区,除海拔3 200以下的土壤垂直分布和上述情况相似外,3 200米以上为山地灰棕壤、山地灰化土和山地泥炭化土,4 000—4 200米为山地草甸土。"①可见,云南主要是红壤系列的土壤,土壤中钾、钠、钙、镁积存少,铁、铝等氧化物含量较多,缺点是酸性较强,土性较黏,排水不良。云南红壤分布地区气候条件优越,光照热量充足,植物生长期长,适于发展亚热带经济作物、果树和林木,农作物一年可两熟到三熟,因此,云南是我国稻米、丝、茶、甘蔗的主要产区,也是油桐、柑橘、毛竹、果树等经济林木的主产地,土地的生产潜力很大。

贵州是我国黄壤主要分布区,海波1 000米以下主要是黄壤和水稻土。"贵州全省土质属于新成红色黏土区,为含有氧化铁之瘠薄幼年土壤,大部未经利用,其经利用者,渐呈褐色,土壤之构造转佳,惟黏性仍甚浓厚,排水不良,耐酸作物如玉蜀黍尚能生存,故玉蜀黍在黔省分布相当普遍,仅次于水稻。"②在贵州"低洼之地,因为冲积而成的关系,土壤构造较佳,表面多呈灰褐色或黄褐色,黏松适度,适于稻麦生存"③。黔中高原(贵阳)一带分布黄壤,黄壤与红壤一样,也是中亚热带常绿阔叶林下生成的富铝化酸性土壤,多分布在多云雾、水湿条件较好的低山地带,以川、黔两省为主,因为黄壤成土环境相对温度大,致使土壤中氧化铁水化引起土色变黄。④

---

① 杨伟兵主编:《西南近代经济地理》,上海:华东师范大学出版社2015年版,第223—224页。

② 丁道谦:《贵州经济地理》,重庆:商务印书馆1946年版,第51页。

③ 丁道谦:《贵州经济地理》,重庆:商务印书馆1946年版,第50页。

④ 中国科学院《中国自然地理》编委会:《中国自然地理·总论》,北京:科学出版社1985年版,第293页。

黄壤肥力比紫色土低,农业生产性能较差,需进一步改良。贵州较高山地的土壤有垂直变化,自上而下有山地黄壤、山地黄棕壤、山地灰化土和山地草甸土。①

　　总体来看,中国西部地区土地资源丰富,但是山地面积比例高,还有不少海拔3 000米以上的高山,不适合耕种。耕地主要集中在山间谷地、盆地、平原、河流的两岸及高原坝区。从气候条件上讲,西南和西北存在很大差异,西南地区气候温暖、雨水充足、多气候带和丰富的动植物资源;西北地区干旱少雨、光照强但热量不足,农业生产严重依赖灌溉。从土壤条件来看,西南地区主要是红壤系列,适于发展热带、亚热带经济作物、果树和林木,农林业生产潜力很大。西北地区主要是褐土系列和栗钙土,适合发展旱作农业和牧业。陕西汾、渭谷地的土壤是潮土,是我国重要的农耕土壤,适合种植小麦、玉米、高粱和棉花。宁夏平原是灌淤土,是我国半干旱地区平原中的主要土壤,以春播作物为主,适合生长小麦、玉米、糜谷等。新疆及河西走廊的绿洲是绿洲土,是干旱地区的主要耕作土壤。总体上看,西部地区农业发展的自然条件差异很大,应该根据各地自然条件发展适宜的种植业、牧业、林业。

第二节　西部地区的人口和耕地

一、西部地区的面积和人口

　　西部地区幅员广阔,据《申报年鉴》记载,新疆面积为1 641 554

---

① 冯绳武:《中国自然地理》,北京:高等教育出版社1989年版,第196页。

平方公里,在全国 30 个省区中排第一位,青海 728 198 平方公里,排第四位,西康 472 704 平方公里,排第六位,四川 403 634 平方公里、云南 398 583 平方公里,排第七、第八位,甘肃 380 863 平方公里,排第九位。整个西部九个省(不包括重庆市)的面积为 4 699 549 平方公里,约占全国总面积的 42.06%,新疆一省的面积就占全国面积的 14.7%。

表 1　中国西部各省土地面积与全国土地面积的比较①

省别	面积平方华里	面积平方哩	面积平方公里	占全国面积百分比(按平方公里计算)	在全国 30 省中按面积排序
新疆	4 947 778	633 802	1 641 554	14.7	1
青海	2 294 848	281 156	728 198	6.51	4
甘肃	1 147 952	147 051	380 863	3.40	9
宁夏	911 612	116 776	302 451	2.70	11
陕西	587 975	75 319	195 076	1.75	18
西康	1 424 768	182 510	472 704	4.23	6
四川	1 216 586	155 843	403 634	3.61	7
云南	1 201 362	153 892	398 583	3.57	8
贵州	531 925	68 139	176 486	1.58	20
九省合计	14 264 806	1 814 488	4 699 549	42.06	
全国总计	33 678 018	4 314 097	11 173 558		

1934 年 6 月—1935 年 8 月,国防设计委员会派汤惠荪等赴西北五省考察,考察报告记载,陕西全省面积 652 826 方里,合 352 526 040 亩,其中关中 193 876 方里,陕北 288 156 方里,陕南

_____

① 申报年鉴社编:《申报年鉴》,北京:国家图书馆出版社 2010 年版,第 80—81 页。注:包括外蒙和西藏,共 30 个省区。占全国面积的百分比是笔者按平方公里计算所得。

170 794 方里,①比《申报年鉴》记载的面积大,其中陕北面积最大,其次是关中,然后是陕南。甘肃全省面积 1 210 168 方里,合 653 491 260 亩,②也比《申报年鉴》记载的面积大。宁夏全省 910 498 方里,合 491 668 920 亩,其中县治区(农耕)115 785 方里,占总面积的 12.72%,阿拉善、额济纳两个蒙古部落(游牧)749 713 平方里,占总面积的 87.27%(疑应为 82.34%)。③ 青海面积 2 086 989 方里,折合 1 126 974 060 亩。其中,西宁、互助、大通、乐都、民和、贵德、共和、循化、化隆、湟源、门源、都兰 12 县为 991 424 方里,占总面积的 47.50%;同仁、玉树等 5 县 1 095 565 方里,占 52.50%。④ 1937 年 10 月,资源委员会派雷男、任承宪、陆年青赴贵州调查,调查报告记载,"贵州省东西相距 575 公里,南北相距 514 公里,实际面积为 176 480 平方公里,约占全国面积的 1.52%,其大小位于我国本部十八省中之第九。"⑤与《申报年鉴》记载的差不多。

　　民国时期,对于全国和西部地区人口的统计数据比较混乱,有内政部统计数据,有学者研究的数据,还有各种调查统计数据,这些数据都不一致。根据路遇、滕泽之的研究,1936 年西部 9 个省总人口 102 879 192 人,占全国人口总数的 20.71%。

---

① 汤惠荪、雷男、董涵荣:《陕西省农业调查》,《资源委员会季刊》第 2 卷第 2 期,1942 年,第 3—5 页。

② 汤惠荪、雷男、董涵荣:《甘肃省农业调查》,《资源委员会季刊》第 2 卷第 2 期,1942 年,第 124 页。

③ 汤惠荪、雷男、董涵荣:《宁夏省农业调查》,《资源委员会季刊》第 2 卷第 2 期,1942 年,第 350 页;原文数字疑有误,括弧中为重新计算的数字,全书多处有此现象,不一一注明。

④ 汤惠荪、雷男、陆年青:《青海省农业调查》,《资源委员会季刊》第 2 卷第 2 期,1942 年,第 265 页。

⑤ 资源委员会、中央农业实验所、贵州省农业改进所:《贵州省农业概况调查》,贵州省农业改进所,1939 年,第 2 页。

表 2　1928、1936、1945 年西部各省的人口数①　　　　单位：人

省份	民国 17 年 (1928 年)	民国 25 年 (1936 年)	民国 34 年 (1945 年)	与全国人口的比较，按 1936 年数字计算(%)
陕西	11 802 446	9 935 818	13 717 850	2.0
宁夏	449 869	500 000	678 887	0.1
甘肃	6 403 339	7 000 000	9 670 002	1.41
青海	1 100 000	1 250 000	1 390 809	0.25
新疆	3 000 000	3 000 000	4 081 627	0.60
西康	2 500 000	2 650 000	3 294 694	0.53
四川	49 900 000	51 043 374	55 282 827	10.28
云南	13 821 234	14 500 000	15 444 492	2.92
贵州	12 691 900	13 000 000	13 468 287	2.62
总计	101 668 788	102 879 192	117 029 475	20.71
全国人口	495 381 199	496 723 711	513 230 133	

从表 2 来看，整个西部地区除了四川省外，其他各省在全国人口中所占的比例都比较小，青海、宁夏、新疆所占比例更少。据安汉、李自发考察，西北地区人口密度每方里不及 3 人，东南沿海每方里 200—300 人，②可见，西北人烟之稀少。从 20 世纪 30 年代西北人口的分布来看，西北人口主要聚集在土地肥沃、气候和暖、河流两岸、灌溉便利的地区。陕西省是西北人口最多的省份，大多数人口学者认为，民国时期，陕西人口约为 1 000 万人。1933 年，陕西省民政厅统计，陕西省有 1 763 018 户，9 257 831 人，其中，男

① 路遇、滕泽之：《中国人口通史》(下)，北京：中国社会科学出版社 2015 年版，第 774、801 页。
② 安汉、李自发：《西北农业考察》，武功：西北农林专科学校，1936 年，第 175—176 页。

5 100 038 人,占 55.09％,女 4 157 793 人,占 44.91％。① 从人口分布情况看,关中地区最多,约占全省总人口的 55％;陕南次之,约占全省总人口的 35％;陕北最少,只占全省总人口的 10％。② 甘肃 1935 年各县乡保甲户口调查,甘肃全省人口 6 689 210 人(疑应为 6 547 695 人),其中,男 3 556 643 人,占总人数的 54.32％;女 2 991 052 人,占总人数的 45.68％。其中以陇南区人口最稠密,平均为每方里 14.21 人,洮西区、河西区最稀,平均每方里尚不足 3 人。③ 1934 年宁夏保甲调查,10 县共有 86 411 户,645 426 人,其中,男 349 154 人,占 54.1％,女 296 272 人,占 45.9％,阿拉善 17 000 人,额济纳 18 000 人,共 680 426 人。人口密度,宁夏、灵武每方里 10—13 人,豫旺、盐池因为干旱,人口密度每方里只有 2—4 人,磴口每方里不及 1 人,全省平均每方里仅 0.76 人。④ 青海少数民族是游牧民族,逐水草而不断迁移,20 世纪 30 年代,国民政府、青海省政府都没有其人口统计数据,所以青海省到底有多少人口,并没有确切的数据,有的说有 600 万人,中央农业实验所发表的数字只有 70 万。1931 年青海省民政厅户口调查,西宁等 11 县有 555 464 人,1934 年,汤惠荪等调查,西宁等 11 县有 97 974 户,566 822 人,平均每户 5.79 人。青海蒙藏两少数民族估计约有 128 818 户,约 745 810 人。共计 1 312 632 人。青海人口多集中在湟中区,尤以西宁每方里 15.41 人为最多,民和、湟源为农商业发达之区,人口密度分别为每方里 10.57、7.67

---

① 汤惠荪等:《陕西省农业调查》,《资源委员会季刊》第 2 卷第 2 期,1942 年,第 6 页。

② 张萍主编:《西北近代经济地理》,上海:华东师范大学出版社 2015 年版,第 48 页。

③ 汤惠荪等:《甘肃省农业调查》,《资源委员会季刊》第 2 卷第 2 期,1942 年,第 127、130 页。

④ 汤惠荪:《宁夏省农业调查》,《资源委员会季刊》第 2 卷第 2 期,1942 年,第 351—352 页。

人,互助每方里平均 9.26 人,11 县平均每方里4.25人。①

西北人口分布情况,王金绂在《西北之地文与人文》中有形象的描述:"以陕西最稠,渭水流域及汉水流域,土味丰肥,气候和暖,居民麋集。北部榆林、绥德、定边、保安一带,土地成半沙漠性,气候变化剧烈,故人口稀疏。甘肃人口之密度次于陕西,尤以东南徽县、成县及西部皋兰一带为最稠。西北境安西、敦煌、玉门诸县,砂碛弥漫,生产无多,人口颇为稀疏。宁夏东南为黄河流域,属于黄土地层,适于农耕,居民多聚于此。西北弱水流域,因地下水之影响,亦有植物之生长,人民多架帐幕而居,沿河两岸,帐幕全全。除此多为不毛之域,人迹殊渺。青海东部西宁湟源一带,人口稠密,玉树次之,西北一带为沙漠地带,气候变化剧烈,居民寥寥。新疆南部为大戈壁,东部有白龙堆沙漠及哈顺沙漠,沙碛绵亘,产物无多,人口极稀。天山南北人口稠密,西南一带次之。以全区论,新疆殆为人口最稀疏之省。"②

四川是西南人口大省,据人口学者研究,1936 年,四川总人口为 52 963 269 人,西康总人口为 968 187 人,西康、四川合计53 931 456人。③ 四川人口大多集中居住在四川盆地。西康,今天的川西南、川西北,人口比较少。《云南行政纪实》记载,1932 年云南人口共有 11 568 922 人。张肖梅《云南经济》记载,1934 年,云南人口有 12 042 157 人④。葛剑雄、侯杨方研究认为,1911—1936 年间,云

① 汤惠苏等:《青海省农业调查》,《资源委员会季刊》第 2 卷第 2 期,1942 年,第 269—270 页。
② 王金绂:《西北之地文与人文》,上海:商务印书馆 1935 年版,第 142—144 页。
③ 葛剑雄、侯杨方:《中国人口史》第 6 卷,上海:复旦大学出版社 2001 年版,第 203 页。
④ 云南省档案馆编:《近代云南人口史料(1909—1982)》第 2 辑,昆明:云南省档案馆 1987 年版,第 54、69 页。

南人口年平均增长率为－0.07％,①1911 年为 1 200 万人,1936 年大约在 1 116 万—1 200 万人之间。贵州省民政厅编制保甲,统计贵州1 718 494 户,人口 9 195 514 人,农民占总人口的 73％。② 贵州省民政厅 1937 年调查,贵州有 185 万户,1 048 万人。③ 人口密度,"全省平均每方公里计 59 人,在本部十八省中占第十四位,约与陕西、山西人口密度相当。"④从人口分布情况看,也极不平均,呈现东南少、西北多的格局。密度比较高的是安顺,每平方公里约 208.05 人,与江浙人口密度差不多;贵阳、毕节、息烽、凤岗、铜仁等县,人口密度在百人以上,但都江县每平方公里只有 15.94 人,大塘仅有 18.17 人,安南仅 19.37 人。⑤

二、西部地区的耕地面积和农业人口

(一) 西部各省的耕地面积

西部地区虽然幅员辽阔,土地总面积很大,但是多崇山峻岭、沙漠戈壁、深沟峡谷,适合农业生产的耕地并不是很多,尤其是新疆、青海、宁夏、西康等省,耕地面积不到土地总面积的 1％。新疆幅员三分之一均系山岭、河沼及戈壁,可耕之地仅有 1 300 万亩,占全省面积约4/10。已耕地主要在北疆的伊犁河流域,"平原旷阔,草场丰美",迪化一带有数千顷农田,南疆塔里木盆地的水草田也是主要农耕区,哈

① 葛剑雄、侯杨方:《中国人口史》第 6 卷,上海:复旦大学出版社 2001 年版,第 206 页。
② 京滇公路周览会贵州分会宣传部:《今日之贵州·贵州农业概况》,甲农林产品概况,1937 年,第 1 页。
③ 资源委员会、中央农业实验所、贵州农业改进所:《贵州省农业概况调查》,1939 年,第9 页。
④ 资源委员会、中央农业实验所、贵州农业改进所:《贵州省农业概况调查》,1939 年,第12 页。
⑤ 张肖梅:《贵州经济　人口及土地》,上海:中国国民经济研究所 1939 年版,吴相湘、刘绍唐:《民国史料丛刊》第 11 种,台北:传记文学出版社,1971 年影印,第 A2 页。

密之水草田纵横 30 里,但仅占塔里木盆地全面积的 1.5%。[1] 1934
年,宁夏只有耕地 184.8 万亩,仅占该省土地总面积的 0.41%。甘
肃、云南、贵州等省耕地面积也只占全省土地总面积的 3%—8%。
1934 年,甘肃约有耕地 2 167.6 万亩,占该省土地总面积的 3.8%;云
南有耕地 2 500 余万亩,占全省土地总面积的 4.2%;贵州有耕地面
积 2 120 余万亩,占全省土地总面积的 8%。1946 年,青海有耕地
780.7 万亩,占该省土地总面积的 0.715%,西康只有耕地 401.1 万
亩,占该省土地总面积的 0.564%。西部各省耕地面积少的主要原因
是这些省份有较多的崇山峻岭、沙漠戈壁,适合耕种的土地较少,还
有就是这些省份的荒山、荒地没有得到开垦,农业开发程度较低。如
新疆"额尔齐斯河流域的哈巴河、布尔津河及乌伦古河流域,土地膏
腴,亦足为农业之区,惜因乏人耕种,至今仍属荒地"[2]。

表 3　1934、1946、1949 年西部各省耕地面积[3]　　单位:千亩

省名	土地总面积	1934 年耕地面积	1934 年占本省土地总面积的百分比(%)	1946 年耕地面积	1934 年占本省土地总面积的百分比(%)	1949 年耕地面积
陕西	291 360	30 883	10.6	45 627	15.66	65 773
甘肃	571 066	21 676	3.8	26 167	4.58	60 782
云南	598 259	25 009	4.2	26 215	4.4	33 915
贵州	264 166	21 206	8.0	23 173	8.77	27 511

[1] 扬海:《新疆之农业》,《边疆》半月刊,第 2 卷第 11 期,1937 年,第 1 页。

[2] 扬海:《新疆之农业》,《边疆》半月刊,第 2 卷第 11 期,1937 年,第 2 页。

[3] 许道夫:《中国近代农业生产及贸易统计资料》,上海:上海人民出版社 1983 年版,第
　　8—9 页。

续表 3

省名	土地总面积	1934年耕地面积	1934年占本省土地总面积的百分比（%）	1946年耕地面积	1934年占本省土地总面积的百分比（%）	1949年耕地面积
四川	606 029	88 763	14.65	151 437	24.99	97 958
西康	710 918			4 011	0.564	6 633
青海	1 091 629			7 807	0.715	6 760
宁夏	454 522	1 848	0.41	1 846	0.406	
新疆	2 462 963	12 624	0.51	14 913	0.605	19 469
全国	13 075 968			1 410 731		1 468 221

　　资料来源：1.各省土地总面积来自 1933 年《申报年鉴》，原为平方公里，现换算为市亩。2.1934 年的数字见 1935 年《申报年鉴》，青海、西康因资料不全，未列入。新疆缺 10 县，云南缺 4 县，贵州缺 1 县。3.1946 年的数字见《中华年鉴》（下册），第 1 239 页。4.1949 年数字见国家统计局编《全国农业生产恢复时期基本统计资料》。5.全国土地总面积为 959.7 万平方公里，合 144 亿亩，原表缺西藏、内蒙数字，故土地总面积只有 130.76 亿亩。

　　从许道夫的这个统计表来看，1934 年，四川和陕西的垦殖指数比较高，说明这两个省农业开发历史悠久，传统农业比较发达。关于四川耕地面积，严中平认为，1929 到 1933 年间，四川的耕地面积有 155 万顷。[①] 吕平登《四川农村经济》记载，1932—1933 年四川耕地面积有 9 628.2 万亩。郭声波《四川历史农业地理》统计，1937 年四川 18 个行政督察区耕地面积共有 113.059 万公顷。[②] 民国时期西康耕地面积的确切数字没有找到，据《西康省各县统计调查表》记载，西

<hr />

[①] 严中平：《中国近代经济史统计资料选辑》，北京：中国社会科学出版社 2012 年版，第 237—238 页。

[②] 郭声波："表 12：民国二十六年四川耕地数"，《四川历史农业地理》，成都：四川人民出版社 1993 年版，第 135 页。

康省各县的耕地面积有 21 411 825 亩。① 许道夫统计表记载,1934年贵州的耕地面积有 2 120.6 万亩。国民政府主计处 1931 年的估计数字是 2 300 万亩,贵州省建设厅各区农林指导员报告,贵州耕地面积为 31 223 189 亩,土地总面积 264 720 615 亩,垦殖指数为11.79%。② 张肖梅著《贵州经济》记载,1936 年,贵州全省土地总面积为 176 470 平方公里,已调查的 80 县有耕地 5 323.2 万亩。③1934—1935 年全国土地委员会《全国土地调查报告纲要》记载对贵州镇远等 25 县调查,贵州总面积 72 643 725 亩,耕地面积14 399 907.156 亩占总面积的 19.82%④。根据以上数据,基本可以确定,全面抗战时期,贵州耕地面积大约有 2 900 万—3 100万亩。

从耕地的类型来看,西北地区水田很少,大多在河川两岸,如陕西水田主要分布在汉水流域,次为泾河、渭河流域。1932 年国民政府主计处《统计月报》记载,陕西耕地总亩数 3 379.6 万亩,水田341.1 万亩,约占 10%,旱地 3 038.5 万亩,约占 90%。⑤ 除了水田、旱地外,陕西还有森林地 4 681.824 万亩,宜林地 7 022.736 万

① 《西康省各县统计调查表》,四川省档案馆、四川民族研究所合编:《近代康区档案资料选编》,成都:四川大学出版社 1990 年版,第 134—139 页。

② 资源委员会、中央农业实验所、贵州农业改进所:《贵州省农业概况调查》,1939 年,第30 页。

③ 张肖梅:《贵州经济　人口及土地》,上海:中国国民经济研究所 1939 年版。吴相湘、刘绍唐:《民国史料丛刊》第 11 种,台北:传记文学出版社,1971 年影印,第 A2 页。

④ 土地委员会编:《全国土地调查报告纲要》,李文海主编:《民国时期社会调查丛编》二编,乡村经济卷(下),福州:福建教育出版社 2014 年版,第 328 页。

⑤ 陕西省银行经济研究室:《陕西经济十年(1931—1941)》,1942 年,西安市档案馆 1997年重印,第 80 页。

亩。① 华西协和大学西北考察团考察,陕西全省水田占耕地面积的
5％,平原旱地占89％,山林地占1％,其他占5％。② 1935 年 3 月
实业部调查,甘肃耕地面积总计 2 351 万亩,其中水田 386.1 万亩,
占 16.42％;旱地 1 964.9 万亩,占 83.58％。③ 甘肃水田以陇南(嘉
陵江、渭河流域)最多,次为河西的张掖、临洮一带,陇东泾河流域
也有水田。青海黄河湟水流域有水田,但是面积极小。④ 新疆的伊
犁河谷、阿克苏地区,北疆的呼图壁、绥来、库尔喀喇乌苏、精河、迪
化的三个泉等都有水田,可以生产水稻。宁夏平原有黄河水灌溉,
也有水田。总的来说,西北地区以旱地为主,水田面积占比较小。
但是,西北各省都有灌溉设施,可以利用灌溉系统浇水种植旱生作
物的水浇地数量不少,特别是新疆和宁夏,水利事业比较发达,
90％以上的耕地都是水浇地。据西北水利考察团调查,陕西有
4 562.7 万亩耕地,灌溉面积 288.3 万亩,水地占耕地面积的
6.32％。甘肃耕地面积为 2 616.75 万亩,灌溉面积 556.04 万亩,
水地占耕地面积的 21.3％。青海耕地面积 780.75 万亩,灌溉面积
63.71 万亩,水地占耕地面积的 8.17％。宁夏耕地面积 260 万亩,
灌溉面积 237.88 万亩,水地占耕地面积 91.5％。新疆耕地面积
1 704.53 万亩,灌溉面积 1 704.53 万亩,水地占耕地面积 100％。⑤

---

① 陕西省银行经济研究室:《陕西经济十年(1931—1941)》,1942 年,西安市档案馆 1997
　年重印,第 86 页。

② 华西协和大学西北考察团:《华西协和大学西北考察团报告》,张研、孙燕京主编:《民
　国史料丛刊》第 818 册,郑州:大象出版社 2009 年版,第 361 页。

③ 王达文:《甘肃省农产畜牧概况》,《国际贸易导报》第 8 卷第 12 号,第 166 页。

④ 华西协和大学西北考察团:《华西协和大学西北考察团报告》,张研、孙燕京主编:《民
　国史料丛刊》第 818 册,郑州:大象出版社 2009 年版,第 361 页。

⑤《西部建设考察团报告》,中国第二历史档案馆藏专题档案,黄河水利委员会档案,
　5 - 782。

由此可见，西北各省农业生产严重依赖农田水利工程，有灌溉设施，可以用来浇地，提高农产品的产量。可惜的是，全面抗战前，西北水利设施年久失修，渠堰堵塞，急需修缮，同时，急需新建、扩建农田水利工程。

西南地区，以四川盆地水田面积最大，1932—1933 年，四川水旱田地总数高达 9 628.2 万亩，其中，水田为 4 223.2 万亩，旱地为 5 405 万亩，分别约占全部耕地面积的 44% 和 56%。[①] 四川的水田主要分布在四川盆地内部平原和丘陵地带，成都平原灌溉设施完备，水田面积占耕地面积的 80%—90%；四川盆地南部，乐山、宜宾、泸州、江津、合川地区塘堰灌溉发达，水田面积也达到 60%—70%；沱江、涪陵、嘉陵江中游的内江、遂宁、南充一带，水田比率较低，是四川棉花、甘蔗、甘薯等旱地作物的主要产区。云南高山峡谷多，几乎没有平原，山谷和坝子适合耕种，但是总面积不大，而且云南地高水低，不利于灌溉，所以 2/3 的耕地属于旱地。至于贵州，《今日之贵州》记载，"贵州耕地面积仅二千三百万亩，不足总面积的十分之一，此二千三百万亩耕地之中，水田计九百五十一万三千亩，旱地计一千三百四十八万七千亩"[②]，按这个数字计算，水田约占 41.4%，旱地约占 58.6%。

（二）西部各省的农业人口

西部地区农业人口的统计数据非常不一致，出入还比较大。据四川省建设厅调查，1937 年，四川农户数 6 397 162 户，农民人口

---

① 吕平登：《四川农村经济》，上海：商务印书馆 1936 年版，第 80 页。
② 京滇公路周览会贵州分会宣传部：《今日之贵州·贵州农业概况》，甲农林产品概况，1937 年，第 1 页。

34 225 854 人。[1] 按全省 1936 年的总人口 52 963 269 人[2]计算,农业人口占总人口的 65% 左右。具体农业人口分布,引用杨伟兵主编《西南近代经济地理》的图表如下,从中可以明显地看出四川农业人口集中在四川盆地,特别是盆地丘陵区,占 66.48%,加上盆西平原和盆周山地占到 98.33%,可见四川农业人口高度集中在四川盆地。

表 4　1937 年四川农业人口分布[3]

农业区	农户数	农民人口数	占全省农民人口数比例(%)
盆西平原区	1 008 833	4 824 380	14.11
盆地丘陵区	4 059 064	22 738 103	66.48
盆周山地区	1 192 518	6 067 047	17.74
川西南山地区	89 059	416 413	1.22
川西北高山高原区	36 518	156 559	0.46
总计	6 385 992	34 202 502	

云南农业人口,据 1932 年云南省民政厅《云南省户口统计报告书》记载,"凡二十岁至四十九岁的男女,计为 5 148 786 人,其中农业人口为 2 437 784 人,占全数 47.3%。"[4]这个数据是对云南 20—49 岁的青壮年人口的统计,其中农业人口只占总人数的 47%,似乎不够准确。根据国民政府主计处统计局和云南省民政

① 《1937 年四川省建设厅农户及农民人口调查统计》,张肖梅:《四川经济参考资料》,中国国民经济研究所 1939 年版,b12—b17 页。

② 侯杨方:《中国人口史》第 6 卷,上海:复旦大学出版社 2001 年版,第 203 页。

③ 杨伟兵主编:《西南近代经济地理》,上海:华东师范大学出版社 2015 年版,第 30 页。

④ 云南省档案馆:《近代云南人口史料(1909—1982)》第 2 辑,昆明:云南省档案馆 1987 年版,第 55 页。

厅 1935 年的调查,全省农户占总户数的 70.96%。[1] 学者们普遍认为,即使保守估计,全面抗战爆发前,云南农业人口也应占全省总人口的 60% 左右。

贵州农业人口,据国民政府主计处统计局统计,1934 年,"黔省 1 769 023 总户中,农户数为 1 193 488 户,约占总户数的 67.5%。"[2]根据贵州省民政厅 1937 年调查及各县政府报告,贵州总户数为 1 850 497 户,总人数为 10 486 618 人,农户数为 1 408 828 户,农民数为 8 022 418 人,农户占总户数的 76.13%,农民占总人口的 76.5%。[3] 新中国成立后,国家统计局编《全国农业生产恢复时期基本统计资料》记载,1949 年,贵州省农户有 3 024 千户,农业人口 13 416 千人。[4]

陕西农业人口,根据 1932 年国民政府主计处《统计月报》记载,陕西总户数为 1 896 926 户,农户数为 1 384 579 户,农户占总户数的 73%。又据陕西省建设厅 1931 年对 32 个县的调查,农业人口占人口总数的 80.28%,农民雇工人数,占农民总数 6.58%。[5] 1934—1935 年汤惠荪等陕西农业调查,关中 44 县有农户 707 544 户,占总户数的 78.29%;汉中区 25 县有农户 499 799 户,占总户数

① 行政院农村复兴委员会:《云南农村调查》,上海:商务印书馆 1935 年版,第 12 页。

② 张肖梅:《贵州经济　人口及土地》,上海:中国国民经济研究所 1939 年版,吴相湘、刘绍唐:《民国史料丛刊》第 11 种,台北:传记文学出版社,1971 年影印,第 A5 页。

③ 资源委员会、中央农业实验所、贵州农业改进所:《贵州省农业概况调查》,1939 年,第 12 页。

④ 1949 年数字据国家统计局编:《全国农业生产恢复时期基本统计资料》。转引自林建曾:《抗战时期贵州农业发展及其特点》,《贵州社会科学》1996 年第 6 期,第 88 页。

⑤ 陕西省银行经济研究室:《陕西经济十年(1931—1941)》,1942 年,西安市档案馆 1997 年重印,第 80 页。

的79.4％。两区总计农户为 1 207 343 户,平均每户按 6.01 人计,①两区大约有农民 7 256 131 人。

1935 年出版的《申报年鉴》记载,甘肃全省共有 1 075 880 户,其中农户 793 160 户,农户占总户数的 73.7％,每农户平均耕种田地 30 亩。1931 年内政部统计,甘肃全省人口为 6 281 000 人,其中有农民 4 124 432 人,②农民约占总人口的65.67％。而 1934、1935年,甘肃保甲调查,全省有 1 119 929 户, 6 689 210 人,每户平均5.97人,其中农户有 863 043 户,占总户数77.06％,农民按每户6.87人计③,共有农民 5 929 105 人,占总人口的 88.64％。

青海、宁夏两省有蒙、藏等少数民族,国民政府和两省政府都没有少数民族人口统计数据,只有对农耕区农民的估计数据。西宁等 11 县为农耕区,农民数根据该县总户数估计为 73 332 户,占总户数的 74.85％,平均每户按 6.97 人计算④,共有农民 511 124人。宁夏卫宁平原为宁夏主要农耕区,各县农户数根据各县总户数估计而得为 62 384 户,占总户数的 72.19％,每户平均按 6.41 人计算⑤,共有农民 399 881 人。

1944 年 3 月再版的《国民政府年鉴》对当时西部各省农户数、农民数、耕地面积、每农户、每个农民平均拥有的耕地面积进行了估算,见表 5。

① 汤惠荪等:《陕西省农业调查》,《资源委员会季刊》第 2 卷第 2 期,1942 年,第 15—16 页。
② 汪惠波:《甘肃省经济之检讨》,《新亚细亚》第 11 卷第 5 期,1936 年,第 15 页。
③ 汤惠荪等:《甘肃省农业调查》,《资源委员会季刊》第 2 卷第 2 期,1942 年,第 127、135、136 页。
④ 汤惠荪等:《青海省农业调查》,《资源委员会季刊》第 2 卷第 2 期,1942 年,第 274 页。
⑤ 汤惠荪等:《宁夏省农业调查》,《资源委员会季刊》第 2 卷第 2 期,1942 年,第 355 页。

表5　西部各省耕地与农民①

省别	农户数（千户）	农民数（千人）	耕地面积（千市亩）	每农户平均耕地面积（市亩）	每农民平均耕地面积（市亩）	每农户平均作物亩数（市亩）	每农民平均粮食作物亩数（市亩）
四川	4 975	25 772	155 448	31.25	6.03	7.78	6.69
陕西	1 385	7 767	45 627	32.94	5.87	7.23	6.07
甘肃	793	4 013	26 167	33.00	6.52	6.65	6.19
青海			7 807				
云南	1 384	7 169	26 215	18.94	3.66	4.46	3.84
贵州	1 193	6 182	23 173	19.42	3.75	4.09	3.51
宁夏	54	274	1 846	34.19	6.74	6.67	6.34
新疆	344	1 655	14 913	43.35	9.01	8.20	7.38
合计	10 128	52 832	301 196				

材料来源：(1) 农民户数系沿用民国 24 年（1935 年）《中华民国统计提要》129 表之材料编制，农民人数系以农户占总户数 87%，从人口中估计得之。又四川省之农民户口数系原 14 县之数字。

(2) 耕地面积除宁夏省数字系沿用《中华民国统计提要》第 129 表数字，青海、新疆两省数字系用乔启明、蒋杰著：《中国人口与粮食问题》第六表中校正耕地面积数字外，其余各省均系采用金大农经系卜凯教授等著：《中国土地利用》第二册中数字。

(3) 各农户每农民平均耕地面积作物亩数、粮食作物亩数等，均系各总数计算而得，并非各省之平均数。

---

① 国民政府主计处统计局：《农户与耕地》，国民政府行政院编纂：《国民政府年鉴》，1944 年 3 月再版，附表 20。秦孝仪编：《革命文献》第 105 辑，台北："中央"文物供应社，1986 年 6 月，第 408—409 页。

许道夫对1946年西部各省耕地与农民的统计见表6。

表6 1946年西部各省的耕地与农民①

省别	耕地面积（千市亩）	农户数（千户）	农民数（千人）	平均每户耕地（亩）	平均每人耕地（亩）
陕西	45 627	1 385	7 767	32.94	5.87
甘肃	26 167	793	4 013	33.00	6.52
宁夏	1 846	54	274	34.19	6.74
青海	7 807	237	1 197	32.94②	6.52
新疆	14 913	344	1 655	43.35	9.01
四川	151 437	6 352	38 957	23.84	3.89③
云南	26 215	1 384	7 169	18.94	3.66
贵州	23 173	1 193	6 182	19.42	3.75
西康	4 011	278	1 668	14.43	2.40
合计	301 196	12 020	68 882	25.06	4.37

从表5、表6两个统计数据看,表6许道夫的统计数据中,陕西、甘肃、宁夏、新疆、云南、贵州数据与表5统计数据是一样的。不同的是四川,耕地面积差距不大,差异是农民人数,一个是2 577.2万人,人均耕地面积6.03亩,一个是3 895.7万人,人均3.89亩,但表5注明四川农民户数是四川14县的数字,国民政府主计处统计局发布的四川农业人口数字就是3 895.7万人。④ 青海、西康数据表5缺,许道夫加以补充,应该说,许道夫统计数据比较

①②③ 许道夫:《中国近代农业生产及贸易统计资料》,上海:上海人民出版社1983年版,第10页,原表数字为33,经计算为32.94,原表数字为3.98,经计算为3.89。

④ 赵宇明:《四川的租佃问题》,《四川经济季刊》第4卷第2/3/4合期,1947年,第46页。

准确。

从上表的统计数据看,西北地区户均、人均耕地面积相对较多,其中新疆最多,户均耕地面积 43.35 亩、人均 9.01 亩;甘肃、宁夏、陕西、青海户均耕地面积都在 30 亩以上,人均 5—6 亩。西南地区户均、人均耕地面积相对较少,户均 20 亩左右,人均只有 3 亩多地。

第三节　西部地区农作物的产量和结构

一、西北地区农作物的产量和结构

(一)陕西省主要农作物产量和结构

陕西省南北长而东西狭,由于气候类型不同,陕西农业从北到南大致可分为三个地带。陕北地区主要农作物是小米和高粱,其次是大豆和玉米,还有少量小麦。中部关中地区,农作物以小麦为主,其他如高粱、玉米、小米、大豆、豌豆、芝麻、油菜籽等产量也多。[①] 稻米仅周至、户县、眉县、蓝田、长安等县种植,产量不多。南部汉中地区,水稻为主要农产品,主要种植在汉水上游及嘉陵江上游,其次为小麦、黄豆、花生、胡麻、玉蜀黍、马铃薯、甘薯、蚕豆等。

小麦与大麦是陕西传统的粮食作物,栽培历史悠久,气候适应性强,故从南到北都有种植。关中地区是小麦的主产区,种植的大多数是冬小麦。当地农民轮作技术娴熟,一般以冬小麦和豆类及菜籽轮作,或以小麦和苜蓿轮作。关中地区以咸阳为界,以东为冬

[①] 张萍主编:《西北近代经济地理》,上海:华东师范大学出版社 2015 年版,第 65 页。

麦、棉花区,主要农产品为小麦、棉花;以西为冬麦杂粮区,主要农产品是小麦、玉米、高粱、豌豆等。

黍、粟、稷是禾本科黍族,是中国传统的农作物,在黄土高原种植历史悠久,黄土高原土壤气候适宜其生长。黍类作物具有抗旱耐瘠、抗寒耐热、容易储存的特点,是陕西传统的、最主要的食粮。民国时期,除陕南汉阴县外,其他91个县都有种植记录①,是除小麦、大麦和玉米外,种植面积较广的农作物。

陕西稻分水稻和旱稻,水稻种植在关中、陕南两区。陕南地区气候温暖湿润,水利事业发达,水田面积广,一年两熟。据陕西实业考察团调查,陕南安康县每年大约产稻53.8万担(每担600斤),每亩产稻2担,按此数字计算,安康县大约种植稻谷26.9万亩。②关中地区水稻集中种植在渭河南岸的狭长平原地带,其他地区只是零星分布。陕北也有　些地区试种水稻,但面积很小,收获也少。

豆类作物,包括大豆、小豆、豌豆、蚕豆、豇豆、菜豆等,老百姓一般作为杂粮或精饲料种植。民国时期陕西除了佛坪厅外,其他州县都有不同豆类种植。但是,豆类作物在陕西农村一般是作为农家附产物,常与玉米间作,或与其他作物轮作,因此,在粮食作物中所占比重不大,地位也不很重要。

---

① 陕西省银行经济研究室:《陕西经济十年(1931—1941)》,1942年,西安市档案馆1997年重印,第47—77页。

② 陕西实业考察团:《陕西实业考察》,陇海铁路管理局,上海:汉文正楷印书局1933年版,第8页。

表 7　陕西省 1931—1937 年粮食种植面积、产量、产额表①

单位：种植面积：千市亩；产量：千市担；产额：市斤/市亩

年度	籼粳稻			糯稻			小麦			玉米		
	种植面积	产量	产额	种植面积	产量	产额	种植面积	产量	产额	种植面积	产量	产额
1931	1 361	4 437	326				10 910	11 892	109	2 467	3 478	141
1932	1 340	3 444	257				11 544	8 543	74	2 546	2 979	117
1933	1 063	3 327	313	309			12 686	10 910	86	2 625	4 620	176
1934	997	2 522	253	324	680	210	13 926	23 535	169	2 374	3 537	149
1935	894	2 121	237	276	679	246	14 882	24 129	162	2 296	4 318	188
1936	988	3 029	307	287	775	269	14 594	17 758	122	2 339	4 176	179
1937	1 032	2 638	256	214	477	223	13 650	9 429	60	2 877	5 251	183

年度	大麦			燕麦			高粱			谷子		
	种植面积	产量	产额	种植面积	产量		种植面积	产量	产额	种植面积	产量	产额
1931	3 863	4 945	128				1 726	2 416	140	3 471	4 269	123
1932	3 618	2 894	80				1 859	2 082	112	3 398	3 364	99

① 许道夫：《中国近代农业生产及贸易统计资料》，上海：上海人民出版社 1983 年版，第 70—73 页。编著注：1935—1936 年和 1945 年为收获面积，其他各年均为种植面积。

续表 7

年度	大麦			燕麦			高粱			谷子		
	种植面积	产量	产额	种植面积	产量	产额	种植面积	产量	产额	种植面积	产量	产额
1933	3 066	2 698	88	34	30	88	1 328	2 165	163	3 654	5 664	155
1934	2 800	5 040	180	34	31	90	1 175	1 669	142	3 006	3 788	126
1935	2 678	4 622	173	45	27	60	1 108	2 052	185	2 864	4 748	166
1936	2 677	3 614	135	80	46	58	1 330	2 508	189	2 982	4 221	141
1937	2 679	1 997	75	80	38	48	1 411	2 108	149	3 688	5 481	149

年度	糜子			甘薯			豌豆			蚕豆		
	种植面积	产量	产额	种植面积	产量	产额	种植面积	产量	产额	种植面积	产量	产额
1931	2 291	2 841	124	161	1 241	77						
1932	2 536	2 409	99	175	1 143	653						
1933	3 055	4 796	157	229	2 093	914	2 167	1 560	72	111	85	77
1934	2 097	2 705	129	275	2 406	875	2 068	2 937	142	136	120	88
1935	1 983	2 383	120	281	3 785	1 347	2 124	2 128	100	101	129	128
1936	1 903	2 323	122	298	3 432	1 150	2 115	2 436	115	167	183	110
1937	2 468	2 747	111	301	3 497	1 162	1 685	899	53	172	167	97

　　从表 7 可以看出，全面抗战之前，陕西种植面积和产量最高的粮食作物是小麦，然后是谷子、大麦、玉米、糜子和高粱，水稻也有种植。

　　陕西省种植的经济作物主要有棉花和油料作物。大约在光绪年间，陕西就引进了美洲棉，以后逐渐推广，1919—1920 年间，陕西棉花产量在全国排第四位。[①] 1920 年，陕西督军陈树藩与省长刘镇华在陕西推广种植罂粟，大量棉田被占，到 1929 年，陕西棉花种植面积降到了 17 万亩，皮棉产量只有 4 万担。1934—1935 年，陕西省建设厅贯彻国民政府法令，厉行禁烟，烟田多改为棉田，陕西棉花种植面积不断增长，成为陕西第一大经济作物。20 世纪 30 年代初，德字棉输入关中，收花多，纤维长，种植利润高，农民多换此棉种。后来，人们发现斯字棉比德字棉更优质高产，于是又在陕西迅速推广斯字棉。加上陇海铁路西段开通，使关中农村与沿海地区联系起来，优质高产的经济作物棉花在陕西种植面积扩大。

表 8　1919—1937 年陕西省棉田面积、皮棉产量及亩产量统计表[②]

年份	棉田面积（万亩）			皮棉产量（万担）			皮棉亩产量（斤）	
	全国	陕西	陕西占全国比重（%）	全国	陕西	陕西占全国比重（%）	全国	陕西
1919	3 059.3	155.0	5.1	1 056.3	41.5	3.93	34.5	22.9
1920	2 623.1	118.9	4.5	789.8	34.4	4.36	30.1	28.9
1921	2 612.8	222.8	8.5	635.2	50.3	7.92	24.3	22.6
1922	3 098.8	172.9	5.6	972.3	55.8	5.7	31.4	32.3
1923	2 736.7	152.1	5.6	835.9	54.0	6.5	30.5	35.5

[①] 铁道部业务司商务科编：《第四章　棉业与棉产》，《陇海铁路西兰线陕西段经济调查报告书》，1935 年，第 49 页。

[②] 许道夫：《中国近代农业及贸易统计资料》，上海：上海人民出版社 1983 年版，第 210—216 页。

续表 8

年份	棉田面积(万亩)			皮棉产量(万担)			皮棉亩产量(斤)	
	全国	陕西	陕西占全国比重(%)	全国	陕西	陕西占全国比重(%)	全国	陕西
1924	2 664.2	152.1	5.7	913.6	54.7	6.0	34.3	36.0
1925	2 604.0	121.9	4.7	881.5	90.3	10.2	33.8	74.1
1926	2 532.6	134.0	5.3	730.5	43.4	5.94	28.8	32.4
1927	2 556.7	133.6	5.2	786.5	41.9	5.3	30.7	31.4
1928	2 956.4	118.8	4.0	1 034.2	31.0	2.9	35.0	26.1
1929	3 130.9	17.1		886.5	4.0		28	23.2
1930	3 481.1	111.9	3.2	1 031.0	15.8	1.5	29.6	14.2
1931	2 929.5	151.8	5.2	748.8	40.5	5.4	25.8	26.7
1932	3 435.4	130.8	3.8	948.4	18.5	1.9	27.6	14.1
1933	3 746.0	195.1	5.2	1 143.6	63.8	5.6	30.5	32.7
1934	4 164.3	343.6	8.3	1 310.6	117.5	9.0	31.5	34.2
1935	3 243.4	338.6	10.44	952.7	93.8	9.8	29.3	27.7
1936	5 205.1	394.0	7.57	1 697.5	110	6.48	32.6	27.9
1937	5 931.6	482.5	8.1	1 271.4	106.8	8.4	21.4	22.1

从上表可以看出,1929 年陕西棉花生产锐减。20 世纪 30 年代,陕西开始大力兴修农田水利工程,推广棉花良种,棉田面积和产量大幅增长,1936 年陕西种植棉花 394 万亩,皮棉产量达到 110 万担,1937 年种植棉花 482.5 万亩,产量 106.8 万担。

全面抗战前,陕西的油料作物以麻为主,分大麻、亚麻、芝麻、蓖麻四种,陕西三区都有种植。关中地区普遍种油菜;陕南地区种植的油料作物品种很多,有核桃、芝麻、椒、菜籽、漆籽、杏仁等十数种,其中以芸苔(油菜籽)、芝麻为主。据 1932 年,陕西实业考察团的调查,安康年产芝麻 24 100 担,汉阴县年产芸苔 7 000 担,城固县年产芸苔

9 120 担,芝麻 450 担;南郑县年产芸苔 9 万余石(约166.4万斤),芝麻 9 000 余石;褒城年产芝麻 494 230 斤。① 据许道夫统计,1936 年陕西省种植油菜籽 179.7 万亩,产量 81 万市担;种植大豆 69.6 万亩,产量 80.9 万市担;种植芝麻 55.9 万亩,产量 29.1 万市担;种植花生 10.6 万亩,产量 19 万市担。1937 年,种植油菜籽 159 万亩,产量 50.5 万市担;大豆 80 万亩,产量 112.8 万市担;芝麻 58.6 万亩,产量 32.4 万市担;花生 11.2 万亩,产量 20.9 万市担。② 由此可见,陕西的油料作物以种植面积排序分别是油菜籽、大豆、芝麻和花生。

(二)甘肃、宁夏、青海农作物产量和结构

甘肃、青海、宁夏气候干旱寒冷,作物的生长期短,适合耐寒、耐旱、生长期短的农作物生长。甘宁青传统农作物一直以大小麦与豆类为主,一年一收。晚清光绪年间,玉米、马铃薯、棉花、烟草和罂粟开始在甘宁青广泛种植,到民国时期,玉米、马铃薯已经成为三省主要农作物和居民的主要食物,棉花、烟草和罂粟成为三省主要经济作物,但是,大、小麦仍然是这一地区种植面积最广、产量最高的农作物。据西北农林专科学校安汉、李自发的考察,甘肃、青海、宁夏农作物主要是春小麦、冬小麦、糜、粟(这四种也是当地居民的主要食粮),还有高粱、玉蜀黍、大麦、青稞(食料、酿酒)、莜麦、燕麦、荞麦、水稻、马铃薯、豆类等,油料作物有胡麻(亚麻)、荏、小麻、油菜、蓖麻、芝麻、黄辣子,纤维类作物有棉花、大麻,刺激性作物有烟草、鸦片、纸烟,牧草有黑苜蓿、黑燕麦等。③

---

① 陕西实业考察团:《陕西实业考察》,上海:汉文正楷印书局 1933 年版,第 8、11、21、26—27、32 页。

② 许道夫:《中国近代农业生产及贸易统计资料》,上海:上海人民出版社 1983 年版,第 177 页。

③ 安汉、李自发:《西北农业考察》,武功:西北农林专科学校,1936 年,第 61—64 页。

表 9　甘肃、宁夏、青海主要农作物种类与地区分布①

作物类别	作物名称	甘肃主要产地	宁夏主要产地	青海主要产地
谷实类	春小麦	西部、中部	全省	省东区
	冬小麦	天水、平凉	全省	全省
	穈	全省	全省	贵德、西宁、乐都
	粟	全省	全省	贵德、西宁、乐都
	高粱	全省	阿拉善、盐同登外均有	
	洋麦	平凉		
	玉蜀黍	各处都有、面积不大	阿拉善、盐同登外均有	省东区
	大麦	中部、西部		全省
	青稞	中部、西部		
	莜麦	中部、西部		全省
	燕麦	中部、西部	盐同登外均有	全省
	荞麦	全省	黄河沿岸各县	
	水稻	肃州、甘州、天水、武山（面积少）		全省
茎块	马铃薯	全省（食料）		全省
豆类	扁豆	中部、西部	阿拉善、盐同登外均有	
	豌豆	中部、西部	灵武主产	全省

① 安汉、李自发：《西北农业考察》,武功：西北农林专科学校,1936 年,第 61—64 页。

续表 9

作物类别	作物名称	甘肃主要产地	宁夏主要产地	青海主要产地
豆类	蚕豆	各处都有，面积小		
	小豆	东部		
	黑豆	东部、南部	全省	
	黄豆	中部、东部、南部面积不大	除阿拉善外均有，面积少	
	绿豆	东部、南部	阿拉善、盐同登外均有	
	鸡头豆	肃州		
油料作物	胡麻	全省	盐同两县外均有	省东区
	荏	平凉、天水		
	小麻	平凉、天水		
	芸苔	平凉、天水		全省
	蓖麻	平凉、天水		
	芝麻	平凉、天水		
	黄辣子	平凉		
纤维类作物	棉花	高台、临泽、武都、皋兰(面积甚少)	中宁	
	大麻	全省	宁夏中部九县	全省
刺激性作物	鸦片	全省		
	纸烟	兰州		
	烟叶	中部		乐都
牧草类	黑麦	中部、西部		全省
	苜蓿	东部、西部		省东区

据张其昀《夏河县志》记载,甘肃陇西南区"作物仅小麦、青稞、燕麦、豌豆、蚕豆、芸苔及马铃薯等数种,而以青稞与豌豆栽培最广,盖此两种性耐寒湿,最适环境"①。甘肃陇中、河西地区以春小麦、青稞和糜谷为主,小麦产量最多,其次为黄米(包括小米在内),再次为青稞。甘肃陇南区以小麦、玉米、高粱为主,陇东区以小麦、糜子为主。1934 年 6 月—1935 年 8 月,资源委员会的前身——国防设计委员会为开发西北,组织人员对西北各省农业进行了调查,汤惠荪、雷男、董涵荣等对甘肃农业调查记载,甘肃已耕地约 4 000 万亩,农作物栽培面积 3 900 万亩,占耕地面积的 99%,作物种类小麦最多,约 1 300 万亩,占农作物种植面积的 1/3;粟 373 万亩、糜 360 万亩、高粱 296 万亩、玉蜀黍 222 万亩,加起来占农作物种植面积的 1/3;荞麦 182 万亩、马铃薯 174 万亩、裸麦(青稞)约 160 万亩、豌豆约 150 万亩、扁豆约 120 万亩、罂粟 113 万亩,亚麻、黄豆、大麦各在 50 万亩以上,燕麦、蚕豆、莜麦、芸苔、小豆、棉花各在 20 万亩以上。水稻、黑麦、烟草各在 10 万亩以上,其他大麻、黑豆等共约 70 万亩。产量小麦 800 万石,马铃薯 700 万石,粟、糜子、高粱各 200 万—250 万石,裸麦、玉蜀黍各 100 万石,扁豆、荞麦各 50 万—70 万石,大麦、水稻最少,共约 20 万石。②可见,甘肃种植的农作物绝大部分是粮食作物,占 90% 以上,主要有小麦、粟糜、高粱、玉米,还有荞麦、青稞、燕麦、莜麦、马铃薯及各种豆类,纤维作物有亚麻和棉花,油料作物主要是芸苔,经济作物是罂粟,种植面积有 100 多万亩。每亩产量,据安汉、李自安的调查,小麦 250—

① 张其昀:甘肃省《夏河县志》卷 4 农业,台北:成文出版有限公司影印本,1970 年,第 45 页。

② 汤惠荪等:《甘肃农村调查》,《资源委员会季刊》第 2 卷第 2 期,1942 年,第 142—143 页间的表。

350斤,糜200—300斤,粟150—280斤,高粱250—350斤,青稞
120—200斤,豌豆200—350斤,水稻100—150斤,大麻150—200
斤,烟草150—250斤,棉花20斤皮花。①

　　表10是许道夫根据中央农业实验所《农情报告》对甘肃省
1931—1937年粮食作物种植面积、产量和每市亩平均产量的统计。

　　1934年6月—1935年8月,汤惠荪、雷男、董涵荣等对宁夏
农业进行了调查,中卫、中宁、金积、灵武、宁朔、宁夏、平罗、磴口、
豫旺、盐池10县统计,小麦种植面积为500 145亩,糜子为
462 592亩,水稻为262 924亩,罂粟168 334亩,高粱104 030
亩,粟106 199亩,其他共约50万亩。除去豫旺、盐池2县,其余
8县,小麦种植面积占耕地面积的24.67%,糜子占21.69%,水
稻占13.28%,罂粟占7.31%,高粱占4.5%,粟占4.83%。全年
产量小麦约43万石、糜子38万石、水稻37万石,马铃薯21万
石,高粱、粟各约10万石,豆类约18万石。② 全年粮食总产量为
1 173.2万斤,豌豆43万斤,胡麻45.6万斤,本省全年消费
1 214.8万斤,尚不敷41.6万斤,依靠外省输入。③ 可见,全面抗
战前,宁夏种植的农作物绝大多数是粮食作物,小麦、水稻、糜
粟及其他杂粮,小麦、水稻、糜粟占59.64%,但由于生产技术
落后,全年生产的粮食不够本省的老百姓吃,却还用大量耕地
种植罂粟,每年产鸦片约700万两,实在是对耕地的浪费。

　　许道夫对1931—1937年宁夏粮食作物进行了统计,见表11:

_____

① 安汉、李自发:《西北农业考察》,武功:西北农林专科学校,1936年,第85页。

② 汤惠荪等:《宁夏省农业调查》,《资源委员会季刊》第2卷第2期,1942年,第358—
　359页。

③《宁夏抗战时期各项生产事业概要(1937—1940年)》,宁夏档案馆编:《抗战时期的
　宁夏——档案史料汇编》(下),重庆:重庆出版社2015年版,第467页。

表 10　甘肃省 1931—1937 年稻麦杂粮种植面积和产量统计表①

单位:种植面积:千市亩;产量:千市担;产额:市斤/市亩

年度	籼粳稻			糯稻			小麦			玉米		
	种植面积	产量	产额	种植面积	产量	产额	种植面积	产量	产额	种植面积	产量	产额
1931	65						6 297	6 171	98	949	1 870	197
1932	65						6 921	5 744	83	697	1 310	188
1933	50	95	190	50			6 235	5 799	93	1 483	3 099	209
1934	33	57	174	50	74	147	6 640	9 761	147	1 413	2 487	176
1935	48	93	194	28	39	139	7 265	8 918	123	1 578	3 015	191
1936	48	96	200	34	58	172	7 417	7 887	106	1 648	3 079	187
1937	68	114	168	21	46	219	8 240	8 328	101	1 578	2 706	171

年度	大麦			燕麦			高粱			谷子		
	种植面积	产量	产额	种植面积	产量	产额	种植面积	产量	产额	种植面积	产量	产额
1931	1 380	1 601	116				1 113	1 714	154	2 511	4 093	163
1932	1 254	815	65				1 186	1 411	119	2 759	3 863	140

① 许道夫:《中国近代农业生产及贸易统计资料》。上海:上海人民出版社 1983 年版,第 66—69 页。编者注:1935—1936 年和 1945 年为收表面积,其他各年均为种植面积。

续表 10

年度	大麦			燕麦			高粱			谷子		
	种植面积	产量	产额	种植面积	产量	产额	种植面积	产量	产额	种植面积	产量	产额
1933	972	894	92	894	831	93	1 050	2 195	209	2 759	4 497	163
1934	1 269	1 586	125	685	685	100	1 584	2 534	160	2 806	3 985	142
1935	1 442	1 740	121	748	678	91	1 729	2 706	157	3 160	4 426	140
1936	1 711	2 006	117	564	504	89	1 598	2 484	155	2 781	4 327	155
1937	1 657	1 939	117	644	674	105	1 517	1 989	131	2 482	3 297	133

年度	穈子			甘薯			豌豆			蚕豆		
	种植面积	产量	产额	种植面积	产量	产额	种植面积	产量	产额	种植面积	产量	产额
1931	2 610	4 855	186	166	1 462	881						
1932	2 893	3 963	137	166	1 112	670						
1933	3 144	5 062	161	149	1 156	776	1 156	809	70	239	229	96
1934	3 147	4 721	150	139	1 094	787	1 177	1 236	105	165	173	105
1935	3 416	4 833	141	103	782	759	1 254	1 444	115	215	223	104
1936	3 401	5 505	162	122	1 002	820	1 465	1 591	109	307	441	144
1937	3 501	4 517	129	180	1 676	931	1 477	1 465	99	352	434	123

表11　1931—1937年宁夏粮食种植面积、产量、亩产量统计表①

单位:种植面积:千市亩;产量:千市担　产额 市斤/市亩

年度	籼粳稻			糯稻			小麦		
	种植面积	产量	产额	种植面积	产量	产额	种植面积	产量	产额
1931	92						369	491	133
1932	92						425	612	144
1933	106			61			215	282	131
1934	94	85	90	31	30	98	193	290	150
1935	87	98	113	50	59	118	217	215	99
1936	95	105	110	63	53	83	266	370	143
1937	92	112	122	58	58	100	315	474	150

年度	玉米			大麦			高粱		
	种植面积	产量	产额	种植面积	产量	产额	种植面积	产量	产额
1931	37	43	117	55	99	180	55	94	170
1932	24	37	156	55	103	187	55	94	170
1933	43	72	168	82	142	173	59	93	157
1934	43	61	142	155	327	211	57	102	179

① 许道夫:《中国近代农业生产及贸易统计资料》,上海:上海人民出版社1983年版,第75—77页。

续表 11

年度	玉米			大麦			高粱		
	种植面积	产量	产额	种植面积	产量	产额	种植面积	产量	产额
1935	33	60	182	116	165	142	69	112	162
1936	35	56	161	105	193	175	68	115	168
1937	28	44	157	103	192	186	74	125	169

年度	谷子			糜子			豌豆			蚕豆		
	种植面积	产量	产额	种植面积	产量	产额	种植面积	产量	产额	种植面积	产量	产额
1931	221	296	134	467	794	170						
1932	184	280	152	431	690	160						
1933	205	318	155	448	762	170	237	408	172	6	8	135
1934	235	451	192	501	932	186	333	623	187	11	17	150
1935	267	442	166	505	775	142	336	375	112	11	11	100
1936	215	373	174	439	771	175	404	472	191	8	31	172
1937	244	382	157	452	755	167	196	378	193	20	33	171

　　从表 11 看，1937 年宁夏粮食作物的种植面积和产量，糜子
45.2 万市亩，占粮食种植面积的 28.57％，产量 75.5 万市担，亩产
167 市斤；小麦种植面积为 31.5 万市亩，占粮食种植面积的
19.91％，产量 47.4 万担，每亩产量为 150 市斤；谷子 24.4 万市亩，
占粮食种植面积的 15.42％，产量 38.2 万市担，亩产 157 市斤；大
麦 10.3 万亩，占粮食种植面积的 6.51％，产量 19.2 万担，每亩 186
市斤；籼粳稻的种植面积是 9.2 万市亩，占粮食种植面积的
5.81％，产量为 112 万市担，每亩产量为 122 市斤；糯稻种植面积是
5.8 万市亩，占粮食种植面积的 3.66％，产量 5.8 万市担，每亩产量
为 100 市斤；高粱种植面积 7.4 万市亩，占粮食种植面积的4.68％，
产量 12.5 万担，每亩 169 市斤；玉米 2.8 万市亩，占粮食种植面积
的1.77％，产量 4.4 万担，每亩 157 市斤；豌豆种植面积 19.6 万亩，
占粮食种植面积的 12.39％，产量 37.8 万担，每亩 193 市斤；蚕豆种
植面积 2 万市亩，占粮食种植面积的 1.26％，产量 3.3 万担，每亩 171
市斤。[①]

　　1934—1935 年，汤惠荪、雷男、陆年青等对青海农业进行了调
查，因为青海少数民族众多，蒙藏等游牧民族逐水草而迁徙，很难
统计农业人口和农产品产量，仅就湟中区西宁、互助、大通等 11 县
农作物栽培面积、产量进行了统计，11 县农作物栽培面积为
1 781 135 亩，占耕地面积的 98.07％，其余 1.93％约 35 024 亩为休
闲地。种植最多的农作物是裸麦（青稞），栽培面积 536 968 亩；其
次是小麦，占 514 833 亩；豌豆占 195 843 亩；燕麦占 185 074 亩；马
铃薯占 89 054 亩；芸苔占 68 884 亩，其他蚕豆、亚麻等合计约 18 万

---

① 许道夫：《中国近代农业生产及贸易统计资料》，上海：上海人民出版社 1983 年版，第
　　75—77 页。

亩。产量马铃薯最多 45 万余石,裸麦(青稞)42 万余石,小麦 40 万余石,燕麦与豌豆各 10 万余石。[①]

为了对全面抗战前青海农业有更清楚的了解,下面引用许道夫对青海 1935—1937 年粮食作物种植面积、产量和亩产量的统计,详见表 12。

据许道夫统计,青海 1937 年小麦种植面积为 255.9 万亩,占粮食种植面积的 39.14%,产量 399.1 万担,亩产 156 市斤;大麦 164.7 万市亩,占粮食种植面积的 25.19%,产量 288.2 万担,亩产 171 市斤;燕麦 59.8 万亩,占粮食种植面积的 9.15%,产量 78.5 万担,亩产 131 市斤;谷子 24.8 万亩,占粮食种植面积的 3.79%,产量 21.1 万担,亩产 85 市斤;糜子 20.4 万亩,占粮食种植面积的 3.12%,产量 26.1 万担,亩产 128 市斤;玉米 1.1 万亩,占粮食种植面积的 0.17%,产量 1.1 万担,亩产 100 市斤;豌豆 83.8 万亩,占粮食种植面积的 12.82%,产量 130.2 万担,亩产 155 市斤;蚕豆 43.3 万亩,占粮食种植面积的 6.62%,产量 70.4 万担,亩产 163 市斤。1937 年青海粮食作物的种植面积总共为 653.8 万亩,总产量 1 014.7 万担。

甘肃、宁夏、青海种植的主要经济作物有烟草、棉花、中药材、麻类作物和罂粟等。烟草是甘肃主要经济作物,也是甘肃主要输出农产品。甘肃生产的是黄绿两种水烟,产地以皋兰、临洮、洮沙、榆中、靖远为主,其中以皋兰(今兰州)所产品质最优。兰州郊区的

---

① 汤惠荪等:《青海省农业调查》,《资源委员会季刊》第 2 卷第 2 期,1942 年,第 280 页。

表 12　青海 1935—1937 年粮食种植面积、产量、亩产统计表①

单位:种植面积:千市亩;产量:千市担　产额:市斤/市亩

年度	小麦			玉米			大麦			燕麦		
	种植面积	产量	产额	种植面积	产量	产额	种植面积	产量	产额	种植面积	产量	产额
1935	2 456	4 307	175	12	16	133	1 541	2 557	166	563	796	141
1936	2 590	3 577	138	13	25	188	1 559	1 969	126	564	504	89
1937	2 559	3 991	156	11	11	100	1 647	2 882	171	598	785	131

年度	谷子			糜子			豌豆			蚕豆		
	种植面积	产量	产额	种植面积	产量	产额	种植面积	产量	产额	种植面积	产量	产额
1935	197	188	95	220	276	125	905	1 357	150	468	889	190
1936	180	213	118	204	333	163	896	974	109	375	674	180
1937	248	211	85	204	261	128	838	1 302	155	433	704	163

① 许道夫:《中国近代农业生产及贸易统计资料》,上海:上海人民出版社1983年版,第74—75页。

烟田"多集中于黄河两岸,其中尤以附近之新城、郑家庄、东关镇、南园、十八滩出产最丰,而且品质最良。在抗战前,兰州附近可灌溉之田,小麦收后,全部种烟草"①。绿叶主要输往天津、上海、苏州方向,黄叶输往陕西、山西方向,但由于全国各卷烟厂普遍采用卷纸烟的原料,甘肃水烟需要量大幅减少。1917 年与 1931、1933、1934、1936 年甘肃烟草种植面积和产量见表 13。

表 13　甘肃烟草种植面积与产量对照统计表②

	1917 年	1931 年	1933 年	1934 年	1936 年
面积(亩)	39 948	38 707	32 000	37 786	42 000
指数	100	96.9	80.1	94.6	105.1
产量(市担)	46 560	42 326	40 000	35 809	35 460
指数	100	90.9	85.9	76.9	76.2

从表 13 可以看出,1917—1934 年间,甘肃烟草的种植面积和产量是下降的,1936 年烟草的种植面积虽然有所提高,但产量却下降了。究其原因,一是九一八事变后,东北沦陷,甘肃水烟的东北市场完全丧失;二是 20 世纪 30 年代,国内纸烟销量日增,甘肃水烟销量日减,烟草的种植自然受到影响。

兰州烟草也引种到宁夏永宁的王泰堡,贺兰的大小礼拜寺等地,"唯无一定产量,均系附近小资本烟场特约种植者。王泰堡年植烟草七八百亩。"③

早在清朝时期,甘肃的敦煌、皋兰就有种植棉花的记录,左宗

---

① 甘肃省银行经济研究室:《甘肃之特产》,甘肃省银行总行,1944 年,第 38 页。
② 汪惠波:《甘肃省经济之检讨》,《新亚细亚》第 11 卷第 5 期,1936 年,第 18 页;陈鸿胪:《甘肃的资源生产》,《西北问题论丛》第 2 辑,1942 年,第 58 页。部分指数是笔者计算而得。
③ 宁夏省政府:《宁夏资源志》,银川:宁夏省政府,1946 年,第 99—100 页。

棠曾经在西北推广植棉,但甘肃大多数地方不种棉花,所需棉花、棉布主要从陕西关中输入。20 世纪二三十年代,罂粟的种植占用了大量耕地,棉花种植面积更少,1931、1932 年甘肃棉花种植面积只有常年量的 40.3%,1933 年仅有常年量的 26.4%;收获量,1931 年仅有常年量的 66.7%,1932、1933 年仅有常年量的 33.3%。[①]

表 14　1931—1934 年甘肃棉花种植面积和产量[②]

	常年量	1931 年	1932 年	1933 年	1934 年
种植面积(千亩)	159	64	64	42	306
产量(千担)	36	24	12	12	

1933 年,朱绍良主政甘肃,采取一系列禁烟措施,用棉花取代罂粟,向金陵大学农学院“函购美国脱字棉、百万棉、爱字棉等优良品种,发交省第一农场试验育种,藉资推广”[③]。1935 年 1 月,甘肃省商请全国经济委员会准拨美国脱字棉籽 2 万斤,并向陕西购买斯字棉种,分发于宜棉各县试行推广,并委派棉业指导员到陇东陇南各县指导种植,共推广 12 县,种植棉花 25.8 万亩,占全县田亩数的 4.64%,平均每亩产籽棉 79.4 斤,花衣总数 70 408 担。[④] 1936 年,甘肃又向中央棉业统制委员会请拨棉种 5 万斤,集中发放皋兰榆中,指导农民试种,“每亩可产净花三十斤,为利尚大,现正拟收买棉籽一千五百担,备为明年推广之用。”[⑤]因推广成效显著,1936 年甘肃省棉田面积增加到 47.35 万亩。

① 王达文:《甘肃省农产畜牧概况》,《国际贸易导报》第 8 卷第 12 号,1936 年,第 166 页。
② 王达文:《甘肃省农产畜牧概况》,《国际贸易导报》第 8 卷第 12 号,1936 年,第 166 页。
③ 许显时:《两年来甘肃建设之概观》,《中国建设》第 13 卷第 1 期,1936 年,第 137 页。
④ 黎小苏:《甘肃棉业概况》,《经济汇报》第 8 卷第 3 期,1943 年,第 86 页。
⑤ 许显时:《甘肃省经济建设实施概况》,《实业部月刊》第 2 卷第 2 期,1937 年,第 196 页。

　　宁夏宁夏县、灵州等地也种植棉花,每亩可收 18—40/50 斤不等。① 1931 年,宁夏种植棉花 300 亩,产棉 8.3 万斤。② 1936 年,宁夏省政府制定了植棉计划,"颁布棉作培育方法,委专门人才赴各县指导视察,规定种棉地亩"。③ 宁夏省建设厅还印发了种棉简法,"并购发大批棉种,令饬卫、宁、金、灵、朔、平、磴各县政府及本厅示范农场,依法试种。"各地都取得了不错的成绩,尤其是实验农场,可收籽花 80 斤,中卫也有收获,但金积、灵武、平罗、磴口 4 县,"因土质与气候不宜,几无成绩可言。"④

　　甘肃、宁夏、青海是我国中药材的主要产地。甘肃中药材品种有 180 余种,大多数属于野生,少数是农家种植。种植的药材主要有大黄、党参、当归等,尤其党参,家种者较多,两当、天水、徽县、西和、武都、岷县普遍种植,两当、徽县"乡下农民十之五六多营此业"。当归也以种植为多,甘肃 20 多个县栽培当归,其中岷县、渭源、西和、两当、武都"每年各出产五十万斤以上"⑤。枸杞是宁夏特产,中宁是枸杞的主要栽培地,各乡都有枸杞园,其中宁安堡最多,该地"栽种枸杞之地,有三千余亩,每亩以最低限度之一百八十株计算,当在五十余万株上下"。据统计,1931 年,枸杞产量 1 200 担(每担 240 斤),产值 2.4 万元;1932 年产量 1 300 担,产值 2.6 万元;1933 年产量 1 800 担,产值 3.6 万元。⑥ 抗战前,中宁"全县栽培面积约八千余亩,每亩平均年产枸杞子八十五市斤,合计全县年

---

① 杨新才:《宁夏农业史》,北京:中国农业出版社 1998 年版,第 203 页。
② 实业部中国经济年鉴编纂委员会:《中国经济年鉴》(上)、(下)第 102—105 页。
③ 宁夏省政府秘书处:《宁夏省政府行政报告》,1936 年 10 月,第 31 页。
④ 宁夏省政府秘书处:《宁夏省政府行政报告》,1936 年 10 月,第 31 页。
⑤ 甘肃省银行经济研究室:《甘肃之特产》,甘肃省银行总行,1944 年,第 13 页。
⑥ 张中岳:《宁夏调查三则》,《开发西北》第 2 卷第 4 期,1934 年,第 78 页。

产量为六千八百市担"。

甘肃省武山、天水、清水、徽县等 13 县都种麻,各县的种植面积从 800—1 000 余亩不等,年产麻约 289.4 万斤,品种有大麻、苎麻、荨麻、亚麻等。1930 年代,铁道路业务司商务科在陇海铁路甘肃段调查:"清水、武山、岷县等处之麻,每年共产 100 万余公斤,其中尤以清水之麻最为有名,质地既佳,产量亦丰,每年独产 64 万公斤。"①甘肃麻年产量超过 10 万斤以上的县还有张掖、山丹、甘谷、临夏、成县、礼县等。根据 1934 年调查,甘肃全省种植麻 7.6 万亩,产量为 173.8 万公斤。宁夏各县均种大麻,常年栽培面积 1.774 万亩,年产量约为 35 480 市担。② 宁夏主要种植的大麻系白杆,其纤维粗硬,通常用于制绳,也可以造纸,需用量渐增。

(三) 新疆农作物产量和结构

新疆属于典型的大陆性气候,冬季寒冷、夏季酷热,干旱缺水,降水量远远不能满足植物生长需要,但是可以利用河流和高山融雪发展农业。新疆农作物种类丰富,以小麦、水稻、玉米为大宗,高粱、大麦、小米、马铃薯种植也多,其他还有荞麦、燕麦、棉花、麻、芝麻、豆类、瓜果等。伊犁河流域是新疆农业最发达的地区,主要种植小麦、茶籽、包谷,还有高粱、水稻、大麦、豌豆、黍、胡麻、芥子、罂粟、苜蓿草,以及少量燕麦。塔尔巴哈台地区粮食作物中有小麦、燕麦、大麦、黍,特别是那种被称为库纳克的黍种得很多。③ 乌伦古河流域、乌鲁木齐河沿岸、塔里木河流域主要粮食作物有小麦、大麦、玉米、水稻、

① 铁道部商务司业务科:《陇海铁路甘肃段经济调查》,沈云龙主编:《近代中国史料丛刊》(505),台北:文海出版社,第 21—22 页。

② 宁夏省政府:《宁夏资源志》,银川:宁夏省政府,1946 年,第 98 页。

③ 〔俄〕尼·维·鲍戈亚夫连斯基著,新疆大学外语系俄语教研室译:《长城外的中国西部地区:其今昔状况及俄国臣民的地位》,北京:商务印书馆 1980 年版,第 129、139 页。

黍、高粱和豌豆等,经济作物有棉花、蚕丝、麻类、罂粟、烟叶、藏红花等。阿克苏地区是新疆最大最好的稻米产区,北疆的呼图壁、绥来、库尔喀喇乌苏、精河也产稻,迪化的三个泉、库尔喀喇乌苏引乌鲁木齐河水灌溉,辟地数千顷。库尔喀喇乌苏的西湖产米,人称"西湖稻米",品种优良。①

　　关于新疆农作物的种植面积,多见概略的描述,"以麦及印度谷所占面积最大,米棉次之,胡麻高粱豆又次之,"②那么到底各种农作物的耕种面积是多少?没见到准确的统计数据,目前笔者所见的是许道夫《中国近代农业及贸易统计资料》对新疆 1918 年、1924－1929 年主要粮食作物的统计数据和 1929－1932 年国民政府立法院的一个不完全统计数据。1929 年春,国民政府立法院举办全国农业调查,1929 年 4 月发出调查表格,1932 年 1 月收回,但是新疆10 个县表格没有收到,根据许道夫的统计和 1929－1932 年立法院的统计,笔者编制了新疆主要粮食作物种植面积、产量统计表 15。

表 15　1918、1924－1932 年新疆主要粮食作物统计表③
单位:种植面积:千市亩;产量:千市担;亩产:市斤/市亩

农作物	1918 年			1924—1929 年			1929—1932 年不完全统计	
	种植面积	产量	亩产	种植面积	产量	亩产	种植面积	产量
小麦	4 433	10 370	234	4 343	11 432	263	4 710	7 620.66
玉米	3 144	8 258	263	2 432	7 076	291	2 638	5 927.89

---

① 成崇德主编:《清代西部开发》,太原:山西古籍出版社 2002 年版,第 158 页。

② 扬海:《新疆之农业》,《边疆》半月刊,第 2 卷第 11 期,1937 年,第 2 页。

③ 许道夫:《中国近代农业及贸易统计资料》,上海:上海人民出版社 1983 年版,第 85—86 页;胡鸣龙:《新疆的农业经济》,《新亚细亚》第 9 卷第 3 期,1935 年,第 37 页。

续表 15

农作物	1918 年			1924—1929 年			1929—1932 年 不完全统计	
	种植面积	产量	亩产	种植面积	产量	亩产	种植面积	产量
籼粳稻	451	558	124	1353	3878	287	1 468	3 248.83
糯稻	36	63	175	192	523	272	208	438.34
高粱	298	370	124	689	1 889	274	747	1 584.16
大麦	176	364	207	577	1 195	207	628	1 001.49
小米（谷子）	41	48	117	308	543	176	334	454.84
合计							10 733	20 276.21

注：许道夫《中国近代农业及贸易统计资料》记载 1918 年小麦亩产为 216，经计算为 234，玉米亩产为 242，经计算为 263，籼粳稻亩产为 114，经计算为 124，糯稻亩产为 161，经计算为 175，高粱亩产为 115，经计算为 124，大麦亩产为 190，经计算为 207，小米亩产为 110，经计算为 117。国民政府立法院统计 1929—1932 年的数据缺 10 个县，种植面积合计数为 10731 千亩，经计算为 10733 千亩，产量为 2 027 565 千斤，经计算为 2 027 621 千斤。

　　新疆的气候土壤条件适合种植棉花，新疆的棉花大部分都播种在种过小麦与大麦的地里。大小麦于 10 月种植，来年 5 月初收割，然后就种棉花。[1] 农民修坎儿井，用井水浇灌棉田。新疆棉花主要产自南疆，因为南疆气候和暖，土地疏松，吐鲁番和麦盖提两县的棉花产量居新疆之冠，其余为和阗、莎车、喀什、阿克苏等县。棉种有延安集种和美国种两种，美棉质地柔，色洁白，质量更优，在延安集种之上。[2] 新疆美棉的产量，"以吐鲁番、鄯善为最多，年约 300 余万斤，而以库尔勒为最佳，莎车、温宿、新平、和阗、疏勒亦遍

───────────────

[1]［俄］尼·维·鲍戈亚夫连斯基著、新疆大学外语系俄语教研室译：《长城外的中国西部地区：其今昔状况及俄国臣民的地位》，北京：商务印书馆 1980 年版，第 136 页。

[2] 胡鸣龙：《新疆的农业经济》，《新亚细亚》，第 9 卷第 3 期，1935 年，第 37—38 页。

产,近来伊犁、乌苏、绥来一带,亦皆传播,气候适宜,不让他处。"①
新疆建设厅统计,1932 年新疆全省皮棉产量为 21 万担,全国棉产
量 948.4 万担,新疆占全国棉花产量的 2.2%。

　　新疆气候非常适宜养蚕,生丝也是天山南麓重要的农产品,而
以和阗、莎车、疏勒的蚕丝最为有名。据民国初年记载,新疆的蚕
桑以喀什道为主,但其种子"纯购之俄属。然出茧硕大,逾于江浙,
只以缫炼不得其法,故色泽较逊"②。1915 年新疆茧产量为
1 260 220斤,丝产量为 648 719 斤。③

　　"南疆因为气候和暖之故,凡南方所产的野菜、茄子、甘薯、甜
瓜、杏、苹果、李、桃出产也不少,而哈密之甜瓜、吐鲁番之葡萄、乌
鲁木齐的西瓜、库车之杏仁、喀什干之桃,皆称极品,就中吐鲁番之
葡萄、哈密之瓜更为当世人所称道。"④新疆其他有名的农产品还有
香梨、石榴、核桃、红枣等。

二、西南地区农作物的产量和结构

(一)四川农作物产量和结构

　　西南地区四川农业最发达,在四川,播种面积和产量最多的农
作物是水稻,约占全川耕地总面积的 60%以上,其次是麦类,约占
冬季作物面积的 50%以上,麦类中以小麦最多,大麦次之,燕麦、南
麦占总数不及 1%,再次为玉蜀黍、高粱、甘薯等。⑤ 小麦是四川最
主要的冬季粮食作物,玉米是四川最主要的夏季粮食作物,玉米主

---

① 林竞:《新疆纪略》,东京:天山学会,1918 年,第 17 页。

② 林竞:《新疆纪略》,东京:天山学会,1918 年,第 17 页。

③ 胡鸣龙:《新疆的农业经济》,《新亚细亚》第 9 卷第 3 期,1935 年,第 38 页。

④ 胡鸣龙:《新疆的农业经济》,《新亚细亚》第 9 卷第 3 期,1935 年,第 36 页。

⑤ 吕登平:《四川农村经济》,上海:商务印书馆 1936 年版,第 228 页。

要种植在四川盆地周边山地、盆地丘陵和部分平原地区。其他粮食作物还有马铃薯、豌豆、蚕豆等,种植面积也比较大,产量也较多。据郭声波《四川历史农业地理》研究,清中后期后,玉米、红薯、马铃薯在四川种植越来越多,取代了黍、粟和芜菁等的地位。[①]

许道夫统计的 1931—1937 年四川主要粮食作物耕种面积和产量见表 16。

油料作物中,四川主要种油菜,种植面积在全国居首位。据许道夫统计,1931 年,四川种植油菜籽 1 059.8 万亩,产量 1 208.2 万担,每亩产量 114 市斤;大豆 473.8 万亩,产量 1 042.4 万担,亩产 220 市斤。[②] 四川也种花生,但面积远不如油菜。1931 年,四川花生种植面积 104.4 万亩,居全国第四位,产量 185.2 万斤,居全国第八位。[③] 1937 年,四川油菜籽种植面积 1 036.1 万亩,产量 780.3 万担,亩产 75 市斤;大豆 427.9 万亩,产量 771.1 万担,亩产 180 市斤;花生 251.8 万亩,产量 593.3 万担,亩产 236 市斤;芝麻 184.3 万亩,产量 116.7 万担,亩产 63 市斤。[④]

四川的经济作物种类很多,主要有棉花、茶叶、蚕桑、烟叶、甘蔗、大麻、苎麻、药材等。棉花仅在川北一带种植,吕平登记载 1931 年,四川棉花种植面积为 393.3 万亩,产量为 6 598.1 万斤,亩产约 17 市斤,列全国第六位。每年棉花产量不敷用颇巨,每年输入原棉

[①] 郭声波:《四川历史农业地理》,成都:四川人民出版社 1993 年版,第 511 页。

[②] 许道夫:《中国近代农业生产及贸易统计资料》,上海:上海人民出版社 1983 年版,第 173 页。

[③] 吕登平:《四川农村经济》,上海:商务印书馆 1936 年版,第 243、245 页。

[④] 许道夫:《中国近代农业生产及贸易统计资料》,上海:上海人民出版社 1983 年版,第 173 页。

表16　1931—1937年四川主要粮食作物耕种面积和产量统计①

单位:耕种面积:千市亩;产量:千市担;产额:市斤/市亩

年度	籼粳稻			糯稻			小麦		
	种植面积	产量	产额	种植面积	产量	产额	种植面积	产量	产额
1931	40 009	160 436	401			278	15 311	36 287	237
1932	40 786	183 537	450			362	15 162	40 331	266
1933	38 843	153 430	395	3 610	14 043	389	14 865	36 122	243
1934	39 292	146 559	373	3 528	12 242	347	14 069	37 001	263
1935	38 349	156 125	407	3 613	13 129	363	15 321	37 067	242
1936	35 997	119 402	332	3 139	9 931	316	16 221	38 395	237
1937	27 676	78 668	284	2 366	6 676	282	17 820	28 602	161

① 据吕登平:《四川农村经济》,上海:商务印书馆,1936年,第242、243、244页;国民政府主计处统计局:《中华民国统计提要》表14《各省主要夏季作物估计》,1940年;《战时西南经济问题》,重庆:正中书局,1943年,第11、8页。许道夫:《中国近代农业生产及贸易统计资料》,上海:上海人民出版社1983年版,第54—57页。

续表 16

年度	玉米 种植面积	玉米 产量	玉米 产额	大麦 种植面积	大麦 产量	大麦 产额	燕麦 种植面积	燕麦 产量	燕麦 产额
1931	10 540	30 039	285	11 114	25 340	228			
1932	10 822	33 981	314	10 993	27 483	250			
1933	9 411	25 692	273	12 080	27 542	228	741	1 237	167
1934	9 186	24 710	269	12 604	31 006	246	731	1 374	188
1935	9 753	27 003	277	12 545	30 119	240	855	1 556	182
1936	9 956	20 220	203	12 950	30 633	237	977	1 747	179
1937	11 821	31 713	268	13 206	20 239	153	1 201	1 295	108

年度	高粱 种植面积	高粱 产量	高粱 产额	谷子 种植面积	谷子 产量	谷子 产额	穈子 种植面积	穈子 产量	穈子 产额
1931	3 548	9 615	271	602	951	158			
1932	3 633	11 299	311	615	1 378	224			
1933	4 274	11 241	263	640	1 011	158	431		

续表 16

年度	高粱			谷子			穄子		
	种植面积	产量	产额	种植面积	产量	产额	种植面积	产量	产额
1934	4 470	12 471	279	886	1 497	169	341	436	128
1935	4 806	13 381	278	1 213	2 170	179	491	616	125
1936	4 836	11 179	231	1 097	1 866	170	557	668	120
1937	5 674	14 612	258	979	1 787	183	280	337	120

年度	甘薯			豌豆			蚕豆		
	种植面积	产量	产额	种植面积	产量	产额	种植面积	产量	产额
1931	5 825	50 212	862						
1932	5 333	47 730	895						
1933	7 018	44 775	638	7 600	13 224	174	7 792	15 272	196
1934	6 060	46 117	761	8 022	15 242	190	7 766	16 542	213
1935	6 009	41 431	689	8 716	15 551	178	7 888	16 313	207
1936	6 563	46 042	702	9 798	17 968	183	8 117	16 319	201
1937	9 553	85 272	893	9 797	8 496	87	8 276	8 558	103

及棉制造品平均值 3 500 万海关两。[1] 据许道夫统计,1937 年,四川棉花种植面积仅有 240.8 万亩,皮棉产量 45.8 万担,亩产 19 市斤。[2] 1933 年,四川全省茶叶种植面积 29.55 万亩,种茶户 2 431 户,每年产量 30 万担,以后二、三年间茶产约减 10 万担。[3] 四川蚕桑产区分为三区,一为川北区,包括三台、南充等 22 县;二为川西南区,包括乐山、宜宾、成都 30 个县;三为川东区,包括重庆、成县等 13 个县。[4] 1931 年,四川甘蔗种植面积 56.7 万亩,居全国第三位,产量 507.5 万担,列全国第四位。烟叶种植面积 41.1 万亩,产量7 270.5万斤,在全国排第一位。[5]

民国时期,西康以宁属为产麦中心,年产量在 50 万担左右,主要种植在海拔 2 200 米以下的高山地带。青稞也是西康粮食作物的大宗,是当地主要粮食作物之一,“泸定为青稞之生产中心”。[6]

（二）云南农作物产量和结构

云南全省可分为六个区,以滇池至洱海一带中部平原最为富裕,东南部滇越铁路沿线次之,其他如南路思普沿边,西南部的腾龙一带,西北部中维边地,东北部东昭区等,均山脉重重,居民较少,但蕴藏的矿产资源很丰富。农村水田较多处,大致与江南各省相似。平原区域之农产,比较腹地丰富,水田可以有两季收获,第

---

[1] 吕登平:《四川农村经济》,上海,商务印书馆 1936 年版,第 243 页。

[2] 许道夫:《中国近代农业生产及贸易统计资料》,上海:上海人民出版社 1983 年版,第 207 页。

[3] 吴藻溪:《抗战前夜的四川经济》,《四川经济季刊》第 1 卷第 2 期,1944 年,第 234 页。

[4] 许道夫:《中国近代农业生产及贸易统计资料》,上海:上海人民出版社 1983 年版,第 266 页。

[5] 吕登平:《四川农村经济》,上海:商务印书馆 1936 年版,第 245 页。

[6] 蒋君章:《西南经济地理》,上海:商务印书馆 1946 年版,第 56 页。

一次种稻,第二次多种鸦片或蚕豆、麦、油菜、豌豆等,较贫瘠之田可种荞麦、马铃薯等。①

　　民国时期,云南的主要粮食作物有稻、麦、玉蜀黍等,其中,稻为云南最重要的农产品,其次为麦、玉蜀黍。稻分为粳、糯两种,也可分为水稻和陆稻。云南水稻主要种植在温暖多雨、地势低、水利条件相对较好的滇中、滇东南地区,省内主要坝区和平地,如玉溪、宜良等县。陆稻抗旱能力强,对土壤肥力要求不太高,产量也较低,主要分布在水源条件较差、土壤肥力较低的高亢之地。云南种植的麦有大麦、小麦、燕麦、荞麦等,小麦种植的最多,其中以冬小麦分布较广,云南农民最为重视。大麦、燕麦多"种之于山地,遇岁歉则膏腴之壤间亦植之"②,荞麦"坝子田地亦有种为济急之用",这三种麦都是荒年救急的农作物,其重要性无法与小麦相比。玉米对环境的要求不高,既可以在温湿的平地获得高产,也可以在干旱的高原取得丰收,因此,在不宜种稻、麦的山原地带,广为种植。云南粮食作物的种植结构以 1935 年为例,第一是水稻,第二为玉蜀黍,第三是小麦。但 1935 年云南省建设厅调查,云南农作物种植面积和产量第三的是马铃薯,不是小麦。全省有 101 个县出产马铃薯,产地面积 1 749 520 亩,产量为 10 661 913 担,仅次于水稻和玉米,占第三位。

　　云南省志编纂委员会编纂的《续云南通志长编》记载,1935 年云南主要粮食作物统计见表 17。

---

① 行政院农村复兴委员会:《云南省农村调查》,1934 年,沈云龙主编:《近代中国史料丛刊》(890),台北:文海出版社,2000 年版,序 1—2 页、第 39 页。

②《宣威县志稿》卷三,《物产》,台北:成文出版社 1967 年影印,第 273 页。

表 17　1935 年云南主要粮食作物统计表①

种类	出产地(县、局)	出产量(担)	价格(新币元)	产地面积(亩)
稻	108	34 132 376	1 852 868 304	11 782 797
小麦	91	2 305 672	131 423 304	769 416
大麦	91	1 860 129	76 265 289	821 018
荞麦	92	3 712 419	92 810 475	986 062
高粱	70	869 291	30 425 185	304 488
玉蜀黍	110	14 770 863	590 834 520	5 639 763
马铃薯	101	10 661 913	159 928 695	1 749 520

　　许道夫对 1931、1936、1937 年云南粮食作物的统计见表 18。

　　云南的油料作物主要有油菜籽、大豆、花生和芝麻,但是种植面积和产量都比较少。以 1932 年为例,云南大豆的种植面积为236.9 万亩,仅为四川的一半。油菜籽的种植面积为 111.8 万亩,仅为四川的 1/10,甚至还远不及贵州。② 种植面积有限,产量自然不高,主要是为了满足本省的需要,很难为市场提供更多的产品。1937 年,油菜籽种植面积 183.7 万亩,产量 110.5 万担,亩产 60 市斤;大豆种植面积 167.4 万亩,产量 421.1 万担,亩产 252 市斤;花生种植面积 14.7 万亩,产量 26.9 万担,亩产 183 市斤;芝麻种植面积 2.7 万亩,产量 2.4 万担,亩产 89 市斤。③

---

① 云南省地方志编纂委员会办公室:《续云南通志长编》下册,昆明:云南省地方志编纂委员会 1985 年版,第 252 页。
② 许道夫:《中国近代农业生产及贸易统计资料》,上海:上海人民出版社 1983 年版,第173—175 页。
③ 许道夫:《中国近代农业生产及贸易统计资料》,上海:上海人民出版社 1983 年版,第174 页。

表18　1931,1936,1937年云南粮食作物的统计①

单位：种植面积：千市亩；产量：千担；产额：市斤/市亩

年度	籼粳稻			糯稻			小麦		
	种植面积	产量	产额	种植面积	产量	产额	种植面积	产量	产额
1931	11 449	36 293	317	641	1 859	290	3 057	5 717	187
1936	9 442	30 970	328	862	2 773	321	3 782	7 195	190
1937	8 939	24 700	276	915	2 780	304	4 399	5 771	131

年度	玉米			大麦			高粱		
	种植面积	产量	产额	种植面积	产量	产额	种植面积	产量	产额
1931	6 469	9 121	141	1 722	2 927	170	476	766	161
1936	4 549	7 350	162	2 183	3 884	178	374	664	177
1937	4 831	7 435	154	2 168	2 617	121②	427	749	175

年度	甘薯			豌豆			蚕豆		
	种植面积	产量	产额	种植面积	产量	产额	种植面积	产量	产额
1931	277	2 366	854						
1936	385	2 877	747③	1958	2 789	142	5 964	9 615	161
1937	482	4 042	839	1968	1 870	95	5 835	8 237	141

① 许道夫：《中国近代农业生产及贸易统计资料》，上海：上海人民出版社1983年版，第58—61页。

② 原数字为122，本人计算为121。

③ 原数字为749，本人计算为747。

云南的经济作物主要有棉花、烟草、甘蔗、茶叶、蚕桑、罂粟等。"滇产棉地,南至思普、临江、东里、五福、佛海、镇越、猛丁、麻栗坡、蒙自,西至腾永沿边燠热之区。内地如元谋、永北、宾川等濒金沙江流域,无不为其适当区域。每年产量至少在数百万斤以上,惜尚未闻有专门统计者。"①棉花喜热、耐旱、好光、忌渍,云南的气候温暖、光照强烈,但是雨季雨量大,容易发生渍害,并不太适合棉花的生长,"今滇棉之来源,多仰给于缅甸瓦城(名瓦花)与东京,自植者进程尚缓。"②1937 年,云南棉花种植面积只有 13.3 万亩,产量 3.3万担,亩产 25 市斤。③ 云南的气候条件非常适合种植烟叶,因此,烟叶在云南栽培很广,品种也多。1937 年,云南种植烟叶 42.3 万亩,产量 60.9 万担,亩产 144 市斤。④ 甘蔗属于热带、亚热带作物,喜高温、需水量大,因此,云南甘蔗主要种植在亚热带地区,如婆兮、弥勒、竹园、景东、宁洱、宾川、巧家、五福、临江、保山、元谋等处,呈点状分布。云南是茶的故乡,野生大树茶最多,分布最广。20 世纪 30年代,云南茶叶产区达 30 余县,除滇西北、滇东北外,几乎各地都产茶。因为茶叶需求旺盛,茶叶的种植面积和产量不断增加。经济作物中,鸦片和茶在云南农村经济中占有非常重要的地位。云南的气候条件适宜发展蚕桑业,但是长期以来,云南蚕桑业发展很慢,直到光绪宣统年间,经云南巡抚、道台、总督的大力提倡,云南的蚕桑事业

---

① 李春龙审定、李春龙、江燕点校:《新纂云南通志》四,昆明:云南人民出版社 2007 年版,第 99 页。

② 李春龙审定、李春龙、江燕点校:《新纂云南通志》卷四,昆明:云南人民出版社 2007 年版,第 99 页。

③ 许道夫:《中国近代农业生产及贸易统计资料》,上海:上海人民出版社 1983 年版,第207 页。

④ 许道夫:《中国近代农业生产及贸易统计资料》,上海:上海人民出版社 1983 年版,第217 页。

才有所发展。据云南省实业厅 1934 年调查,云南有 32 县种桑养蚕,养蚕户有 9 737 户,栽种桑树 6 106 928 株,每年产丝 14 442 斤。桑树种植少,蚕丝产量有限,省内需求依赖川丝输入。①

（三）贵州农作物产量和结构

贵州主要的夏季粮食作物是稻,分粳稻和糯稻两种,糯稻种植面积较少,粳稻种植面积较大。糯稻主要用于酿酒和制作糕点,贵州少数民族喜欢吃糯米。玉蜀黍是贵州主要的旱地粮食作物,种植面积很广,仅次于水稻。小麦、大麦、燕麦也是贵州夏季主要粮食作物。豆类在贵州的种植也较为普遍,有大豆、豌豆、蚕豆等。据 1936 年贵州省农业改进所统计,贵州主要粮食和油料作物的种植面积、产量见表 19:

表 19　1936 年贵州主要农作物种植面积和产量统计表②

作物	种植面积（市亩）	占耕地面积的百分比(%)	总产量（市担）	亩产（市担/市亩）
稻	9 872 772	31.62	28 729 767	2.91
玉蜀黍	8 224 188	26.34	15 214 748	1.85
小麦	2 594 647	8.31	3 736 292	1.44
大麦	1 092 812	3.50	1 682 930	1.54
荞麦	1 298 884	4.54	1 506 705	1.16
高粱	1 020 998	3.27	1 000 578	0.98
大豆	2 856 922	9.15	2 828 353	0.99
油菜	1 508 080	4.83	965 171	0.64
甘薯	1 105 301	3.16	10 621 943	9.61
马铃薯	764 968	2.45	9 064 871	11.85

① 杨伟兵主编:《西南近代经济地理》,上海:华东师范大学出版社 2015 年版,第 265 页。
② 资源委员会、中央农业实验所、贵州省农业改进所:《贵州省农业概况调查》,贵州农业改进所,1939 年,第 35 页。根据 35 页表合计种植面积百分比为 110.66,似乎有误。

作物	种植面积 （市亩）	占耕地面积 的百分比	总产量 （市担）	亩产 （市担/市亩）
粟	680 666	2.18	993 772	1.46
红稗	430 880	1.38	1 034 112	2.40
蚕豆	952 307	3.05	999 922	1.05
豌豆	892 983	2.86	1 026 930	1.15
烟草	543 283	1.74	619 343	1.14
罂粟	711 889	2.28	8 454	0.012
棉花	93 670	0.30	18 734	0.20

从表 19 来看，1936 年贵州稻的种植面积 987 万多亩，其中 951 万亩水田全部种水稻，还有 30 多万亩旱稻，稻的种植面积占农作物耕种面积的 31.62％，产量约为 2 873 万担，是贵州第一大粮食作物，"贵州各县无不种植，除西部数县外，均以之为主要食粮，平坝、清镇、都匀、独山、思南所产之米，素负盛名。"[1]玉米的种植面积达 820 万余亩，占耕地面积的 26.34％，产量约 1 521 万担，是贵州第二大粮食作物。"黔西各县之人民，大部均以玉蜀黍为日常之食粮，大豆之种植亦甚普遍，大抵种玉蜀黍之地，均间种大豆，尤以黔西各县为甚。"[2]小麦、大麦、荞麦合计也占到了耕种面积的 16.35％，马铃薯、甘薯的种植面积不算大，但是产量很高。可见，1936 年贵州旱地粮食作物在贵州粮食生产结构中也占有不小的比重。在贵州，水田和旱地，冬季作物和夏季作物面积相差不大，粮

———————————

① 资源委员会、中央农业实验所、贵州省农业改进所：《贵州省农业概况调查》，贵州农业改进所，1939 年，第 35 页。

② 资源委员会、中央农业实验所、贵州省农业改进所：《贵州省农业概况调查》，贵州农业改进所，1939 年，第 36 页。

食种植结构较为合理,但是主要农作物是谷物,经济作物很少。

　　油料作物中,贵州油菜种植面积最大,各县都有种植,大豆其次,然后是花生和芝麻。据许道夫统计,1937 年,贵州油菜种植 314.8 万亩,产量 188.5 万担,亩产 60 市斤;大豆种植 131.4 万亩,产量 318.6 万担,亩产 242 市斤;花生种植 31 万亩,产量 103.7 万担,亩产 335 市斤;芝麻 16.5 万亩,产量 14.8 万担,亩产 90 市斤。①

　　贵州经济作物有棉花、烟叶,但"棉花与本省土宜不甚相合,栽培极少,估计其种植面积为 93 670 亩,产量为 18 784 市担,大抵产于罗甸、思南、贞丰、册亭、紫云、印江、榕江、仁怀、三合、赤水、荔波等县"②。1937 年,贵州棉花种植面积 21.6 万亩,产量 6.6 万担,亩产 31 市斤;种植烟叶 47.6 万亩,产量 103.5 万担,亩产 217 市斤。③

　　贵州种植果树苗木很多,"各地有名的水果有兴义、定番之红橘,安南、罗甸之黄果,威宁、黔南之梨,岑巩、施秉之文旦皆脍炙人口,为外省不可多得,此外板栗、核桃、枣、柿各县皆产,为数亦多。贵州 22 县,种植梨最多,占 18.06%,桃占 12.80%,李占 10.73%,橘占 10.72%,柚占 7.82%,柑占 5.82%,核桃占 4.37%,枇杷占 4.31%,花红占 4.18%"④,大致可以看出贵州果树分布情况。

_____

① 许道夫:《中国近代农业生产及贸易统计资料》,上海:上海人民出版社 1983 年版,第 175 页。

② 资源委员会、中央农业实验所、贵州省农业改进所:《贵州省农业概况调查》,贵州农业改进所,1939 年,第 36 页。

③ 许道夫:《中国近代农业生产及贸易统计资料》,上海:上海人民出版社 1983 年版,第 207、218 页。

④ 资源委员会、中央农业实验所、贵州省农业改进所:《贵州省农业概况调查》,贵州农业改进所,1939 年,第 36 页。

第四节　西部农业生产技术与农产品的商品化

一、西部各省农业生产技术状况

20 世纪 30 年代中国农村,农业生产技术非常落后,仍停留在铁犁牛耕的传统农业时代,除了在东北有少量的拖拉机,长江下游地区有些地方用机器灌溉,或者用电力灌溉。比如在江苏武进,由于建成了戚墅堰电厂,推行电力灌溉,到 1929 年,电灌面积约有 4.3 万亩。[①] 此外,脱粒机、碾米磨面等机械也进入了农家。有些省份购置新式农具,如甘肃省"由上海购置各种新式农具,如洋犁、冰铁犁、压棉机、播种机、榕花机等,发给农家试用,并令甘肃省制造局,仿式模仿制造,以为机器生产之提倡"[②]。但总体来说,农业生产技术与明清相比并没有太大的进步。农民耕地主要使用耕畜,但不是所有的农民都自有耕畜,不少地方农民只好用人力代替畜力。如"云南昆明、曲靖、沾益、马龙、宣威等县,5 亩以下的小农占绝大比重,他们多半无力购买和饲养耕牛"[③]。"四川农村,因耕畜牛骡马等动不动就是数十元,贫苦农民是无力蓄养的,加以兵连祸结,耕畜的损失更大,因而畜价更为提高,所以贫农中农,除利用自身的劳力代替畜力外,则只有向地主富农借用,普通叫作租赁。"[④]不仅如此,有些地方农户拥有耕畜的数量还进一步下降。四

---

① 王方中:《旧中国农业中使用机器的若干情况》,《江海学刊》1963 年第 9 期。

② 汪惠波:《甘肃省经济之检讨》,《新亚细亚》第 11 卷第 5 期,1936 年,第 21 页。

③ 王心波:《云南省五县农村经济研究》,《民国二十年代中国大陆土地问题资料》第 52 册,台北:成文出版有限公司、美国中文资料中心,1977 年,第 26715 页。

④ 李国桢:《四川的农村高利贷》,《中国农村》第 2 卷第 11 期,1936 年,第 71 页。

川灌县"四乡耕牛,年来数目大减,现有七千余头,较前年约减少三分之一,全县有农田五十余万亩,以现有牛数平均,每头耕牛须担负耕地约八十亩"①。"耕牛数目,川西平均为 0.86 只,调查 23 家租户中,只有 16 家有水牛。但近年农户贫困,匪兵扰乱,牛损失太多,农业劳动多以人代牛。"②

农业现代化的主要标志是普遍使用化肥和使用以内燃机或电动机作动力的农业机械,全面抗战前,中国虽然有少量新式农具进口、制造和试验,少量化肥进口,但是显而易见,中国农民置备不起内燃机和电动机,肥料大多使用的是农家肥,四川农村的主要肥料是人粪、牲畜粪料、灰粪、绿肥(苕子)、菜油枯骨灰等③,很少使用化肥。因此,中国农业仍然是传统农业,或者是从传统农业向现代农业过渡阶段。

西部地区地域辽阔,除四川盆地和关中平原等少数地区农业比较发达外,其余地区人口稀少,经济欠发达,农业生产技术更加落后。即使是四川,"农民种植,对种子上完全不注意,只将食余之稻或谷物粮食作种而已;是以常将早稻晚稻杂植一田。病态种子,不知去择,杂种掺杂,害及秧苗,常以成熟期不一致,米硬度不一,稗子满田,妨害秧苗,收获上常受影响,至品质上更无论矣。至耕耘除害灌溉,各种之技能,并无科学研究,一依习惯,听其自然,收成灾害,皆委之于命运。至商品农产经营方法,比较精细,但在合理性上,仍相较甚远。"④"四川农人施肥并无农业知识之支配,肥之种类、量之多少,施用时间,并无研究与方法,结果不但徒劳,且多

---

① 李国桢:《四川的农村高利贷》,《中国农村》第 2 卷第 11 期,1936 年,第 71 页。
② 吕平登:《四川农村经济》,上海:商务印书馆 1936 年版,第 240 页。
③ 吕平登:《四川农村经济》,上海:商务印书馆 1936 年版,第 233 页。
④ 吕平登:《四川农村经济》,上海:商务印书馆 1936 年版,第 234 页。

妨害。"①"滇省农业之现状,尚未脱离粗放式,经营无术,耕作失宜,
气候不知观测,土壤不知改良,籽种不知交换,虫害不知预防,陈陈
相因,由来已久。驯至地未尽辟,人有余力,一遇水旱偏灾,即成荒
象而至匮用矣。"②甘肃省农业技术墨守成规,不知改进,一切播种、
灌溉、犁地,以及浚渠、凿井、施肥等均故步自封,以致生产力衰
减。③ 宁夏自然条件恶劣,农耕方法落后,农业生产力水平低。农
户普遍缺乏肥料种子,"虽在春冬之际,用尽力量,收集人畜之粪,
然终不能足一年耕种之用,缺乏种子,致坐春荒,至为普遍现象。"④
四川巴县,农民"未睹新式农具为何物,即或见之,亦茫然不知所
用,其所握持,犹千百年旧物也"⑤。因为农业生产技术落后,西南
西北各省粮食产量都很低,水稻一般亩产 100—200 斤,小麦、玉
米、粟糜、高粱都是 100 多斤,棉花 20—30 斤,有的省只有十几斤,
最高 70 多斤,只有甘薯、马铃薯亩产较高,1 000 斤左右。即使是
农业比较发达的四川,水稻最高亩产 400 多斤,小麦、大麦、玉米、
高粱亩产 200—300 斤。农民收入很低,宁夏普通农地收益,每亩
仅 2 000 元左右,园地则可收入 6 000 元—1 万元,每户每年收益,平
均仅 1.5 万元左右。甘肃"农民都过着极穷苦的生活,其主要食物
为杂粮类,羊猪肉等较贵的食物,通常是不能到口的。穷乏及食物
之恶劣,即在全世界最不幸的各省中国农民中,本省(甘肃)还是第

---

① 吕平登:《四川农村经济》,上海:商务印书馆 1936 年版,第 235 页。

② 李珪:《云南近代经济史》,昆明:云南民族出版社 1995 年版,第 245 页。

③ 汪惠波:《甘肃省经济之检讨》,《新亚细亚》第 11 卷第 5 期,1936 年,第 21 页。

④《宁夏抗战时期各项生产事业概要(1937—1940 年)》,摘自《西北论衡》第 5 卷第 9—
　10 期,西北论衡社,1937 年 11 月 15 日,宁夏档案馆编:《抗战时期的宁夏——档案史
　料汇编(下)》,重庆:重庆出版社 2015 年版,第 471 页。

⑤ 民国《巴县县志》第 11 卷,《农桑》,1939 年刊本,第 9 页。

一位"①。可见,西部农村农业生产技术落后,人民生活贫困。

值得一提的是,新疆地区农业生产技术在 1932 年后有所改进。盛世才统治新疆时期,比较重视发展农业,并以农田开垦情况作为考核当地官员的重要指标,农业生产技术有一定的发展,相继完成了迪化、伊犁、塔城、阿山、库尔勒农牧场的建设,在没有农场的各县均设立农机租赁所,成立气候测量所 4 处和水利讲习班,在鄯善、昌吉、奇台及南疆各县修筑数十公里长的大渠 20 余处。② 与此同时,新疆地方政府还从苏联购置了一批新式的农业机械,以提高农业产量。

二、西部各省农产品的商品化

中国以农立国,80%—90%的人口居住在农村,直接从事农业生产,农民种的粮食主要供给自己食用,基本上是自给自足,商品率很低,西部各省的情况更是如此。以云南为例,全省种植的农作物种类虽然较多,但是大部分耕地都是用来种粮食供给自己食用,经济作物占的比重很小。据许道夫对 1913、1932、1934 年云南耕地面积和粮食种植面积的统计,云南粮食种植面积占全省耕地面积基本都在 90%上下③。1932 年,云南全省共有耕地 2 712.5 万亩,其中稻、麦、玉米、高粱、甘薯、豆类等粮食作物的种植达到 2 477.1万亩④,占全部耕地面积的 91.32%。贵州耕地面积的 90%

---

① 王达文:《甘肃省农产畜牧概况》,《国际贸易导报》第 8 卷第 12 号,第 166 页。
② 杜重远:《盛世才与新疆》,汉口:生活书店 1938 年版,第 90—91 页。
③ 许道夫:《中国近代农业生产及贸易统计资料》,上海:上海人民出版社 1983 年版,第 8—9、58—61 页。
④ 许道夫:《中国近代农业生产及贸易统计资料》,上海:上海人民出版社 1983 年版,第 9、58—61 页。

以上种植稻、玉米、麦、高粱、马铃薯、蚕豆、豌豆等粮食作物。之所以出现这种情况,是因为 20 世纪 30 年代,西部农业劳动生产率很低,单位面积产量很少,不得不依靠保持较大的耕地面积来解决当地民众的吃饭问题。即使这样,农民一年辛苦劳作,所获粮食连自身需求都很难满足,更别说有多少剩余产品供应市场。西部其他省份情况也基本如此。甘肃省人口 628.1 万人,平均每人每年需用粮食 4 市担,共需粮食 2 512.4 万担。甘肃小麦、大麦等 10 种食粮以平常年产量及供给民食的百分率推算,供给民食总量为 23 371 940 担,燕麦豌豆蚕豆补助民食 1 214 640 担,13 种食粮共供给民食 24 586 580 担,尚不足 53.7 万市担。这还是平常年景的情况,"若值灾欠之年,人民更困于饥馑矣。"[1]

陇海铁路甘肃段沿线各地之粮食生产,除临洮、榆中、定西、通渭、清水等 5 县有余,洮沙、陇西、泰安 3 县可以自足外,其余 7 县皆不足当地自用,每年共缺少 52 万余公石;其中,尤以兰州及天水两地为最,两处共须输入约 34 万公石。各地所缺之粮食,除由本线内有余各县输入外,尚须向线外地方如华亭、静宁、西和、礼县、临夏、宁定以及青海及甘州等地购入。每年由青海输入者约 6 万公石;由甘肃境内线外各县输入者约 12 万余公石。故就全县合并计之,则每年共需输入粮食 18 万余公石。[2]

1930 年.国民政府立法院统计处对全国各区粮食盈亏进行过统计(见表 20)。20 世纪 30 年代,西北、西南都是粮食不足地区,西北陕西、甘肃、宁夏、新疆缺粮 205 万担,不足率 6.6%;西南四川、

---

[1] 汪惠波:《甘肃省经济之检讨》,《新亚细亚》第 11 卷第 5 期,1936 年,第 19 页。

[2] 铁道部业务司商务科编:《陇海铁路甘肃段经济调查报告书》,沈云龙主编:《近代中国史料丛刊》(505),台北:文海出版社,第 23 页。

云南、贵州缺粮 746.4 万担,不足率为 15.1%。

表 20　中国各区粮食统计盈(十)亏(一)表①　　单位:千担;%

区域	东北	西北	北方平原	长江中下游	西南	东南	平均
相差	+13 687	-2 050	-26 214	+36 822	-7 464	-18 217	3 346
盈亏(%)	+29.8	-6.6	-28.4	+37.0	-15.1	-44.5	4.6
	黑吉辽热　察	绥夏新甘陕晋	冀鲁豫	苏皖鄂湘　赣	川滇黔	浙闽粤	

资料来源:尹以琯:《国防与粮食问题》,上海:正中书局,1936 年,第 70 页。
说明:原表统计相差 77 130 千担,不足比例为 23.1%。原表计算有误,已更正。

　　不过,有的学者研究认为,四川、云南、贵州大米可以自给自足,有的学者甚至认为四川大米盈余 3 485 万担。还有史料记载早在 18—19 世纪,重庆郊县稻米生产的商品化程度相当高。"十八九世纪,伴随着人口的快速反弹,稻米在重庆市场上突然变得供不应求,价格也一路走高。而重庆活跃的稻米市场又是下江社区需求的风向标,自 18 世纪初,下江商人就视四川为廉价大米收购地。他们纷纷涌入要买断这取之不竭的供给,结果导致重庆郊县农民一窝蜂地开山造田,从事纯商业目的之水稻种植。② 在平常之年,贵州所产之米,足供全省民食 49.9%。③ 新疆"境内所产小麦、小

---

① 赵兴胜等:《中华民国专题史》第八卷,《地方政治与乡村变迁》,南京:南京大学出版社 2015 年版,第 270 页。

② 李中清:《西南中国的粮食供应与人口增长:1250—1850》,《亚洲历史研究学刊》,第 41 卷第 4 期,1982 年,第 38 页。转引自[加]伊莎白、[美]柯临清、[美]贺萧、[美]韩起澜编,邵达译:《兴隆场:战时中国农村的风习、改造与抵拒》,北京:外语教学与研究出版社 2018 年版,第 36 页。

③ 京滇公路周览会贵州分会宣传部编:《今日之贵州》,《贵州农业概况》,1937 年,第 2 页。

米多运到外蒙古出售"①。但吴承明认为,九一八事变后,"东北粮食基地沦陷了;四川已无余粮可供输出,尚须少量输入。"②1936年,中国粮食的商品化率仅为31.4％,③农民出卖"余粮",基本上是为买而卖,大多数是卖出稻子和小麦,换回玉米、高粱和其他杂粮自己食用。粮食不是作为商品而生产的,只是品种交换。张心一也认为"西北及西南区的粮食,都是自产自销,于其他各区粮食无甚关系"④。应该说,全面抗战前,西部农村仍处于自然经济、半自然经济状态,粮食作物的商品化率很低。

相比较而言,经济作物商品化率比较高。鸦片战争后,中国被迫卷入世界经济体系,海外市场对中国农产品的需求促使农村经济作物商品化。19世纪60年代的洋务运动开启了中国工业化的进程,一批工业企业,如纺织厂、缫丝厂、榨油厂、面粉厂、轧花厂、卷烟厂建成,国内工业生产对原料的需求也促进农产品商品化。据吴承明研究,1936年,经济作物的平均商品化率是84.7％,其中大豆是85％,花生是80％,油菜籽是65％,芝麻是80％,棉花是87.1％,麻是85％,甘蔗、烟叶、蚕茧是100％,茶是90％。⑤

黄河流域的棉花在20世纪初期开始大量出现在天津市场⑥。

① 胡鸣龙:《新疆的农业经济》,《新亚细亚》第9卷第3期,1935年,第36页。

② 吴承明:《中国资本主义与国内市场》,北京:中国社会科学出版社1985年版,第290页。

③ 许涤新、吴承明:《中国资本主义发展史》第三卷,北京:人民出版社2003年版,第790页。

④ 张心一:《一九三三年中国农业经济概况》,《中行月刊》第8卷第1/2期,1934年,第45页。

⑤ 许涤新、吴承明:《中国资本主义发展史》第三卷,北京:人民出版社2003年版,第790—791页。

⑥ 赵兴胜等:《中华民国专题史》第八卷,《地方政治与乡村变迁》,南京:南京大学出版社2015年版,第274页。

陕西是西北最大的棉花产地,产量大,质量也较好,行销到外省。陇海铁路开通,为陕西棉花外销创造了条件。新疆棉花产量颇丰,据记载民国 4 年(1925 年)棉花产量莎车为 6.5 万担,吐鲁番为 4.4 万担,巴楚为 2.5 万担,鄯善为 2.4 万担,疏勒为 2 万担,以上五产棉区已达 25.2(疑应为 17.8)万担。战前(第一次世界大战),新疆棉花对俄输出 1.45 亿斤,至 1925 年则已增至 2.5 亿斤,激增三分之二。[1]

陕西是我国蚕桑业的发祥地,陕西南部和东部地区气候及土质适宜植桑养蚕,蚕桑业是陕西农家普遍的家庭副业,以汉江流域最为发达。1931 年前后,陕西发生灾荒,蚕桑业有所衰落,但仍在供给本地消费外继续向川、甘两省输出。新疆"和阗、莎车、疏勒均为产丝丰盛之区,喀什干尔蚕业也盛,年产生丝百万斤。阿克苏桑林栉比,产丝亦多。丝产大部输入印度及俄国"[2]。四川大量种桑养蚕,蚕丝出口,1917—1931 年四川全省平均产丝 3.8 万关担,1932—1936 年虽受世界经济危机影响,四川丝产量下降,但平均每年亦达 24.3 万关担(1 海关担=119.363 2 市斤)。1933 年,四川蚕丝输出价值 2 892.4 万元,占全省输出总值(全省输出总值 4 293.8万元)的 67.4%。[3]

烟草是西南西北地区重要的经济作物,尤其是四川和甘肃,成都平原晒烟产量占全省 1/3 以上,且品质好,为当时全国著名的商

---

① 胡鸣龙:《新疆的农业经济》,《新亚细亚》第 9 卷第 3 期,1935 年,第 38 页。

② 胡鸣龙:《新疆的农业经济》,《新亚细亚》第 9 卷第 3 期,1935 年,第 38 页。

③ 许道夫编:《中国近代农业生产及贸易统计资料》,上海:上海人民出版社 1983 年版,第 271、285 页。

品晒烟产区。① 全川在乾嘉之际不仅出产优质烟草,而且种植面积和产量都有很大扩展,四川盆地中部丘陵、川南和岷江上游等地区都有为数不少的种植和产出。② 近代机器卷烟业的兴起,使四川烟草产销两旺。据吕登平《四川农村经济》记载,1931 年四川烟草种植面积为 41.1 万亩,产量 7 270.5 万斤,均列全国第一。③ "1935 年,四川烟草种植面积和产量大幅提升,种植面积达到 3 万顷,产量高达 280 万担,种植面积和产量分别约占全国的 25% 和 26%,行销陕甘、云贵、湖北等地,雪茄等还远销新疆、中亚一带。"④ 1937 年,四川种植烟叶 165.1 万亩,产量 249.7 万担,亩产 151 市斤。⑤ 甘肃也是著名的烟草产地,但甘肃生产的是水烟,九一八事变后,甘肃水烟市场份额越来越小,烟草种植面积和产量大幅下降。宁夏也引种兰州烟草,"其所制于字水烟,顷已畅销东蒙及绥西各地,行将与兰州王字烟并驾齐驱矣。"⑥

　　四川是我国著名的药材产区,生产地区分布颇广,几乎无县无药材,川产药材种类繁多,总计可得 79 种,输出总值达 600 万元。其中价值万元以上者有 46 种,10 万元以上者也有党参、川芎、黄姜、白芍、贝母、麦冬、虫草、枳壳等 16 种,而当归一种,竟达 150 万元以上。⑦ 四川各地都有药材贸易中心,川西地区以灌县为药材主

① 孙敬之主编:《西南地区经济地理》,中国科学院中华地理志经济地理丛书之六,北京:科学出版社 1960 年版,第 40 页。

② 郭声波:《四川历史农业地理》,成都:四川人民出版社 1993 年版,第 194 页。

③ 吕登平:《四川农村经济》,上海:商务印书馆 1936 年版,第 243 页。

④ 郑励俭:《四川新地志》,重庆:正中书局 1947 年版,第 101 页。

⑤ 许道夫:《中国近代农业生产及贸易统计资料》,上海:上海人民出版社 1983 年版,第 217 页。

⑥ 宁夏省政府:《宁夏资源志》,银川:宁夏省政府,1946 年,第 99—100 页。

⑦ 郑励俭:《四川新地志》,重庆:正中书局 1947 年版,第 130 页。

要贸易中心,川西北高原山地出产的药材也多以灌县为贸易中心;川南以宜宾为贸易中心,川西南以雅安为贸易中心,西康等地药材在此集散;川北以江油之中坝为贸易中心,川中嘉陵江两岸各县以合川为贸易中心,川东以万县为贸易中心,其中川西所产药材最多,约占全省产量的1/3,这些药材除川东外,都由各贸易中心转运重庆,再向省外或国外输出,重庆为全省最重要的药材输出中心。1931—1933年,全省出口价值万元以上的药材有46种,其他33种,共计价值6 132 751元。[①] 甘肃、宁夏、青海也是我国中药材的重要产地,甘肃有药材180余种,"除供给本省外,并运销他省,其价值高贵者多由天津、北平之药商收买,当归枸杞等,多由山陕药商收买,而尤以陕西三原华阳之药商为最多,甘草、大黄、党参,则多由河南禹州药商收买。据甘肃财政厅统计,每年输出价值500余万元。"[②]宁夏"年产药材甚多,而以甘草、枸杞、苁蓉最著名。此外,柴胡、锁阳、黄芩亦产不少。此等药材大致均运往平津一带销售,约值50万元"[③]。枸杞是宁夏特产,也是宁夏主要外销商品,可惜全面抗战开始后,天津沦陷,"外销滞塞,价格大跌,农民多掘除改种普通作物,其栽培面积减少约五分之四,现栽培面积,计一千六百余亩,至堪痛惜。"[④]

　　罂粟在西部各省甘肃、青海、陕西、宁夏、云南、四川都有种植,特别是云南,罂粟是云南经济作物中商品化率最高的农作物,种植面积不断扩大,一开始在山区种植,后扩展到坝区和平地,因为运

① 郑励俭:《四川新地志》,重庆:正中书局1947年版,第130—132页。
② 汤惠荪等:《甘肃省农业调查》,《资源委员会季刊》第2卷第2期,1942年,第170—171页。
③ 汤惠荪等:《宁夏省农业调查》,《资源委员会季刊》第2卷第2期,1942年,第368页。
④ 宁夏省政府:《宁夏资源志》,银川:宁夏省政府,1946年,第120—121页。

输方便,收益率高,鸦片也成为云南对外省和境外贸易的优势商品,贸易上的巨大需求又推动罂粟的大规模种植。云南军政府虽多次明令禁种,但实际效果很差。到 1935 年,云南鸦片的种植面积达到了 200 多万亩。[1] 茶叶也是云南重要的外销商品,"以销川、康、藏为大宗",少量运销"安南、暹罗、缅甸、南洋及我国沿海沿江各省"[2]。苎麻是重要的纺织原料,云南各处都有种植,而以临江出口为大宗。

吴承明统计,中国园艺作物瓜菜豆角、水果的商品化率为 75.9%。陕西地跨南北,气候差异大,水果种类丰富,其中柿子、柿饼、梨、枣、核桃、板栗是对外输出的大宗货品,陕西有些地区还专门经营果园,为城镇市场提供果品,并形成了一定的区域分工,水果商品化程度较高。除了水果,关中地区还将油菜输出到山西。甘肃近代以来大量栽培园艺作物,如蒜苗、辣椒、洋葱等。张掖年产辣椒 8 万斤;高台县黑河沿岸年产洋葱约 1 万斤,行销张掖、酒泉;甘谷是著名的辣椒产地,年产 46 万斤,销天水、临夏、武山、临洮、岷县、兰州等地约 36 万斤,占全部产量的 78.3%。[3] 酒泉年产蒜苗 5 万市石,主要销往张掖、金塔及关外各县约 2 万市担。[4] 园艺产品的大量种植,提高了甘肃农产品的商品化程度。新疆"杏及杏仁、葡萄干则多半运销俄国及蒙古甘肃等地脱售。吐鲁番所产绿色无子小葡萄,颇多输入内地绥陕各省,每年销售价值约在百万元以上"[5]。

---

[1] 李珪主编:《云南近代经济史》,昆明:云南民族出版社 1995 年版,第 270 页。

[2] 云南省地方志编纂委员会办公室:《续云南通志长编》下册,昆明:云南省志编纂委员会,1985 年,第 608 页。

[3] 统计组:《甘肃各县局物产初步调查》,《甘肃贸易》,1943 年第 5/6 期,第 19、23、37 页。

[4] 王世昌:《酒泉经济概况》,《甘肃贸易》第 2/3 期合刊,1943 年,第 80、83 页。

[5] 胡鸣龙:《新疆的农业经济》,《新亚细亚》第 9 卷第 3 期,1935 年,第 36—37 页。

第二章 国民政府农业建设方针政策的调整

第一节 国民政府及西部各省农业机构的调整

一、中央农业机构的调整

中华民国建立以来，中央农业行政机构多次调整。1912年设立农林部，下设农务、垦牧、山林、水产四司，第二年改成农商部，下设农林、渔牧两司。南京国民政府成立后，1928年成立农矿部，内设农政、林政二司，管理全国农林行政。1931年，农矿、工商两部合并为实业部，下设农业司、渔业司及林垦署，主办全国农林渔业行政。

1937年7月7日，卢沟桥事变爆发。国民政府为了适应战时需求，制定了《总动员计划大纲》及工作分配表，指定由军事委员会第四部负责农业动员及对商业和对外贸易的管理。农业动员的主要工作有：关于食粮之生产、运销、储存、消费及各方面应办之事；未改良种子的区域从速改良种子，已改良种子之区域设法改换种植；扩充及增强合作新组织；调集农业人才、统筹农业技术合作；一切食粮国内应自由流通，以资调节，国外输出则绝对限制；战区前线，购运军食民食应指定机关，有极敏捷的采办及分散办法；通令农本局及农贷银行增加接济力量；后方粮食、食盐应有统一移动囤积办法；严禁食粮浪费，奖励盐制品生产，必要时得禁止米粮酿酒及饲畜等之用。①

　　1937 年 9 月，国防最高会议通过了《增进生产及调整贸易办法大纲》，在军委会下设农产、工矿、贸易三个调整委员会，由周作民担任农产调整委员会主任委员。农产调整以收购棉纱、米麦为先，在各地设立办事处，所有工作计划与军委会第三部、第四部及其他各部会密切联系，所需营运资金，由财政部向中中交农四行借拨。②在抗战爆发的紧急时期，国民政府首先运用军事机构进行战时农业动员，体现了明显的战时特色。应该说，作为临时应对之策，军事机构最具效力，但缺点是在长期性、持续性和专业性方面有很大不足，要支持长期抗战，对于农业建设应该从长计议。而且，军事委员会作为军事机构，其主要工作应该是军事指挥，经济动员工作应当由经济行政部门负责。军委会第四部和农产调整委员会在短期内能承担的主要工作也只是办理战时粮食、棉纱等的收购、存储、运销，其他促进农业发展的工作因为战事激烈，未能实行。"前农产调整委员会因成立之初，正当江南战事倥偬之际，上承政府之意旨，下受社会之督促，其工作之重心，以购销为主，生产为副。而

---

① 《国防最高会议总动员计划大纲》（1937 年 7 月），中国第二历史档案馆藏，军事委员会档案，761—451。

② 《增进生产调整贸易办法大纲》，中国第二历史档案馆藏，军事委员会档案，761—409；《财政部关于农产调整委员会设立概况报告》，中国第二历史档案馆编：《中华民国史重要史料汇编》第 5 辑第 2 编 财政经济（8），南京：江苏古籍出版社 1997 年版，第 1 页。

其经营种类,以收购食粮棉花为主,花生豆油次之。棉花花生之收购,均分别委托商业机关办理。"①

1938 年 1 月,国民政府将实业部改组为经济部,主管全国经济行政事务。农产调整委员会改组为农产调整处并改隶经济部农本局,原财政部粮食运销局也归并到经济部农本局。贸易调整委员会改隶财政部,农产调整委员会职掌中关于农产输出国外之贸易事宜划归贸易调整委员会办理。经济部下设置了主管农林牧渔、垦务、农村经济与农村合作的农林司,作为战时农业行政机构。将稻麦改进所、棉业统制委员会、蚕丝改良委员会合并归入中央农业实验所,由经济部领导,成为主管全国农业技术的中枢机构,并在川、湘、滇、黔、陕等省设立工作站,分派技术人员常驻各站,协助各省农业改进工作。

1936 年 9 月 17 日成立的农本局在全面抗战爆发后改组为经济部农本局,以"调整农业产品、流通农业资金、藉谋全国农村的发达为宗旨"②。1938—1939 年,农本局的主要工作:一是辅设合作金库。从 1938 年起,农本局农贷业务,以辅设合作金库为中心,在各地筹设贷款机构,其业务以放款为主,兼办存款、汇兑,还有代理业务,代理贷款,购销,代理收付,代兑硬币,参加特产改进等;二是建设农仓机构。仓库业务以押放为主,其中储押放款占 70％以上,仅四川部分仓库举办代理购销,至简协仓,完全以农仓放款为目的;三是促进农业生产,对农田水利工程、垦殖、农业生产、经济作

---

①《农本局接收农业调整委员会设置调整处设置其业务范围与界限划分要点有关文件》
　　(1938 年 3 月),中国第二历史档案馆藏,经济部档案,4—12489。
②《修正农本局组织规程》,《国民政府公报》渝字五十九号,第 1 页。

物及农产加工提供贷款；四是农产购销业务，以棉花、纱布、粮食为主。①

为适应抗战需要，迅速增加战时农业生产，发展农村经济，国民政府行政院于 1938 年夏设立农产促进委员会，其工作目标一是增加农业生产；二是发展农村经济；三是增进农民知识；四是改善农民生活。农产促进委员会下设总务、技术两组，与中央有关机关团体，如经济部农林司、教育部社会教育司、内政部地政司、经济部农本局，特别是经济部中央农业实验所密切合作，请中央农业试验所派遣各系负责推广的技术人员，兼任推广专员及督导员，到大后方各省从事农业推广工作。其工作地区遍及川、陕、黔、滇、甘、康、宁等 14 省，主要业务有农作物推广、病虫害防治、畜牧兽医推广、水利垦殖经营、蚕业推广、农村副业推广、肥料推广、园艺推广、特种作物推广、造林等。②

1940 年，大后方经济遇到了抗战以来前所未有的困难，农产品减产，粮食歉收，工业增长的势头受阻，宜昌沦陷，滇缅路被切断，大后方粮价上涨，通货膨胀越来越严重。为了解决战时经济困难，加强对农林工作的领导，国民政府于 1940 年 7 月设立了农林部，直属行政院，管理全国农林行政事务。农林部长陈济棠陈述农林部的工作方针是：第一，积极增进农产的数量和品质，满足军民衣食、外销特产、耕牛役马、建设木材的需要；第二，改善农民地位，以求耕者有其田；第三，利用科学方法，改善农场经营；第四，促进农村

---

① 张汝砺：《农本局沿革及目前业务动向》，秦孝仪主编：《革命文献》第 103 辑，台北："中央"文物供应社，1985 年，第 175 页。

② 陈济棠：《抗战四年来之农业》，秦孝仪主编《革命文献》第 102 辑，台北："中央"文物供应社，1985 年，第 17 页。

经济的发展。① 农林部下设农事、林业、渔牧、农村经济、总务五个
司和垦务总局。农事司主要负责农作物及农村副业之试验、检查、
保护、奖进、推广事项；农地之整理、改良、保护；农作物灾害之研究
预防；土壤肥料之调查改良；种子农具之改良推广；农业团体之指
导监督；关于农事之调查；关于蚕桑及其他农事。② 农村经济司的
主要职责是关于耕地租用之调整改进；关于农村贷款之设计支配；
关于农村合作事业之指导监督；关于集体耕作之实验指导；关于农
村经济之调查事项；关于其他农民生计之扶植保护事项。③ 原经济
部农林司及所属的中央农业试验所移并农林部，扩充中央农业实
验所及江西农村服务区管理处，新设国营农场、改良作物品种繁殖
场。1941 年新设了粮食增产委员会、柑橘试验场、国营耕牛繁殖
场、西北羊毛改进处，筹设中央林业实验所、中央畜牧实验所、国营
垦区、国营屯垦实验区及合办骨粉试验厂等，以促进农林牧业的发
展，满足抗战对于农牧产品的需求。行政院农产促进委员会于
1942 年 3 月并入农林部，归农林部管辖，其主要任务是协助农民增
进粮食、棉花及其他农作物的生产。1945 年初，农产促进委员会与
粮食增产委员会合并改组为农业推广委员会，同时在全国各省、县
建立各级推广机构，从事农业推广工作。

---

① 《陈济棠关于农林部工作方针与计划的报告》（1940 年 9 月），中国第二历史档案馆
编：《中华民国史重要史料汇编》第 5 辑第 2 编 财政经济（8），南京：江苏古籍出版社
1997 年版，第 20—21 页。
② 《国民政府颁布农林部组织法》（1940 年 5 月 1 日），中国第二历史档案馆编：《中华民
国史重要史料汇编》第 5 辑第 2 编 财政经济（8），南京：江苏古籍出版社 1997 年版，第
11 页。
③ 《国民政府颁布农林部组织法》（1940 年 5 月 1 日），中国第二历史档案馆编：《中华民
国史重要史料汇编》第 5 辑第 2 编 财政经济（8），南京：江苏古籍出版社 1997 年版，第
12 页。

抗战时期,粮食问题是农业的核心问题。为增加粮食生产,国民政府于1941年设立粮食增产委员会,主要工作就是力促粮食增产。为加强对粮食的征收和管理,国民政府于1940年8月设立了全国粮食管理局。1941年7月,全国粮食管理局改组为粮食部,负责粮食的储备分配,调剂盈虚,特别是负责军粮民食的供应。

因为战时环境的变化,经济部农本局在1940年后业务范围发生重大调整,由负责农业贷款、农仓押放、农产购销的农业经济金融机构转变为承担服用品、粮食的平价购销机构。1941年初,农本局奉令改组,农贷业务交给了中国农民银行接办,农业仓库交给了全国粮食管理局,农本局成为专营服用品、棉花、纱布运销调剂的机构。1942年,农本局改为棉麻局。

整个抗战时期,经济部、农林部作为中央农业行政主管机关,与财政部、四行联合办事处总处等中央财政金融机构一道,贯彻国民党制定的农业建设方针政策,积极推进西部各省的农业发展。

二、西部各省农业机构的调整

中华民国成立后,全国各省农林机构先后设有劝业道(1912年)、实业司(1913—1915年)和实业厅(1915—1928年)负责管理各省农业行政。此外,各地还设有一些农事组织,如中央直属的农事试验场、棉业试验场、林业试验场、种畜试验场等,试种从国内外引进的优良农作物品种、饲养从国内外购得的家禽家畜等。南京国民政府成立后,1928年成立了农矿部,各省主管农业的行政机关为农矿厅,20世纪30年代改称为省建设厅。

全面抗战爆发前,西部各省的农业机构数量不多,组织比较松散,没有明确的工作目标。但是有些省份,比如四川省,1935年实

现了"省政统一",由卢作孚出任建设厅厅长,积极推动四川省农业
建设,于1936、1937年先后设立了家畜保育所、蚕丝改良场、稻麦
改进所、棉作试验场、甘蔗试验场、第一林场、农林植物病虫害防治
所、园艺试验场及峨山林业试验场九大农事机关,以期改进四川省
农业。

全面抗战爆发,为了推动西部各省农业发展,保证战时军粮民
食的供应,国民政府要求各省成立统一的农业改进机构,国民政府
经济部制定《经济部补助各省农业改进经费办法》,规定受补助的
机关必须是农业改进集中组织,除由中央给予经费补助外,还给予
技术上的指导。中央农业实验所在经济部领导下,在川、湘、滇、
黔、陕等省设立工作站,分派技术人员常驻各站,协助各省农业改
进工作。原来直属于省建设厅的各种农事试验场和农业推广机构
全部改由中央农业实验所领导。1940年中央农业实验所划归农林
部并进行了扩充,在西部各省设立农业推广所、农场或其他农业机
关,协助各省进行农业改造。

四川省政府为适应战时需求,发挥农业技术效能,推动全省农
林建设,将战前成立之九大农事机关合并,于1938年9月1日组建
四川省农业改进所。四川农业改进所依据四川省政府要求及四川
实际情形,制定了四大工作方针和十大施政方略,同时在中央有关
机关的协助下,加快建设,使四川农业改进所迅速发展壮大,到
1941年,四川农业改进所已经发展到10个组2个推广委员会9个
附属机关,所内外工作人员达1 500余人,在全国首屈一指。陕西
省政府为了加快推动本省农林事业发展,在中央农业实验所的协
助下,于1938年10月1日将原有的省林务局、棉产改进所、棉花掺
水掺杂取缔所、农业试验场、垦殖畜牧场及第一果园等六单位合
并,成立了陕西省农业改进所,隶属于省建设厅,统筹办理陕西省

的农林改进事业。其他如贵州、甘肃、西康、宁夏等省农业改进所也相继成立。其余省份则设立农林局或农业院或其他农业机关。不过,上述机构只负责实验改良,行政事务由各省建设厅负责,行政与技术脱节。

为将农业科研成果推广到广大农村,1938年,行政院农产促进委员会在各省农业改进所或农业改进集中组织内设立了农业实验处和农业推广处,协助各省树立农业推广制度,造就农业推广人才,促进各省农业发展。在省一级,农产促进委员会与省农业推广处或农业推广委员会合作,制定农业推广计划,要求各省、县农业推广机构每年每月都要将农业推广工作进展情况总结上报。各省建设厅会同省党部、大学农学院、省农村合作委员会、农业金融机构(农本局、合作金库及银行等)、省农业改进所或农业改进集中组织、省农民团体组成省农业推广协进会,作为省农业推广主管机关的咨询机构,商讨全省农业推广事宜,力促该省农业发展。农产促进委员会指派高级推广人员常驻各省,协助树立推广机构,训练培养推广人才,解决推广中遇到的问题。1939年,四川成立农业改进所农业推广委员会,广西省成立农业管理处推广室。

县一级农业机构,主要是在各县设立农业推广所。因为各县区域大小及经济情形各不相同,故各县农业推广机构因地制宜,分别由省农业推广主管机关、县政府、农民团体或中央主管机关推动建立。中央主管机关、省农业推广主管机关、县政府、农民团体根据各县具体情况,分别会同县政府或直接于各县设立农业推广所或农业推广指导员办事处,由此形成中央—省—县的纵向农业推广组织系统,统筹各县农业推广工作。农业推广组织成立后,制定农业推广计划,并将推广工作成绩按月、年呈报县政府及省农业推广主管机关。1940年,行政院通过了县政计划委员会拟定的《县农业推广所组织大纲草案》及《县农林场组织章程草案》,四川、陕西、甘肃、贵州、西康、云南等省陆续成立了县农业推广所、其他农林推广机关,或农林推广指导员办事处。四川省有 80 余县成立了农业推广所。① 农产促进委员会充分利用本地人力、物力和财力,巩固推广事业的基层基础,辅导各省农民自发成立乡农会。

　　为进一步统一机构,1940 年,农林部成立后,颁布了《省农林局组织大纲》,在一些省份设立了农林局,使之成为集行政、实验、推广于一身的统一、合理、健全的地方农林行政机关,由农林部直属。但是实际上,省农林局只负责农业实验和改良,农业行政事务仍由省建设厅负责。设立农业改进所的省份,川、陕、甘、宁、黔等省设立农业推广繁殖站,在各县设农业推广所,负责农业试验与试验成果的推广,实地指导农民改良耕作技术和经营方法。所有从事农业推广工作的职员"须赴乡村实地指导扶助农民,将中央及各省农事试验研究机关所得之优良方法,及优良种子、种畜、农具、肥料等,推行于农村,使农民能普遍在战时迅速增加生产及充分发挥农村人力财力之功效"②。

　　农产促进委员会会同金陵大学农学院,在四川温江、仁寿、新都,陕西的泾阳、南郑,会同广西省农业管理处在桂林、柳城、武鸣、田东及龙州,会同陕西农业改进所在米脂、兴平与城固等地,合办农业推广实验县。农产促进委员会在四川温江辅导农民,自发成立乡农会,从事农业推广事业,取得了良好效果。

---

① 饶荣春:《粮食生产与战时农业改进》,《中农月刊》第 2 卷第 5 期,1941 年,第 4 页。
② 陈济棠:《抗战四年来之农业》,秦孝仪主编《革命文献》第 102 辑,台北:"中央"文物供应社,1985 年,第 32 页。

第二节　战时农业建设方针政策的调整

一、战时农业建设总目标的确定

　　抗战时期，中国是一个典型的农业国家，国民经济基本就是农业经济，农业不仅是国家的第一产业，而且是国家财政收入的主要来源。国民政府也认识到农业建设对于抗战的重要作用，"吾国以农立国，农业生产实为一切生产之基础。在此非常时期，前方抗战所需，后方生产所资，均将取给于此。是以农民农事在经济上的地位较平时尤为重要。"①"抗战期间，首宜谋农村经济之维持，更进而加以奖进，以谋其生产力之发展。"②国民党临时全国代表大会通过的《抗战建国纲领》指出"经济建设，以军事为中心，同时注意改善人民生活。本此目的，以实行计划经济，奖励海内外人民投资，扩大战时生产。以全力发展农村经济，奖励合作，调节粮食，并开垦荒地，疏通水利"③。《抗战建国纲领》规定了抗战时期经济建设的首要目标是满足战时军事需求，同时致力于改善人民生活。为达到此目的，必须扩大农业生产，全力发展农村经济，促进西部各省农业的发展。

----

① 《非常时期经济方案》(1938年3月30日)，中国第二历史档案馆：《中华民国史档案资料汇编》第5辑第2编 财政经济(5)，南京：江苏古籍出版社1997年版，第2页。
② 《中国国民党临时全国代表大会宣言》，中国第二历史档案馆编：《中华民国史重要史料汇编》第5辑第2编 政治(1)，南京：江苏古籍出版社1998年版，第411页。
③ 《中国国民党抗战建国纲领》(1938年7月2日)，中国第二历史档案馆编：《中华民国史重要史料汇编》第5辑第2编 政治(1)，南京：江苏古籍出版社1998年版，第152页。

　　国民党临时全国代表大会通过的《非常时期经济方案》指出："非常时期一切经济设施应以助长抗战力量求取最后胜利为目标,凡对于抗战有关之工作,悉当尽先举办,努力进行。目前之生产事业,应以供给前方作战之物资为其第一任务。战争之胜负,每以后方对于前方物资供给之能否充裕为断。在抗战时期,前方将士一切需要,固应充分接济,而后方民众日常生活所必需,亦应由国内设法供给。抗战以来,各处海口多被封锁,交通工具多被破坏,我国设施,当使人民日用所需,无须仰赖外人,庶生活得以自给,抗战可以持久。是后方生活必需品之求自给自足,亦为当前之要务。"①就是说,在抗战时期,首先要加紧进行的是与抗战有关的工作,西部各省农村要以军事需求为中心,加快生产前方作战需要的各种物资,同时要努力实现军民生活必需品的自给自足。为此,要禁止有害作物之种植,限制不急需作物之过分生产,以期有益作物数量之增加。劝导农民努力推广米麦杂粮种植,并就急需提倡植棉之省份加种棉花,使军民衣食,皆有所取给。特种农产品如桐油、茶叶、蚕丝等,因为是易货偿债的物资,亦应积极提倡,大量生产。

　　1938 年 6 月,经济部提出战时农业建设的具体方针,"农业建设,以食粮衣料力求自给,出口农产品尽量增加为主旨。"②国民政府还用法律的形式规定,战争时期,政府有权规定土地的使用和耕种的种类。《非常时期农矿工商管理条例》明确指出:"经济部对于

---

① 《非常时期经济方案》(1938 年 3 月 30 日),中国第二历史档案馆编:《中华民国史重要史料汇编》第 5 辑第 2 编 财政经济(5),南京:江苏古籍出版社 1997 年版,第 2 页。
② 《经济部关于战时农业建设方针的工作报告》(1938 年 6 月),中国第二历史档案馆编:《中华民国史重要史料汇编》第 5 辑第 2 编 财政经济(8),南京:江苏古籍出版社 1997 年版,第 4—8 页。

农业生产者得因必要令其变更耕作物的种类。"①《战时土地政策实施纲领》规定："土地之使用应受国家之限制,政府并得依国计民生之需要限定私有农地的耕作种类。"②就是说,在战争时期,政府在一定程度上拥有对私有土地和农民的支配权,政府可以根据战争的需要,规定私有农地种植什么农作物,种植多少。1939 年 1 月,国民党五届五中全会通过西部各省生产建设与统制案:对于农业方面,"凡属人民生活必需品及对外贸易可以易取外汇或军事器械的外销物品,务须努力增加生产,以加强抗战建国力量。"

　　1940 年 6 月,农林部成立,农林部部长陈济棠指出,抗战建国时期,政治上各种设施均应以抗战为主,尤应择其最紧要而迫切者去做。譬如目前我们的粮食问题,是一个和抗战最有关系的重要问题,非设法解决不可;其次,因为我们正对外作战,除粮食外,前后方的衣料也是异常要紧,因之棉花、羊毛、蚕丝的增产也是刻不容缓;再次,因为我们抗战借了许多外债,政府当然无现金偿债,除以本国矿产偿还一部分外,就靠农产品的增加以资偿付,故改进农产增加输出,今后必须竭力以赴之,求其实现。③

　　总之,抗战时期,农业建设是以军事为中心,以满足军民衣食需求为首要目标,为此,必须围绕这个目标,努力增加粮食、棉花生产,增加桐油、茶叶、生丝、羊毛等农产品的生产,同时注重改善其品质。

---

① 《非常时期农矿工商管理条例》(1938 年 10 月),中国第二历史档案馆编:《中华民国史档案资料汇编》第 5 辑,第 2 编,财政经济(5),南京:江苏古籍出版社 1997 年版,第 13 页。

② 《战时土地政策实施纲要》(1941 年 12 月 22 日),中国第二历史档案馆编:《中华民国史档案资料汇编》第 5 辑,第 2 编,财政经济(8),南京:江苏古籍出版社 1997 年版,第 184 页。

③ 《农林部长陈济棠于第一次全国农林会议闭幕致词》(1941 年 3 月 12 日),秦孝仪主编:《革命文献》第 102 辑,台北:"中央"文物供应社,1985 年,第 259—260 页。

二、战时农业建设重点区域的确定

　　20 世纪 30 年代,中国农业区域发展情况是,东北、华北、长江中下游、东南地区农业比较发达,西北、西南地区农业比较落后。1931 年九一八事变后,东北沦陷,也使华北和整个关内的农业受到了严重损害,僻远的西南、荒凉的西北成为中华民族的生命线。全国上下,开发西部的呼声日益高涨。1932 年 12 月 19 日,国民党四届三中全会通过"开发西北案"。政府机构和民间团体纷纷到西北考察,蒋介石、戴季陶、宋子文等亲自前往西北考察。戴季陶考察西北后,发起设立西北农林专科学校,培养农林人才,发展西北农林事业。1934 年 4 月,宋子文考察陕、甘、宁、青,与各界人士商谈西北水利、交通建设及农业、民生等问题。蒋介石也考虑将西北作为第二根据地,有迁都洛阳的想法。1934 年秋,蒋介石视察陕、甘、宁三省,提出"西北各省建设事业,除救济农村另有整个步骤以外,其他自应以造林、水利、畜牧、开垦与交通为最重要"①。国防设计委员会组织西北调查团,对陕、甘、宁、青、绥五省农业进行了调查,提出发展农林畜牧业、开垦荒地,改进农业基础设施等具体规划和方案。

　　1938 年 10 月,武汉、广州沦陷,抗战进入相持阶段。国民政府只能依靠西部支持抗战,出台了促进西部经济发展的方针政策。国民党五届五中全会指出:"惟抗战现已进入第二阶段,经济建设,尤其西部各省之生产建设,必更加速其发展,始能适应抗战之需

---

① 蒋介石:《游陕之感想与对陕西之希望》,《中央周报》第 333 期,1934 年 10 月 22 日。

要。"①1939 年 5 月,国民政府在重庆召开全国生产会议,指出战前,国家的经济政策在东部,在战后的若干年,国家的经济重心将在西部。

　　1940 年 6 月,农林部成立,在筹划农业建设时,根据各地土壤气候、物产分布,将全国划分为十个农业经济区:东北区(辽、吉、黑、热四省)、黄河平原区(察、冀、鲁、晋、豫五省)、蒙古区(蒙古)、黄土高原区(绥、宁、甘、陕、青)、新疆区(新疆一省)、长江下游区(苏、浙、皖三省)、两湖区(鄂、湘、赣三省)、东南沿海区(粤、桂、闽、台湾四省)、西南区(川、康、云、贵四省)、西藏高原区(西藏一省),各设大规模的农场、林场和牧场,对于农牧业进行试验改良。十大经济区中的东北区、黄河平原区、长江下游区、两湖区、东南沿海区全部或部分沦陷,国民政府只能依靠西南和西北发展农业,支持抗战。

　　为适应抗战需要,奠定战后农业建设的基础,1941 年 3 月,第一次全国农林行政会议召开,研究农林建设计划,行政院长孔祥熙谈到今后生产工作的方针,不仅应注重中原,更须注意边疆,②把西部地区农业建设提到了比较重要的地位。农林部根据西部地区的农业环境和气候条件,提出了西部各省农业建设的发展重点:"对于湘、川的稻谷,陕、豫的麦棉,甘、宁、青的杂粮、羊毛,湘、川、鄂、桂、黔的桐油,川、康、甘、青的木材,西南各省的药材,西北各省的牲畜,均谋开发增产,外销物产,以西南桐油、西北羊毛、东南茶叶,

---

① 《国民党五届五中全会通过的西部各省生产建设与统制案》(1939 年 1 月 26 日),中国第二历史档案馆编:《中华民国史重要史料汇编》第 5 辑第 2 编 财政经济(5),南京:江苏古籍出版社 1997 年版,第 36 页。

② 晋卿:《第一次全国农林会议记述》,秦孝仪主编:《革命文献》第 102 辑,台北:"中央"文物供应社,1985 年,第 247 页。

四川蚕丝为增产中心。"①

　　粮食问题关系抗战至巨,因此,农业建设的中心工作是促进粮食增产。1940 年后,大后方各省粮食严重不足,奸商囤积居奇,粮价飞涨,国民政府迫切需要增加粮食生产。农林部制定粮食增产计划,确定以川、滇、黔、湘、鄂、闽、浙、赣、粤、桂、甘、陕、豫、皖、康 15 省为增产区域,并将这 15 个省划分成 6 个区,分别为川鄂区、湘粤赣桂区、滇黔区、闽浙区、豫陕甘区和西康区,每区由农林部派高级督导员一人,赶赴各省与省府洽商粮食增产事宜。② 增产粮食除稻麦外,杂粮也算在内。增产的方法是增加耕地面积、提高单位面积产量、补充农业劳动力,而且把各县增产成绩,列为县长考绩之主要分数,③促使西部各省、县地方政府官员更加重视农业生产,把粮食增产作为自己主要工作目标,努力加以推进。

三、促进西部农业发展的具体政策措施

　　农业建设的方针制定之后,具体应该怎样实施呢?

　　1938 年 6 月,经济部制定的战时农业建设方针提出农业建设的具体政策措施有:一、改良农业技术:改良种子推广种植,推广肥料指导施肥,防除病虫害;二、健全农村金融:建树农村金融机构,

---

① 《第九战区经济委员会关于 1941 年度后方农林行政概况稿》(1942 年 12 月),中国第二历史档案馆编:《中华民国史重要史料汇编》第 5 辑第 2 编 财政经济(8),南京:江苏古籍出版社 1997 年版,第 26 页。

② 《农林部关于粮食增产计划及实施状况有关文件》(1941 年 2 月 27 日),中国第二历史档案馆编:《中华民国史重要史料汇编》第 5 辑第 2 编 财政经济(8),南京:江苏古籍出版社 1997 年版,第 22 页。

③ 《第九战区经济委员会关于 1941 年度后方农林行政概况稿》(1942 年 12 月),中国第二历史档案馆编:《中华民国史重要史料汇编》第 5 辑第 2 编 财政经济(8),南京:江苏古籍出版社 1997 年版,第 26—27 页。

办理农业生产贷款,筹设农产运销制度;三、改善农业组织;四、移殖难民开垦荒地,促进林业与畜牧业发展等。①

国民政府和西部各省制定和实施的促进西部农业发展的具体政策措施归结起来主要有几个方面:

一是增加耕地面积,尤其是粮食作物和棉花的种植面积。开垦荒地,利用隙地、冬夏闲田,推广冬耕,减少不急需的农作物的种植,扩大粮食、棉花等农作物的种植面积。调整西部农村的租佃关系,稳健推进平均地权,实行保护佃农、扶植自耕农的政策,使耕者有其田,促进西部农业的发展。

二是动员农村劳动力。努力维持农村秩序,安定农民生活,使农民能安心耕作;鼓励难民移垦,劝导农家妇孺参加农业生产;鼓励士兵、学生协助农作;要求党政军协助耕种和收获;动员无业游民、利用罪犯协助农作。改进农业生产组织,筹办国营农场、示范指导农民经营较大规模的农场,在西部各省举办农业生产合作社,发展合作事业。

三是改进农业生产技术,提高单位面积产量。西部地区农民长期以来都是依靠自己的经验进行耕作,农业生产技术停滞不前,内迁到西部的农业科研机构和农林院校根据西部的实际情况开展科学研究,培育良种并加以推广,中央农业试验所和农业推广机构指导农民辨别土壤、推广良种与优良栽培方法、增施肥料、防治病虫害、改进农具,提高农产品的产量和农业劳动生产率。

四是健全农村金融,解决农业生产急需的资金问题。四联总

① 《经济部关于战时农业建设方针的工作报告》(1938年6月),中国第二历史档案馆编:《中华民国史重要史料汇编》第5辑第2编 财政经济(8),南京:江苏古籍出版社1997年版,第4—10页。

处、中国农民银行、农本局、中央信托局、中国银行、交通银行等新式银行及金融机构，西部各省建立的合作社、合作金库，加大对西部农业的贷款，为农业生产、农田水利建设、农业改良、农产品的储运等提供贷款支持，在一定程度上促进了西部农业的发展。

五是大力发展农田水利事业。西部地区尤其是西北各省农业严重依赖水利灌溉。国民政府成立了专门的水利机构，金融机构加大了对西部各省的农田水利贷款，西部各省加紧兴办农田水利工程，各省民众也尽自己所能，进行小型农田水利建设，扩大灌溉面积，提高农作物产量，促进了西部农业的发展。

此外，还有发展畜牧业、推广造林、增加副产等①促进西部农业发展的政策措施。1941 年，为满足军公粮的基本供应，国民政府实行了田赋征实政策。虽然该政策有不少的弊端，但在当时通货膨胀日益严重的情况下，对军公粮供应还是起到了重要的保障作用。抗战时期，国民政府对易货偿债的农产品进行了外贸统制，易货偿债需求刺激了外销农产品的生产，外贸统制保障这些农产品的运销，对国家易货偿债有重要意义，但是对于农民的利益则是较大的损害。

---

① 《非常时期经济方案》(1938 年 3 月 30 日)，中国第二历史档案馆编：《中华民国史重要史料汇编》第 5 辑第 2 编 财政经济(5)，南京：江苏古籍出版社 1997 年版，第 2—3 页。

第三章 西部土地的充分利用与战时租佃关系的调整

第一节 西部土地的充分利用

一、开垦荒地

全面抗战爆发后，华北、长江中下游相继沦陷，被战火殃及的农田多达"4 064 243 千公顷"，约占全国总耕地的二分之一以上[①]。以前长期处于封闭、落后状态的西南西北地区成了后方军民衣食所寄和易货偿债物资所出的根据地。为解决抗战所需农产品问题，在农业技术水平很低的抗战时期，增加耕地面积是最主要的增产途径。

增加耕地面积首先是开垦荒地。当时的西南西北地区有多少荒地可以被开垦呢？据翁文灏统计，全国可耕地为 40 亿亩，而已耕地仅为 12 亿亩（张心一估计），耕地面积仅占土地总面积的

---

① 农本局研究室：《中华民国二十七年农本局业务报告》，农本局研究室 1939 年 1 月编印，第 1 页。

10.3%,刘大钧估计,已耕地为 18 亿亩,耕地面积占土地总面积的 14.8%。特别是西南西北大后方,所有边荒山荒等到处皆是,其垦殖指数尤为低微。① "内地各省,可耕而未耕的荒地甚多,陕西的垦殖指数为 15%,甘肃为 4.6%,新疆为 0.5%,四川为 15%,云南为 3.8%,贵州为 2.6%。"② "以亩数计,陕西荒地有 100 余万亩,甘肃 1 万万亩,青海 3 万余万亩,新疆 5 万余万亩,四川 2 000 万亩,西康 1 万余万亩,云南 300 万亩,贵州 300 万亩。"③

　　西北地区,据安汉、李自发考察,甘肃全省耕地有 16 697 070 亩,荒地就有 18 321 918 亩,现有荒地中,除了因土质、气候、水利等原因不能垦殖者外,适于农垦者,最少不下 1 000 万亩。1934 年汤惠荪等甘肃农业调查,统计甘肃可耕地 59 600 069 亩,已耕地 39 440 999 亩,占可耕地的 66.18%,未耕地 2 000 万亩,占可耕地的 33.82%。④ 1937 年,甘肃省政府地政机关调整,宜耕面积荒芜者约 720 万亩。⑤ 宁夏因为水利年久失修,加上天灾人祸,全省耕种之地只占总面积的 4/10,未耕之地 6/10,经过清丈,宁夏约有荒地 2 011 624 亩。⑥ 1929—1932 年间,宁夏、宁朔、平罗、中卫、金积、灵武 6 县,新垦土地 117 720.1 亩,除机关团体及公司领垦 2 万多亩外,其他的都是个人领垦。1933 年宁夏省政府设立垦务局,一面清

---

① 《秦柳方关于抗战中后方垦殖事业调查报告》(1942 年 11 月 30 日),中国第二历史档案馆编:《中华民国史重要史料汇编》第 5 辑第 2 编 财政经济(8),南京:江苏古籍出版社 1997 年版,第 217 页。

② 周凤镜:《战时中国农业生产政策》,《抗战与农产》,独立出版社 1938 年版,第 22 页。

③ 汪呈因:《抗战期中的粮食生产》,《抗战与农产》,独立出版社 1938 年版,第 25 页。

④ 汤惠荪等:《甘肃省农业调查》,《资源委员会季刊》第 2 卷第 2 期,1942 年,第 138 页。

⑤ 朱允明:《甘肃乡土志稿》,《中国西北文献丛书》第 1 辑,《西北稀见方志文献》第 30 卷,兰州:兰州古籍书店影印,1990 年,第 431 页。

⑥ 安汉、李自发:《西北农业考察》,武功:西北农林专科学校,1936 年,第 169 页。

丈耕地,调查荒地,着手整理;一面确定垦殖计划,募民移垦,以兵代垦,投资开垦等。1934 年,汤惠荪等宁夏农业调查,统计已耕地为 2 138 208 亩,占可耕地的 41.63%,未耕地 2 998 569 亩,占可耕地的 58.37%。[①] 青海可耕之地集中在湟中区及都兰县等 12 县,估计约 5 834 487 亩,已耕地共约 1 816 159 亩,占可耕地的 31.13%,未耕地约 402 万亩,约占可耕地的 68.87%。[②] 据陕西省民政厅调查,1933 年陕西荒地总计竟达 330 万亩。1934 年汤惠荪等陕西农业调查,陕西关中、汉中两区可耕地 53 457 777 亩,已耕地 32 423 067亩,占可耕地的 60.65%,未耕地 21 034 710 亩,占可耕地的39.35%。[③] 又据 1936 年出版之《陕甘调查记》记载,渭河两岸富、绥、延、榆等 32 县荒地总面积为 1 173 345 公亩,其中官荒820 694公亩,占 69.9%,公有荒地 29 685 公亩,占 2.6%,私有荒地322 966公亩,约占 27.5%。[④] 1939 年陕西民政厅统计,"[民国]二十五年三月调查本省三十一县荒地荒山总面积 1 940 117 亩,官荒1 545 092亩,民荒 395 025 亩。"[⑤]

1938 年经济部成立后,会同赈济委员会派员分赴四川、陕西、西康、云南、贵州等省实地调查可开垦的荒地情况。1941—1943年,农林部先后组织了 10 个调查队,分赴宁夏、青海、西康、新疆、甘肃、陕西、贵州、广西、广东等省的荒区进行调查,总计荒地有

---

① 汤惠荪等:《宁夏省农业调查》,《资源委员会季刊》第 2 卷第 2 期,1942 年,第 357 页。
② 汤惠荪等:《青海省农业调查》,《资源委员会季刊》第 2 卷第 2 期,1942 年,第 276 页。
③ 汤惠荪等:《陕西省农业调查》,《资源委员会季刊》第 2 卷第 2 期,1942 年,第 18—21 页。
④ 陕西省银行经济研究室:《陕西经济十年(1931—1941)》,1942 年,西安市档案馆 1997 年重印,第 35 页。
⑤ 陕西省银行经济研究室:《陕西经济十年(1931—1941)》,1942 年,西安市档案馆 1997 年重印,第 35 页。

1 070余万市亩。1943年,农林部制定了各省大片荒地调查表及土地利用状况表,分发西部各省填报,共收到400余县的报告,有宜农荒地4 716万市亩以上,宜林荒地10 238万市亩。①

　　全面抗战开始后,为开垦西部荒地,并安置难民,1938年,国民政府颁布《难民垦殖实施办法大纲》,规定除中央指定区域自行办理难民移垦外,以地方办理为原则,中央予以经济上及技术上之协助。② 国民政府指定由经济部会同内政部、财政部、赈济委员会统筹办理难民移垦事宜。各省设立垦务委员会,办理全省难民移垦。1939年11月,国民党五届中央执行委员会第六次会议决议认为,"过去垦荒政策,偏重补助地方办理,地方财力不足,人才缺乏,而中央主管机关多至四个,权责不专,工作迟缓,致难收效,此后应指定专管机关,统一事权,以国家力量,并利用金融资本,为大规模的移殖,及合理之配置,推设国营垦区,提倡集体农场,俾大批难民得以自力谋生,开发边荒。"③1941年2月,在农林部内设置了垦务总局,专门办理垦殖事务,并制定了筹办垦务的基本原则:(1) 大片可耕荒地面积在1万亩以上而能施行大规模经营者,由中央设立国营垦区管理之;(2) 经营方式于可能范围内及物资条件具备下,得采用集体耕作的经营方式;(3) 垦民须以有耕作能力之荣誉军人、难民及其他有耕作能力之人民充之;(4) 对于省营、县营及民营垦

① 沈鸿烈:《中国之农业》,秦孝仪主编:《革命文献》第102辑,台北:"中央"文物供应社,1985年,第105页。

②《难民垦殖实施办法大纲》,沈春雷、陈禾章编:《中国战时经济法规》,沈云龙主编:《近代中国史料丛刊》(198)台北:文海出版社,1991年版,第(7)13—14页。

③《对于财政经济交通报告决议案中有关垦殖荒地增加生产之指示》,秦孝仪主编:《革命文献》第102辑,台北:"中央"文物供应社,1985年,第208页。

殖事业者,应予以经济上技术上之协助并督导之。① 国民政府还颁布了《补助各省难民移垦经费管理办法》,为难民移垦提供经费支持。

1939 年 5 月公布的《非常时期难民移垦条例》规定,对于垦区内的私有土地,由垦区管理机关通知所有权人限期开垦,逾期不垦种者,由垦区管理机关按当地荒地最低价格给价征收,以原价分配于垦民;或按当地荒地最低价格令所有权人直接卖于垦民;或酌定租额,强制租赁于垦民,其租额不得超过该土地正产物收获总额15％,并应自开垦之日起,免缴田租三年至五年。公有荒地分配给垦民耕作,于垦竣后,无偿取得耕作权,并适用土地法关于耕作权之规定。② 这就是说,垦民有可能低价获得开垦荒地的所有权,即使不能拥有所有权,也可以获得耕作权或租赁权,且所纳地租租额很低,比内地租额少一倍还多,而且可以免纳三至五年,这项法规对垦荒者具有相当大的吸引力。难民到达垦区后,尚未收获前由赈济机关和垦务机关维持其生活。垦民第一年所需食粮、农具、耕牛、种子、肥料、饲料、种畜,由垦区管理机构采购贷予垦民。垦民所需其他生产资金及必需费用,由管理机构介绍贷款,或会同合作主管机关指导组织合作社,介绍金融机构贷予之。③ 对于流落到西部的难民,到垦区垦荒有了可以耕作的土地,应该说,可以安身立命了。

---

① 陈济棠:《抗战四年来之农业》,秦孝仪主编:《革命文献》第 102 辑,台北,"中央"文物供应社,1985 年,第 56—57 页。
② 《非常时期难民移垦条例》,沈春雷、陈禾章:《中国战时经济法规》,沈云龙主编:《近代中国史料丛刊》(198)台北:文海出版社,1991 年,第(7)19 页。
③ 《非常时期难民移垦条例》,沈春雷、陈禾章:《中国战时经济法规》,沈云龙主编:《近代中国史料丛刊》(198),台北:文海出版社,1991 年,第(7)19—20 页。

1938 年,国民政府"派员分赴川、甘、陕等省勘察可供垦殖之荒地,费时七月,统计可垦荒地达数百万亩,可容纳垦民 50 万人,并计划以 2 000 万元修筑川边公路,以为屯垦四川宁属 8 县及雷马屏峨 4 县之准备。1938 年,陕甘宁三省由政府与民众协力推动,开垦 60 万亩荒地,成绩尤为显著"①。1939 年,国民政府拟定了《筹设国营垦区计划纲要》,陆续在四川、陕西、西康、贵州和甘肃等省筹设 10 处国营垦区,进行大规模的难民垦殖。1941 年 12 月公布的《战时土地政策实施纲要》第九条规定,"荒地之可为大规模经营者,由国家垦务机关划设垦区,移殖战地难民或后方有耕作能力之人民并供给生产工具以资耕作。"②1942 年,国民政府计划从豫、皖、湘三省遭受严重水灾的地区调移 20 万人,分赴西北各地,从事垦殖工作。到 1944 年 9 月,农林部建立了 12 个国营垦区,其中规模最大的是陕西黄龙山垦区,成立于 1938 年 3 月,最初垦费由陕西省自筹,每月仅 8 000 余元,计划收容垦民 1 万余人,垦地 47 692 亩。1938 年冬季,国民政府移送黄泛区难民 1 万人前往安置,拨垦费 20 万元。1939 年 3—4 月间,又拨耕牛、农具、籽种补助款 11.1 万元。1939 年 5 月,黄龙山垦区收归国营,③设立黄龙山垦区管理局,农本局与垦区管理局给予耕牛、农具贷款 60 万元。④ 到 1939 年 12

---

① 饶荣春:《粮食生产与战时农业改进》,《中农月刊》第 2 卷第 5 期,第 8 页。

②《战时土地政策实施纲要》(1941 年 12 月 22 日),中国第二历史档案馆编:《中华民国史档案资料汇编》第 5 辑,第 2 编,财政经济(8),南京:江苏古籍出版社 1997 年版,第 185 页。

③ 陕西省银行经济研究室:《陕西经济十年(1931—1941)》,1942 年,西安市档案馆 1997 年重印,第 41 页。

④《行政院关于农林工作报告》(1939 年 1—10 月),秦孝仪主编:《革命文献》第 102 辑,台北:"中央"文物供应社,1985 年,第 331 页。

月,"种地 78 000 余亩,收获杂粮 43 000 余市石,大麻等 29 万余市斤。"①自 1938 年春到 1944 年 7 月,黄龙山垦区最多时招收垦民 5.48 万余人,垦荒面积 331 608 亩,栽培作物面积 60.19 万余市亩,收获作物产量 76.1 万余市石。②1940 年 3 月,陕西黎坪垦区管理局成立,1944 年开垦荒地 46 636 亩,安置垦民 5 041 人。甘肃岷县垦区最多时开垦荒地 7 582 亩,安置垦民、荣军 860 人。四川东西山屯垦实验区开垦荒地 16 744 亩,安置垦民、荣军 2 198 人。西康西昌垦牧实验场最多时有垦民、荣军 636 人,开垦荒地 2 681 亩。四川金佛山垦区最多时开垦荒地 9 325 亩,垦民 1 428 人。甘肃永昌垦区开垦荒地 5 930 亩,垦民、荣军 711 人。西康泰宁垦区管理局有垦民 46 人,垦荒 1 269 亩。贵州六龙山垦区最多时有垦民、荣军 383 人,开垦荒地 2 605 亩。③1944 年,农林部直辖的在西部 9 省的国营垦区有 10 处,开垦荒地 424 380 亩。截全 1945 年 3 月,农林部直辖垦区共计收容垦民、荣军 71 912 人,开垦荒地 448 617 市亩。④

除了建立国营垦区外,国民政府还积极协助各省省营、民营垦殖事业的发展,派员督导,予以资金和技术上的协助。农林部在陕、粤、湘、豫、皖、赣、闽、浙设立 5 个督导区,每区派督导员和技术专员进行督导。仅 1941 年一年,中央补助垦荒事业经费就有 100

---

① 《行政院关于农林工作报告》(1939 年 7—12 月),秦孝仪主编:《革命文献》第 102 辑,台北:"中央"文物供应社,1985 年,第 366 页。

② 王聿铭:《抗战期间西北开发问题》,本书编辑委员会:《中华民国建国史讨论论集》,第 4 册,1981 年,第 190 页。

③ 《农林部直辖各垦区逐年垦务进度统计表》,秦孝仪主编:《革命文献》第 102 辑,台北:"中央"文物供应社,1985 年,第 196—197 页间的表。

④ 《抗战时期之农林建设概述——行政院对中国国民党第六次全国代表大会报告》,秦孝仪主编:《革命文献》第 102 辑,台北:"中央"文物供应社,1985 年,第 2 页。

万元。① 1943 年,农林部垦务总局与中国农民银行商定 1943 年垦务贷款总额为 4 000 万元,分配给四川 750 万元、甘肃 500 万元、陕西 600 万元、贵州 200 万元。② 1944 年,垦殖贷款总额为 4 000 万元,各省分配金额按照 1943 年度分配额及实际需要增减,截至 1944 年 6 月底,实际贷放 1 567 万元。③ 另外,农产促进委员会在陕、甘、康、黔等省开垦荒地种植水稻、小麦、棉花,共投入推广经费 10.83 万元。④

　　在国民政府的倡导下,西部各省成立了垦务委员会,陆续创办了一些省营垦区。1938 年,四川省颁布了《四川督垦荒地大纲》《公共坟地地面种植杂粮的规则》,规定各县、市境内尽量招佃垦荒,并划定通南巴等 11 个区域内的官荒为垦殖范围。四川成立了垦务委员会平北垦务局、东西山垦区办事处、雷马屏峨垦务局。到 1943 年 12 月,四川垦殖面积达到 130 万亩。⑤ 1944 年,全国 153 个公私垦殖单位中,四川就占了 53 个,居全国之首。陕西省于 1938 年 5 月成立垦荒委员会,办理省营汧山垦区,有荒地 20 余万亩,中央每千人补助事业费 70%。云南省于 1938 年 3 月拟订《难民移垦实施

---

① 《秦柳方关于抗战中的后方垦殖事业调查报告》(1942 年 11 月 30 日),中国第二历史档案馆编:《中华民国史档案资料汇编》第 5 辑,第 2 编,财政经济(8),南京:江苏古籍出版社 1997 年版,第 222 页。

② 《民国三十一年至三十二年之农林工作》,秦孝仪主编:《革命文献》第 102 辑,台北:"中央"文物供应社,1985 年,第 168 页。

③ 《民国三十二年至三十三年之农林工作》,秦孝仪主编:《革命文献》第 102 辑,台北:"中央"文物供应社,1985 年,第 194 页。

④ 《农产促进委员会主办事业预期效果报告》,中国第二历史档案馆藏,国家总动员设计委员会档案,183—33。

⑤ 《国民参政会参政员刘明扬等关于改进农业统制办法的提案》(1943 年 12 月),中国第二历史档案馆编:《中华民国史档案资料汇编》第 5 辑,第 2 编,财政经济(8),南京:江苏古籍出版社 1997 年版,第 34 页。

方案》,成立了垦务委员会开蒙垦殖局。西康省设宁属屯垦委员会,筹办宁属八县垦区。宁夏省筹设灵武垦区,青海省筹设都兰县窪沿河垦区。总计从 1936—1941 年,各省已有垦务机关 150 个,已开垦荒地 696 371 亩,垦民人数达 86 232 人。[1]

在西南地区还有不少民营垦区,如广西水利林垦公司、云南华西垦殖公司的建水羊街坝实验区、贵州西南垦殖公司创办的蛮子洞第一农场、四川同生垦社、力群垦社、建华垦社等约 40 个垦殖团体。[2] 国民政府指导中国抗建垦殖社垦荒工作,并增拨经费,核准拨发华南农工救济协会开办费 5 万元,在西部各省开垦荒地,种植粮食作物,取得较好成绩的予以奖励。

难民移垦既解决了难民的生活问题,安定了后方社会,同时也开垦了西部各省的荒地,扩大了西部各省的耕地面积。据统计,1934—1946 年间,陕西、四川的耕地面积有较大幅度的增长,四川的耕地面积增加了 10% 以上,陕西增加了 5%。1941 年,贵州全省开垦了 165 750 亩荒地,尽管与全省可耕荒地 2 000 万亩相比只是很小一部分,但是贵阳及其附近平坝地区垦荒成绩显著。[3] 1942 年,云南垦殖荒地 160 万亩,增产稻谷 11. 625 万担,小麦杂粮 129.88万担。[4] 甘肃、贵州、新疆耕地面积也有一定程度的增长。但是,开垦的荒地大部分是熟荒,开发比较容易,一般的垦区,则进

①《农林部关于战时垦殖事业建设简况报告》(1943 年 7 月),中国第二历史档案馆编:《中华民国史档案资料汇编》第 5 辑,第 2 编,财政经济(8),南京:江苏古籍出版社 1997 年版,第 230 页。

②周天豹、凌承学:《抗日战争时期西南经济发展概述》,重庆:西南师范大学出版社 1988 年版,第 195—196 页。

③曹幸穗、王利华:《民国时期的农业》,《江苏文史资料》第 51 辑,南京:《江苏文史资料》编辑部,1993 年,第 269—273 页。

④《国民政府年鉴》,《第 13 章　地方之部》,云南省,1944 年 3 月再版,第 199 页。

步比较迟缓。① 垦荒时间主要集中在 1938—1941 年，"[民国]三十年以后因财政困难，增加垦地耕地工作无法进展"②。1943 年后，后方 19 省垦殖荒地即降至百万亩以下，收获粮食不过百万余担。

二、利用隙地、冬夏闲田，推广冬耕

　　虽然垦荒是增加耕地面积的重要途径，但由于财力物力限制，短时间内不可能大幅度增加耕地面积，为了增加粮食生产，国民政府要求西部各省普遍推广冬耕，提倡利用荒隙地、冬夏闲田，增加粮食生产。我国农民平时耕种的粮食面积约占田场面积的八成，战前西部各省冬耕的面积只占耕地面积的 40％，③"后方各省之稻田在水稻收割后即行休闲不种冬季作物者约有七千万市亩，其中除一部分因灌溉关系非蓄冬水不可者外，其余可以种植冬季作物之面积甚大。"④为扩大耕地面积，国民政府制定政策和法令推广冬耕，利用荒隙地、冬夏闲田增种粮食。西南将稻田在冬季添种一季小麦、豆类或油菜，北方麦田在夏季仍可利用种植杂粮。1940 年，农林部制订推广冬耕办法，规定农户在冬季不得将田地空置不用，必须种植冬季粮食作物，如小麦、大麦、荞麦、燕麦、马铃薯、蚕豆、

①《秦柳方关于抗战中的后方垦殖事业调查报告》(1942 年 11 月 30 日)，中国第二历史档案馆编：《中华民国史档案资料汇编》第 5 辑，第 2 编，财政经济(8)，南京：江苏古籍出版社 1997 年版，第 225 页。
②《国民参政会参政员刘明扬等关于改进农业统制办法的提案》(1943 年 12 月)，中国第二历史档案馆编：《中华民国史档案资料汇编》第 5 辑，第 2 编，财政经济(8)，南京：江苏古籍出版社 1997 年，第 34 页。
③ 杨传金：《农业推广之理论阐发及实际问题研讨》，《农业推广通讯》第 3 卷第 4 期，1942 年，第 3 页。
④ 封昌远：《最近全国粮食增产工作概观》，《中国农民》(重庆)第 1 卷第 4 期，1942 年，第 54 页。

豌豆等,以增加粮食生产。国民政府以通令的方式,要求西部各省政府、各省农业改进机关及中央农业实验所积极推进冬耕,改变西部农村沿袭已久的休耕习惯,提高土地利用率,增加粮食产量。"每年7月即有各省主管机关,分饬农业推广人员协同保甲挨户晓谕,登记其可资利用的田亩,督促种植。"①农林部还要求,"凡都市及乡间任何空地,庭院路边之隙地,不论其面积之大小,凡属私有者,责成地主或承管人设法种植,凡属公有者,责成该管机关团体或保甲设法种植,其逾期不种者,予以惩处,如缺乏种子由农业机关供给或贷予之。"②

陕西农民有耕作休闲的习惯,抗战时期为了增加粮食生产,各县大多按照政府规定,利用荒隙地、冬夏闲田增种杂粮,救济粮荒。据陕西镇安等七县报告,1940年推广冬耕1 353 379亩,1941年共推广冬耕1 335 907亩。1941年度,陕西省冬季作物栽培面积达1 459 795亩。③ 1942年,农林部制定《卅一年度粮食增产大纲及推广冬耕办法》,要求西部各省按期汇报冬耕面积、冬季作物耕种和生长情况。④ 1942年11月,陕西扶风县县长董瑞麟报,冬季作物生长绿茵颇为畅茂,并无灾害损失。长武县县长常赓武报,冬作物大小麦、油菜种植了10万余亩。长安县农业推广所推广人员分赴

① 钱天鹤:《三年来之粮食生产》,《农业推广通讯》第6卷第11期,1944年,第5页。

② 农林部《三十年度各省粮食增产计划大纲》,秦孝仪主编:《革命文献》第103辑,台北,"中央"文物供应社,1985年,第166页。

③ 陕西省政府编:《陕西省之农业建设》,1942年3月石印本,秦孝仪主编:《革命文献》第105辑,台北:"中央"文物供应社,1986年,第238页。

④ 陕西省政府编:《陕西省之农业建设》,1942年3月石印本,秦孝仪主编:《革命文献》第105辑,台北,"中央"文物供应社,1986年,第238页。

各地督促农民限期将所有耕地播种麦作、豆类与油菜。① 陕西省政府还督导农民利用冬季闲田种植棉花，"以本省棉区冬季休闲田约为 130 万亩，应一律播种棉花。"陕西省建设厅主管科长及农业改进所副所长到产棉区各县会同县长下乡督导，"所有棉农无不深盼大义，欣然乐从""一经劝告后，准备植棉地亩，均已决定下种，不再徘徊观望。其将准备播种杂粮地亩改种棉花及将难望收成之油地翻犁，改种棉田，督导亩数共计 1 455 200 亩。"②据陕西省农业改进所报告，1941 年，陕西利用荒隙地 2 501 亩，利用休闲地 43 666 亩，限制非食用作物 54 937 亩，增加种植玉米 11 315 亩、高粱 545 亩、小米 4 298 亩、甘薯及马铃薯 998 亩、豆类及其他杂粮 10 533 亩。③

宁夏夏季休闲地特别多，因为宁夏农民在春季作物小麦收获后，为保存地力，调节劳力，多实行秋季休闲制。宁夏农林局为增加粮食生产，制订《督导秋耕办法》，督导各县农民在麦收之后，继续种植荞麦、小糜子及各种秋菜，以增加粮食产量，取得了较好的成效。据宁夏各县报告，1941 年，宁夏利用休闲地种植秋粮 169 399亩，占耕地面积的 7.54%，估算增产秋粮 100 439 石。④

1939 年 7—12 月，中央农业实验所协助贵州省在冬闲田增种

①《陕西省各县复陕西省粮食增产总督导团关于冬作物播种生长情况》，陕西省档案馆藏，陕西农业改进所档案，全宗号 73，目录号 2，案卷号 750—2。

②《国民政府陕西省政府关于强迫农民利用冬季闲田植棉的代电》(1943 年 5 月 15 日)，中国第二历史档案馆编：《中华民国史档案资料汇编》第 5 辑，第 2 编，财政经济(8)，南京：江苏古籍出版社 1997 年版，第 30—31 页。

③ 陕西省政府：《陕西省农业改进所工作报告》，秦孝仪主编：《革命文献》第 105 辑，台北："中央"文物供应社，1986 年，第 251—252 页。

④ 宁夏省农林局：《战时宁夏农林概况》，秦孝仪主编：《革命文献》第 105 辑，台北："中央"文物供应社，1986 年，第 328—329 页。

小麦,在遵义、桐梓、息烽、定番等9县共增种小麦 399 374亩,占9县耕地面积的 21%。① 1940 年 10 月,贵州省奉农林部令推广冬耕,制定《推广冬作实施纲要》,省建设厅约集合作委员会、农本局驻贵阳专员办事处、四行联合办事处贵阳分处、中央农业实验所贵阳工作站推广冬耕,由银行提供冬耕贷款 20 万元,帮助农民购买种子及肥料。依照各个县的分布情况,划定 26 个督导区,每区设督导员 1 人,辅导员 2—4 人,负责督导该区推广冬耕。② 1941 年,贵州省推广委员会及各县农业推广所协助粮食增产总督导团扩大冬作,贵州全省推广冬作约 1 526 万亩,占耕地总面积的 6 成以上。贵阳四郊推广冬耕,达到全市耕地面积的 8 成以上,推广金大 2905 号小麦 925 斤。③

为求战时西康粮食自给自足,1941 年,农林部拨款 40 万元,在西昌行辕和西康省政府的督导下,推进宁属各县粮食增产,设立西康省粮食增产总督导团办事处,利用冬夏休闲地种植杂粮,垦荒种粮,增施肥料,兴修农田水利。1941 年,向四联总处借款 200 万元,转贷予宁属农民,1942 年增贷 400 万元,增产总成效达 349 872 石。④

国民政府农林部粮食增产委员会统计,1941 年度,后方 19 省(四川、湖南、广东、广西、云南、贵州、江西、福建、浙江、西康、陕西、河南、甘肃、青海、山西、绥远、宁夏、安徽、湖北)共推广冬耕面积

---

① 《行政院关于农林工作之报告》(1939 年 7 月—12 月),秦孝仪主编:《革命文献》第 102 辑,台北:"中央"文物供应社,1985 年,第 354 页。

② 董鹤龄:《二十九年度贵州之农业推广》,秦孝仪主编:《革命文献》第 105 辑,台北:"中央"文物供应社,1986 年,第 165—166 页。

③ 董鹤龄:《三十年度贵州农业推广之回顾》,秦孝仪主编:《革命文献》第 105 辑,台北:"中央"文物供应社,1986 年,第 167 页。

④ 刘贻燕:《五年来西康农业建设之回顾》,《西康经济建设季刊》第 8 期,1944 年,第15 页。

22 985 910市亩,估计增产 42 620 745 担,对粮食增产的贡献率为 45.62%;利用夏闲田 5 710 111 市亩,估计增产 13 344 016 担,对粮食增产的贡献率为 14.28%;各省利用庭院、屋侧、坟墓等处之隙地及山坡荒地种植玉米、大豆、红苕、洋芋等杂粮作物,在新种桐林和果园间种杂粮,总计利用荒隙地 6 826 683 市亩,估计增产 26 748 009担,对粮食增产的贡献率为 28.63%。推广冬耕,利用夏闲田、荒隙地对粮食增产的贡献率总计为 88.53%。其中,川、黔、陕推广冬耕面积336.8 万余亩,陕、滇、黔利用夏闲田 272 万余亩,川、滇、黔、康、陕、宁利用荒隙地 207 万余亩。[1] 1942 年度,后方 19 省推广冬耕面积达 40 938 088 亩,较 1941 年增加 78.10%,增产粮食 43 265 591 担,只较 1941 年增长 1.51%,但对粮食增产的贡献率达到 90%;利用休闲田地 489 464 亩,估计增产 250 345 担,对粮食增产的贡献率为 0.52%;利用荒隙地 1 276 241 亩,估计增产 1 058 693担,对粮食增产的贡献率为 2.2%,总计为 92.72%。[2] 1943 年度,后方 19 省推广冬耕面积 30 235 352 亩,估计增产 30 235 352担,对粮食增产的贡献率为 67.68%;利用休闲地 2 001 454亩,估计增产 2 001 454 担,对粮食增产的贡献率为 4.48%;利用荒隙地 972 448 亩,估计增产 1 016 892 担,对粮食增产的贡献率为 2.27%,总计为 74.33%。[3] 1944 年度,后方 19 省推广冬耕面积 22 378 829 亩,估计增产 25 670 433 担,对粮食增产

---

[1] 封昌远:《最近全国粮食增产工作概观》,《中国农民》(重庆)第 1 卷第 4 期,1942 年,第 56—59 页。

[2]《民国二十九年至三十一年度之农林工作》,秦孝仪主编:《革命文献》第 102 辑,台北:"中央"文物供应社,1985 年,第 133—134 页。

[3]《民国三十一年至三十二年之农林工作》,秦孝仪主编:《革命文献》第 102 辑,台北:"中央"文物供应社,1985 年,第 152 页。

的贡献率为 68.61％；利用夏闲田地 1 415 950 市亩，估计增产 5 503 156担，对粮食增产的贡献率为 14.7％；利用散荒隙地 692 565市亩，估计增产 832 949 担，对粮食增产的贡献率为 2.22％，总计为 85.53％。另外还推广桐林间作杂粮 15 359 亩，估计增产 17 424 担，提倡栽种木薯 5 000 亩，增产 1.5 万担。[①] 可见，推广冬耕，利用夏闲田、荒隙地极大地改变了西部各省农民旧有的耕作习惯，使土地利用更加充分，粮食产量也得以迅速增加。但是，1942 年后，推广冬耕面积开始缩小，成效也有所下降，

　　1943、1944 年推广冬耕面积降低到30 235 352市亩、22 378 829亩，对粮食增产的贡献率降低到 67.64％和 68.61％。[②] 原因"一是气候影响，1942 年各地冬作多遭受旱灾，1943 年，因晚春受冷气团侵袭，影响冬作产量；二是战时肥料人工缺乏，增加的耕地面积没有得到肥料和及时耕作，以致地力递减，影响产量。"[③]但从总体上看，可以说，推广冬耕、利用夏闲田、荒隙地在整个抗日战争期间对促进粮食增产起到了重要作用。值得注意的是：推广冬耕夏作短期内可以增加粮食产量，但是，土地得不到休闲，地力得不到恢复，尤其在没有合适的肥料、科学的施肥方法的情况下，地力会递减，长期来讲，对农业生产不利。

三、减种非必需的农作物

　　垦荒之外，国民政府通过调整土地利用来增加粮食的种植面

---

① 《民国三十二年至三十三年之农林工作》，秦孝仪主编：《革命文献》第 102 辑，台北："中央"文物供应社，1985 年，第 173 页。

② 根据《三十二年度后方十九省粮食增产措施面积及成效总表》、《三十三年度后方十九省粮食增产措施面积及成效总表》计算得到的数字，秦孝仪主编：《革命文献》第 102 辑，台北："中央"文物供应社，1985 年，第 152、173 页。

③ 钱天鹤：《三年来之粮食生产》，《农业推广通讯》第 6 卷第 11 期，1944 年，第 9 页。

积。据内政部 1935 年统计,全国鸦片种植面积有 164 万公亩①,西部很多省份大量种植鸦片,如宁夏大部分上好的水田都种了鸦片。1934—1935 年汤惠荪等宁夏农业调查,记载宁夏罂粟种植面积近 17 万亩,占农作物种植面积的 7.31%,在农作物种植面积中排第 4 位。1935 年更有人估计,宁夏烟田有 60 万亩。"宁省近年有食粮不足之感,想以粮地移种大烟(鸦片)为最大原因,一部稻米输入陕省,为第二原因,惟宁省种烟面积究竟若干亩,其数字殊不易得,但以今年拟收烟亩捐每亩二元,共收洋一百二十万元(未列入财政收入)计算,则当为六十万亩之数,按特货出口六百万元比例,此项估计当相去不远矣。"②宁夏官方保守估计,七七事变前,宁夏常年鸦片种植面积为 20 万亩,烟土产量高达 7 305 万两。③

　　陇海铁路甘肃段沿线 15 县中,除皋兰 1 县自 1935 年起完全禁绝外,其他 14 县皆种罂粟,其中,清水、通渭、定西 3 县所种极少,其他各县种得多,"计 11 县种植面积约共 36 万余亩。各县倘不种罂粟,则食粮尚可有余。凡种植罂粟,例皆选用较为肥沃之地,故如改种粮食,每亩必可收获 2 公石左右,以 36 万亩计之,约可增产粮食 70 万公石,当地消费之外,尚可有 50 余万公石之余剩焉。"④

　　全面抗战时期,国民政府要求大后方各省严禁种植鸦片,紧缩一切非生活必需的农作物的种植,改种粮食;减少用于酿造的糯稻的种植,改种籼稻等。1937 年夏,国民政府根据往年产销量估计

① 聂常庆:《战时中国土地利用问题》,《人与地》第 3 卷第 2/3 期,1943 年,第 19 页。

② 郑恩卿:《最近宁夏商业金融概况》,《中行月刊》第 11 卷第 3 期,1935 年,第 28 页。

③《宁夏省政府公报》1935 年第 27/28 期,第 33—34 页附表,转引自杨新才:《宁夏农业史》,北京:中国农业出版社 1998 年版,第 256 页。

④ 铁道部业务司商务科编:《陇海铁路甘肃段经济调查报告书》,沈云龙主编:《近代中国史料丛刊》(505),台北:文海出版社,第 23 页。

全国一年大约缺少 3 000 万担小麦。为了避免发生"麦荒",1937
年 8 月,军事委员会制定了《战时小麦、杂粮紧急措施纲要提案》。
这个纲要提出:小麦的主要产地豫、鲁、陕小麦的种植面积占冬季
作物总面积的 70%—80%,扩充余地较小,但可以减少棉田改种
小麦、杂粮。各省禁种鸦片,减少菜豆的种植,增加麦田面积 3 000
万亩。[1]

　　1938 年后,国民政府多次要求后方各省禁种烟土,劝导农民努
力种植米麦杂粮。农林部规定农民种植非必需农作物的面积,每
种不能超过该户总耕种面积的 1%,各种非必要作物之种植总面积
不得超过该户种植总面积的 4%。[2] 根据政府要求,西部各个省均
采取措施增加小麦、杂粮的种植。陕西省建设厅负责指导增加
1938 年小麦的播种面积;甘肃、宁夏禁种罂粟,改种棉花。1937
年,宁夏省政府颁布了禁烟、提倡植棉的布告。1938 年,宁夏省建
设厅派员到甘肃购买棉籽 1.8 万斤,"散发农民,并令各县农场所
有田亩一律种棉,以资提倡"。1938 年冬,贵州预定以小麦、油菜代
替鸦片,以全省鸦片种植面积的半数改种小麦,则可增加小麦栽种
面积 70 万亩。[3] 1939 年为贵州鸦片禁绝期限,1939 年冬,贵州利用
鸦片地及冬闲田增种小麦 40 万亩。[4]

　　贵州省少数民族比较多,苗族人民喜欢吃糯米,所以贵州栽种

---

[1]《战时小麦、杂粮紧急措施纲要提案》,中国第二历史档案馆藏,军事委员会档案,
　　761—450。

[2] 农林部:《三十年度各省粮食增产计划纲要》,秦孝仪主编:《革命文献》第 103 辑,台
　　北:"中央"文物供应社,1985 年,第 167 页。

[3]《中央农业实验所二十八、二十九年度工作计划》,中国第二历史档案馆藏,经济部档
　　案,4—33 959。

[4] 沈春雷、陈禾章:《中国战时经济志·中国战时的产业动员(一)农业》,沈云龙主编:
　　《近代中国史料丛刊》(197),台北:文海出版社,1986 年,第 33 页。

糯米比较多。据中央农业改进所普查,1939年,贵州糯稻种植面积占水田面积的13.53％。抗战时期,国民政府要求减糯改籼,麻江县政府1941年成立"粮食增产督导团","由保甲长遍告农民不准种糯稻超过籼稻十分之一,并限令糯米价不得超过籼米价"。①1941年,贵州糯稻种植面积减为580 053市亩,糯稻占水田的面积下降到5.05％。② 1943年,国民政府出台奖励政策,规定种植籼稻增1％者奖国币1 000—5 000元,并且引进优良籼种推广种植,减糯增籼成效显著。1945年黔东南全境(缺雷山)糯改籼面积达到117 125亩,占水稻播种面积的6.48％,籼稻播种面积上升到稻谷种植面积的近60％。③

为促进粮食增产,陕西省"规定非必要作物为糯稻、辣椒、烟草、莲藕、甜瓜、西瓜等,以减少非必要作物之耕地,令其全部改种粮食作物"④。陕西关中地区水稻种植主要集中在渭河南岸的狭长平原地带,长安、蓝田、户县比较集中,其他地方只是零星分布。政府要求增籼减糯,"自[民国]三十年起,指导农民减糯改籼。本年度拟继续推广改良稻种及减糯改籼,以其增加食用水稻产量而济抗战时期之急需。政府颁发布告,限制农民

---

① 贵州省黔东南苗族侗族自治州地方志编纂委员会编:《黔东南苗族侗族自治州志·粮食志·大事年表》,贵阳:贵州人民出版社,1993年。转引自杨伟兵:《贵州农艺作物的品种改良与农业发展》,《贵州文史丛刊》2012年第2期,第53页。

② 董鹤龄:《三十年度贵州之农业推广》,秦孝仪主编:《革命文献》第105辑,台北:"中央"文物供应社,1986年,第170页。

③ 贵州省黔东南苗族侗族自治州地方志编纂委员会编:《黔东南苗族侗族自治州志·农业志》,贵阳:贵州人民出版社,1993年。转引自杨伟兵:《由糯到籼:对黔东南粮食作物种植与民族生境适应问题的历史考察》,《中国农史》,2004年第4期,第94页。

④ 陕西省政府:《陕西省农业改进所工作报告》,秦孝仪主编:《革命文献》第105辑,台北:"中央"文物供应社,1986年,第249页。

种植糯稻,糯稻种植不得超过每户所种稻田总面积的1％,并由保甲长于水稻播种时鸣锣或挨户通知,俾收宏效。"[1]1940年,城固、长安、户县、蓝田、南郑、安康等6县种植糯稻16 778亩,1941年减糯改籼13 065亩,糯稻种植面积只剩下3 713亩。具体见表21。

表21　1941年关中、陕南部分县增籼减糯面积统计表[2]单位:市亩

县份	1940年糯稻种植面积	1941年改种籼稻	1941年糯稻
长安	1 100[3]	950	250
蓝田	950	680	270
户县	930	888	42
安康	4 700	3 740	960
城固	2 522	2 043	479
南郑	6 576	4 864	1 712
合计	16 778	13 065	3 713

据农林部粮食增产委员会统计,1941年,云南、陕西减种非必需作物63 049亩,四川、云南、贵州、陕西4省减糯改籼103.5万亩。后方19省减种非必需作物改种食粮377 197亩,增产317 986担,对粮食增产的贡献率为0.34％;减糯改籼4 254 539亩,增产

---

[1] 陕西省农业改进所1941年度粮食增产年报,1942年5月13日,陕西省档案馆藏,陕西农业改进所档案,全宗号73,目录号2,案卷号281—1。

[2] 陕西省政府:《陕西省农业改进所工作报告》,秦孝仪主编:《革命文献》第105辑,台北:"中央"文物供应社,1985年,第250页。

[3] 陕西省政府:《陕西省农业改进所工作报告》,秦孝仪主编:《革命文献》105辑,第250页,原数字为110,有误,应为1 100。

1 148 725担,对粮食增产的贡献率为1.23％。[①] 1942年,减种非必需作物改种食粮413 395亩,增产439 593担,对粮食增产的贡献率0.91％;减糯改籼1 591 553亩,增产431 798担,对粮食增产的贡献率0.9％。[②] 1943年,减种非必需作物31 689亩,增产52 410担,对粮食增产的贡献率为0.12％;减糯改籼1 149 156亩,增产310 272担,对粮食增产的贡献率为0.69％。[③] 1944年,后方19省提倡栽培木薯5 000市亩,增产15 000担;减糯增籼852 682亩,增产230 439担,对粮食增产的贡献率0.62％;推广桐林间作15 359亩,预计增产17 424担。[④] 可见,通过调整土地利用,后方各省粮食种植面积和产量确有一定幅度的增长。

第二节　国民政府战时土地政策的制定与实施

一、土地调查与地籍整理

南京国民政府成立后,1928年,召开第一次全国财政会议,制定《整理全国土地计划》,要求各省进行土地测量和地籍整理。1928年,各省设立土地局,开始办理土地测量事宜。这次土地测量采用人工丈量,辅以业主陈报地价的办法,但是由于经费不足,半

---

① 封昌远:《最近全国粮食增产工作概观》,《中国农民》(重庆)第1卷第4期,1942年,第56—59页。

②《民国二十九年至三十一年度之农林工作》,秦孝仪主编:《革命文献》第102辑,台北:“中央”文物供应社,1985年,第134页。

③《民国三十一年至三十二年之农林工作》,秦孝仪主编:《革命文献》第102辑,台北:“中央”文物供应社,1985年,第152页。

④《民国三十二年至三十三年之农林工作》,秦孝仪主编:《革命文献》第102辑,台北:“中央”文物供应社,1985年,第173页。

途而废。1930 年,《中华民国土地法》颁布,规定土地测量分地籍测量与地质探验,测量完竣时编造地籍册及地质探验报告,未经依法测量地籍之土地,不得为所有权登记。土地法以平均地权为宗旨,对耕地的租用进行了法律规定,还规定要对土地及其改良物向土地所有者征收土地税。土地税分地价税和土地增值税,地价税照估定地价按年征收,除地价税外,在土地价值发生变化时还要缴纳土地增值税。[①] 土地法特别是土地税实施的前提条件是对全国土地进行地籍整理,对土地进行测量登记、核定地价,照价征税。但是,当时全国的土地清查工作都未进行,对农地征收田赋主要根据明清时期的鱼鳞册。

南京国民政府成立后,将田赋划为地方税,田赋遂成为各省财政收入的主要来源,但当时的田赋状况非常混乱,"虽明清时期加以清厘,但早已沧桑变异,有业者未必有粮,有粮者转而无业,狡黠者多耕无粮之地,诚实者则受额外之累。"[②]有些省为增加自己的财政收入,举办了土地陈报。最早开办土地陈报的是浙江省,1929年,浙江省政府通令全省一律以业户自行申报的方式举办土地陈报,但由于准备不足,时间仓促、实施办法不合理,再加上豪强富户阻挠,只好草草结束。贵州省因为厘金被中央裁撤,"为抵补裁厘损失,增加地方收入计,乃急谋田赋。"[③]贵州拟定《清查田亩大纲》及各种章则 30 余种,财政厅附设清查田亩总局,各县县政府附设清查田亩分局,从 1931 年 2 月开始,贵州省 81 个县举办土地陈报,但因为局势动荡,加上少数民族较多的县份填报困难,结果收效甚

---

① 郭卫编辑:《土地法》,上海:法学书局 1934 年版,第 76—77 页。

② 吴致华:《土地陈报概要》,四川省训练团,1944 年,第 1 页。

③ 李荫乔:《贵州田赋研究》,《民国二十年代土地问题资料》,台北:成文出版有限公司、美国中文资料中心,1977 年,第 112 页。

微。"此次清查田亩工作历经 14 个月,虽耗费巨资,而实际推行的县份为数不过十之五六。"①1928 年,云南省财政厅也开始筹办耕地清丈,先从整理耕地入手,然后再整理荒山、市地,从而完成全省土地整理。1929 年 2 月—1931 年 7 月,在昆明县试办土地清丈,从土地清丈登记入手,重新厘定耕地等级,征收新税。1931 年 8 月,云南省财政厅设清丈处,拟具全省清丈推进计划,全省 108 县 17 设治局分九期推进,计划于 15 年内全部完成耕地清丈。到 1934 年 12 月止,第 2—5 期 40 个县完成 24 个县,有 3 个县没有完成,有 13 个县正在进行中。

1933 年春,马鸿逵任宁夏省主席,在"革除积弊""平均负担"的名义下,决定清丈土地,核实耕地面积,整理田赋。宁夏省成立了垦殖总局,草拟了清丈地亩条例,委派地方公正绅士及熟悉地方情形的人作为清丈襄办,协同县长(清丈队长)组织清丈队按照旧法清丈土地,各机关选调职员组织宣传队分赴各县乡宣传。1933 年 12 月清丈开始,"经过年余,将宁夏、宁朔、中卫、金积、灵武、平罗、中宁 7 县地亩除荒地及学田、庙田、官田、水手田外,凡属熟地,均经清丈完竣,并依照本省土质水分分为 7 等,计丈得有民田熟地 1 828 750 205 亩,惟有赋地仅 80 余万亩,兹竟丈出无赋地 100 万亩,且此项无赋地,均系富人所有。"②以清丈结果整理田赋,"田赋增加 2 倍有奇,而每亩平均赋税由 3 元降到 1.5 元,竟减少半数"③。通过丈量土地,核实耕地面积,革新渠制,疏通渠道,开垦荒

① 李荫乔:《贵州田赋研究》,《民国二十年代土地问题资料》,台北:成文出版有限公司、美国中文资料中心,1977 年,第 129 页。
② 汤惠荪等:《宁夏省农业调查》,《资源委员会季刊》第 2 卷 2 期,1942 年,第 366 页。
③ 汤惠荪等:《宁夏省农业调查》,《资源委员会季刊》第 2 卷 2 期,1942 年,第 366—367 页。

地,扩大农作物种植面积,宁夏农业有所发展。1934 年,宁夏粮食总产量达到 277 万石。[1]

1934 年 5 月,第二次全国财政会议召开,会议通过了《办理土地陈报纲要草案》,决定在全国推行土地陈报,目的"一是整理地籍,二是设法确定税源,使民有定产、产有定赋、赋有定籍"[2]。土地陈报以业主呈报为主,政府进行抽查、复丈,结果肯定不如土地测量精确,但"土地测量,非长时巨费莫办",因此,国民政府权衡利弊和轻重缓急,根据当时的实际情况,决定大规模推行简易的土地陈报。同年 6 月,行政院颁布《办理土地陈报纲要》,督促各省开办土地陈报。

1936 年秋,国民政府财政部派张廷休赴黔视察度支,催促贵州举办土地陈报。贵州省财政厅设立土地陈报处,公布《贵州省财政厅办理土地陈报章程》《贵州省土地陈报实施办法纲要》,1937 年 3 月开始,先从贵阳开始试办,之后 81 县分 5 期进行土地陈报。按照实施准备、划界分段、土地编查、陈报、审核比对及抽丈、改定科则、造册公告、开征新赋、复查、颁发土地管业执照等程序和步骤办理。从 1937 年 3 月到 1941 年 4 月,贵州全省 82 个县(1941 年增加金沙县)土地陈报工作全部完成。据说陈报后赋额增加,税率减轻,"旧日科赋,亩费最高逾元,最低过角,而今则亩费最高三角四分,最低为四分,赋额增加,最高增二倍,最少一倍以上。"[3]

1935 年,四川省政府成立,即着手筹划土地整理。1936 年 3 月设立四川省地政筹备处,同年 8 月改组为四川省地政委员会。

---

[1] 宁夏省政府秘书处:《十年来宁夏省政述要》,第三册,财政篇,第 184 页附表。
[2] 吴致华编著:《土地陈报概要》,四川省训练团,1944 年,第 4 页。
[3] 李荫乔:《贵州田赋研究》,《民国二十年代土地问题资料》,台北:成文出版有限公司、美国中文资料中心,1977 年,第 190 页。

1936 年 10 月,四川省地政委员会选择成都、华阳、巴县试办土地清丈,1937 年 7、9 月续办新津、邛崃、新都 3 县土地清丈,但人力物力财力限制,只能按简易程序办理。1938 年 1 月,四川省地政局成立,主办地籍整理工作,拟定成都、自贡、宜宾、万县地籍测量计划,但因为经费无着,未能实施。直到 1939 年 10 月,蒋介石兼任四川省主席,极为重视四川地籍整理工作,指定在劝业公债项下划拨专款作为地籍整理经费。有了经费支持,成都、华阳、新津、邛崃、新都 5 县土地清丈于 1939 年内完成。清丈结束后,成都、华阳等 5 县土地比清丈前约增加 8 000 亩—20.2 万亩。① 因为土地测量需要大量的经费,还需要专业测量仪器和测绘人才,为适应战时财政需要,四川大力推行土地陈报。蒋介石要求"在一年半内完成土地陈报工作,五年内完成土地测量工作,已办过土地陈报县份,应就整理增加的收入继续办理土地测量"②。从 1938 年 12 月开始,四川按甲乙两种程序办理土地陈报,平原地区适用甲种程序,山区各县适用乙种程序。第 1 期从 1938 年 12 月到 1939 年 5 月,温江、双流等 10 县完成了土地陈报;第 2 期从 1939 年 5—7 月到 1940 年春,郫县、崇宁等 17 县先后完成土地陈报;第 3 期从 1940 年 1—5 月到1940 年 12 月,彭县、新繁等 23 县完成土地陈报;第 4 期,1941 年4—11 月陆续开办了仁寿、绵阳、遂宁等 10 县土地陈报。③ 还与金陵大学农业经济系合作,举办了土壤和土地分类调查。根据对四川 20 县的调查,土地陈报之后,四川田额增加 4 547.71 亩,赋额增

---

① 冯小彭:《四川地籍整理与土地陈报》,《服务(重庆)》第 6 卷第 4—5 期,第 198 页。

② 冯小彭:《四川地籍整理与土地陈报》,《服务(重庆)》第 6 卷第 4—5 期,第 197 页。

③ 冯小彭:《四川地籍整理与土地陈报》,《服务(重庆)》第 6 卷第 4—5 期,第 199—200 页。

加 2 540.718 元,税率降低 0.026 1 元。①

陕西省地籍整理采用了土地测量和土地陈报相结合的方式。
1935 年 3 月 1 日,陕西省民政厅下设第五科,负责全省地政事务,
筹设地政人员训练所,培养地政人才,与参谋总部陆地测量总局合
作,着手省会城关(西安)土地测量以及咸阳县的土地陈报。七七
事变爆发,"复奉中央密令,以抗战时期,军用浩繁,将来派款征粮,
即以土地为根据,饬即加速办理陈报。"②从 1935 年到 1941 年,陕
西举办了咸阳、城固、沔县、褒城、安康、南郑、西乡、宁强、洋县、汉
阴、略阳、石泉、紫阳 13 县的土地陈报,西安、咸阳、宝鸡、凤翔、高
陵、武功、扶风、三原、泾阳 9 市县的土地测量及西安、高陵等 7 市县
的土地登记。③

1936 年,宁夏省地政局成立,设立初级测量人员训练所,培养
地政人才,购置测量仪器,并始第二次地籍整理,分土地测量、土地
登记、土地等级估计及土地移转登记等几个步骤。关于农地的测
量,按照川田(自中宁到磴口沿黄河两岸 8 县土地)、山地(同心、盐
池等县山地)、蒙地(阿拉善额济纳两蒙旗土地)分 3 期举办。川田
测量从 1936 年 6 月 1 日开始,1937 年 7 月 10 日测量工作结束,
"入赋之田由 180 万亩增加到 220 万余亩,增益之数达 3 万亩,差不
多恢复到清乾隆年代的亩数,官荒也由 13 万亩增加到 130 万亩,增
益之数竟达 10 倍。"④

1934 年 3 月,甘肃奉南昌行营令开始筹划开办土地陈报,召开

---

① 《四川等九省办理土地陈报前后田额赋额及税率比较表》,《田赋通讯》,1941 年第 3
期,第 28 页。
② 陕西省地政局:《十年来之陕西地政》,陕西省地政局,1946 年 11 月,第 1 页。
③ 陕西省地政局:《十年来之陕西地政》,陕西省地政局,1946 年 11 月,第 2 页。
④ 白云:《宁夏的地政与农垦》,《西北论衡》第 9 卷第 1 期,1941 年,第 32 页。

县长会议,拟仿照江苏的办法办理,预备先在皋兰及康乐设治局试办,但因为经费人才等原因,一直未能开办。直到 1940 年 4 月,甘肃财政厅成立土地陈报办事处,在洮沙试办,取得了成功,陈报前,洮沙亩额只有 87 471 亩,陈报后,增加到 117 563 亩,增加 30 092 亩,增溢 34%。① 在此基础上,又在临洮、皋兰、灵台续办,也取得较好的效果,仅灵台一县增加的亩数就达 745 557.25 亩,较陈报前增幅达 215%,最少的临洮县,亩数增加 178 022.56 亩,增幅也达到26%。② 到 1941 年 8 月,田赋由中央接管前,甘肃共有 4 个县完成了土地陈报。"历观本省近年来之田赋负担,在[民国]三十年田赋改征实物以一千七百九十八万二千一百八十三亩之赋地负担九十一万零二千二百二十三石之粮赋,每亩平均负担在五升以上,但经土地陈报并实施新科则后,每亩平均负担尚不及三升,可见田赋整理负担减轻之效也。"③

　　1939 年 6 月 11 日,西康省成立省土地陈报处,由财政和民政两厅主持土地清查,还延揽河南、陕西有地政经验的人士参与土地清查工作。根据《办理土地陈报纲要》,并结合西康实际情况,决定采取简易的土地查丈办法,"即以业户按垁插标,保甲长引导丈量代替各级陈报,就保分段,就段查垁,按垁编号绘图,根据查报,编造清籍,以地稽户,就户问粮,达到实地实户实粮的目的。"④这种方法虽然没有清丈精确,但是误差也不过 5%—10%,操作起来比保甲及业户陈报简单、迅速、确实。按照这种方式,从 1939 年 9 月到

---

① 甘肃省政府:《甘肃省举办土地陈报纪实》,甘肃省政府,1942 年,第 9 页。

② 甘肃省政府:《甘肃省举办土地陈报纪实》,甘肃省政府,1942 年,第 17 页。

③ 朱允明:《甘肃乡土志稿》,吴坚(常延喜)主编:《中国西北文献丛书》第 1 辑,《西北稀见方志文献》第 31 卷,兰州:兰州古籍书店 1990 年影印,第 608—609 页。

④ 鲁筱庵:《西康土地陈报述概》,《西康经济季刊》,1943 年第 2/3/4 期合刊,第 25 页。

1941 年 8 月,西康雅安、西昌、荥经、汉源、天全、芦山 6 县完成了土地陈报,越嶲中央接管后开办,1942 年 7 月完成。土地陈报后 7 县田赋由原来的 662 346.24 元,增加到 1 028 546.17 元。[①] 会理县因县域广阔,治安不良,土地陈报没有完成。1943 年 9 月,冕宁土地陈报完成,土地陈报完竣各县根据地价、地目、土质、收益等订定科则,按改定的科则征收田赋。

1940 年后,大后方粮价飞涨,军粮民食受到严重影响。1941 年,国民政府决定田赋收归中央,并改征实物。8 月,土地陈报改由中央接管,接管前完成土地陈报的有闽、黔、康、皖、鄂、桂、陕、豫、湘、川、甘等 11 省 328 县,陈报后较陈报前亩额增加 138%,赋额增加 63%,每亩田赋负担陈报前平均为 0.48 元,陈报后平均为 0.33 元,减轻 31%。[②]

1942 年 7 月 21 日,国民政府行政院公布《修正办理土地陈报纲要》规定:"各省境内凡公有及私有土地,在依法举办测量登记前,均依本纲要办理土地陈报,公有公地由管有机关陈报。各省办理土地陈报由省田赋管理处主办,各县办理土地陈报由县田赋管理处主办,乡镇得设土地陈报办事处直属于田赋管理处。土地陈报后田赋正附溢额之全部除专案核准另行支配者外,悉数划归县有。各县已举办土地测量登记或已着手土地测量而在一年以内可竣事者,得免举办土地陈报。"[③]从此,土地陈报改由各级田赋管理

① 鲁筱庵:《西康土地陈报述概》,《西康经济季刊》,1943 年第 2/3/4 期合刊,第 27—28 页。

② 关吉玉:《田赋·土地陈报·土地税》,重庆:中国文化服务社 1943 年版,第 25 页。

③《修正办理土地陈报纲要》(1942 年 7 月 21 日),中国第二历史档案馆编:《中华民国史档案资料汇编》第 5 辑,第 2 编,财政经济(8),南京,江苏古籍出版社 1997 年版,第 196、199 页。

机构办理。所有公私土地,除已经举办或正在举办土地测量登记的都要办理土地陈报。1942年颁布的《办理土地陈报改订科则办法》规定,各县办理土地陈报完竣后改订科则,以按地价1%课税为原则,报请中央核定征收新赋。各县新赋从价课征后所有正附税名目一律取消,不得再有任何附加。①

1941年8月,财政部接管土地陈报后,召开第三次全国财政会议,通过促进全国土地陈报办法,要求各省一律于1942年底全部完成,但因时间短促、人才缺乏,各省多有延迟。1941年8月,陕西省田赋管理处成立,此时,陕西92县中已办理土地陈报和土地测量的有41县,其余51县,除陕甘宁边区23县外,其他28县分三期办理土地陈报,截至1942年底,完成27县,剩余蓝田县于1943年1月完成,1943年58县按土地陈报成果课征新赋。据统计,"陕西省征粮共计73县及西安市,其中按土地陈报征粮的有58县;按土地测量征粮的有2县;按旧规额征粮的有13县和1市。田赋总额由原来4 103 474.8元增加到7 155 022.4元,上升74.28%。"

中央接管土地陈报后,甘肃分4期继续举办土地陈报,第1期泾川、临泽等19县1941年9月开办,1942年6月完成;第2期渭源、和政等19县1942年1月开办,1942年10月完成;第3期华亭、安西等19县1942年5月开办,1942年底完成;第4期庆阳、正宁等4县1942年9月开办,1943年完成,共61县。1943年利用土地陈报成果课征新赋。

四川在中央接管前已经办竣土地陈报的有60个县,中央接管后继续办理的有綦江、安岳、剑阁等45县,1941年8月开办,1942

---

①《办理土地陈报改定科则办法》,中国第二历史档案馆编:《中华民国史档案资料汇编》
第5辑,第2编,财政经济(8),南京:江苏古籍出版社1997年版,第199—200页。

年 12 月完成,利用其成果征收实物。1943 年 1 月,由田赋管理处接续办理屏山、巫溪、彭水、开县等 12 县土地陈报,1944 年开办的有云阳、宣溪、沐川 3 县。除青川、平武等 7 县因战事影响,奉准停办外,其余均在 1945 年初陆续完成。但是土地陈报错误很多,田赋管理处不得不对已经办竣的土地陈报结果进行复查更正。1942年,成都等 7 县利用土地陈报成果征收新赋,1943 年利用土地陈报成果征收新赋的有什邡、金堂等 80 县,1944 年,除大邑、泸县、垫江、兴文、乐山 5 县外,其余办竣土地陈报的县全部利用土地陈报成果征收新田赋。据说"即以目前征实之成绩而言,凡属实行新科则之县,多有收到九成以上,并有照额超收者,于此可见土地陈报之功效于一斑矣"[1]。可见,土地陈报的主要成果是增加了田赋,为田赋征实政策的贯彻实施创造了条件。

除了土地陈报,西部各省也进行了农地测量。1942 年下半年,四川北碚管理局辖区 8 乡镇测量土地,测量面积 247 849 亩,土地登记 51 803 号。1943 年在宁夏、江西、绥远的 4 个县进行地籍整理。1944 年,四川的 12 个县、陕西的 4 个县、甘肃的 3 个县及江西、广东、广西、福建、湖南的总计 33 县开办农地地籍整理,测量土地 1 700 余万亩,土地登记约 430 余万号。1945 年,又在甘肃的 2 个县、贵州的 2 个县、西康的 1 个县及绥远、江西、福建、湖北、浙江的共计 11 县测量土地,面积大约 2 900 余万亩。3 年来共有 49 个县进行了农地地籍整理。[2] 经过地籍整理,入赋之田亩数、赋额大量增加,每亩田赋负担减轻。1941—1943 年,完成土地陈报的皖、鄂、川、豫、陕、甘等 6 省 101 县,陈报后较陈报前亩额增加 132%,

———————————

[1] 吴致华编著:《土地陈报概要》,四川省训练团印,1944 年,第 27 页。
[2] 《国民政府政绩报告》(土地行政部分),《地政通讯》1947 年,复刊 15,第 37—39 页。

赋额增加 134％，税率陈报前 0.625 元，陈报后 0.371 元，平均减轻 41％。[①]

二、征收土地税

1930 年 6 月 30 日，国民政府颁布了第一部《中华民国土地法》，规定"土地税全部为地方税"，其中，土地税包括地价税、土地增殖税与土地改良物税（征税对象为"土地定着物，其存在为施用劳力及资本之结果"）。地价税税率为：市改良地为 10‰—20‰，市未改良地为 15‰—30‰，市荒地为 30‰—100‰，乡改良地为 10‰，乡未改良地为 12‰—15‰，乡荒地为 15‰—100‰。土地增值税照土地增值的实数征收，其价值发生变化有以下几种情况：(1) 地价规定后，土地绝卖或赠予、继承转移时，土地现价超过原定地价；(2) 地价规定后，于 15 年届满时，新规定之地价超过原定地价；(3) 规定地价后，曾经移转之土地于下次移转或 15 年届满时，现价超过移转时地价。增殖税税率实行超额累进：1. 土地增殖之实数额，在其原地价数额 50％或 50％以内者，征收其增殖实数额的 20％；2. 土地增殖实数额，超过原地价数 50％者，除 50％部分征收 20％外，超过部分征收 40％。3. 土地增殖之实数额，超过原地价 100％者，除照前款规定分别征收外，超过 100％部分征收百分 60％之增值税。4. 土地增殖之实数额，超过原地价 200％，除照前款规定分别征收外，超过 200％部分征收其 80％的增值税；5. 土地增殖之实数额，超过原地价 300％者，除照前款规定分别征收外，就其超

[①] 关吉玉：《田赋·土地陈报·土地税》，重庆：中国文化服务社 1943 年版，第 25—26 页。

过 300％部分全部征收增值税。① 国民政府认为,随着经济社会的发展、土地的价值是不断增长的,反映在价格上就是地价不断上涨。土地所有者拥有土地所有权,在土地增值的过程中不断获得高额利润,造成贫富分化,平均地权就是通过征收地价税和土地增值税,在不触动地主土地所有权的情况下,对土地所有权人的收益进行一定程度的限制,达到平均地权的目的。

《中华民国土地法》提出,要清查全国土地,查明其亩数、近五年之地价,然后开征地价税,但是并没有立刻实施。有些省市,为了增加财政收入,防止土地投机,纷纷参照土地法的立法精神提前开征土地税,如上海、杭州、南昌市及镇江、上海、南汇、南昌等县。1933 年,上海、杭州开征地价税,江西也在土地清查的基础上开征了地价税。南昌县土地清查最早完成,地价税的征收从南昌县开始,1936 年,江西省发布财征字第 14 341 号训令,规定南昌县自1936 年起田赋改征地价税,以所征收地价之 1％为地价税,并不另征收附税。② 此后,完成土地清查的新建、安义、进贤等 26 县陆续开征地价税。

全面抗战开始后,大量资金涌入大后方,寻求投资渠道。由于中国人有有钱就买地的习惯,认为投资土地最安全,加上 1940 年后大后方粮价持续高涨,土地投资增值明显,土地成为内迁资本最青睐的投资对象,造成地价不合理的高涨。"成都平原,渝巴四周,汉中天水、粤北、湘南、桂东、黔西、浙东、赣南与云南全境,均莫不

---

① 郭卫编辑:《土地法》,上海:法学书局 1934 年版,第 76—77 页。
② 江西省政府训令:《南昌县田赋改征地价税自二十五年度实行检发布告令仰遵照张贴具报》,《江西省政府公报》,1936 年第 579 号,第 13—14 页。

发生争购土地热潮。"①大量资金的涌入,使农村土地价格暴涨。宜宾的水田,1936 年每亩价格仅仅 70 元,至 1939 年涨到 130 余元,约增 1 倍;遵义的田价,1936 年每亩为 96 元,至 1940 年增至 236元;安顺的田价,1936 年约值 100 元,1940 年超过 300 元了;涨势最猛的要算成都平原,水田价格,1936 年末每亩不过 130 元,到 1940年底竟超过 2 000 元。② 陕西洛川的地价,1943 年与 1937 年比较,水田、山沟田由每亩 10 元涨到 75 元,平原旱地由每亩 30 元涨到480 元,山坡地由每亩 5 元涨到 140 元,城市住宅地由每亩 30 元涨到 400 元,街坊地由每亩 145 元涨到 500 元,乡村住宅地由每亩 15元涨到 180 元。③ 陕西省邠县第七区新民乡镇 1937—1943 年七年来地价调查,最好的旱地由每亩 10 元亩涨到 870 元,普通旱地由每亩 8 元涨到 750 元;城市商业地(街坊地)由每亩 160 元涨到 4 500元,城市普通地由每亩 140 元涨到 4 000 元;④陕西渭南城关镇市地商业地(街坊地)每亩由 1937 年 900 元涨到 1943 年的 8 000 元,普通地由 600 元涨到 6 000 元;最好的住宅地由 450 元涨到 1 500 元,普通住宅地由 290 元涨到 900 元。⑤ 可见无论西南还是西北,无论城镇还是农村,无论水田还是旱地,地价普遍上涨,而且涨幅很大。

---

① 罗醒魂:《农地问题之严重性及其解决》,《人与地》第 3 卷第 7/8 期合刊,1943 年,第23 页。

② 赵启祥:《抗战以来西南各省地价变动之分析》,《人与地》第 1 卷第 7 期,1941 年,第138 页。

③ 关于各县地价税及田赋调查的代电,最近七年地价调查表,陕西省档案馆陕西省地政局档案,全宗号 62,目录号 2,案卷号 1191—2。

④ 陕西省邠县第七区新民乡镇最近七年地价调查,陕西省档案馆陕西省地政局档案,全宗号 62,目录号 2,案卷号 1191—1。

⑤ 陕西省渭南县城关镇最近七年地价调查,1944 年 5 月 23 日,陕西省档案馆陕西省地政局档案,全宗号 62,目录号 2,案卷号 1 190。

1941年，为适应战时需要，国民党调整了土地政策，国民党中执委第九次会议通过《战时土地政策实施纲要》，规定，"主管地政机关应加强整理地籍工作，限期完成。私有土地应由所有人申报地价，照价纳税，税率起税点为1%—2%，累进至5%。其土地自然增价应即增收土地增值税暂依累进制征收之。国家为调剂战时军粮民食起见，对于农地地价税折征实物，其实物全归中央，在折征实物期间由中央按各县(市)地价税实收金额以50%现款拨归各县(市)作为补足。"①与1930年土地法比较，地价税由比例税制改为累进制；农地地价税折征实物，全归中央，中央将各县市地价税实收金额的50%的现款返还给各县市。

1941年6月，第三次全国财政会议通过决议，土地税被列入国家财政收入。财政部另行拟定《战时征收土地税条例》，该条例主要精神如下：一、地价税税率由比例税改为累进税；二、不分税地种类，按一定税率课征。荒地与不在地主，则不加重税；三、土地增值税的税率，因战时币值不稳，故而相较1930年土地法的规定，逐级递减20%；四、土地增值税免税额，结合各地情况、物价指数而弹性制定；五、征收土地税的土地，不再征收财产租赁出卖所得税与其他附加税。国民政府认为土地税是各种赋税中最重要的一种税，在调节居民收入、扩大国家财政收入方面有着重要作用，强调今后应切实整理地籍，将田赋改为土地税，"过去田赋按单位面积课征之制度，将代以从价课征之土地税"，从而解决田赋负担不平均和税负转嫁的问题。

---

① 《战时土地政策实施纲要》(1941年12月22日)，中国第二历史档案馆编：《中华民国史档案资料汇编》第5辑，第2编，财政经济(8)，南京：江苏古籍出版社1997年版，第184—185页。

1941年7月,行政院在内政部增设地价申报处,遵照国民党五届八中全会决议主办后方各省城市地价申报事宜,办理的地方主要有湖南、广东2个省34个城市。1942年6月,地政署成立,成为最高地政机关,内政部地政司及地价申报处裁撤并入。地政署成立后,继续督促各省办理土地测量、土地登记及规定地价未完工作,并遵照《战时土地政策实施纲要》积极整理地籍,制定《非常时期地籍整理实施办法》,后改为《战时地籍整理条例》,将地籍测量、土地登记和规定地价三项工作结合在一起。鉴于抗战时期,后方重要城镇人口集中,地价腾涨,土地投机现象日趋激烈,为抑制土地投机,并向城镇土地收税,决定先举办后方重要城镇地籍整理,1943年度再择县办理农地地籍整理。[1] 1943年初,蒋介石指示要求1943年将后方各省境内较大城镇地籍整理完毕。西部各省纷纷开展地籍整理、土地登记和规定地价工作,为征收土地税做准备。

直到1942年,西部各省才纷纷开征地价税和土地增值税,随后逐步开征印花税和遗产税,并对房捐、印花税和遗产税等税费结构进行了调整。从理论上讲,征收地价税和土地增值税可以防止土地增值收益全部落入土地所有者手中,一定程度上可达到平均地权的目的,但是征收地价税和土地增值税的前提条件是整理地籍,核定地价。全面抗战时期,国民政府在后方各省办竣地籍整理的地区推行地价税,在农地,折征实物;在市地,征收法币。凡各省县市城镇办竣地籍整理、规定地价及重估地价后,由地政机关编造地价册,移送征税机关,据以改编地价册,开始征税。土地增值税则于土地移转时,由地政机关核算土地增值实数额,通知征税机

---

[1]《国民政府政绩报告》(土地行政部分),《地政通讯》1947年,复刊15,第37页。

关,据以征税。

到 1943 年,全国开征地价税的只有 68 个县市,其中已沦陷停征者有 18 个县市(青岛、上海、广州、杭州、南昌 5 市,镇江、上海、南汇、嘉定、青浦、奉贤、松江、金山、川沙、南昌、新建、安曦、郑县等 13 县)。后方各省中开征的有 50 个县市,其中,有的是全县市开征者,如兰州市、桂林市、连县、南雄、始兴、乳源、曲江、永嘉、韶关市等 16 县市;有的是农地部分开征,城镇尚未开征者,有进贤、清江、丰城、吉水、临川、贺兰、永宁、宁朔、灵武、中卫、中宁、平罗、惠农、金积、盐池、同心等 20 个县;还有城市部分开征而郊区仍征田赋者,如重庆市、衡阳市、邵阳、湘潭、天水、平凉、临洮、临夏等 14 个县市。连县、南雄、始兴、乳源、曲江、韶关、永嘉、临夏、兰州市、重庆市同时开征了土地增值税,其余仅征地价税一种。全年应征地价税 2 000 万元,其中 900 万元为农地税额。[①] 据国民政府财政部统计,1944 年底,共征收地价税 135 363 014 元,土地增值税 57 294 430 元。1945 年底,征收地价税 16 250 411 元,土地增值税 91 217 047 元。[②]

战争时期,地籍整理、规定地价和重估地价等工作遇到了很大困难,实际实行效果很差。如 1944 年,财政部、地政署奉蒋介石手令查报 1943 年度陕西省办理土地税情况,"查地价税为实行土地政策之重要措施,必须切实推行。此查[民国]三十二年度土地税该省市收数距预算目标尚殊,有失委座殷切希望。切实注意加强工作效率,按照原定计划,竭力以赴,未移地价册者务须提早赶办,

---

① 关吉玉:《田赋·土地陈报·土地税》,重庆:中国文化服务社 1943 年版,第 38—39 页。

②《国民政府政绩报告》(土地行政部分),《地政通讯》,1947 年,复刊 15,第 45 页。

提早完成。其已接收地价册者应立即开始补征或继续催收。务须本年八月以前征收足额为要。"①此外，地价税累计起征点、地价及土地增值税免税额的确定，在实际执行过程中都遇到了困难。1944 年，地政署令西部各县县政府地籍整理处办理重估地价，为实行累进税率起见，急需办理归户工作。财政部、地政署商订《三十三年度财政部地政署办理各省市总归户地价税册办法》。② 陕西省 1944 年重估地价城市有西安、南郑、宝鸡三城市，三城市依照《战时地价申报条例》重估地价。西安市地籍整理办事处积极办理重估地价，预计民国 33 年度（1944 年）开征地价税绝无问题，但是后来重估地价遇到困难，只能按原地价征收 1944 年度地价税。③ 关于地价税累计起征起点、地价及土地增殖税免税额，陕西省田赋管理处会同陕西省地政局洽商，根据《战时地价申报条例》11 条的规定，酌定 10 万元、15 万元、20 万元三个标准，由各县市按照自住自耕地必需面积参酌地价及当地经济状况选择一适当数目为累进起点地价限额，"至土地增殖税免税额酌定为原地价 30％。"④

从 1942 年到 1945 年底，全国办竣规定地价的共有 1 290 县市

---

① 《财政部地政署致陕西省地政局关于土地税办理情形的训令》(1944 年 6 月 15 日)，陕西省档案馆藏，陕西省地政局档案，全宗号 62，目录号 2，案卷号 1185。

② 《财政部、陕西省田管处令饬办理总归户地价税册公函》(1944 年 4 月)，陕西省档案馆藏，陕西省地政局档案，全宗号 62，目录号 2，案卷号 1185；西安市城关土地重估地价业务实施计划。宝鸡城市重估地价计划书，1944 年 4 月；陕西省凤翔县城市镇重估地价计划书，1944 年 4 月；陕西省咸阳县地籍整理办事处呈咸阳县城市地价重估业务实施计划，1944 年 4 月 13 日。

③ 《陕西省政府关于 1944 年重估地价的公函》，陕西省档案馆藏，陕西省地政局档案，全宗号 62，目录号 2，案卷号 1185。

④ 《陕西省地政局为拟定地价税累进起点及土地增殖税免税额是否妥切函请陕西省田赋粮食管理处》，1944 年 8 月 20 日，陕西省档案馆藏，陕西省地政局档案，全宗号 62，目录号 2，案卷号 1185。

城镇,办竣重估地价的只有 191 个城镇。[①] 地价不确定,地价税和土地增值税无法开征。抗战时期土地税征收区域大部分是城市,征税对象仅限于城市宅地,即使经过地籍整理的农地,也按地价税税率折征实物,并列入田赋部分计算。因此,尽管西部省份土地价格上涨幅度很大,但是,土地税税率太轻,征收的范围和数量都非常有限,农地折征地价税的比例很小,并没有取代田赋。抗战结束时,西部大部分省市县没有完成地籍整理工作,征收地价税和土地增值税也就无据可循,最终成为具文。即使国民政府开征土地增值税的地方,也没有遏制地价的疯涨,"土地是正在兼并的过程中,地主因为农产价涨,获利至厚,田赋虽重,不受重大影响,当然发生着土地兼并的企图,而佃户则因地价增高,租税负担甚重,虽欲为自耕农而不可得。加以壮丁抽服兵役,有若干农家无复可从事耕作的人,遂不得不将土地出让。这种土地兼并随着地价增涨不已。而且愈增长愈兼并……至于城市土地也是一样的情形,而尤以后方各省为甚。在政府虽已推行土地增值税,但类皆转嫁于买地的人,地价涨风,并未稍杀。"[②]

可见,国民政府战时土地税、土地增值税并没有遏制地价的疯涨,反而因为地主大规模地兼并土地,佃农失去耕种的土地。地主兼并土地,主要目的是获得土地涨价的暴利,所以只需坐拥土地等着涨价就可以了,不需要积极进行农业生产,以致抗战后期,熟地抛荒现象愈加严重,农产品产量不断下降。

[①]《国民政府政绩报告》(土地行政部分),《地政通讯》1947 年,复刊 15,第 43 页。
[②] 寿勉成:《从合作运动的观点批判我国经济界的转变及趋向》,《陕西合作通讯》第 47
　　期,1943 年,第 1 页。

三、保障佃农、扶植自耕农

(一)保护佃农

1924年11月,孙中山提出了"二五减租"主张,"减少农民现纳地租,从百分之五十减少到百分之二十五。"1926年10月,国民党中央及各省联席会议决定的《中国国民党最近政纲》第67条规定,"减轻佃农佃租百分之二十五"。1927年5月9日,武汉国民政府颁布《佃农保护法》,第三条规定,佃农对于地主除缴纳租项外,所有额外苛例,一概取消;第六条规定,如遇岁歉或天灾战事等,佃农按照灾情轻重,有要求减租和免租的权利;第九条规定,包田及包租制应即废止。国民政府内政部颁布的《保障佃农改良租佃制度暂行办法》第四条规定,正租之外,不得再有力米杂税及其他一切陋规。①

1930年土地法颁布,强调保护佃农的佃耕权,第一百八十条规定,依不定期限租用耕地之契约,仅得于左列情形之一时终止之:"(一)承租人死亡而无继承人时;(二)承租人抛弃其耕作权时;(三)出租人收回自耕时;(四)耕地依法变更其使用时"。② 但是,关于出租人收回自耕的规定,足以让地主合法收回土地,不过第一百八十四条也同时规定,"出租人收回自耕之耕地再出租时,原承佃人有优先承佃之权,自收回自耕之地起未满一年再出租时,原承租人得以原租用条件承租。"③第一百七十二条规定,"依有限期契约租用耕地者,于契约届满时,除出租人收回自耕外,如承租人继

---

① 国民政府主计处统计局:《中国租佃制度之统计分析》,南京:正中书局1946年版,第164—165页。

② 郭元觉辑校:《中华民国土地法》,上海:法学编译社1932年版,第45页。

③ 郭元觉辑校:《中华民国土地法》,上海:法学编译社1932年版,第46页。

续耕作,视为不定期,继续契约。"①第一百七十三条规定:"出租人出卖耕地时,承租人依同样条件,有优先承买之权。"②第一百七十五条规定,"同一承租人继续耕作十年以上之耕地,其出租人为不在地主时,承租人得依法请求征收其土地"。③ 土地法规定佃农有优先承佃权、优先购买权,目的是保护佃农的利益,促使"耕者有其田"政策的实现。土地法还限定了最高租额,禁止预收租金和押租。第一百七十七条规定:"地租不得超过耕地正产物收获总额的千分之三百七十五。约定地租超过三百七十五者,应减为千分之三百七十五,不及千分之三百七十五者依其约定。出租人不得预收地租,并不得收取押租。"④为了鼓励佃农进行土地改良,《土地法》规定由佃农自主决定是否投入人力和资本对土地进行特别改良,改良产生的费用,要通知地主,在主佃双方因种种原因终止契约返还耕地时,"承租人得向出租人要求偿还其所支出的耕地特别改良费,但以其未失效部分之价值为限。"⑤

从《土地法》和《佃农保护法》的条文看,国民政府试图改良租佃制度,减轻佃农负担,保护佃农利益。1926 年,国民党中央与各省联席会议决议实行"二五减租",1927 年,广东、湖北、浙江、江苏等省纷纷响应,相继公布了减租实施条例。⑥ 但是,"减租的阻力太大,各省多未贯彻到底。独有浙江迄未松弛。"但即使是浙江省,"二五减租"实施的过程中,也是矛盾冲突不断。"因佃业纠纷有加

① 郭元觉辑校:《中华民国土地法》,上海:法学编译社 1932 年版,第 44 页。

② 郭元觉辑校:《中华民国土地法》,上海:法学编译社 1932 年版,第 44 页。

③ 郭元觉辑校:《中华民国土地法》,上海:法学编译社 1932 年版,第 44 页。

④ 郭元觉辑校:《中华民国土地法》,上海:法学编译社 1932 年版,第 44—45 页。

⑤ 郭元觉辑校:《中华民国土地法》,上海:法学编译社 1932 年版,第 46 页

⑥ 章有义:《中国近代农业史资料》第 3 辑,北京:三联书店 1957 年版,第 301—304 页。

无减,省政府决议自民国十八年起,取消二五减租。"①

　　全面抗战开始前,西南地区各省佃农比率很高,约为 40%—60%,地主采取物租、力租、钱租等地租形态对佃农进行剥削,佃农生活非常艰苦。据行政院农村复兴委员会调查:云南农村情形,水田较多处,大致与江南各省相似,租佃关系,甚为发达,农民须租田耕种者,占 50%—60%。一般自耕农、半自耕农所有的田地,大都在 5 亩上下。负债情形亦甚普遍,利息有高至六七分者。② 贵州农民总数中,43% 为佃农,26% 为半自耕农,自耕农仅占 31%。且自民元以来,自耕农所占比例日减,半自耕农与佃农之人数相对的增加,益足以反映贵州农民经济之贫弱,农村经济之破产。③ 四川佃农的比例更高,"成都平原佃农之比数特高,成都新都等县均达 70% 以上。川东之巴县、江北等临近渝市,其佃农比例几达 80%。"④西北地区佃农较少,自耕农比较多。1937 年,宁夏佃农占 18%,半自耕农占 14%,自耕农占 68%;甘肃佃农 19%,半自耕农 20%,自耕农占 61%;青海佃农 19%,半自耕农 30%,自耕农占 51%;陕西佃农 18%,半自耕农 21%,自耕农占 61%。全国加权平均佃农占 30%,四川占 52%,⑤居全国第一位。西南西北农佃分布

① 《地政署关于战时地权状况与扶植自耕农政策实施概况的报告》(1943 年 7 月),中国第二历史档案馆编:《中华民国史档案资料汇编》第 5 辑,第 2 编,财政经济(8),南京:江苏古籍出版社 1997 年版,第 201 页。
② 行政院农村复兴委员会:《云南省农村调查》,沈云龙主编:《近代中国史料丛刊》(890)台北:文海出版社 2000 年版,第 1—2 页。
③ 张肖梅:《贵州经济》,上海:中国国民经济研究所,1939 年,吴相湘、刘绍唐:《民国史料丛刊》第 11 种,台北:传记文学出版社,1971 年影印,第 A7 页。
④ 应廉耕:《四川省租佃制度》,李文海主编:《民国时期社会调查丛编》二编,乡村经济卷(下),福州:福建教育出版社 2014 年版,第 782 页。
⑤ 中央农业实验所:《民国二十六年农佃分布及其近年之变迁》《农情报告》第 6 卷第 6 期,1938 年,第 72 页。

之所以出现这样明显的差距,主要原因是由投资土地利润高低决定,经济比较发达、社会治安较好、土质肥沃、灌溉条件优越、交通便利的地区租佃比较发达。成都平原土地肥沃、灌溉便利,又邻近省会,投资者认为投资土地获利把握大,所以争相购买,故佃农增多;西北甘宁青偏僻区域,土质硗薄,水利不兴,常发生兵匪旱灾,投资土地者多裹足不前,所以佃农比较少。从租额来看,"各等水田谷租最高者达 66.7%,如四川是也;次为 64.0%,如陕西是也;各等旱地之谷租率,最高者为 60.0%,如陕西省是也,次高者 55.6%,如四川省是也。"[①]不论是水田还是旱地,四川、陕西谷租额最高。全国物租率平均数为 43.25%,钱租率平均数为 10.51%。物租率贵州最高,达 51.39%;河北、四川次之,均在 49% 以上;云南在40% 以上,甘肃、宁夏、青海三省最低,平均为 30.92%。钱租陕西最高,达 15.02%,四川、湖北、湖南为 12% 以上,贵州、云南在 10%以上。[②] 就租期言,不定期之租佃,佃权最无保障。全国平均不定期者占 7.72%,陕西较多,占 96.66%,四川占 97.2%,居全国第二。其他如押租之重、副租之繁、陋习之多、纠纷之甚,四川均较其他各省为严重。[③] 从西南西北各省情况看,西南四川、云南、贵州租佃制度比较发达,佃农众多,租额也很高、租期大多不固定,佃农不仅要缴纳高额地租,租佃权还没有保障。西北地区,因为土质硗薄,气候干旱,佃农较少,租额也较低,但是陕西的租佃情况与西北

---

① 国民政府主计处统计局:《中国租佃制度之统计分析》,重庆:正中书局 1946 年版,第78 页。

② 国民政府主计处统计局:《中国租佃制度之统计分析》,重庆:正中书局 1946 年版,第84 页。

③ 郭汉鸣、孟光宇:《四川租佃问题》,李文海主编:《民国时期社会调查丛编》二编,乡村经济卷(下),福州:福建教育出版社 2014 年版,第 907 页。

其他省份有所不同。1934—1935 年,汤惠荪等赴陕西进行调查,记载,关中、汉中平均自耕农占 53.55%,自耕农兼佃农 41.71%,佃农只有 4.74%,但是南郑、安康 2 县佃农较多,"据西安日报 1932 年调查,各县以佃农为多,且宁陕与佛坪之佃户皆种小地主之田地;留坝农户 2/3 为佃地贫农;城固自耕农所种面积占总耕地面积的 38%"。① 陈言《陕甘调查记》记载,陕西佃农向不太多,10 亩以下的自耕小农占 60% 以上。但自 1928 年陕西大灾荒后,商人、官僚、高利贷者,用剩余资本收买廉价土地,拥有 3 000 亩以上的大地主,占农户 1%,拥有 100—200 亩之富农,在陕西最为普遍,昔日土地平均局面已大变了。② 因商人、官僚、高利贷者拥有土地大增,佃农数量也随之骤增。当时,陕西租佃普遍采用口约制,租期、租额、纳租及赋税负担都是口头约定,但近年(1934、1935 年)契约制逐渐流行,还有少数帮工佃种制,由佃农供给劳力,地主供给种子、肥料、役畜、农具等。③ 陕西向例分租,但近以谷租为最多,分租次之,钱租最少。据 1936 年《中国经济年鉴》记载,陕西全省谷租大约占 59%,分租占 30%,钱租占 15%。④ 除帮工佃种制外,地主对于农民概不供给农具、种子、肥料、牲畜,全由佃农负担,"其有在播种前助佃农以种子者,全为借贷性质,须由佃农负责归还,或者先扣后分。田主出租耕地,往往以少租多,8 分算 1 亩,纳租按 1 亩纳。也

---

① 汤惠荪等:《陕西省农业调查》,《资源委员会季刊》第 2 卷第 2 期,1942 年,第 34—35 页。
② 陕西省银行经济研究室:《陕西经济十年(1931—1941 年)》,1942 年,西安市档案馆重印,1997 年,第 84 页。
③ 汤惠荪等:《陕西省农业调查》,《资源委员会季刊》第 2 卷第 2 期,1942 年,第 35 页。
④ 陕西省银行经济研究室:《陕西经济十年(1931—1941 年)》,1942 年,西安市档案馆重印,1997 年,第 87—88 页。

有佃农不经地主同意,私将耕地转租或偷当者。缴租时,向例只定夏季一次,而陕西农产,本有两熟,令佃农一次交足,无异征收预租。"[1]"每年纳租额,汉中上等水田平均每亩可产秋稻 3 担,但须纳租 2 担,租率则订定分租比例分配,每年之收获物,如汉中须以每年收获物的半数纳租。""附郭之田或园圃者多行钱租制,如渭南每亩水地为二—三元。""汉中佃农向地主佃田时,往往须缴纳'顶首',且须纳正租以外,并须献敬年礼节礼等,可谓佃农之额外负担。"[2]可见,陕西汉中佃农纳租额高达收获物 50％—70％,而且还有额外附加,负担沉重。

全面抗战时期,国民政府为增加农业生产,支持抗战,多次出台政策,要求保护佃农利益。行政院 1939 年 9 月 19 日吕字第 10 788 号训令要求保障佃农使其逐渐成为自耕农,以加强抗战力量,但是,"各地狃于旧习,对于法定各项,未能切实奉行,以致佃农生活益趋艰难,值兹抗战建国之际,增加生产,实为当前急务,而保障佃农尤为增加生产之先决条件,急应切实厉行,藉以加强抗战力量。"[3]1939 年 9 月 26 日,行政院公布《战区土地租税减免及耕地荒废救济暂行办法》,要求在战区减免地租,在后方川、康、陕、甘、新、宁、滇、黔及重庆各省、市政府积极施行 1930 年土地法有关土地租用的规定,切实保障佃农利益。1939 年 10 月,行政院训令陕西省政府,"查保障佃农使由佃农而渐至于自耕农地位,为政府一贯政策,土地法耕地租用所定各项,如地租的约定,不得超过法定数额,

---

① 陕西省银行经济研究室:《陕西经济十年(1931—1941 年)》,1942 年,西安市档案馆重印,1997 年,第 88 页。

② 汤惠荪等:《陕西省农业调查》,《资源委员会季刊》第 2 卷第 2 期,1942 年,第 35 页。

③《内政部关于请积极施行土地法一事给陕西省政府的训令》(1941 年 12 月 17 日),陕西省档案馆藏,陕西省地政局档案,全宗号 62,目录号 2,案卷号 916—2。

耕作契约之继续或中止须适合一定之条件。皆为保障佃农而设，无如各地狃于旧习，积重难返，或高抬租额恣意剥削，或违背契约任便解租，耕作权利毫无保障，佃农生活日趋艰难，殊失法律规定之本意，须知保障佃农，即所以促进生产，直接解除农民之痛苦，间接即加强抗战之力量，现战区各省，已由本院会同军事委员会制定战区土地租税减免及耕地荒废救济暂行办法公布实施。所有非战区各省应积极施行土地法关于土地租用之规定，尤宜注意于租额之限制，如查有违反情事，应以命令强制遵守，不得稍涉宽纵。"①1940 年，农林部根据 1930 年土地法的规定，督促各省实行减租，租额不超过土地正产物的 375‰，同时限制地主无故撤佃并征收押租。从国民政府的训令、法律法规看，国民政府明白，保护佃农即促进生产，直接解除佃农之痛苦，即间接加强抗战之力量，只有保护佃农利益，佃农才愿意投资土地，辛勤劳作，提高农作物产量，支持抗战。从上述法令的字面上看，保护佃农的要求很明确，言辞也很严厉，但是实际很难贯彻实施。西部各省虽然按照政府要求，制定各省保护佃农的办法和条例，如 1939 年 4 月 9 日，陕西省紫阳县政府拟定《保障佃农勤劳收益暂行办法》，"查本县一般佃农，往往以努力经营所获，被其地主攫夺而去，致不肯改良耕地，勤劳农作，所谓人不能尽其力，地不能尽其余利，此诚一般人力贫困之一大因素，兹为救济斯弊，鼓励农民努力生产起见，特拟就保障佃农勤劳收益暂行办法七条，佃农租得地主土地，由自己勤劳或投资所增加之收益部分完全归佃农享有。佃农租得土地后，由自己之努力或投资，改良土地之结果，而收益增加时，地主不得任意增加租课，或

---

① 《陕西省政府关于请积极施行土地法一事给各区专署的指令》，陕西省档案馆藏，陕西省地政局档案，全宗号 62，目录号 2，案卷号 916—2。

将土地收回改租他人。佃农租得土地后，由自己之努力或投资改良土地之结果，而收益增加时，地主如欲收回自耕，对于佃农租佃后所增加之收益部分，必须付出相当代价，否则不得收回。佃农改良土地所需之资本，如系由地主无息借予者，其增益部分，由佃主均分。佃农应交租额，除因天灾特别歉收外，每年须如数交纳地主，不得藉词拖欠。"①但是，1939—1940 年，大后方粮价开始上涨，种粮佃农收益不仅没有增长，反而越发贫困，原因是地主以粮价上涨为由，纷纷提高地租额与押金。以四川为例，全面抗战开始后，四川地租不断上涨。以平原旱地为例，1937—1941 年，四川省的实物地租平均增长幅度为 6.1%。四川简阳地租"在［民国］廿九年春间每亩不过六七元，即至高者亦不过八元，殊至本年［1941 年］凡富有田土招佃耕作者均抬高市价，每亩加至五六十元，尚有日见上涨之势。佃农喘息不得稍苏。只以生活攸关难于迁徙，均忍气吞声，任其地主之鱼肉，佃农血汗早为地主剥削尽净耶。似此情形，地主获利滋厚，佃农吃亏已深"②。西部其他省份地租也有不同幅度的增长，如西康涨 10.0%，陕西涨 6.7%，甘肃涨 7.7%。③ 据 1941 年调查，水田租额较战前增加 1/4，旱田较战前约增加 1/4—1/3。④不少地主还趁机增加地租押金，1941 年国统区的每亩土地押金较

---

① 陕西省紫阳县政府拟：《紫阳县保障佃农勤劳收益暂行办法》，陕西省档案馆藏，陕西省地政局档案，全宗号 62，目录号 2，案卷号 916—2。

②《四川简阳县佃农请求限制地价的呈文》（1941 年 4 月），中国第二历史档案馆编：《中华民国史档案资料汇编》第 5 辑，第 2 编，财政经济（8），南京：江苏古籍出版社 1997年版，第 183 页。

③ 严中平：《中国近代经济史统计资料选辑》，北京：科学出版社 1955 年版，第 319 页。

④ 聂常庆：《战时中国土地利用问题》，《人与地》第 3 卷第 2/3 期合刊，1943 年，第 20 页。

抗战前平均上涨了1倍,四川省则增加了7倍。① "桂浙赣的租额,均较战前,提高一成,押金提高一成到五成。川省巴县押金,竟超出5 000元以上。"②简阳县佃农要求政府"通令全国凡田土佃价去岁六七元一亩者今岁只能对加为每亩十四元,切实禁止高价,照此推行,在地主方面已得一倍之利而佃农方面负担稍轻,生机不致断绝"③。但是,为了保证军粮民食的供应,国民政府于1941年实行了田赋征实政策,田赋征实政策的核心目标是尽可能多地征收到粮食。田赋是针对土地所有者征收,国民政府明确要求决不能将田赋负担转嫁给佃农,1941年12月公布的《战时土地政策实施纲要》规定,"私有土地之出租者,其地租一律不得超过报定地价百分之十。"④但土地所有者负担增加后不可能不转嫁给佃农,反而有了提高地租的借口。如四川崇庆县地主采取提高地租、押租,减少"扣租"(扣租乃佃户在其应纳之租额下少纳若干,以为押租的利息)⑤等方式,将负担转嫁给佃农。国民参政会参政员呼吁:"吾国佃农平时对地主之负担已达到最大限度。战时物价狂涨,生活愈趋困难,万不容地主再有提高地租及其他剥削之行为,乃自田赋征实以来一部分地主欲取偿于农民,用种种方法增加佃农之负担,政

---

① 中央农业实验所:《三年来之农情报告概况》,重庆:中央农业实验所刊印,1941年,第8页。

② 重庆《大公报》,读者投书,1942年7月2日,罗醒魂:《农地问题之严重性及其解决》,《人与地》第3卷第7/8期,第23页。

③ 《四川简阳县佃农请求限制地价的呈文》(1941年4月),中国第二历史档案馆编:《中华民国史档案资料汇编》第5辑,第2编,财政经济(8),南京:江苏古籍出版社1997年版,第183页。

④ 《战时土地政策实施纲要》,中国第二历史档案馆编:《中华民国史档案资料汇编》第5辑,第2编,财政经济(8),南京:江苏古籍出版社1997年版,第184页。

⑤ 曹茂良:《崇庆县的租佃情形》,《四川经济季刊》第1卷第1期,1943年,第347页。

府应该严加取缔。"①但"乃查近年来各地之实际情形,仍多未见推行,一任地主抬高租额,恣意剥削,以致佃农生活,日趋艰苦。迩来粮价地价,日益高涨,地主不劳而获,坐享大利,而佃农则因交付之地租与押金,更为加重"②。

1942年地政署成立后,重新制定颁布《非常时期限制地租实施办法》,该办法主要从推行减租与保障租佃权两个方面保护佃农,在推行减租方面,办法规定,"地租按照二五减租的原则,定为最高每季收获实物的37.5％";在保障租佃权方面,规定"无论定期与不定期租佃契约均不得任意终止;地主典当或出卖土地,或将地权转移于非自耕农时,原佃农有优先承典、承买和继续承租权;发生灾难收获荒歉时,地租应依照政府勘定的荒歉成数比例减免之"③。在地政署的推动下,各省分别以此为蓝本制定了相应的实施细则并付诸实施,比如广西、湖北、江西、安徽、四川等省都颁布了推行1930年土地法、减租、保护佃农利益的法规,四川于1945年在巴县、仁寿推行土地法,保障佃农利益。④ 四川省政府严令各县市禁止任意提租撤佃,陕西省部分县市也分别从推行减租与保障租佃权等方面提出保护佃农的政策。1943年,贵州省择定遵义、贵筑等6县作为实验县,保护佃农利益。但是在田赋征实、征购、征借的压力下,西部农村土地所有者和使用者的负担均有所增加,地主要交

---

① 《国民参政会参政员刘明扬等关于改进农业统制办法的提案》(1943年12月),中国第二历史档案馆编:《中华民国史档案资料汇编》第5辑,第2编,财政经济(8),南京:江苏古籍出版社1997年版,第34页。

② 谷正纲等:《厉行保障佃农政策扶助农民团体发展以期造福农民完成农村建设案》,秦孝仪主编:《革命文献》第102辑,台北:"中央"文物供应社,1985年,第220页。

③ 《一年来之地权调整》,《地政通讯》1943年第1期,第30页。

④ 《国民政府政绩报告》(土地行政部分),《地政通讯》1947年,复刊15,第45页。

田赋,不可能不把负担转嫁给佃农,租佃之间的关系变得比以前更加紧张,国民政府保护佃农政策很难在西部各省得到贯彻执行。

（二）扶植自耕农

孙中山提出的民生主义,其中最重要的一条就是平均地权,实现"耕者有其田",这也是国民政府基本的土地政策。国民党最初是想由"国家供给佃户耕作上之所需之土地以资耕作"①。1924年,中国国民党第一次全国代表大会宣言明确:"中国以农立国,而全国各阶级所受痛苦,以农民尤甚。国民党之主张,则以为农民之缺乏田地沦为佃户者,国家当给以土地,资其耕作,并为之整顿水利,移殖荒徼,以均地力。"②1930年6月30日公布的《中华民国土地法》第一七五条规定,同一承租人继续耕作满十年以上之耕地,其出租人为不在地主时,承租人得依法请求征收其耕地。第三三六条规定,政府得征收土地以为扶助自耕农之用。1935年11月19日,中国国民党第五次全国代表大会通过《关于积极推行本党土地政策案》提出,"实行耕者有其田以谋改进农民之生活,增加农业之产量,兼以巩固农村之组织,奠定农业之基础;活动土地金融以调剂农村经济,取缔高利贷,扶植自耕农增加农村资本,奖励生产。"③

1938年3月31日,中国国民党全国临时代表大会会议通过的《非常时期经济方案》指出,"农村问题之根本解决,当依照本党平

---

① 国民政府主计处统计局:《中国租佃制度之统计分析》,南京:正中书局1946年版,第163页。

②《中国国民党第一次全国代表大会宣言》(1924年1月23日),中国第二历史档案馆编:《中国国民党第一、二次全国代表大会会议史料》(上),南京:江苏古籍出版社1986年版,第87页。

③《国民政府地政学会编中国扶植自耕农概况》(1945年),中国第二历史档案馆编:《中华民国史档案资料汇编》第5辑,第2编,财政经济(8),南京:江苏古籍出版社1997年版,第206页。

均地权政策,使耕者有田、劳者得食。在此抗战时期固不宜操之过急,亦须积渐施行,稳健推进。兹拟在陕北各县试行赎土归佃,平均耕地,使农民各得其田,而地主渐收其值,以投资于生产事业。在江西省内,亦拟试行分配农田,一俟办有成效,再行酌察情形,相机推广。"①陕西省制定了第二区实施平均地权办法大纲草案,试行赎田归佃,但是,赎田归佃试行刚刚半年,1938年9月17日,国民政府内政部就要求缓办江西等省赎田归佃②,陕、赣两省的赎田归佃试验夭折。临时全国代表大会通过的《战时土地政策草案》提出设土地银行,发行土地债券;奖励人民以土地呈献政府,并应没收汉奸土地、征收利用不良之土地,依法分配于伤兵难民等。但是,只有山西、浙江等少数省份开始推行战时土地政策,没收汉奸土地分给抗日烈属和无地少地农民耕种。

1940年,大后方粮价上涨,再加上宜昌沦陷,滇缅路被切断,军粮民食供应日趋紧张,国民政府为了增加粮食生产,加快了实施战时土地政策的步伐。1941年4月1日,中国农民银行土地金融处成立,同年9月5日,国民政府公布《中国农民银行兼办土地金融业务条例》,该条例规定中国农民银行为扶植自耕农提高贷款支持。该项贷款分两种,一种是政府直接创设,由中国农民银行贷款给政府,政府依法征收土地,放领给自耕农民,是为直接创设;二是中国农民银行贷款给无地农民购买或赎回土地自耕,以扶植自耕农,是为间接扶植。该行还制定了中国农民银行协助各省扶植自耕农实

---

① 《非常时期经济方案》,中国第二历史档案馆编:《中华民国史档案资料汇编》第5辑,第2编,财政经济(5),南京:江苏古籍出版社1997年版,第3页。

② 《国民政府内政部关于缓办江西等省赎田归佃致行政院公函》(1938年9月17日),中国第二历史档案馆编:《中华民国史档案资料汇编》第5辑,第2编,财政经济(8),南京,江苏古籍出版社1997年版,第182页。

施办法,通知各省市政府遵照执行。

　　1941 年 12 月通过的《战时土地政策实施纲要》第八条规定:"农地以归农民自耕为原则,嗣后农地所有权之转移,其承受人均以能自为耕作之人为限,不依照前项规定移转之农地或非自耕农所有之农地,政府得收买之而转售于佃农,于较长之年限分年偿还地价。"①中国农民银行土地金融处按照扶植自耕农规则贷款给佃农帮助其赎买土地,佃农赎买土地之后,以逐年缴纳地租的方式归还本金利息。1942 年,国民政府颁布的《国家总动员法》规定:"政府于必要时,得对耕地之分配,耕作力之支配及地主与佃农之关系加以厘定,并限期垦殖荒地。"②《国家总动员法》授予国民政府在战争时期,有分配耕地、调整租佃关系、使用耕作力的权力。

　　1942 年 6 月,地政署成立,以扶植自耕农为调整地权的中心工作,配合技术、金融三方面的力量共同推进,在各省选定数县作为实验区,根据人地关系及土地生产力决定农场大小,然后将土地分配给具有耕作能力的农民。农民无力购买土地时,由农业金融机关贷予款项,并予以长期低利之优待,各省先开展实验,成规确立后再行推广。③ 行政院第 586 次会议批准各省政府在极少数县份试办。各省依据此决议,先后拟定扶植自耕农办法,甘肃、陕西、四川、广西、湖南、贵州、福建、江西、安徽等省开始试办。其中最早办

---

① 《战时土地政策实施纲要》(1941 年 12 月 22 日),中国第二历史档案馆编:《中华民国史档案资料汇编》第 5 辑,第 2 编,财政经济(8),南京:江苏古籍出版社 1997 年版,第 184—185 页。

② 《国家总动员法》(1942 年 3 月 29 日公布),中国第二历史档案馆编:《中华民国史档案资料汇编》第 5 辑,第 2 编,政治(1),南京:江苏古籍出版社 1998 年版,第 168 页。

③ 沈鸿烈:《中国之农业》,秦孝仪主编:《革命文献》第 102 辑,台北,"中央"文物供应社,1985 年,第 98 页。

理扶植自耕农的是甘肃湟惠渠，办理范围比较大。1939 年 3 月，甘肃省政府主持修建湟惠渠，灌溉区域内耕地面积为 2.5 万余亩，其中约有 50% 的耕地为 9% 的地主所有，27% 的农户仅有 4% 的耕地，还有数百户农民完全没有耕地。湟惠渠将要修成之际，从不耕作的富豪纷纷收购土地，妄图坐享土地增值之利。[①] 1942 年 4 月，甘肃省拟定《甘肃省湟惠渠灌溉区土地整理办法》，明确湟惠渠灌溉区内土地，由政府依法征收后加以整理，除道路占用之土地及政府保留的公用地之外，一律划为单位农场，依法放领。每一自耕农承领面积以一个单位农场为限，每单位农场面积水田定为 20—30 亩，旱地定为 50—100 亩。承领之农场不得转移于非自耕之人，单位农场以一人继承为原则，无人继承时，由政府照原价收回放领。[②] 征收土地的费用甘肃省政府借自中国农民银行，前后四次，共借现金 1 280 万元，内搭土地债券 320 万元，合计 1 600 万元，利率月息 2 分 3 厘至 2 分 5 厘，限期 4 年或 5 年。[③] 从 1944 年 11 月到 1945 年 8 月，甘肃省省府三次发布征收放领土地公告，25 644 亩耕地，除去农业改进所 500 亩农田，农场 256 亩，新建住宅 382 亩外，24 506 亩耕地划分为 1 162 个单位农场，放领给有耕作能力的农民，老弱病残、耕作能力不强或有耕作能力但是没有资金的农民归合作农场。放领结束后，湟惠渠域内不在地主完全消灭，在乡耕作

---

① 甘肃省政府：《甘肃省试办扶植自耕农初步成效的报告》，兰州：甘肃省政府，1946 年，第 5 页。

②《地政署关于战时地权状况与扶植自耕农政策实施概况的报告》（1943 年 7 月），中国第二历史档案馆编：《中华民国史档案资料汇编》第 5 辑，第 2 编，财政经济（8），江苏古籍出版社 1997 年版，第 202 页。

③ 甘肃省政府：《甘肃省试办扶植自耕农初步成效的报告》，兰州：甘肃省政府，1946 年，第 7 页。

者,皆有其田。已领农场者有 844 户 4 701 个农民,人均拥有耕地 4.9 亩。原湟惠渠域内 195 户 881 个佃农、雇农领到 4 508 亩土地,人均 5 亩。① "佃农、雇农放领土地后,自觉已有恒产,凡整理土地,修缮水渠,建屋植树等,均竭力从事,故近两年来,大地主土地之生产,反不如小农之丰盛。"②1945 年 7 月,甘肃省政府将靖丰渠新淤之地 10 858 亩,放给在工程和河防上出力最多的无地贫户或贫农、船户和石匠共 1 482 户耕种,年可增产小麦 1.5 万石左右,从此贫农可望足食。③

因为扶植自耕农在中国也是创举,开始时,中国农民银行土地金融业务范围仅限于四川、广西。在四川,中国农民银行与四川省政府协商,以北碚、巴县为首先试验区域,于 1942 年初,在重庆北碚朝阳镇 19 保创设自耕农示范区。北碚自耕农示范区管理局成立,拟订《北碚扶植自耕农示范区实施办法》,由管理局出面向中国农民银行土地金融处借款 199.5 万元用于购买土地,全区耕地 1 428 亩,其中 610 亩是从地主手中购买的,扶植自耕农 80 户,平均每户约有耕地 18 亩左右。农民还款以实物定额为准,每借款 1 万元,每年还款标准为黄谷 3 斗 6 升 4 合。1945 年底,承领土地的农户将借款本息全部还清,完全取得了承领土地的所有权。④ 1943

---

① 甘肃省政府:《甘肃省试办扶植自耕农初步成效的报告》,兰州:甘肃省政府,1946 年,第 12 页。

② 甘肃省政府:《甘肃省试办扶植自耕农初步成效的报告》,兰州:甘肃省政府,1946 年,第 13 页。

③ 甘肃省政府:《甘肃省试办扶植自耕农初步成效的报告》,兰州:甘肃省政府,1946 年,第 17 页。

④ 樊克愚:《北碚扶植自耕农示范区纪实》(二),《地政通讯》1947 年第 20 期,第 21—22 页。

年度,四川省择定巴县、绵阳、乐山、彭县为乙种扶植自耕农示范区。① 中国农民银行核定巴县贷款 75.78 万元,乐山 40 万元。② 1944 年,中国农民银行给彭县政府照价收买土地贷款 17 万元。③

1943 年 4 月,陕西省政府制定《陕西省扶植自耕农暂行办法》,规定扶植自耕农 "限于完成地籍整理的县份。除无地或耕地不足的农户一概不得购买农地。凡一户有水田不满五十亩或旱地不满一百亩者为耕地不足。耕地不足之自耕农户非呈经主管机关核准,不得出卖或典当其土地。购买或不准出卖农地之农户如确实缺乏资金时,得以土地为担保申请转向土地金融机构商借"。④ 陕西省地政局与中国农民银行洽商,"本年度[1943 年]扶植自耕农贷款暂定 900 万元,小额自耕农地抵押放款定为 100 万元,合共 1 000 万元,暂在地籍整理完成的三原、扶风、高陵试办。"⑤后来,平民、武功等县也试办乙种自耕农示范区。甘肃择定兰州、洮沙、榆中、皋兰、泰永清清远(原文如此)、永登、固原为乙种扶植自耕农示范区。据统计,1943 年度择地试办甲种扶植自耕农示范区 7 省 14 县,乙种扶植自耕农示范区 11 省 51 县。⑥ 1944 年,四川巴县北、绵阳、彭县扶植自耕农 821 户,农田面

① 《国民政府地政学会编中国扶植自耕农概况》(1945 年),中国第二历史档案馆编:《中华民国史档案资料汇编》第 5 辑,第 2 编,财政经济(8),南京:江苏古籍出版社 1997 年版,第 210 页。

② 《一年来之地权调整》,《地政通讯》1943 年第 1 期,第 29 页。

③ 《中国农民银行、四川彭县政府照价收买土地合约》,1944 年 6 月农字第 47893 号,南京中国第二历史档案藏,财政部档案,3(6)—909。

④ 《陕西省扶植自耕农暂行办法》(1943 年 4 月 6 日),《陕西省政府公报》第 846 期,1943 年,第 5—6 页。

⑤ 王乃式:《陕西省扶植自耕农问题》,《人与地》第 3 卷第 9 期,1943 年,第 40 页。

⑥ 《国民政府地政学会编中国扶植自耕农概况》(1945 年),中国第二历史档案馆编:《中华民国史档案资料汇编》第 5 辑,第 2 编,财政经济(8),南京:江苏古籍出版社 1997 年版,第 209—211 页。

积 43 094 市亩;宁夏扬信乡获得中国农民银行贷款 400 万元,扶植自耕农 230 户,农田 1.15 万市亩。① 1945 年,除上述各示范区继续办理外,四川又扶植自耕农 317 户,绥远省扶植自耕农 508 户,宁夏择定贺兰、永宁两县为扶植自耕农示范区。② 据统计,1943 年在川陕甘等 11 省扶植自耕农 7 992 户,农地面积共 140 991 市亩,1944 年加上宁夏和绥远共 13 省,扶植自耕农 8 843 户,农地面积 160 099 亩。1945 年,又在四川仁寿、自贡等 10 余县市扶植自耕农。三年来,共有 14 省 82 县扶植自耕农 1.765 万户,农地面积 313 123 亩。③ 据中国农民银行 1945 年业务报告,"业务区域遍布川、桂等十五省的七十九县四市一局,除豫、滇、浙三省外,均已实施。年底实贷约八千五百万元,协助政府与农民收购土地 11 万余亩,扶植自耕农 7 770 余户。"④

1945 年 5 月 19 日,中国国民党第六次全国代表大会通过的《土地政策纲领》第六项规定,凡出佃之耕地得逐步由政府发行土地债券备价征收并于整理重划后尽先归原耕农及抗战将士承领耕作。地政署依据这个纲领,拟定扶植自耕农实施办法草案,并且在土地法中详列了关于扶植自耕农的规定。1945 年 2 月 29 日,修正土地法公布,政府扶植自耕农政策在法律上得到确认。抗战胜利后,扶植自耕农的政策在一些省份继续推行了一段时间。如 1947 年,陕西省创设自耕农平民县示范

---

① 《国民政府地政学会编中国扶植自耕农概况》(1945 年),中国第二历史档案馆编:《中华民国史档案资料汇编》第 5 辑,第 2 编,财政经济(8),南京:江苏古籍出版社 1997 年版,第 210 页。

② 《国民政府地政学会编中国扶植自耕农概况》(1945 年),中国第二历史档案馆编:《中华民国史档案资料汇编》第 5 辑,第 2 编,财政经济(8),南京:江苏古籍出版社,1998 年,第 210 页。

③ 《国民政府政绩报告》(土地行政部分),《地政通讯》1947 年,复刊 15,第 46 页。

④ 《中国农民银行 1945 年业务报告书》,中国第二历史档案馆编:《中华民国史档案资料汇编》第 5 辑,第 2 编,财政经济(3),南京:江苏古籍出版社 1997 年版,第 659 页。

区,在平民县博爱乡面积2万余亩的土地上进行土地、人口调查,土地重划,土地放领、承领,作为本省扶植自耕农示范。①

第三节　西部各省租佃关系的变化及对农业发展的影响

一、全面抗战后西部各省租佃关系的变化

全面抗战前各省的农佃情况,本章第二节已经有简要叙述,从1937年中央农业实验所农情报告看,西南佃农比较多。云南佃农占农户总数的42%,贵州占44%,四川占52%;西北地区自耕农比较多,宁夏、甘肃、陕西都在60%以上,青海占51%;半自耕农,陕西占21%,甘肃占20%,青海占30%,宁夏14%;佃农,陕西占18%,宁夏占18%,甘肃占19%,青海占19%。到抗战结束后,1947年农林部根据中央农业实验所的材料进行了统计。

表22　1936、1937、1947年后方15省农佃分布情况表②

省别	佃农(%)			自耕农(%)			半自耕农(%)		
	1936年	1937年	1947年	1936年	1937年	1947年	1936年	1937年	1947年
四川	51	52	47	29	24	31	20	24	22
广东	46	47	46	21	21	22	33	32	32

---

① 《平民县有关创设自耕农实施计划和本局等的代电》,陕西省档案馆藏,陕西省地政局档案,全宗号62,目录号2,案卷号1470—3。

② 1936、1937年数据,中央农业实验所:《民国二十六年农佃分布及其近年之变迁》,《农情报告》第6卷第6期,1938年,第72页。1947年数据,《国民政府主计部关于战时农村租佃关系状况的调查统计》,选自1948年6月主计部统计局编印《中华民国统计年鉴》,中国第二历史档案馆编,《中华民国史档案资料汇编》第5辑,第2编,财政经济(8),南京:江苏古籍出版社1997年版,第214页。

省别	佃农(%)			自耕农(%)			半自耕农(%)		
	1936 年	1937 年	1947 年	1936 年	1937 年	1947 年	1936 年	1937 年	1947 年
浙江	47	45	39	20	25	23	33	30	38
贵州	45	44	37	27	32	37	28	24	26
湖南	50	44	41	22	27	30	28	29	29
云南	36	42	37	39	32	36	25	26	27
福建	44	42	37	25	26	27	31	31	31
江西	40	38	37	27	27	32	33	35	31
湖北	41	36	36	33	39	40	26	25	24
广西	38	34	28	39	41	48	23	25	24
河南	20	20	20	59	58	57	21	22	23
甘肃	18	19	18	64	61	64	18	20	18
青海	22	19	20	50	51	59	28	30	21
宁夏	20	18	16	66	68	72	14	14	12
陕西	18	18	22	62	61	58	20	21	20
加权平均①	30	30	35	46	46	40	24	24	25

国民政府据此认为,"[民国]三十一年后,自耕农逐年增加,而半自耕农与佃农均渐减少,此或为政府近年来扶植自耕农之成效。"②事实果真如此吗?全面抗战后,西部农佃状况到底发生了怎样的变化呢?

全国抗战开始后的第五年,农产促进委员会对 1937—1941 年

---

① 1936、1937 年的数据根据中央农业实验所对 22 省佃农、自耕农、半自耕农的加权平均,1947 年是农林部根据中央农业实验所的材料对后方 15 省加权平均。

② 《国民政府主计部关于战时农村租佃关系状况的调查统计》,中国第二历史档案馆编:《中华民国史档案资料汇编》第 5 辑,第 2 编,财政经济(8),南京:江苏古籍出版社,1998 年,第 214 页。

后方 12 省 206 具的地权变动情况进行了调查,其中包括西部 6 省
110 个县,四川华阳、灌县、重庆、巴县等 43 县市,陕西米脂、洛川、
城固、三原等 21 县,甘肃皋兰、榆中、靖远、民勤等 21 县,贵州贵阳、
镇远、黄平等 13 县,云南崇明、沾益、丽江等 8 县,西康荥经、泸定、
西昌、冕宁 4 县。根据农产促进委员会的调查表,笔者对 1937—
1941 年西部六省的地权变动情况进行了统计,见表 23。

　　根据农产促进委员会此次调查,1937—1941 年以来西部六省
每百户农家中,1937 年以自耕农为最多,平均约占 30.95%;其次
为佃农,约占 27.53%;半自耕农占 20.07%;地主兼自耕农
13.75%;地主之百分比最低,约为 8.05%。到 1941 年,自耕农、地
主兼自耕农均呈增长趋势,每百户农家中,自耕农由 1937 年的
30.95 户,1939 年的 30.8 户,增加到 1941 的 31.57 户。地主
兼自耕农由 1937 年的13.75 户,1939 年的 13.68 户,1941 年
增加为 14.18 户。佃农 1937 年为 27.53 户,1939 年提高到
29.3 户,1941 年则增为31.75户。地主减少比较明显,1937 年
平均为 8.05 户,1939 年平均为 7.95 户,1941 年则降到 7.48
户。半自耕农 1937 年为 20.07 户,1938 年降为 19.68 户,但
1941 年则回升到 20.18,比战前略多。

　　就西部各省情况看,就每百户农家中所占户数而言,地主
兼自耕农四川、甘肃、陕西、贵州递增,云南减少,西康 1941 年
比 1937 年减少,比 1939 年增加;自耕农,四川、甘肃、陕西、贵
州增加,西康、云南减少;佃农,四川、甘肃、陕西、贵州减少,云
南、西康增加,特别是西康大幅增加,由 1937 年的 45 户,增加
到 1941 年的 81.7 户。半自耕农,四川、云南、贵州增加,甘肃、
陕西减少,西康 1939 年减少,1941 年基本恢复到 1937 年的水平。
地主除陕西维持不变,其他省份都在减少。

表23　1937—1941年以来西部六省地权变动情况①

省别	报告县数	每百户农家中所占百分比(%)														
		地主			地主兼自耕农			自耕农			半自耕农			佃农		
		1937	1939	1941	1937	1939	1941	1937	1939	1941	1937	1939	1941	1937	1939	1941
四川	44	10.4	9.9	9.2	11.3	11.8	13.1	17.3	19.7	21.2	15.4	15.1	17.1	45.6	43.5	40.4
西康	4	6.0	5.8	5.3	9.5	7.2	8.0	16.3	13.8	12.0	23.2	22.2	23.0	45.0	61.0	81.7
云南	7	6.7	6.6	6.5	13.6	13.3	12.8	24.5	23.3	21.7	27.8	27.8	30.3	27.4	29.0	28.7
甘肃	21	3.3	3.3	2.5	15.9	16.3	16.3	56.9	58.1	62.2	14.1	13.7	11.9	9.8	8.6	7.1
陕西	21	7.0	7.0	7.0	14.5	15.6	15.7	45.0	44.2	45.9	20.3	18.9	17.5	15.2	14.3	13.9
贵州	13	14.9	15.1	14.4	17.7	17.9	19.2	25.7	27.2	26.4	19.5	20.4	21.3	22.2	19.4	18.7
平均		8.05	7.95	7.48	13.75	13.68	14.18	30.95	30.8	31.57	20.07	19.68	20.18	27.53	29.3	31.75

① 乔启明、蒋杰:《抗战以来各省地权变动概况》,李文海主编:《民国时期社会调查丛编》二编·乡村经济(下),福州:福建教育出版社2014年版,第419页。

　　地主减少，自耕农、地主兼自耕农增加的原因，一般是两种，一种是佃农购地自耕，一种是地主收回自耕。据农产促进委员会调查，"盖各省自耕农之增加，几全为地主因农产物价高涨，若将生产品与佃户分沾，自以为不利，乃收回自耕，以图厚利，此种现象，几遍全国。此外因佃农改业，地主招佃困难，乃收回田地自耕，在川、陕、湘等省，亦属普遍。四川省自抗战以来，成为大后方重镇，匪乱日平，治安改进，致过去因社会不靖，将田地出租者，此时亦相率回乡，取田自耕"①。还有因为"人工缺乏、工价高涨，佃户因经营困难，退佃者多，同时因为农产价格高，佃户常有欠租事情发生，地主收租，诸感不便，因此，拥有大量土地者，不得不收回一部分土地自己耕种"②。地主兼自耕农在西康、云南减少的原因是"治安不宁，改营商业，出卖土地，人工不足，乃将原属自耕之土地，全数租给他人耕种，自己遂成为纯粹地主"③。四川、甘肃、陕西、贵州佃农减少，主要原因是"地主加租太重，生活艰难，及地主收回自耕，被迫弃农改业最为普遍，计在川、甘、陕等省，均有此现象。其因物价高涨，资金不足，无法经营，因而退佃改业者，在川、湘、陕等省，亦有发生。在康、湘、陕、粤、豫、黔诸省，并有人工不足而退佃改业者。佃农之因经商利大而改业者，在黔、鄂、豫、鄂等省，间有发生。其因服兵役而佃农减少者，在川豫两省略有此种现象。此外由佃农

① 乔启明、蒋杰：《抗战以来各省地权变动概况》，李文海主编：《民国时期社会调查丛编》二编，乡村经济（下），福州：福建教育出版社 2014 年版，第 420 页。
② 乔启明、蒋杰：《抗战以来各省地权变动概况》，李文海主编：《民国时期社会调查丛编》二编，乡村经济（下），福州：福建教育出版社 2014 年版，第 420 页。
③ 乔启明、蒋杰：《抗战以来各省地权变动概况》，李文海主编：《民国时期社会调查丛编》二编，乡村经济（下），福州：福建教育出版社 2014 年版，第 420 页。

跃为自耕农者,仅在滇省之少数县份,有此报告。"①

　　由此可见,抗战时期,西部各省各类农户百分比的变化并不能
说明地权状况改善,而是表明在大后方物价高涨的情况下,地主收
回土地部分自耕,造成自耕农、地主兼自耕农增加。佃农减少,并
不是佃农跃升为自耕农,而是佃农沦为雇农或被迫弃佃改业,西部
各省农村土地仍集中在地主手中。且越是肥沃的土地,土地集中
程度越高。据地政学院 1939 年夏到 1940 年冬对四川 49 县 200 乡
12 887农户调查,四川省 79.07% 的耕地为 8.6% 的地主占有。在
成都平原,占调查人口 9.9% 的地主占有 80.72% 的土地;川西南区
占调查人口 7.2% 的地主占有 85.02% 的土地;川东区占调查人口
5.6% 的地主占有 77.42% 的土地;川西北区占调查人口 12.2% 的
地主占有 57.15% 的土地。② 可见,只有比较偏远的川西北区,地
权略微平均一些。1942 年对四川江津县农村土地占有情况调查,
江津占人口 4% 的地主占有 62.6% 的土地,占人口 70% 的佃农没
有土地,占人口 21% 的自耕农、半自耕农只占有 37.4% 的土地。

表 24　四川江津县农民分类及占有土地情况表③

	人口数(人)	百分比(%)	占有土地(亩)	百分比(%)
自耕农	72 308	11	61.0	16.3
半自耕农	65 734	10	78.8	21.1
佃农	460 140	70	0	

---

① 乔启明、蒋杰:《抗战以来各省地权变动概况》,李文海主编:《民国时期社会调查丛编》
　二编,乡村经济(下),福州:福建教育出版社 2014 年版,第 421 页。

② 郭汉鸣、孟光宇:《四川租佃问题》,《民国时期社会调查丛编》(二编),乡村经济卷
　(下),福州:福建教育出版社 2014 年版,第 827—831 页。

③ 胡邦宪:《江津县之农村经济》,《中农月刊》第 3 卷第 10 期,1942 年,第 72 页。

续表 24

	人口数(人)	百分比(％)	占有土地(亩)	百分比(％)
雇农	32 867	5	0	
地主	22 294	4	234.0	62.6
总计	653 343①	100	373.8	100

　　可见,四川土地集中的状况并未改善,而且 1942 年后,随着大后方通货膨胀越来越严重,粮价高涨,地价飞涨,地权分配状况有恶化的趋势。1942—1944 年,四川自耕农从 33.1％下降到30.4％,半自耕农从 22.9％上升到 23.8％,佃农从 44％上升到45.8％。②不仅仅是四川,贵州占农村人口 4％—5％的地主,通常占有全部耕地的 50％—80％。占农村人口一半以上的贫雇农,只占有全部耕地的 7％—8％③。西部各省"土地投机兼并之风猖獗,自耕的农民因为和大地主竞争不过,而相继沦为佃农、雇农,增加了社会的暗潮和隐患"④。1943 年,国民政府农村合作负责人寿勉成也说,"土地是正在兼并的过程中,地主因为农产价涨,获利至厚,田赋虽重,不受重大影响,当然发生着土地兼并的企图,而佃户则因地价增高,租税负担甚重,虽欲为自耕农而不可得。加以壮丁抽服兵役,有若干农家无复可从事耕作的人,遂不得不将土地出让。这种土地兼并随着地价增长不已。而且愈增长愈兼并……至

---

① 胡邦宪:《江津县之农村经济》,《中农月刊》第 3 卷第 10 期,1942 年,第 72 页,原表数字为 657 343,本人计算为 653 343。

② 材料来源于四川农业改进所,叶懋、左用中:《三十三年度四川之农业》,秦孝仪主编:《革命文献》第 104 辑,台北:"中央"文物供应社,1986 年,第 181 页。

③ 顾朴光:《抗日战争时期贵州农林牧业概述》,《贵州民族学院学报》(哲学社会科学版),2001 年第 4 期,第 57—61 页。

④ 王乃式:《陕西省扶植自耕农问题》,《人与地》第 3 卷第 9 期,1943 年,第 40 页。

于城市土地也是一样的情形,而尤以后方各省为甚。在政府虽已推行土地增值税,但类皆转嫁于买地的人,地价涨风,并未稍杀。"[①]土地投机、兼并猖獗,自耕农沦为佃农和雇农,佃农因为地租负担过重,农业生产资金、劳动力缺乏,不得不弃佃改业,土地更加集中在大地主手中。可见,抗战中后期,西部各省地权分配仍极不平均,地主仍然拥有大部分土地,自耕农不断沦为半自耕农或佃农,佃农沦为雇农或弃佃改业,西部各省的地权状况并未好转。

抗战结束后,1947 年农林部根据中央农业实验所的材料编制的十五省地权分配情况,佃农最多的四川,佃农由 1937 年的 52％下降到 1947 年的 47％。自耕农由 1936 年的 29％增加到 31％。但据赵宇明 1946 年度对四川 26 个县调查,全面抗战前与 1946 年比较,自耕农由战前的 23.7％下降到 20.9％;半自耕农由 20.4％下降到 18.1％;佃农由 55.9％上升到 61.1％。其中川东的丰都佃农由战前的 34％递增到 62.5％;川西的新都佃农由战前的 63％增至 75.2％;川北的遂宁佃农由战前的 51％增至 57.5％;川南的内江佃农由战前的 56％增至 61.2％。[②] 川东、川西、川南、川北佃农都增加了。全面抗战前,自耕农最多的宁夏,自耕农由 1937 年的 68％上升到 1947 年的 72％,佃农由 1937 年的 18％下降到 16％;仍然呈现出西北地区自耕农多,佃农少,西南地区佃农仍然在增加的状况,与全面抗战前一样,是原有租佃状况的延续,并不是国民政府扶植自耕农、保护佃农的结果。

从地主占有的土地面积来看,1937—1941 年,西部六省总体上

---

① 寿勉成:《从合作运动的观点批判我国经济界的转变及趋向》,《陕西合作通讯》第 47期,1943 年,第 1 页。

② 赵宇明:《四川的租佃问题》,《四川经济季刊》第 4 卷第 2/3/4 期,1947 年,第 47—48 页。

是大地主呈减势,中、小地主则趋增势。各省大地主平均每户占有土地 670.1 市亩,云南的大地主占有土地最多,为 1 420 市亩,西康大地主占地 925 市亩,陕西、甘肃在 800 市亩左右,四川及贵州每户450 市亩左右。中等地主平均占地 296.6 市亩,其中,西康中等地主占地最多,为 587.5 市亩,云南、甘肃、陕西在 400 市亩上下,贵州为 195.8 市亩,四川为 147.8 市亩。小地主平均占地 107.6 市亩,西康小地主占地最多,为 262.5 市亩,甘肃、陕西 200 市亩左右,云南为 100 亩左右,贵州为 58.3 市亩,四川为 41.1 市亩。[①]

为避免佃农欠租,西部各省地主普遍向佃农收取押金,抗战以来,押金数额激涨。"抗战以来,此项押租金额,各省均见增加,据本会(农产促进委员会)调查,[民国]二十六年各省每市亩押金,平均为 15.84 元,[民国]二十八年增为 32.69 元,竟增 1 倍有余,至[民国]三十年,更涨为 55.26 元,较[民国]二十八年又约增加一倍,较战前则高约 3 倍余。"[②]其中,甘肃的押金额最高,1937 年为每亩 80.5 元,1939 年为 158.25 元,1941 年为 209 元,为各省之冠。四川、西康押金 1939—1941 年间涨幅剧烈,四川 1937 年的每亩押金为 12.83 元,1939 年为 32.35 元,为战前的 3 倍,到 1941 年,则剧增为 121.86 元,合战前 10 倍。西康每亩 1937 年为 9.33 元,1939 年为 42.33 元,约增 4 倍多,1941 年为 71.33 元,较战前涨 8 倍。押金上涨主要原因是农产品价格上涨、地价提高、大后方人口激增,耕地不敷,竞佃者多,押金因而增长,还有因为粮赋杂捐太

---

① 乔启明、蒋杰:《抗战以来各省地权变动概况》,李文海主编:《民国时期社会调查丛编》二编,乡村经济(下),福州:福建教育出版社 2014 年版,第 425 页。

② 乔启明、蒋杰:《抗战以来各省地权变动概况》,李文海主编:《民国时期社会调查丛编》二编,乡村经济(下),福州:福建教育出版社 2014 年版,第 426 页。

重,地主负担增加,而提高押金者。①

从租佃期限来看,不定期最多,各省平均占 62.8%,定期次之,平均占 27.8%,永佃制最少,仅占 9.4%。② 定期制的年限平均为 4.4 年,西康最长为 6.5 年,甘肃最短 2.5 年。租佃期限短,佃农随时有被地主退佃的可能。抗战以来,西部各省地主退佃事件逐渐增多,1937 年为 8.8%,1939 年增加到 11%,1941 年增加到 13.7%。西康退佃最为常见,1937 年为 8.3%,1939 年激增为 26.8%,1941 年为 29.8%。③ 退佃原因是地主加租、加押及收回自耕。抗战以来,大后方物价上涨,地主为增加收益,多提高租额,佃农无法应付,被迫退佃。农产品价格上涨,地主不愿与佃农分利,收回自耕。押金太重,佃农无力负担,被迫退佃。

纳租方式一般分为钱租、谷租和分租三类。全面抗战前,据 1934 年中央农业实验所农情报告,各省纳租方式,以谷租较多,平均为 50.5%。西南西北各省,贵州以分租最多,占 50.5%,宁夏以钱租最多,为 46.1%,其他省份都是谷租最多,各省大多是依照各地的习惯和计算方便沿用了不同的纳租方式。④ 钱租租额最高为 20 元,最低为 1 角,普通为 3 元 6 角,普通钱租租额水田租额约占地价的 9%,旱地租额约占地价的 14%(根据《统计月报》1932 年

---

① 乔启明、蒋杰:《抗战以来各省地权变动概况》,李文海主编:《民国时期社会调查丛编》二编,乡村经济(下),福州:福建教育出版社 2014 年版,第 427 页。

② 乔启明、蒋杰:《抗战以来各省地权变动概况》,李文海主编:《民国时期社会调查丛编》二编,乡村经济(下),福州:福建教育出版社 2014 年版,第 427 页。

③ 乔启明、蒋杰:《抗战以来各省地权变动概况》,李文海主编:《民国时期社会调查丛编》二编,乡村经济(下),福州:福建教育出版社 2014 年版,第 428 页。

④ 中央农业实验所:《中国各省佃农纳租方法及租额概况》,《农情报告》第 3 卷第 4 期,第 90—91 页。

11、12 月合刊第 17 页地价表,假定水田价格为 40 元,旱地为 25
元)。① 分租,地主分 4—5 成者占 62%,地主每亩分得农产价值按
价折算,在 22 省中,最高为 19 元 8 角,最低为 4 角,普通为 4 元 6
角,较钱租普通租额高出 1 元,北方各省租额较低大约在 3 元以下,
只有宁夏在 5—6 元之间,南方租额较高,湖北、贵州在 4—6 元间,
云南、四川在 6 元以上。② 谷租租额折合成银圆,最高为 20 元,最
低为 1 角,普通为 4 元 2 角,较钱租高出 6 角,较分租低 4 角。北方
各省包括青海、甘肃、陕西谷租租额较低,大约在 3 元,西南四川、
贵州、云南租额极高,都高于 5 元。③ 按照租额对地价百分比,普通
租额约在地价 15%—20%。④

表 25　各省纳租方法与租额对地价之百分率比较表⑤

省别	钱租(%)	谷租(%)	分租(%)	租额占地价百分率		
				钱租(%)	谷租(%)	分租(%)
四川	26.4	57.8	15.8	11.4	14.5	16.9
广东	23.9	58.4	17.7	17.0	19.0	15.4
浙江	27.2	65.7	7.1	9.6	10.3	13.2
贵州	9.6	39.9	50.5	6.2	13.4	12.1

---

① 中央农业实验所:《中国各省佃农纳租方法及租额概况》,《农情报告》第 3 卷第 4 期,
　第 92 页。
② 中央农业实验所:《中国各省佃农纳租方法及租额概况》续,《农情报告》第 3 卷第 6
　期,《农报》第 2 卷第 25 期,1935 年,第 898 页。
③ 中央农业实验所:《中国各省佃农纳租方法及租额概况》续,《农情报告》第 3 卷第 6
　期,《农报》第 2 卷第 25 期,1935 年,第 930 页。
④ 农本局研究室:《中华民国二十七年农本局业务报告》,农本局研究室编印,1939 年 1
　月,第 9 页。
⑤ 中央农业实验所:《中国各省佃农纳租方法及租额概况》续,《农情报告》第 3 卷第 6
　期,《农报》第 2 卷第 25、27 期,1935 年,第 930、965 页。

省别	钱租(%)	谷租(%)	分租(%)	租额占地价百分率		
				钱租(%)	谷租(%)	分租(%)
湖南	7.4	74.2	18.4	17.4	17.4	28.5
云南	14.0	61.1	24.9	13.9	16.6	16.8
福建	19.2	55.5	25.3	17.8	19.9	21.0
江西	7.1	80.1	12.8	19.2	18.1	36.8
湖北	20.2	58.0	21.8	8.3	6.8	13.6
广西	6.3	65.2	28.5			
河南	16.5	39.5	44.0			
甘肃	14.3	51.2	34.5	11.4	12.0	13.7
青海	10.6	53.8	35.6			
宁夏	46.1	18.5	35.4			
陕西	15.1	59.0	25.9	10.1	13.0	12.6
平均	21.2	50.5	28.1	11.0	12.9	14.4

　　全面抗战开始后,西部各省租佃纳租方式和租额都发生了较大变化。1940 年后,大后方物价飞涨,法币购买力相对下跌,西部各省原用钱租多改为谷租和分租。四川、甘肃、陕西和贵州多改为谷租,西康、云南等省则多改为分租。缴租的农产品,陕西、甘肃小麦最多,稻及玉米次之,还有以高粱、豆类、小米缴租,四川则以稻缴租最为普遍。至于租额,1934 年,普通钱租租额只有 3.6 元,"抗战以来,各项租额都提高了,特别是钱租,1939 年时,租额之增加,尚属缓和,及[民国]三十年则呈暴涨趋势,计[民国]二十八年水田之钱租额各省平均为每市亩 26.57 元,较[民国]二十六年之 10.53元,约增加 2 倍半,迨[民国]三十年增至 89.98 元,比[民国]二十六年竟涨 9 倍。各省租额增加最剧者为四川,其水田之钱租,由战前之 14.47 元涨至 309.33 元,平原旱地由 8.2 元涨至 180.43 元,均

涨 20 倍以上。山坡旱地之增涨,亦达十数倍之多。其次为西康,各类田地上的钱租之增加,大都在 10 倍以上。谷租与分租,则与战前接近。"①

1940 年后,大后方粮价上涨,地主普遍要求佃农增加租金,1942—1943 年间,地主与佃户之间的矛盾冲突已极为普遍,有些佃农不同意多交租金,被赶出承租的土地,而留在原承租地的佃户——也就是同意提高租金的佃户,却感到自己的经济处境日益恶化。在贵州,"粮价越贵,地租越高、地价也跟着上涨,种田的人有田可种已经不容易,谁还敢计较地租的高低? 可是在收割以后,除了纳租还账以外,所剩就不多了,日常吃米还得出高价钱到市上去买。"②中等人家的农民多半已沦为贫农,而贫农只好去担任佣工。地租额不断上涨,佃农不堪重负,往往靠借债度日。根据中央农业试验所对后方各省农村金融状况调查,1941 年贷款农家占总农家户数的 51%,比 1940 年增加了 1%,借粮农家占总农家户数的 39%,较 1940 年增加了 4%,可知农民负债日渐增加。四联总处 1942 年调查,"盖物价高涨以后,农民收入增加而支出也同时增加。在收支的对比下,价格高涨的结果,地主富农的收益剧增,如可年收田租数十担者,一时几成暴富。中等农家原仅勉糊口者,水涨船高,收支差能两抵;纵或力自俭约或兼营副业,如养鸡种菜之类,但节流开源究属有限,欲以之扩大经营或改良土地,终感到困难也。至若贫农小农,原本入不敷出,反因物价的上涨而膨大其差额,增加其负债,或压低其生活,使之愈陷于贫穷。故在战时,物价高涨

---

① 乔启明、蒋杰:《抗战以来各省地权变动概况》,李文海主编:《民国时期社会调查丛编》二编,乡村经济(下),福州:福建教育出版社 2014 年版,第 433 页。

②《有关合作事业的二三事》(松),《贵州合作通讯》第 4 卷第 1 期,1941 年,第 3 页。

声中,中农以下农家所受的痛苦,尤较平时为甚。中小农民实占农民总额之绝大成数,而地主富农之比率,究竟为数不多,可见多数农民仍不能不仰赖举债以维持其生活,继续其生产。更因战时物价变动甚烈,地主富农也纷纷斥其余资,囤积居奇,或投放其他工商事业,故战时农村借贷不仅利息较前高昂,且借贷较平时更为不易。此外,如土地价格之猛涨,田租押金剧增,佃权纠纷之频繁,以及农村劳动力之缺乏,耕畜力价之高昂;均为战时农村普遍显著的事实。凡此诸端,足以妨碍农村经济之正常发展,而加重中小农民之困苦者也。"①一些小自耕农"看到种田太受苦,一年忙到头,还要欠下一笔债,不如干脆把田地卖掉,落几个钱改做小生意,或赶到市镇上卖力气挣饭吃。因此,田地被抛下不种,粮食生产慢慢减少了"②。

由此可见,抗战四年来,大后方农产品价格上涨,但一般小农并没有得到多少好处,得利的是少数地主和富农。佃农终年劳作的成果,多被地主加押加租夺去。农产品价格上涨,自耕农反沦为佃农雇农,佃农不仅没有上升为自耕农,反而沦为雇农或弃佃改业,生产生活更为艰难,不利于西部农业和农村经济发展。

二、租佃关系的变化及对农业发展的影响

(一)地主土地所有制没有改变,地主对佃农的剥削并未减轻

抗战以来,尽管国民政府采取了保护佃农、扶植自耕农的政策,西部各省租佃关系发生了一些变化,主要体现在地主减少,自

---

① 《四联总处三十一年度办理农业金融报告》,中国第二历史档案馆藏,经济部档案,4—27142。

② 《有关合作事业的二三事》(松),《贵州合作通讯》第4卷第1期,1941年,第3页。

耕农、地主兼自耕农增加,佃农有所减少。但是,这种变化并未改变地主土地所有制,没有减轻地主对佃农的剥削,更没有实现"耕者有其田"的目标。国民政府虽然屡次提出要保护佃农,并在西部各省尝试开办自耕农示范区,从效果上看,扶植自耕农政策也确实取得了一些成效。以甘肃湟惠渠为例,扶植自耕农政策实施之后,湟惠渠域内不在地主完全消灭,区内土地由 844 户,4 701 个农民自耕,原来 195 户,881 个佃农、雇农领到 4 508 亩土地,成为自耕农。[1] 在其他示范区,扶植自耕农也取得了一定成效,各示范区内自耕农都有显著增长。从 1943 年至 1945 年,共有 14 省 82 县扶植自耕农 17 650 户,农地面积 313 123 亩。[2] 但可惜的是,不论是征购土地的数量,还是扶植自耕农的户数都微乎其微。正如李敬斋1947 年 11 月在地政工作检讨会议上承认,现行扶植自耕农的办法,以贷款购地分配,国家财力有限,无力普及,"就已做到的龙岩、湟惠渠和北碚来说,其所占的百分比,按全国的面积而论,那只是沧海一粟,要推及于全国尚不知到何年何日。"[3]扶植自耕农都是在示范区内,范围非常有限。之所以不能普遍推广,主要原因就是抗战时期人力、物力、财力有限。扶植自耕农一般应该在已经整理地籍的地区,但是,地籍整理因人力物力财力不足推进缓慢。以陕西省为例,全省"地政经费有限,器材不易购得,人员不敷分配,地籍未便整理"[4]。扶植自耕农需要大量的资金投入,中国农民银行扶植自耕农贷款"截至[民国]三十四年度十二月底止,核定总额为

---

[1] 甘肃省政府:《甘肃省试办扶植自耕农初步成效的报告》,兰州:甘肃省政府,1946 年,第 12 页。

[2] 《国民政府政绩报告》(土地行政部分),《地政通讯》1947 年,复刊 15,第 46 页。

[3] 李敬斋:《全国地政检讨会议开幕词》,《地政通讯》第 2 卷第 22 期,1947 年,第 4 页。

[4] 王乃式:《陕西扶植自耕农问题》,《人与地》第 3 卷第 9 期,1943 年,第 39 页。

33 790 638 500 元,实付总额为 2 814 676 200 元"①。资金严重不足,国民政府只好发行土地债券,用土地债券偿付征地款,遭到了地主的强烈反对。政府资金有限,不可能大规模推广扶植自耕农工作。国民政府的战时土地政策法规大多只能停留在纸面上,无法得到真正贯彻执行。

(二)租佃关系的恶化造成农民弃农改业,土地荒废

因为抗战时期,大后方粮价持续上涨,为了获得更多的土地收益,有些地主收回土地自耕,但是"其拥有大量土地者,因不能自耕或以面积太大,非能力所及,将弃土地于荒芜"。1940 年后,农产价格高涨,地主以为有利可图,故收回自耕,然物价上涨,农业生产成本也大涨,特别是人工工资高涨,有的地主不再招徕佃农租种或雇工耕种,专以土地买卖为主业,以致西部省份某些地区出现土地投机十分活跃,却无人从事耕作的奇怪现象。大量土地被抛荒,农业生产萎缩。"土地有限,而投机者无限,投机愈盛地价即愈涨,而土地乃愈益集中于少数人之手,投机者已视土地为存货,志在谋利。故每不善为使用,或闲置待沽,而需地者求地而不可得,得亦必以重金购之租之。由非农有则耕作不力,而生产减。"②土地纯粹成为投机炒作的对象,用来炒作,而不是用来耕种,对农业生产不利。

抗战以来,西部各省租额提高,尤其是钱租,租额提高最剧。佃农的负担越来越沉重,佃农交地租后所剩无几,生活都无法维持,更谈不上改良土地,增加生产。"地价高涨,地主有所借口增加地租押金,甚至将田赋负担转嫁佃农,此为各地之普遍现象。佃农

---

① 国民政府地政学会编中国扶植自耕农概况,中国第二历史档案馆编:《中华民国史档案资料汇编》第 5 辑,第 2 编,财政经济(8),南京:江苏古籍出版社,1998 年,第 209 页。

② 罗醒魂:《农地问题之严重性及其解决》,《人与地》第 3 卷第 7/8 期,1943 年,第 23 页。

负担加重,转使生活困难,乃为必然。生活既陷于困苦之中,改良土地,促进生产自无余力矣。结果地力耗尽形成掠夺农业,生产为之低减,土地利用渐趋恶化,甚使若干佃农被迫改作他业。"[1]抗战以来,佃农主动或被动退佃情况普遍。1939—1941 年,西部各省押租普遍激涨,佃农租田,首先要筹措大笔资金,才能获得土地耕作权。以 1941 年为例,佃田的平均押金以 55.26 元计算,租田 30 亩,则需要 1 600 多元押金,加上各种必需的农业生产工具、种子、肥料的费用,必须有数千元的巨款才能佃田。因为地租押金大幅增加,佃田租田需要大笔资金,佃农本身都很贫困,据金陵大学农业经济系历次调查,各地农村负债之农民比比皆是,其中尤以佃农为甚。佃农没有押金,佃期又极短促,农民肯定是望而却步,弃佃改业。

（三）租佃关系的恶化造成农业生产投入减少,农业生产率降低

从产权理论角度来看,农民也是经济人,不论地主还是自耕农、佃农都会从自己的经济利益出发决定自己的投入。如果产权是自己的,投入的人力物力财力的收益归自己所有,那他肯定有投入的愿望和动力。否则,肯定不愿投入。从北碚自耕农示范区看,自耕农获得地权之后,更愿意在土地上投入更多的人力、物力,"从前佃耕制度下,农民耕种土地,不施肥料,即有所施,亦限于旱地,盖因水田之所产,几全部为地主取去,多产则多取,少产则少取,利用施肥以增加生产,对佃农有损无益,故不愿为,但在示范区办理完成后,农民普遍施用肥料,使生产增加不少。"租佃期限较长,投资收益归己,佃农愿意投入,但是,西部各省地主即使把土地租给佃农,租佃期限也以不定期制为最多,平均占 62.8%,永佃制只占

---

[1] 聂常庆:《战时中国土地利用》,《人与地》第 3 卷第 2/3 期,1943 年,第 20 页。

9.4％。① 租佃不定期，地主随时可以收回土地，或另租给他人。即使是定期制，平均为 4.4 年，普通均在 4 年左右，甘肃之 2.5 年最短。② 租佃期限短，佃农随时有被退佃的可能。抗战以来，西部各省地主退佃事件逐渐增多，1937 年为 8.8％，1939 年增加到 11％，1941 年增加到 13.7％。③ 租期短，又有可能随时被退佃，佃农肯定不愿在土地上投资，土地得不到改良、不能使用优良种子和肥料，农产品产量必然大幅下滑。

　　总起来看，抗战时期，国民政府实施的战时土地政策，确有保护佃农、扶植自耕农，改善农村租佃关系，提高农民耕作积极性与减轻地主剥削的意图。而且无论是在法律层面还是制度层面，国民政府也在努力贯彻这个意图，但是由于种种原因，直到抗战结束，"保障佃农""耕者有其田"政策都没能在西部各省贯彻落实，只是选择少部分地区进行了一点尝试，西部农村租佃关系依然紧张，或者说更加紧张。国民政府政府工作的重心是通过田赋征实，保证军公粮供应，满足战争需要，至于保护耕农、扶植自耕农，实现孙中山先生平均地权、耕者有其田的目标，只是为了赢得舆论和农民支持而作的尝试而已。

---

① 乔启明、蒋杰：《抗战以来各省地权变动概况》，李文海主编：《民国时期社会调查丛编》二编，乡村经济（下），福州：福建教育出版社 2014 年版，第 427 页。
② 乔启明、蒋杰：《抗战以来各省地权变动概况》，李文海主编：《民国时期社会调查丛编》二编，乡村经济（下），福州：福建教育出版社 2014 年版，第 427 页。
③ 乔启明、蒋杰：《抗战以来各省地权变动概况》，李文海主编：《民国时期社会调查丛编》二编，乡村经济（下），福州：福建教育出版社 2014 年版，第 427 页。

第四章　农业劳动力动员与农业生产组织

第一节　充分动员农业劳动力

一、西部各省农业劳动力短缺

西部各省的农业人口,据国民政府年鉴记载,四川大约有3 895.7多万农民,西康有 166.8 万农民,陕西有 776.7 万农民,甘肃有 401.3 万农民,青海有 119.7 万农民,云南有 716.9 万农民,贵州有 618.2 万农民,宁夏有 27.4 万农民,新疆大约有 165.5 万农民,[①]总计西部 9 省大约有 6 888 万农民,这 6 888 万农民包括老人、妇女、儿童,那么西南西北到底有多少农民? 15—49 岁的青壮年劳动力到底有多少?

根据 1934—1935 年国防设计委员汤惠荪等西北 5 省调查,陕西关中、汉中区有农民 1 207 343 户,平均每户 6.01 人,15—49 岁

---

① 《农户与农民》(1944 年修正数),秦孝仪主编:《革命文献》105 辑,统计,台北,"中央"文物供应社,1986 年,第 412 页。

的青壮年农民占农民总数的 53.53%。① 据此估算,陕西关中、汉中两区有农民 7 256 131 人,青壮年农民 3 884 207 人。甘肃省据 1935 年民政厅各县、乡保甲户口调查,甘肃农户有 863 043 户,平均占总户数的 77.06%,每户平均 6.87 人,其中 15—49 岁的青壮年农民占 50.47%。② 按这个数据计算,甘肃有 592.9 万农民,青壮年农民 299 万余人。宁夏卫宁平原各县农户估计有 62 384 户,平均占总户数的 72.19%,每户平均 6.41 人,15—49 岁的青壮年农民占 50%。③ 如此算来,卫宁平原有农民 399 881 人,青壮年农民 199 940 人。青海西宁互助等 11 县估计有农户 73 332 户,占总户数的 74.85%,每户平均 6.97 人,15—49 岁青壮年农民占 48.42%。④ 如此算来,青海西宁、互助等 11 县有 511 124 农民,青壮年农民有 247 486 人。以上西北四省共计有 1 409.6 万农民,青壮年农民 732 余万。西南地区,"四川农民人口依从前统计为 30 340 000 人,[民国]二十三年为 25 871 301 万余人。张心一统计四川有 25 772 000 农人。以情形论,只有日趋减杀之趋势。""不但为数量的减少,而且为质的减少,壮男消失,所余多老弱妇孺,生产能力当积极减退。"⑤贵州农业人口,据 1940 年,中央农业实验所麦作杂粮系金阳镐统计,贵州有农户 1 408 828 户,农民 8 022 418 人,占贵州总人口的 76.5%。⑥

---

① 汤惠荪等:《陕西省农业调查》,《资源委员会季刊》第 2 卷第 2 期,1942 年,第 17 页。

② 汤惠荪等:《甘肃省农业调查》,《资源委员会季刊》第 2 卷第 2 期,1942 年,第 135—137 页。

③ 汤惠荪等:《宁夏省农业调查》,《资源委员会季刊》第 2 卷第 2 期,1942 年,第 355 页。

④ 汤惠荪等:《青海省农业调查》,《资源委员会季刊》第 2 卷第 2 期,1942 年,第 274—275 页。

⑤ 吕平登:《四川农村经济》,上海:商务印书馆 1936 年版,第 157、159 页。

⑥ 金阳镐:《贵州农村》,《农报》第 5 卷第 13/14/15 合期,1940 年,第 235 页。

　　西部各省农业劳动力的质量,总体来看是比较差的。从体力上看,西部大部分农民体格都较差,"农民因灾荒、战乱、贫困,农民生活资料之不良(多半菜物红苕,饥荒则食泥土草根),卫生条件缺乏,被官府豪绅虐待,农民之死亡率日以增大。"[①]"农民不知道讲究卫生,而且无力谈到卫生,更加吸食鸦片的十有七八,面黄肌瘦。人和牲畜同居,蚊蝇满室,是乡间一种普遍现象,死亡率和患病率的数目非常可观。"[②]"本省壮农的体格均较抗战以前稍差,推其原因,即所有农民因受生活压迫,多数营养不良,骨瘦如柴,精神萎靡不振,体格衰弱多病,不能担负繁重的耕种工作。"[③]从受教育程度看,陕西受过教育的农民占 20.03%,其中受过 3 年以下教育的占8.6%,3 年以上能勉强应用者不过 11.43%;接受私塾教育的占10.69%(疑应为 10.70%),学校教育占 9.33%;男性占 19.61%,女性占 0.42%。[④] 甘肃"农民受教育者平均占农家人口 14.99%,农民以受私塾教育者最多,占 9.21%,受学校教育者仅占 5.78%,由于农村授课受农业生产的影响,每年不过 5—6 个月,农民所受 3年以下之教育程度,实只等于发蒙而已"[⑤]。宁夏卫宁平原各县农民受过教育的仅占 12.96%,其中受过私塾教育的占 5.36%,受过学校教育的占 7.6%;接受过 3 年以下教育的占 5.92%,3 年以上的占 7.04%;男性占 12.64%,女性占0.32%。[⑥]青海受过教育的农

---

① 吕平登:《四川农村经济》,上海:商务印书馆 1936 年版,第 168—169 页。

② 金阳镐:《贵州农村》,《农报》第 5 卷第 13/14/15 期,1940 年,第 237 页。

③ 林景亮:《粮食增产与农村劳动力》,《中国农村》第 8 卷第 15 期,1943 年,第 9 页。

④ 汤惠荪等:《陕西省农业调查》,《资源委员会季刊》第 2 卷第 2 期,1942 年,第 17—18 页。

⑤ 汤惠荪等:《甘肃省农业调查》,《资源委员会季刊》第 2 卷第 2 期,1942 年,第 135—137 页。

⑥ 汤惠荪等:《宁夏省农业调查》,《资源委员会季刊》第 2 卷第 2 期,1942 年,第 356 页。

民仅占总人口的 13.60％,其中受过私塾教育的占 7.35％,受过学校教育的占 6.25％,接受过 3 年以下教育的占 7.23％,3 年以上的占 6.37％。因为要干农活,一年只有 5—6 个月授课,3 年以下教育程度,实际上就是略识字而已。其中男性占 13.24％,女性占0.36％。[1] 可见,西北农村 80％以上的农民没受过教育,受过教育的也大多是私塾教育,且多在 3 年以下,因为要从事农业生产,一年仅仅授课 5—6 个月,所以 3 年以下教育程度也仅仅是略识字而已,女子受过教育的仅有 0.3％—0.4％,99％以上的女性没有受过教育。西南农村劳动力状况以川东为例,据川东农业调查,川东 18县农村男子受过私塾教育的仅有 16％,受过学校教育的仅有 4％,未受教育者占 80％;女子受过私塾教育的仅有 0.2％,受过学校教育的仅有 0.4％,99％以上的农村女子未受过教育。受过教育的川东农民,平均受教育时间,男子为 4 年,女子为 1 年。[2] 由此可见,西南西北大多数农民受教育程度很低,文化水平较差,女子受教育程度、文化水平更低。

抗战时期,由于兵员损耗严重,每年要补充兵员在 100 万人左右,西部各省是主要的兵员来源地,尤其是四川,抗战时期被征壮丁近 260 万人,西康 3 万余人,云南 37 万余人,贵州 58 万余人,西南四省总计 358 万青壮年男性农民被征入伍。陕西补充兵员近 89万人,甘肃 38 万余人,宁夏 2 万余人,青海 1.8 万人,[3] 西北四省应征入伍的人数占青壮年男性农民数的 30％以上。除了征兵,还有征工,从事国防有关的工作。从后方农村抽出大批壮劳力参加弹

---

① 汤惠荪等:《青海省农业调查》,《资源委员会季刊》第 2 卷第 2 期,1942 年,第 275 页。
② 叶懋、王嘉谟合编:《川东农业调查》(上编),四川省建设厅,1939 年 5 月,第 19、24 页。
③ 何应钦:《八年抗战》附表十,台北:"国防部"史政编译局 1982 年版。

药粮秣的运输、道路和城寨的建设或破坏、战壕的挖掘、修铁路、修公路、修机场及其他与抗战有关的工作。还有大批青壮年农民为逃避兵役，纷纷离开农村到外谋生，造成农村劳动力严重短缺。根据农产促进委员会 1942 年对大后方 14 省 198 乡调查，征兵人数以 1938 年指数为 100，1939 年指数为 150.3，1940 年指数为 171.9，1941 年为 186.4，1942 年为 163，征兵人数不断增加，尤其以 1941 年最多。征工人数以 1938 年指数为 100，1939 年指数为 104.9，1940 年为 111.2，1941 年为 140.1，1942 年为 105.9，征工人数不断增加，也是以 1941 年为最多，征兵征工的壮丁年龄在 16—45 岁的分别占 88.9％和 17.1％。可见征兵征工的大部分都是青壮年农民，被征兵的壮丁中，自耕农、半自耕农、佃农占 40.8％，农家长工、短工、苦力、工匠占 40.1％；被征工的壮丁自耕农、半自耕农、佃农占 36.7％，农家长工、短工、苦力、工匠占 48.1％。[①] 可见，抗战期间，被征兵征工的都是农场经营者和农村雇佣劳动者，是直接的农业生产者，是农村中的壮劳力。征兵征工造成西南西北各省农家劳动力短缺，1942 年西南西北各省农户中，征调兵役后完全没有壮丁的家庭，四川为 16.2％，贵州为 52.5％，云南为 22％，甘肃为 37.5％，陕西为 22.3％，西康为 1.7％；因征调工役而完全失去壮丁的家庭，四川为 14.9％，贵州为 31.7％，云南为 25％，甘肃为 15.5％，西康为 10％，陕西为 10.9％。[②]

　　1938—1939 年费孝通在云南昆明附近的禄村调查，从 1937 年 7 月到 1939 年秋，两年时间内，禄村一共被征兵 9 次，被征 19 人

---

① 陈洪进、周扬声:《各省农劳力征调概况》,重庆:农产促进委员会,1943 年,第 4—19 页。

② 陈洪进、周扬声:《各省农村劳动力征调概况》,重庆:农产促进委员会,1943 年,第 30—32 页。

（其中退役1人、逃役2人）。修筑滇缅铁路，禄村有27人长期在外做路工，还有30—40人朝出晚归去做路工。此外，修筑滇缅公路或其他公路也常征集民工，1939年秋，禄村到一平浪的公路被洪水冲断，禄村每甲派2人，共20多人抢修一星期。[1] 川东合川县，截至1940年6月止，全县出征壮丁2.4万人，约占全县壮丁数的27%。农民被征兵征工，严重影响农业生产，"农民参加国防工作，亦影响农村劳动力不少，尤以农忙时为甚"[2]。全面抗战前，川东农村大多自给自足，农业生产以家工为主，只有在家工不足时，才会雇用长工或短工，短工分月工及日工两种，多在农忙时雇用，长工及月工多系男性，长工中有童工，多雇作牧牛以及作杂工。[3] 但是到1942年，江津农户不得不雇用劳动力耕田种地，根据江津县政府的统计，战前平均约有40%的农户用自家劳力就足以完成其全部工作，到了1940年则减到20%左右，下降一半左右。征兵、征工导致农村劳动力严重缺乏，工价上涨。以四川万县为例，1940年出征壮丁与驿运、征工等人数，最少3万，农村劳力因此缺乏，又因工价高，伙食费重，农家不到万不得已，绝不雇用外工，就一般趋势而言，田场劳力只见减少，未见增加。1940年，四川发生旱灾，春水不足，农村劳动力缺乏，栽秧水田较往年约减1/3。"1941年夏，川省许多地方遭遇旱灾，中央政府不得不宣布暂停征兵三个月，好让在外躲兵役的年轻人回家种田。"[4]因为农村劳动力短缺，农村雇工价

---

① 费孝通：《禄村农田》，重庆：商务印书馆1943年版，第77页。

② 林景亮：《粮食增产与农村劳动力》，《中国农村》第8卷第15期，1943年，第8页。

③ 叶懋：《川东农业调查续1》，《建设周讯》第8卷第13期，1939年，第35页。

④ 〔加拿大〕伊莎白、〔美〕柯临清著，〔美〕贺萧、〔美〕韩起澜编，邵达译：《战时中国农村的风习、改造与抵拒 兴隆场（1940—1941）》，北京：外语教学与研究出版社2018年版，第256页。

格飞涨。陈翰笙曾领导了华西农村经济调查,他说:"因为种种政治经济关系而乡间之工价骤增,例如四川江津、长寿等处农家雇用长工之工价,前年(1938 年)只有 40—50 元,去年(1939 年)加到 80—90 元,今年(1940 年)雇用长工非出 200 元不可。工价如此奇涨,则不特生荒无从开垦,即熟荒亦必扩大。"[①]易劳逸的研究也指出,农村劳动力缺乏,农村工价上涨,有的地主也只好亲自下田种地。"土地较大的农户却还抱怨农村缺乏可供雇用的劳力。很多青年为了逃避征兵和受到城市工作的吸引,纷纷逃离农村,农村失去可雇用的劳动力。于是,农村工资上涨了,例如成都平原 1937 年工资支出,只占整个农地支出的 12%,1941 年已经增至 26%。结果很多以前从未在自己土地上耕作过的地主,据说也都纷纷回到农庄,亲自下田耕作。"[②]农村劳动力缺乏,造成工价高涨;工价上涨,地主雇不起雇工,土地只好抛荒;荒地日渐增多,农产品产量减少,严重影响军公粮供应。

　　为了解决农村劳动力缺乏问题,国民政府实施了难民移垦政策,动员难民垦荒,动员妇女儿童、党政军学各界参加农业劳动。

二、动员难民移垦

　　全面抗战开始后,沿江沿海人口内迁,西南西北各省人口骤增,但增加的人口,除一部分是公务员外,大多数从事工商各业,从事农业劳动的微乎其微。因此,通过难民移垦,大幅度增加农业劳动力其实是不现实的,国民政府组织难民移垦,更主要的目的是安

―――――――――

[①]《陈翰笙谈西南农村经济》,香港《大公报》,1940 年 6 月 13 日。

[②] [美]易劳逸:《农民、农税与国民政府》,本书编辑委员会:《中华民国建国史讨论论集》第 4 册,台北,1981 年,第 250 页。

置流亡难民,稳定后方社会。

　　全面抗战开始后,华北特别是黄泛区的部分难民向西北各省迁移。据统计,自 1937 年 7 月到 1938 年 9 月,据中央社西安通讯报道:各方投奔陕西的难民共有 90 多万人之多。[①] 1942 年,中原大饥荒,中原灾民再一次大规模向西迁移,到 1943 年 4 月初,"豫籍灾民入陕甘者已达 80 余万"[②]。据行政院善后救济总署河南分署记载,河南人民于抗战时期,相继逃亡至陕境者甚多。1946 年 1 月 17 日到1947 年 11 月底办理遣送的河南难民就有 318 610 人。[③] 大量难民入陕,陕西人口大增,到 1945 年抗战结束,陕西人口达到 13 717 580人,比 1936 年增加 378 万人,年均增长率达到 35.53％。[④] 甘肃、宁夏和新疆也与陕西有类似的情况,年均人口增长率分别达到35.59％、33.72％、33.94％。为了安置难民,农林部先后设立了 12个国营垦区,其中陕西黄龙山垦区收容难民人数最多时达到 54 843人,[⑤]陕西黎坪垦区最多时招募垦民 5 041 人。[⑥] 陕西省营汧山、渭滩、宽滩、太白山、扶眉等垦区共安置垦民 6.5 万余人,甘肃岷县垦区,最多时有垦民 640 人、荣军 220 人,共 860 人,[⑦]甘肃河西永昌

---

① 《救济灾民难民》,《新华日报》1938 年 7 月 29 日,第 1 版。

② 《豫籍灾民移西北垦荒》,《大公报(桂林)》,1943 年 4 月 10 日,第 2 版。

③ 韩启桐、南钟万:《黄泛区的损害与善后救济》,行政院善后救济总署,1948 年,出版地不详,第 81 页。

④ 路遇、滕泽之:《中国人口通史》(下),济南:山东人民出版社 2000 年版,第 778 页。

⑤ 《农林部直辖各垦区逐年垦务进度统计表》,秦孝仪主编:《革命文献》第 102 辑,台北,"中央"文物供应社,1985 年,第 196—197 页间的表。

⑥ 《农林部直辖各垦区逐年垦务进度统计表》,秦孝仪主编:《革命文献》第 102 辑,台北,"中央"文物供应社,1985 年,第 196—197 页间的表。

⑦ 《农林部直辖各垦区逐年垦务进度统计表》,秦孝仪主编:《革命文献》第 102 辑,台北,"中央"文物供应社,1985 年,第 196—197 页间的表。

垦区招募垦民 327 人、荣军 384 人,共 711 人。[①] 河西关外垦区招募垦民 96 人。1941 年 11 月—1945 年 7 月,甘肃四个垦区共招收垦民 1 468 人、荣军 605 人,共 2 073 人。[②] 1942 年河南水灾,宁夏省曾派人前往河南省接来 1 566 个难民到宁夏垦荒,设立贺兰垦区管理处,发给难民牲畜、农具,并贷给种子,从事垦荒。1943 年已经到达宁夏的河南难民有 1 000 余人,1944 年开始垦殖工作。[③] 新疆地广人稀、缺乏人力。农林部长沈鸿烈曾在迪化与新省当局详细研讨移民问题,并拟有方案。新疆省主席盛世才曾告记者:全疆五谷俱备、蔬菜水果无缺,盼腹地人民尽速移来,至猩猩峡后,既当负责安排。关于交通水利,中枢与地方已协商具体办法,亦将依次实现,盖交通水利不发展、移民问题难圆满解决矣。[④] 新疆省政府曾于 1944 年招募河南难民约 1 万人入新垦荒,青海省政府也曾派兵 3 000 余人到柴达木盆地进行垦殖。1943 年 1 月,国民政府成立了西北移民召集处,会同西北公路局和新生活运动促进会办理移民事宜。1944 年 3 月,西北移民处改为农林部西北移民办事处,办理移民垦殖事宜。1945 年 3 月,奉蒋介石令,西北移民暂时缓办。[⑤] 抗战时期,西北 5 省大约安置难民、荣军 14 万余人。

全面抗战爆发后,沿江沿海地区人口向西南迁移,农林部在四

---

① 《农林部直辖各垦区逐年垦务进度统计表》,秦孝仪主编,《革命文献》第 102 辑,台北,"中央"文物供应社,1985 年,第 196—197 页间的表。

② 王聿铭:《抗战期间西北开发问题》,本书编辑委员会:《中华民国建国史讨论集》,第 4 册,台北,1981 年,190 页。

③ 罗时宁:《一年来之宁夏农林建设》,《农业推广通讯》第 6 卷第 1 期,1944 年,第 35 页。

④ 韩清涛编著:《今日新疆》,贵阳中央日报总社,1943 年,第 4 页。

⑤ 王聿铭:《抗战期间西北开发问题》,本书编辑委员会:《中华民国建国史讨论集》,第 4 册,台北,1981 年,190 页。

川设立了东西山垦区、金佛山垦区,在西康设立了西昌垦牧实验区、泰宁垦区,在贵州设立了六龙山屯垦实验区。其中,四川省的难民移垦工作最具成效,从 1937 年到 1945 年,四川共收容移民 1.776万人,垦地面积 769 652 亩。① 四川东西山屯垦实验区,以荣誉军人为主要垦民,兵农合一,集体耕作。大部分荣誉军人是 20—40 岁的青壮年,伤残以四肢伤最多,体力虽不及普通农民,但都可以耕作,文化程度不高,半数以上不识字,从军前大部分是农民,但是弃农大多在 5 年以上。垦区管理局对垦民和荣誉军人进行教育训练,从事春季、秋季垦殖,取得了比较好的成效,最多时有垦民 921 人、荣军 1 277 人,共 2 198 人。② 四川金佛山垦区最多时有垦民 1 428 人。③ 1942 年 3 月,国营第二农场改为四川雷马屏峨垦区,到 1942 年 7 月底止,已收垦民 90 人,垦地 1 527 亩。④ 西康西昌垦牧实验区最多时有垦民 272 人,荣军 364 人,共 636 人。西康泰宁垦区有垦民 46 人,垦荒 1 269 亩。⑤ 贵州六龙山屯垦实验区,最多时有垦民 146 人,荣军 237 人,共 383 人,垦荒 2 605 亩。⑥

　　西南西北还有省营、民营及社团营垦区,据 1942 年统计,四川

① 《农林部直辖各垦区逐年垦务进度统计表》,秦孝仪主编:《革命文献》第 102 辑,台北,"中央"文物供应社,1985 年,第 196—197 页间的表。

② 《农林部四川东西山屯垦实验区管理局 1942 年度工作概况》(1942 年),中国第二历史档案馆藏,农林部档案,23—3104。

③ 《农林部直辖各垦区逐年垦务进度统计表》,秦孝仪主编:《革命文献》第 102 辑,台北:"中央"文物供应社,1985 年,第 196—197 页间的表。

④ 《行政院关于农林工作之报告》(1941 年 10—1942 年 8 月),秦孝仪主编:《革命文献》第 103 辑,台北:"中央"文物供应社,1985 年,第 52 页。

⑤ 《农林部直辖各垦区逐年垦务进度统计表》,秦孝仪主编:《革命文献》第 102 辑,台北:"中央"文物供应社,1985 年,第 196—197 页间的表。

⑥ 《农林部直辖各垦区逐年垦务进度统计表》,秦孝仪主编:《革命文献》第 102 辑,台北:"中央"文物供应社,1985 年,第 196—197 页间的表。

垦殖团体有 62 个，垦民有 54 445 人，垦殖土地 731 055 市亩，平均每人垦地 13.4 亩；西康有垦殖社团 12 个，垦民 293 人，开垦土地 1 600 亩，平均每个垦民开垦土地 5.5 亩；陕西有垦殖社团 20 个，垦民 31 098 人，开垦土地 17 617 亩，平均每人开垦荒地 0.6 亩；甘肃有垦殖团体 4 个，垦民 1 476 人，开垦荒地 8 383 亩，平均每人开垦荒地 5.7 亩；云南有垦殖社团 6 个，垦民 8 306 人，开垦荒地 115 137 亩，平均每人开垦土地 13.9 亩；贵州有垦殖社团 3 个，开垦荒地 918 亩；宁夏有垦殖社团 5 个，垦民 48 人，开垦荒地 2 931 亩，人均开垦荒地 61.1 亩。[①] 据国民政府农林部根据垦务总局统计，1942 年底，西南西北 7 省总计约有垦户 2.177 万户，垦民 95 666 人，垦地 877 641 市亩。

表 26　1942 年底西南、西北垦民与垦地数量表[②]

省别	垦殖社团数	垦民户数口数		垦地面积（市亩）	平均每人垦地（市亩）
		户数	口数		
四川	62	12 833	54 445	731 055	13.4
西康	12	70	293	1 600	5.5
云南	6	1 410	8 306	115 137	13.9
贵州	3			918	
陕西	20	7 096	31 098	17 617	0.6
甘肃	4	350	1 476	8 383	5.7
宁夏	5	11	48	2 931	61.1
合计	112	21 770	95 666	877 641	

---

① 农林部统计局根据垦务总局的材料编制，秦孝仪主编：《革命文献》105 辑，台北："中央"文物供应社，1986 年，第 416—417 页。

② 国民政府主计处统计局：《中华民国统计提要》，1945 年，秦孝仪：《革命文献》105 辑，统计，台北："中央"文物供应社，1986 年，第 416—417 页。原表格平均每人垦地西康原为 5.4，经计算为 5.5；云南原为 13.8，经计算为 13.9。

　　难民移垦为西部各省农业生产提供了一部分劳动力,但是,我们也要看到,国营垦区垦民数量有限,有的垦区垦民只有几十人,而且直到 1943 年,不少国营垦区还不能自给自足,需要政府补助粮食,提供农具、种子、耕牛等。抗战时期,"人口迁于西南各省者日众,原为一大良好机会;惜入黔之人,几无业农,故反增黔省粮食上之供需困难。"①垦民不仅是粮食的生产者,也是粮食消费者,难民作为农业劳动力,发挥作用有限。

三、动员妇孺、党政军学各界参加农业生产

　　由于传统习惯的不同,中国南方和北方妇女参加农业劳动情况可能有所不同,西南地区妇女不仅参加农业劳动,而且是主要劳动力。如四川"农村生活平时固以农夫担负为多,然农妇亦常下田担任播种、施肥、中耕、收获、加工等工作,对于此项技术之改进,农妇亦占重要地位。"②1937 年的云南农村,"当初夏的早晨与黄昏,田场边到处可以找到妇女们在工作,严霜结冻的冬日,沟头田下,也不绝她们的影子,不分轻工重工,和男人们一样的操作,男人所做的工作,她们件件分担。"③1938—1939 年费孝通在距离云南昆明西 100 公里的禄村进行调查,看到云南妇女是农业劳动的中坚力量。虽然男女分工在禄村很明显,大体来说,男子所做的工比较吃重、体力消耗比较大,女人所做的工较轻,体力消耗小一些,在工

---

① 张肖梅:《贵州经济》,上海:国民经济研究所 1939 年版,吴相湘、刘绍唐:《民国史料丛刊》第 11 种,台北:传记文学出版社,1971 年影印,第 A2 页。
② 杨希贤:《农村妇女与农业推广》,《农业推广通讯》第 3 卷第 3 期,1941 年,第 30 页。
③ 阎志龄:《云南农村生活写真》,俞庆棠:《农村生活丛谈》,上海:申报馆 1937 年版,第 141 页。

具上,男女大体也有分别。① 但是,男女只是分工不同,男人掼稻、挖田,妇女插秧、割稻、运稻、捆稻、点豆、收豆、打豆,帮助男人施肥等,大部分的农活都做。而且,费孝通看到,有的地主自己不下田干活,可是他们家的妻子、女儿却要下田干活,不仅在自己家田里干活,还要换工,到别人家田里干活。特别是在农忙时节,禄村的女子几乎是全部动员了。② 可见,抗战时期,云南妇女是主要的农业劳动力。费孝通分析,禄村妇女之所以是农业生产主力的原因是"她们在家里是个无田者,她又没有其他可能得到收入的重要副产,所以,她只有以劳力换取享受农产品的权利"③。禄村妇女是用自己的劳动养活自己,云南其他地方农村妇女也大体如此。

　　西康农村妇女也是农牧业生产的主力,"男子有一部分在喇嘛寺里,家庭里的男子,对于劳动,多采取一种旁观者的态度。"④"在农村的妇女,她们的工作更是繁忙和辛苦呢,由播种,施肥,以至耕耘收获都是她们的任务。"⑤"在田地上,犁地、播种、收割,完全是妇女们的事。"⑥"此外,兼业牧畜的也很多,她们除了伴着牛羊到山上去之外,还要照顾帐房里的乳牛乳羊,晚间负着看守的责任,每天至朝至暮,全没有休息的时候。"⑦可见,西南农村妇女不仅普遍参加农业生产,而且是农业生产的主力。

　　大家印象中,西北地区女性参加农村劳动的比较少,甘、宁、青

---

① 费孝通:《禄村农田》,重庆,商务印书馆1943年版,第31—32页。

② 费孝通:《禄村农田》,重庆,商务印书馆1943年版,第81页。

③ 费孝通:《禄村农田》,重庆,商务印书馆1943年版,第82页。

④ 慕湘:《西康农业部落藏胞妇女剪影》,《现代妇女》创刊号,1943年,第12页。

⑤ 启新:《以妇女为中心的西康社会》,《妇女杂志》第4卷第3期,1943年,第24页。

⑥ 慕湘:《西康农业部落藏胞妇女剪影》,《现代妇女》创刊号,1943年,第12页。

⑦ 启新:《以妇女为中心的西康社会》,《妇女杂志》第4卷第3期,1943年,第24页。

妇女缠足的比较多,无法参加农业劳动,但是,蒙藏妇女勤劳健壮,经年劳作。甘肃"藏族男女工作情形甚为特殊。凡一切生产事业及劳苦工作,如牧畜家事负车及背水等事均由女子任之"。① 甘肃"夏河县农户450家,占总户数5%,已耕地14 900余亩,占总面积的2%。藏民体质强健,工作效率颇大,尤以女子为然。"②据1935年记述,陕西榆林妇女也是主要农业劳动力。"以陕西榆林为例,乡村妇女身体强健,吃苦耐劳,每天从早到晚不停地工作,除了家务外,还协同家中的男子到田地里去耕耘,此间所种的田地,可分为种稻种糜谷种蔬菜,或其他的杂粮,在这些以血汗培植的工作中,妇女是很能吃苦的"③。

　　抗战时期,因为大量农村男性壮劳力去当兵服役,到工厂做工或从事与国防有关的工作,乡村劳力自必减少,补充之道惟赖农妇之动员④,所以动员妇女参加农业劳动就成为政府增加农业劳动力的重要措施。1937年7月16日,中央组织部妇女运动委员会组织了四川妇女抗敌后援会,向城市、乡村家庭妇女宣传抗日,组织妇女救护训练班,慰问前方抗敌将士,救治受伤的官兵。重庆、万县、温江、广汉、邛崃、新津、彭山、眉县等县都组成了妇女抗敌后援会,后继续发展到四川各个角落。⑤ 1943年8月16号,中央组织部妇女运动委员会召开全川妇女代表大会,70县的妇女代表聚集一堂,谈论如何慰问前方将士,为抗战出力。

---

① 戈定邦:《甘肃省西南部调查记》,出版者、出版时间不详,第16页。
② 张其昀:《甘肃省夏河县志》卷4农业,台北:成文出版公司影印,1970年,第45页。
③ 洁冰:《陕北榆林的妇女》,《女子月刊》第3卷第6期,1935年,第4 223页。
④ 杨希贤:《农村妇女与农业推广》,《农业推广通讯》第3卷第3期,1941年,第30页。
⑤ 若华:《抗战中的四川妇女》,《世界知识、妇女生活、中华公论、国民周刊战时联合旬刊》第4期,1937年,第138—139页。

全面抗战开始后,陕西成立了抗敌妇女慰劳分会、女青年会,号召各县成立妇女组织,团结广大的妇女到抗战中来,参加各种工作,切实做到不但有钱出钱,而且有力出力。[①] 陕西组织全陕西、全西安的女学生组成乡村城市工作团,组织慰劳队,到前线去鼓励士兵;到工厂、乡村、家庭去宣传动员妇女参加抗战工作。1938 年 3 月初,西安临时大学迁移,有十几位热心救亡的同学组织了西安临大战时工作团,有的女团员到华阴作妇女宣传动员工作,与华阴乡村妇女集体谈话、个别访问,激起她们对日本侵略者的仇恨和参加抗战工作的热情。[②] 1939 年 3 月,陕西南郑等县都成立抗敌后援会妇女支会和女青年会,南郑县党部领导的妇女会动员女学生进行献金宣传和劝募活动,女青年会组织慰劳出征军人眷属等。

为灌输各地妇女抗战意识,增进农业生产,全川有 10 余个新生活运动妇女工作队,每队有女性队员 10 余人,皆系中学程度之女青年,经过相当训练而成,现在工作地点在长江上游一带及沿成渝公路各县。工作方式是以教育为出发点,办有儿童识字班、妇女补习班,除宣传抗战及授予一般常识外,并注意生产技术指导。四川省蚕丝推广委员会与蚕种改良会合办养蚕技术训练班,招收农村妇女授予养蚕缫丝等技术。另由乐山蚕丝实验区,分设有 10 县指导所,先后训练蚕妇 700 余名。川北一带并推广饲养秋蚕,成绩颇佳。此项指导员均系女性,故工作很是便利,颇受农妇欢迎。财政部妇女工作队在隆昌荣昌一带组织妇女刺绣班,利用本地特产之夏布,挑刺各种花巾、手帕、桌布、窗帘、台罩等。此项手工品专销外洋,每年销数颇多,既可传授技术,又可增加农家收入,更可藉

---

① 《妇女怎样保卫大陕西》,《西北妇女》第 5 期,1938 年,第 1 页。
② 小了:《华阴妇女》,《西北妇女》第 7 期,1938 年,第 12、31 页。

此换取外汇。①

　　农本局在各地产棉区普遍推广手纺,即以棉花 1 斤换取棉纱 10 两,其余 6 两则代工资。此项工作推行尚广,有专门推广人员负责,惟工资代价,稍嫌低微,生活高涨,农妇获利有限。1939 年,农产促进委员会普设手纺训练所,分布于川、康、陕、黔、鄂、浙、豫等省,计 65 所,手纺合作社计 257 所。四川方面计已推广 2 万余架(七七手纺机)。1939 年训练手纺人员 48000 余人,1940 年复在成都设所大量训练女工,皆由全川各县而来。金陵女子文理学院仁寿乡村服务处工作偏重教育与卫生,该处与金陵大学农业专修科及农业推广所合作,藉以充实生产技术及实物材料。还有农村辅导团妇女组辅导农村妇女农事技术及副业经营。41 县妇女工作者百余位,无不以埋头苦干之精神深入农村,从事工作,至足钦佩。②

　　1940 年后,大后方物价不断上涨,一般公务员家庭的生活都很艰难。"现在大多数公务员家庭中的生活水准,已减到了最低限度,即生理上必需的营养,都无法求其满足,不仅成人的健康,大受影响,最堪忧虑的,将使这一代儿童的身体,发育不良。"③为了组织公务员的眷属积极生产自救,动员妇女参加生产劳动,1942 年 1 月,在重庆组织了眷属生产合作社,11 月,眷属生产合作社推广部成立,推动组织生产队、工作部、合作社,到 1944 年 10 月底,组织了 60 个生产队、工作部、合作社,会员 2 005 人。业务类别主要是纺织、编织等手工艺合作社,但其中也有 3 个农业生产合作社,168

---

① 杨希贤:《农村妇女与农业推广》,《农业推广通讯》第 3 卷第 3 期,1941 年,第 31 页。
② 杨希贤:《农村妇女与农业推广》,《农业推广通讯》第 3 卷第 3 期,1941 年,第 31 页。
③ 喻志东:《眷属生产合作的意义》,《妇女合作运动》第 1 卷第 1 期,1943 年,第 4 页。

人,①种植粮食、蔬菜,生产的玉蜀黍、番茄参加了第 21 届国际合作节展览。后来,眷属生产合作社组社范围逐渐由重庆及迁建区向西部各省发展,1944 年,在贵阳、昆明、兰州都组建了眷属合作社。眷属合作社准备进一步动员抗属,使抗战军人眷属参加生产劳动,一方面可以安定军人家庭生活,还可以减轻军人的后顾之忧,安心抗战杀敌。在经济、环境允许的条件下,眷属生产合作社还准备动员农村妇女参加眷合工作,"藉能发挥农村妇女剩余力量,参加生产,并提高其生活知识,民族意识,对抗战建国裨益当更大矣。"②虽然眷属合作社规模小、人数少,但作为抗战时期妇女动员的一个举措,的确对动员妇女参加生产自救,改善家庭生活起到了一定的作用。

　　1941 年,湖南省认为,抗战以来,妇女并未被切实动员,"今后应由政府提倡妇女劳动,以增国力。至于家中日常工作应由未成年的女子和 40 岁以上的妇女担任,壮年妇女则一律着粗布短衣,灌园种菜,畜牧耕种,省县乡镇成立妇女劳动分支会,负宣传督促考核之责,并成立妇女工作队,不论贫富,一律参加,各机关主管人员之家庭妇女,应导示范。"③

　　1942 年,中央组织部妇女运动委员会召开中央党部全体女同志联谊会,讨论妇女动员问题。1942 年,广西百色 33 个女子自动组织垦荒队,开垦荒地,种植杂粮,增加生产,受到省政府的表彰。④

──────────

① 眷属生产合作社推广部:《本部两年来工作概况》,《妇女合作运动》第 2 卷第 5/6 期,1944 年,第 2 页。

② 眷属生产合作社推广部:《本部两年来工作概况》,《妇女合作运动》第 2 卷第 5/6 期,1944 年,第 4 页。

③《湘省府提倡壮年妇女一律务农》,《江西妇女》第 5 卷第 2 期,1941 年,第 47 页。

④《百色女子组织垦荒队》,《江西妇女》第 7 卷第 2/3 期,1942 年,第 35 页。

江西安福订定《种植工作奖惩办法》,要求妇女加紧除草,并开荒种麻。① 江西丰城、光泽、清江等县发动妇女植树,举办妇女纺织合作,发动妇女开垦荒地,种植薯芋等杂粮。② 1942 年,宁夏妇女运动委员会为积极提倡妇女生产事业,创办妇女纺织传习所,生产的布、毛呢、毛线,精美而价廉,③受到市场欢迎。

　　抗战期间,壮丁多数从军杀敌,后方的生产,应动员妇女来代替。1943 年,西北各省积极动员妇女参加生产劳动。因为西北是产毛区域,仅就纺织而论,如西北妇女,人人能参加毛纺织业,其对于抗战物资的供应,当有很大的助益。④

　　可见,抗战时期,国民政府和西部各省都试图动员妇女参加生产劳动,但实际上,妇女参加的大多数是纺织、编制等手工劳动,妇女做衣服、鞋袜慰问抗敌战士,对于增强妇女爱国热情,支持抗战,补助家庭生活还是起到了一定的作用。但是,应该指出的是,西部地区农村妇女本来就是农业生产的主力军,不需要国民政府的动员,她们也必须从事农业劳动。特别是大批青壮年农民服兵役或去做工之后,"从前妇女专事家务者,今则不得不亲至田间操作矣,故目前农村妇女,殆已成为农业生产主要分子。所有农事经营,生产增进,农村妇女皆已负起直接之责任。"⑤而且,"我国妇女,多数居住乡村,而各地妇女工作,多偏重城市,因此大多数农妇无法受惠。今后妇女工作应以农村为对象,加紧推动,而每一件工作,尤

---

① 《妇女们在后方》,《江西妇女》第 7 卷第 5/6 期,1942 年,第 28 页。

② 《妇女动态,国内妇女 各县工作简讯》,《江西妇女》第 7 卷第 2/3 期,1942 年,第 36 页。

③ 《妇女动态》,《妇女月刊》第 2 卷第 1 期,1942 年,第 21 页。

④ 黎爱兰:《西北妇女工作的三大急务》,《甘肃妇女》第 2 期,1943 年,第 70 页。

⑤ 杨希贤:《农村妇女与农业推广》,《农业推广通讯》第 3 卷第 3 期,1941 年,第 30 页。

其要达到农妇身上，并发生反应才行。各地妇女工作团体系统庞杂，团体过多，反而使农妇不敢亲近。现有妇女动员工作，纯系暂时性质，由私人或某一机关担任，殊不合理。今后县内应筹专款，或募集基金，建立永恒之基础。"①西部的女性难民，国民政府动员工作做得很不到位。全面抗战爆发后，不少妇女难民流亡到异乡，"虽然当局已经注意，但是还没有像难民妇女期望的，把她们训练起来组织起来从事神圣的抗战工作。除了极少数已经得到安置外，大部分还只是关在难民收容所，或是凄惨地流为街头巷尾的乞丐。"②全面抗战后，西部省市的青年妇女和女学生纷纷参加救亡活动，组织了妇女团体——妇女抗敌后援会，从事募捐、宣传、慰问等工作，但因为与"上层"没有联系，重庆妇女抗敌后援会被解散，"经过了很多挫折，费了无数口舌，才又成立了妇女慰劳会重庆分会，动员了100多名职业妇女参加，也有少数劳动妇女从事征募慰问工作。"③妇女的抗战热情没有被充分动员起来，妇女作为重要农业劳动力的作用没有充分发挥出来。

　　至于动员学生和儿童参加农业劳动，国民政府一直采取鼓励政策。1940年5月，国民政府教育部订定《各级学校实施农业生产办法大纲》，规定各级学校自小学高年级起，平均每人每周应有3小时从事农业生产，生产种类为种植蔬菜、养鸡、养猪等，各级学校农业生产情形，并定为学校考绩标准之一。④ 经济部、农林部在制定农业建设计划时，都提到要发动妇女、学生参加农业劳动，必要时发动各级学校员生利用假期参加粮食增产工作。1944年度，农

① 杨希贤：《农村妇女与农业推广》，《农业推广通讯》第3卷第3期，1941年，第32页。

② 亦依：《开展难民妇女工作》，《妇女生活》第5卷第12期，1938年，第15页。

③ 轶瀛：《重庆的妇女动态》，《妇女生活》第5卷第12期，1938年，第15页。

④ 饶荣春：《粮食增产与战时农业改进》，《中农月刊》第2卷第5期，1941年，第8—9页。

林部计划发动妇女、学生、团队协助耕种收获，必要时可以发动各级学校师生利用假期参加农业劳动，[1]

1938—1939 年，费孝通在云南禄村常见到 12 岁左右的男女儿童在农田做工，12—15 岁的青少年所做的工比成年人较轻。"孩子们的工作常被视作和女工一般性质，在工资上也和普通女工相等，及成年男子的一半。"[2]可见，在云南禄村，青少年也是重要劳动力。关于学生参加农业劳动，各大学抗战有关的史料中，都有各大学、农学院师生积极参加农业推广工作的记载，如 1939 年 5 月，四川大学农学院组织暑假农村服务团，于 5 月 28 日出发，到四川彭县、青神、嘉定三县工作，办民众学校、讲习会、义务诊疗所、农事展览会等，[3]向农民普及农业科技知识。在青神的暑假农村服务团设立义务诊疗所，诊治农民 3 000 人次；在女小办民众学校，妇女班、成人班、儿童班，共有学生 300 人左右；举办"青神农产品比赛"和"耕牛比赛"，还进行深入的抗日宣传，掀起了青神农民抗日热潮。[4] 金陵大学农学院举办儿童、妇女农学团，实施生产训练，并借儿童联络其家庭，促进农业推广事业。金大农学院与新都农业职业中学合办的儿童农学团有团员 80 人，团员多为小学生，妇女农学团有团员 30 人，进行农业生产和生活改善训练，提高了妇女儿童的生产生活能力。[5] 为防治植物病虫害，1940 年，金大农学院安排所有二

---

① 《农林部 1944 年度工作计划、各县农场经营指导处工作概况表、各省粮食增产中心说明书》，中国第二历史档案馆藏，农林部档案，23(2)/117。

② 费孝通：《禄村农田》，重庆：商务印书馆 1943 年版，第 21—22 页。

③ 《暑假农村服务团出发》，《国立四川大学周刊》1939 年 6 月 1 日，第 10 页。

④ 《本校农村服务团在青神》，《国立四川大学校刊》1939 年 6 月 21 日，第 1—2 页。

⑤ 蒲、冀光晶：《金陵大学农学院、新都县立职业中学合办农业推广处、农业推广学校概况》，《农林新报》第 17 卷第 20—24 期，1940 年，第 30 页。

年级学生,利用暑期实习,分赴各地下乡治螟,"深入乡间,从事治螟教育","督率农民采除三化螟第三代卵块","对战时食粮增产工作,裨益良多。"①1941 年,四川各学校组织学生成立治螟采卵团,利用学生暑假,到各县、乡协助宣传及指导采卵工作,仅 1941 年 7 月,已采得枯芯苗幼虫蛾及第二、三代卵块 12 209 446 件。② 可见,各级各类学校学生虽然直接参加耕作的不多,但是在运用科学知识防治病虫害方面,发挥了自己的作用。防治植物病虫害,可以大大减少农作物的损失,也就是增加了农产品产量。

国民政府颁布《驻军战时协助农民耕种收获办法》17 条,③要求驻军协助驻地农民耕种收获。蒋介石多次颁布手令,要求"各机关部队,应按当地季节,不待命令,即行适时协助农耕收割,俾收齐一效果"④。1940 年,"川省广元驻军杨师,奉令协助农民割麦,经规定每连派四十名,组代耕队,不受报酬,成绩圆满。"⑤"陕西省西安国民兵团全体官兵,在四郊协助农民割麦,并宣传抗战与兵役,军民欢洽。"⑥"湘省滨湖各县,地近战区,近谷已丰稔,当地驻军纷纷自动协助农民收割,实胜利之象。"⑦

1942 年 4 月 26 日,国民政府军事委员会代电,"春耕将届,各

①《农专同学暑期下乡治螟》,《金陵大学校刊》1942 年 10 月 1 日,第 6 页。

②《四川省粮食增产委员会粮食增产月报》(1941 年 7 月),中国第二历史档案馆,农林部档案,23—1426。

③ 饶荣春:《粮食增产与战时农业改进》,《中农月刊》第 2 卷第 5 期,1941 年,第 8 页。

④ 饶荣春:《粮食增产与战时农业改进》,《中农月刊》第 2 卷第 5 期,1941 年,第 8 页。

⑤《全国农业推广近况:生产作战军民协作》,《农业推广通讯》第 2 卷第 8 期,1940 年,第 79 页。

⑥《全国农业推广近况:生产作战军民协作》,《农业推广通讯》第 2 卷第 8 期,1940 年,第 79 页。

⑦《全国农业推广近况:生产作战军民协作》,《农业推广通讯》第 2 卷第 8 期,1940 年,第 79 页。

部队应切实遵照本会卅年四月五日渝办参存第一五一一四号代电协助春耕。兹查本年春耕将届,农间催工不易,各部队仍应遵照前颁办法,切实协助农民耕种以增生产。"①宁夏地广人稀,劳力缺乏,一直很重视动员军人参加农业生产。1942 年 7 月,17 集团军总司令部以"参字第 164 号代电"通知各县驻军协助附近农民收割小麦等农作物,协助范围为驻地周围 10 华里以内,以协助贫农为原则;协作官兵须自带给养,除茶水外,不准受农民招待;协作时间以两周为限。1941 年夏季,17 集团军第 1 军所属各单位 74 902 名官兵,协助永宁、金积、灵武、盐池等地农民收割 4—14 天,共收割农田 59 217 亩。此外,还办理军垦,特务营疏浚大清渠等。② 1943 年,宁夏粮食督导团、宁夏农林处倡导军垦,垦地计 5 万亩。③ 兵工署炮兵技术研究处、第二十兵工厂都在驻地种植小麦,多次向中央大学农学院函购小麦良种,洽购树苗种子、砒酸钙等,④还将所领小麦种植面积、下种期、出土期、出穗期、成熟期、每亩收获量等详细报告

---

① 《春耕将届各部队应切实遵照前颁协助耕割办法协助春耕令各县政府遵照前耕割办法办理并饬属遵办电》,1942 年 4 月 26 日,《抗战时期的宁夏——档案史料汇编》(下),重庆:重庆出版社 2015 年版,第 453 页。

② 罗时宁:《宁夏省农林畜牧概况》,《新西北》第 6 卷第 1/2/3 期,1942 年,第 47—49 页。

③ 罗时宁:《一年来之宁夏农林建设》,《农业推广通讯》第 6 卷第 1 期,1944 年,第 35 页。

④ 兵工署炮兵技术研究处收到中央大学农学院小麦 8 市石的收据,重庆市档案馆,全宗号 0174,目录号 0009,案卷号 00274,档案号 01740009002740000002;兵工署炮兵技术研究处关于派员前来洽购树苗种子致中央大学农学院园艺系的笺函,重庆市档案馆,全宗号 0174,目录号 0001,案卷号 00954,档案号 01740001009540000011;兵工署第二十工厂派员洽购砒酸钙、改良小麦种籽(子)致中央大学农业实验所、中央大学农学院的公函,重庆市档案馆,全宗号 0175,目录号 0001,案卷号 01856,档案号 0175000101856000001。

给中央大学农学院供研究参考。① 1940 年,"军政部为促进川、康、黔、滇、湘、桂六省棉产,特选上等德字棉种,分发各该省附属机关试种,为农民示范,倡导种植。"②1941 年,西康驻军 31 集团军、西康行辕特务营在驻地附近种植德字棉 531。③ 可见,无论是作战部队还是军事机关、兵工厂,都在可能的条件下,在自己的驻地进行农业生产,自己生产农产品满足部队自身的需求,无疑增加了西部农产品的产量。

第二节　西部各省农业生产合作事业的发展

开展农业生产合作是通过互助合作,提高劳动效率、解决农村劳动力缺乏问题的一个重要途径。20 世纪 20 年代,民国政府与民间力量结合的农村合作运动就有所发展。南京国民政府成立后,积极推动合作事业发展。1934 年 3 月,国民政府立法院颁布《中华民国合作社法》,对合作社的性质、业务、责任、设立和运行都做了具体规定,农村合作运动有了正式的法律依据。1935年 11 月,实业部合作司成立。1936 年,国民党中央颁布《中国国民党指导合作运动纲领》,行政院颁布了《县合作指导室组织办法》,其中合作社工作计划和工作原则中与农业有关的主要

---

① 国立中央大学农学院关于拟供给小麦 8 至 10 市石请在本星期内派员携据前来领取兵工署炮兵技术研究处的笺函,重庆市档案馆,全宗号 0174,目录号 0009,案卷号 00274,档案号 01740009002740000001。

② 《全国农业推广近况:生产作战军民协作》,《农业推广通讯》第 2 卷第 8 期,1940 年,第 79 页。

③ 刘贻燕:《五年来西康农业建设之回顾》,《西康经济建设季刊》第 8 期,1944 年,第 8 页。

有"配合粮食增产及物价管制政策，按农作季候，贷放实物，发展农业生产；实施全民入社，鼓励社员储蓄，增加社有资金，以树立农村经济基础"①。

　　全面抗战前，华北和长江中下游地区合作事业发展比较好，1936 年全国共有登记备案的合作社 37 318 社，其中河北 6 663 社、山东 4 965 社、安徽 4 125 社、江苏 3 305 社、河南 3 221 社、江西 3 209社，西北西南地区，陕西有 2 066 社，社员 82 455 人；四川有 1 322社，社员 61 496 人；甘肃有 244 社，社员 14 152 人；贵州有 35 社，社员 1 129 人；云南有 3 社，社员 74 人。② 全国合作社中信用合作社占第一位，计 2.062 万社，占总社数的 55.3%，生产合作社 3 199社，占总社数的 8.6%。③ 西南西北 5 省，陕西信用合作社 2 003社，占总社数的 96.95%，生产合作社只有 1 社。甘肃 244 社都是信用合作社。④ 1935 年四川农村合作委员会成立之初，组织合作社的目的偏重于农村救济，所组织的几乎全是信用合作社。川政统一后，四川省的生产合作社逐步发展起来，但直到 1936 年，四川信用合作社有 1 093 社，占总社数 82.68%，生产合作社只有 192 社，占总社数的 1.45%。云南 3 个合作社全是消费合作社，贵州 35 个合作社全是信用合作社。⑤

---

① 马继德：《宁夏之合作事业》，宁夏档案馆编：《抗战时期的宁夏——档案史料汇编（下）》，重庆：重庆出版社 2015 年版，477 页。

②《民国二十五年全国合作事业调查》，《农情报告》第 5 卷第 2 期，1937 年，第 54—110 页。

③《民国二十五年全国合作事业调查》，《农报》第 4 卷第 16 期，1937 年，第 846 页。

④《民国二十五年全国合作事业调查》，《农情报告》第 5 卷第 2 期，1937 年，第 56、54 页。

⑤《民国二十五年全国合作事业调查》，《农情报告》第 5 卷第 2 期，1937 年，第 88、92 页。伍玉璋：《四川省合作建设之实际及其问题》，《合作事业》第 3 卷第 1/4 期，1941 年，第 44—46 页。

全面抗战时期，四川合作运动发展较快。其中，产销合作社主要是射洪、遂宁、三台、中江、蓬溪、乐至等县的棉花产销合作社，内江、资中、资阳等县的蔗糖产销合作社，万县、涪陵、丰都、忠县、云阳、奉节等县的桐油产销合作社，南充、西充、盐亭、乐山、射洪的蚕丝产销合作社，夹江、铜梁的土纸产销合作社等。到1941年2月，全省产销合作社有476个，占合作社总数的2.29％。① 新县制实行后，根据《新县制各级合作社组织大纲》《四联总处推进新县制各级合作社农贷办法纲要》，四联总处不再把贷款局限于信用合作社，全国信用合作社从1941年初的20 255个，发展到1944年的22 793个，数量增加了，占比却下降了，从占总数的97％下降到55％，生产合作社由1941年初的476个，上涨到5 975个，比例上升到14.4％。② 1944年，四川专营农业生产的合作社有989社，兼营社有6 399社。③ 四川合作事业管理局指导县级合作社，侧重于农业生产和农村副业经营。对于特产产销业务，如蔗糖、蚕丝、棉花、纸业、菜油、桐油及稻作等业，都一一指导，设立各项特产产销合作社。1945年，四川省建设厅农业改进所与合作事业管理处、花纱布管制局、中国农民银行协同在射洪、德阳、广汉、遂宁、简阳、三台、蓬溪、中江、金堂等产棉县份，加紧推动棉花生产合作，贷款4 000万元，贷款棉田达8万亩。为增加马铃薯产量，四川合作事业管理处向中国农民银行洽贷500万元，采购薯种，贷予彭县等9县农民种

---

① 《农贷手册》第257页，1941年，作者、出版社不详，转引自成功伟、周海峰：《合作组织与乡村社会》，成都：四川大学出版社2017年版，第145页。

② 林嵘：《我国合作事业之统计分析》，《合作事业》第6卷第5/6期合刊，1944年，第16页。

③ 任敏华：《现阶段的四川合作事业》，《四川经济季刊》第2卷第1期，1945年，第161页。

植,省府令该县组织合作社生产马铃薯。① 由此可见,抗战后期,四川农业生产合作社有所发展,合作业务特别侧重于四川各地农村特产的产销合作。

1937年,云南富滇银行在环湖5县开办合作社,是云南合作事业的开端。1939年后,中国、交通、中国农民银行,农本局在云南发放农贷,推动云南合作事业迅速发展。1939—1941年间,云南昆明等58县成立合作社6 450个。1941年后,大后方物价高涨,国民政府实施紧缩农贷政策,云南合作事业遇到很大困难,各合作社纷纷开展自筹资金运动,一年内筹集资金约200万元。为解决通货膨胀问题,1942年后,云南合作社实施实物贷放,社员借实还实,既保障农业生产需要,又保障社员筹集的资金不贬值,云南的合作社继续发展,从1941年的6 450社发展到1945年抗战胜利时7 174社。② 1939年,农业生产合作社只有6社,信用合作社1 656社,占总社数的近99.7%;1940年农业生产合作社增加到61社,占总社数的1.53%,信用合作社3 906社,占总社数的近98.3%;1941年农业生产合作社增加到181社,占总社数的2.8%,信用合作社6 244社,占总社数的96.8%;1942年农业生产合作社153社,占总社数的2%,信用合作社6 913社,占总社数的94.4%;1943年农业生产合作社增加到189社,占总社数的2.4%,信用合作社7 397社,占总社数的94%;1944年农业生产合作社182社,占总社数的2.44%,信用合作社6 863社,占总社数的92.2%;1945年农业生产合作社192社,占总社数的2.77%,信用合作社6 176,占约总

---

① 任敏华:《现阶段的四川合作事业》,《四川经济季刊》第2卷第1期,1945年,第161—162页。

② 瞿明宙:《从云南合作事业的十年锻炼论中国民主经济建设的前途》,《云南合作事业》第29期,1948年,第8—9页。

社数的 89.2％。由此可见，云南的信用合作社占比有所减少，农业生产合作社有所增加，虽然减少、增加的幅度都很小。① 为了促进云南农业特产的发展，云南永胜、楚雄组织蚕桑生产合作社，获得贷款发展蚕桑事业。② 云南合作委员会给予茶叶生产运销合作社茶叶生产合作贷款，用于茶叶的生产、加工、运销，③此外，还组织了蔗糖、棉花合作社促进蔗糖、棉花生产等。

　　1936 年 7 月，为救济贵州兵灾旱灾，南昌行营奉蒋介石令筹建贵州合作事业机构，在贵阳等 20 县组织了 35 个合作预备社，贷放兵灾旱灾救济贷款。1937 年 7 月，贵州农村合作委员会成立，贵州合作社增加到 1 378 社。1938—1940 年是贵州合作事业快速发展的时期，合作社扩展到全省，社数由 1 000 余社增至 9 000 余社，社员由 3 万余人增至 30 万余人。④ 1938 年冬，贵州东北部发生牛瘟，灾情严重，农业生产贷款委员会拨款 30 万元，举办铜仁、松桃、江口、石阡、思南、德江、沿河、印江 8 县补充耕牛贷款，农村合作委员会在松桃等 7 县组织耕牛会承接贷款，补购耕牛，恢复农业生产。⑤ 1938 年，贵州合作社增加 2 950 社，达到 4 338 社；1939 年增加 2 356 社，达到 6 694 社；1940 年增加 2 342 社，达到 9 036 社。1941 年实行新县制，原有合作社或改组或解散或合并，1941 年，贵州单位社增加 735 社，总数为 9 771 社，1942 年

① 《云南省历年合作组织进度统计表》，《云南合作事业》第 29 期，1948 年，第 8 页。

② 李振华：《永胜合作与农贷》，《云南合作》第 1 卷第 2 期，1941 年，第 64 页。

③ 《云南省合作事业委员会茶叶生产合作贷款守则》，《云南省政府公报》第 12 卷第 76 期，第 8 页。

④ 张畏凡：《贵州合作事业之回顾与展望》，《贵州企业季刊》第 1 卷第 4 期，1943 年，第 42 页。

⑤ 张畏凡：《贵州合作事业之回顾与展望》，《贵州企业季刊》第 1 卷第 4 期，1943 年，第 42 页。

单位社增加 115 社,总数为 9 886 社,1943 年单位社减少 72
社,总数为 9 814 社。[1] 从合作社经营的业务种类看,贵州信用合
作社占总社数的比重由 1938 年的 98.20％下降到 1943 年的
73.6％;生产合作社占总社数的比重由 1938 年的 1.45％上升到
1943 年的 14％。信用合作社逐渐减少,生产合作社逐渐增加,但
是增加和减少的幅度都比较小。

表 27　贵州省历年合作社经营业务比较表[2]

年份	信用(%)	供给(%)	生产(%)	运销(%)	消费(%)
1939	98.20	0.25	1.45	0.06	0.06
1940	97.12	0.23	2.18	0.15	0.32
1941	91.74	0.24	6.89	0.66	0.47
1942	86	0.1	11.6	0.3	2
1943	74.6	2.8	14	1.2	8.4

　　1928—1933 年,陕西发生了前所未有的大旱灾,赤地千里,农
民陷于水深火热之中。1933 年,中国华洋义赈会西安分会以救济
灾黎为契机,首先在长安等县组织农村信用合作社,以改善农民生
计。1933 年 4 月,陕西省建设厅与西北农工改进会指导泾惠渠农
民组织棉花生产运销合作社。1934 年,陕西省建设厅鉴于农村资
金短缺,认为流通农村金融是陕西恢复生产、振兴农村的急务,于
是分别指导各县组织信用及生产合作社,但是进展缓慢。1934 年
8 月 21 日,陕西农村合作事业委员会成立,积极推进合作事业,陕

---

[1] 张畏凡:《贵州合作事业之回顾与展望》,《贵州企业季刊》第 1 卷第 4 期,1943 年,第
43 页。

[2] 张畏凡:《贵州合作事业之回顾与展望》,《贵州企业季刊》第 1 卷第 4 期,1943 年,第
45 页。

西合作事业开始快速发展,由 1935 年 4 月的 132 社,1936 年底增
加到 2 025 社,1941 年 1 月 31 日,发展到 6 427 社,社员 317 376
人,6 年间社数增加 6 000 余社,社员增加 30 余万人,合作社遍及陕
西全省。[1]　其中,信用合作社占绝大多数,1935 年 4 月,信用合作
社 59 社,1937 年底有信用合作社 3 527 社,1938 年底有信用合作
社 4 515 社,1939 年底有信用合作社 5 142 社,1940 年 2 月有信用
合作社 5 198 个,占全省合作社总社数的 94%,1941 年 1 月有信用
合作社 5 798 社,占全省总社数的 90%强。[2]　为了促进农业生产,西
北农学院先后辅导扶风、武功两县成立了 170 多个棉麦生产合作
社,265 个信用合作社,社员 3 251 人。西北农学院推广处以合作
社为基层组织,督导社员种植优良麦种和棉种,指导社员植树、修
路和兴修引水灌溉工程,[3]推动了当地农业的发展。

　　1935 年 5 月,中国农民银行兰州分行在甘肃皋兰、榆中辅导组
织 51 个信用合作社,承接中国农民银行发放的农贷。1936 年甘肃
农村合作委员会成立,在 10 个县组织合作社 229 社,其中有水利生
产合作社 1 社,住宅公用合作社 4 社,其余都是信用合作社。1941
年甘肃 5 000 多所合作社中信用合作社占绝大多数,但是在武威、
平凉、皋兰、临洮等 25 县有小型水利合作社,承接农田水利贷款兴
修水利,发展农业生产。永登、卓尼、岷县、海原、化平、永靖、固原、
临夏、和政、张掖、临泽、会川、康乐 13 县局有畜牧合作社,岷县、永

---

[1] 宋荣昌:《陕西信用合作事业之质的分析》,《中农月刊》第 2 卷第 11 期,1941 年,第
　　1 页。

[2] 宋荣昌:《陕西信用合作事业之质的分析》,《中农月刊》第 2 卷第 11 期,1941 年,第
　　1 页。

[3] 周邦任、费旭主编:《中国近代高等农业教育史》,北京:中国农业出版社 1994 年版,第
　　212 页。

昌、山丹、海原、会川 5 县,配合羊毛改进处及兽疫防治处,办理改良羊种业务。

宁夏从 1940 年开始推行合作事业,当时仅仅在建设厅内增设一个合作科,并训练外勤人员,派赴各县办理合作行政与合作指导事务。实行新县制后,合作事业成为宁夏省政府的中心工作。截至 1943 年,宁夏全省除两个蒙旗外,其余 13 县均普遍设立了合作社,有县联社、乡镇社、保社、专营社,共 668 社,社员 69 014 人,股金 2 001 899 元。[①] 宁夏平原土地宽广,水利设施较完善,是宁夏主要的粮食产地,国民政府和宁夏省粮食增产机关为促进粮食增产,向各合作社发放贷款,促进农、副业生产发展,兼及日用品之供给与运销,同时配合农林机关进行农业推广。1943 年春季发放实物贷款,一周之内,贷出种子 3 万市石,且普及于全省 6 万社员之手,可种麦田 30 万亩。[②] 宁夏合作社事业管理处组织了 14 个垦殖合作社,开垦荒地 5 000 余亩,1 年可增产粮食 5 000 市石。宁夏中宁县张恩堡一带适宜种植棉花,宁夏合作社事业管理处组织棉花生产合作社,种植棉花 3 140 亩,年产棉 9 万斤,时值约 1 000 万元。宁夏合作事业指导机关还指导乡镇合作社经营农、牧、副业,如纺织、榨油、造纸、皮毛、畜产制造、陶瓷生产等。

1944—1945 年上半年,青海设立西宁、湟中、乐都、民和、互助、大通、湟源等县市合作指导室,督导成立专营社。这期间的合作社业务注重生产与消费,并普遍增设信用部,以流通农村金融,促进

---

① 罗舒群:《抗日战争时期甘宁青三省农村合作社运动述略》,《开发研究》,1987 年 6 月,第 58 页。

② 马继德:《宁夏之合作事业》,宁夏档案馆编:《抗战时期的宁夏——档案史料汇编(下)》,重庆:重庆出版社 2015 年版,第 478 页。

农业生产。

　　从抗战时期西部各省合作社的种类来看,信用合作社占绝大多数,生产合作社很少,据经济部合作事业管理局 1940 年底统计,生产合作社只占合作社总数的 8.4%。[①] 为推动农业生产合作事业发展,1941 年 12 月 11 日,国民政府社会部公布《农业生产合作推进办法》,指出:农业生产合作以改善农业经营,增加农民收益,发展农村经济为目标,各级合作主管机关负责训练、宣传、指导农业生产合作,谋求农业生产合作组织之逐渐建立与健全发展。合作主管机关应指导各级合作社设置合作农场,兼营农业生产合作,必要时设置专营农业生产的合作社,办理特种农产品之生产或加工制造。合作主管机关会同农业改进机关及农业或合作金融机关选定适当地点组织示范合作农场。合作主管机关应特别注意鼓励并指导贫农加入合作社,以改善其地位与生活,并应利用合作组织扶植自耕农之发展,协助推行土地重划。农业生产加工部分应由各社员共同经营,其原料生产部分由各社员个别经营。[②] "此项办法自[民国]三十年度推行以来,在农业特产区域收效尤大,因农民利害相同之处甚多,合作更属急需也。现成立合作农场,已有 18处,每场参加农家百户左右,土地约 1 000 亩到 2 000 亩左右。业务包括生产、加工、购买、运销及消费等。"[③]农民生产合作组织,特约农家繁殖良种,与农业推广机关一起逐渐将良种推广到各地。农业生产合作社还合作开垦荒地,合作防治病虫害,合作进行农田水

---

① 方锦:《中国合作事业的发展阶段》,《中国合作》第 1 卷第 8/9 期,1941 年,第 54 页。

②《农业生产合作推进办法》,1941 年 12 月 11 日,中国第二历史档案馆藏,社会部档案,11—11399。

③ 沈鸿烈:《中国之农业》,秦孝仪主编:《革命文献》第 102 辑,台北:"中央"文物供应社,1985 年,第 98—99 页。

利建设等,西部各省零星的小规模的农田水利工程,大多由农民组织水利合作社或水利协会合作兴修,比如甘肃成立水利合作社,由中国农民银行贷款兴修小型农田水利工程。陕西省的水利生产合作社,以凿井凿泉、蓄水、开渠、导河灌溉农田为主要业务,其工程费用在5万元以下且适合组织合作社的,其设备和工程所需费用由合作事业管理委员会负责筹贷。[①] 据国民政府合作事业管理处1943年5月底的统计,"十八省的合作社里面,专营农业生产的有4 260社,兼营农业生产的有 24 704 社,占全部合作社业务的11.9%,其中生产棉花的占 9.96%,生产粮食的占 8.49%,生产蚕丝的占 6.11%,生产桐油的占 5.4%,生产茶叶的占 4.66%,生产蔗糖的占 4.22%。"[②]西南西北各省通过组织农业生产合作社,获得银行的低利贷款,有的还获得农业改进机关的协助,有了资金和技术的协助,农业生产运销都有所发展,特别是农业特色产品,如四川、云南的桐油、蚕丝、茶叶、蔗糖都获得了发展,为支持抗战起到了重要的作用。

但是,总的看来,全面抗战时期,西部各省大多数合作社是信用合作社,农业生产合作社较少。通过农业生产互助合作,解决农村劳动力短缺问题,提高农业生产效率,促进农业发展的作用有限。"现时之合作社最大多数仍为信用合作社,其唯一业务为借款还款,借款用途,多为青黄不接时用以垫付短期零星之经营资金,比较缺乏积极之作用。其私自改变用途者更无论矣。此种信用合

---

① 《陕西省水利局、陕西省合作委员会共同促进水利生产合作暂行办法》(1939 年),中国第二历史档案馆藏,经济部档案,4—32615。

② 寿勉成:《从合作运动的观点批判我国经济界的转变及趋向》,《陕西合作通讯》第 47 期,1943 年,第 3 页。

作社对于增加生产、改善生活,为效如何,诚不无疑问。"①孔祥熙也承认,最近两年来,农工方面的合作事业已很发达,但农业合作社不仅设置不能普遍,仅有的若干合作社办理很好的实在太少,希望今后对于农村合作事业,一方面要普遍推广,一方面要设法改善。②

第三节　筹办国营农场、示范指导农民经营农场

一、筹办国营农场

抗战时期的中国农村,大部分农户拥有的土地面积都比较小,耕地分割细碎,农业劳动生产率很低。据 1935 年土地委员会对 16 省 163 县 150 余万农户调查,平均拥有土地 5 亩以下的农户,几乎占农家总户数的 1/4,加上 5 亩以上 10 亩以下的农户,占到农家总户数的一半。③ 再据金陵大学农学院 1929—1933 年对 22 省 154县 1.67 万余农村田场调查,每户农民平均拥有耕地 3.76 英亩,约合 22 市亩,仅为美国农场平均面积 156.85 英亩的 1/42,即使与平均农场面积较小的荷兰相比,荷兰为 14.28 英亩,我国仅为其1/4。④从西部各省情况看,西南以贵州省为例,据中央农业实验所1935 年对黔省 21 县农民拥有土地面积调查,10 亩以下占 27.3%,10—20 亩占 22.4%,20—40 亩占 30.8%,40—50 亩占 11%,50 亩

---

① 孔雪雄:《由战时合作论到战后合作事业》,《合作事业》第 5 卷第 2 期,1943 年,第 7 页。
② 行政院副院长孔祥熙对第一次全国农会议训词,秦孝仪主编《革命文献》第 102辑,台北:"中央"文物供应社,1985 年,第 253—255 页。
③ 聂常庆:《战时中国土地利用问题》,《人与地》第 3 卷第 2/3 期,第 20 页。
④ 刘润涛:《改进中国农业经营的途径与办法》(1942 年 2 月),中国第二历史档案馆藏,农林部档案,23—1644。

以上仅占 5.8％,①49.7％的贵州农户只有 20 亩以下土地。西北以陕西为例,据 1936 年《中国经济年鉴》记载,对陕西北部 44 县调查,10 亩以下者为 22.3％,10 亩到 20 亩 18.5％,20—30 亩为16.4％,30—40 亩为 14.7％,40—50 亩为 13.1％,50—100 亩为9.0％,100 亩以上者为 6.0％;对陕西南部 7 县调查,5 亩以下的为24.9％,5—10 亩为 22.1％,10—15 亩为 17.9％,15—20 亩14.5％,20—30 亩为 11.4％,30—50 亩为 7.0％,50 亩以上者为2.6％。从这组数据可以看出,陕西北部拥有土地较多的地主较多,远超陕西南部。陕西南部农家在 10 亩以下者,几达半数,而在陕西北部,不过 1/5 强。② 陕西北部 20 亩以下的农家占 40.8％,陕西南部 20 亩以下者占 79.4％,陕南农地分割更加细碎,47％的农家只拥有 10 亩以下土地。总起来看,我国西部各省农村耕地分割细碎,很少有整块的大片农场。

从农业劳动生产率看,据中国农业经济学家刘润涛研究,中国农业劳动生产率非常低下。他以美国农部贝克(O. C. Baker)以每小时工作所得的收获量为标准衡量中美两国农业劳动生产率,中国农民每小时工作所得的玉蜀黍为 1.1 公斤,美国为 45.5 公斤,其比例为 1∶41;中国农民每小时工作所得的小麦为 1.6 公斤,美国为39.4 公斤,其比例为 1∶25;中国农民每小时工作所得的米为 2.3 公斤,美国为 18.7 公斤,其比例为 1∶8。再以中美两国 23 种主要农作物每英亩所需人工工数比较,我国生产每英亩棉花需人工 53工,美国只需 14 工;同一英亩玉蜀黍,我国平均需 23 工,美国只需

① 张肖梅:《贵州经济》,上海:中国国民经济研究所,1939 年,吴相湘、刘绍唐:《民国史料丛刊》第 11 种,台北:传记文学出版社,1971 年影印,第 A7 页。

② 陕西省银行经济研究室:《陕西经济十年(1931～1941 年)》,1942 年,西安市档案馆1997 年重印,第 80 页。

2.5 工;同 1 英亩小麦,我国平均需 26 工,美国只需 1.2 工。[1] 美国农业劳动生产率远高于我国。他进一步分析,中国农业劳动生产率低的主要原因是农业生产工具和耕作技术落后,而先进的农业生产工具和农业生产技术无法采用的一个很重要的原因是农村田场面积狭小,耕地分割细碎,无法使用大机器生产。抗战时期的中国除极少数的新式农场外,一般农村都是农民在自家的小块田地上用原始的劳动工具进行耕作,自给自足,农业的商品化、现代化程度、农业劳动生产率非常低,与欧美工业化的农场,苏联集体农场、国营农场相比,差距非常大。

　　为此,刘润涛建议对我国农场经营加以改进,方法一是扩大耕作单位。通过土地重划,将各农家彼此相连的土地设法调换或归并,使成整块的场地,建成较大农场,可以应用先进技术耕作。同时改进农舍和田地的安排,使农舍靠近耕地,便利耕作,节省往返时间。[2] 方法二是垦殖荒地。在边疆荒地直接施行集体耕作,增加农业生产,自办农产加工运销,可取得良好的经营效益,改善农民生活。方法三是推行集体耕作。通过和平的方法赎买土地,分给农民耕种,实现耕者有其田,然后进行集体耕作,选择优良品种,运用先进技术,防治病虫害,改良土壤,兴修水利,施用肥料,加工储藏农产品,逐渐由个别经营,过渡到局部合作,再到集体耕作,促进农业发展和农业劳动生产率的提高。同时还要发展工商业,生产先进的机械化的农业生产工具,发展农村医药卫生教育事业,提高

---

[1] 刘润涛:《改进中国农业经营的途径与办法》(1942 年 2 月),中国第二历史档案馆藏,农林部档案,23—1644。

[2] 刘润涛:《改进中国农业经营的途径与办法》(1942 年 2 月),中国第二历史档案馆藏,农林部档案,23—1644。

农民的体力和智力,促进农业的发展和农村现代化。① 刘润涛的方案,即使现在看也是一个农业农村工业化、现代化方案,这个方案不仅涉及农业本身,而且涉及与农业有关的工业、商业、教育、医疗卫生事业,这么宏伟的农业现代化方案,短期内无法实现,何况是在抗战时期的中国,实现难度更大。但是,为了发展农业,支持抗战,国民政府还是进行了办理国营农场的尝试。

1941 年 6 月,农林部颁布《农林部国营农场组织规程》,提出筹设国营农场,测量整理划分农场土地,开垦农场荒地,选用新式农具栽培农作物,防治病虫害,改良土壤肥料,兴修水利、道路和桥梁,经营农场副业、农村小工厂,设立农仓,举办农场员工及家属的教育、医药卫生、娱乐等事业。② 1941 年,农林部在四川峨边、贵州八寨、湖南宜章利用荒地,筹设了 3 个国营农场,“每一国营农场面积暂定为一万亩,三处共计三万亩,每场第一年耕种三千亩至三千五百亩,以后逐年扩大种植面积,于第三年将预定面积全部耕种,预计第一期三年垦殖完成,第二期三年实现收支适合,第三期三年递增纯利。”③ 1941 年,第一国营农场在湖南宜章成立,原计划垦地 1 万亩,1942 年垦地 4 200 亩。④ 1941 年 2 月,农林部在四川峨边设立第二国营农场,勘划永安乡的大溪沟、石板沟、中山岗子一带

① 刘润涛:《改进中国农业经营的途径与办法》(1942 年 2 月),《农业推广通讯》第 4 卷第 2 期,抽印单行本,中国第二历史档案馆藏,农林部档案,23—1644。

②《农林部国营农场组织规程》(1941 年 6 月 22 日公布),秦孝仪主编:《革命文献》第 102 辑,台北,“中央”文物供应社,1985 年,第 313 页。

③《农林部工作报告》(1940 年度及 1941 年 1—3 月),秦孝仪主编:《革命文献》第 102 辑,台北,“中央”文物供应社,1985 年,第 396 页。

④《民国二十九年至三十一年之农林工作》,秦孝仪主编:《革命文献》第 102 辑,台北:“中央”文物供应社,1985 年,第 138 页。

为场地,在大溪沟设第一工作站、石板沟设第二工作站、中山岗子设第三工作站,进行垦殖。峨边农场自然条件比较好,但是地处偏僻,垦殖工作进展缓慢,原预计 1941 年内垦地 3 000 亩,分别种植水稻、大豆、玉米及马铃薯等农作物①,实际 1941 年垦地 1368 亩。1942 年峨边国营农场改为雷马屏峨垦区管理局,②后移交军政部办理。③ 1941 年 4 月,第三国营农场在贵州成立,勘划贵州平坝清镇之间的淡雅坡一带的荒地为场址,雇工开垦。当年即垦地 1 100亩,1942 年预定扩充 3 500 亩,到 1942 年 5 月,已垦荒地 1 950 亩,种植农作物 1 419 亩,森林苗木 513 亩,玉米、高粱、芝麻、陆稻、马铃薯、豆类、粟类、除虫菊及茶树等共 1 714.64 亩。④ 农林部原计划 1942 年选择适当地点增设 3 个国营农场,但实际上只在广东英德县横石塘增设了第四国营农场。1943 年,农林部各省推广繁殖站成立,将第一、第二、第三国营农场改成推广繁殖站,并将第四国营农场改为英德农场。⑤ 英德农场以垦荒种植为中心工作,计划垦地 10 353 亩,种植夏、冬两季作物共 15 648 亩。截止至 1942 年 6月,已垦地 1 024 亩,种豆类、甘薯、棉花、蓖麻、绿肥、木薯及苗圃共421.7 亩。1943 年预定垦荒 3 500 亩,实际垦荒 713 亩,加上前面

①《行政院关于农林工作之报告》(1941 年 1—12 月),秦孝仪主编:《革命文献》第 103辑,台北:"中央"文物供应社,1985 年,第 11 页。

②《行政院关于农林工作之报告》(1941 年 10—1942 年 8 月),秦孝仪主编:《革命文献》第 103 辑,台北:"中央"文物供应社,1985 年,第30 页。

③《民国二十九年至三十一年之农林工作》,秦孝仪主编:《革命文献》第 102 辑,台北:"中央"文物供应社,1985 年,第 139 页。

④《行政院关于农林工作之报告》(1941 年 10—1942 年 8 月),秦孝仪主编:《革命文献》第 103 辑,台北:"中央"文物供应社,1985 年,第30 页。

⑤ 国民政府行政院编纂:《国民政府年鉴》(第二回),中央之部,第 1 编,《第 12 章　农林》,第 7 页。

垦殖地累计 1718 亩。① 1944 年预计垦荒 7 000 亩,需要 100 万元经费,雇用 200 名长工、1 200 名短工,增购耕牛 10 头从事垦种。②

国民政府创办国营农场的目的一方面是垦殖荒地,扩大耕地面积,增加农业生产,另一方面也是通过大规模、有组织的农业生产,以节省劳力,降低农业生产成本,提高农场经营效率,为农民田场经营作示范,等取得成效后即指导农民用合作方法经营农场,逐渐实现农场经营合理化。但是,因战时财力物力有限,现代化的、大规模的农场经营根本无法实现,特别因战争时期,农业机械不能进口,国内又没有农业机械生产能力。农林部 4 个国营农场开垦荒地,耕种农作物,仍然全部依赖人工和畜力,农业生产技术并没有本质提高。不过,农林部在国营农场经营中,注意到田地调整,通过土地重划,将小块的彼此相连的土地设法调换或归并成整块的耕地,以便战后进行机械化的、大规模的经营③,其工业化、现代化的、大规模的、有组织的经营方向是值得肯定的。

二、示范指导农民经营农场

(一)指导农民改良农场经营

全面抗战时期,西部各省大多数农民未采取合作方式经营农业,需要政府在技术和经济方面予以指导和协助。农林部在自办国营农场的同时,组织开展示范指导农民经营农场。从 1941 年

① 国民政府行政院编纂:《国民政府年鉴》(第二回),中央之部,第 1 编,《第 12 章 农林》,第7页。
②《农林部 1944 年度工作计划、各县农场经营指导处工作概况表、各省粮食增产中心说明书》(1944 年),中国第二历史档案馆藏,农林部档案,23(2)—117。
③《农林部 1944 年度工作计划、各县农场经营指导处工作概况表、各省粮食增产中心说明书》(1944 年),中国第二历史档案馆藏,农林部档案,23(2)—117。

起,在川、康、陕、甘、豫、湘、鄂、赣、浙、闽、粤、黔、桂、滇等 14 省选取有代表性的 28 个县,每县设农场经营指导员办事处,派 1 名农场经营指导员,若干助理指导员、练习生,经过培训后,由农林部派到指定县、区充当农场经营指导员,指导农民组织农场经营改良团体,向农民介绍良种善法,帮助农民获得低利贷款,指导农民使用科学方法提高农场经营效率,树立现代农业基础。1941 年 8 月,各省农林主管机关遴选县农业推广所主任或同等资格人员,参加农林部附设的农场经营指导员训练班[①],9 月,农场经营指导员训练班结束,学员返回各试点县从事农场经营指导工作。"截至本年[1942 年]八月底止,各指导县均已经组织二个以上的农场经营改良团体,接受指导的农家,每县约在二百户左右,并以团体为中心,发动附近一带农村工作,各指导县工作人员,除已分别将各县区之农林概况调查完竣按月查填物价情报外,并追查民国二十五年来之物价四十至一百五十种,调查过去一年内之农场经营状况,举办记账训练,经常指导农家记账,所有调查统计材料先后送由农林部农场经营改进处整理统计分析,现已编就四川巴县及贵州遵义两县近六年来之物价指数四十七种,并完成巴县农场经营之研究工作。此项工作自推行以来,为时不及一载,每一指导县农民所得之收益,除抽象者不计外,其具体者约在 20 万元左右。"[②]

具体指导农民改良农场经营情况,可以 1942 年 4 月—9 月份贵州惠水县为例。1942 年 4 月,惠水县农场经营指导员办事处特派指导员利用乡农会,会同国民党党部指导人员筹备组织了长岭、

[①] 陈济棠:《抗战四年来之农业》,秦孝仪主编:《革命文献》第 102 辑,台北,"中央"文物供应社,1985 年,第 67 页。

[②]《行政院关于农林工作之报告》(1941 年 10—1942 年 8 月),秦孝仪主编:《革命文献》第 103 辑,台北:"中央"文物供应社,1985 年,第 32—33 页。

六合农场经营改良会;指导农场经营改良会改良田场布置;协助改良会会员和农民向农业金融机关申请低利贷款;协助农业改进机关推广优良品种,向农民介绍先进耕作方法。协助惠水县农林场与中国农民银行收购金大 2905 号及定农一号改良小麦,设置若干特约农家指导合作经营以做示范,推广美国黄金烟草、德字美棉。1942 年 5 月,收购金大 2905 号麦种 1 200 市斤,6 月收购改良麦种1.1 万余市斤,7 月份收购改良麦种 3 200 余市斤。8 月份收购改良麦种 24 499 市斤,按每亩播种量 8 市斤计算,该月共可推广优良麦种3 062 市亩。8 月份,因为惠水县雨量减少,稻包虫在各乡肆虐,六合、长岭、抵濛一带都发现了水稻包虫,农场经营指导员指导改良会会员及附近农民制造船梳,用船梳梳除包虫,减少为害率95%,防治总面积 200 亩,减少损失 6 000 余元。农场经营指导员办事处还指导农民及时抢收稻谷,指导农民拔除白秀稻根,防止螟虫越冬。根据农业生产季节,每月都出壁报,宣传科学种植及病虫害防治方法,介绍合式秧田耕作方法,指导水田布置及栽秧管理,介绍水稻中耕、施肥方法,宣传水稻包虫之危害及防治方法,宣传推广冬耕等。长岭、六合农场改良会成立后,帮助改良会会员和农民向中国农民银行获得低利贷款,指引农行贵阳分行农贷部主任视察贷款情形等。①

　　1942 年 9 月—1943 年 6 月,各地农场经营指导员办事处除西康西昌一处停办外,其他川、陕、滇、黔、豫、湘、鄂、粤、赣等 9 省 17县仍继续办理。1943 年在川陕甘 10 省 19 个县指导农民组织农场

---

① 赵文海:《贵州省惠水县农场经营指导员办事处四月份、五月份、六月份、七月份、八月份工作检讨报告表》(1942 年 4、5、6、7、8、9 月),中国第二历史档案馆藏,农林部档案,23/102。

经营改良会及合作农场 40 所,连同原有 88 所,平均每县 4 所以上①,较 1942 年 9 月前有显著增长。农场经营指导员办事处与中国农民银行会订《农场指导经营贷款合作办法》,给各指导县贷款额度 1942 年为 5—10 万元,1943 年增至 10—50 万元。1942 年总额为 150 万元,1943 年增为 370 万元。特约指导农家 630 户,设立民众夜校及农民补习学校 12 所,②接受指导记账的农家平均 31 户,农民采用棉、麦、晚稻、马铃薯优良品种每处 1 500—3 400 余亩。农场经营指导员还指导农家养猪、养鱼、纺织、凿井、修塘、植桐、制用和购买肥料、浸种、耕田栽秧、中耕,防治家畜疫病及农作物病虫害等,取得了显著成效。③

　　农林部在指导农民改良农场经营方面的确做了一些工作,但也遇到一些困难:一是农民文化知识欠缺,指导员在收购改良麦种时,发现农民将金大 2905 号与定农一号小麦混杂在一起,影响良种品质。本来应该由特约农家来繁殖良种,以保证品种之纯粹,但是设置特约农家指导合作经营时,因为时机不成熟遇到不少困难。二是指导农民改良农场经营的指导员数量太少,不敷分配;三是帮助农民获得低利贷款,农民申请发放数额过大,难以满足需要等。④可见,广大西部农民有改善农场经营的愿望,特别是希望得到低利贷款,但是中国农民银行财力有限,不能满足农民需要;农民文化程度比较低,需要大力发展农村教育事业,提高农民文化水平,但

①《国民政府年鉴》(第二回),中央之部,第 1 编,《第 12 章　农林》,第 7 页。

②《国民政府年鉴》(第二回),中央之部,第 1 编,《第 12 章　农林》,第 7—8 页。

③《行政院关于农林工作之报告》(1942 年 9 月—1943 年 6 月),秦孝仪主编:《革命文献》第 103 辑,台北:“中央”文物供应社,1985 年,第 70 页。

④ 赵文海:《贵州省惠水县农场经营指导员办事处七月份工作检讨报告表》(1942 年 7 月),中国第二历史档案馆藏,农林部档案,23—102。

是抗战时期,农村教育事业比较落后,"乡间所办的小学校和极少数的民众学校,因为种种困难,多半是有名无实"①;改善农场经营,需要大量指导人员,但是,人才缺乏,试点县都不敷使用,如果在西部各省广泛推广,人才会更加缺乏。人力、财力缺乏是影响农场经营改善的主要障碍。

(二)辅导农民组织合作农场合作经营

农林部原计划一方面利用国有或公有荒地筹办集体耕作农场,一方面在熟荒地区,指导农民从合作灌溉、合作购买、合作运销、合作贷款入手,使农民明了合作经营的好处,然后引导农民进行合作经营。

1941年10月—1942年8月,在重庆南岸、遂宁、成都及璧山4处辅导农民组织合作农场合作经营,各合作农场都取得了一定的成绩。在合作购买方面:遂宁合作农场农民因共同置用棉花条播机,较前工作效率增加6.3倍,共同购买山东式播种耧,效率增加5.7倍,用胶轮运输车运输肥料,不仅节省人工,而且解决了该场肥料缺乏问题。在合作运销方面:重庆南岸合作农场农民共同置备运菜船只,设立运销部,直接运销该场出产的蔬菜,增加了农民的收入。在合作防治病虫害方面:重庆南岸及璧山两个合作农场,均以合作方式共同清除水稻螟虫及蔬菜害虫,璧山合作农场把合作除虫定为竞赛项目,取得了明显的成效。在合作防治兽疫方面:重庆南岸合作农场清洁猪舍防治猪瘟,并向中国农民银行投保猪只险;璧山合作农场注射血清,预防猪瘟,效果很好。在合作加工方面:遂宁合作农场农民共同使用轧花车及七七纺纱机轧花纺纱,重庆南岸合作农场农民,将自产番茄合作加工制成番茄酱出售,又将

---

① 金阳镐:《贵州农村》,《农报》第5卷第13/14/15合期,1940年,第237页。

自产麦草编制草帽合作贩卖，收入可观。在合作耕种方面：各合作农场统筹使用农场各农户的土地、劳力、资本，以有余补不足，养成农民共同生产之习惯。重庆南岸及遂宁两合作农场均合作耕种，共同生产。改良农场布置：璧山合作农场测量农民土地，进行土地交换等，把相邻的土地合并成大块土地。此外还合作储粪，增加肥料来源，举办食米油盐等消费合作，避免中间商人从中渔利，取得了很好的成效。①

　　1942 年 9 月—1943 年 6 月，农林部继续辅导重庆南岸、遂宁、璧山及成都 4 处合作农场合作经营，遂宁、成都、璧山各合作农场向中国农民银行贷款 16.75 万元。1942 年 12 月，农林部在北碚设立辅导北碚自耕农合作农场办事处，"辅导目的在使区内农民用合作方式实施合理的农业经营，并组训农民，促进农村建设，以改善其生活，而达成模范农村之理想。"②北碚自耕农示范区成立后，为解决劳工缺乏问题，合作农场以换工方式合作生产，1943、1944 年两年，共计换工 4 562 日，因此省工 1 600 日，节省开支 19 万元。为解决耕牛问题，2—5 名场员合作养牛，一年节省开支 4 万元。③ 北碚自耕农示范区内自耕农分组合作建筑大水坝 3 座，解决了区内灌溉问题，且可养鱼 1 500 万尾，1944 年收入约 4 万元，1945 年收入达 10 万元，收益由合作者共享。中国农民银行贷款给示范区内农民购买猪只，成立合作养猪场，不仅饲养猪只，还兼营农产品加工制造，不仅解决农业生产所需肥料问题，而且出卖肥猪，1942 年

---

① 《行政院关于农林工作之报告》(1941 年 10—1942 年 8 月)，秦孝仪主编：《革命文献》第 103 辑，台北："中央"文物供应社，1985 年，第 33 页。
② 樊克愚：《北碚扶植自耕农示范区纪实》(二)，《地政通讯》，1947 年第 20 期，第 21 页；《北碚扶植自耕农示范区纪实》(三)，《地政通讯》1948 年第 24 期，第 35 页。
③ 樊克愚：《北碚扶植自耕农示范区纪实》(二)，《地政通讯》，1947 年第 20 期，第 27 页。

收益 3.3 万元,1943 年收益 18.48 万元,1944 年收益 58 万元,1945
年收益 240 万元,盈利捐助办学校,对区内农民进行信用或储押放
款,吸收存款等。其他如消费合作,合作购买条播器、点播器、喷雾
器以及各种农作物良种,自耕农示范区内场员及子弟学校的学生
共同扑杀螟蛾等,都取得了显著成效。①

　　1943 年 7 月—1944 年 7 月,农林部在重庆南岸设立合作农场
辅导员办事处,督促指导农场合作生产,参加合作的农民有 34 户,
土地 700 余亩,引用优良品种,合作施肥、合作除虫,共同耕种。②
1944 年 4 月,遂宁合作农场辅导员办事处成立,该场共登记参加合
作农户 106 户,耕地面积 686 亩,共同购买棉花播种机,办理合作贷
款,还办了夜校。③ 1943 年 7 月—1944 年 7 月,农林部农村经济建
设委员会与中国乡村建设育才院合作成立歇马场合作农场,有场
员 9 户,田地约 330 余亩,共同经营农场,改良农具,开展生产及消
费合作。④ 农林部农村经济建设委员会还与金陵大学农学院农业
经济系合作辅导成都合作农场,金陵大学农学院勘定成都北门外
华阳县纵横 2 里范围内区域为场址,签订辅导计划大纲和合作办
法。⑤ 为推动合作农场经营,中国农民银行提供贷款,1943 年度贷

---

① 樊克愚:《北碚扶植自耕农示范区纪实》(二),《地政通讯》,1947 年第 20 期,第 27—
　28 页。
② 农林部工作报告(1943 年 7 月—1944 年 7 月),中国第二历史档案馆藏,农林部档案,
　23(2)/120。
③ 农林部工作报告(1943 年 7 月—1944 年 7 月),中国第二历史档案馆藏,农林部档案,
　23(2)/120。
④ 农林部工作报告(1943 年 7 月—1944 年 7 月),中国第二历史档案馆藏,农林部档案,
　23(2)/120。
⑤ 农林部工作报告(1943 年 7 月—1944 年 7 月),中国第二历史档案馆藏,农林部档案,
　23(2)/120。

款总额为 136 862 元,1944 年放款总额为 900 万元。[1] 1944 年,中国农民银行与农林部续订改良农场经营贷款,"年底贷款结余 1 340 余万元,其中,用于农场经营及改良者约 800 余万元;用于合作农场者,约 530 余万元。"[2]

1944 年 8 月—1945 年 1 月间,农林部在陕西泾阳、贵州遵义指导组织合作农场,指导农民合作经营。到 1945 年 1 月,西部各省共有四川巴县、北碚、遂宁、重庆南岸、陕西泾阳、贵州遵义 6 处农场经营指导处,有合作农场 22 所,特约农家 2 800 余户,介绍改良农场经营贷款 1 500 万元,指导农民集体耕作,合作饲养、合作加工、合作兴修水利、合作保险、合作运销、合作防治病虫害等,均有相当成绩。[3] 1945 年 4 月,农林部农场经营改进处裁撤,业务由农林部农村经济司继续推进。

1941 年,宁夏农业改进所与该省叶升堡农户组织水稻合作农场,与姚伏堡农户组织小麦合作农场,与灵武东门果园户组织果树合作农场,与中宁枸杞户组织枸杞合作农场,与王太堡户组织烟草合作农场共 8 处,[4]推动该省合作经营农业,促进农业发展。

总之,抗战时期,国民政府与西部各省都进行了农业合作生产,合作经营的尝试,初试取得了一定的成效,但都是局部的、试点性质的,范围、成效有限。

---

① 《行政院关于农林工作之报告》(1943 年 7 月—1944 年 3 月),秦孝仪主编:《革命文献》第 103 辑,台北:"中央"文物供应社,1985 年,第 104 页。

② 《中国农民银行 1944 年度业务报告书》(1945 年),中国第二历史档案馆编:《中华民国档案资料汇编》第 5 辑第 2 编,财政经济(3),南京:江苏古籍出版社 1997 年版,第 615 页。

③ 《行政院关于农林工作之报告》(1945 年 5 月—1946 年 1 月),秦孝仪主编:《革命文献》第 103 辑,台北:"中央"文物供应社,1985 年,第 134 页。

④ 《农林部工作报告(1943 年 7 月—1944 年 7 月)》,中国第二历史档案馆藏,农林部档案,23(2)/120。

第五章　农业技术改进与西部农业发展

抗战时期军民衣食需求巨大,但是西部各省耕地面积有限,农村劳动力缺乏,要提高农产品的产量,必须依靠农业科学技术,通过科技的手段提高单位面积的产量。抗战时期,中央和西部各省农业科研机构、农林院校都积极投入农业科学研究中,改良农作物品种,防治病虫害,增施肥料,改良农具等等,取得了一定的成效,促进了西部各省农业的改造和发展。

第一节　国民政府中央机构的农业科研与农业推广

一、中央农业机关的农业科研

（一）改良种子和推广良种

1932 年中央农业实验所成立,作为中央农业科研机构,负责统筹全国农业科学研究与农业科研成果推广。全面抗战爆发后,中央农业实验所明确自己的中心工作是:"中美棉纯系育种试验、全国美棉观察试验、棉花品种区域试验;甘薯、马铃薯品种比较试验;植物病虫害的防治;水稻小麦田间肥料试验;地力简易化验方法的研究等。"[①] 1938 年 3 月，国民政府在《非常时期经济方案》中提出要推进农业以增生产，"至于种植方法，皆由政府机关分别指导。例如改良种子、推广施肥、引水灌溉、防除兽疫等，皆由专管人员分赴各地切实协助，善为推行。"[②]其中所谓政府机关、专管人员，主要指的是中央农业实验所及其所属技术人员。

1938 年 1 月，国民政府实业部改组为经济部，中央农业实验所归经济部管辖，同时将稻麦改进所、棉业统制委员会、蚕丝改良委员会并入中央农业实验所，中央农业实验所成为全国农林科技的中枢机构，担负全国农业科研和推广的重要任务。1938 年 2 月，中央农业试验所迁到了重庆，下设稻作、麦作杂粮、棉作、园艺、蚕桑、土壤肥料、植物病虫害及农业经济 8 个系，工作重点转向了西部，任务是尽力协助西部各省农业发展以支持长期抗战。在以后的 8 年抗战中，中央农业实验所协助西部各省调整完善机构，把原有的各种农业机关合并为省农业改进所或管理处，统筹办理各省农业技术改进事宜。中央农业实验所在川、滇、黔、湘、桂、陕、豫 7 省设立工作站，向西部各省派驻技术人员，协助各省农业改进机构根据各省的实际情况，运用农业科学技术，推进农业改良。四川的农业改良以棉、稻、蚕为主，小麦、兽医次之；贵州省的农业改良以棉花、小麦及兽医为主，稻及烟草、油菜次之；云南省以棉蚕为主，稻麦次之；其他陕、甘、豫、鄂等省，则视其原有各种事业之重要性而随时扶助其发展。国民政府给中央农业实验所科研和日常工作经费，每月实领为 7.56 万元，自 1938 年 2～12 月全部共计为 83.16 万

---

① 《中央农业实验所二十六年度中心工作摘要》，中国第二历史档案馆藏，经济部档案，4/15855。

② 《非常时期经济方案》(1938 年 3 月 30 日)，中国第二历史档案馆编，《中华民国史档案史料汇编》第 5 辑第 2 编，财政经济(5)，南京，江苏古籍出版社 1997 年版，第 3 页。

元。该所鉴于各省农业经费非常紧张,不能尽量发展事业,故特宽予补助,1938 年补助四川、广西、广东、贵州、湖南、湖北、云南、甘肃、陕西、河南 10 省农业改进经费共计 490 554 元,占全部经费59%强。各省工作站经费及工作人员调查旅费等,共计 148 891元,占全部经费 17%强,各省推广改良种子损耗准备经费为 5.5 万元,占全部经费 6%强,补助各省之经费共约占 83%。此外,还有在大后方各省进行的稻作、小麦、棉作、蚕桑、育种试验等费用,及中央农业实验所行政费等,合计为 137 155 元,占全部经费的 17%弱。[①] 可见,中央农业实验所的经费主要用于农业料研,其中,补助西部各省进行农业改进的尤多。

　　1940 年 3 月,农林部成立,中央农业实验所归属农林部,主要负责全国农艺、森林、蚕桑、畜牧技术试验改进及推广工作。《中央农业实验所组织条例》规定中央农业实验所的工作职责为:"关于改良种子、苗木、农具、肥料及防除植物病虫害与防治兽疫等材料之介绍与推广事项;关于农村经济及组织之调查研究;关于农产品或原料品分级标准运销制度之研究;关于农业技术人员之训练事项等。"[②]1943 年,中央农业实验所迁到北碚天生桥,作为研究改良西南农业的专业场所[③],集中精力于西部农业科学研究。抗战后期,国统区通货膨胀越来越严重,中央农业实验所的经费也不断增加。1945 年度经常费为 340 万元,事业费达到 2400 万元。[④]

　　中央农业实验所根据西部各省的实际情况及战时需要,对小麦、水稻和杂粮品种都进行了改良。首先是选育水稻良种。1938

---

① 《本所各部份工作概要》,《中农所简讯》,1939 年第 9 期,1939 年 3 月 1 日,第 2、3 页。

② 《农林部中央农业实验所组织条例》,中国第二历史档案馆藏,经济部档案,4/9050。

③ 《农林部中央农业实验所概况》,《农业生产》第 5 卷第 3 期,1948 年,第 8 页。

④ 《农林部中央农业实验所概况》,《科学》第 28 卷第 3 期,1946 年,第 166 页。

年,中央农业试验所在川、湘、桂、滇、黔5省选育出一批水稻良种。在四川检定美国谷、竹桠谷、铁杆露、巴州谷四种优良农家品种,在宜宾、开江、名山、广汉等县推广种植。在西南5省推广胜利籼、万利籼、帽子头、南特号、菜子粘等水稻良种,"据抽查,各改良种与当地种比较,改良种较当地种每亩平均增产稻谷81.7斤,共计可增产稻谷148 320石。"①1942年,中央农业实验所在北碚育成水稻良种中农4号、月湖籼、中农7号,在川、桂推广,产量比农家品种高14%左右。从全国2 031个品系中选得中农1号、黔农1号、中滇1号等,在川、滇、黔等省推广种植,陆稻育种获得的地禾红,也正推广中。② 中央农业实验所与西部各省经过多年试验,"共选出可供推广的优良水稻品种120余种,产量平均较当地农家品种每亩增62.95斤,其中产量最高者与农家品种比较每亩增加可达196斤。"③

　　为增加水稻产量,中央农业实验所研究推广再生稻、双季稻,间作连作。在川、湘等省提倡栽培再生稻,单位面积内可收稻两次。1939年在四川眉山等10县栽培再生稻25 304亩,各县平均每亩增收谷92.9斤,为第一次谷收获量的21.4%,足证再生稻确能增加产量20%,可扩大推广。④ 协助湘省推广再生稻19万余亩,川省推广2.4万余亩;1940年协助湘省推广25万余亩,川省推广3

①《行政院关于农林工作之报告》(1939年7月—12月),秦孝仪主编:《革命文献》第102辑,台北:"中央"文物供应社,1985年,第351页。

②《抗战时期之农林建设概述——行政院对中国国民党第六次全国代表大会报告》,秦孝仪主编:《革命文献》第102辑,台北:"中央"文物供应社,1985年,第6页。

③ 陈济棠:《抗战四年来之农业》,秦孝仪主编:《革命文献》第102辑,台北:"中央"文物供应社,1985年,第33页。

④《行政院关于农林工作之报告》(1939年7月—12月),秦孝仪主编:《革命文献》第102辑,台北:"中央"文物供应社,1985年,第351页。

万余亩。① 在川、黔、桂等省举行两熟制试验,以胜利籼与浙场 9 号配合之间作稻产量最高,每亩得 557 斤。云南连作以本地白谷及中滇 1 号产量最高。② 1943 年、1944 年在川南、川东推广双季稻,每亩可增产 48%,浙场 9 号等晚稻品种,在川省可以延期栽培一个半月,仍能丰收。③

　　中央农业实验所协助川、桂、滇、湘、黔五省推广小麦良种,其中在西南各省推广面积最大的小麦良种是金大 2905 号,产量、品质均较当地农家品种为高。"据农民报告,改良小麦生长茂盛,比本地小麦每亩平均多收 10 余斤至 20 余斤不等,其收获期比本地小麦早十天至半月。"④全面抗战前,中央农业实验所曾收集世界小麦 1 305 种,苏联小麦 202 种,美国小麦 207 种及国内小麦约 4 000 种,全部带到后方,继续在各省试验,十年试验结果,决定选中农 28 号为长江流域推广品种,该品种产量较农家小麦高 15%—30%,抗病(条纹病及散黑穗病)力强,尤以不易倒伏为难能可贵,1939、1940 年开始在川黔推广,颇受农民欢迎。⑤"本品产量奇高,平均每亩 301 市斤,最好的成都光头麦仅产 260 市斤,即金大 2905 号小麦

① 陈济棠:《抗战四年来之农业》,秦孝仪主编:《革命文献》第 102 辑,台北:"中央"文物供应社,1985 年,第 33 页。

② 《农林部工作概况》(民国二十年五月至三十五年三月),秦孝仪主编:《革命文献》第 102 辑,台北:"中央"文物供应社,1985 年,第 14 页。

③ 《民国三十二年至三十三年之农林工作》,秦孝仪主编:《革命文献》第 102 辑,台北:"中央"文物供应社,1985 年,第 169 页。

④ 《中央农业试验所二十九年一至六月工作报告》,中国第二历史档案馆藏,经济部档案,4/32959。

⑤ 谢家声:《十年来中央农业实验所之研究工作》,《农业推广通讯》第 5 卷第 11 期,1943 年,第 22—23 页。

也不过 268 市斤,此种麦收获较晚时,无落粒之损失,尤为可贵。"①
中央农业实验所麦作系还选育出小麦杂交新品种中农 166、中农
62、中农 483 等,早熟、丰产、抗病、不倒伏。② 特别是中农 483 成熟
极早,与大麦同时成熟,适于棉区及水稻区轮作所需。③ 中央农业
实验所选育的小麦良种在西部省份推广种植,1938—1940 年,四川
省推广优良麦种 8 万余亩,陕西省推广 18 万余亩,贵州省推广 2 万
余亩,其他各省也有良种推广。④ 1941—1943 年,西部各省累计推
广小麦良种 372 万亩,增产小麦约 1 亿公斤。⑤其中,"尤以陕西小
麦产量增至 1 200 万担,为数最巨。近更在广西、四川、贵州等省,
竭力促进小麦产量之增加,成效亦著。"⑥特别是贵州,因为本地小
麦品种成熟太晚,妨碍夏作,不得已只好改种大麦,中农所和贵州
农业改进所合作育成早熟小麦品种,可以与大麦同时成熟,解决了
稻麦同作区域的栽培问题。⑦

　从 1938 年开始,中央农业实验所引入 40 余个美国优良杂粮品

①《行政院关于农林工作之报告》(1939 年 7 月—12 月),秦孝仪主编:《革命文献》第 102
　辑,台北:"中央"文物供应社,1985 年,第 353 页。
②《农林部工作概况》(民国二十年五月至三十五年三月),秦孝仪主编:《革命文献》第
　102 辑,台北:"中央"文物供应社,1985 年,第 14 页。
③《抗战时期之农林建设概述——行政院对中国国民党第六次全国代表大会报告》,秦
　孝仪主编:《革命文献》第 102 辑,台北:"中央"文物供应社,1985 年,第 7 页。
④ 陈济棠:《抗战四年来之农业》,秦孝仪主编:《革命文献》第 102 辑,《抗战建国史
　料——农林建设》(一),台北,"中央"文物供应社,1985 年,第 34 页。
⑤ 郭文韬、曹隆恭:《中国近代农业科技史》,北京:中国农业科技出版社 1989 年版,第
　41 页。
⑥《行政院关于农林工作之报告》(1938 年 4 月—1939 年 1 月),秦孝仪主编:《革命文
　献》第 102 辑,台北:"中央"文物供应社,1985 年,第 329 页。
⑦《中央农业试验所二十九年五月工作报告》,中国第二历史档案馆藏,经济部档案,4/
　39161。

种，主要有玉蜀黍、甘薯、马铃薯等。"马铃薯以西北果一种，在川、陕、黔等省繁殖，颇得农民欢迎。玉蜀黍以美国前副总统华莱士带来之 21 部杂交种最佳，平均产量高出土种甚多。大麦育种成功，以三〇一二等品种最佳，产量每亩达 363 斤。小米品种比较试验，以红稷谷为最佳。甘薯选得品质产量最佳之南瑞苕，可以大量推广"。① 1942 年，在川、陕等省进行玉米、大豆、高粱育种试验，引进美国玉米杂交种 53 品系，中有数品系生长颇佳。1943 年引进美国马铃薯良种 52 种，发现优种 9 种。② 1943 年、1944 年，在陕西省选出武功白玉米、武功白马牙 2 个玉米良种；大豆选出有希望的品系 3 个；马铃薯在川、黔、陕试验选出 4 个优良品种，并在四川彭县、贵州威宁及甘肃岷县 3 地发现无病种薯。③

抗战时期，中央农业实验所与各省农业改进机关改良稻种约 130 种、麦种约 50 种，④玉米、小米、甘薯等杂粮 6 种。优良种子增殖力强、扩散力强，在西部各省广泛推广种植，对于改变西部各省农作物品质、促进粮食增产起到了较大的作用。据国民政府主计处统计：1941—1942 年，全国共推广改良稻种 273.8 万余亩，改良麦种 148.8 万余亩，杂粮良种 4.1 万余亩，共增产水稻 135 万余斤，

---

①《农林部工作概况》(1931 年 5 月至 1946 年 3 月)，秦孝仪主编：《革命文献》第 102 辑，台北："中央"文物供应社，1985 年，第 14 页。

②《民国三十一年至三十二年之农林工作》，秦孝仪主编：《革命文献》第 102 辑，台北："中央"文物供应社，1985 年，第 150 页。

③《民国三十二年至三十三年之农林工作》，秦孝仪主编：《革命文献》第 102 辑，台北："中央"文物供应社，1985 年，第 170 页。

④《农林部工作概况》(1931 年 5 月至 1946 年 3 月)，秦孝仪主编：《革命文献》第 102 辑，台北："中央"文物供应社，1985 年，第 2 页。

小麦 66.3 万余斤,杂粮 4.5 万余斤。①

　　经济作物方面,油料作物,育成罗甸 1 号芥菜、平越 2 号油菜,罗甸 1 号芥菜每亩平均较农家种多产 111 斤,平越 2 号油菜较当地种多产 63 斤。以上二品种,不但产量高,含油量也较当地种高 1.13%—2.33%。② 在川、黔两省选育南洋、山东黄金、佛州黄金 3 个烟草品种,产量高,品质优,为烟草公司所乐用。③ "蚕桑除进行桑树育种及栽培试验外,家蚕已育成中农 29 号黄皮蚕种,适应我国各蚕区之气候,已在川省推广。柞蚕人工羽化试验,亦经成功,农民每年可饲蚕二次,又发明防殭粉,以治家蚕之白殭病,颇著成效。"④

　　1930 年,全国的棉花年产量只有 800 万担,难以满足市场需求,每年需要进口棉花 300 万—400 万担。1932 年,全国棉业统制委员会成立,经过多年的努力,到 1936 年,全国棉花产量达到 1 460 余万担,但是棉田主要分布在华北、长江中下游地区,西南西北只有陕西一省棉花产量较高,但也仅占全国棉花总产量的 5%。甘肃、宁夏天气寒冷,西南诸省雨量多,光照不足,棉花产量很少。全面抗战爆发后,我国主要产棉省份大部沦陷,而军民需求量激增,导致花纱布供不应求,价格飞涨。"1938 年 6 月以来,西南诸省棉

① 中国第二历史档案馆编:《中华民国史档案资料汇编》第 5 辑,第 2 编,财政经济(8),南京:江苏古籍出版社 1997 年版,第 345 页。

② 谢家声:《十年来中央农业实验所之研究工作》,《农业推广通讯》第 5 卷第 11 期,1943 年,第 24 页。

③ 《抗战时期之农林建设概述——行政院对中国国民党第六次全国代表大会报告》,秦孝仪主编:《革命文献》第 102 辑,台北:"中央"文物供应社,1985 年,第 7 页。

④ 《抗战时期之农林建设概述——行政院对中国国民党第六次全国代表大会报告》,《革命文献》第 102 辑,台北:"中央"文物供应社,1985 年,第 8 页。

纱布的价格上涨了 3 倍以上”①,迫切需要西部各省增加棉花生产,努力实现棉花自给自足。

国民政府要求中央农业试验所协助西部各省扩大棉花的种植面积,改进棉花生产技术,提高单位面积产量,改进原棉品质,适应纱厂需要。中央农业实验所派遣棉作技术人员 40 余人,分驻川、滇、黔三省,一方面扩大棉花种植,在所有宜棉地区提倡植棉;一方面改进棉花生产技术。抗战期间,中央农业实验所在西南棉区进行德字棉适应试验,育成 24—424 及 24—199 两系,较原种多产棉 15%,纤维长度及衣分也较高。“杂交方面,获得鸡脚德字棉,产量与德字棉相埒,而具有早熟及抗卷叶虫之优点”。② 中央农业试验所还在川、陕、滇等省举办中美棉育种、中印棉杂交育种试验,经多年试验,证明斯字棉 4 号适宜于黄河流域,德字棉 531 号适宜于长江流域,珂字棉、福字棉、沣县 72 号美棉适宜于长江上游。③

中央农业实验所在遂宁棉作实验场进行中美棉品种比较试验、中美棉标准品种试验、纯子育种试验、大麦行间播种棉花试验、肥料试验等,结果证明美棉产量较中棉高,繁殖优良,适合在四川种植,于是协助四川更换美棉种。1937 年中央农业实验所赠送四川德字棉种 1 000 担。④ 1938 年,协助川省推广脱字棉、德字棉 6 万余亩,中棉 1 万余亩,使四川棉花产量达到 90 万担以上。⑤ 1939

---

① 《战时四川棉业问题》,中国第二历史档案馆藏,经济部档案,4/36133。

② 《抗战时期之农林建设概述——行政院对中国国民党第六次全国代表大会报告》,秦孝仪主编:《革命文献》第 102 辑,台北:“中央”文物供应社,1985 年,第 7 页。

③ 《民国三十二年至三十三年之农林工作》,秦孝仪主编:《革命文献》第 102 辑,台北:“中央”文物供应社,1985 年,第 170 页。

④ 胡竞良:《战时四川棉业问题》,中国第二历史档案馆藏,经济部档案,4/36133。

⑤ 《行政院关于农林工作之报告》(1938 年 4 月—1939 年 1 月),秦孝仪主编:《革命文献》第 102 辑,台北:“中央”文物供应社,1985 年,第 329 页。

年,中央农业实验所在河南灵宝收买德字棉种 5 000 担输入川省,
可推广良种 6 万亩。① 中央农业实验所计划在四川五年扩充美种
150 万亩,每亩产皮棉 25 斤,可增产 37.5 万担;加上四川原有棉田
300 万亩,每年产皮棉 40 万担,经换种、改进生产技术,每亩增产 10
斤,可增产 30 万担;合计年可产皮棉 107.5 万担,这样就相距自给
不远了。②

　　贵州多山,平地少,气候多雨,不太适合棉花生长。原来产棉
的罗甸、溶江、荔波等县,总计才有 2 万亩棉田。1939 年,贵州农业
改进所在贵阳、施秉、定番、罗甸 4 县举行中美棉品种比较试验、播
种期试验、摘心及摘心法试验,选择贵定、麻江等 32 县举办示范棉
田,给棉农提供良种和生产贷款,集中推广种植棉花,计划 5 年后,
贵州棉田增加到 50 万亩,加以技术上的改进,每亩平均产皮棉 25
斤,皮棉产量可以达到 21.5 万担。③ 1940 年,贵州推广植棉县份
有石阡、余庆、湄潭等 27 县,其中种植本省洋棉者 11 县,种植脱字
棉者 7 县,洋棉中棉脱字棉都种的 9 县,总计发出棉种 1.5 万余斤,
推广新棉田面积 3 万—5 万亩。

　　抗战时期,中央农业实验所发现云南木棉纤维细长而韧,可以
纺 42 支以上的细纱,云南荒地很多,适宜推广种植木棉。1938 年,
中央农业实验所在云南设立了工作站,棉作专家冯泽芳亲自到云
南,与清华大学农业技术人员共同研究木棉的栽种技术。1938 年,

---

① 《中央农业试验所二十八年、二十九年工作计划》,中国第二历史档案馆藏,经济部档
　案,4/33959。
② 《中央农业实验所推广四川棉产办法》,中国第二历史档案馆藏,经济部档案,4/
　36133。
③ 《中央农业实验所协助四川更换棉种》,中国第二历史档案馆藏,经济部档案,4/
　36133。

云南蒙自、开远、建水等 14 县种植木棉 5.7 万株。1939 年云南四大银行组织了木棉生产贷款银团与木棉推广委员会,为种植木棉的农民提供贷款,一期放款 100 万元,预计 2 年以后,可以推广木棉 5 000 万株,合计 25 万亩,可以解决原棉缺乏的问题。① 可是,1940 年 5 月,中央农业实验所到蒙自、建水、石屏、个旧、华宁、开远等县视察木棉推广情况,发现 1939 年冬天遇到重霜,栽种的木棉冻死者甚多②,中央农业试验所积极指导农民领种补种。

中央农业实验所还在西康的会理、西昌、盐源等地发现了大量木棉,拟在该省推广种植。③ 此外,中央农业实验所经过研究,认为川、黔、桂南部也可以种植木棉。

（二）防治病虫害

病虫害严重危害农业生产,不仅会造成农作物减产,甚至可能绝收。抗战时期,川、黔两省水稻螟虫危害严重,黑穗病、线虫病严重影响小麦生长,应用科学方法防治农作物病虫害可以大大减少农作物的损失。中央农业实验所会同农产促进委员会、西部各省农业改进所、农林植物防治所积极开展病虫害防治研究,取得了一定成绩。中央农业实验所会同四川省建设厅扑除该省为害最烈的水稻螟虫、棉蚜虫和柑橘红蜡介壳虫,④取得了较大成效。以 1939 年为例,中央农业实验所协助华阳等 8 县捕螟,采除虫卵 44 万余

---

① 《中央农业实验所在云南设立木棉试验场计划书》,中国第二历史档案馆藏,经济部档案,4/36133。

② 《中央农业实验所二十九年五月工作报告》,南京中国第二历史档案馆藏,经济部档案,4/39161。

③ 《中央农业实验所协助四川更换棉种》,中国第二历史档案馆藏,经济部档案,4/36133。

④ 《洛氏基金补助本所治虫试验二十六年度工作报告》,中国第二历史档案馆藏,经济部档案,4/32959。

只,剪除白穗枯心苗 700 余万株,在川南及成都平原应用采卵及劈稻根法防治水稻螟虫 80 万亩。[1] 防治水稻螟虫,使 1939 年增产稻谷 114 373 市担,1940 年增产稻谷 44 864 市担。[2]

　　西部各省麦类黑穗病、线虫病猖獗,麦子因虫害损失产量达 1—2 成。中央农业实验所协助西部各省用炭酸铜粉或温汤浸种法防治小麦黑穗病、线虫病,效果颇佳。1938 年在川、黔 2 省防治 400 余亩,增收麦类 80 市石。[3] 1939 年,在四川中江等县防治 60 万亩,三台、绵阳等 11 县防治 17 万余亩,在贵州定番等 5 县防治 16.3 万亩。[4] 1940 年,四川省应用炭酸铜粉或者温浸处理法防治大麦黑穗病 100 万亩,比未防治区每亩减低黑穗率 4.2%—13.4%,成效显著。[5] 1940 年,在贵州防治黑穗病 40 万亩,云南 10 万亩,每亩黑穗病发生率仅为 0.5%—2.5%,较未防治区减低 13.4%—42%。[6] 贵州凡是应用炭酸铜粉防治人麦、燕麦坚黑穗病者,一般效果均在 95% 以上。中央农业实验所还协助贵州农业改进所制成一种线虫

①《中央农业试验所二十八年、二十九年工作计划》,中国第二历史档案馆藏,经济部档案,4/33959。

② 陈济棠:《抗战四年来之农业》,秦孝仪主编:《革命文献》第 102 辑,台北:"中央"文物供应社,1985 年,第 39 页。

③ 陈济棠:《抗战四年来之农业》,秦孝仪主编:《革命文献》第 102 辑,台北:"中央"文物供应社,1985 年,第 40 页。

④《行政院关于农林工作之报告》(1939 年 7 月—12 月),秦孝仪主编:《革命文献》第 102 辑,台北:"中央"文物供应社,1985 年,第 355 页。

⑤《中央农业试验所二十九年五月工作报告》,中国第二历史档案馆藏,经济部档案,4/39161。

⑥《中央农业试验所二十九年一至六月工作报告》,中国第二历史档案馆藏,经济部档案,4/32959。

病毒分离器，用此器汰除麦种中的线虫瘿粒，平均有效率达97.9%，[1]可增收7.4%—25.4%。[2] 1941年，中央农业试验所、农产促进委员会会同滇、陕、甘、鄂、浙、桂6省农事机构防治麦类黑粉病，共防治34万余亩，增产大小麦7.5万担。[3]

棉花以棉蚜虫、卷叶虫危害最烈，损失很大。中央农业实验研制成功"中农砷酸钙"，是防治棉虫、菜虫及其他咀嚼口器害虫的特效药剂，硬水植物油乳剂是防治棉花蚜虫及其他轻体昆虫的适用药剂，每年中农所制造3 000—4 000斤，指导川、陕、滇等省应用，农民无不称便乐用。[4] 1938年中央农业实验所协助川、陕、滇三省防治棉蚜虫、棉卷叶虫、棉红铃虫7.8万余亩，增收籽棉15 919市担；1939年协助川、陕、滇三省防治棉蚜虫、棉卷叶虫、棉红铃虫、棉红蜘蛛23.6万余亩，增收籽棉7.5万余担；1940年协助川、陕、滇、甘、鄂、康等七省防治地老虎、棉蚜虫、棉卷叶虫、棉红蜘蛛、棉铃害虫71万余亩，增收籽棉14.2万余担。[5] 1942、1943年，在川、陕等省指导农民用烟草水防治棉虫11.2万余亩。[6] 1943、1944年，在

① 《行政院关于农林工作之报告》（1939年1月—10月），秦孝仪主编：《革命文献》第102辑，台北："中央"文物供应社，1985年，第332页。

② 《中央农业试验所二十九年一至六月工作报告》，中国第二历史档案馆藏，经济部档案，4/32959。

③ 郭文韬、曹隆恭：《中国近代农业科技史》，北京：中国农业科技出版社1989年版，第44—45页。

④ 陈济棠：《抗战四年来之农业》，秦孝仪主编：《革命文献》第102辑，台北："中央"文物供应社，1985年，第41页。

⑤ 陈济棠：《抗战四年来之农业》，秦孝仪主编：《革命文献》第102辑，台北："中央"文物供应社，1985年，第40页。

⑥ 《民国三十一年至三十二年之农林工作》，秦孝仪主编：《革命文献》第102辑，台北："中央"文物供应社，1985年，第150页。

川、甘、豫等省防治棉蚜虫、棉卷叶虫共 41 585 亩。①

全面抗战爆发后，制造杀虫药及器具的原料无法进口，中央农业试验所经过多年研究，利用国产原料，制成多种杀虫杀菌药剂及器械。1940 年，中央农业实验所与四川省合制炭酸铜粉 1 万余市斤，应用于川、陕、甘、滇、黔，防治小麦黑穗病，效验甚著。② 与贵州省合作试制成功多孔式汰选器、国产虫胶，还研制除虫菊浸出液、氯化苦、烟精、石灰硫黄含剂、松碱合剂、除虫菊粉、波尔多剂、硫黄粉、硫酸铜等，指导农民使用，取得了良好的效果。③ 防治病虫害的器械，中央农业实验所利用铜、竹等国产原料，研制成功七七喷雾器及单管喷雾器，防治棉虫、烟虫、菜虫等，推行川、陕、滇等省，经济耐用，供不应求。④ 中央农业实验所在重庆和成都设立杀虫药剂与器械制造厂，从 1938 年到 1941 年 9 月，共制造杀虫药剂 45 403 斤，喷雾器 1 720 架。⑤ 1942 年，制造硝酸、砒酸钙等药剂 6 012 516 斤，制造喷粉器、采种器等器械 2 090 具。1943 年 10 月底，制造硝酸、砒酸钙等药剂 18 579 斤，制造烟草水及植物油乳剂 255.402 万斤，制造喷雾器 1 136 具，撒粉器及改良捕鼠器 358 具。⑥ 中央农业实验所在西部各省传授病虫害防治方法，训练防治病虫害指导员，

---

① 中国第二历史档案馆编：《中华民国史档案资料汇编》第 5 辑，第 2 编，财政经济（8），南京：江苏古籍出版社 1997 年版，第 345 页。

② 陈济棠：《抗战四年来之农业》，秦孝仪主编：《革命文献》第 102 辑，台北："中央"文物供应社，1985 年，第 41 页。

③ 农林部工作概况（民国二十年五月至三十五年三月），秦孝仪主编：《革命文献》第 102 辑，台北："中央"文物供应社，1985 年，第 15 页。

④ 陈济棠：《抗战四年来之农业》，秦孝仪主编：《革命文献》第 102 辑，台北："中央"文物供应社，1985 年，第 41 页。

⑤《民国二十九年至三十一年之农林工作》，秦孝仪主编：《革命文献》第 102 辑，台北："中央"文物供应社，1985 年，第 137 页。

⑥《国民政府年鉴》（第二回），中央之部，第 1 编，《第 12 章　农林》，第 7 页。

示范、指导农民防治病虫害。1940 年 5 月,在川、陕二省分别训练棉虫防治指导员 69 名、27 名。在川、滇两省召集棉虫防治宣传会,川省 114 次,听众 24 569 人,滇省 18 次,听众 1 089 人。①

全面抗战时期,中央农业实验所与西部各省病虫害防治工作取得了显著成效,据统计,1938 年至 1941 年,中央农业实验所防治稻虫、麦病、仓虫、棉虫等,增产稻、棉、麦合计 204. 42 万市担。②1941 年,全国防治病虫害面积达 6 454 638 亩,增产粮食 1972 212斤;1942 年,防治病虫害面积 2 083 221 亩,增产 203 566 斤。③

(三) 增施肥料

中央农业试验所迁到大后方后,首先主持了对西南西北土壤及一般农业调查、各省土壤肥力试验和土壤性态研究,举行各省地力测定、各种作物三要素试验、各种肥料有效成分含量比较等,制成"中农混合指示剂",用以测定土壤酸度,迅速简单,并研究土壤磷肥简捷确定法、根瘤菌之纯化培养法,发现大后方 80% 的耕地面积缺氮,40% 的耕地面积缺磷,15% 的耕地面积缺钾。西南地区最需要磷肥,施用磷肥,不仅能增加产量,而且可以促使作物提早抽穗与成熟。

1939 年,中央农业实验所在川、陕、滇、黔等省进行肥料试验,在四川泸县、内江、郫县、合川、绵阳进行水稻三要素肥效试验,证明肥效显著,施氮磷肥都可以显著增加水稻亩产量。在川、陕、湘、

---

① 《中央农业试验所二十九年五月工作报告》,中国第二历史档案馆藏,经济部档案,4/39161。

② 国民政府行政院编纂:《国民政府年鉴》,中央之部,第 1 编,《第 12 章　农林,第 2 节农业建设》,1944 年 3 月再版,第 220 页。

③ 中国第二历史档案馆编:《中华民国史档案资料汇编》第 5 辑,第 2 编,财政经济(8),南京:江苏古籍出版社 1997 年版,第 345 页。

黔等省举行小麦三要素肥效试验,结果发现四川内江氮磷肥效很显著,绵阳、新都不显著;贵州黔西磷素肥效显著,施秉氮素肥效显著,遵义肥效不显著;陕西武功氮素肥效甚大,每亩施氮 4 斤,较不施者可增加产量 109 斤,泾阳氮素肥效极显著,每亩施氮 8 斤,可以增产 45.4 斤。[1]

　　1940 年,中央农业实验所派土壤专家利查逊博士与技士姚归耕赴四川,分区详细调查四川土壤,调查结果为"四川最主要土壤是紫棕壤(紫色土),分布面积最广,几占全部四川盆地。其次为冲积土,包括成都平原冲积土、彰明之一部分及沿江两河岸之壩地。在四川西北角的草原地带是黑钙土,岷江上游松潘地区是黑钙土,川东南与黔滇交界地带及川北一带是黄壤,川北,川东边境,四川西北部之平武、理番一带及西南部之冕宁、西昌一带是棕色或灰棕色灰壤"[2]。紫色土一般含有碳素钙和磷、钾等营养元素,但是水土流失快、风化快,氮含量不足。1940 年,中央农业实验所在绵阳进行玉蜀黍三要素肥效试验,发现肥效显著,每亩施氮肥 8 斤,可以增产 203.9 斤。绵阳水稻氮磷辅佐基肥实验,磷素肥效极显著,每亩施碳酸钙 25 斤,可增产 36.9 斤。成都油菜三要素肥效试验,氮磷肥效极显著,每亩施氮 8 斤,可增产 40 斤,施磷 8 斤,可增产 26 斤。钾肥肥效也显著,每亩施钾 8 斤,可增产 8.8 斤。泾阳小麦三要素试验,氮素肥效极显著,每亩施氮 8 斤,可增产 45 斤。[3] 从

---

① 《中央农业实验所二十九年一至六月工作报告》,中国第二历史档案馆藏,经济部档案,4/32959。

② 中央农业实验所:《四川省土壤之调查》,《农报》第 5 卷第 4/5/6 合期,1940 年,第 76 页。

③ 《中央农业实验所二十九年五月工作报告》,中国第二历史档案馆藏,经济部档案,4/39161。

1942 年起,中央农业试验所分别在云南、广西 35 处,陕西、四川 25 处举行地力保持及田间肥料试验,同时进行豆科绿肥作物及根瘤菌的培养研究,对根瘤菌测定其固氮能力,繁殖各种豆类植物作肥料。[①] 到 1944 年,已完成 14 省 85 处田间肥料试验,施用化学肥料的结果是稻增产 31%,小麦增产 23%,棉增产 26%。[②]

　　战争时期,很难从国外进口化肥。骨粉是最佳磷肥,中央农业实验所与各省农业改进所合办骨粉厂,利用废骨,蒸制骨粉,增加磷肥供应。从 1939 年到 1944 年 9 月,西部各省,包括西康、宁夏都有了自己的骨粉厂,共制成骨粉 354 265 斤。[③] 中央农业改进所指导农民施肥,1939 年推广骨粉 186 273 斤,1940 年推广 285 175 斤。抗战期间,经济部地质调查所在云南昆明附近发现磷矿,中央农业实验所进行了磷矿的加工利用研究,发现云南磷矿是矿物质磷矿石,用以制造酸性肥料,较为适宜。[④] 中央农业试验所还协助川、黔、桂、赣、粤、浙、闽等省用各种豆类植物作为绿肥,推广施肥达数十万亩。其他如制造堆肥菌种,指导农民制造堆肥,增进油饼的利用,都取得了一定的成效。[⑤] 国民政府主计处统计,1941—1942

---

① 《民国三十一年至三十二年之农林工作》,秦孝仪主编:《革命文献》第 102 辑,台北:"中央"文物供应社,1985 年,第 151 页。

② 《民国三十二年至三十三年之农林工作》,秦孝仪主编:《革命文献》第 102 辑,台北:"中央"文物供应社,1985 年,第 171 页。

③ 国民政府行政院编纂:《国民政府年鉴》(第三回),中央之部,第 1 编,《第 12 章　农林,第 1 节　农业建设》,第 5 页。

④ 《中央农业实验所二十九年五月工作报告》,中国第二历史档案馆藏,经济部档案,4/39161。

⑤ 陈济棠:《抗战四年来之农业》,秦孝仪主编:《革命文献》第 102 辑,台北:"中央"文物供应社,1985 年,第 42 页。

年,因增施肥料,国统区农作物增产达 2 360 068 斤。[1]

（四）改良农具

为了改良农具,中央农业实验所成立农具系,简单改良农具,并与万国农具公司订立合同,派专家来华协助工作。农林部成立后,"督导各省及中国农业机械公司,注意农具之研究试造,已获二十余种。"[2]农产促进委员会制造改良小型农具,如犁、中耕器、脱粒器、轧花机、水车、风车等,在经济及耐用原则下,推广于农民,提高了农业生产效率。比如使用中耕器,效率超过锄头 10 倍左右。[3]为防治病虫害,中央农业试验所研制成功各式喷雾器,与贵州农业改进所合作制成多孔式线虫汰选机等。当然,抗战时期中央农业实验所只是对现有农具进行简单的改良,并没有根本的改进和提高,离农业机械化差距很远。

二、中央农业机关科研成果的推广

近代中国对"农业推广"一词有两种定义,一种是狭义的农业推广,所谓"以农业学术机关——农科大学与农事试验场所研究改进之结果,用适当方法介绍于农民,使农民获得农业上之新知能,从而采用与仿效,以增益其经济收入"[4]。另一种是广义的农业推广,"除将农事方面之改良推广于农民外,且教育农民,组织农民,

---

① 《主计处关于全国农作物增产成效的统计》,中国第二历史档案馆编:《中华民国史档案资料汇编》第 5 辑,第 2 编,财政经济(8),南京:江苏古籍出版社 1997 年版,第 345 页。

② 农林部工作概况(民国二十年五月至三十五年三月),秦孝仪主编:《革命文献》第 102 辑,台北:"中央"文物供应社,1985 年,第 16 页。

③ 聂常庆:《战时中国土地利用问题》,《人与地》第 3 卷第 2—3 期,1943 年,第 22 页。

④ 章之汉、李醒愚:《农业推广》,上海:商务印书馆 1936 年版,第 16 页。

培养领袖，及改善其整个的实际生活，至一切农业政策之实施，皆属之"①。因为本章研究的是农业科技问题，所以主要研究狭义的农业推广，考察抗战时期农业科研机构、农林院系如何将农业科研成果应用到农业生产中去，把先进农业生产技术介绍给广大农民，从而促进西部农业的发展。

全面抗战前，国民政府实业部会同内政、教育两部，设立中央推广委员会，负责指导全国农业推广工作。中央推广委员会与中央大学农学院合办中央模范农业推广区，与金陵大学农学院合办乌江农业推广实验区，在川、苏、晋、鲁、粤等省都设有农业推广委员会开展农业推广工作。

1938 年夏，行政院农产促进委员会成立，统筹大后方农业推广工作，在行政上确立了农业推广督导制度。行政院颁布了《全国农业推广实施纲要》，要求农产促进委员会加强与中央和地方各有关机构的合作，辅导大后方各省、县建立农业推广机构，形成自上而下的农业推广制度。农产促进委员会商请中央农业实验所派遣负责推广的技术人员，兼任农产促进委员会的推广专员及督导员，从事西部各省的农业推广工作。在省一级，协助各省在省农业改进所或农业改进集中组织内设立农业推广处或其他推广组织，办理本省农业推广事宜。西部各省都制定了农业推广计划，农产促进委员会要求各省每月都要将农业推广工作进展情况报农产促进委员会。各省建设厅会同有关农业推广机关，设立省农业推广协进会，作为农业推广咨询机关，商讨全省农业推广事宜，以增加工作效能。省农业推广机关直接或会同县政府在各县设立县农业推广所或农业推广指导员办事处，县农业推广所或指导员办事处辅导

---

① 章之汉、李醒愚:《农业推广》,上海:商务印书馆 1936 年版,第 16 页。

农民组织乡农会,作为农业推广的下层机构,从事农业推广工作。①

农业推广工作主要包括:增加食粮及战时所需工艺作物的种植;推广优良种畜苗木及棉稻麦种子,防治植物病虫害及水旱灾,推广优良农具肥料,特约农家举办示范,推广已有成效的农作改良方法,委托农家繁殖优良种子,辅导各种合作事业,协助农业仓库,倡导耕牛保险,指导农家副业与农产加工,如棉纺织等手工业,倡导小本借贷,协助农产运销等。②

1940 年,农产促进委员会划归农林部,在川、桂、陕、甘、黔、豫、湘、鄂、赣、闽、浙等省及宁夏设立农产促进委员会驻省专员及省农业改进集中机构。1939 年 9 月,陕西省农业推广委员会成立,1940年 9 月改组为农业推广处。甘肃 1940 年 11 月成立农业推广处,1944 年 2 月改组为推广组。贵州 1940 年 10 月成立农业推广委员会。四川 1938 年 9 月成立农业推广委员会,1942 年 1 月改组为督导室。宁夏 1942 年 9 月成立推广室。省级农业推广经费由省预算和中央补助支付,据 1944 年 14 省的统计,六年来(1939—1944)推广经费共 87 056 877 元(非全部数额)。除 1942 年略有紧缩外,各省每年的推广经费都有增加。自 1942 年以来,各省推广经费均在百万元以上,1944 年已经超过 300 万元,其中四川、陕西、广西、江西最为充裕。③ 农业推广机构的主要工作是实物材料的供给与推

---

① 《全国农业推广实施计划纲要》(1939 年 5 月),秦孝仪主编:《革命文献》第 103 辑,台北:"中央"文物供应社,1985 年,第 140—147 页。

② 《全国农业推广实施计划纲要》(1939 年 5 月),秦孝仪主编:《革命文献》第 103 辑,台北:"中央"文物供应社,1985 年,第 148—149 页。

③ 吴华宝、朱甸余:《农业推广机构之回顾与前瞻》,《农业推广通讯》第 7 卷第 5 期,1945年,第 7 页。

广,粮棉增产的视导等。① 区级农业推广机构设在行政督察专员公署,同时受省农业改进机构和行政督察专员公署指挥监督。1944年度,农产促进委员会辅助设立川、陕、甘 3 省办有四川第一、第三,陕西第十,甘肃陇南 4 个农业推广辅导区,主要工作有良种试验示范繁殖、耕作及饲养技术的指导、实物材料的特约推广,给农民介绍贷款,辅导经营等。② 县农业推广机构是县农业推广所,河南 1934 年就成立了县农业推广所,四川新都、温江两县农业推广所 1938 年成立,大部分的省份是在 1939 年创设,1942 年以后成立的更多,截至 1944 年底,共计有 14 省 592 县设立了农业推广所,约占全国县数的 1/4,其中,陕西 92 县、甘肃 69 县、贵州 78 县、四川137 县。各县农业推广所主要工作目标是粮食增产,提倡水田冬耕,指导病虫害的防治,鼓励增施肥料等。③

为促进农业推广工作深入进行,做好县级农业推广工作,农产促进委员会选择适当省份,择一县或数县作为农业推广实验县,抗战 6 年来先后设立 25 个农业推广实验县。农产促进委员会会同金陵大学农学院在四川温江、仁寿、新都、郫县和璧山,陕西的泾阳、南郑,会同广西省农业管理处在临桂、柳城、宜山、武鸣、桂平、田东及龙津等 8 县,会同陕西省农业改进所在米脂、兴平与城固等地合办农业推广实验县,还在贵州的定番、惠水,甘肃的天水等建立农业推广实验县,在农业推广实验县推广良种、督促增产、防治病虫

---

① 吴华宝、朱旬余:《农业推广机构之回顾与前瞻》,《农业推广通讯》第 7 卷第 5 期,1945年,第 10 页。

② 吴华宝、朱旬余:《农业推广机构之回顾与前瞻》,《农业推广通讯》第 7 卷第 5 期,1945年,第 11 页。

③ 吴华宝、朱旬余:《农业推广机构之回顾与前瞻》,《农业推广通讯》第 7 卷第 5 期,1945年,第 12—13、15 页。

害,转放贷款等,其中,川、陕、桂等省取得了较好的推广效果。①

　　基层农业改进组织是乡农会,实验县农业推广由乡农会作为基层机构,辅导它进行推广工作。据社会部的调查,截至1944年底,合计有17省7 333个乡农会,占17省村镇总数的31.76%,各省所辖县份设有乡农会的已达半数。宁夏成立乡农会的乡镇已占全省乡镇总数的85%,青海达全省乡镇总数的63.25%,陕西发展也很好,最差的是云南、四川、西康,还没达到全省乡镇的1/10,每县平均仅3个农会。吸收的会员已达2 016 873人,其中陕西最多,有29万余人,超过20万人的省份还有青海,超过10万人的省份有广西、江西、四川。每一个乡农会平均拥有会员人数最多的是云南,平均每个农会拥有会员1 307人,宁夏平均每个农会拥有会员688人,西康最少,平均每个农会只拥有会员93人。乡农会的主要工作是协助政府指导农民改良土地、兴修水利、增施肥料、改进农具、防治水旱病虫害和瘟疫、储运粮食、开展农贷和社教等。②

　　为了培养农业推广人才,中央农业推广机关与农林院校多次合办训练班。省农业推广人才由农产促进委员会直接或委托相当机关组织和训练,召集原有各省推广人员,招收农学院或农业专门以上学校的毕业生,加以短期训练,分派工作。农业指导人员由各省农业推广主管机关举办农业指导人员训练班,分期召集原有各县农业推广人员,招选高级农职以上学校的毕业生,加以短期训练,分派各县工作。基层农业推广人才,由县农业推广机关招收本县籍高小以上之农家子弟为练习生,在实际工作中予以不断训练,

① 吴华宝、朱甸余:《农业推广机构之回顾与前瞻》,《农业推广通讯》第7卷第5期,1945年,第16页。

② 吴华宝、朱甸余:《农业推广机构之回顾与前瞻》,《农业推广通讯》第7卷第5期,1945年,第21页。

为将来升任指导员做准备。"战时农业推广服务团,农产促进委员会招选战时失学失业青年、农业技术人员,予以短期训练后,分派各县实习,由农产促进委员会供给生活费,在工作较闲时,分期继续训练,以一年为度,然后由各县农业推广机关酌予任用之。"①"自[民国]二十八年至[民国]三十一年,共举办训练班四十三班,训练各级督导及技术人员二〇三九人,分布于后方十二省,实地参加农业推广工作,[民国]三十二年起,改由各省县自行训练。"②大后方专业推广人员共计有3 278人,经费近2 000万元。③

为繁殖农作物良种作为推广材料,农产促进委员会设立西南及陕西两个改良作物品种繁殖场。西南繁殖场场地面积620亩,特约繁殖2 523亩;陕西繁殖场场地面积1 125亩,特约繁殖5 744亩。④ 1941年农林部内增设粮食增产委员会,目的是加强粮食作物良种和先进种植技术的推广,促进大后方各省粮食增产。1942年,农林部将川、陕、甘、康、黔、滇、桂、鄂、湘、粤、闽、赣等省国营农场充实改组为11个推广繁殖站,具体办理各省农林垦牧经济调查、实验、繁殖、制造、示范等推广事宜,后赣、闽两站撤销,滇站移设宁夏。农林部派遣高级农业推广人员分驻各省区,负推广督导之责,每年还另派高级技术人员,轮流至西南、西北各省从事专业督导。此外,还组织农业推广巡回辅导团,辅导区域遍及川、康、

①《全国农业推广实施计划纲要》(1939年5月),秦孝仪主编:《革命文献》第103辑,台北:"中央"文物供应社,1985年,第146—147页。

②《抗战时期之农林建设概述——行政院对中国国民党第六次全国代表大会报告》(1938年—1945年),秦孝仪主编:《革命文献》第102辑,台北:"中央"文物供应社,1985年,第6页。

③ 曹幸穗等:《民国时期的农业》(江苏文史资料第51辑),南京:《江苏文史资料》编辑部出版发行,1993年,第15页。

④ 郑起东:《抗战时期的大后方农业改良》,《古今农业》2006年第3期,第53页。

陕、甘、湘、桂等省,参加活动的农民在 50 万人以上。① 但是,由于经费限制,1944 年度起,各推广繁殖站工作普遍侧重于优良材料之繁殖制造,其他推广工作基本停止。从 1945 年起,采用分区管理法,改设华西、华中、西南、西北、东南各区繁育站。各站共已繁育优良稻种 1.7 万余亩,小麦 3.9 万余亩,棉及特用作物 1 700 余亩,杂粮 2 500 余亩,果苗 8.4 万余株,苗木 820 余万株,鱼苗 10.9 余万尾,制造病虫药剂 2 800 余万斤,血清菌苗 370 余万cc。②

在各级农业推广机构的努力下,西部各省农业推广工作取得了一些成就。其中尤以优良种子的推广收效最为显著,农民也容易接受和掌握。1941 年,农林部粮食增产委员会成立后,致力于良种推广,水稻良种推广区域涉及川、滇、黔、陕、宁等 13 省,小麦良种推广区域涉及川、陕、甘、滇、黔、宁等 12 省,截至 1943 年底,已有改良稻 550 万亩,推广面积占栽培面积的 3.17%;改良麦 200 余万亩,推广面积占栽培面积的 1.08%。③ "四年来办理粮食增产的结果,已有改良稻种 130 种,推广约 300 万亩,每亩增产约 60 市斤;改良麦种约 50 种,推广约 200 万亩,每亩增产约 40 斤。"④特别是水稻良种南特号、小麦良种金大 2905 号,推广区域和面积最广,南特号稻种推广区域达赣、闽、粤、湘、川等 5 省 85 县,推广面积达 100万亩;金大 2905 号麦种推广区域达川、黔、湘、赣、陕 5 省 64 个县,

① 《农林部工作概况》(民国二十年五月至三十五年三月),秦孝仪主编:《革命文献》第 102 辑,台北:"中央"文物供应社,1985 年,第 17 页。
② 《抗战时期之农林建设概述——行政院对中国国民党第六次全国代表大会报告》,秦孝仪主编:《革命文献》第 102 辑,台北:"中央"文物供应社,1985 年,第 6 页。
③ 仇元、孙福绥:《近年来后方各省推广稻麦改良品种概况》,秦孝仪主编:《革命文献》第 103 辑,台北:"中央"文物供应社,1985 年,第 373—374 页。
④ 《抗战时期之农林建设概述——行政院对中国国民党第六次全国代表大会报告》,秦孝仪主编:《革命文献》第 102 辑,台北:"中央"文物供应社,1985 年,第 3 页。

推广面积达 50 余万亩。[①] 棉花主要推广美国良种德字棉 531 号、4号斯字棉，1943 年，后方各省棉花产额达到 230 万市担，[②]虽然离国家总动员委员会估计的原棉需要量 300 万市担相比还有一定的差距，但是较 1937 年 140 万市担的产量，还是有较大的提高，在一定程度上缓解了大后方棉花紧缺的局面，为支持抗战做出了贡献。

先进种植方法在西部省份也得到推广，如双季稻、再生稻的种植，成为西南地区粮食增产的重要措施之一。大后方在 1941—1943 年间共推广双季稻累计达 200 万亩，亩产量增加五成到八成，共计增产粮食约 306.5 万担；推广再生稻约 146.8 万亩，一季每亩可获粮食 50—80 斤，共可增产粮食约 105 万担。[③] 推广双季稻改变了西部省份原来仅种一季水稻的习惯，确立了水稻两熟栽培制度。国民政府还在西部各省指导农民在一两年生之桐林间种粮食作物，推行旱地间作连作等。科学的耕作制度有利于西部土地充分合理利用，促进了西部各省农产品产量的提高。

但是，总体来说，抗战时期，西部各省农业推广工作成效不尽如人意，原因主要有三个方面，一是机构重叠，互不关照；二是推广人才缺乏。推广人才主要集中在上层，下层空虚。基层推广机构人员数量少，素质低。三是推广经费严重缺乏。1944 年县推广所的经费，平均每所只有 3 万元，而每所平均却有 6 人，即以全数拨充经常费，每月也不过 2 500 元，员工薪饷，支付维艰，尚从何谈到事

① 仇元、孙福绥：《近年来后方各省推广稻麦改良品种概况》，秦孝仪主编：《革命文献》第103 辑，台北："中央"文物供应社，1985 年，第 368 页。

② 谢孟明：《六年来棉花增产工作之回顾与前瞻》，秦孝仪主编：《革命文献》第 104 辑，第《抗战建国史料——农林建设》(三)，台北："中央"文物供应社，1985 年，第 46 页。

③ 钱天鹤：《三年来之粮食增产》，《农业推广通讯》第 6 卷第 11 期，1944 年，第 7 页。

业。县级工作多半在乡下，但出差旅费，每日尚不足供一餐，这何能责其奉公勤事。表证示范是良好的宣传方法，而示范费用用以耕种则无以施肥，用以施肥则无以收获，又何能求其为农民表征。业务项目五花八门地列着，每一部门都配着不足的经费，这种粉饰性质的预算，自然一事无成。①可见，抗战时期，国民政府在西部各省的农业推广工作有名无实，成效有限。

第二节　农林院校农业科研与推广

抗战时期，一批农林院校迁到西部，如金陵大学农学院、中央大学农学院、浙江大学农学院等，它们和西部各省的农林院校一道，承担起改良西部农业的重任。他们根据抗战需要，紧密结合西部各省实际进行了大量农业科学和应用技术的研究，并将科研成果推广到西部各省，为推进西部农业发展、支持抗战做出了自己的贡献。

国民政府对农林院校的农业科研和推广工作提供了资金支持。为了倡导、扶持和奖助农业科研，农林部于1943年8月颁布了《农业问题特约研究办法》《研究奖助办法》，鼓励农林科研人员主动申请科研项目，由农林部给予奖励。农林部还特约"具有某种专门问题研究能力之专科以上农业学校和农业研究机关研究施政有关之各项农业问题"。农林部要求各学校及研究机构将已有设备、人才、研究成绩及现拟定的各种研究计划于每年度开始前书面报告农林部，由农林部研究后发出"特约研究通知书""特约研究工

---

① 吴华宝、朱甸余：《农业推广机构之回顾与前瞻》，《农业推广通讯》第7卷第5期，1945年，第23页。

作进度季报表""研究费收支月报表",经部核定年度经费,分三次汇发,第一次于报表手续完成后发1/2,其余经费于下半年分两次汇发,金额以万元为限,研究时间以一年为原则。① 很多农林院校的科研工作都得到了国民政府农林部的资助。

为了促进农业科研成果的推广,农林部与教育部共同制定《农林机关与农学院合作办法大纲》,规定农业院校与中央、地方农业推广机构合作,选择合适的地区,开展多种形式的辅导、训练、推广服务②,将农业院校的科研成果落实到各省的农业生产实践中,同时将农业生产中遇到的问题作为农林院校农业科研的主要课题,使理论与实践结合,更好地促进西部农业的发展。

一、金陵大学农学院的农业科研与推广

金陵大学农学院是近代中国规模最大、历史最悠久、科研成果最丰硕、培养农业人才最多的农学院。金陵大学自1914年增设农科以来,一直注重农业教育、农业科研和农业科技成果的推广,设立了农科研究所、大学本部、农业专修科和短期培训四个部门。1936年成立农科研究所、农业经济部,1940年成立农艺部(包括作物育种、植物病理及昆虫三组),1941年成立园艺部。大学本部分农业经济、农艺、园艺、森林、农业教育、病虫害及蚕桑农林7系。农业专修科为两年制,招收高中毕业生,主要培养应用型的农业科技人才,分农业、园艺及工程三组。短期培训班多是农学院与政府

---

① 重庆市档案馆编:《抗日战争时期国民政府经济法规》下,北京:档案出版社1992年版,第644—645页。
② 滕昱廷:《抗战时期中央大学农学院的农业科研与推广》,硕士学位论文,四川师范大学,2018年,第30页。

机构、社会团体合作举办,短期培训农业科技人才。[①]

（一）金陵大学农学院的农业科研

全面抗战前,金大农学院就选育成功一系列小麦、大麦、棉花、水稻、大豆、高粱等农作物良种。1934 年用纯系育种法育成我国第一个优秀小麦品种金大 2905 号,成熟早、抗病虫害能力强、秆茎坚实、出粉率和蛋白质含量都高。育成的金大 1386 号中稻,丰产早熟、抗螟耐旱。金大农学院及西北农场将输入的美棉爱字棉、脱字棉加以驯化选种,育成金大爱字棉 481 号、金大爱字棉 949 号,用选种法育成金大百万华棉。育成的高粱良种有金大燕京 129 号、金大开封 2612 号、金大南宿州 2624 号等。[②] 育成大豆良种金大 332 号为中早熟品种,比农家种早熟 7—8 天,平均产量为每公顷 1995 公斤,比农家品种多 40%。[③]

1938 年 2 月,金陵大学农学院西迁成都,集中力量研究四川农业问题,如主要农作物水稻、小麦、大豆、高粱、玉蜀黍、粟、大麦、棉花,特种作物如油桐、柑橘、烟叶、蚕桑等品种与耕作技术的改良,四川省土地分类调查,四川省农产物价及成都市生活费用研究,成都附近 7 县米谷生产成本及运销研究等。金大农学院在成都设立了临时试验总场,在安县设立了区域试验场。成都总场进行稻、麦、大豆、玉米等的杂交及自交育种工作,安县进行小麦、水稻及大豆的区域试验,均取得了优良成绩。

---

① 章之汶:《三十年来之金陵大学农学院》,《农林新报》第 20 卷 4—9 期,1943 年,第 4 页。

② 章之汶:《金陵大学农学院研究事业纪要》,《农业推广通讯》第 5 卷第 6 期,1943 年,第 8 页。

③ 《科研工作与推广事业》,《南大百年实录》编辑组编:《南大百年实录》(中卷),南京:南京大学出版社 2002 年版,第 310 页。

　　抗战时期,金陵大学农学院科研成果丰硕,特别是在良种的选育及推广方面,成效卓著。截至 1943 年,金陵大学农学院育成并推广的农作物良种有 8 大类,38 个品系,农学院的试验农场、合作农场繁育了大量优良农作物品种,推广到西部各省。金大 1386 号水稻良种西迁入川后,在成都进行了与本地品种的比较试验,结果证明其产量较本地品种高 45.61%,而螟害仅为 16.82%,原有本地品种螟害达 38.9%。在成都时,金大农学院还育成了金大 909 号、946 号,金大川稻 1 号等水稻良种。①

　　农艺系沈宗瀚教授育成的金大 2905 号小麦自 1935 年开始,在成都、合川、绵阳、泸县、遂宁、乐山、达县、简阳、宜宾等四川主要小麦产区进行区域试验和良种对比试验,2905 号小麦不仅产量特丰,抽穗期早,不易落粒,出面较多,而且对于叶锈病和散黑穗病的抵抗力也强,②先后在川西平原、贵州中部等西部省区推广近 200 万亩,深受农民欢迎。金陵大学农学院西北农事试验场育成蓝芒麦,金大泾阳 6 号、129 号、60 号、302 号等金大泾阳系列小麦良种,茎秆坚硬,不易倒伏,抗寒、抗旱能力强,产量高,成熟早,1936—1942年在陕西泾阳、高陵、三原、临潼、富平、长安、蒲城、武功等地推广种植 91 542.7 亩,产量 64 816.55 石,价值 13 023 915.50 元。③1939 年,金大蓝芒麦在西北地区推广种植达 40 县。④金大泾阳 60、

---

① 鲁彦:《金陵大学农学院对中国近代农业的影响》,硕士学位论文,南京农业大学,2005年,第 42 页;葛明宇:《中央大学农学院和金陵大学农学院的比较研究》,硕士学位论文,南京农业大学,2013 年,第 44—45 页。

② 郝钦铭:《金大二九〇五号小麦与四川小麦生产》,《建设周刊》第 6 卷第 11 期,1938年,第 9—10 页。

③ 殷祚长:《十年来西北农事试验场之农推工作与效果》,《农林新报》第 20 卷第 10/11/12 期,1943 年,第 22 页。

④ 张宪文主编:《金陵大学史》,南京:南京大学出版社 2002 年版,第 395 页。

129、302 号 3 种小麦良种在关中 10 余县普遍种植，其中尤以 60 号小麦产量高，出粉多，面粉白，受到当地农民及磨房热烈欢迎。西北农事试验场在泾阳县设立的纯种繁殖区主要繁殖改良之 60 号小麦和 122 号斯字棉，繁殖面积每年均在 5 000 至 1.5 万亩之间。[①] 金大农学院育成的金大 332 号大豆西迁入川后，在川省各地屡经试验证明较温江安县本地品种优异，已在上述两县推广。[②] 1942 年，金陵大学农艺系与四川推广繁殖站合作选出 4 个优良大豆品种，产量和蛋白质的含量比金大 332 号还要高，其中 313、419 号大豆产量高出 332 号 10%，207、417 号大豆蛋白质含量在 46%—47% 之间。[③] 金大农学院植物病理组还进行抗病育种，研究大豆抗病性和病害防治。

　　金陵大学农学院西北农事实验场在西北推广 4 号斯字棉，产量高出农家品种 35%—40%。1934—1942 年，在泾阳、高陵、三原、长安、临潼等地推广 4 号斯字棉、金大脱字棉 156 918.8 亩，产量 105 646.4 担，价值 109 313 722 元。[④] 1940 年，西北地区 4 号斯字棉种植面积已达 8 000 公顷。[⑤] 金大农学院培养出的 39—1091、39—157、42—517 等棉花良种，具有早熟、产量高的特点。农学院还进行棉花种子处理、播种量、播种期、行株距、摘心等栽培实验，

① 《本校农学院 32 年度农业推广事业简报》，《南大百年实录》编辑组编：《南大百年实录》（中卷），南京：南京大学出版社 2002 年版，第 317 页。

② 章之汶：《金陵大学农学院研究事业纪要》，《农业推广通讯》第 5 卷第 6 期，1943 年，第 8 页。

③ 周邦任、费旭主编：《中国近代高等农业教育史》，北京：中国农业出版社 1994 年版，第 202 页。

④ 殷作长：《十年来西北农事试验场之农推工作与效果》，《农林新报》第 20 卷第 10/11/12 期，1943 年，第 23 页。

⑤ 张宪文：《金陵大学史》，南京：南京大学出版社 2002 年版，第 395 页。

氮磷钾肥料用量实验,灌溉时间、需水量的实验等。

　　金陵大学农学院受农产促进委员会委托,研究四川橘柑品种改良及储藏方法,与财政部合作改良四川烟叶,与西康省政府合作,举办该省蚕桑选种及改良试验。① 1940 年起,金陵大学农学院改良原有烟叶,育成优良品种 1 种。② 金陵大学农艺系汤湘雨教授主持的四川烟草品质、分级研究,品种及栽培方法改进研究都取得了很大成效。③

　　据 1943 年 2 月统计,金陵大学农学院直接推广的小麦、棉花、大豆优良品种就达 2 500 吨,交给其他单位推广的还不包括在内。④ 为保证良种推广效果,金大农学院和农场的科研技术人员分赴各地,对各农户进行生产技术指导,具体到各种良种的播种期、播种量、播种方法、田间管理、病虫害的防治等,以保证质量,提高产量。⑤ 推广良种不仅增加了粮食、棉花产量,农民收益也大大增加。如 1936—1942 年,金大农学院西北农事实验场在陕西泾阳、高陵、长安等地推广小麦改良品种 4 种,农家增益为 2 028 674 元。在泾阳、高陵、三原等地推广 2 个棉花良种,农家增益为 8 835 994 元。自推广良种起,农家之收益已超过 1 000 余万元,⑥取得了可

---

① 《抗战以来的金陵大学》,《金陵大学校刊》第 288/289 期,1941 年,第 7—8 页。

② 章之汶:《金陵大学农学院研究事业纪要》,《农业推广通讯》第 5 卷第 6 期,1943 年,第 8 页。

③ 周邦任、费旭主编:《中国近代高等农业教育史》,北京:中国农业出版社 1994 年版,第 202 页。

④ 费旭、周邦任:《南京农业大学史志》,南京农业大学内部发行,1994 年,第 36 页。

⑤ 鲁彦:《金陵大学农学院农业推广及其效益》,《莱阳农学院学报》(社会科学版),2005 年 9 月,第 32 页。

⑥ 郝钦铭、张平生:《十年来之总结算》,《农林新报》第 20 卷第 10/11/12 期,1943 年,第 26 页。

观的经济效益。因此,胡适和国民政府教育部评价金陵大学农学院是"全中国作物品种改良的最重要的中心"①,"历来培养农业人才、倡导农业改进,增加农业生产,裨益民生,功效昭著。"②

在防治农作物病虫害方面,金陵大学农学院也取得了显著成就。早在 1930 年,金陵大学农学院就开展了水稻病虫害研究。1936—1940 年间,与中央农业实验所合作研究防治小麦秆黑粉病。1939—1943 年,接受美国洛氏基金会资助研究防治柑橘病虫害。1942 年,接受中华文化教育基金会资助研究防治苹果病虫害。③金陵大学理学院化学和化工系开办小型工厂,生产碳酸铜,用来拌种,防治谷物病虫害。金大农学院经常派出指导员,深入农村,代农民处理种子,深受农民欢迎。

金陵大学农艺系土壤肥料组迁川后,对成都平原冲积水稻土肥力保持和水稻用水量进行测定,对川西红色盆地区域上壤冲刷情况、陕西水土保持和堆肥进行试验研究。④ 在成都进行小规模的土壤冲刷试验,进行坡地棉田冲刷试验,比较三种耕作方法保土的效用。与农林部农业推广委员会合作进行各种绿肥肥效之比较及优良种子之繁殖。整理所存的川、黔、桂、陕、甘、青、新疆等省各类代表性的土壤标本 40 余种进行理化分析,举行各种化肥对于土壤理化性状影响的研究等。⑤

————————

① 《胡适谈金陵大学农学院的贡献》,《南大百年实录》编辑组编:《南大百年实录》(中卷),南京:南京大学出版社 2002 年版,第 281 页。

② 《教育部训令》,《南大百年实录》编辑组编:《南大百年实录》(中卷),南京:南京大学出版社 2002 年版,第 279 页。

③ 张宪文主编:《金陵大学史》,南京:南京大学出版社,2002 年,第 367 页。

④ 《南京农业大学史》校史编委会编:《南京农业大学史》,北京:中国农业科技出版社 2004 年版,第 177 页。

⑤ 《金陵大学农学院土壤组消息》,《土壤通讯》1948 年第 4 期,第 15 页。

金陵大学农学院农艺系农具组自成立后,一直专注于农业机械的研究,后来成立的农业工程系,也将农具的改良与推广作为重要任务。自1932起,制造新式中耕器、小型播种机、小麦除杂机、小麦烘干机、小麦脱粒机、小麦收割机,新式轧花机等。① 1942年起,又制造改良了耕犁、播种器、轧花机、抽水车,仓库烘干机等。② 因为战争时期,钢铁紧缺,金陵大学农学院改良农机具,尽量减少用铁部分。③ 1942年,根据农业工程系刘永济的硕士论文"木制水槌的试制与研究"制成的样机引水试验,可提水高3—4米,对解决四川高地灌溉问题进行了探索。④

(二)金陵大学农学院农业科技成果的宣传与推广

金陵大学农学院建院以来就非常注重农业推广。1924年,金陵大学专门设立农业推广部,积极进行农业推广。全面抗战前,金陵大学农学院办的安徽乌江农业推广实验区,推广金陵大学农学院引进和繁殖的爱字棉、胞字棉和百万棉,良种小麦和332大豆等。"安徽乌江农业推广实验区,经过六七年的努力经营,使每年所需七八千元经费,能够完全自给。最后由当地人士组织,交其自己办理。这种推广事业,永在地方生根繁盛,造福当地农民。"⑤

西迁成都之后,金陵大学农学院在四川、陕西大力推广农业科

---

① 章之汶:《金陵大学农学院研究事业纪要》,《农业推广通讯》第5卷第6期,1943年,第9页。

②《抗战以来的金陵大学》,《金陵大学校刊》第288/289期,1941年,第7页。

③ 周邦任、费旭主编:《中国近代高等农业教育史》,北京:中国农业出版社1994年版,第207页。

④ 吴相淦:《金大为我国农业工程学科奠定基础》,《金陵大学建校一百周年纪念册》,南京:南京大学出版社1988年版,第83页。

⑤ 章之汶:《本院过去、现在与将来》,《农林新报》总第610—612期(1941年8月21日),第4页。

技成果,"于川省新都、温江、仁寿设三推广区,并于陕西省泾阳、南郑设两推广区。"从 1938 年起,在四川温江、仁寿及成渝公路沿线进行农业推广研究,温江农业推广从组织农会入手,由县政府、金大农学院与地方法团士绅合组乡村建设委员会作为推动机构,推广金大 2905 号小麦 5 000 多公斤以及良种马铃薯、来杭鸡等。[①]"辅导成立造纸厂、纺织厂及猪瘟血清注射,肥料改良等。"[②]仁寿农业推广从办理农业补习学校及辅导乡村小学生生产训练入手,训练青年农民接受科学的农业生产方法。[③] 仁寿农业推广实验区成立于 1938 年 9 月,共有 4 个中心推广区,推广品种有金大 2905 号小麦,德字棉,良种猪、鸡等。为培养农业推广人才,金大农学院将农业专修科迁到四川仁寿,设立农业推广实验区,作为农专学生的试验场所,由农专学生从事农业试验推广工作。1938 年 10 月,金陵大学农学院与新都县政府合办新都农业推广实验区,选派 3 名推广员前往新都参加推广工作,不幸"新都事变"发生,推广工作停顿下来。[④] 1939 年 10 月,金大农学院与新都县职业中学筹备合办农业推广处农业推广学校,招收实地耕作的农民 41 人,教授农业、语文、计算、常识等课程,设立农场,试种大豆、芸苔、玉蜀黍良种,示范防治小麦、蔬菜病虫害,提倡栽培除虫菊、番茄、生菜等。[⑤] 四

---

① 张宪文:《金陵大学史》,南京:南京大学出版社 2002 年版,第 389 页。

② 《25 年来金大农业经济系之概述》《金陵大学农学院迁蓉后推广事业一览》,《南大百年实录》编辑组编:《南大百年实录》(中卷),南京:南京大学出版社 2002 年版,第 268、282 页。

③ 《金陵大学农学院推广研究计划》,《农林新报》第 15 卷 32/33 期,1938 年,第 5 页。

④ 《金陵大学迁蓉后推广事业一览》,《南大百年实录》编辑组编:《南大百年实录》(中卷),南京:南京大学出版社 2002 年版,第 282 页。

⑤ 蒲、冀光晶:《金陵大学农学院、新都县立职业中学合办农业推广处农业推广学校概况》,《农林新报》第 17 卷第 20—24 期,1940 年,第 28—30 页。

川省农业改进所成立后,在各县创设县农业推广所,金陵大学农学院遂将温江、仁寿、新都三个推广区改组,归并到该县农业推广所,移交给四川农业改进所办理。① 1938 年后,四川省开始推行新县制,指定彭县、仁寿县为新县制示范县,金陵大学农学院应四川省政府之请,担任彭县、华阳两示范区之农事辅导和农业推广工作。②

1938 年春,重庆市基督教青年会主办农村教育服务车"青美"号,沿成渝公路重庆段行驶,应沿途农民需要,为农民服务。"青美"号于 1938 年 8 月,特聘请金陵大学农学院担任辅导工作,派出农事辅导团随车巡回服务。③ 中华慈幼协会重庆慈幼院申请中央赈济委员会拨款 3 万元,在重庆北碚开设慈幼农场,开辟果园 800 余亩,训练儿童 60 多名,特聘请金陵大学农学院农业推广部作农业技术辅导。④ 1940 年暑假,金陵大学农学院农业经济系应廉耕等 4 名教授带领 12 名学生到安县四乡进行农村实地调查,指导农民施放新麦种,耕牛注射,引用特种肥料等。⑤

陕西南郑农业推广实验区 1939 年 1 月成立,推广区与农业职业学校合作,推广帽子头水稻、金大 332 大豆、斯字棉及美国约克夏猪,还组织了农会,开办了农民医院等。⑥ 以 1937 年成立的泾阳

---

① 章之汶:《三十年来之金陵大学农学院》,《农林新报》第 20 卷 4—9 期,1943 年,第 6 页。

② 《本校推广事业概况》,《南大百年实录》编辑组编:《南大百年实录》(中卷),南京:南京大学出版社 2002 年版,第 311 页。

③ 《金陵大学迁蓉后推广事业一览》,《南大百年实录》编辑组编:《南大百年实录》(中卷),南京:南京大学出版社 2002 年版,第 283 页。

④ 《金陵大学迁蓉后推广事业一览》,《南大百年实录》编辑组编:《南大百年实录》(中卷),南京:南京大学出版社 2002 年版,第 283 页。

⑤ 《学生暑期服务》,《金陵大学校刊》第 280 期,1940 年,第 4 页。

⑥ 张宪文:《金陵大学史》,南京:南京大学出版社 2002 年版。第 390 页。

种子推广区为基础,1939 年 1 月成立了泾阳农业推广区,推广品种为蓝芒麦。1941 年 8 月,陕西省农业改进所与金陵大学合办泾阳农业推广所,划定泾阳、三原、高陵、富平、临潼、醴泉 6 个县为合作推广辅导区。①

国民政府"教育部为集中力量加强辅导起见,指定本院(金陵大学农学院)负责省立成都及遂宁两高级农业学校辅导工作"②。金陵大学农学院应四川省教育厅委请,担任川西 24 所高级、中级农业职业学校的辅导工作。③金陵大学农学院"受四川省农业职业辅导委员会的委托,担任新都、丹陵、犍为、资中等县 8 个农业学校之辅导。在新都招 16 岁以上的农民,分一二三四编制,试办农业推广基础学校,初级农业推广学校,高级农业推广学校及推广学院"④,训练培养农业科研推广人才。

自 1938 年起,金大农学院与农产促进委员会多次合办高级推广人员训练班,招收"大学农科毕业生曾在农界服务 2 年以上者,予以 4 个月之训练,第一期招收学员 10 名,业于 27 年 12 月开始训练矣"⑤。1940 年,与农产促进委员会合办农场管理人才训练班、川西园艺苗圃场,举办农业推广讲习会。⑥ 1942 年奉教育部令,举办农业指导人员

① 周邦任、费旭主编:《中国近代高等农业教育史》,北京:中国农业出版社 1994 年版,第 211 页。

② 《本校农学院 32 年度农业推广事业简报》,《南大百年实录》编辑组编:《南大百年实录》(中卷),南京:南京大学出版社 2002 年版,第 317 页。

③ 《本校推广事业概况》,《南大百年实录》编辑组编:《南大百年实录》(中卷),南京:南京大学出版社 2002 年版,第 313 页。

④ 《抗战以来的金陵大学》,《金陵大学校刊》第 288/289 期,1941 年,第 8 页。

⑤ 《金陵大学迁蓉后推广事业一览》,《南大百年实录》编辑组编:《南大百年实录》(中卷),南京:南京大学出版社 2002 年版,第 283 页。

⑥ 李瑛:《民国时期大学农业推广研究》,博士学位论文,华东师范大学,2011 年,第 68 页。

训练班,毕业学员 30 余人,分发各地工作,成绩优异,深得农民好评。1943 年又奉教育部令续办一班,与华阳县政府合作,由该县各乡镇分别派调或选送一人,共计 35 人,训练期限为 1 年,半年集中受训,半年实地实习。集中训练期满,由县府分发各乡镇公所担任经济干事,配合新县制,从事民众组训、乡镇造产工作。①

金陵大学还出版了一些刊物,宣传农业科学知识、传授农业生产技能。农业推广委员会下设有出版部,出版物有定期和不定期二种,定期刊物为金大农学院编印《农林新报》,每月 3 期,从未间断。迁到成都后,因印刷困难,改为 3 期合刊,每月出版 1 册,"传播农林新知,报导农业消息,并刊布本院各部门研究结果,以供社会人士之参考"。② 据 1943 统计,"长期订户,除四川农业改进所,各地推广员所订阅的 300 份外,尚有订户 600 余户",③深受民众欢迎。不定期刊物有农业浅说、实用农业活页教材等普及读物,实用农业活页教材以一个具体农事活动为内容,由农业专家撰写,文字浅显、内容实用,适合农业推广人员参考及各级农业学校、农业训练班选作教材。1942 年将 50 种实用农业活页教材合成 1 册出版,被十余所农校选为教材或课外读物。金陵大学农学院还利用成都广播电台传播农业科普知识。

---

① 《本校农学院 32 年度农业推广事业简报》,《南大百年实录》编辑组编:《南大百年实录》(中卷),南京:南京大学出版社 2002 年版,第 316 页。

② 《本校农学院 32 年度农业推广事业简报》,《南大百年实录》编辑组编:《南大百年实录》(中卷),南京:南京大学出版社 2002 年版,第 319—320 页。

③ 《本校农学院 32 年度农业推广事业简报》,《南大百年实录》编辑组编:《南大百年实录》(中卷),南京:南京大学出版社 2002 年版,第 319—320 页。

二、四川大学农学院的农业科研与推广

(一) 四川大学农学院的农业科研

作为本土最高农业学府,四川大学农学院在抗战时期担负起"培植农业建设人才,研究农业技术,农业经营,推广美种"[①]的社会责任。各有关机关也积极予以支持和协助,抗战期间,四川大学农学院在水稻、玉米、小麦、甘蔗、蚕桑、油料作物等良种选育及植物病虫害防治、农业经济等领域取得了很多科研成果。

特别是杨开渠教授的再生稻、双季稻研究"正合政府长期抗战,增加粮食产量的需要",得到了四川省政府、农林部的资金支持,获得水稻研究经费 1.2 万元。[②] 早在 1935 年,杨开渠教授在研究双季稻的时候就想到,在头季稻收割后 60—70 天可以再收获 1 次,就叫再生稻,省时、省工,在双季稻还未成熟的地区或一季早、中稻冬水田区可以促进粮食增产,于是便用籼稻品种材料对再生稻进行了系统的研究。[③] 四川大学农学院与四川教育学院农教系合作进行再生稻保育试验和示范性推广,川东各县成为主要推广区。[④] 1936 年 3 月,四川省建设厅委托四川大学农学院进行双季

① 彭家元:《农业教育与川大农学院》,《国立四川大学校刊》第 16 卷第 2 期,1944 年 2 月 28 日,第 1 页。

② 张永汀:《打通一条血路——国立四川大学农学院的建设与发展》,硕士学位论文,四川大学,2007 年,第 26 页。

③ 张永汀:《打通一条血路——国立四川大学农学院的建设与发展》,硕士学位论文,四川大学,2007 年,第 33 页。

④ 程雨辰主编:《抗战时期重庆的科学技术》,重庆:重庆出版社 1995 年版,第 172—173 页。

稻试验,场地由省农场拨田 50 亩,栽培双季稻。[①] 1936 年秋,杨开渠教授发现重庆及长江沿岸某些地区自然条件非常适宜种植双季稻,于是在川南泸县试验分场栽培双季稻,获得成功。双季稻、再生稻逐步在四川农村推广,1939 年推广再生稻 24 427 亩,1941 年推广再生稻 281 315 亩,产量 216 159 担;推广双季稻 570 亩,产量 938 担。1942 年推广再生稻 55 819 亩,产量 7 157 担;推广双季稻 10 418 亩,产量 20 835 担。1943 年,推广再生稻 121 173 亩,产量 50 515 担;推广双季稻 93 803 亩,产量 150 085 担。1944 年推广再生稻 31 816 亩,产量 13 060 担;推广双季稻 133 417 亩,产量 229 914担。[②] 再生稻、双季稻的推广,改变了四川农民的耕作习惯,由一季稻改种双季稻,提高了土地利用效率,对于增加粮食产量,供应军粮民食起到了十分重要的作用。

除了研究再生稻和双季稻,四川大学农学院还培育优良稻种,截至 1946 年,四川大学农学院农场共培育了 15 个优良稻种,亩产在 490 斤至 730 斤之间,其中川大 1 号是一种中熟稻种,从播种至成熟,只须 134 天,秆不高,施肥不多,每亩可产稻谷 650—750 斤,稻壳薄,米质优良,胀性大,在川西很有推广价值。[③]

1941 年秋,四川大学农学院杨允奎教授开展了小麦的遗传育种研究,进行"小麦杂交育种研究""小麦杂种性状之遗传研究",育

① 《杨允奎先生报告稻麦试验场情形》,《国立四川大学周刊》第 5 卷第 5 期,1936 年,第 3 页。

② 陈启华:《五年来四川之粮食增产》,《四川经济季刊》第 3 卷第 1 期,1946 年,第 151 页。

③ 四川大学校史编写组编:《四川大学史稿》,成都:四川大学出版社 1985 年版,第 299 页。

成了小麦新品种川大 101。[1]杨允奎教授还育成了秋玉米综合杂交种川大 201,在成都东郊种植,单产增加 40%。[2] 1945 年选出 50 多个玉米双交、杂交优良组合,增产幅度 10%—25%。[3] 这些良种经四川大学农业经济系师生和农场职工在成都市郊县进行示范推广,受到广泛欢迎。

　　1936 年,四川大学农学院与四川省建设厅在内江城外的圣水寺合办甘蔗试验场,进行蔗种改良,引进国外、省外良种,进行蔗作指导、蔗农合作、蔗作调查等。[4] 1942 年 7 月—1944 年,四川大学农学院与中央农业实验所合作进行"家蚕品种适应性试验"。[5] 1943 年,蚕桑系为协助政府完成生丝增产计划,制成 2 000 余张蚕种,全部由四川省外销物资增产委员会销出。[6] 应四川省政府请求,对"川省现在推广之原蚕种,作纯化试验,将试验之原种,交南充、成都两原种场,作原种之用"[7]。

　　1939 年,四川大学农学院建成新都烟草试验场,研究品种发育、栽培试验、烟草调制发育等。[8] 1942 年 12 月 8 日,四川大学农

---

[1] 中国科学技术协会:《中国科学技术专家传略·农学编·作物卷》第 1 册,北京:中国科学技术出版社,1993 年版,第 125—126 页。

[2] 张永汀:《打通一条血路——国立四川大学农学院的建设与发展》,硕士学位论文,四川大学,2007 年,第 30 页。

[3] 周邦任、费旭主编:《中国近代高等农业教育史》,北京:中国农业出版社 1994 年版,第 202 页。

[4] 四川大学校史编写组编:《四川大学史稿》,成都:四川大学出版社 1985 年版,第 188 页。

[5]《本院蚕桑系近况》,《新农林》第 2 卷第 3 期,1943 年,第 11 页。

[6]《本院蚕桑系近况》,《新农林》第 2 卷第 3 期,1943 年,第 11 页。

[7]《国立四川大学成立十二周年纪念册·病虫专号》,《新农林》第 2 卷第 4 期,1944 年,第 73 页。

[8] 周邦任、费旭主编:《中国近代高等农业教育史》,北京:中国农业出版社 1994 年版,第 2002 页。

学院灵岩山林场与中央林业实验所签订"药圃合作合同",试验土地由林场提供,中央林业实验所负责解决研究人员和经费问题,药圃供农学院学生实习。1943 年 6 月,四川大学农学院土壤肥料研究室与四川省农业改进所土壤肥料系合作进行"天然肥料与化学肥料之质量对比试验"。①

（二）四川大学农学院的农业科技成果的推广

四川大学农学院非常重视农业科研成果推广,农学院院长主张"农院应打开大门,请农民进来,彼此交换意见。同时教授与同学们,应常到乡村里去调查和实地研究,先晓得他们的短处在那里,然后才能指导他们去改良"②。"本院研究所得,当尽量先推广于左近农村,如能是,则农业教育不致落空,影响于农村之复兴亦甚"③。可见,抗战时期,四川大学农学院清醒地认识到农业教育、科研与农业推广、农村复兴的关系,农业科研成果只有应用于农业,为农业直接生产者所接受和掌握,才能发挥其促进农业发展、农村复兴的积极作用。

为推广农业科研成果,1939 年 6 月 21 日,四川大学农村服务团联合青神县政府举办了"青神农产品比赛大会"。"川大农学院搬来了不少农民从未见过的农作物和病虫害的标本模型,与农民们所谓的'洋机器'（农具）,再加上农友们拿出来比赛的已收获的农产品和正开着花结着实的农作物"进行展览,"展览 3 天,每天观

---

① 《国立四川大学成立十二周年纪念册·病虫专号》,《新农林》第 2 卷第 4 期,1944 年,第 73 页。

② 《曾院长讲我国农业教育所谓"教""学""做"之错误》,《国立四川大学周刊》第 4 卷第 4 期,1935 年,第 3 页。

③ 《曾院长讲我国农业教育所谓"教""学""做"之错误》,《国立四川大学周刊》第 4 卷第 4 期,1935 年,第 3 页。

众有五六千人。这次服务团在推广农事知识和奖励生产方面,直接影响到的农民,至少也在一万五千人以上。"①

四川大学农学院园艺系与四川省合作金库合办赵镇柑橘示范园,供当地农民模仿,改良金堂一带之柑橘事业。② 四川大学农学院借助当地士绅力量推动先进农业技术的推广。1935 年,四川大学农学院在成都华阳县狮子山圈地 300 余亩作果树园艺畜牧实验场,经过农学院的"积极规划,颇具条理",引起"地方人士之注意","成都慈惠堂总理尹仲锡前往参观,认为'组织有方,可期实效',于是与农学院议定,由该堂选送 20 名学生到场实习,用作农业推广之助。农学院'以事关复兴农村',在狮子山农场开设农民学校,农学院派教师前往讲课,狮子山农场助教、事务员等也向农民授课,'其教授方式,注重浅近科学及实用',经费由慈惠堂和农学院共同负担。"③四川大学农学院借助乡绅在本地农村的特殊影响力,将先进农业科技成果尽可能地传达给农民。受四川省教育厅委托,四川大学农学院代办省立成都高级农业职业学校,辅导宜宾高级职业学校等。

为了进一步推广农业科技成果,四川大学农学院编印各种浅显易懂之农业科普读物,与现代农民社合办《现代农民》杂志,把农业科研成果介绍给农民。如杨开渠教授编写的《再生稻浅说》,在《现代农民》杂志上发表的杨开渠教授的《老农双季稻成功谈》,曾省教授的《驱除柑橘树上的红虱子》,陈朝玉教授的《养猪须知》《饲

---

① 玉琳:《本校农村服务团在青神》,《国立四川大学校刊》,1939 年 6 月 21 日,第 2 页。

② 《本农学院设立赵镇柑橘示范园》,《国立四川大学周刊》第 8 卷第 10 期,1940 年,第 8 页。

③ 《本校农学院狮子山农场农民学校开学》,《国立四川大学周报》第 6 卷第 19 期,1938 年,第 4 页。

养奶牛的利益》《饲养奶牛的方法》等，科普性的小文章短小精干、浅显易懂、实用价值高，很容易让农民接受。《现代农民》设读者来信栏目，农民生产中遇到各种问题，"川大农学院负责解答"。川大农学院对于"社会人士来信索取种子苗木、森林苗木、蔬菜、花卉、稻麦"等优良种子，均"无价赠予"。如有"智识农民或留心农事人士征询良法美种者"，川大农学院均"随时予以答复"。①

四川大学农学院还组织学生农村服务团，利用假期，鼓励学生到农村去，服务农村，普及教育，传播农业科技知识。② 通过个人返乡或团体下乡，到川西、川北一带农村举办"各种农事训练班，组织农事指导会，举行农产比赛"等。③ 1941 年，农学院植物病虫害学会组织乡村服务队至郫县、灌县、青城一带作植物病害之调查及防治宣传。④ 这些农业科技成果的普及与推广工作，促使四川大学农学院的农业科技成果被农民接受和运用，为西部农业的改良和发展起到了重要的推动作用。

三、中央大学农学院的农业科研与推广

中央大学农学院历史悠久，源于三江师范学堂农学科与两江师范学堂农学博物科，到 1937 年，设有农艺系、森林系、畜牧兽医系、农业化学系、蚕桑系、园艺系和畜牧兽医专修科。抗战时期，中

---

① 彭家元：《川大农学院概况》，《国立四川大学校刊》，1944 年 11 月 9 日，第 17 页。
②《暑假农村服务团出发》，《国立四川大学周刊》，1939 年 6 月 1 日，第 10 页。
③《国立四川大学夏季乡村服务团办法》，《国立四川大学周刊》第 6 卷第 36 期，1938 年 7 月 11 日，第 10—11 页。
④《社会教育委员会工作近况》，《国立四川大学校刊》第 10 卷第 6/7 期，1941 年 4 月 21 日，第 5 页。

央大学农学院始终秉持着"为吾国农业与农民服务"的宗旨①,积极从事农业科学研究与推广,为西部农业发展做出了自己的贡献。

(一)中央大学农学院的农业科研

中央大学农学院农业科研成果最突出的是水稻、小麦、棉花的育种,早在1919年,中央大学农学院的前身南京高等专科学校农科就创始改良稻种。1929年,中央大学农学院育成中大帽子头,为中熟籼稻纯系,被全国稻麦改进所选为推广种,在苏、皖、湘三省推广20余万亩,每亩平均增产30余斤。②中央大学农学院在昆山稻场选育成的水稻良种中大258号、中大345号、中大202号、中大312号产量高、适应力强。30年代初,中大农学院在昆山稻作试验场育成中熟粳稻品种头等一时兴、二等一时兴,是太湖流域粳稻区的优良代表种。③ 中央大学农学院内迁后,针对西部各省的气候和土壤等条件继续进行稻、麦、棉花的选种育种。与四川农业改进所密切合作,大量繁殖在西南地区产量高、质量好的水稻,如浙场9号,分蘖力强、耐肥、抗病抗风力强,米质中,每亩平均产500余斤,较地方种多收40斤以上,适合作四川两季稻谷区和丘陵地带一季迟栽防旱的晚稻种,在四川大量推广。④

中央大学农学院用纯系育种法育得的小麦良种主要有南京赤壳、武进无芒、南宿州等,混合选种法育成淮阴大玉花。莫定森在中央大学任教时用美国玉皮和法国种交配育成莫字101号,是当时国内通过杂交育成的少数良种之一。1929年,中大农学院从意

① 南开大学中国社会史研究中心资料丛刊:《民国大学校史资料汇编》第19卷,南京:凤凰出版社2014年版,第13页。

② 陈仁:《全国主要改良稻种》,《农报》第11卷第10—18期,1946年,第26页。

③ 陈仁:《全国主要改良稻种》,《农报》第11卷第10—18期,1946年,第26—27页。

④ 陈仁:《全国主要改良稻种》,《农报》第11卷第10—18期,1946年,第27页。

大利引进小麦良种矮粒多,茎秆粗壮,不易倒伏,丰产性好,高抗条锈病、散黑穗病及吸浆虫,西迁重庆后继续选育,于 30 年代末育成中大矮粒多,1940 年在川东各县少量推广,1942 年推广到南方 8 省。① 1939 年,金善宝、蔡旭等人采用系统选育法,从引进的 3 000 多份外国小麦品种中选育出穗大粒多,适合长江中下游地区栽培的中大 2419 号(后改名为南大 2419)小麦良种。南大 2419 号小麦适应性广、较早熟、抗条锈病和吸浆虫、穗大粒多,一般亩产 250—500 斤。② 中央大学农学院青年学者蔡旭对西部地区小麦也很有研究,1942 年编成《四川小麦之调查研究》一书,还发表了《小麦黄锈病之遗传研究》等论文。③

中央大学农学院教授、棉作专家冯泽芳认为,"中国之棉花适应区域可分三区,黄河流域棉区、长江流域棉区和西南棉区,将来扩充植棉以黄河流域为最有希望,长江流域次之,西南区除种埃及棉外,希望甚少。"④中央大学农学院在全国各地进行的中棉品种比较试验,认定中大爱字棉、中大脱字棉、中大江阴白籽棉、中大孝感长绒棉四种为代表种,尤其中大脱字棉因为品质高、适应能力强,在国内种植,几遍全国,尤以华北为多。⑤ 在全国进行美棉品种试验,中央大学农学院引进 8 个美种在长江、黄河流域棉区试种,证

---

① 周邦任、费旭主编:《中国近代高等农业教育史》,北京:中国农业出版社 1994 年版,第 211 页。
② 周邦任、费旭主编:《中国近代高等农业教育史》,北京:中国农业出版社 1994 年版,第 201 页。
③ 蔡旭:《小麦黄锈病之遗传研究》,《中华农学会通讯》,1945 年第 50 期,第 24—25 页。
④ 冯泽芳:《中国之三个棉花适应区域》,《全国农林试验研究报告辑要》第 1 卷第 3 期,1941 年,第 73—74 页。
⑤ 俞启葆:《国立中央大学农学院之改良棉种》,《全国农林试验研究报告辑要》第 1 卷第 2 期,1941 年,第 42 页。

明黄河流域以 4 号斯字棉产量最高而且稳定,纤维长度、衣分也比脱字棉高;长江流域棉区,以德字棉 531 号平均产量最高而且稳定,其他如福字棉、岱字棉、珂字棉表现都很好。[①] 全面抗战开始后,华北、长江中下游棉区相继沦陷,中央大学农学院"棉作事业西迁以后之目标,以研究协助推进西南棉业,以图解决抗战时期军需及民衣问题"[②]。为发展西南棉业,1936 年,冯泽芳考察云南木棉,鉴定云南开远县的数千株多年生木棉树为海岛棉,其纤维细长,适合机器加工。1938 年后,冯泽芳再次对几种云南木棉进行研究,认为云南木棉适合于西南地区栽种,棉质与埃及棉相仿,很大程度上可以代替埃及棉,从此在云南推广种植木棉,推广面积达 4 万亩,木棉获得的收入"比国民政府全年的农林经费还多三分之一"[③]。云南木棉的栽培,为缓解抗战时期大后方原棉紧缺局面,满足军需民衣起到了一定作用。全面抗战开始后,沿海纺织业遭到重人损失,迁到后方的纺织业产量大幅减少,导致大后方纱布空前紧缺,七七手纺机应运而生,为适应手工纺织的需要,1939 年,中央大学农学院在行政院农产促进委员会的资助下,对西南西北棉区棉花品质、棉花品质与手工纺织的关系进行广泛的调查研究。为此,中央大学农学院征集了四川、云南、贵州、西康、甘肃等省的棉样,进

① 《南京农业大学发展史》编委会:《南京农业大学发展史》历史卷,北京:中国农业出版社 2012 年版,第 51 页。

② 《国立中央大学农学院一九三八年棉作事业简报》,中国第二历史档案馆藏,中央农业实验所档案,23—3095。

③ 周邦任、费旭主编:《中国近代高等农业教育史》,北京:中国农业出版社 1994 年版,第 202 页。

行品质检测和手工纺织试验,①在综合考虑气候、耕作法、棉种等因素的基础上,考察西北西南棉花的品质。中央大学农学院俞启葆负责陕甘棉区考察。俞启葆考察了甘肃河西地区的亚洲棉、非洲棉和美洲棉的种植情况,分析河西与其他地区在棉花栽种方法、灌溉及管理上的不同。俞氏认为,甘肃若想种植成功棉花,则要根据不同之环境选择不同之棉种,采用适宜之方法管理。②

　　中央大学农学院西迁重庆后,为了配合西部各省农业改良,对川、黔、滇土壤进行了分析,对四川紫棕土成分进行分析,对四川土壤中盐基交换量、四川重要土壤磷的吸收问题进行研究,③对贵州黑色石灰土、黄壤进行研究,对云南的土壤类型进行研究。研究了云南当地农作物品种、土壤类型、森林情况、病虫害情况,研究了云南当地的特产,如云南松脂、金鸡纳树、呈贡梨等。④ 抗战时期,中央大学农学院利用国产原料制造酪胶、桐油干燥剂等,⑤运用于滑翔机的生产。1942 年 8 月,由院长冯泽芳出面,与中央滑翔机制造厂签订利用国产原料筛选酪胶的合同。⑥

　　1944 年,经中华农学会理事长邹秉文接洽,美国万国农机公司

① 薄元嘉:《西南各省棉花品质初步检验报告》,《农业推广通讯》,第 3 卷第 5 期,1941 年,第 18—19 页;毕中本:《我国西南各省棉花品质与手工纺织的关系》,《农业推广通讯》,第 3 卷第 7 期,第 18—20 页。

② 俞启葆:《河西植棉考察记》(二),《农业推广通讯》第 2 卷第 10 期,1940 年,第 20 页。

③ 滕昱廷:《抗战时期中央大学农学院的农业科研与推广》,2018,硕士学位论文,四川师范大学,第 26 页。

④ 周邦任、费旭主编:《中国近代高等农业教育史》,北京:中国农业出版社 1994 年版,第 200 页。

⑤《南京农业大学发展史》编委会:《南京农业大学发展史》历史卷,北京:中国农业出版社 2012 年版,第 77 页。

⑥ 周邦任、费旭主编:《中国近代高等农业教育史》,北京:中国农业出版社 1994 年版,第 204 页。

派出该公司顾问 J. B. Davidson 和 A. A. Stone 到中央大学农学院农业工程系访问,并将多种新式农业机械、工厂设备及工具等赠送中央大学农学院,不过,直到 1946 年才陆续运到。①

（二）中央大学农学院的农业推广

中央大学农学院引进西方近代农业科研模式,建立自己的推广组织推广科研成果。1929 年,中央大学农学院与农矿部合办中央模范农业推广区,推广繁殖改良爱字棉、江宁籼稻、帽子头,东莞白等良种,用碳酸铜拌种防小麦黑穗病、治螟虫合式秧田等。在元山镇设养蚕指导所,改良蚕种,指导农民育蚕。② 与江宁、江浦县合作进行稻、麦、棉、蚕种改良。1936 年,中央大学农业推广部改为农业推广处,隶属农学院。

中央大学西迁重庆后,与四川省农业改进机构合作,推广水稻、小麦、棉花良种及先进的栽培方法。首先从特约、示范农家开始,由特约农家率先使用推广良种,"中央大学农学院的特约农家温江五十八家,华阳四十家,广汉十九家,成都三十一家,已获广大叶子稻种,浙场 3 号稻种,次良种番茄及马铃薯等。"③农学院技术员对特约农家进行技术指导,邀请特约农家参与良种繁殖,1943 年繁殖冬小麦良种时,特约农户在十一月穴播川福麦 8 亩,与农场其他品种的小麦、大麦、豌豆一起繁育,④提高了特约农家推广良种的

① 费旭、周邦任:《南京农业大学史志》,南京农业大学内部发行,1994 年,第 178 页。

②《实业部中央模范农业推广区工作概要》,章元善编:《乡村建设实验》第 3 集,上海:中华书局 1936 年版,第 115—121 页。

③《四川省推广繁殖站及与中央大学农学院合办简阳农场工作简报》,1944 年,四川省档案馆藏,中央农业实验所驻川单位档案,全宗号民 161,目录号 01,案卷号 0046。

④《中央大学农学院、农林部四川推广繁殖站合办简易农场 32 年度事业报告》,四川省档案馆藏,四川农业改进所档案,全宗号民 148,目录号 05,案卷号 9967。

积极性。

中央大学农学院推广良种非常慎重,与四川省农业改进所反复试验,选出莫字 101 号和中农 28 号作为推广小麦良种,1940 年在川东各县少量推广。两年后,又优选中大矮粒多和中大 2149 作为推广种,继续加以推广。中央大学农学院与农林部四川推广繁殖站合办简阳农场,有 105 亩地,繁殖各种优良农林种子以供四川推广之用,主要品种有 531 号德字棉、鸡脚德字棉、100 号德字棉、浙场 3 号水稻、中大矮立多小麦、美国南瑞苕等,其中既有中央大学农学院的科研成果,也有其他科研机构研发培育的优良品种。①

中央大学农学院与四川农业改进所推广优良栽培方法,"旱秋田法旱秧约七亩可种田二一〇亩,优点在于节省劳动力,不怕霜冻。推广苗栽后易于存活。"②中央大学农学院在西城乡建立合作农场,推广优良小麦(川福小麦),特约农家 5 户示范推广良种小麦,改良蔬菜,指导广汉外北乡特约农户移植花椰菜,指导特约农家防治菜虫,提倡栽培除虫药,举办肥料贷款,筹设农民书报室等。③

为培养农业科研和推广人才,1938 年,国民政府颁布了《农工职业教育计划实施令》,提倡发展农业职业教育,并通令川、康、陕、

---

① 《四川推广繁殖站与农改所、中央大学等合办简阳农场请代制牛瘟疫、代办畜牧兽医病虫防治研究计划,经费、预算、合约》,四川省档案馆藏,中央农业实验所驻川单位档案,全宗号民 161,目录号 01,案卷号 0065。

② 《农林部四川推广繁殖站考绩比较表,工作报告与中央大学农学院合办简易农场事业报告、政绩比较表》,四川省档案馆藏,中央农业实验所驻川单位档案,全宗号民 161,目录号 01,案卷号 0712。

③ 《农林部四川推广繁殖站考绩比较表,工作报告与中央大学农学院合办简易农场事业报告、政绩比较表》,四川省档案馆藏,中央农业实验所驻川单位档案,全宗号民 161,目录号 01,案卷号 0712。

甘、宁、滇、黔、桂等 9 省贯彻执行，西部各省纷纷创办农业职业学校。到 1941 年，全国已有高级农业职业学校 34 所，初级农业职业学校近百所。[①] 内迁后的中央大学农学院辅导遂宁高级农校、巴县三里职校、万县高级农校、南充高级蚕丝学校等，培养了大批农业科技人才。

中央大学农学院还在推广区开设了农民书报室，但是农民识字的不多，自己阅读书报困难，中央大学请农业专家针对农业生产中经常出现的问题，以对话的方式给农民解答，较好地解决了农业推广中农民的困惑和问题，取得较好的推广效果。有些机关、部队主动向中央大学农学院购买良种和防治病虫害的药物，还将良种栽培情况反馈给农学院，以便农学院进一步研究。如兵工署炮兵技术研究处、第二十兵工厂多次向农学院函购小麦良种，洽购树苗种子、砒酸钙等，[②]炮兵技术研究处、第二十兵工厂将"所领小麦种植面积、下种期、出土期、出穗期、成熟期、每亩收量等详细填报以供参考"[③]。可以说，中央大学农学院将农业科研成果运用于农业生产实践中，农业生产实践促进了农业科研的发展。

---

① 曹幸穗、王利华等编：《民国时期的农业》（江苏文史资料第 51 辑），南京：《江苏文史资料》编辑部出版发行，1993 年，第 142—143 页。

② 兵工署炮兵技术研究处收到中央大学农学院小麦 8 市石的收据，重庆市档案馆，全宗号 0174，目录号 0009，案卷号 00274，档案号 01740009002740000002；兵工署炮兵技术研究处关于派员前来洽购树苗种子致中央大学农学院园艺系的笺函，重庆市档案馆，全宗号 0174，目录号 0001，案卷号 00954，档案号 01740001009540000011；兵工署第二十工厂派员洽购砒酸钙、改良小麦种籽（子）致中央大学农业实验所、中央大学农学院的公函，重庆市档案馆，全宗号 0175，目录号 0001，案卷 01856，档案号 0175000101856000001。

③ 国立中央大学农学院关于拟供给小麦 8 至 10 市石请在本星期内派员携据前来领取兵工署炮兵技术研究处的笺函，重庆市档案馆，全宗号 0174，目录号 0009，案卷号 00274，档案号 01740009002740000001。

四、西北农林专科学校—西北农学院的农业科研与推广

（一）西北农林专科学校—西北农学院的农业科研

九一八事变后，国民政府为了开发西北，从 1932 年开始，筹建国立西北农林专科学校，后发展为西北农学院。抗战时期，西北农林专科学校—西北农学院专注于麦、棉、杂粮等农作物品种和种植方法的改良，培育出不少优良新品种并积极推广，取得良好的经济效益，为发展西北农业，支持抗战起到了重要作用。

1932 年，西北农林专科学校开始筹备，校址设在陕西武功，武功士绅为协助农专建校捐赠了地方官产房屋。1934 年 4 月 20 日，西北农林专科学校成立，于右任担任校长。因学校刚刚筹建，设施不完备，故推迟到 1936 年才开始招生。1934 年 2 月，西北农林专科学校筹委会决定在西北农林专科学校招生前先设高级农业职业学校，分设农艺与森林两科。同年 9 月，附设于西安高中的陕西省水利专科班并入。筹备过程中的西北农林专科学校从 1934 年开始，调查附近各县农作物情况。1934 年，派安汉、李自发等赴甘肃、宁夏、青海调查 3 省农业。1936 年 7 月，西北农林专科学校正式开始招生，设农艺、园艺、农业经济、农业化学、森林、畜牧兽医、农业工程组，在陕西、甘肃、青海、宁夏创设多个农林试验场。1938 年 6 月，迁到西安的北平大学农学院、河南大学农学院的畜牧兽医系并入西北农林专科学校，成立了西北农学院筹备委员会。[①] 1939 年 4 月，西北农学院正式成立。西北农学院是当时全国唯一一个独立的农业高等学府，也是全国农林院校中规模最大的，设有农艺学、

---

① 陕西省地方志编纂委员会编：《陕西省志·农牧志》，西安：陕西人民出版社 1993 年版，第 148 页。

森林学、园艺学、农业水利学、畜牧兽医学、农业化学 6 个系,农艺学包括农艺、植物病虫害、农业经济 3 组。1940 年,农艺学 3 个组扩充为系。1941 年,增设农业科学研究所和农田水利部,畜牧兽医系分为 2 组,水利部开始招收研究生。[①]

　　因为西北地区主要农作物是小麦,所以西北农林专科学校——西北农学院特别注重小麦的育种与栽培实验,从陕、甘、宁等西北省区、全国及国外选择麦种,经过 7 年的实验,用纯系育种法培育出武功 27 号小麦,比本地麦种多产 15%—35%,有抗旱、抗寒、不易倒伏、耐病及早熟的特性。[②]西北农学院还利用杂交方法培育小麦新品种,1940 至 1941 年,用蚂蚱麦与鹅观草杂交培育出小麦新品种,将蚂蚱麦与碧玉麦杂交,蚂蚱麦与奈氏麦杂交,都取得较好效果。1942—1949 年,西北农学院赵洪璋等人采用杂交的方法,培育成碧蚂 1 号、碧蚂 4 号小麦良种,标志着中国小麦育种科学的一次飞跃性进步。西北农学院积极进行不同品种小麦的栽培实验,研究播种期对小麦产量的影响,播种期的早晚对病虫害的影响,播种的行间距及密度、耕作深浅对土壤的蓄水能力及小麦生长的影响,找寻旱作小麦栽培方法,研究在西北复杂气候条件下如何用人工方法缩短小麦的生长期,研究不同小麦品种氮、磷、钾等肥料施用比例及用量,指导农户合理施肥等。[③]

　　西北农学院还培育了大量杂粮新品种,如西农 506 号、西农 509 号大豆,西农 8696 号、西农 33—579 号谷子,西农 3102 号、西

---

① 马凌云:《西北农学院的沿革和现状》,《高等农业教育》,1985 年第 1 期,第 71—72 页。

② 沈学年、史奇生:《西北农学院麦作改进与推广之过去与将来》(二),《农业推广通讯》,1941 年第 7 期,第 13 页。

③ 沈学年、史奇生:《西北农学院麦作改进与推广之过去与将来》(二),《农业推广通讯》,1941 年第 7 期,第 15—18 页。

农 31—1153 号、西农 31—10177 号大麦,西农混选白玉米等。西北农学院教授王绶从美国引进 50 多个玉米品种并育成 7 个自交系,1941 年选育出武功白玉米和综交白玉米,1942—1946 年扩大育种3 390 亩,在陕西关中 12 县推广,比当地品种增产 20％—30％。[1]西北农学院还培育了西农混选大锣锤高粱,西农 700 号马铃薯,培育了西农 32—433 号棉花良种等。西北农林专科学校—西北农学院 15 年间共选育 22 种农作物良种、5 种蔬菜良种、6 种家畜家禽良种。

1941 年,陕西省设立改良作物品种繁殖场,1943 年初,改组为陕西省推广繁殖站,西北农学院租让 700 亩水旱地用于良种繁殖,还与该站合作培育成功武功 509 号黑豆,优质丰产,1943 年繁殖 8亩,1944 年繁殖 10 亩,1945 年繁殖 135 亩。两个单位还合作育成3102、3120 大麦品种,每亩超过标准产量 94.7—104.3 斤。[2]

在农业机械方面,西北农学院开展了水力机械研究。1937 年8 月,田世昌发明抽水机[3],用于农田灌溉。西北农学院农业水利系对西北黄土高原区的水文、水理、水工、灌溉、防冲、工程、材料等都进行了研究,[4]促进了西北农田水利事业的发展。

(二)西北农学院的农业科研成果推广

西北农林专科学校建校初期就十分重视农业科研成果的推

---

[1] 周邦任、费旭主编:《中国近代高等农业教育史》,北京:中国农业出版社 1994 年版,第202 页。

[2] 关联芳:《西北农业大学校史》,西安:陕西人民出版社 1986 年版,第 30—31 页。

[3] 田世昌发明抽机,陕西省档案馆西北农林专科学校档案,全宗号 84,目录号 2,案卷号278。

[4] 周邦任、费旭主编:《中国近代高等农业教育史》,北京:中国农业出版社 1994 年版,第208 页。

广。1934 年,学校设置了农村事务处,内分农业合作、农业推广等 4 股。1938 年,改组为西北农学院后,将农村事务处改组为农业推广处,统筹农业科技成果的推广。农学院的科研成果以关中地区为推广区,陕西其他地区及甘、宁、青等地为扩充区,由近及远,逐步推广。在农作物新品种的推广过程中,注重与地方保甲组织、合作社、作物改良会、农会等组织合作,取得了良好的推广效果。

西北农林专科学校—西北农学院推广处为了把优良品种推广到广大农村,经常派人分赴各村,指导农民选种,教授农民轮作、间作、施肥、防治病虫害、产品贮藏等方法。西北农学院推广的优良品种主要有武功 27 号小麦,泾阳 302 号小麦。西北农林专科学校培育的武功 27 号小麦,1937 年开始在大田繁殖,1938 年在各县设置示范点,1939 年推广繁殖 400 多亩,1940 年开始大面积推广,1941 年推广达 2 万亩。[①] 泾阳 302 号在武功 27 号小麦的基础上混杂后加以推广。[②] 推广的大麦优良品种 3102 号比当地品种增产10%。[③] 西北农林专科学校—西北农学院培育的农作物良种在甘肃也得到推广,如武功 27 号小麦在甘肃试种成功后,加以推广。从 1943 年开始,西北农学院向学校附近的董家庄、半个城信用合作社、穆家寨稻莲合作社、徐家湾生产合作社推广斯字棉 4 号,产量大为增加。[④]

为了培养农业推广人才,向农民宣传农业科学知识,早在 1935

---

① 沈学年、史奇生:《西北农学院改良麦种之成就——蚂蚱麦(武功 27 号)之育成与推广》,《农业推广通讯》,1941 年第 5 期,第 122 页。

② 关联芳:《西北农业大学校史》,西安:陕西人民出版社 1986 年版,第 31 页。

③ 周邦任、费旭主编:《中国近代高等农业教育史》,北京:中国农业出版社 1994 年版,第 202 页。

④ 关联芳:《西北农业大学校史》,西安:陕西人民出版社 1986 年版,第 31 页。

年,西北农林专科学校就组织农专学生到附近农村成立 10 余处民众学校。1936 年,在校内举办农民训练班 2 班,培养农业推广示范人才。以后每年冬天农闲时,西北农林专科学校—西北农学院都集中各合作社的理事、监事,讲授合作理论、合作法规、合作簿记等课程。1940 年,与社教会合办新旧农事讨论会,召集附近 12 县的农民代表与农学院的教授一起讨论农事,解答农民耕作中的问题,并分送优良种子予以推广。[1] 西北农学院还与附属小学合办了农民夜校。为推广优良品种,西北农学院与西北区推广繁殖站及西北役畜改良繁殖场合办 3 次农产品评比展览会,邀请武功、周至、扶风、兴平、乾县、眉县等 6 县农民参加,展出各种展品 644 件,供农民观摩评比,交流经验,深受农民欢迎。[2]

西北大学农学院编写通俗易懂的农业知识读物,向农民普及农业科学知识。西北农学院推广处编辑发行量最大的通俗读物有《田间选种法》《治蝗浅说》《造林浅说》《植棉浅说》《防除棉虫浅说》等,向农民介绍选种、治虫的知识和方法。除此之外,西北农学院还组织了棉商训练班、作物讨论会,讲授棉作生产成本,不同棉种的优点,棉花的分等分级知识。通过以上宣传教育,农民对种植农作物的科学方法有所了解,既改良了当地农作物品种,防治农作物病虫害,增加了良种的种植面积和产量,为抗战做出了贡献,又在农村普及了农业科学文化知识,一定程度上改变了传统的粗放的农业耕作方式,促进了西北农业的现代化。

---

[1] 关联芳:《西北农业大学校史》,西安:陕西人民出版社 1986 年版,第 32 页。

[2] 周邦任、费旭主编:《中国近代高等农业教育史》,北京:中国农业出版社 1994 年版,第 212 页。

　　除了上述农林院校农业科研与农业推广工作，抗战时期，还有浙江大学农学院、中山大学农学院、河南大学农学院等迁到西部各省，根据当地气候、土壤条件培育适合当地的农作物良种，如浙江大学农学院迁到贵州湄潭县后，在卢守耕教授的主持下，农艺系经过 3 年的努力试验，培育出 1 200 余个水稻品种，其中较本地优良土种盖水白更为优良的水稻品种 5 个，分别是：黔农 2 号、遂昌乌谷、浙大 728、浙大 721、浙大 605，产量比盖水白分别高出15.32％、12.57％、10.90％、10.61 ％、12.14％①，为改善贵州水稻质量、增加水稻产量做出了贡献。浙江大学农学院研究认为，贵州早秋夜寒限制棉株生长，秋季阴雨妨碍棉铃的发育和开裂，建议贵州种植棉花宜选择早熟品种。② 另外，浙江大学农学院对除虫菊枯病的研究，中山大学农学院对蚜虫的研究，河南大学农学院对小麦黄锈病、甘薯软腐病的研究都取得了可喜的成就。贵州大学农学院、中山大学农学院还对当地及附近地区的土壤、肥料、微生物作了研究，为各省农业改良奠定了科学基础。

　　为促进西部农业发展，抗战时期，西部各省还新建了一批农林院校，如复旦大学农学院、中正大学农学院、贵州农工学院（1942 年改为贵州农学院）、云南大学农学院等。1939 年，教育部宣布在陕、甘、青、川、康、滇、黔 7 省设立农工学院，至此，西部各省都有了自己的农林院校。这些农业院校为西部各省培养了不少农业人才，为西部农业改良与发展做出了自己的贡献。

---

① 蔡邦华：《国立浙江大学农学院最近三年来之设施与研究概况》，《农报》第 8 卷第 13—18 合期，1943 年，第 205 页。

② 蔡邦华：《国立浙江大学农学院最近三年来之设施与研究概况》，《农报》第 8 卷第 13—18 合期，1943 年，第 206 页。

第三节　西部各省的农业改良与农业科技成果推广

全面抗战爆发后,西部各省成为抗战的大后方,肩负着供给军需民用的重任。为了满足军民的衣食需求,国民政府要求西部各省大力增加粮食、棉花生产,西部各省先后成立了农业改进机关,对西部农业进行改良,推广农业科技成果,使西部农业获得了一定程度的发展。

一、四川省农业改良与农业科技成果推广

1935年,"省政统一"后,四川省政府就设立了许多农事改良机构从事农业改良。1938年9月,四川省农业改进所成立,制定的四大方针是:增加衣食生产,以济军民之需;发展国际贸易之农产品,以换取外汇;促进工业原料生产及农村副业;培养战区农业复兴资源,以抵制战后国外农产品之倾销。[①] 可见,四川农业改进所的工作任务首先是增进四川粮棉生产,满足军民衣食需求。四川农业改进所先后设立了食粮作物、棉作、蚕丝、甘蔗、油料作物、烟草等试验场,从事试验改良;又在所内设立农业推广委员会,在各行政督察专员所在地设农业推广督导区,在各县设立农业推广所,办理农业推广事宜。

四川主要粮食作物是水稻和小麦,因此,推广水稻和小麦良种是增加四川粮食产量的最经济、最有效的办法。1937—1939年,四川稻麦改进所、四川省农业改进所对四川52县水稻品种检定,进

---

① 四川省农业改进所编:《四川省农业改进所事业概况报告》,秦孝仪主编:《革命文献》第104辑,台北:"中央"文物供应社,1986年,第86页。

行品种比较试验和区域试验,确定巴州谷为川东示范推广品种,竹
桠谷为川南示范推广品种,都江玉为成都平原示范推广品种,富绵
黄为川北示范推广品种,嘉陵雄为川中示范推广品种。经过水稻
品种比较试验,确定水白条为成都平原示范推广品种,较土种增收
36%,筠连粘为川南示范推广品种,较土种增收 13.42%。水稻纯
系育种选育出 26Ⅲ—422、26Ⅲ—397、26Ⅲ—303、26Ⅲ—282、
26Ⅲ—037等优良品种。四川农业改进所还改进了四川水稻栽培
习惯做法,如川东南各县,原来一年一熟,极易遇到春旱、螟虫灾
害,如采用双季稻,引进浙场 9 号及 21—3 号与南特号等品种栽种
两季,可以减轻损失,增加产量。川北丘陵地带,雨量少,容易干
旱,采用浙场 3 号晚稻在冬水田防旱迟栽,可以取得很好的收成。①
1940 年,川北绵阳、三台一带栽种浙场 3 号,不仅病虫害少,出米率
多,较土种增产 34.09%,而且米实也较浙场 9 号为佳,1943 年已推
广 10 万亩。② 此外,保育再生稻,可以增加 15%—20%的水稻产
量。③ 1941—1944 年,四川共推广改良稻种 561 045 亩,产量
341 223担;推广再生稻 490 123 亩,产量 286 891 担;推广双季稻
238 208亩,产量 401 772 担。④经过小麦品种比较试验,在川北推广
金大 2905 号小麦,产量高、成熟期早、品质较优;成都平原推广中
农 28 号,产量甚高、抗风力强;在阆中、洪雅等县推广中大 2419 号

---

① 叶懋、杨晓钟:《七年来之四川农业改进》,秦孝仪主编:《革命文献》第 104 辑,台北:
　"中央"文物供应社,1986 年,第 112—114 页。
② 陈仁:《全国主要改良稻种》,《农报》第 11 卷第 10—18 期,1946 年,第 26 页。
③ 四川省农业改进所编:《四川省农业改进所事业概况报告》,秦孝仪主编:《革命文献》
　第 104 辑,台北:"中央"文物供应社,1986 年,第 86 页。
④ 陈启华:《五年来之四川粮食增产》,《四川经济季刊》第 3 卷第 1 期,1946 年,第
　151 页。

小麦,具有早熟、抗病、丰产的特性;在双流、温江、简阳、彭县等县推广中大矮立多,具有抗病、不倒伏、丰产等特性;川福麦在全川各地产量均高。1941—1944 年间共推广改良麦种 1 953 079 亩,产量552 719 担。[①] 1941 年,在彭县等 25 县推广小麦良种,最低的成都县每亩增产 24.87 斤,最高的西充县每亩增产 135.56 斤。[②]

为增加杂粮生产,四川农业改进所推广玉米、马铃薯、甘薯良种,并对它们的种植方法进行改进。玉米推广的良种主要是从美国引进的可利玉米,产量较土种高 17%,1940 年开始推广。马铃薯推广本省彭县良种黄洋芋,产量甚高。[③] 1938 年四川农业改进所在彭县购种 13.3 万斤,分发给成都、华阳、新繁、崇庆、灌县、温江、彭县等 7 县,推广种植 1 110 亩,平均每亩产量为 1 346.3 斤,到抗战结束时,已扩展至西充南部、巴中等 28 县,共 13 159.9 亩。[④] 甘薯引进美国良种南瑞苕,在华阳、双流、达县、遂宁、合川等地示范推广 288 亩,平均每亩产量 2 773.8 斤,与当地农家品种平均亩产 1 851.6 斤相比,增产 49.80%。[⑤] 改良红苕窖较土窖可以减低红苕腐烂率 30%,1939 年示范,1940 年大量推广,改良红苕窖

[①] 陈启华:《五年来之四川粮食增产》,《四川经济季刊》第 3 卷第 1 期,1946 年,第153 页。

[②]《四川省粮食增产委员会粮食增产月报》(1941 年 7 月),中国第二历史档案馆藏,农林部档案,23—1426。

[③] 四川省农业改进所编:《四川省农业改进所事业概况报告》,秦孝仪主编:《革命文献》第 104 辑,台北:"中央"文物供应社,1986 年,第92 页。

[④] 李俊:《抗战时期四川农业改进所对川省粮食作物的改良述略》,《天府新论》2006 年12 月,第 122 页。

[⑤] 李俊:《抗战时期四川农业改进所对川省粮食作物的改良述略》,《天府新论》2006 年12 月,第 122 页。

9 200 所,共贮藏红苕 46 万担。①

为促进四川棉花生产,四川农业改进所棉作试验场在各地试验,结果表明,美棉各品种产量平均超过中棉 40%,超过退化美棉25%,德字棉又超过脱字棉 15%,②"而珂字棉 100 号,又为试验成功之新品种,质优绒长,衣分等均佳,又较胜于德字棉。"③因此,在四川各地推广改良棉种,取得显著成效。

表 28　1938—1944 年四川良种棉花推广统计表④　　　单位:亩

年份	县数	德字棉	脱字棉	优良中棉	总计
1938 年	13	4 995	46 559	15 931	67 485
1939 年	36	56 512	45 471	29 686	131 669
1940 年	52	140 683	167 469	73 058	381 210
1941 年	59	158 200	152 200	41 600	352 000
1942 年	24	101 577	23 526	5 018	130 121
1943 年	51	294 591	55 213	33 182	382 986
1944 年		309 063	119 152	94 548	522 763

战争期间,蔬菜、水果等园艺产品需求量激增,发展园艺事业,一方面可以增加营养,一方面也可增加农民收入,一举两得。四川农业改进所引进了大量蔬菜、水果良种,进行培育推广,同时注重

① 四川省农业改进所编:《四川省农业改进所事业概况报告》,秦孝仪主编:《革命文献》第 104 辑,台北:"中央"文物供应社,1986 年,第 92、107 页。
② 四川省农业改进所编:《四川省农业改进所事业概况报告》,秦孝仪主编:《革命文献》第 104 辑,台北:"中央"文物供应社,1986 年,第91页。
③ 叶懋、杨晓钟:《七年来之四川农业改进》,秦孝仪主编:《革命文献》第 104 辑,台北:"中央"文物供应社,1986 年,第 117 页。
④ 叶懋、杨晓钟:《七年来之四川农业改进》,秦孝仪主编:《革命文献》第 104 辑,台北:"中央"文物供应社,1986 年,第 118—119 页。

改进栽培技术、防治病虫害,以提高其产量,取得了一定成绩。

抗战时期,国民政府用农矿产品易货偿债,其中农产品主要有蚕丝、猪鬃、桐油等,均要求增加产量,改良品质。四川农业改进所开展了蚕桑改良和畜牧改良,不仅引进大量优良蚕种,还自行开展育种工作,以培育原种,减少蚕病。同时向蚕农传授科学育蚕知识,培育大量优良桑苗,使川省蚕桑事业获得了突飞猛进的发展。畜牧改良除培育推广大量省内外、国内外优良家畜家禽良种外,还开办了血清制造厂,生产抗病血清菌苗,用以防治兽疫,开展猪牛瘟病防治,挽回经济损失,也使西医兽医技术首次在川省获得了广泛传播。

四川气候温暖湿润,植物种类众多,各种病虫害易于滋生蔓延,对农作物危害很大,据四川农林植物病虫害防治所所长周仲吕估计,"四川农林植物遭受病虫害损失,水稻方面在一万万元左右,小麦之损失达一万五千万左右,其他杂粮亦在四万万以上至五万万元。"①四川农业改进所积极开展病虫害防治研究,形成了针对各种病虫害的有效防治方法。1938—1944 年,防治水稻螟虫 72 县,增产水稻 1 392 315 石;防治麦类黑穗病 60 县,增产大小麦 193 668担;防治棉作害虫 80 县,增产籽棉 128 175 担;防治棉作病害 23县,增产籽棉 6 603 担。② 另外,柑橘害虫的防治、桑木蝨的防治也取得了一定的成效。四川农业改进所开办工厂,生产杀虫抗病药剂,制造炭铜粉、液体松脂合剂、提取除虫菊精,试制砒酸钙、有机汞化合物等。

---

① 《周仲吕先生在农学院之演讲》,《国立四川大学周刊》第 6 卷第 5 期,1937 年,第2页。
② 叶懋、杨晓钟:《七年来之四川农业改进》,秦孝仪主编:《革命文献》第 104 辑,台北:"中央"文物供应社,1986 年,第 129 页。

　　科学施肥、提高地力是增加农作物产量的重要措施之一,但是四川农村一直缺乏肥料,农家所用肥料基本上靠自储,有能力购买肥料者寥寥无几。全面抗战期间,中国没有自己的化肥厂,也难以进口化肥,因此,农田施肥量严重不足。为了增加粮食产量,土地一年数作,并不轮休,地力消耗很大。四川农业改进所在川省各地开展土壤调查,肥效试验,发现稻田最需要氮肥,油菜最需要磷肥,用家苕、紫苜蓿、三叶草可以制造绿肥,推广元平菌速成堆肥,1939—1941 年,在泸县等 44 县推广苕子绿肥 69 741 亩,肥田168 353亩;在资中、隆昌等 20 余县速成堆肥 174 961 担,堆肥肥田34 991 亩。在成都、重庆、合川、绵阳、泸县建设骨粉厂,采用新法蒸制骨粉作磷肥,1939—1942 年制造 88 万余斤。[①] 四川农业改进所指导农民种植绿肥、制造堆肥、科学施肥,经多年努力,不少农民学会了科学制肥、施肥的方法。

　　农具的改进是提高农业劳动生产率的非常重要的手段,抗战时期,四川农业改进所也希望能大量制造新式农具如曳引机、收割机、改良耕犁、水田耘荡器、改良耙、水田人力中耕器、棉田五齿中耕器、旱地人力中耕器、畜力旱地中耕锄草器、改良锯齿镰、风鼓往复式唧水机、手摇饲料磨碎机、玉米脱粒机、小型壶式喷雾器、轧花机等。但是,新式农具的使用与土地产权、农场大小、地形、劳力的供给、投资利率等均有很大关系。四川成都平原适合使用新式大型农具,丘陵地也可以使用简单的改良农具,但是,四川土地多属于地主所有,农产人口过剩,田场分割细碎,农民借款利率很高,因此,比较昂贵的大型农具都不能普遍使用。因此,四川农业改进所

---

① 叶懋、杨晓钟:《七年来之四川农业改进》,秦孝仪主编:《革命文献》第 104 辑,台北:"中央"文物供应社,1986 年,第 135—136 页。

在农具改良方面成效并不显著,仅在栽种经济作物的地区少量使用小型新式农具,如喷雾器、轧花机等,且因为四川大多数农户资金不足,田场面积狭小,多数只是几家合购一具,共同使用。①

由此可见,全面抗战时期,四川省的农业改良确实取得了一定的成绩,主要体现在农作物良种的育成与推广和病虫害的防治方面,大批经济作物的种植与销售,也使四川农业更趋向市场化,自然经济进一步解体,传统农业进一步向近代农业转化。但是,应该说,四川农业改良的成效是有限的,良种推广的范围有限,1938—1943 年间四川小麦良种推广面积达 150 余万亩,但仅占全省小麦耕作面积的 4%。② 1944 年优良棉种的推广面积为 50 多万亩,仅占全省棉花栽培面积的不到 16%。③ 至于先进农具和肥料的使用范围更是有限。诚然,国民政府和四川省政府对农业改良比较重视,制订了法律,建立了机构,训练培养人才,农业改良和推广都取得了一定成效,但全面抗战前,四川农业科研能力较弱,也没有举办过大范围的农业推广,缺乏工作经验,农民文化素质比较低,性格比较保守,对推广材料不太信任,因此在推广过程中遇到了一些困难和问题。特别是 1941 年,四川实施新县制后,县农业推广所改隶县政府,由建设厅主管,逐渐脱离四川农业改进所系统,致使下层农业推广机构力量更加薄弱。1942 年,连四川农业改进所也奉命裁缩,人、财、物供给锐减,农业改良和农业推广工作更加举步维艰。

---

① 叶懋、杨晓钟:《七年来之四川农业改进》,秦孝仪主编:《革命文献》第 104 辑,台北:"中央"文物供应社,1986 年,第 133—134 页。

② 叶懋、杨晓钟:《七年来之四川农业改进》,秦孝仪主编:《革命文献》第 104 辑,台北:"中央"文物供应社,1986 年,第 116 页。

③ 叶懋、杨晓钟:《七年来之四川农业改进》,秦孝仪主编:《革命文献》第 104 辑,台北,"中央"文物供应社,1986 年,第 118 页。

二、贵州省农业改良与农业科技成果推广

贵州作为大后方重要省份，也肩负着供给军需民用的重任，为了增加贵州省粮食和棉花产量，国民政府和贵州省政府投入人力、物力、财力进行农业改良，并取得了一定成效。

1938 年 4 月，贵州农业改进所成立，该所先后设置农艺、园艺、森林、农作物病虫害、畜牧兽医、蚕桑、农业经济和农业工程等系，还在贵阳、遵义等地设置了农事实验场，在区行政督察专员公署所在地设置联合农场。中央农业实验所派了 20 多名技术人员，与贵州农业改进所人员一道从事农业科研和推广工作。

1939 年，贵州省农业改进所建议各县成立推广室，专门从事农业推广工作，定番县设立了农业推广室。1940 年，贵州省农业改进所由农产促进委员会补助经费，设立了贵州省农业推广委员会，还设立了由农林部西南兽疫防治站和农林部农业推广委员会驻黔办公处、贵州省农业改进所、贵州大学农学院、贵阳中国农民银行五个机关组成的"贵州省农业推广联合委员会"。贵州农业改进所建议并协助建立区、县农业推广机构，先后在贵筑、镇远、独山、兴仁及遵义成立了 5 个县农业推广所，初步建立起自上而下的农业科研与推广机构。到 1945 年，全省 78 县、1 市、1 局中有 71 个县建立了农业推广所，[①]农业推广所的资金除人员薪金由各县自行负担外，事业设备费农林部补助 2 050 万元，省府补助 500 万元，共计 2 550 万元。[②]

---

① 杨汝南：《贵州省农业推广之回顾与前瞻》，《贵州经济建设月刊》第 2 卷第 3/4 期，1947 年，第 17 页。

② 杨汝南：《贵州省农业推广之回顾与前瞻》，《贵州经济建设月刊》第 2 卷第 3/4 期，1947 年，第 17 页。

1938 年起,中央农业实验所与贵州省农业改进所合作,将征集到的各县稻种经过 5 年 4 区 20 个品种的比较试验,选出黔农 2 号、7 号、28 号、33 号 4 个中熟籼稻品种。用纯系育种法育成新种水稻 365 号、2363 号、4247 号、5782 号,产丰质优。① 用混合选种法育成黔农 2 号、黔农 28 号,产量极丰、抗病力强,而不倒伏。② 黔农 2 号解决了稻谷成熟时易脱落的问题,较本地土种增产 15%—30%,适宜在黔中、黔北推广。黔农 28 号耐旱性强,不易倒伏,可增产 10%—25%,适宜在黔东推广。1939—1945 年推广到贵筑、遵义、惠水等 17 县市,均极受农家欢迎,较农家品种每亩增产量 15%—30%。历年共推广 159 623 亩。③黔农 2 号、黔农 28 号最高平均亩产量均出现在遵义县,分别为 653 斤、641 斤,而传统农家种的平均最高亩产量是惠水县的小白粘,仅为 560 斤。④

全面抗战前,贵州小麦种植面积仅为 2 594 647 亩,占耕地面积的 7.79%,年产小麦 3 736 291 市担,平均亩产 1.44 市担。⑤ 1938 年,贵州禁种鸦片,鸦片田推广种植小麦、油菜、蚕豆、豌豆。1939 年,在贵阳、龙里、贵定、安顺、清镇、息烽、遵义、桐梓、惠水 9 县推广种植小麦良种,还种油菜、蚕豆、豌豆等,共种植小麦399 374

① 陈仁:《全国主要改良稻种》,《农报》第 11 卷第 10—18 期,1946 年,第 32 页。

② 杨汝南:《贵州省农业推广之回顾与前瞻》,《贵州经济建设月刊》第 2 卷第 3/4 期,1947 年,第 17 页。

③ 杨汝南:《贵州省农业推广之回顾与前瞻》,《贵州经济建设月刊》第 2 卷第 3/4 期,1947 年,第 18 页。

④ 杨伟兵:《贵州省农艺作物的品种改良与农业发展》,《贵州文史丛刊》,2012 年第 2 期,第 54 页。

⑤ 杨伟兵主编:《西南经济地理》,上海:华东师范大学出版社 2015 年版,第 400 页。

亩,油菜 360 660 亩,豆类 399 998 亩。① 1940 年,在贵阳、遵义、清镇、安顺、平壩 5 县推广小麦良种 10 717 斤,种植 1 340 亩,收获 3 751担。② 同年,贵州省成立了粮食增产总督导团,在贵州 28 县同时收购、散发小麦良种,主要有金大 2905 号、遵义 136、137 号 3 个品种,金大 2905 号亩产比土种高 15％—30％,不仅产量高,而且成熟早,抗病能力强。在黔北 13 个县推广种植的遵义 136 号亩产比土种高 20％,达 257 斤左右。1940 年,总计收购种子 49 389 斤,实际推广 5 727 亩,产量 13 966 担。③ 1942 年,贵州倡导农民自行换种借种,共实发小麦良种 49 354 斤,实种 6 165 亩,产量 15 031 担。农民自行换种借种 343 522 斤,实际栽种 42 939 亩,收获 104 760担。④ 1939—1942 年冬,贵州总计推广小麦良种108 227 斤,种植 13 465 亩,产量 33 442 担。⑤

　　玉米是贵州主要食粮及牲畜饲料、酿酒原料,其重要性仅次于稻米。可是,贵州玉米品种混杂,栽培方法粗放,很少施肥,土地普遍缺磷,以致常出现穗部秃顶,籽实发育不充的现象,产量较低。经贵州农业改进所多年试验,育成黔农黄腊质、黔农白马齿 2 个良种。黔农黄腊质抗病虫害性能强,较农家品种增产 15％以上,黔农

① 张公溥:《贵州省小麦推广之回顾与前瞻》,秦孝仪主编:《革命文献》第 105 辑,台北:"中央"文物供应社,1986 年,第 182 页。
② 张公溥:《贵州省小麦推广之回顾与前瞻》,秦孝仪主编:《革命文献》第 105 辑,台北:"中央"文物供应社,1986 年,第 185—186 页。
③ 张公溥:《贵州省小麦推广之回顾与前瞻》,秦孝仪主编:《革命文献》第 105 辑,台北:"中央"文物供应社,1986 年,第 186—190 页。
④ 张公溥:《贵州省小麦推广之回顾与前瞻》,秦孝仪主编:《革命文献》第 105 辑,台北:"中央"文物供应社,1986 年,第 190—195 页。
⑤ 张公溥:《贵州省小麦推广之回顾与前瞻》,秦孝仪主编:《革命文献》第 105 辑,台北:"中央"文物供应社,1986 年,第 195—196 页。

白马齿丰产抗病,较农家品种增产 30％左右。[①] 为推广玉米良种,贵州农业改进所在各地进行区域示范,推广先进耕作技术,如根部深耕、田间中耕除草,提倡以厩肥或堆肥混合骨粉为底肥,再以人粪尿为追肥等先进技术,使全省玉米产量大幅度增加,[②]最高年产量是 1937 年玉米产量的 2.38 倍。

1938 年秋,贵州省直辖区联合农场从国内外引进 14 个马铃薯品种进行马铃薯引种及区域试验、栽培试验、播种期试验、肥料实验等,结果以美国改良种 Triumph、Cobbler、Katahdin、Chippewa、Golden5 个品种最佳,3 月上旬 4 月中旬播种,三要素肥料混合施用效果最好,可供推广。[③] 马铃薯良种首先在定番推广种植,联合农场高级技术人员下乡辅导,还绘制各种彩色图表,详细说明马铃薯的栽种、加工方法,宣传马铃薯的用途和营养价值,马铃薯收获后,还举办品评会,成绩特优的给予精神和物质奖励,参观的民众达 3 000 余人。[④]

1941 年,贵州春旱,水稻播种困难,贵州省粮食增产督导团将杂粮种子贷给农民,督促农户在干旱水稻田改种杂粮。贵州农业改进所对贵州的各种豆类、薯类、高粱、荞麦、红稗等粮食作物品种进行改良,使荞麦的总产量有了 400 多倍的飞跃,番薯也有 20 多倍

---

① 孔玲:《抗战时期"贵州农业改进所"对贵州农业经济开发的推动作用 》,《贵州社会科学》,1995 年第 3 期,第 91 页。

② 孔玲:《抗战时期"贵州农业改进所"对贵州农业经济开发的推动作用 》,《贵州社会科学》,1995 年第 3 期,第 91 页。

③ 管家骥:《一年来贵州马铃薯推广》,秦孝仪主编:《革命文献》第 105 辑,台北:"中央"文物供应社,1986 年,第 172—173 页。

④ 管家骥:《一年来贵州马铃薯推广》,秦孝仪主编:《革命文献》第 105 辑,台北:"中央"文物供应社,1986 年,第 174—175 页。

的增长。①

贵州因为气候原因,植棉区域大多在黔西南、黔东南一带,这些地方地势较低、气候较热,土层多为冲积土,透水性能好,适宜棉花种植,但贵州全省棉田面积不过 28 万亩,年产皮棉 6 万—7 万担②,而且原棉品质差,纤维短,缺乏弹性。1935~1937 年贵州省建设厅在罗甸、贵阳等县设立棉业试验场,在省会筹设气象所,在各县分设测候所及雨量站。③ 全面抗战时期,为满足对原棉的迫切需求,贵州省农业改进所对贵州 81 县进行调查,认为有一半以上的县都可以种植棉花,于是从 1939 年开始在全省提倡植棉。贵州省农业改进所从湖北、四川引进了脱字美棉、湖北福字棉等,还在贵阳、施秉、罗甸、惠水设立棉场,从 1939 年到 1944 年,在罗甸、惠水、施秉、贵阳等棉场作育种试验,本省中棉、本省美棉、省外中棉、省外美棉品种和区域试验,本省美棉纯系育种试验,发现本省美棉虽有少数品种产量较高,但都不是纯种,品质也一般;省外美棉品质好,但不适应贵州的气候,容易滋生病虫害,最好的解决办法就是纯系育种,在本省非纯系品种中育成纯系,或在省外优良品种中育成适应本省环境的新品种。1939 年,贵州省农业改进所进行单株选种,1940 年进行株行试验,结果选出 9 系品质较高的品种。④其中"施秉美棉皮花产量较农家品种增产百分之十至三十。施秉四六五号美棉皮花产量较农家品种增产百分之十五至三十五。以

① 许峰:《论抗战时期贵州农业技术下乡之路》,《农业考古》,2016 年第 3 期,第 59 页。

② 京滇公路周览会贵州分会宣传部编印:《今日之贵州·贵州农业概况》,1937 年,甲农林产品概况,第 4 页。

③ 京滇公路周览会贵州分会宣传部编:《今日之贵州·两年来贵州施政概况》,1937 年,第 16 页。

④ 彭寿邦:《贵州之棉花》,《农业推广通讯》第 8 卷第 3 期,1946 年,第 18—19 页。

上两品种纤维长度均在八英寸左右"①。在 30 县设置示范棉田,购进大量优良棉种,利用产销合作方式,进行推广。对棉花的栽培技术进行改进,注意棉田冬耕,种植绿肥,勤于中耕除草,分期多次收花,使棉花收成提高八成以上,品质也得到改进。② 为了鼓励农民种植棉花,政府提供经费,免费发放种子,还派技术人员进行指导。"本年四月,贵州省农业改进所亦将中美棉籽一部分,运至定番(中棉系本省榕江土棉,美棉系脱脂棉),由县分发各区农民,概不收费,所得收益,全为农民私有。该所所发之棉籽由县府代发,同时乡政学院农业组不时派员协助指导。"③广大贵州农民为支持抗战,努力植棉,并在实践中摸索出了适合贵州地区的植棉方法,使棉花的种植面积和产量都有较大幅度的提高。1931 年,贵州棉田面积仅 21.2 万亩,产额6.4万担,到 1943 年,贵州棉田面积增加到 50.7万亩,产额11.2万担。④

贵州农业改进所病虫害研究室负责麦病防治,在定番(附贡阳)、平壩(附广顺)、贵定、盘县防治小麦腥黑穗、散黑穗及线虫病,大麦、燕麦坚黑穗病。凡是秆、腥、坚黑穗病用炭铜粉拌种防治,线虫病用机选法,散黑穗病用 8R—54○c→5,或渐冷温浸法。1940年防治麦病 3.6 万亩,预计可增收小麦 8 000 石。⑤ 1941 年在盘

---

① 何辑五:《十年来贵州经济建设》,南京:南京印书馆 1947 年版,第 124 页。

② 俞智法:《抗战时期贵州棉业规模经营及其原因窥探》,《农业考古》,2017 年第 6 期,第 104 页。

③ 吴泽霖:《民国定番县乡土教材调查报告》,《中国地方志集成・贵州府县志辑》27,成都:巴蜀书社 2006 年版。转引自俞智法:《抗战时期贵州棉业规模经营及其原因窥探》,《农业考古》2017 年第 6 期,第 103 页。

④ 彭寿邦:《贵州之棉花》,《农业推广通讯》第 8 卷第 3 期,1946 年,第 17 页。

⑤ 黄鹤龄:《二十九年度贵州农业推广之回顾》,秦孝仪主编:《革命文献》第 105 辑,台北:"中央"文物供应社,1986 年,第 162—163 页。

县、普安、清镇、平壩、惠水、都匀、江口、铜仁等 10 县防治麦病 5 万亩。[1] 1938—1941 年,贵州省共防治麦类黑穗病约 9.4 万亩,增产大小麦 8.5 万担。

据贵州农业改进所调查,贵州省有水稻虫害 30 种,以稻苞虫、二化螟为害最大。1941 年,贵州镇远县农业推广所发动全县防治稻苞虫,捕焚苞虫 5 359 斤。[2] 1941 年,受农林部粮食增产委员会委托,以贵阳为中心区,贵筑及定番两县为副区,在贵阳市郊西南及东北成立示范区治理蔬菜害虫,效果良好。[3] 贵州省农业改进所在贵阳举办防治病虫害培训班,为每县培训 10 名防治推广人员,编印并下发《麦病防治浅说》手册,多次派人到受灾地区作具体指导,[4]使农民逐渐掌握防治病虫害的方法。

长期以来,贵州农家种植水稻,一般施用厩肥或人粪尿,还有的根本就不施肥,导致稻谷产量很低。贵州农业改进所成立后,对黔省各地土壤抽样化验,发现省内稻田普遍缺乏磷肥,导致开花无果,或颗粒不饱满。对此,该所主张除继续施用厩肥或人粪尿外,还应在稻田中施用骨粉,将废弃兽骨磨碎撒入田中[5],可以增加水稻产量。此外,贵州省还推广制造堆肥和栽培绿肥,以增进地力,

---

① 黄鹤龄:《三十年度贵州农业推广之回顾》,秦孝仪主编:《革命文献》第 105 辑,台北:"中央"文物供应社,1986 年,第 168 页。

② 黄鹤龄:《三十年度贵州农业推广之回顾》,秦孝仪主编:《革命文献》第 105 辑,台北:"中央"文物供应社,1986 年,第 167—168 页。

③ 黄鹤龄:《三十年度贵州农业推广之回顾》,秦孝仪主编:《革命文献》第 105 辑,台北:"中央"文物供应社,1986 年,第 168 页。

④ 林建曾:《抗战时期贵州农业的发展及其特点》,《贵州社会科学》,1996 年第 6 期,第 93 页。

⑤ 孔玲:《抗战时期"贵州农业改进所"对贵州农业经济开发的推动作用》,《贵州社会科学》,1995 年第 3 期,第 91 页。

提高农作物产量。

抗战时期，贵州省农业改进所农业工程室主持农具改良，改良了适合贵州地区的马车、龙骨车、麦片压榨机及"线虫麦病虫瘿选除机"、稻钳铗、稻梳、竹制喷雾器、喷粉器等病虫害防治器械。①

综上所述，抗战时期，贵州农业改良确实取得了一定成效，主要体现在粮食、棉花种植面积的扩大，产量的提高方面，但是农业改良的成效仍然十分有限，改良的范围仅限于示范区、实验县，小麦良种推广到20多个县，但仅占贵州81个县的1/4，棉花推广到40多个县，仅占贵州81个县的1/2。到1943年，贵州棉田面积增加到50.7万亩，产额11.2万担。但"贵州大约有1 000万人口，每人每年平均以用棉4斤计，共需40万担。年来棉产虽较六七年前增加一倍，但供求相差甚巨，如能扩大全省棉田至一百万亩，每亩平均产量增至40斤，本省衣被原料或可自给"②。优良农作物品种的推广主要集中在公路沿线、平坝、河谷地区，广大山区和民族地区变化不大。农业改良主要局限在改良农作物品种，防治病虫害方面，农具进步很小，化肥几乎没有，这也与抗战时期中国工业化进程有关，当时国统区还不具备生产农业机械和化肥的条件。还有农业改良和推广需要大量经费，但是无论中央还是贵州地方政府，经费都非常有限，常常是捉襟见肘，顾此失彼，难以获得显著成效。

---

① 林建曾：《抗战时期贵州农业的发展及其特点》，《贵州社会科学》，1996年第6期，第93页。

② 彭寿邦：《贵州之棉花》，《农业推广通讯》第8卷第3期，1946年，第17页。

三、云南省农业改良与农业科技成果推广

1937 年 3 月 20 日，云南省农业改进所成立，云南省政府公布《云南省农业改进所组织规程》，云南省农业改进所设农事、林业、垦殖、渔牧、农业经济 5 个组，隶属于云南省建设厅，负责全省农业改进事宜，开办费 10 万元，每年经费 20 万元，由经济部与云南省政府各分担一半。

1938 年 4 月，中央农业实验所云南工作站成立，主要任务是结合云南实际，从事稻作、麦作、棉作、病虫害、蚕桑等 5 个方面农业科研与推广工作。中央农业实验所派专家来滇主持工作，棉作由棉作专家冯泽芳负责，稻作由稻作专家周拾禄负责，麦作由技正徐季吾负责，病虫害由技正吴逊三负责，蚕桑由蚕丝专家周新予负责。工作站成立初期，首先调查了云南 60 余县稻、麦、棉花、蚕桑、病虫害情况，1939 年 2 月完成《云南省五十县稻作调查报告》。中央农业实验所云南工作站在昆明附近设立稻麦试验总场，作为稻麦改良中心，在滇东、滇西各设 1 处试验分场，开展稻麦品种比较试验、穗行试验、单行试验及肥料试验。将昆明、昆阳、呈贡、晋宁、江川、玉溪、河西（今澄江）等 8 县的稻麦品种进行鉴定，淘汰劣种，选取优良品种推广种植。云南省将农业改良推广任务落实到县，为实施试验及指导便利计，特划云南省为三大农业区（即迤东农业区、迤南农业区、迤西农业区），每一大区就气候土壤相同处复划为三小区（每一小区区域须包含 3 县至 5 县），各就每一小区适宜地点，按照当地土质气候物产所宜，设一区农场，以作改进该区农事之张本，俟办有成效时，再视才财两力，分别推行至区域附近其他各县。

1938 年 9 月，云南省建设厅稻麦改进所成立，设总务、技术（稻

作、麦作)、推广 3 课。1938—1940 年,麦作课对云南小麦进行检定,对国内外、省内外小麦品种进行品种比较试验、地区适应性试验、播种期试验,选定四川 1 号、四川 3 号、遂宁南麦、中大南宿州、中大南京赤壳、浙 319 号、四川 2 号和昆明紫麦为推广品种。①1941 年,在云南昆明及附近各县推广 8 个品种小麦,种植四川 1 号1 400 亩,每亩产量 896 斤,比农家种增产 20%;四川 3 号 1 400 亩,每亩产量 854 斤,比农家品种增产 45%;遂宁南麦 1 400 亩,每亩产量388 斤,比农家品种增产 79%;中大南宿州 1 500 亩,每亩产量 359斤,比农家品种增产 55%;中大南京赤壳 1 400 亩,每亩产量 338 斤,比农家品种增产 34%;浙 319 号 1 200 亩,每亩产量 387 斤,比农家品种增产 83%;四川 2 号 1 800 亩,每亩产量 343 斤,比农家品种增产24%;昆明紫麦 1 400 亩,每亩产量 330 斤,比农家品种增产 30%。②1941 年推广 1. 15 万亩,平均产量 361. 88 斤,比农家品种增产58.75%。不过,推广范围相当有限,只有昆明 1 县,云南全省麦田总面积 493.2 万亩,推广良种面积仅占全省麦田面积的 0.002 3%。③

　　云南水稻主要分布在以滇池为中心的区域,年种植水稻面积超过 30 万亩的有弥勒、宁州(今华宁)和昆明 3 县,其中弥勒与宁州为种稻大县,水田面积分别为 75.6 万亩和 64.8 万亩。武定、巧家、寻甸、沾益、嵩明、宝宁等水稻种植面积超过 20 万亩。1938—1940年,中央农业实验所与云南省建设厅稻麦改进所合作检定滇中 9

① 农林部:《各省小麦改良种推广近况》,秦孝仪主编:《革命文献》第 103 辑,台北:"中央"文物供应社,1985 年,第 346 页。

② 农林部:《各省小麦改良种推广近况》,秦孝仪主编:《革命文献》第 103 辑,台北:"中央"文物供应社,1985 年,第 346 页。

③ 农林部:《各省小麦改良种推广近况》,秦孝仪主编:《革命文献》第 103 辑,台北:"中央"文物供应社,1985 年,第 347 页。

县地方稻种，昆明大白谷、昆明小白谷、李子红、昆明背子谷，又经过数年品种比较试验，并加混选使其纯化，定为昆明推广稻种。[①]昆明大白谷、昆明小白谷，每亩产量约 540 斤，比农家种增产 60斤。[②]中滇 1 号稻种原产富民县，1938 年在滇南自草坝开蒙垦区试栽，经历年纯系试验和品种比较试验，结果优良，1942 年被选为推广种，示范繁殖 50 亩。1943 年由开蒙垦殖局自营繁殖 600 亩，生长优越，颇受农民欢迎。1944 年，扩大推广达 6 000 多亩，每亩平均产量 625 斤，较当地种约增产 100 斤，且品质佳、耐肥、分蘖力强，不易倒伏。[③]通过改良稻种与麦种，云南省粮食产量增加，以1942 年为例，全省粮食共增产 190 万担。

　　云南省从 1933 年就开始推进棉花种植，成立棉作试验场，聘请中央农业实验所棉作系技术人员进行中美棉品种比较试验，棉花病虫害防治研究。为促进棉花种植，1937 年 8 月，云南省政府出台了一系列鼓励办法，如《云南省棉业处贷发棉籽办法》《云南棉业处棉农贷款规则》《云南棉业处棉农损失补助办法》等，规定由云南省棉业处发放棉籽和种棉贷款，棉农如因灾害受到损失，可申请政府补助。1940 年，农林部农业推广委员会辅助云南训练植棉人员50 人，专门从事棉花增产事业。[④]1940 年，云南推广德字棉、百万

① 陈仁：《全国之改良稻种》，《农报》第 11 卷第 10—18 期，1946 年，第 32 页。

② 仇元、孙福绥：《近年来后方各省推广改良稻麦品种概况》，秦孝仪主编：《革命文献》第103 辑，台北："中央"文物供应社，1985 年，第 362 页。

③ 仇元、孙福绥：《近年来后方各省推广改良稻麦品种概况》，秦孝仪主编：《革命文献》第103 辑，台北："中央"文物供应社，1985 年，第 363 页。

④ 谢孟明：《六年来棉花增产工作之回顾与前瞻》，秦孝仪主编：《革命文献》第 104 辑，台北："中央"文物供应社，1985 年，第 45 页。

华棉等良种 5 万亩,较土种增收皮棉 3 300 市担。① 1943、1944 年,国民政府拨款 400 万、1 000 万元促进陕、川等大后方 15 省棉花增产,虽然云南是次要的增产省份,但 1944 年与 1943 年比较,云南省棉田面积也增加了 55 786 市亩,增产皮棉 9 763 担。②。

自 1938 年发现云南木棉的经济价值后,云南在开远设立木棉实验场,组织木棉推广委员会及木棉贷款银团,着手繁殖推广。农林部农业推广委员会补助经费,1940 年补助 5 000 元,指导面积 1.5 万亩,贷款 33 411 元;1941 年补助经费 1.2 万元,指导面积 6 600 亩,贷款 64 126 元;1942 年补助经费 12 000 元,指导面积1.03 万亩,贷款 172 228 元;1943 年补助经费 4 万元,指导面积 2.15 万亩,贷款 4 561 211 元,1944 年,补助经费 35 万元,指导面积 60 241 亩,贷款 3 000 万元,推广区域为开远、蒙自、建水、缅甸、弥勒等县。中国农民银行也设立木棉场,大量推广种植木棉。③ 1944 年,云南木棉试验场育成离核木棉新品系,绒长达 40 哩,计划 1945 年在云南、广西推广 10 万亩。④

1939 年,农产促进委员会与中央农业实验所、云南农业改进机构合作,指导农民防治螟虫、仓虫、棉虫、橘虫、麦类黑穗病。1940 年,云南开远、建水、蒙自、宾川、永胜等县蚜虫猖獗,中央农业实验所、农产促进委员会派遣技术人员与云南省棉业处合作,5 月中旬在宾川、

---

① 谢孟明:《六年来棉花增产工作之回顾与前瞻》,秦孝仪主编:《革命文献》第 104 辑,台北:"中央"文物供应社,1985 年,第 42、39、页。

② 谢孟明:《六年来棉花增产工作之回顾与前瞻》,秦孝仪主编:《革命文献》第 104 辑,台北:"中央"文物供应社,1985 年,第 40 页。

③ 谢孟明:《六年来棉花增产工作之回顾与前瞻》,秦孝仪主编:《革命文献》第 104 辑,台北:"中央"文物供应社,1985 年,第 41—42 页。

④ 谢孟明:《六年来棉花增产工作之回顾与前瞻》,秦孝仪主编:《革命文献》第 104 辑,台北:"中央"文物供应社,1985 年,第 46 页。

永胜召开 18 次乡镇治蚜宣传会,训练保甲长、小学教师等 1 088
人①,学习掌握防治蚜虫技术。1940 年,云南省防治麦类黑粉病 2.4
万亩,增产麦类 5 000 担,在平彝县防治燕麦坚黑穗病、小麦腥黑穗
病、线虫病 5 300 亩。② 1939 年农林部农业推广委员会在川、陕、滇、
桂防治棉病 238 671 亩,减少皮棉损失 24 806 市担。③ 1940 年在云
南开远等 6 县防治草棉虫害 13 428 亩,木棉 7 612 株(约 76 亩)。④

四、西康省农业改良与农业科技成果推广

西康除宁雅外,多崇山峻岭、草原,适合发展畜牧业,农业比较
落后。汉人居住的地方,粮食作物以稻米、玉蜀黍、小麦为主,少数
民族居住的地方以青稞、燕麦、莜麦、马铃薯为主,其他粮食作物还
有大麦、胡豆、豌豆、大豆等。西康农民文化水平比较低,农耕方面
大多墨守成规,仍是粗放式经营,很少施用肥料,病虫害也不懂防
治,任其蔓延,更忽视选种工作,因此,农作物品种低劣,产量很低,
远远不能满足战时激增的人口需求。

1938 年,国民政府组织西康建省委员会,下设经济组农牧局负
责农牧业建设工作,设立泰宁农牧试验场,研究改进西康农牧业。
1938 年 11 月,四川宁雅两属划归西康省,宁雅气候温和、土壤肥
沃、农产丰富、农民富有耕作经验,有很好的农业发展基础。1939

---

① 吴福桢:《一年来农作物病虫之防治推广》,秦孝仪主编:《革命文献》第 104 辑,台北:"中
　央"文物供应社,1985 年,第 69 页。
② 吴福桢:《一年来农作物病虫之防治推广》,秦孝仪主编:《革命文献》第 104 辑,台北:"中
　央"文物供应社,1985 年,第 72—73 页。
③ 谢孟明:《六年来棉花增产工作之回顾与前瞻》,秦孝仪主编:《革命文献》第 104 辑,台
　北:"中央"文物供应社,1985 年,第 43—44 页。
④ 吴福桢:《一年来农作物病虫之防治推广》,秦孝仪主编:《革命文献》第 104 辑,台北:"中
　央"文物供应社,1985 年,第 71 页。

年1月1日,西康省成立。1940年元旦成立西康农业改进所,下设农艺、畜牧兽医、森林园艺、农业经济、总务5个组,负责本省农业、畜牧、森林、园艺、蚕丝、兽医、病虫害、农村经济及其他农林畜牧生产技术的研究改进工作,改良种籽、种畜、蚕种、苗木、农具、肥料、防疫血清、病虫害防治药剂的推广和技术指导。[1] 农艺组在康定驷马桥设立农事试验场,以高寒地带食用作物的试验研究、改良繁殖推广为中心工作。在西昌设立农业改进所宁属办事处、宁属食粮作物实验区等,从事农业改良与推广。1940年4月,在西昌县德昌镇大六所设立的宁属食粮作物试验区,从事水稻、小麦、玉蜀黍、大豆、蚕豆、油菜、马铃薯、甘薯的选种试验,选择适合当地的品种,推广给农民种植,改进施肥方法,防止病虫害,增加粮食作物的面积和产量。[2] 1941年秋,筹设雅安农场,隶属西康农业改进所,从事雅安稻、麦、杂粮、茶叶、园艺的改良推广。西昌农场1938年创设,1939年改隶西康省建设厅,1942年划归西康农业改进所宁属办事处,业务侧重于稻、麦、棉、丝的试验推广和森林苗木事业发展。西昌农场及西康农业改进所宁属办事处检定水稻品种,选定成都大叶子麻粘良种水稻;举行小麦地方试验,证明金大2905号小麦产量特高;举行玉蜀黍选种,选出4种可利玉蜀黍;举行美棉地方试验,确证德字棉531号丰产而质佳。泰宁牧场举办小麦品种检定,选得泰宁45号良种小麦;举办青稞品种检定,选得泰宁27号良种青稞;驷马桥农场进行马铃薯选种,选得康定紫皮4号马铃薯。[3] 1943年,在试验区稻麦场

---

① 《西康农业改进所组织规程》,《西康经济季刊》,1944年第8期,第187页。

② 张彬:《一年来西康之农业推广》,秦孝仪主编:《革命文献》第105辑,台北:"中央"文物供应社,1986年,第212页。

③ 刘贻燕:《五年来西康农业建设之回顾》,《西康经济建设季刊》,1944年第8期,第8页。

推广成都大叶子麻粘良种水稻 170 斤,26 亩,每亩增产 10％;在西昌城区附近推广金大 2905 号小麦 1 146 斤,120 亩,每亩增产 12％;在八美、牛角石、少鸟寺推广泰宁 45 号小麦 280 斤,360 亩,每亩增产 7％;在八美、牛角石、少鸟寺推广泰宁 27 号良种青稞 5 340斤,840 亩,每亩增产 5％;在西昌城区附近推广可利玉蜀黍 200 斤,63 亩,每亩增产 5％;在驷马桥、两盆路、榆林宫一带推广康定紫皮 4 号马铃薯 2 065 斤,128 亩,每亩增产 5％。①

　　西昌农场和西康农改所宁属办事处负责西康棉作的改良与推广,主要推广的棉种有脱字棉、德字棉和云南离核多年生木棉。1938 年中央农业实验所补助脱字棉、德字棉棉籽,由川北运到西康,云南离核木棉棉籽由云南木棉推广委员会寄赠 10 斤。经过 1939、1940 年两年试验,脱字棉产量、德字棉产量都比西昌退化美棉高,因此,决定以脱字棉及德字棉为推广品种,贷发棉种给农民领种,西昌农场推广部技术人员指导农民种植,对棉花种植的全过程都加以指导,从换种、整地、播种到灌溉、病虫害防治、间苗、中耕除草、施肥、摘心、收花、轧花、留种,一一指导。经过农业推广人员的宣传及示范,1939 年西康推广脱字棉 1 256 亩。1940 年在西昌、盐源、汉源推广德字棉 485 亩,每亩增收皮花 21 市斤,可多收皮花 10 185 斤;在西昌、盐源、会理、宁南推广脱字棉 183 亩,每亩多收 7 市斤,可多收皮花 1 281 市斤;在西昌、盐源、会理、宁南推广云南离核木棉,每亩收皮花 6 市斤,推广 60 亩,可收皮花 360 斤。以上共计多收皮花 11 826 斤,以每斤皮花市价 4.7 元计,可增收55 582元,

---

① 刘贻燕:《五年来西康农业建设之回顾》,《西康经济建设季刊》,1944 年第 8 期,第 8 页。

去除种植棉花生产费用 960 元,推广费 2 万元,农民净增收 34 622 元。[①] 1940—1943 年,西昌农场和西康农业改进所宁属办事处在河西区、普格区、礼州区、盐源中区等地推广德字棉 531 号 335 331 斤,种植 3 689 亩,亩产增收棉籽 42 斤,籽棉 35—400 斤。[②] 1944 年,西康棉田已经增至 7 000 余亩。[③]

抗战时期,西康省的森林园艺、畜牧兽医、栽桑养蚕的科研与推广工作也取得了一定的成绩。

综上所述,虽然西康建省比较晚,农业生产的自然条件比较差,交通不便,又受到人力物力财力限制,西康农业科研和推广成效不太显著,可是西康的农业科研人员努力工作,积极研究探索适合西康本地的农作物良种,在粮食、棉花品种改良推广方面还是取得了一些成就,值得肯定。

五、陕西省农业改良与农业科技成果推广

陕西省是西北农业最发达的省份,也是大后方粮食和棉花的主产地,负有供给军需民食的重任,国民政府对陕西省的农业非常重视。1938 年 10 月,陕西省将原有的农林机构合并组成陕西省农业改进所,下设农艺、森林果木、牧畜兽医、分级检验、农业推广、农业经济等组室,并在泾阳、大荔、城固设立 3 个农场和 6 个棉花检验处,12 个农业推广所,从事农业改良和农业科研成果推广。为促进陕西省粮食增产,1941 年 3 月,农林部补助陕西省增产经费 40.66

① 张彬:《一年来西康之农业推广》,秦孝仪主编:《革命文献》第 105 辑,台北:"中央"文物供应社,1986 年,第 214—216 页。

② 刘贻燕:《五年来西康农业建设之回顾》,《西康经济建设季刊》,1944 年第 8 期,第 8 页。

③ 段天爵:《西康农业建设之前瞻》,《西康经济建设季刊》,1944 年第 8 期,第 17 页。

万元、陕西省库拨付 40 万元,作为农艺费、土壤肥料费、畜牧兽医费、森林果木费、病虫害防治费、推广机构费、棉作推广费、食粮增产费,[①]用于麦作、杂粮、水稻、绿肥推广,防治积谷害虫、防治麦病等。农林部派专业技术人员来陕,协助改良陕西农业。

　　陕西省粮食作物以小麦为主,为改良麦种,1937—1941 年,陕西农业改进所在泾阳农场、大荔农场进行小麦品种比较和穗行试验,选出产量高、质量好,又抗旱耐霜的陕农 7 号小麦,在长安、渭南、咸阳、兴平等县推广。自 1939 年起,陕西农业改进所与西北农场、西北农学院合作,在泾阳、三原、扶风一带推广蓝芒麦、蚂蚱麦,在陕南推广金大 2905 号小麦。1939 年,推广陕农 7 号小麦 6 980 亩,蓝芒麦10 285 亩,共计 17 265 亩;1940 年推广陕农 7 号小麦90 267亩,蓝芒麦109 252 亩,蚂蚱麦 3 100 亩,共计 182 919(疑应为 202 619)亩;1941年推广陕农 7 号小麦 156 798.7 亩,蓝芒麦 245 678.4 亩,蚂蚱麦9 914.5亩,金大 2905 号小麦 27 699.4 亩,共推广优良麦种 439 691(疑应为 440 091)亩。[②] 据陕西省农业改进所 1941 年度粮食增产年报记载,上述四种小麦品种,成熟较早,抗寒力较强,产量高,粉质较多,平均每亩增产大约 2 斗。[③]

　　陕南盛产水稻,关中部分地区也种植水稻,但是原有水稻品种产量较低,急需育成优良品种供农民种植。为改良陕西水稻品种,从 1938 年开始,陕西农业改进所进行水稻育种、品种检定、区域试

---

① 《三十年度粮食增产工作概况》,陕西省档案馆藏,陕西农业改进所档案,全宗号 73,目录号 2,案卷号 741—1。

② 陕西省政府:《陕西省之农业改进工作报告》,秦孝仪主编:《革命文献》第 105 辑,台北:"中央"文物供应社,1986 年,第 235—236 页。

③ 《陕西省农业改进所三十年度粮食增产工作概况(三月份至八月份)》,陕西省档案馆藏,陕西农业改进所档案,全宗号 73,目录号 2,案卷号 741—1。

验、栽培试验,1939 年成立陕南农场,在陕南农场检定品种场区比较试验中,以城固粟子园检定之"小香谷"产量最高,1940 年在城固少量试行推广,同时开办示范稻田及特种繁殖场。1941 年,在城固、南郑等县,推广小香谷、帽子头、金大 964 号水稻良种 8 152 亩,在长安示范种植胡芦稻等 50 亩以备推广。① 同时在沔县、褒城、安康、洋县等 7 县,举办示范及品种检定,以期获得适合当地的优良品种。虽然陕西推广的水稻良种数量不多、范围也不大,但通过推广水稻良种,陕西水稻的品质有很大提高。

　　抗战时期,陕西民众普遍食用杂粮。为促进杂粮增产,1938—1941 年,陕西省农业改进所对粟、玉米、豆类进行品种比较试验、栽种试验、三要素肥料试验。在大荔农场进行的粟作试验,以毛穗谷、马缰绷为最佳。在泾阳农场进行的粟作试验,则以黄金谷为最优。② "经四年试验,决定将产量丰富、出米率高、滋养极佳的小黄谷作为推广品种。"③购运兴平著名的优良小米终南粟及七里香种子,分发给农民播种。为鼓励农民使用改良品种,还特别发放种子津贴费。自 1940 年起,以关中为主,在长安等 57 县,分四区推广种植杂粮,种类有马铃薯、玉米、高粱、糜子、小米、荞麦、甘薯、豆类等,1940 年关中地区杂粮种植面积超过小麦 3 倍以上。1940 年,陕西农业改进所与农本局合作,在凤县推广马铃薯 208 亩,在米脂

---

① 陕西省银行经济研究室:《陕西经济十年(1931—1941 年)》,1942 年,西安市档案馆重印,1997 年,第 44 页;陕西省政府:《陕西省之农业改进工作报告》,秦孝仪主编:《革命文献》第 105 辑,台北:"中央"文物供应社,1986 年,第 238 页。

② 陕西省银行经济研究室:《陕西经济十年(1931—1941 年)》,1942 年,西安市档案馆重印,1997 年,第 43 页。

③ 陕西省政府:《陕西省之农业改进工作报告》,秦孝仪主编:《革命文献》第 105 辑,台北:"中央"文物供应社,1986 年,第 230 页。

推广 180 亩；1941 年，在米脂、城固等 10 县推广马铃薯 14 774.1 亩，在长安等 15 县推广豌豆 142 892.2 亩，在耀县等 13 县增种夏季杂粮玉米、高粱、小米、甘薯、马铃薯、豆类等 72 811 亩。[①]

　　陕西是我国主要的棉花产区之一，但是在棉种改进前，棉花产量很低，品质也比较差。20 世纪 30 年代初，陕西省建设厅将收花多、纤维长、利润高的德字棉输入关中，农民多换此棉种。几年后，又在陕西推广比德字棉更为优质高产的斯字棉，关中泾惠渠"因受渠水灌溉之益，产量甚丰，每亩产量高达七八十斤"。[②] 全面抗战爆发后，中央和陕西地方政府都很重视棉花良种的推广。陕西农业改进所历年试验"证明 4 号斯字棉及 719 号德字棉，不但产量高，纤维特长，成熟期早而整齐，而且对本省气候、土性，亦极适合，故推广繁殖以来，成绩颇著"。[③] 1936—1941 年，在关中推广丰产早熟的 4 号斯字棉、719 号德字棉 253 万余亩。[④] 同时确定株行距离、浸种防治病虫害、施肥、播种期灌溉等，使棉花产量有较大幅度的增长。"据历年调查，泾惠渠灌溉地种斯字棉，每亩可产皮花至一百斤，而本地小洋花则每亩仅产三四十斤，故凡换种四号斯字棉，一亩即可增收皮花五十斤。四号斯字棉，自［民国］廿五年之一千亩良

①《陕西省农业改进所三十年度粮食增产工作概况（三月份至八月份）》，陕西省档案馆藏，陕西农业改进所档案，全宗号 73，目录号 2，案卷号 741—1。陕西省政府：《陕西省之农业改进工作报告》，秦孝仪主编：《革命文献》第 105 辑，台北："中央"文物供应社，1986 年，第 238 页。

② 鲍昭章：《陕棉购销近况及棉价问题之商榷》，《中农月刊》第 5 卷 3 期，1944 年，第 16 页。

③ 陕西省政府：《陕西省之农业改进工作报告》，秦孝仪主编：《革命文献》第 105 辑，台北："中央"文物供应社，1986 年，第 236 页。

④ 陕西省银行经济研究室：《陕西经济十年（1931—1941 年）》，1942 年，西安市档案馆 1997 年重印，第 42 页。

表 29　1939—1941 年陕西豆类、油菜、马铃薯种植面积及产量统计表①

单位：市亩、市石

区域	年别	蚕豆		豌豆		油菜		马铃薯	
		面积	产量	面积	产量	面积	产量	面积	产量
关中	1939	424 794	81 125	1 688 344	852 123			492 686	1 937 609
	1940	417 264	76 931	1 684 730	851 111	79 425	23 554	482 630	1 927 337
	1941			1 676 417	849 216				
陕南	1939	2 021 344	1 313 267	3 548 588	1 790 415	261 395	144 847	926 235	2 107 818
	1940	2 009 870	1 304 421	3 536 703	1 783 023	253 707	144 847	922 745	579 927
	1941	2 009 226	1 304 060	3 535 808	1 146 687	2 593			
陕北	1939	424 794	81 125	1 688 344	852 123			492 686	1 937 609
	1940	417 264	76 931	1 684 730	851 111	79 425	23 554	482 630	1 927 337
	1941			1 676 417	849 216				

① 据《陕西各县主要农作物分布详情》统计而来；陕西省银行经济研究室《陕西经济十年(1931—1941 年)》，1942 年，西安市档案馆 1997 年重印，第 47—76 页。

种繁殖开始,迄[民国]卅年止已推广至一百万亩,突破全国良种推广之新纪录。德字棉虽较斯字棉稍逊,然适用于多雨区域,故在陕南洋县、城固、西乡、南郑推广,成绩亦佳。在全省所有宜棉之区域,普遍设立示范棉田,作为推广之基础。"[1]1940—1942 年,关中地区"三年共推广良种美棉301.89 万亩,内新领种者25.355 万亩,农民自留及自换种者276.535 万亩,分布之区域,则自泾惠渠区各县,扩展到关中各主要产棉县份"。[2]

表30 1936—1941 年陕西棉作推广表[3]　　　单位:市亩

	1936 年	1937 年	1938 年	1939 年	1940 年	1941 年
4 号斯字棉	1 210	12 910	42 766	199 641	852 006	1 022 150
719 号德字棉	1 000	6 161	25 983	50 885	89 412	239 153
总计	2 210	19 071	68 749	250 526	941 418	1 261 303

1941 年后,陕西省棉花种植面积和产量大幅下降,最主要的原因是棉花价格大大低于小麦价格,国民政府田赋征实征收的多是小麦,棉农必须以棉易麦,亏损太厉害。"除年岁荒歉外,实为年来棉价之上涨不及一般物价上涨之猛骤,即以麦价上涨为比例也相差甚远。农人种棉两亩反不及种麦一亩之收入,且须以棉易麦以应政府征实之需,于是棉农相率改种以致棉田减少,产量减低。"国民政府经济部物资局也认为陕西省棉田面积减少,粮棉价格悬殊实为主因。粮价高于棉价,棉农改种粮食,致使棉花种植面积和产

---

[1] 陕西省银行经济研究室:《陕西经济十年(1931—1941 年)》,1942 年,西安市档案馆 1997 年重印,第 42—43 页。

[2] 王桂五:《关中三年来棉种推广之检讨》,《农报》第 8 卷 1—6 合期,1943 年,第 2 页。

[3] 陕西省银行经济研究室:《陕西经济十年(1931—1941 年)》,1942 年,西安市档案馆 1997 年重印,第 43 页。

量减少。1943 年 1 月,国民参政会委员高惜水等,要求国民政府提高棉价,恢复原有棉作区域,指导协助农民注意选种,改良种植并订奖励办法,以增加棉花生产。[①] 陕西省农业改进所一面调查长安、泾阳、大荔、渭南等地棉花自播种到收花实际耗费和生产成本,作为提高棉花价格的依据,[②]一面采取措施扩充植棉面积,推广优良品种,防治病虫害,办理植棉贷款,示范良种良法等,促进棉花增产。

表 31　1936—1948 年全国、陕西省棉田面积、皮棉产量及亩产量统计表[③]

年份	棉田面积(万亩)			皮棉产量(万担)			皮棉亩产量(斤)	
	全国	陕西	陕西占全国比重(%)	全国	陕西	陕西占全国比重(%)	全国	陕西
1936	5205.1	394.0	7.57	1697.5	110	6.48	32.6	27.9
1937	5931.6	482.5	8.1	1271.4	106.8	8.4	21.4	22.1
1938	3370.2	380.4	11.3	843.2	105.5	12.5	25.0	27.8
1939	2534.1	280.7	11.1	656.6	97.5	14.9	26.0	34.7
1940	2827.4	270.6	9.57	676.8	86.9	12.84	23.9	32.1
1941	3125.4	206.3	6.6	799.6	78.2	9.78	25.6	37.9
1942	3289.6	138.5	4.2	886.2	31.4	3.54	26.9	22.7
1943	2746.0	145.7	5.3	683.0	46.9	6.9	24.9	32.2
1944	2774.7	192.6	6.9	698.6	41.7	5.9	25.2	21.6

---

① 《恢复棉产调整纱价以维军民被服案》,国民参政会第三届第一次大会建议委员议案,1942 年,提案第 130 号,陕西省档案馆藏,陕西农业改进所档案,全宗号 72,目录号 2,案卷号 767—1。

② 《陕西省农业改进所筹设斯字棉纯种繁殖场计划草案及经费概算书给农民银行西安分行的公函》,1942 年 3 月,陕西省档案馆藏,陕西农业改进所档案,全宗号 72,目录号 2,案卷号 767—3。

③ 许道夫:《中国近代农业及贸易统计资料》,上海:上海人民出版社 1983 年版,第 210—216 页。

续表 31

年份	棉田面积（万亩）			皮棉产量（万担）			皮棉亩产量（斤）	
	全国	陕西	陕西占全国比重（%）	全国	陕西	陕西占全国比重（%）	全国	陕西
1945	2280.0	188.9	8.3	500.8	51.8	10.3	22.0	37
1946	2941.8	237.0	8.06	743.0	71.1	9.6	25.0	30.0
1947	3886.1	267.0	6.9	1102.3	96.6	8.8	28.0	36.2
1948	3712.0	302.2	8.1	1012.0	105.8	10.5	27.3	35.0

　　从 1938 年开始,陕西棉产改进所与中央农业实验所合作防治棉蚜虫,1938 年在泾阳等 8 县防治棉蚜虫 13 846 亩,1939 年在三原等 10 县防治 84 960.6 亩。1940 年陕西棉虫灾害最严重,工作人员分赴各区,指导农民清洁棉田,去除杂草,指导农民用烟草水防治蚜虫,示范防治方法,以便农民效仿。在虫害最严重的地方,集中全区工作人员,用器械施药防治,按区域肃清棉蚜虫。1940 年防治蚜虫 33 万余亩,1941 年 17 万余亩。用密室驱除法、捕杀法、自然制裁法防治棉红铃虫,1939 年捕杀棉红铃虫约 6 万余斤,1940 年捕杀 287 893.6 斤,1941 年捕杀 282 268 斤。据陕西省防治棉花蚜虫工作年报,1943 年,陕西长安、大荔、朝邑、平民、渭南、三原、高陵、泾阳 8 县共设立表证区 18 处,防治棉花蚜虫 236 875 亩。[①]

　　陕西省农业改进所还注重防治麦作病虫害,在关中区进行麦类黑穗病调查,发现大麦坚黑穗病一般损失约达 20% 左右,防治方法分为温汤浸种和炭铜粉拌种。在关中区、陕南汉中区、长安等 26

①《三十二年度陕西省防治棉蚜虫工作年报》,陕西省档案馆藏,陕西农业改进所档案,全宗号 73,目录号 2,案卷号 716—1。

县用碳酸铜粉防治 10 万亩,用温汤浸种防治 5 万亩。[1] 据调查,陕西省积储谷麦约有 12 万担,因仓库简陋、管理不善,每年平均损失约在 10% 以上。自 1941 年起,陕西农业改进所指导修建仓库,换新麦谷 4 000 市石,[2]消灭仓库害虫,减少粮食损失。

为增加农作物单位面积产量,陕西省大力提倡制造使用绿肥及堆肥、骨肥,并指导农民合理施肥。在关中泾惠、渭惠渠及长安区域推广麦田夏季绿肥 6.5 万亩,在陕南区域推广稻田冬季绿肥 10 万亩。[3]1941 年,在关中以绿豆、黑豆为绿肥作物,在陕南以苕子、胡豆、豌豆、扁豆为绿肥作物,在关中推广施肥 3.1 万余亩,在陕南推广施肥 12.1 万余亩,共计 15.2 万余亩,以每亩平均增产 1 斗 5 升计,可增产 2.4 万余市担。[4] 关中、陕南两区 13 县,共推广麦田绿肥 4 万亩,以每亩增产小麦 50 斤计,可增收小麦 2 万担。推广稻田绿肥 12 万亩,每亩增产水稻以 50 斤计,可增收水稻 6 万担。制造施用堆肥 10 万亩,每亩平均增产粮食以 50 斤计,可增收粮食 5 万担。总计推广施肥,可增产食粮 13 万担,每担以 300 元计算,约价值 3 900 万元。[5]

陕西省农业改进所还改良农具、制造推广中位锄具、播种器,

---

① 《陕西省粮食增产总督导团三十二年度粮食增产实施方案》,陕西省档案馆藏,陕西农业改进所档案,全宗号 73,目录号 2,案卷号 749。

② 陕西省政府:《陕西省之农业改进工作报告》,秦孝仪主编:《革命文献》第 105 辑,台北:"中央"文物供应社,1986 年,第 255 页。

③ 陕西省政府:《陕西省之农业改进工作报告》,秦孝仪主编:《革命文献》第 105 辑,台北:"中央"文物供应社,1986 年,第 256 页。

④ 陕西省政府:《陕西省之农业改进工作报告》,秦孝仪主编:《革命文献》第 105 辑,台北:"中央"文物供应社,1986 年,第 260 页。

⑤ 《陕西省农业改进所 1941 年度粮食增产年报》,1942 年 5 月 13 日,陕西省档案馆藏,陕西农业改进所档案,全宗号 73,目录号 2,案卷号 281—1。

降低生产成本。改良碱土,提高土地利用率。改良猪、鸡种,提倡农村副业。举办农村经济调查统计,研究棉花分级,取缔棉花水杂等,均取得了一定的成效。①

六、甘肃省农业改良与农业科技成果推广

1938年秋,甘肃农业改进所成立,下设农业、植物病虫害、森林、畜牧兽医、农政5股,从事农林牧业有关问题的研究。1940年,甘肃农业改进所在陇南、陇东、天水、河西设立4个农林试验场,进行纯系育种、区域试验、栽培管理、作物病虫害防治的试验研究。②同年11月,农产促进委员会与甘肃农业改进所筹设甘肃省农业推广处,1941年7月,改推广处为推广组,农业推广委员会西北农业推广辅导团全体成员参加了该推广组的工作,中心工作是推广小麦、杂粮良种,防治谷实类黑穗病,改良薯窖,利用休闲地,开垦荒地,种植麦类豆类,减种非必需作物、改种食粮,推广肥料,推广优良棉种,辅导棉农组织,指导栽培技术、加工、运销等。③ 1940年10月,甘肃农业改进所在甘肃榆中设农业推广实验县,1942年1月,在天水设农业推广实验县。在天水、临洮、张掖、平凉、徽县、靖远等县设立了农业推广所,任务是繁殖优良种苗作为推广材料,派遣技术人员到附近各县开展农业推广工作。为了增强农业推广力度,甘肃省建立了农业督导制度,将全省划为3个督导区、8个视导区④,派遣督导人员到各县巡回督导,督促各增粮县份增加粮食生

---

① 陕西省银行经济研究室:《陕西经济十年(1931—1941年)》,1942年,西安市档案馆1997年重印,第44页。

② 黄正林:《论抗战时期甘肃的农业改良与推广》,《史学月刊》,2014年第9期,第78页。

③ 蒋杰:《一年来之省县农业推广》,《农业推广通讯》第6卷第1期,1944年,第24页。

④ 黄正林:《论抗战时期甘肃的农业改良与推广》,《史学月刊》2014年第9期,第78页。

产。1942 年 5 月,农林部在甘肃兰州设立推广繁殖站,进行小麦育种与良种繁殖,马铃薯育种与栽培试验及良种繁殖,果苗和甜菜良种繁殖与推广,作物病虫害防治示范等。[①]

小麦是甘肃的主要农作物,无论是栽培面积还是产量,都占首位,所以甘肃农业改良的首要任务是改良小麦品种。为了检定小麦良种,甘肃省制定了《甘肃省检定麦作地方品种纲要》,1941 年开始,在岷县、皋兰、临洮、天水、榆中、平凉、泾川、徽县进行小麦品种检定,共选出适合当地种植的优良品种 28 个。1942 年,甘肃省粮食增产督导团制定《四十一年度推广检定小麦品种暂行办法》,继续进行检定小麦品种工作,同时对检定的优良小麦品种进行推广。[②] 1943 年后,甘肃省农业改进所征集了国内外优良小麦品种在河西、洮岷、陇东、陇南各农事实验场进行区域试验,各农事实验场检选麦形大,成熟早,不倒伏,不落籽,耐寒抗旱,抗病力强,产量高,品质佳的优良麦种。经过 4 年试验,在引进的武功 27、金大泾阳 129、金大泾阳 302、金大泾阳 60、蓝芒麦等 18 个品种中发现金大泾阳 302 小麦茎秆坚硬,不易倒伏;成熟早、产量高;抗寒力、抗霜力强;抗病虫害力大,籽粒大而色白,出粉率高,非常适合甘肃干旱、高寒地区种植,被选定为推广品种。1943 年秋开始,一面繁殖、一面推广,1944 至 1945 年度,陇南区农林实验场与甘肃推广繁殖站陇南分站自行繁殖 126 石,特约农家繁殖 1 200 石,推广 10 个乡

---

① 何家泌:《三年来之各省推广繁殖站》,秦孝仪主编:《革命文献》第 103 辑,台北:"中央"文物供应社,1985 年,第 225 页。

② 《甘肃省粮食增产总督导团三十一年度推广检定小麦品种暂行办法》,《甘肃农推通讯》创刊号卷,1942 年,第 18—19 页。

镇,计 834 户,共 4 501.9 市亩,4 年来共推广 1 037 户,5 763 亩。[①]
"按四年试验结果,平均泾阳 302 麦较农家良种,青熟麦每亩多收
4.2 市斗。兹仅以多收 4 市斗计,则四年来本品种在天水一带之实
际增产,系为 2 400 余市石,若于陇南各县大规模举行区域试验及
推广区域,则可达增产之目的,并实惠农民,藉达促进农村经济繁
荣之鹄的。"[②]

　　为在全省推广优良麦种,甘肃粮食增产委员会从各县收购并
集中储藏优良麦种,经防病处理后以实物贷放、作价贷放,加上换
种,3 种方法加以推广,次年麦收后,农民加一成或两成归还。未经
收购的良种,由各县农业推广员与农家约定存留时期,自行留种换
种,普遍推广繁殖,以增加小麦产量。1945 年,甘肃省陇南推广辅
导区向甘肃省推广繁殖站陇南分站和陕西泾阳购买麦种,举行表
征推广,选择特约良种示范农家,商请天水中国农民银行收购折价
贷放麦种,同时由陇南推广区举办实物贷放,于次年麦收时加一成
收回。倡导农民向特约农家或示范农家换种,以普通小麦 1 石 1 斗
换泾阳 302 麦种 1 石,指导农民仿照办理。[③]

　　民国年间,农学家根据棉花生长所需要的气候和土壤条件,认
为甘肃省"除洮岷等极冷之地质外,其东之平凉、泾川、庆阳、灵台,
西之敦煌、酒泉、武威,南之武都、天水、文县、徽县,以及中部之皋

---

① 侯同文:《泾阳三〇二小麦在甘肃之适应与推广》,《农业通讯》第 1 卷第 2 期,1947 年,
　　第 26 页。

② 侯同文:《泾阳三〇二小麦在甘肃之适应与推广》,《农业通讯》第 1 卷第 2 期,1947 年,
　　第 26 页。

③ 侯同文:《泾阳三〇二小麦在甘肃之适应与推广》,《农业通讯》第 1 卷第 2 期,1947 年,
　　第 29 页。

兰、榆中、靖远为宜棉之地"①。

　　1932 年,甘肃省建设厅引进少量美国脱字棉种试图推广。1933 年,朱绍良主政甘肃,开始在甘肃推广植棉,引进美国棉种,传授棉花种植技术。全面抗战爆发后,大后方棉花供不应求,国民政府除了在陕西扩大植棉外,还在甘肃尝试种植棉花。甘肃省农业改进所在皋兰区、陇南区、陇东区进行植棉试验,认为陇南区天水各县是甘肃最宜植棉之地区,又与陕西接壤,棉种来源便利。1938 年,向陕西购买斯字棉籽 2 万斤,在天水、徽县、成县发放棉籽 1.7 万斤,"成绩较佳之棉田,天水约 600 亩,徽县约 500 亩,成县约 200 亩,平均每亩产棉可达 55 斤以上。"②陇东各县也是宜棉之区,灵台县自筹巨款购买棉种,分发给农民试种,后甘肃农业改进所商请农产促进委员会资助,在泾川、灵台再推广棉田 2 000 亩。③ 陕西农业改进所多次帮助甘肃购置棉花良种,1939 年,陕西农业改进所将本所中美纯系品种 24 种各 120 克交甘肃农业改进所天水指导所高其温带回甘肃,供其试验。④ 1939 年,在甘谷、武山等 10 县发放棉籽 4 000 余斤,令其试种,成绩尚佳。截至 1939 年,天水、徽县、成县良好棉田有 1 500 余亩,总产量 9 万余斤,总值 10 万余元。⑤

---

① 黎小苏:《甘肃棉业概况》,《经济汇报》第 8 卷第 3 期,1943 年,第 64 页。

② 《农业改进所植棉工作报告》(1939 年度),《甘肃省建设年刊》,1940 年印行,第 106 页。

③ 黎小苏:《甘肃棉业概况》,《经济汇报》第 8 卷第 3 期,1943 年,第 87 页。

④ 《陕西省农业改进所关于据报订购棉籽一事给甘肃省农业改进所的代电》,1940 年 1 月 16 日,陕西省档案馆藏,陕西农业改进所档案,全宗号 73,目录号 2,案卷号 659—1。

⑤ 陈通哉:《陇南物产志略》,《西北论衡》第 10 卷第 6 期,1942 年 6 月,第 20 页。

1940 年,甘肃省在陇东、陇南推广棉种 8.3 万余斤,植棉 9 200 亩。[1]
1941 年,甘肃省棉业推广委员会成立,邀请省农业改进所、合作事业管理局、四联总处兰州分处等,共同促进甘肃棉业推广,全省分为河西、陇南、陇东三大区域进行推广,所需经费 44 万元,由第八战区经济委员会承担其中的一半,呈请国民政府核发。在天水、泾川、徽县、成县、武都、靖远、灵台、张掖、临泽、高台等 12 县区设立推广植棉办事处,共植棉 6.5 万亩。[2] 1942 年,在各重要产棉区"分别设置特约示范棉田,依规定条件,选约适当棉农,从事栽培美棉示范及繁殖良种"。"本年度植棉推广以集中人力、集中区域"为原则,选定天水、徽县、成县、武都、泾川、靖远为推广区域,直接发放棉种推广 4 119 亩,指导棉农自留种推广 18 984 亩,共计 24 103 亩。[3] 为推广植棉,农业推广所的推广员深入各乡收发棉种、登记棉田、指导种棉。1942 年 4 月,天水农业推广所农业推广员到天水县北乡、东乡共约定农户 9 家,收发棉籽 2.2 万余斤,登记棉田 2 200 余亩,连同棉农自留斯字棉籽者,合计本年全县可推广斯字棉 4 000 余亩。[4] 在推广过程中,农业推广人员发现推广植棉非常困难,原因是人们对推广工作缺乏认识,基层没有推广机构,天水乡农会很不健全,合作社社员种植棉花的比较少,完全依靠保甲组织,推广困难。1943 年后,甘肃植棉推广工作由甘肃省农业改进所主办,农改所要求各县利用熟荒和非食粮地尽量扩充棉田,推广优

---

① 《农业改进所植棉工作报告》(1940 年度),《甘肃省建设年刊》,1940 年印行,第 112—113 页。

② 黎小苏:《甘肃棉业概况》,《经济汇报》第 8 卷第 3 期,1943 年 8 月,第 88—89 页。

③ 刘犁青:《半年来甘肃农推工作掠影》(上),《甘肃农推通讯》创刊号,1942 年 7 月,第 11 页。

④ 郭普:《天水农推工作的"新攻势"》,《甘肃农推通讯》创刊号,1942 年 7 月,第 13 页。

良棉种,在陇南区推广斯字棉、德字棉、脱字棉,在河西区推广退化美棉和优良中棉。与甘肃合作管理处及农贷机关辅导棉农组织棉花产销合作社,办理棉花加工、运销业务。1943 年,棉花生产合作社成立后,发放植棉贷款,天水、武都各 20 万元,徽县、成县、靖远各 15 万元,张掖 10 万元,泾川 5 万元。[①] 在各方面的共同努力下,甘肃形成了河西、陇南、靖远等主要棉花产区,河西棉区包括敦煌、高台、张掖等县,陇南棉区包括武都、成县、天水、两当等县,武都的"棉花生长,不但在甘南首屈一指,即在全省亦有相当地位,棉田约 2.1 万亩,每年可产棉 80 万市斤,纤维细长,光泽洁白,多脱字棉和斯字棉,品质不亚于陕棉"。[②] 靖远年植棉 1.3 万亩,年产棉 39 万斤,除供本县纺织外,还输出凉州、宁夏等县 13 万斤。[③] 陇东也有棉花出产,但数量比较少。据甘肃省贸易公司、甘肃省农业改进所对全省 28 县植棉情况调查,共种植棉花 17.7 万亩,年产棉花422.3万斤,"棉田数目,以敦煌为最大,武都、高台、天水、靖远、金塔、临泽、成县、徽县、泾川等县亦属可观。"[④]1941 年到 1946 年间,除 1945 年受灾减产外,其他年份,甘肃的棉花种植面积和产量不断提高,抗战时期国民政府和甘肃省政府推广植棉取得了明显的成效。

---

①《甘肃省农业改进所、合作管理处三十二年度办理棉花推广合作办法》,甘肃省档案馆 27—1—118。转引自黄正林:《农村经济史研究——以近代黄河上游区域为中心》,北京:商务印书馆 2015 年版,第 205 页。

②统计组:《甘肃各县局物产初步调查》,《甘肃贸易》第 5/6 期合刊,1943 年,第 85 页。

③统计组:《甘肃各县局物产初步调查》,《甘肃贸易》第 5/6 期合刊,1943 年,第 47 页。

④王兴荣:《甘肃的棉麻生产》,《甘肃贸易》第 5/6 期合刊,1943 年 9 月,第 145 页。

表 32　甘肃省 1941—1946 年棉花种植面积及产量统计表①

年份	面积（亩）	产量（担）	年份	面积（亩）	产量（担）
1941	88 329	26 510	1944	180 506	45 104
1942	97 296	27 529	1945	102 935	31 580
1943	119 039	39 334	1946	188 219	59 331

甘肃省棉作害虫以蚜虫为害最烈，1939 年，甘肃农业推广所投资 12 万元，在陇南防治蚜虫，取得了一定的成效。② 农业推广人员倡导用烟草水喷洗杀虫（蚜虫），减少皮棉损失。③ 1940 年，农产促进委员会和甘肃农业改进所在美棉推广区域内用烟草水治蚜，设表征区 10 余处。④ 在甘肃，黑穗病对小麦危害最大，"本省皋兰等十四县麦类黑穗病的损失，平均 17％强，每年被害损失，约达一万五千万元以上。如推算全省麦病损失总值数字，更将惊人。"⑤因此，甘肃把防治麦类黑穗病作为粮食增产的中心工作，防治方法除以温汤浸种与碳酸铜拌种，做少量示范外，"主要方法在动员农民拔穗选种，拔穗防治散黑穗，选种防治腥黑穗"。⑥ 1941 年 6—7月，甘肃 14 个县共防治黑穗病 268.6 万亩，平均减少麦产损失 5％，以甘肃省常年平均亩产量 1 市担计，14 县共可减少粮食损失

① 张萍主编：《西北近代经济地理》，上海：华东师范大学出版社 2015 年版，第 409 页。
②《农业推广改进所陇南防治蚜虫报告》，《甘肃建设年刊》，1940 年，第 115—116 页，转引自黄正林：《农村经济史研究——以近代黄河上游区域为中心》，北京：商务印书馆 2015 年版，第 246 页。
③ 李中舒：《甘肃农村经济之研究》，《西北问题论丛》第 3 辑，1943 年，第 101 页。
④《甘肃省推广治蚜》，《农业推广通讯》第 2 卷第 9 期，1940 年，第 72 页。
⑤ 刘犁青：《半年来甘肃农推工作掠影（上）》，《甘肃农推通讯》创刊号，1942 年 7 月，第 12 页。
⑥ 刘犁青：《半年来甘肃农推工作掠影（上）》，《甘肃农推通讯》创刊号，1942 年 7 月，第 12 页。

13.78 万市担。① 1942 年,以兰州皋兰、岷县、天水、临洮等 11 县市为中心,其余 56 县为普通工作县,共防治麦病 200 万亩,防治高粱、小米、糜子黑穗病 84 万亩。② 防治小麦、大麦、燕麦黑穗病,减少粮食损失 13.78 万市担。③ 农业推广人员还到甘肃泾川县阮陵乡防治小麦旱秆蝇,防治豌豆象虫,拔除高粱黑穗。甘肃省农业推广部门防治病虫害工作受到农民的极大欢迎,农民称呼指导员为“麦病先生”,后者让农民了解了黑穗病及其危害,教会了农民防治黑穗病的方法。

为了促进粮棉增产,甘肃农业改进所倡导农民制造和使用肥料。各县农业推广所“指导农家,自制堆肥,种植绿肥,购用枯饼、骨粉,增施肥料,以增加食粮生产”④。1942 年,平凉农业推广所试制骨粉,以便在农家推广⑤;徽县农业推广所“指导利用稻田休闲地种植苜蓿、黑豌豆,备作来年水稻绿肥”;榆中农业推广所指导农民在“冬耕之际,将 8 月份种植之苜蓿耕翻土内,以增地力”;张掖农业推广所“为解决当地肥料问题,曾于各乡设置绿肥特约农家十户,经常指导,以资提倡”⑥。

1943 年春,甘肃机械厂设计制造了一台两级离心式抽水机,安

---

① 黄正林:《农村经济史研究——以近代黄河上游区域为中心》,北京:商务印书馆 2015 年版,第 246 页。

② 刘犁青:《半年来甘肃农推工作掠影(上)》,《甘肃农推通讯》创刊号,1942 年 7 月,第 12 页。

③ 黄正林:《农村经济史研究——以近代黄河上游区域为中心》,北京:商务印书馆 2015 年版,第 247 页。

④ 李中舒:《甘肃农村经济之研究》,《西北问题论丛》第 3 辑,1943 年,第 102 页。

⑤ 高文耀:《平凉农业推广工作的开展》(续),《甘肃农推通讯》第 1 卷第 2 期,1942 年,第 10 页。

⑥ 匡时:《推广活动点滴》,《甘肃农推通讯》第 1 卷第 5 期,1942 年 11 月,第 13 页。

置在兰州西郊的土门墩附近,利用电力从 17 公尺深的地下向地面输水,取得成功,但由于该设备成本较高,又缺乏为之提供动力的电动机,无法向广大农村推广,因而机灌试验只在省城兰州市区内进行,并未对甘肃农业产生较大影响,但却开了甘肃现代农业机械的先河。[1]

七、宁夏省农业改良与农业科技成果推广

1938 年,为改良农业,宁夏在省城银川设立农事试验场及第一苗圃。1939 年,在贺兰、宁朔、金积、灵武、平罗、中卫、中宁 7 县设立县农林试验场[2],大坝、小坝设立渠口苗圃,作为农作物和林业试验示范推广中心。1939 年秋,中央补助 60 万元发展宁夏农林水利事业,筹建规模宏大的农林总场和畜牧总场,从事农林畜牧试验与研究。1940 年 1 月,宁夏农业改进所成立,隶属于建设厅,专门致力于农业改进。1941 年 6 月扩充为农林局,设立中山公园农林试验场,进行麦作、稻作、杂粮试验与研究。1942 年 9 月,农林局改组为农林处,直隶于省政府,[3]聘请农林专家进行农业科学研究,主要研究普通农作物的栽培,经济作物的引种,农作物品种比较试验,病虫害防治与农具研究、试制与改良等。

小麦是宁夏最主要的粮食作物,宁夏地方小麦品种中姚伏堡的火麦和通常堡的白秃头麦产量较高,但抗病能力较差。宁夏农业改进所成立后,向国内各农事机关征集 130 个麦种,在各县农田及试验场"采选优良单穗,以为纯系育种之材料",在中山公园农事

---

[1] 戴巍:《南京国民政府时期甘宁青农村社会变迁探析》,硕士学位论文,西北师范大学,2005 年,第 25 页。

[2] 罗时宁:《一年来之宁夏农林建设》,《农业推广通讯》第 6 卷第 1 期,1944 年,第 35 页。

[3] 罗时宁:《一年来之宁夏农林建设》,《农业推广通讯》第 6 卷第 1 期,1944 年,第 35 页。

试验场"举行小麦穗行试验"。① 根据历年选种和初步试验结果,选取平罗"姚伏堡无芒小麦"为推广品种,1943 年在平罗县开地万余亩,成立平罗小麦良种繁殖场,繁殖优良小麦品种。平罗小麦良种繁殖场繁殖的小麦良种,因为品质优良,深受农民欢迎,在银北推广。② 宁夏还对引进的小麦品种进行品种比较试验和地区适应性试验,首选增产效果显著、抗黑穗病能力强,不倒伏、不落粒的武功17 号继续试种,以供将来推广。③

宁夏是西北主要的水稻产区之一,水稻种植面积占农作物种植面积的 1/3 左右。为增加水稻产量,宁夏农业改进机构对水稻品种进行改良,并取得了较大的成绩。1941 年,宁夏省建设厅下属的农业试验机构通过两年的水稻品种比较试验,首选品质优良、产量较丰的叶升 3 号为推广品种。1942 年,在任存渡附近辟地 2 000 余亩,成立叶升堡水稻繁殖场,与省垣农事试验场、中正林场和八里桥牧场一道开展水稻品种比较试验。1944年,在中山公园内划地 1956 平方米,进行灌溉需水量试验,围绕水稻良种繁育和科学种植开展科学研究。④ 1945 年,收购叶升堡 3 号白皮大稻 332 石,在贺兰、永宁、宁朔 3 县特约农户播种,以供继续检定,大量推广。⑤

---

① 梅白逴:《战时宁夏农林概况》,银川:宁夏省政府农林局扩广组,1942 年,第36 页。
② 戴巍:《南京国民政府时期甘宁青农村社会变迁探析》,硕士学位论文,西北师范大学,2005 年,第19—20 页。
③ 戴巍:《南京国民政府时期甘宁青农村社会变迁探析》,硕士学位论文,西北师范大学,2005 年,第20 页。
④ 戴巍:《南京国民政府时期甘宁青农村社会变迁探析》,硕士学位论文,西北师范大学,2005 年,第20 页。
⑤ 宁夏省政府秘书处:《宁夏省政府工作报告》(1945 年 1—6 月),银川:宁夏省政府秘书处,1945 年,第45—46 页。

　　杂粮方面,进行了玉蜀黍品种比较试验,检定优良品种;观察对比大豆品种,选择适合本省的优良品种。1940 年,宁夏农业改进所在中山公园划地引种花生、红薯及芝麻,产量虽比外省少,但是品质却很优良,于是,一边进行试验,一边试行推广。1941 年经济作物的引种效果比 1940 年好,产量除芝麻比较丰足外,其余的较外省少。①

　　抗战时期,因为大后方棉花严重供不应求,国民政府、宁夏省政府尝试在宁夏种植棉花。为选择适合宁夏的棉种,进行了中美棉品种比较试验,中美棉播种期试验,中美棉摘心去杈去叶试验。1937 年,宁夏省政府颁布了禁烟布告,提倡在烟田植棉。1938 年,宁夏省建设厅派员到甘肃购买棉籽 1.8 万斤,分发各县农户,并印发种棉须知,鼓励农民植棉,"令各县农场所有田亩一律种棉,以资提倡",当年全省播种棉花 3 650 亩,因农民缺乏棉作知识,大多未有收成。② 但是,宁夏省立农事试验场及各县农场试验场种植的棉花,每亩产净花 30 余斤,证明了宁夏的土质、气候可以种植棉花。③1939 年,由于交通阻塞,花纱布来源断绝,宁夏深感布荒,于是决定由种棉指导员指导、官厅督促,在宁夏、宁朔、平罗、金积、灵武、中卫、中宁 7 县推广植棉,共计种植 6 034 亩,每亩收净花 30 斤以上,共收获净花 105 251(疑应为 181 020)斤,较大地改变了宁夏不能种棉的观念。1940 年继续扩大棉花种植,实有棉籽 490 多石,实际

---

① 梅白遽:《战时宁夏农林概况》,宁夏农林局推广组,1942 年,第 16 页。

② 宁夏抗战时期各项生产事业概要(1937—1940 年),宁夏档案馆编:《抗战时期的宁夏——档案史料汇编(下)》,重庆:重庆出版社 2015 年版,第 425 页。

③ 宁夏抗战时期各项生产事业概要(1937—1940 年),《抗战时期的宁夏——档案资料汇编(下)》,重庆:重庆出版社 2015 年版,第 426 页。

播种 19 793 亩,按照每亩净收花 30 斤计,可收获净花 593 790 斤。① 据记载,1939 年,宁夏引进美国的斯字棉、脱字棉、达字棉及国内的吐鲁番棉、灵宝棉和靖远棉在省内试种,结果靖远棉最适合宁夏水土,尤其是在中宁县的鸣沙、彰恩堡和白马滩一带种植效果最佳。次年,在上述地区集中示范种植,连续三年试验,终于取得成功。② 通过植棉试验,宁夏省政府发现中卫、中宁特别适合植棉,于是从 1941 年开始,以中宁、中卫两县作为植棉推广区,扩大棉田面积,"其棉籽不足之数,由前农业改进所自西安购运来省分别补充"。在农林局的督导下,中卫植棉 4 145 亩,补发棉籽 2 321 斤;中宁植棉 3 954 亩,补发棉籽 1 500 斤,共计推广棉田 8 090 亩。③ 1943 年,宁夏农林处在中宁设立植棉推广办事处,专门负责推广棉花种植。中国农民银行发放农业推广货款,宁夏农林处向农行借款 7 万元,到甘肃靖远购买脱籽棉种 2.8 万余市斤,转贷给棉业生产合作社,共计推广植棉 3 130 亩,效果良好,每亩平均收皮花 30 斤。次年,继续贷款 20 万元,④"由靖远购买优良棉种五万余斤贷放棉农,棉花收获后按卖价还款"⑤。1943、1944 两年,宁夏合计推广棉田"一万三千余亩,每亩以出产皮棉二十市斤计,所得增产二六〇〇市担,以每担价值一万八千元计,总值当在四千六百八十万

---

① 宁夏抗战时期各项生产事业概要(1937—1940 年),宁夏档案馆编:《抗战时期的宁夏——档案史料汇编(下)》,重庆:重庆出版社 2015 年版,第 427、428 页。

② 张尚武:《中宁植棉》,《中宁文史资料》第 2 辑,1989 年印行,第 107 页。

③ 梅白逵:《战时宁夏农林概况》,宁夏省农林局推广组,1942 年,第 25 页。

④ 南秉方:《宁夏省之农业金融与农贷》,《新西北》第 7 卷第 10/11 合刊,1944 年 11 月,第 36 页。

⑤ 罗时宁、张拆:《宁夏植棉之展望》,《新西北》第 7 卷第 10/11 合刊,1944 年 11 月,第 28 页。

元以上"①。1945 年,中宁的棉田面积由 1941 年 2 588 亩扩大到9 982亩,平均每亩产皮棉由 1940 年的 20 斤增加到 55 斤。② 宁夏推广植棉取得成功。

　　为防治农作物病虫害,减少损失,宁夏农业改进所研究防治病虫害的方法。小麦黑穗病是宁夏最严重的病虫害,"1940 年,中宁县白马滩一带的小麦,因患黑穗病,有至颗粒无收者,复经省农业改进所用温汤浸种法和碳酸铜拌种试验防治,结果以温汤浸种为最佳,可减少为害 92%。"③1941 年,划定贺兰、宁朔、平罗为黑穗病防治区,要求 3 县农林场长、农林指导员指导农民在下种前用温汤浸种,小麦成熟时,督导农民选种,防止黑穗病的发生,3 县共防止黑穗病 5 000 亩,据调查估计,病害率较 1940 年减少 4%。④ 1942年,用温汤浸种及碳酸铜拌种,防治小麦黑穗病,推广面积达 1 500余亩,成绩非常显著。⑤ 用松脂合剂及石灰硫黄合剂防治中山公园内杏林桑介壳虫,减少损失 40%;用土产石灰及亚砷酸制造砷酸钙防治中山公园内苹果林、梨林之虫害,减少损失 30%;制造波尔多液防治葡萄白粉病,增加收入 30 %;用烟草水防治棉虫达 1 000 余亩。⑥ 1943 年,宁夏小麦普遍发生黑穗病,宁夏农林处会同粮食增产督导团防治,换种、温汤浸种,还发动各县教育工作人员和学生指导农民拔除病株,播植抢救。1943 年 6 月,中宁棉田棉蚜虫为害

---

① 罗时宁:《宁夏植棉问题》,《陕行会刊》第 9 卷第 2 期,1945 年 6 月。
② 张尚武:《中宁植棉》,《中宁文史资料》第 2 辑,1989 年印行,第 108 页。
③ 罗时宁:《宁夏农林畜牧概况》,《新西北》第 6 卷第 1/2/3 期合刊,1942 年,第 47 页。
④ 贺知新:《西北农业现况及其发展》,《经济汇报》第 8 卷第 5 期,1943 年,第 71 页。
⑤ 宁夏省政府秘书处:《十年来宁夏省政述要》,第 5 册,建设篇(2),银川:宁夏少数民族古籍整理出版规划小组办公室重印,1987 年,第 296 页。
⑥ 宁夏省政府秘书处:《十年来宁夏省政述要》,第 5 册,建设篇(2),银川:宁夏少数民族古籍整理出版规划小组办公室重印,1987 年,第 296 页。

甚烈,用烟草水浸法、草木灰粘法防治得免于患。① 1945 年,宁夏中卫、陶乐发生蚕豆蚜虫病害,中宁、平罗糜谷枯病严重,中卫、中宁棉花蚜虫猖獗,农林处派技术人员指导农民防治,防治蚕豆蚜虫7 200 市亩,增产 2 016 市担;防治糜谷枯病 8 100 市亩,增产2 268市担;防治棉花蚜虫 2 495 市亩,亩产增加 10—18 市斤,总计增产36 348 市斤。② 可见,宁夏病虫害防治的确取得了一定成效,但是因人力物力财力限制,防治面积有限,宁夏大量农田病虫害问题并没有得到彻底解决。

　　长期以来,宁夏乡间所用肥料,以人粪、堆肥、厩肥、油饼为主,均属氮质肥料,磷素肥料非常少。宁夏农业改进所设立土壤肥料研究室,从事土壤肥料的研究制造推广。在农改所农场内试制堆肥、厩肥、骨肥、油饼等,"收集牲畜骨骸,经过制造,变成骨粉,施于棉田、果树、枸杞田,成效显著,得增产量百分之二十"③。宁夏农林处特设骨粉制造厂一处,大量制造骨粉,推广给农民,以补土中磷素之不足,增加作物产量,同时推广栽培绿肥,指导制造堆肥。④ 1942 年,宁夏农事改良所责成中山公园、八里桥、谢家寨 3 个农事实验场采集附近可供作绿肥的野生植物与普通绿肥作物进行比较试验,农业主管部门令各县进行宣传,倡导农民种植绿肥作物。1942 年,贺兰、永宁、宁朔、平罗、金积、灵武、中宁、中卫等县种植绿肥作物,苜蓿 5 300 市亩、

① 罗时宁:《一年来之宁夏农林建设》,《农业推广通讯》第 6 卷第 1 期,1944 年,第36 页。
② 黄正林:《农村经济史研究——以近代黄河上游区域为中心》,北京:商务印书馆 2015年版,第 249 页。
③ 宁夏省政府秘书处:《十年来宁夏省政述要》第 5 册,建设篇(2),银川,宁夏少数民族古籍整理出版规划小组办公室重印,1987 年,第 293 页。
④ 罗时宁:《宁夏农业状况概述》,摘自《新西北》第 7 卷第 10/11 期合刊,"宁夏专号",兰州新西北社,1944 年 11 月 15 日,第 20 页。

扁豆 3 190 市亩、蚕豆 2 840 市亩,贺兰等 9 县从 1942 年起,每年制造堆肥 43.27 万担。[1] 1943 年,宁夏贷放稻麦良种 1 304 石,提出种植绿肥以增地力,防止病虫害减少损失,防治牛瘟以稳劳力,兴修农田水利以防旱灾,估计本年增产成效约在 30 万担以上。[2]

抗战时期,宁夏使用的农具大都是使用了数千年的旧式农具,"至于新式改良农具,迄今尚无采用者。因多系小农,耕地面积狭小,亦无使用大型精巧农具之必要。"[3]宁夏农业改进所成立后,设立农具研究室,拟定农具改良计划,研制新式农具,改良旧有农具,以增加工作效率,同时利用农业机关及生产合作社切实推行。农改所绘制农具图,与宁达工厂合作试制 30 部铁木合制轧花机,可以将棉花与籽完全脱离。制造 56 个碳酸铜拌种桶,供各地防治黑穗病。改良播种器之改良中耕器,改良玉蜀黍脱粒犁等,提高了农业生产率。[4]

八、新疆农业改良与农业科技成果推广

1943 年 1 月 16 日,新疆省党部在迪化成立,新疆边防督办兼省主席盛世才兼任主任委员,新疆纳入国民政府管辖范围。

抗战时期,新疆各地农牧业也进行了改良。如哈密普遍凿有高低起伏的坎儿井,滋润农田,农产品甚为丰富,近年大量试种棉

---

① 黄正林:《农村经济史研究——以近代黄河上游区域为中心》,北京:商务印书馆 2015 年版,第 232 页。

② 罗时宁:《一年来之宁夏农林建设》,《农业推广通讯》第 6 卷第 1 期,1944 年,第 35 页。

③ 罗时宁:《宁夏农业状况概述》,摘自《新西北月刊》第 7 卷第 10/11 期合刊"宁夏专号",兰州新西北社 1944 年 11 月 15 日,第 20 页。

④ 宁夏省政府秘书处:《十年来宁夏省政述要》第 5 册,建设篇(2),第 292 页。

花,成绩极佳。① 额敏县奖励民众开垦荒地,开发水源,施用肥料,发动人民植树造林,改良籽种,向牧民广泛宣传防止牲畜传染病及保管放牧方法。② 为了迅速发展农牧业、阿克苏区农牧局 1942 年度建立了一处 500 亩的试验场,种植优良苏种棉花 150 亩、湿来的尔棉种 50 亩,大白豆子 30 亩,胡麻芝麻各 60 亩,其余播种黄豆、绿豆,6 月播种"乌克兰"冬麦,所得结果,极为圆满。③ 阿克苏农牧局还在阿克苏扩大育蚕工作,特请阿克苏土产公司由苏联购运来 2 029 盒优良蚕籽,按照阿区各县气候,桑树之多寡分配蚕籽,特别指导员分别下乡指导,用科学方法喂养,以便改进,并在农牧局内设立模范养蚕室以新方法饲养。④ 库车过去因不施用肥料,无人指导,致使良田多数荒弃,后经省府大量贷款与多方指导,加以近年多能施用肥料和使用农机,已大有进步,其收获量亦每年均有增加。比如,1939 年该县可耕地 20 余万亩,1940 年增加为 30 余万亩,1941 年已增至 490 583 万亩,全县 1941 年收获小麦 143 535 石,苞谷 134 040 石,稻子 3 183 石,菜籽 1 434 石,青稞 1 563 石,棉花 46 337 斤,苜蓿草 1 497 100 斤,其他杂粮约数万石。⑤

因为衣着和纺织业需要,新疆注重棉花的改种和亚麻的繁殖。1943 年,吐鲁番和喀什的棉花已经大半改成了纤维长的棉种,其他像伊犁、阿克苏等地的棉种也在改进中,亚麻是伊犁区土壤气候最适宜的农作物,是制作优美衣料的必需品,正在扩大种植。经过改良,从前的棉田,1 公顷只能收获 400 公斤的劣质净棉,现在 1 公顷

---

① 韩清涛编著:《今日新疆》,贵阳中央日报总社,1943 年,第 15 页。
② 韩清涛编著:《今日新疆》,贵阳中央日报总社,1943 年,第 28 页。
③ 韩清涛编著:《今日新疆》,贵阳中央日报总社,1943 年,第 41 页。
④ 韩清涛编著:《今日新疆》,贵阳中央日报总社,1943 年,第 41 页。
⑤ 韩清涛编著:《今日新疆》,贵阳中央日报总社,1943 年,第 42 页。

可以收获 1 000 公斤的纤维最长优等的净棉;从前 1 公顷的麦田只能收获 750 公斤的麦子,现在 1 公顷的麦田可以收获1 200公斤的麦子。糖萝卜、湿列德棉花(美国棉种)、那勿洛斯克棉花、亚麻、油苜蓿……等农作物,新疆从前没有的东西,而现在都有了。① 以上记载说明,抗战时期,新疆农产品不仅产量增加了,种类也丰富了。

特别是新式农机使用,新疆远远超过内地各省。因为新疆和苏联接壤,所以购买各种农业机器比较便利。1943 年时,新疆许多农民都使用新式农机耕作。以伊犁为例。"伊犁农业的欣欣向荣的发展,需要农业生产技术的提高与改进,因此将技术'牛步化'的生产,改进为机械化的了,新式农机在各区村里普遍使用起来,伊宁县的各种公有农机共计 249 架,民有各种农机共有 5 692 架;绥宁县的公有各种农机共有 129 架,民有农机共 1 073 架;霍尔果斯的公有各种农机 4 架,民有农机共有 455 架;博乐的公有各种农机计 24 架,民有农机 418 架;精河县的民有各种农机 30 架,温泉的民有各种农机 100 架,鞏哈的公有各种农机 28 架,民有农机 945 架;恰可满民有各种农机共 702 架,鞏留县公有各种农机 68 架,民有农机共计 2 403 架;特克斯的公有农机 48 架,而民有农机共有 2 051 架;昭苏的公有农机有 11 架,民有农机 1 072 架;河南的公有农机有 7 架,民有农机 1 242 架;伊犁全区的公有和民有农机共计 16 751架。全区各县的农民们大批地使用了新式的各式洋犁铧、割草机,自动收禾机,选种机,各种风车,各种打粮机、清棉机,还有拖拉机等。这些新式农机的被使用,显示了农业生产技术的空前提高。在过去农民害怕使用新式农机,以后事实证明了用农机播种土地,确比牛拉的旧式犁耙好得多,因此全区各县农民都争先恐后

① 韩清涛编著:《今日新疆》,贵阳中央日报总社,1943 年,第 61 页。

地购买农机、租赁农机,这里农牧场及各县的分所,在技术上尽力介绍农民购买农机,指导使用农机的方法。由于农民大量使用新式的各种农机耕种田地,因此,全区各县农产品不但质量上有很大的改进,而且在数量上也大量增加。根据 1942 年调查,全区共播种冬麦 10 486.6 普特(苏俄重量单位,1 普特约合 32 市斤 12 两余),共收获了 103 098 普特,增加了 10 倍多,春麦共播种30 785.5普特,共收获了 3 099 240 普特,增加了 100 多倍,旱田麦的播种数是81 956普特,收获量是 673 650 普特,高粱的播种量是8 470普特,收获量是 95 270.5 普特……稻子的播种量是 24 104.5 普特,收获量是 276 082 普特。由于土地肥沃,农民使用新式农机得法,各种农作物的生产量都大大提高了。"①

新疆省政府 1940 年曾计划努力使北路(北疆)各县的地亩平均 12%,南路(南疆)5%都由铁犁耕作,所播籽种,北路各县 30%,南路 15%,都由选种机选种,新播籽种,北路 10%、南路 5%,均用播种机播种。农产品收成时,北路 12%,南路 5%,都用分种机分筛,以增加产量。实行后,大收效果,乃陆续增加机器,扩大使用范围。②"新式钢铁农机,推动着全疆的农民,向着农业生产机械化的道路上前进,新的农业技术,催促着新省农业经济,从中古式的生产,进入到现代的科学方法的生产,大批的拖拉机、播种机、播棉机、割麦机、打粮机、分种机、清花机、中耕机、束草机、收获捆束机、培土机、风车、开片耙、弹簧耙、之字耙、切草机,以及与发展农业有关的各种测候的仪器、喷水器、喷药器等等,各式各样的农业新工具,不但是无不应有尽有,而且是历年增加着。统计[民国]三十一

①　韩清涛编著:《今日新疆》,贵阳中央日报总社,1943 年,第 21—23 页。
②　韩清涛编著:《今日新疆》,贵阳中央日报总社,1943 年,第 15 页。

年全疆已有农机总数,超过 100 000 具,一年一年的接近着农业机械化的轨道上。举个例子来说,塔城县、额敏县和伊宁县、绥定县,已大部分的农业机械化了,其他的各区和各县,也正步着塔城、伊犁的后尘向前追赶着。"①从上述记载来看,1943 年,新疆一些地区应是出现了农业机械化的曙光,但是目前没有看到其他史料可以佐证。

　　总之,抗战时期,在非常艰苦的条件下,国民政府与西部各省政府、中央和地方农业科研机构、各农林院校努力工作,把现代农业科学技术带到西部,并根据西部各省的实际情况进行了大量应用性研究,取得了不少科研成果;主要体现在农作物品种改良和病虫害防治方面,同时,农业科技知识和先进耕作技术的普及,也使西部农民的文化水平和耕作技术水平有一定程度的提高。西部各省农业改良促进了粮食、棉化增产。1941——1944 年,推广稻麦杂粮良种、推广双季稻、再生稻对粮食增产的贡献率分别为 3.13%、1.96%、14.64%、7.15%;防治病虫害对粮食增产的贡献率分别为2.11%、0.83%、2.84%、2.19%;增施肥料对粮食增产的贡献率分别为1.46%、0.73%、1.03%、1.30%。②从这组数据可以看出,1941 年后农业改良和兴修农田水利对粮食增产起到了较大作用,特别是 1943 年,农业改良对粮食增产的贡献率高达 14.64%。

　　但是,抗战时期,西部农业改良的范围、程度有限,农民文化水平、农业耕作技术提高的幅度有限,主要原因是资金、人才和技术

---

① 韩清涛编著:《今日新疆》,《五、新疆的财富》,贵阳中央日报总社,1943 年,第 60——61 页。

② 封昌远:《最近全国粮食增产工作概观》,《中国农民》(重庆)第 1 卷第 4 期,1942 年,第 58——59 页。

缺乏。在资金方面,国民政府对农业科研和农业推广资金投入太少。1942 年,四联总处农贷视察团报告,"关于农业推广贷款,过去为数不多,然此项贷款对于增加农业生产的意义,实效最大。诚如稻麦优良种籽之推广,棉种蚕种及其他各种改良种的提倡,有效化肥之推广,新式农具之推广,及防治病虫害药剂之制造等,倘能大量繁殖制售,普遍推行,则使收获增加,损害减少,即每亩以数升数斗计,全省全县之总量,何千百万担。使农业推广贷款占农贷之主要地位,则农贷将来对于农业生产之功效,必远胜于今日也。"①"故农业推广贷款,亦须设法扩充者也。"②但是,1942 年后,国统区通货膨胀越来越严重,农贷不仅没能扩充,反而日渐紧缩,农业科研推广资金只有减少,没有增加。"惟以地方财政困难,推广经费短绌,兼因物价高涨,工作人员薪金微薄,米贴未尽解决,生活不易维持。"③抗战时期,不少农业科研机构、院校迁到西部,农业科研人才也向西部聚集,但主要集中在重庆、成都、贵阳、西安、昆明等大城市附近及广西柳塘、陕西武功等地,其他地方农业科技人才严重缺乏,特别是基层农业科技人才缺乏。中央和省农业科技人员有的常驻各省,有的也经常下乡,指导农民耕作,但是与各省对农业科研人才的需求相比,农业科技人才严重不足。抗战时期,农具和化肥方面的科技进步很小,"以往的农业建设似乎偏重农畜品种的改良与推广,而忽略了生产工具的改进与制造;以为农民生产效率可

---

① 《四联总处视察四川省农贷报告书》(1942 年 8 月),中国第二历史档案馆藏,经济部档案,4/34321。

② 《四联总处视察四川省农贷报告书》(1942 年 8 月),中国第二历史档案馆藏,经济部档案,4/34321。

③ 乔启明:《一年来之农业推广》,《农业推广通讯》第 6 卷第 1 期,1944 年,第 10 页。

以购优良种子种畜提高，至于农业机械的利用为不合我国国情。"①除了人们的这种偏见外，农具和化肥方面的进步很小，与当时中国的工业化水平密切相关。抗战时期，中国的机械工业和化学工业非常落后，生产原料缺乏，生产技术落后，不可能大批量生产农业机械和化肥，因此，国统区农业科技的发展对西部农业的促进作用有限。"抗战以来，吾人努力推广改良品种并扩充耕作面积，但五年努力的结果，根据中农所的农情报告，后方十五省夏季粮食作物的总面积不但没有增加，反而减少了百分之一到二，至其总产量的指数，战前为一百，[民国]二十九年已减至九十三，[民国]三十一年则更减至八十六；冬季作物需要劳力较少，面积与产量到[民国]三十一年均增加了百分之十五，但每亩产量并未增加；……其他非食粮的农作物，其面积与产量则尤为低减。这一切说明什么？在旧有的生产方式上，我国农民劳动效率已达最高限度，只有改用节省劳力的工具，增加其农作种类，才能把他的生产效率提高起来。"②因此，可以说，抗战时期国统区农业科技虽有所发展，但基本上没有提高西部农业的农业生产效率，更没能从根本上改变西部农业状况，实现农业机械化、现代化。正如四联总处所说"在农业科学及耕种技术尚未高度发展的地方，农业生产几全凭于自然；每年农产总收获量之变动，往往甚大，年登大有，可以收获倍蓰；岁逢灾荒，甚或颗粒无收。吾国现情，农业科学尚待提倡，技术亦未发达，战时农村经济的暗影尤多"③。因此，可以说，抗战时期，西部各

---

① 童润之：《今后农业建设与农业教育应走的路向》，《中农月刊》第 5 卷第 4 期，1944 年，第 15 页。

② 童润之：《今后农业建设与农业教育应走的路向》，《中农月刊》第 5 卷第 4 期，1944 年，第 15—16 页。

③ 《四联总处三十一年度办理农业金融报告》，中国第二历史档案馆藏，经济部档案，4/27142。

省农业有所改良和发展,但没有从根本上改变西部农业靠天吃饭的状况,西部各省农业科技水平及耕作技术仍然比较落后,特别是在西康,青海,甘肃,云南,贵州的山区、少数民族地区,有的还处于刀耕火种的原始状态。

第六章　农业贷款与西部农业的发展

第一节　国民政府的农贷政策及对西部各省的农业贷款

一、国民政府农贷政策及农贷的组织和实施

七七事变后，由于战争的影响，商业银行的农村放款几乎完全停止，省地方银行虽办理农贷，但范围狭小，旧式农业金融组织衰落，新式合作社及合作金库自集资金微乎其微，周转都很困难，更不可能提供大规模的农贷，而西部作为抗战大后方，急需大量资金投入，支持各省农业发展。

国民政府要求各国有银行、金融机构加强对西部农业农村的贷款。1937 年 8 月 26 日，国民政府财政部公布《中中交农四行内地联合贴放办法》，要求四行遵照财政部命令，在各分支行所在地设立联合贴放委员会，办理当地贴放事宜。农民可以农产品如米、麦、杂粮、面粉、棉花、植物油、花生、芝麻、大豆、丝、茧、茶、盐、糖、

药材、蚕种、烟叶等为抵押办理贴放。① 8 月,四联总处陆续在全国各重要城市设立 52 个联合办事分处,并在南京、汉口、重庆、长沙等地设立了贴放分处,办理抵押、转抵押、贴现,以及铁路、交通、工贷、农贷等。② 到 1938 年 6 月,全国贴放达 5 000 余万元,各地抵押品,以农产品为最多,月息以 9 厘为最多。③

1937 年 9 月 10 日,实业部颁布《各省市办理合作贷款要点》,明确了农村放款种类分信用放款、储押放款、运输放款、设备放款及工程放款五种,但是,此项合作贷款,几全为农业短期金融或中期金融贷款。④

1938 年 2 月 21 日,军事委员会颁布了《战时合作农贷调整办法》,规定"所有金融机关在战前约定办理合作农贷之区域,应仍继续负责办理,并不得少于历年放款数额。 如所办放款因兵灾蒙受损失时,应由财政部及省政府妥订分别担保办法。 其因增加粮食生产及调整战时农业之放款,另由农产调查委员会核定办理之"⑤。

1938 年 4 月 29 日,财政部为适应内地农业发展需要,颁布《改善地方金融机构办法纲要》,要求各地方金融机构"凡领用中中交农之一元券及辅币券者,应增加农业仓库之经营,农产品之储押,种子肥料耕牛农具之贷款,农田水利事业贷款,农产票据之承受或贴现等业

---

① 《中中交农四行内地联合贴放办法》(1937 年 8 月 26 日),《战时财政金融法规汇编》,上海:财政评论社,1940 年,第 17 页。

② 徐堪:《中中交农四银行联合办事总处之组织及其工作》(1940 年 1 月),重庆市档案馆、重庆市人民银行金融研究所:《四联总处史料》,北京:档案出版社 1993 年版,第 53 页。

③ 《程理逊关于抗战爆发后农业金融概况的报告》(1939 年),中国第二历史档案馆编:《中华民国史档案资料汇编》第 5 辑,第 2 编,财政经济(8),南京:江苏古籍出版社 1997 年版,第 42 页。

④ 朱斯煌主编:《民国经济史》(下),台北:文海出版社 1985 年版,第 434 页。

⑤ 赵之敏:《论我国今后农贷政策》,《经济汇报》第 5 卷第 11 期,1942 年 6 月,第 32 页。

务"①,促使各地方金融机构发放农贷,推动资金流向农村。

1938 年 8 月 24 日,经济部、财政部联合颁布《扩大农村贷款范围办法》,规定,凡领用中中交农之一元券及辅币券金融机关及依法成立的合作金库,对增加农业各种放款,应尽量利用各种合作社,但在抗战期间,凡经放款机关承认之农民组织,亦得为贷款对象。中国、交通、中国农民三家银行及农本局或其他金融机关,原在各省办理之农贷,应扩充其放款数额,并将拨付农贷部分资金,及对合作社、农民组织贷款收付情形按月报财政经济两部备查。② 此办法旨在促使各金融机构扩大农贷对象,增加农贷数额,支持西部农业农村的发展。经济部、财政部对各金融机构的农贷进行督促。

在国民政府农贷政策的鼓励下,国家行局、地方金融机构和合作组织都加入农贷的行列。农本局本来是以农贷为主要业务,全面抗战开始前,贷款区域侧重于沿海及长江下游各区,抗战开始后,这些地区沦为战区,"而后方各省,为我复兴之重镇,复以农产调整委员会归并农本局之故,更加重了本局促进农业生产之责任。"③农本局"与后方各省政府和农事技术机关,分别洽商合作办法,一年以来,就各省食粮与经济作物之主要产地,积极推进农业生产贷款"④。类别有农田水利贷款、食粮贷款、经济作物贷款等。1937 年 10 月 31 日前,农本局以各地主要农产品为对象,并择其需要最迫切区域着手办理农贷,主要农产品有六种,稻、麦、丝、棉、蔗

---

① 财政评论社编:《战时财政金融法规汇编》,上海:财政评论社,1940 年,第 3—4 页。
② 财政评论社编:《战时财政金融法规汇编》,上海:财政评论社,1940 年,第 18—19 页。
③ 农本局研究室:《中华民国二十七年农本局业务报告》,农本局研究室编印,1939 年,第 44—45 页。
④ 农本局研究室:《中华民国二十七年农本局业务报告》,农本局研究室编印,1939 年,第 44—45 页。

糖、烟草,对于农田水利,亦酌量贷放。截至 1937 年 10 月 31 日,向陕西发放农田水利贷款 10 万元,向四川发放蚕丝贷款 14.25 万元,棉贷 3.45 万元。[①] 战区农业生产贷款(包括川、陕在内)是在 1937 年内贷放的,当年订定贷款总额共计 7 447 763 元,实际贷放 5 271 098.21 元,全面抗战爆发,这批贷款除陕西省水利贷款、四川省棉花贷款及植物油料贷款合计订定 102.45 万元,实际贷放 62.45 万元,剩余 40 万元仍在继续进行外[②],其他沦为战区,农业生产贷款停止。为增加西部粮食生产,1938 年农本局贷款支持各省增施肥料,改良种子,扩大栽培面积,增加双季作物,改良农作耕作方法,便利加工储运,在川、湘、黔、桂、粤、陕、豫、鄂等省订定农田水利贷款 870 万元,1938 年底已贷出 100 余万元;食粮生产贷款 565 万元,到 1938 年底已贷出 188 万余元;经济作物生产贷款 410.9 万余元,1938 年底实际贷出 170 万余元。其中,贷给贵州 35 万元、陕西 100 万元,四川 120 万元,四川稻麦改进所 3 万元。[③] 据农本局统计,全面抗战开始到 1938 年底,农本局后方各省农业生产贷款总额为 1 845 万余元,实际贷放 459 万余元。[④] 具体见表 33。

---

① 何廉:《农本局业务报告》,南京图书馆藏,出版社不详,出版年不详,第 8—9 页。

② 农本局研究室:《中华民国二十七年农本局业务报告》,农本局研究室编印,1939 年,第 44—45 页。

③ 农本局研究室:《中华民国二十七年农本局业务报告》,农本局研究室编印,1939 年,第 54—55 页。

④ 农本局研究室:《中华民国二十七年农本局业务报告》,农本局研究室编印,1939 年,第 44 页。

表 33　1938 年农本局各项农贷统计表①

种类	订定款额(元)	贷放款额(元)	1938 年底结余额(元)
农田水利贷款	8 700 000	1 006 383.48	1 006 383.48
食粮生产贷款	5 650 000	1 884 359.30	1 853 027.30
经济作物生产贷款	4 109 343.20	1 700 136.69	1 562 108.21
后方各省农业生产贷款	18 459 343.20	4 590 879.47	4 421 518.99
战区农业生产贷款	6 423 263	4 646 598.21	2 600 959.06
总计	24 882 606 20	9 237 477.68	7 022 478.05

　　中国农民银行遵照财政部的指示,"经营土地及农村放款,其推广区域,则注重于陕、甘、川、黔等省,以期开发边疆,完成供给农民资金,复兴农村经济,促进农业生产改良进步之重大使命。"②1937 年,中国农民银行合作放款区域达到了 14 省,放款总额为 1 400 万元。③ 1937 年底统计,各银行农村合作放款结余额为 27 055 948.47元,其中中国农民银行占 53.98%,中国银行占 11.64%,农本局占 2.48%。④ 1937 年前,中国农民银行发放的农贷主要有 5 种,合作放款、农仓放款、农民动产抵押放款、不动产抵押放款、特种农村放款。农仓放款包括农行自设及其他依法设立的农仓放款;合作贷款以合作社、互助社、合作预备社为对象,没有合作社主管机关的省区,由中国农民银行直接派员指导组织合作

---

① 农本局研究室:《中华民国二十七年农本局业务报告》,农本局研究室编印,1939 年,第 44—45 页。

②《中国农民银行第七、八次营业报告》,中国人民银行金融研究所编:《中华民国史资料丛稿——中国农民银行》,北京:中国财政经济出版社 1980 年版,第 126 页。

③ 林嵘:《七年来中国农民银行之农贷》,《中农月刊》第 1 卷第 1 期,1940 年,第 77 页。

④ 赵之敏:《论我国今后农贷政策》,《经济汇报》第 5 卷第 11 期,1942 年 6 月,第 34 页。

社或合作预备社或互助社承接贷款；动产抵押贷款是以农民动产为抵押放出的款项；不动产抵押放款是以扶植自耕农为目的之土地为抵押放款；特种农村放款为农场放款和粮食储运放款及其他直接间接有关的放款。① 1938 年，中国农民银行鉴于邻近战区地方继续办理农贷对于安定民心努力耕作至关重要，开始举办战区、边区贷款和战时生产农场贷款，首先在云南发放生产农场贷款，以开发后方，增进生产。因为西南各省金融机构缺乏，中国农民银行在川、湘、黔、桂倡导组设省、县合作金库，完善合作金融系统。② 1938 年底统计，中国农民银行农贷结余额为 4 792 余万元，占四行局农贷结余额的 47.5%。③

表 34　1938 年底中国农民银行放款余额统计表④　　　　单位：元

贷款种类	贷款数额
互助社预备社贷款	6 899 615.15
各种农村合作社贷款	21 871 589.74
农业仓库贷款	680 141.01
农民动产抵押贷款所贷款	1 317 677.66
农场贷款	275 215.94
农业机关贷款	16 877 860.70
合计	47 922 100.20

　　1939 年 6 月底，中国、交通、中国农民三行共贷出 98 827 466.81 元，除已收回者，实际贷予各合作组织 51 306 128.06

① 林嵘：《七年来中国农民银行之农贷》，《中农月刊》第 1 卷第 1 期，1940 年，第 76 页。
② 林嵘：《七年来中国农民银行之农贷》，《中农月刊》第 1 卷第 1 期，1940 年，第 78 页。
③ 赵之敏：《论我国今后农贷政策》，《经济汇报》第 5 卷第 11 期，1942 年 6 月，第 34 页。
④ 林嵘：《七年来中国农民银行之农贷》，《中农月刊》第 1 卷第 1 期，1940 年，第 78 页。

元,贷款区域达 18 个省市。陕、甘、滇、黔、湘、鄂、赣、粤、桂、闽、豫等省地方银行和合作事业机关贷款 35 854 815.31 元,除已收回者,实际贷放 18 834 496.68 元。[①] 1939 年底统计农贷结余额为 112 611 898.15 元,中国农民银行放款结余 6 440 余万元,其中,合作社放款及合作金库放款 4 600 余万是由各省合作主管机关转放,农民银行直接放款 1 800 余万元。[②] 1939 年 6 月—1940 年 2 月,各农贷机构全国放款总额为 151 324 481.46 元,中国农民银行占 42.61%,农本局占16.38%,中国银行占 11.48%。[③]

　　随着四行分支机构、合作社及合作金库在西部各省普遍设立,到 1939 年,西部各省办理农业贷款的机构不下 20 个,一个地区多个机构办理农贷业务,互相竞争,矛盾冲突不断。虽然 1938 年行政院颁布的《扩大农村贷款范围办法》第四条规定,"同一区域以内,如有两个以上贷款机关办理农贷时,应互相洽商调整,避免重复偏枯"[④],但这种原则规定无法解决农贷机构的矛盾冲突问题。直到 1939 年 12 月,蒋介石指示行政院,"农本局与各银行业务与放款,切勿在同一地区作同一工作,以免重复与冲突,此应由行政院与四联总处切商办法,分别实施。例如西康省既有农行进行工作,

————————————

① 《行政院关于农林工作之报告》(1938 年 4 月—1939 年 1 月),秦孝仪主编:《革命文献》第 102 辑,台北:"中央"文物供应社,1985 年,第 340 页。

② 《徐堪等为附陈所拟四行 1939 年度业务之比较呈》(1940 年 3 月 22 日),中国第二历史档案馆编:《中华民国史档案资料汇编》第 5 辑,第 2 编,财政经济(4),南京:江苏古籍出版社 1997 年版,第 8 页。

③ 赵之敏:《论我国今后农贷政策》,《经济汇报》第 5 卷第 11 期,1942 年 6 月,第 34 页。

④ 财政评论社编:《战时财政金融法规汇编》,上海:财政评论社,1940 年,第 19 页。

而农本局又与该省府订约等事,此应从速调整,为要。"①

　　1939年9月8日,国民政府颁布《战时健全中央金融机构办法》,"中、中、交、农四行合组联合办事总处,负责办理政府战时金融政策有关各特种业务。""财政部授权四联总处理事会主席在非常时期对中央、中国、交通、农民四行,可为便宜之措施,并代行其职权,"②四行联合办事处总处成为战时最高金融决策机构。改组后的四联总处在战时农业金融委员会下增设农业金融处,由农本局和四行共同参加,统筹协调联络督导各行局的农贷业务。四联总处改组后,各行局代表组成"农贷审核委员会",每周会同审核农贷项目,并由四联总处与各行局代表及党政机关、农业金融专家组成"农业金融设计委员会"③,根据当时农业农村需要,决定该年度的农贷方针与原则,对该年度农贷的区域、对象、贷款数额等详细规定,具体农贷业务则由四行两局、商业银行、华洋义赈会、合作事业管理局等机构办理。四联总处农业金融处规定农贷方式按性质分联合办理和分区办理两种,"凡超区域性质及情形特殊省区之农贷,应由各行局联合贷放,并推定代表行局负责办理",如农田水利贷款、农业推广贷款及涉及几个省、几个县的农贷,战区、边区农贷因数额较大或办理不易,多由四行联合承贷。联合贷放时,中央信托局、中国银行、交通银行、中国农民银行、农本局按15%、25%、15%、35%、10%的比例分摊。凡后方农产丰富或交通便利之区,

---

① 四联总处秘书处:《四联总处关于战时农业金融政策的有关文件》,中国第二历史档案馆编:《中华民国史档案资料汇编》第5辑,第2编,财政经济(8),南京:江苏古籍出版社1997年版,第47页。

② 财政评论社编:《战时财政金融法规汇编》,上海:财政评论社1940年,第6—7页。

③ 中国人民银行金融研究所编:《中华民国史资料丛稿——中国农民银行》,北京:中国财政经济出版社1980年版,第142—143页。

则由四联总处划定各行局贷款区域,分别单独办理。[①] 1940 年后,中国、交通、农民三行及中信局、农本局五行局在四联总处的统一指挥下联合或分区发放农贷,放款区域遍及全国,放款原则、办法开始趋于统一。

1941 年 1 月,国民政府行政院决定将农本局农贷业务移交中国农民银行接办,联合农贷中农本局应摊 1 成资金,改由中国农民银行担任,农本局单独承贷区域,也由中国农民银行接办,农本局脱离农业金融领域,办理农贷的机关变成了四行局。1941 年,四行局农贷总额为 5.002 亿余元,12 月底农贷结余额为 4.63 亿余元,全年贷出额与各省约定总额 4.59 亿余元相比,实际超出 4 120 余万元,贷款区域遍及四川、西康、贵州、云南、陕西、甘肃、宁夏等 19 省 948 县,辅设合作金库 317 库,借款的合作社约 10 万社,发生贷款的农民约 600 万人。[②]其中,中央信托局贷出 1 589 万余元,占 3.2%;中国银行贷出 1.951 5 亿余元,占 39%;交通银行贷出 3 825 (疑应为 2 825)万余元,占 5.6%;中国农民银行贷出 2.609 7 亿余元,占 52.2%。[③] 中国农民银行接管农本局农贷业务后,农贷摩擦减少,但是农贷业务仍由各机构分别办理,没有完全统一。"农业金融机构既已调整,农贷业务之困难逐步减少,惟以各行局历史关

---

① 《四联总处 1941 年度工作报告》(1942 年),中国第二历史档案馆:《中华民国史档案资料汇编》,第 5 辑第 2 编,财政经济(4),南京:江苏古籍出版社 1997 年版,第 52 页。

② 《四联总处 1941 年度工作报告》(1942 年),中国第二历史档案馆编:《中华民国史档案资料汇编》第 5 辑, 第 2 编,财政经济(4),南京:江苏古籍出版社 1997 年版,第 55 页。

③ 《四联总处 1941 年度工作报告》,中国第二历史档案馆编:《中华民国史档案资料汇编》第 5 辑,第 2 编,财政经济(4),南京:江苏古籍出版社 1997 年版,第 55 页。

系,农贷业务尚未能统一办理。"①

　　1942 年 5 月 8 日,四联总处决定划分四行业务范围,实行四行专业化分工。1942 年 7 月 23 日,四联总处第 135 次理事会议决《四行放款投资业务划分实施办法草案》,规定:"凡农业生产、农田水利、土地金融、合作事业及农具制造、农业改良、农产加工与运销之贷款与投资由农民银行承做"。② 会议决定中国银行、交通银行和中央信托局所有农贷业务于 1942 年 8 月 31 日移交中国农民银行接收,自此,中国农民银行成为专业农业金融机构。③ 中国农民银行接收农贷区域 299 县,农贷机构 112 所,人员 772 人,贷额 2.9 亿多元。④

　　1942 年,四行局共发出农贷 6.345 01 亿元,其中 1—8 月份是四行局共同办理,共贷出 3.581 89 亿元;中信局贷出 943.6 万元,占 2.6%;中国银行贷出 1.550 48 亿元,占 43.3%;交通银行贷出 2 868.2 万元,占 8%;中国农民银行贷出 1.650 23 亿元,占46.1%。9 月以后,农贷改由中国农民银行专责办理,9—12 月间,中国农民银行单独发放农贷 2.763 12 亿元,贷款区域遍及四川、贵州、云南、陕西、甘肃、宁夏、青海等 20 个省 950 个县。⑤

　　1942 年后,大后方通货膨胀越来越严重,有人认为农贷会推高不断上涨的物价,有人认为有农民用农贷款项囤积居奇,操纵粮

---

① 中国人民银行金融研究所编:《中华民国史资料丛稿——中国农民银行》,北京:中国财政经济出版社 1980 年版,第 143 页。

② 中国第二历史档案馆编:《四联总处会议录》第 16 册,桂林:广西师范大学出版社 2003 年版,第 65 页。

③ 朱斯煌主编:《民国经济史》(下),台北:文海出版社 1985 年版,第 435 页。

④ 顾翊群:《十年来之中国农民银行》,《中农月刊》第 4 卷第 4 期,1943 年,第 6 页。

⑤《四联总处三十一年度办理农业金融报告》(1943 年),中国第二历史档案馆:《中华民国史档案资料汇编》第 5 辑第 2 编,财政经济(4),南京:江苏古籍出版社 1997 年版,第 197—198 页。

价,致使粮价飞涨,有人主张立即停办农贷。国民政府决定改变农贷政策,由扩张性农贷政策改为紧缩性农贷政策。紧缩性的农贷政策主要表现为农贷种类、额度减少,利息增加。四联总处制定的《1942 年农贷办法纲要》压缩了农业供销、农村运输工具、农村消费及农村公用等 9 种贷款,在农业生产贷款中把修建房屋、整理旧债、支付地租等项目排除,保留的五种贷款中,以农田水利贷款为中心任务。农贷的额度,"除农田水利贷款额度仍以需要总额八成为限外,其他贷款概以需要总额之六成为最高限度。至于贷款利率,上年度规定各行局对合作社和其他农民团体之贷款,实收月息八厘,本年度增为月息九厘"。[1] 国民政府明确宣布"战时农贷之唯一目的,在直接增加农业生产,谋军民衣食之自给。核放各种贷款,亦即以此为客观标准。凡非直接增加生产之贷款,一律停止,俾有限之资金,作集中之运用,以达积极增加农业生产之目的"[2]。四联总处认为,农田水利贷款和农业推广贷款对增加农业生产收效最大也最快,因此积极提倡农田水利和农业推广贷款,其他土地金融、农业生产及农产运销、农村副业贷款,与增加农业生产有直接关系,所以也予以适当贷款。[3] 四联总处《关于中国农民银行1942 年 9 月至 1943 年 12 月业务计划草案摘要及指示意见》中指

---

[1]《四联总处三十一年度办理农业金融报告》(1943 年),中国第二历史档案馆编:《中华民国史档案资料汇编》第 5 辑,第 2 编,财政经济(4),南京:江苏古籍出版社 1997 年版,第 190 页。

[2]《四联总处三十一年度办理农业金融报告》(1943 年),中国第二历史档案馆:《中华民国史档案资料汇编》第 5 辑第 2 编,财政经济(4),南京:江苏古籍出版社 1997 年版,第 188 页。

[3]《四联总处三十一年度办理农业金融报告》(1943 年),中国第二历史档案馆:《中华民国史档案资料汇编》第 5 辑第 2 编,财政经济(4),南京:江苏古籍出版社 1997 年版,第 188 页。

出，"凡直接增加农业生产有关之贷款，再三督促办理"，其"目的在求资金之合理运用，务使所有贷款完全为增加战时生产之用，粮食、原料及各种特产，须积极增产，自应实际情况予以适度之贷款"，"过去农贷有不切实者和有未尽合理者，应积极调整，收紧缩信用与增加生产之效。"①根据这个原则，四联总处对原办各种农贷，按其种类、性质、区域分别轻重缓急，将其贷款数额重新调整；对于合作金库，则设法鼓励其积极增加社股，而逐渐收回提倡股；本年度暂不辅设新库。压缩农田水利贷款，尚未开工之各处工程，应暂缓贷款，已开工之各处工程，重新核定其继续贷款数额；小型工程以利用农闲民力由各县自主办理为主。②

中国农民银行严格执行国民政府的农贷政策，1942 年农贷余额为 6.8 亿元，农业生产贷款总数在 3.9 亿元以上，约占农贷总额的 57%。③《1943 年农贷办法纲要》提出，"各省农贷由中国农民银行迳与各省政府订立农贷协议书，为办理各省农贷的依据。""农田水利贷款特别注重大型工程，与旧有工程之修治，小型工程以利用农闲自动举办为主。""农业推广贷款特别注重优良种籽，牲畜、肥料、农具病害虫药剂之推广，并试办实物贷放。"④1943 年农贷余额达 15.27 多亿元，比 1941 年农贷余额增 7 倍左右，与 1937 年相比较，增加 78 倍左右，各类农贷仍以农业生产贷款为大宗，计 5.88 亿

---

① 中国第二历史档案馆编：《四联总处会议录》第 17 册，桂林：广西师范大学出版社 2003 年版，第 439—441 页。

②《四联总处三十一年度办理农业金融报告》，中国第二历史档案馆藏，经济部档案，4—27142。

③ 中国人民银行金融研究所编：《中华民国史资料丛稿——中国农民银行》，北京：中国财政经济出版社 1980 年版，第 145 页。

④ 四联总处秘书处：《四联总处重要文献汇编》，四联总处秘书处，1947 年，第 207—208 页。

元,约占总额 38.5％;次为农田水利贷款,5.67 亿元,占总额的
37.1％;其余农业推广贷款占 1.9％,农产运销贷款占 7.7％,农村
副业贷款占 2.4％,收复地区贷款占 4％,战区贷款占 2.2％,边区
贷款占 0.5％,合作金库提倡贷款占 3.5％,农业企业贷款占
2.2％。[1]截至 1944 年底,农贷结余额为 27.145 亿元,较 1943 年约
增 12 亿元,较 1941 年约增 12 倍,各类农贷数额,以农田水利贷款
为最大,计达 11.7 亿元,占总额 43％,其绝对值较上年净增 1 倍,
已超过农业生产贷款,跃居首位;其次为农业生产贷款,计 7.4 亿
元,占总额 27％,再次为农业运销贷款,计 3.46 亿元,占总额
13％。[2] 1945 年,农贷余额为 50.940 5 亿元,较上年净增 23.8 亿
元,较 1941 年约增 22 倍。在 50 亿农贷中,农田水利贷款 27 亿元,
占 53％,农业生产贷款 12.5 亿元,占 25％。[3] 整个抗战时期,仅中
国农民银行农贷放款就有合作放款 5 000 余万元,合作金库放款
3 800 余万元,农仓放款 260 万元,农产抵押放款1 200余万元,农业
推广放款1 840余万元,边区救济放款 800 余万元,战区救济放款
1 000余万元,战时生产农场放款1 000万元。[4]

　　表 35 是 1937—1944 年中国农民银行农贷结余额及与 1937、
1940、1941 年的比较。

---

[1] 中国人民银行金融研究所编:《中华民国史资料丛稿——中国农民银行》,北京:中国
　　财政经济出版社 1980 年版,第 146 页。

[2] 中国人民银行金融研究所编:《中华民国史资料丛稿——中国农民银行》,北京:中国
　　财政经济出版社 1980 年版,第 147 页。

[3] 中国人民银行金融研究所编:《中华民国史资料丛稿——中国农民银行》,北京:中国
　　财政经济出版社 1980 年版,第 147 页。

[4] 沈春雷、陈禾章:《中国战时经济志·中国战时的产业动员(一)农业》,沈云龙主编:
　　《近代中国史料丛刊》(197),台北:文海出版社,1986 年,第 7 页。

表 35　1937—1944 年中国农民银行农贷结余额统计表①

年别	农贷结余额(元)	增加比率(%)		
		以 1937 年为基数	以 1940 年为基数	以 1941 年为基数
1937	19 604 233.86	100.0	20.3	8.9②
1938	47 922 100.20	244.4	49.5	21.7
1939	64 472 828.47	328.9	66.6	29.2
1940	96 741 320.13	493.5	100.0	43.9
1941	220 379 967.35	1 124.1	227.8	100.0
1942	682 036 720.23	3 479.0	705.0	309.4
1943	1 527 474 304.57	7 791.6	1 578.9	693.1
1944	2 714 533 671.82	13 846.7	2 806.0	1 231.8

　　从农贷用途来看,1942—1945 年,中国农民银行农贷结余额按贷款用途分类统计,1942、1943、1944、1945 年的农业生产贷款和农田水利贷款之和分别占各年农贷总额的 82.2%、75.6%、75.4%、78%。③ 可见,1942 年后,中国农民银行发放的农贷主要用于农业生产和农田水利建设。

---

① 《中国农民银行 1944 年度业务报告书》(1945 年),中国第二历史档案馆编,《中华民国史档案资料汇编》第 5 辑,第 2 编,财政经济(3),南京:江苏古籍出版社 1997 年版,第 611 页。
② 原数字为 7.2,经计算为 8.9。
③ 《中国农民银行 1944 年度业务报告书》(1945 年),中国第二历史档案馆编,《中华民国史档案资料汇编》第 5 辑,第 2 编,财政经济(3),南京:江苏古籍出版社 1997 年版,第 613 页。

表36　1942—1945年中国农民银行农贷结余额按贷款用途分类统计表①

	1942年(%)	1943年(%)	1944年(%)	1945年(%)		1942年(%)	1943年(%)	1944年(%)	1945年(%)
农业生产	57.3	38.5	27.3	25	战区	2.4	2.2	2.3	
农产运销	10.6	7.7	12.7		边区	0.7	0.5	0.3	
农田水利	24.9	37.1	48.1	53	合库提倡股②		3.5	1.9	
农业推广	1.2	1.9	4.7		农业企业		2.2	2.6	
农村副业	0.7	2.4	3.6		其他农业投资			0.4	
收复地区	2.2	4.0	1.1		合计	100	100	105③	

二、对西部各省的农贷

(一) 农贷的区域分布特点

抗战时期,国民政府认为"值兹抗战建国之际,西南西北各省,为我国民族复兴之策源地。而西南形势巩固,兼及气候温和,土地沃腴,雨量匀调,物产富饶,尤为农业经济建设最适宜之环境"④,因此,对西部特别是西南地区农业非常重视。1940年2月18日,蒋介石手令四联总处,"农贷须定中心地区,不可普遍一律,并以四川为首区,所有人才组织,首先用于四川、西康,必使其本年能发生成

---

① 《中国农民银行1944年度业务报告书》(1945年),中国第二历史档案馆编,《中华民国史档案资料汇编》第5辑,第2编,财政经济(3),南京:江苏古籍出版社1997年版,第613页。

② 同①注,1942年合库提倡股部分列入农业生产贷款内。

③ 同①注,原数字为100.1,经计算为105。

④ 农本局研究室:《中华民国二十七年农本局业务报告》,农本局研究室编印,1939年,第6页。

效;其他为陕甘与滇黔,亦望有相当成效;而后推及其他各省。"①四
联总处农业金融处通过的《二十九年度中央信托局、中国、交通、农
民三银行及农本局农贷办法纲要》要求,"贷款区域,力求普遍,务
使各农户直接享受贷款之利益。贷款数额,亦予提高以适应农民
生产之需要。贷款手续,力求简便,以适应农时,并以四川,西康,
云南,贵州,陕西,甘肃等省为中心区,尤以四川、西康为首要,务使
在本年度内发生成效。"② 1939—1940 年 2 月,全国农贷总额共达
151 324 481.64 元,其中西部 6 省(四川、西康、云南、贵州、陕西、甘
肃)占放款总额 46.61%,其他(湖南、湖北、广西、江苏、安徽、江西、
河北、山东、广东、绥远、河南、福建、山西、浙江 14 省及其他)占总
额 53.39%。③ 1939 年 6 月—1940 年 2 月,四川 1 省得到的贷款就
达 42 475 869.34 元,占总数的 28.8%,陕西为 6.83%,贵州为
6.53%、云南为 1.25%。④ 1941 年四行局的农贷区域遍及四川、西
康、贵州、云南、陕西、甘肃、宁夏、广西、广东、湖南、湖北等 19 个省
948 个县。⑤ 其中 1941 年 1—6 月,四川农贷总额为 6 930 万元,占
30.5%,甘肃为 3 201 万元,占 14.2%,陕西 1 524.3 万元,占

---

① 中国人民银行金融研究所编:《中华民国史资料丛稿——中国农民银行》,北京:中国
　 财政经济出版社 1980 年版,第 128 页。

② 《四联总处关于战时农业金融政策实施状况的有关文件》(1947 年 10 月 1 日),中国第
　 二历史档案馆编:《中华民国史档案资料汇编》第 5 辑,第 2 编,财政经济(8),南京:江
　 苏古籍出版社 1997 年版,第 62 页。

③ 《四联总处关于全国农贷概况统计》(1940 年 9 月),中国第二历史档案馆编:《中华民
　 国史档案资料汇编》第 5 辑,第 2 编,财政经济(8),南京:江苏古籍出版社 1997 年版,
　 第 46 页。

④ 赵之敏:《论我国今后农贷政策》,《经济汇报》第 5 卷第 11 期,1942 年 6 月,第 35 页。

⑤ 《四联总处 1941 年度工作报告》(1942 年),中国第二历史档案馆编:《中华民国史档案资料
　 汇编》第 5 辑,第 2 编,财政经济(4),南京:江苏古籍出版社 1997 年版,第 55 页。

6.7%,云南为 1 358.1 万元,占 6%。[①] 截至 1941 年 12 月底,根据
四行局农贷结余额分省统计,贷款结余额最多的是四川省,占结余
总额的 31.8%,西南川、康、滇、黔 4 省合计占结余总额的 44.3%,
西北陕、甘、宁 3 省合计占 15.3%。西南地区特别是四川省一直是
抗战时期农贷投放的重点,西北各省农贷数额远少于西南地区。

表 37　中、中、交、农四行局农贷结余额分省统计表[②]
(截至 1941 年 12 月底)　　　　　单位:千元

	中信局	中国银行	交通银行	中国农民银行	合计	各省占总额比率
四川	8 983	59 393	68 258[③]	68 143	147 777	31.8%
西康	30	50	30	7 672	7 782	1.7%
贵州	2 450	2 080	3 848	12 373	20 751	4.5%
云南	690	14 857	622	12 976	29 145	6.3%
陕西	2 070	2 661	2 177	17 231	24 139	5.2%
甘肃	1 893	15 000	6 024	22 926	45 843	9.9%
宁夏	322	270	184	272	1 048	0.2%
广西	4 346	16 860	7 128	19 533	47 867	10.3%
湖南	1 041	28 575	1 347	15 026	45 989	9.9%
湖北	285	908	165	8 468[④]	9 826	2.1%
广东	1 725	6 908		435	9 068	1.9%
江西	376	5 745	500	13 554	20 175	4.3%
安徽	352	6 873	688	6 491	14 404	3.1%

① 赵之敏:《论我国今后农贷政策》,《经济汇报》第 5 卷第 11 期,1942 年 6 月,第 35 页。
② 《四联总处 1941 年度工作报告》(1942 年),中国第二历史档案馆编:《中华民国史档案资料汇编》第 5 辑,第 2 编,财政经济(4),南京:江苏古籍出版社 1997 年版,第 58 页。原表数字有误,经计算已修正。
③ 同注②,原数字为 68 258,经计算为 11 258。
④ 同上注,原数字为 4 448,经计算为 8 468。

续表 37

	中信局	中国银行	交通银行	中国农民银行	合计	各省占总额比率
江苏		1 628	15	436	2 079	0.4%
浙江	1 580	10 040	926	8 833	21 379	4.6%
福建	274	216	275	2 727	3 492	0.7%
河南	59	4 720	58	2 619	7 456	1.6%
河北		1 414			1 414	0.3%
山东		3 226			3 226	0.7%
绥远	180	206	131	263	780	0.2%
山西	200	200	200	402	1 002	0.2%
其他			664		664	0.1%
合计	26 856	181 830	36 240	220 380	465 306①	100%
各行局占总额比例	5.8%	39.1%	7.8%	47.3%		

注：原表数字有误，各省占总额比例为笔者计算所得。

　　1942 年之后，国民政府开始考虑重点开发西北，西北地区农贷有所增加，但还是远逊于西南地区。根据四联总处 1942 年农业金融报告，西南川、黔、滇、康农贷数额占农贷总额的 44.69%，西北陕、甘、宁 3 省农贷数额占农贷总额的 21.03%，②不到西南 4 省农贷总额的一半。

---

① 同上注，原数字为 445 306，经计算为 465 306。
② 《四联总处三十一年办理农业金融报告》，中国第二历史档案馆藏，经济部档案，4/27142。

表 38 1942 年四联总处农贷分省统计表①

省别	贷出额(千元)	百分比(%)
四川	217 120	34.16
陕西	82 912	13.04
广西	55 174	8.68
湖南	50 608	7.96
甘肃	46 646	7.34
云南	39 979	6.29
江西	34 797	5.47
河南	24 293	3.82
贵州	16 687	2.62
浙江	12 802	2.01
湖北	10 921	1.71
广东	10 430	1.64
西康	10 319	1.62
安徽	8 948	1.4
福建	7 559	1.19
宁夏	4 142	0.65
绥远	2 249	0.35
江苏	15	
总计	635 601②	100

其中,普通区农贷(大后方农贷)6.172 21 亿元,占贷出总额的97.3%,其中有农业生产贷款(包括农村副业贷款)3.613 98 亿元、农田水利贷款 1.612 48 亿元、农业推广贷款 1 252.1 万元、农产运销贷款(包括供销储押及农村运输工具贷款)103.5 万元等。贷款

① 《四联总处三十一年办理农业金融报告》,中国第二历史档案馆藏,经济部档案,4/27142。

② 同上注,原数字为 634 501,经计算为 635 601。百分比为笔者计算所得。

期限最短的 1 年，最长的 10 年，根据实际需要，分别洽定。①

　　1943 年，西南农贷总额为 5.12 亿元，西北地区为 3.41 亿元，西南地区农贷又集中在四川省，达 3.17 亿元，占西南地区农贷总额的 61.9%。②

　　1944 年，各省贷款结余额占贷款结余总额的比重与 1941 年比较，四川省贷款额仍占首位，计 988 401 196.87 元，占总额的 36% 强，但西南地区其他省份的比例则有所下降，比如，贵州只有 7 700 多万，排 20 省的第 9 位；西北各省则有不同程度的上升，特别是陕西和甘肃，分别为 3.623 62 亿、3.447 37 亿，排第 2 位、第 3 位，农贷出现了由西南向西北转移的趋势，但是从贷款绝对数额来看，四川始终占首位，广西、云南、江西 3 省也在 1 亿元以上。

表 39　1944 年中国农民银行贷款余额分省统计表③

省别	贷款余额（元）	各省贷款余额占贷款结余总额百分比（%）
四川	988 401 196.87	36.41
陕西	362 362 112.84	13.35
甘肃	344 737 516.22	12.70
广西	167 222 609.83	6.16
云南	129 713 631.32	4.78
江西	102 488 229.39	3.78

①《四联总处三十一年农业金融报告》，中国第二历史档案馆藏，经济部档案，4/27142。

② 中国第二历史档案馆编：《四联总处会议录》第 28 册，桂林：广西师范大学出版社 2003 年版，第 492 页。

③《中国农民银行 1944 年农贷业务报告书》(1945 年)，中国第二历史档案馆编：《中华民国史档案资料汇编》第 5 辑，第 2 编，财政经济(3)，南京：江苏古籍出版社 1997 年版，第 614 页。各省农贷余额占农贷总额百分比是笔者将各省贷款余额除以贷款结余总额计算所得。

续表 39

省别	贷款余额(元)	各省贷款余额占贷款结余总额百分比(%)
湖北	87 726 462.52	3.23
湖南	81 321 487.43	3.00
贵州	77 013 948.81	2.84
广东	69 970 234.01	2.58
河南	67 751 359.50	2.50
福建	51 948 851.63	1.91
浙江	45 394 232.92	1.67
青海	34 720 333.33	1.28
安徽	31 472 943.31	1.16
西康	29 504 802.30	1.09
山西	20 000 000.00	0.74
宁夏	12 414 800.00	0.46
绥远	9 532 400.00	0.35
江苏	100 000.00	0.004
沦陷各区	736 519.59	0.03
合计	2 714 533 671.82	100.03

　　需要指出的是,抗战时期,不论是国家行局还是合作金库,对西部各省内的农贷也不均衡,农贷主要集中在交通便利、土地富饶、农产丰富之地,偏远地区、山区、少数民族地区获得贷款很少。以四川为例,据中国农民银行、四川省农村经济调查委员会1940年的调查,合作金库"就放款数量而论,以水稻区合作金库放款最多,甜薯稻麦区次之,桐油水稻区居三,以上均为川省富庶之区,农贷事业发展较早。至其他三区,则地处偏僻,土质硗瘠,农贷之推行为时甚暂,故其放款数额也瞠乎其后"[1]。"各农贷机关办理农

---

[1] 中国农民银行、四川省农村经济调查委员会:《四川省农村经济调查报告》第4号《农业金融》,中国文化服务社,1941年,第101页。

贷，率多以本机关利益为前提，鲜有能抱远大之目光，以注意于农民大众之福利，促进全国农业经济之发展兴荣者。故农贷机构均集中于交通便利、人口繁庶之区域。贷款条件，则又惟资金之安全，利益之优厚是视。一般真正中下级农民，或位置偏僻区域需款最殷者，其所能沾到农贷之实惠者反愈少。"①西部交通比较便利的公路水路沿线，土壤比较肥沃的平原、丘陵、盆地获得农贷较多，而偏远地区、山区、少数民族地区获得农贷数量非常少。

（二）对西南四省的农贷

1. 对四川的农贷

全面抗战前，四川农贷主要由中国农民银行贷放。1935 年 7 月 8 日，中国农民银行重庆分行成立，8 月在成都筹设办事处，开始推进农村合作，首先在成都、华阳两县组织合作社，到 1935 年底，指导成立了 12 个合作社，贷款 1 810 元。② 1935—1938 年中国农民银行派员在成都、华阳、内江、资中组织成立了 2 295 个合作社，社员 160 846 人，累计贷款 3 208 768.92 元。③ 这期间，中国农民银行发放的贷款主要是救济贷款。1936—1937 年，中国农民银行组织预备社对四川发放救济放款，其中鄂湘川边区春耕贷款给四川黔江县放款 2 万元。1936 年给雅安、名山、绵阳、邛崃、广元、剑阁、芦山、阆中等县发放川西北灾区贷款 30 万元，由四川合作委员会组织预备社配贷，贷款月息 7 厘，还期以 1938 年大收为准，截至 1936 年 12 月底，共贷款 744 社 39 822 社员，累计贷款 173 075

---

① 赵之敏：《论我国今后农贷政策》，《经济汇报》第 5 卷第 11 期，1942 年 6 月，第 32 页。
② 林嵘：《七年来中国农民银行之农贷》，《中农月刊》第 1 卷第 1 期，1940 年，第 104 页。
③ 林嵘：《七年来中国农民银行之农贷》，《中农月刊》第 1 卷第 1 期，1940 年，第 105 页。

元。① 1937年四川旱灾,四川省政府下令办理旱灾救济贷款。②

　　全面抗战开始后,为促进大后方农业生产,农本局向西部各省发放食粮贷款、经济作物贷款、农田水利贷款等,凡是增施肥料、改良种子、扩充栽培面积、增加作物季节(主作或间作)、改良耕作方法,以及便利加工储运等,均在农本局贷款范围之内。截至1937年10月31日,农本局向四川发放蚕丝贷款14.25万元,棉花贷3.45万元。③ 四川省试种金大2905号小麦平均每亩增产20%以上,1938年春,农本局贷给四川农业改进所3万元用于收购农家试种之1 500余石改良麦种,当年秋季即推广到川省产麦区域。④ 1938年春,因1937年旱灾,农民缺乏种子,四川合作委员会举办了谷种贷款。川北昭化、广元、剑阁3县牛瘟流行,耕牛死亡很多,于是举办了耕牛贷款。⑤ 1938年,农本局贷款给四川省政府120万元,由食粮管理委员会收购稻麦,防止谷贱伤农而资储备。⑥ 农本局还贷款协助四川省推广双季稻或再生稻,贷款给四川农业改进所研究冬季水田分段蓄水轮流利用,推广苕子作为绿肥等,这些都有利于四川农业发展。

　　从1939年开始,四联总处统筹农贷,将国统区农贷定为普通

① 林嵘:《七年来中国农民银行之农贷》,《中农月刊》第1卷第1期,1940年,第106页。

② 任敏华:《现阶段的四川合作事业》,《四川经济季刊》第2卷第1期,1945年,第162页。

③ 何廉:《农本局业务报告》,南京图书馆藏,出版地、出版年不详,第8—9页。

④ 农本局研究室:《中华民国二十七年农本局业务报告》,农本局研究室编印,1939年,第55页。

⑤ 任敏华:《现阶段的四川合作事业》,《四川经济季刊》第2卷第1期,1945年,第162页。

⑥ 农本局研究室:《中华民国二十七年农本局业务报告》,农本局研究室编印,1939年,第56页。

区域农贷,将接近战区的农贷定义为战区农贷,将川康、陕甘宁边区农贷定义为边区农贷,制定了《普通区域农贷办法》和《边区农贷办法》,还规定五行局按比例联合贷放,划分各行局的贷款区域实行分区贷放。中国农民银行、中国银行、交通银行、农本局等在四川省既有联合贷放,也有分区贷放。四联总处及其分支机构向四川发放了大量农贷,其中很大一部分是通过合作社和合作金库发放给农民。1939年,四联总处对四川各合作社、县合作金库放款总额约1 450万元。1940年,中国农民银行依照《普通区域农贷办法》,与各行局协同增订四川省农贷合约,向四川农村合作社放款13 669元,包括水利及推广事业贷款。截至1940年底,中国农民银行四川省合作社放款结余622 604元;辅设四川县合作金库68所,放款2 178万元;农仓放款以合作社兼办农仓为主要对象,1940年底结余250 906元,农场放款18万元,四川4个农民动产抵押所直接贷款给农民114万余元;特种农业放款,包括农田水利贷款、合作代运代营贷款750万余元。[①]同年,中国银行农贷总额是6 589.1万元,除上年余额1 676.7万元外,实际贷出4 912.4万元,其中中国银行给四川省17县应贷1 500万元,实贷2 400万元,超额约60%[②],占1940年中国银行农贷总额的49%,将近一半。同年,交通银行遵照四联总处扩大农贷的指示,在川、黔、湘、陕、桂、陇、鄂等省推进农贷,截至1940年底,交通银行承放的一般农贷及合作贷款为460余万元。四川省合江、泸县、宜宾等18县及自贡市

---

① 《中国农民银行1940年度业务报告》(1941年),中国第二历史档案馆编,《中华民国史档案资料汇编》第5辑,第2编,财政经济(3),南京:江苏古籍出版社1997年版,第563—567页。

② 《中国银行1940年度业务报告》(1941年),中国第二历史档案馆编,《中华民国史档案资料汇编》第5辑,第2编,财政经济(3),南京:江苏古籍出版社1997年版,第491页。

是交通银行的自贷区,交通银行向自贷区各合作金库供给资金
228.7 万元,向泸县等 10 县合作金库认购提倡股约 100 万元。联
合贷放部分,交通银行按比例分摊 28 万元。①

1941 年,四行局农贷贷出额 4.985 61 亿多元,向四川省贷出
1.575 26 亿元,占总额的 31.6%。② 其中中央信托局贷出 233.3
万余元,占中信局农贷总额的 14.7%;中国银行贷出 6 199.3 万余
元,占中国银行农贷总额的 31.8%;交通银行贷出 1 025.7 万余元,
占交通银行农贷总额的 36.3%;中国农民银行贷出 8 294.3 万余
元,占农民银行农贷总额的 32%。③ 按类别看,农业生产贷款
1.389 76 亿元,农田水利贷款 1 700 万元,农业推广贷款 155 万元
(其中 40 万元用于四川松潘绵羊生产,40 万元用于收购美棉种籽,
75 万元用于推广旱粮麦种骨粉),合计 1.575 26 亿元。④ 1942 年,
四行局实际上发放农贷 6.345 01 亿元,区域遍及 20 省,四川最多,
为2.171 2亿元,占农贷总额的 34.2%。⑤

从 1935 年开始,各行局的农贷大多数都是通过合作社、合作

①《交通银行 1940 年度业务报告》(1941 年),中国第二历史档案馆编:《中华民国史档案资料汇编》第 5 辑,第 2 编,财政经济(3),南京:江苏古籍出版社 1997 年版,第 527 页。
②《四联总处 1941 年度工作报告》(1942 年),中国第二历史档案馆编:《中华民国史档案资料汇编》第 5 辑,第 2 编,财政经济(4),南京:江苏古籍出版社 1997 年版,第 59 页。
③《四联总处 1941 年度工作报告》(1942 年),中国第二历史档案馆编:《中华民国史档案资料汇编》第 5 辑,第 2 编,财政经济(4),南京:江苏古籍出版社 1997 年版,第 59 页。
④《四联总处 1941 年度工作报告》(1942 年),中国第二历史档案馆编:《中华民国史档案资料汇编》第 5 辑,第 2 编,财政经济(4),南京:江苏古籍出版社 1997 年版,第 139 页。
⑤《四联总处三十一年度办理农业金融报告》(1943 年),中国第二历史档案馆编:《中华民国史档案资料汇编》第 5 辑,第 2 编,财政经济(4),南京:江苏古籍出版社 1997 年版,第 198 页。

金库贷放的,称之为合作贷款,截至 1942 年 4 月底,四川农贷总计
贷出 2.511 5 亿余元,其中以合作贷款占最大成数,约为 85.2%;
农田水利贷款次之,约为 13.6%;农业推广贷款最小,约占
1.2%。① 但是,并不是所有合作社都得到了农贷,1942 年,四联总
处视察四川省农贷情况,发现绵阳等 19 县已经成立 5 029 社,但是
贷款合作社只有 3 203 社,不足合作社总社数 64%,尚有 1/3 以上
的合作社没有得到贷款。这些没有得到贷款的合作社,"大概均系
组织尚未健全,信用程度较低者,行库在其业务立场上,不能不谨
慎从事,以期贷款安全。同时间接促进合作社质之向上,鼓励合作
社业务之进步改善。"②合作社组织不健全,信用程度较差,国家行
局考虑到资金安全,结果造成了 1/3 的合作社没有得到贷款。

　　1942 年后,国民政府采取了紧缩农贷政策,在四川要求紧缩不
必要的信贷放款,并逐渐收回旧的放款移作特产业务,四川农村生
产和农村副业,特别是各种特产,如棉花、蔗糖、桐油、蚕丝、土纸及
烟草产销方面得到的贷款甚多。③ 四行局与四川省政府洽定农业
生产运销副业贷款 11 760 万元,农田水利贷款 11 460 万元,农业推
广贷款 200 万元,蔗农产销合作贷款 2 600 万元,给予乐山蚕丝实
验区制丝贷款 120 万元,与中国抗建垦殖社签订垦殖贷款 40 万

① 《四联总处视察四川省农贷报告书》(1942 年 7 月),中国第二历史档案馆藏,经济部
　　档案,4/34321。
② 《四联总处视察四川省农贷报告书》(1942 年 8 月),中国第二历史档案馆藏,经济部
　　档案,4/34321。
③ 任敏华:《现阶段的四川合作事业》,《四川经济季刊》第 2 卷第 1 期,1945 年,第
　　162 页。

元,①这些贷款无疑促进了四川农副业发展,特别是令特产的生产和运销获得了资金支持。

从 1937—1944 年,四川各合作社、合作金库贷款累计为 6.633 15亿多元。总计从全面抗战开始到 1944 年 7 月底,四川合作贷款贷出 580 493 829.25 元,收回 352 240 483.18 元,结欠 228 253 346.07元,其中专营、兼营信用合作社 14 751 社贷出 230 119 204.16元,收回 163 275 891.85 元,结欠 66 843 312.31 元;专营兼营农业生产合作社 1 316 社贷出 196 005 677.03 元,收回 126 391 008.13元,结欠 69 614 668.9 元②。四川各合作社、合作金库 1937—1944 年各年具体贷款数额见表 40。

表 40　1937—1944 年四川省合作社贷款累积表③　　　单位:元

年份	金额	年份	金额
1937	860 235	1941	84 956 932
1938	3 138 205	1942	117 930 344
1939	14 487 632	1943	203 628 773
1940	42 307 776	1944	196 005 667

1943—1945 年,四联总处的农贷政策更加向农业生产和农田水利倾斜,农业推广也受到重视,贷款数额有所增加。1943 年度,

---

① 《四联总处三十一年度办理农业金融报告》(1943 年),中国第二历史档案馆编:《中华民国史档案资料汇编》第 5 辑,第 2 编,财政经济(4),南京:江苏古籍出版社 1997 年版,第 193 页。

② 任敏华:《现阶段的四川合作事业》,《四川经济季刊》第 2 卷第 1 期,1945 年,第 162—163 页。

③ 伍玉璋:《抗战以来四川之合作事业》,《四川经济季刊》第 1 卷第 1 期,1943 年,第 99 页;任敏华:《现阶段的四川合作事业》,《四川经济季刊》第 2 卷第 1 期,1945 年,第 162—163 页。

四联总处核定四川农贷总额为 1.572 亿元,在 20 省中排第 1 位,其中农田水利贷款 9 970 万元,农业生产贷款 3 206 万元,农业推广贷款 2 544 万元。1943 年底农业生产贷款结余 1.749 14 亿元,农田水利贷款结余 1.903 64 亿元,农业推广贷款结余 405.7 万元,农产运销贷款结余 8 039 万余元,农村副业贷款结余 751.7 万元,总计结余 4.572 42 亿元。[①] 1944 年中国农民银行农贷区域遍及 20 省,四川的贷款余额最多,为 9.88 多亿元,占总额的 27% 强。[②] 截至 1945 年 5 月,四联总处贷给四川农业生产贷款本年累计 1.648 4 亿多元,大型农田水利贷款本年累计 1.426 7 亿元,小型农田水利贷款本年累计 1 800 万余元,农业推广贷款本年累计 2 848 万余元,农业产销贷款本年累计 2.399 7 亿余元,农村副业贷款本年累计 3 675万余元,合作金库提倡股本年累计 1.99 万元,共计 6.3 亿多元。[③]

2. 对西康省的农贷

西康建省前,雅安、芦山 2 县四川省政府管辖时,中国农民银行办理贷款,数量达 10 余万元。[④] 西康建省后,1939 年春,西康省合作委员会与中国农民银行商定由中国农民银行在西康辅设合作金库,给予西康合作社贷款,办理特种农贷,截至 1939 年 10 月底,在雅安、芦山、荥经、泸定、西昌 5 县 89 个合作社放款 187 924 元,

---

① 郭荣生:《我国近年来之农贷》,《经济汇报》1944 年第 9 期,第 83—84 页。

②《中国农民银行 1944 年业务报告书》(1945 年),中国第二历史档案馆编:《中华民国史档案资料汇编》第 5 辑,第 2 编,财政经济(3),南京:江苏古籍出版社 1997 年版,第 612、614 页。

③《四联总处编制 1945 年 5 月份农贷及投资种类月报表》(1945 年 5 月),中国第二历史档案馆编:《中华民国史档案资料汇编》第 5 辑,第 2 编,财政经济(4),南京:江苏古籍出版社 1997 年版,第 250—251 页间的表。

④ 郭五华:《西康合作事业与农业金融》《中农月刊》第 1 卷第 3 期,1940 年,第 59 页。

辅设县合作金库 50 万元,向西康合作业务代管局发放特种农业贷款 20 万余元,代办各级合作社的产销、供运、消费业务,中国农民银行共计贷出 887 924 元,除合作贷款归还 90 810.92 元,实际贷出 797 113.08 元。① 与此同时,西康省政府也与农本局订立贷款合约,农本局也在西康辅设合作金库,发放农贷,与中国农民银行发生矛盾冲突。1939 年 12 月,蒋介石要求从速调整,以免再起冲突。四联总处统筹农贷后,决定 1940 年对西康联合及分区发放农贷 600 万元,由中国农民银行与农本局各半分担,②划分中国农民银行和农本局的农贷范围,雅安、芦山、越巂、冕宁、西昌 5 县合作金库和农贷由中国农民银行辅设、贷放,天全、荥经、汉源、泸定、康定 5 县归农本局辅设、贷放。③

1941 年,四联总处与西康省签订农贷合约 670 万元,其中农田水利贷款合约 200 万元,关外边贷合约 20 万元,宁属增粮贷款合约 300 万元,宁属夷区农贷合约 50 万元,关外边贷合约 100 万元。④1941 年 1 月,农本局的农贷业务移交中国农民银行接办,办理农贷的机构变成了四行局。1941 年 1—12 月,四行局实际给西康省普通区农业生产贷款 1 089.1 万元,边区农贷 20 万元,共计 1 109.1

① 郭五华:《西康合作事业与农业金融》,《中农月刊》第 1 卷第 3 期,1940 年,第 60—61 页。

②《中国农民银行 1944 年业务报告书》(1945 年),中国第二历史档案馆编:《中华民国史档案资料汇编》第 5 辑,第 2 编,财政经济(3),南京:江苏古籍出版社 1997 年版,第 563 页。

③ 李维钧:《西康合作与农贷》,《西康经济季刊》,1943 年第 7 期,第 53 页。

④《四联总处 1941 年度工作报告》(1942 年),中国第二历史档案馆编:《中华民国史档案资料汇编》第 5 辑,第 2 编,财政经济(4),南京:江苏古籍出版社 1997 年版,第 54 页。

万元。① 其中,中央信托局贷放 3 万元,中国银行贷放 5 万元,交通银行贷放 3 万元,中国农民银行贷放 1 098.1 万元,共 1 109.1 万元,占四行局全年农贷总额的 2.2％。②

　　1942 年,四联总处与西康省政府签订农贷合约,贷款总额为 1 320万元,其中生产运销副业贷款 600 万元,以雅安、芦山、越巂、冕宁、西昌、天全、荥经、汉源、康定、泸定等 10 县为贷区,1942 年内贷出 450 余万元,年度结余 650 余万元。③ 农田水利贷款 300 万元,另由省政府自筹垫头 75 万元,共为 375 万元,专做雅河左岸大兴场灌溉区工程费用。④ 1942 年 4 月签订的增粮贷款 300 万元是由中国农民银行西昌办事处负责贷放,4 月下旬,农行工作人员在西昌、盐凉、冕宁、会理、越巂等 5 县共贷出 286 万元,贷款多用于支付插秧工资,约占 30％左右;其次为购买肥料、牲畜及食粮,各约占 15％左右;其他为种子、农具、垦荒等,据说增粮贷款取得明显成效,"本年用款各县食粮增产约达 90 万—100 万市石之谱。"⑤ 边区

①《四联总处 1941 年度工作报告》(1942 年),中国第二历史档案馆编:《中华民国史档案资料汇编》第 5 辑,第 2 编,财政经济(4),南京:江苏古籍出版社 1997 年版,第 139 页。

②《四联总处 1941 年度工作报告》,中国第二历史档案馆编:《中华民国史档案资料汇编》第 5 辑,第 2 编,财政经济(4),南京:江苏古籍出版社 1997 年版,第 59 页。

③《四联总处三十一年度办理农业金融报告》(1943 年),中国第二历史档案馆编:《中华民国史档案资料汇编》第 5 辑,第 2 编,财政经济(4),南京:江苏古籍出版社 1997 年版,第 214 页。

④《四联总处三十一年度办理农业金融报告》(1943 年),中国第二历史档案馆编:《中华民国史档案资料汇编》第 5 辑,第 2 编,财政经济(4),南京:江苏古籍出版社 1997 年版,第 214—215 页。

⑤《四联总处三十一年度办理农业金融报告》(1943 年),中国第二历史档案馆编:《中华民国史档案资料汇编》第 5 辑,第 2 编,财政经济(4),南京:江苏古籍出版社 1997 年版,第 217 页。

农贷 120 万元,分为两种,一是西康宁属夷区农贷,是 1941 年 7 月签订的农贷合约,贷额为 50 万元,以信用合作社为对象,实际贷区为越嶲县附近的腴田特区及冕宁县附近的泸宁、拖乌二特区。腴田区贷款时间为 1942 年 1 月,贷款数额 39 130 元,接受贷款的有 11 个合作社,社员 236 人;泸宁区 1941 年 11 月和 1942 年 2 月两次贷款,数额为 72 450 元,接受贷款的有 10 个合作社,社员 482 人;拖乌区贷款时间为 1942 年 2 月,贷款数额为 7 650 元,接受贷款的仅 1 个合作社,社员 51 人,贷款用途以购买牲畜、种子、农具及肥料为主。二是西康省关外边区农贷,是 1941 年 6 月签订的合约,原定贷款 20 万元,1942 年核准增贷 50 万元,共 70 万元。贷款区域原为康北之丹巴、九龙、道孚、铲霍、甘孜、瞻化、雅江、泰宁 8 县局,1942 年又增加了康南的理化、定乡、稻城、得荣、义敦、巴安 6 县局,共 14 县局。这项贷款是西康省合作事业管理处负责转放给各县合作社,参加合作组织者多系藏族。"此项贷款,对于发展垦荒事业,增强边民对政府之信仰,收获颇大。"[1]

　　1943 年,西康省农贷由中国农民银行独家办理,1943 年配给西康省普通区农贷 2 750 万元,其中农业生产贷款 1 400 万元(其中 400 万元为宁属粮食增产贷款,1 000 万元是雅安、天全、荥经、芦山等县合作金库透支),农村副业贷款 50 万元,农田水利贷款 1 300 万元。边区贷款 250 万元,其中关外边区贷款 150 万元,夷区贷款 100 万元。[2] 400 万宁属增粮贷款用于西昌、会理、冕宁、盐源、越嶲、德昌春耕冬耕,另外 100 万元农行透支给雅安、天全、荥经、芦

①《四联总处三十一年度办理农业金融报告》(1943 年),中国第二历史档案馆编:《中华民国史档案资料汇编》第 5 辑,第 2 编,财政经济(4),南京:江苏古籍出版社 1997 年版,第 215—216 页。

② 李维钧:《西康合作与农贷》,《西康经济季刊》,1943 年第 7 期,第 54 页。

山等县合作金库。农村副业贷款 50 万元、农田水利贷款 1 300 万元和夷区贷款 100 万元由中国农民银行直接贷放,关外边区贷款 150 万元由西康省政府委托农行设立合作金库贷放。① 截至 1943 年 6 月底,西康省合作贷款共计 10 604 537 元。四联总处核定 1943 年西康省农贷总额为 1980 万元,其中农田水利贷款 1 150 万元,农业生产贷款 500 万元,农业推广贷款 300 万元,边区贷款 30 万元。1943 年度,农业生产贷款结余 1 192 万元,农田水利贷款结余 654.5 万元,农业推广贷款结余 70 万元,农产运销贷款结余 13.9 万元,农村副业贷款结余 13.8 万元,边区贷款结余 150 万元,共计结余 2 094.2 万元。②

1944 年,中国农民银行在西康的农贷余额为 2 950 余万元。③

截至 1945 年 5 月,四联总处在西康省农业生产贷款本年累计贷出 457.7 万元,小型农田水利贷款本年累计贷出 156 万元,农业推广贷款本年累计贷出 78 万元,农村副业贷款本年累计贷出 10 万元,合计 693.7(疑应为 701.7)万元。截至 1945 年 5 月,农业生产贷款结余 1 128.034 43 万余元,大型农田水利贷款结余 1 332.97 万余元,小型农田水利贷款结余 208.904 8 万余元,农业推广贷款结余 78 万元,农村副业贷款结余16.641万余元,边区贷款结余 150 万元,合作金库提倡股结余60.309万余元,农业企业投资结余 200

---

① 李维钧:《西康合作与农贷》,《西康经济季刊》,1943 年第 7 期,第 53—55 页。

② 郭荣生:《我国近年来之农贷》,《经济汇报》,1944 年第 9 期,第 84 页。

③ 《中国农民银行 1944 年度业务报告书》(1945 年),中国第二历史档案馆编:《中华民国史档案资料汇编》第 5 辑,第 2 编,财政经济(3),南京:江苏古籍出版社 1997 年版,第 614 页。

万元,合计 31 748 592.30 元。①

3. 对贵州省的农贷

1935 年的贵州经济落后,金融枯竭,人民非常贫困,亟待救济。1935 年 7 月 1 日,中国农民银行贵州分行成立,指导贵州农民组织信用合作社,到 1935 年底,共成立 3 社,社员 68 人,贷款 300 元。②1936 年 7 月 8 日,贵州省合作委员会成立,开始由贵州省合作委员会推进合作事业,中国农民银行不再直接组社,只负责贷款。1936—1938 年,中国农民银行共向贵州 1 188 个合作社,52 420 个社员提供提倡股股金 4 908 元,累计贷款 1 324 459.59 元。③1936—1938 年间,中国农民银行两次向贵州发放灾区救济贷款,1936 年在黔西等 8 县发放救济贷款 30 万元,黔西 8 县组织农村合作预备社根据灾情轻重配贷,1937 年陆续放出,总计 29.5 万余元。④ 为救济贵州旱灾,1937 年,中国农民银行向贵州发放 50 万元旱灾救济贷款,由贵州合作委员会组织合作预备社 1 262 社配贷。⑤ 贵州省合作委员会努力推进合作金库金融,拟在三穗等 34 县筹设合作金库,向中国农民银行借款 50 万元作为提倡股本。为举办供给、运销、生产、公用等业务,贵州省合作委员会特设合作业务代营局,向农行借款 10 万元作为运营资金,期限 5 年,利息为周息 7 厘。⑥

----

① 《四联总处编制 1945 年 5 月份农贷及投资种类月报表》(1945 年 5 月),中国第二历史档案馆编:《中华民国史档案资料汇编》第 5 辑,第 2 编,财政经济(4),南京:江苏古籍出版社 1997 年版,第 250—251 页间的表。
② 林嵘:《七年来中国农民银行之农贷》,《中农月刊》第 1 卷第 1 期,1940 年,第 102 页。
③ 林嵘:《七年来中国农民银行之农贷》,《中农月刊》第 1 卷第 1 期,1940 年,第 103 页。
④ 林嵘:《七年来中国农民银行之农贷》,《中农月刊》第 1 卷第 1 期,1940 年,第 103 页。
⑤ 林嵘:《七年来中国农民银行之农贷》,《中农月刊》第 1 卷第 1 期,1940 年,第 103 页。
⑥ 林嵘:《七年来中国农民银行之农贷》,《中农月刊》第 1 卷第 1 期,1940 年,第 103 页。

1937—1938 年,农本局给贵州的农业生产贷款主要用于"开垦荒地以及食粮品种之选择,均与增加食粮生产大有裨益"[1]。"黔省各县官私零星荒地之可耕者,不在少数。本局先就辅导之合作金库区域内,倡导农民开垦荒地,增种食粮;或俟荒地开垦后轮流休闲,以增地力。黔南宜种食粮之山荒,及尚未尽量利用之熟地,为数亦多,即拟利用推广马铃薯及杂粮,同时于轮作制度,亦期改善。"[2]为增加粮食产量,农本局贷款 50 万元"予农业改进组织或良种繁殖机关,以供收买或繁殖改良种子,从事推广;贷款予省政府或其他机关,藉以购买农民余粮,而供储备军糈民食,且免谷贱伤农。"[3]1938、1939 年,贵州铜仁、江口一带,牛瘟蔓延,耕牛死亡,几达半数。贵州省府与农本局接洽,在农业生产贷款内拨款 30 万元在铜仁、江口、松桃等 8 县办理耕牛贷款,并由农村合作委员会指导农民组织耕牛会,以便接洽贷款。[4]

为促进贵州农业发展,1940 年,各金融机构给予贵州合作社放款,年底合作社放款结余额为 1 045 292 元。中国农民银行在贵州辅设合作金库,截至 1940 年 12 月底,辅设县合作金库 16 所,放款 3 266 509 元。[5]交通银行向贵州平坝乾溪农场发放垦殖贷款 12 万

---

[1] 农本局研究室:《中华民国二十七年农本局业务报告》,农本局研究室编印,1939 年,第 56 页。

[2] 农本局研究室:《中华民国二十七年农本局业务报告》,农本局研究室编印,1939 年,第 56 页。

[3] 农本局研究室:《中华民国二十七年农本局业务报告》,农本局研究室编印,1939 年,第 56 页。

[4] 农本局研究室:《中华民国二十七年农本局业务报告》,农本局研究室编印,1939 年,第 56 页。

[5]《中国农民银行 1940 年度业务报告》(1941 年),中国第二历史档案馆编:《中华民国史档案资料汇编》第 5 辑,第 2 编,财政经济(3),南京:江苏古籍出版社 1997 年版,第 564 页。

元,第一次贷出 4 万元。①

1941 年,四联总处与贵州省签订普通区域农贷合约 2 000 万元,其中农业合作贷款 1 600 万元,合作供销代营贷款 100 万元,农田水利贷款和农业推广贷款 200 万元,其他农贷 100 万元。② 农贷合约划分了四行局分区贷放的区域,见表 41:

表 41　1941 年四行局贵州农贷区域划分表③

四行局	县　份	县数	贷款比例(%)
中央信托局	罗甸、关岭、安南、安龙、兴仁、兴义、长寨、册亨、大塘、紫云、贞丰、普安、盘县、望谟等	14	15
中国银行	平越、瓮安、榕江、天柱、永从、下江、剑河、台联、郁江、三合、荔波	11	25
交通银行	赤水、威宁、镇宁、郎岱、织金、广顺、普定、缮水、安顺、平坝、清镇	11	15
中国农民银行	仁怀、开阳、思南、绥阳、湄潭、水城、沿河、印江、黄平、鑪山、贵定、麻江、八寨、独山、都匀、平舟、锦屏、黎平、桐梓、息烽、修文、龙里、贵阳、定番、黔西、大定、毕节、松桃、铜仁、纳雍、江口、玉屏、道真、金沙、镇远、施秉、后坪、遵义、余庆、石阡、德江、凤岗、婺川、正安、三德、丹江、岑巩	47	45

---

① 《交通银行 1940 年度业务报告》(1941 年),中国第二历史档案馆编:《中华民国史档案资料汇编》第 5 辑,第 2 编,财政经济(3),南京:江苏古籍出版社 1997 年版,第528 页。

② 《中央信托局、中国银行、交通银行、中国农民银行、贵州省政府办理贵州省农贷合约》,中国第二历史档案馆藏,财政部档案,3(6)/324。

③ 《中央信托局、中国银行、交通银行、中国农民银行、贵州省政府办理贵州省农贷合约》,中国第二历史档案馆藏,财政部档案,3(6)/324。

上述农贷合约规定,农贷对象可以是农民个人,但借款者必须是一家之主,未加入合作社或其他农民团体的,在一年内或债务清偿时必须加入合作社或农民团体,否则第二年之后不得再申请借款。① 1941 年,四行局实际贷给贵州 1 814.8 万元,中国银行实际贷放 180 万元,交通银行贷放 393.5 万元,中国农民银行贷放 1 241.3 万元,共计 1 814.8 万元,占四行局 1941 年农贷贷出额的 3.6%。②

1942 年,四联总处与贵州省政府签订农贷合约,贷款总额为 2 508万元。其中,农业生产贷款及合作供销代营贷款 1 800 万元,1942 年实际贷出 1 660 余万元,截至 1942 年年底,结余额为 1 560 万元。大型农田水利贷款 500 万元,由四联总处提供 400 万,贵州省政府自筹 100 万元,共 500 万元,举办贵阳中曹司灌溉工程、惠水县附阔区灌溉工程、咸宁草海排水工程。小型农田水利贷款 108 万元,主要用于惠水、龙里、麻江、平塘、兴仁开渠挖塘筑坝。农业推广贷款 100 万元,其中 80 万元用于推广冬耕。1942 年贵州省各种农贷贷出额共为 1 600 余万元,收回额为 1 800 余万元。截至 1942 年底,连上年度结余额共为 1 600 余万元。③

1943 年,四联总处核定贵州农贷总额为 5 000 余万元,约占四联总处农贷总额的 3.8%,其中农业生产贷款 2 500 万元,农田水利

①《中央信托局、中国银行、交通银行、中国农民银行、贵州省政府办理贵州省农贷合约》(1941 年 4 月 8 日),中国第二历史档案馆藏,财政部档案,3(6)/324。

②《四联总处 1941 年度工作报告》(1942 年),中国第二历史档案馆编:《中华民国史档案资料汇编》第 5 辑,第 2 编,财政经济(4),南京:江苏古籍出版社 1997 年版,第 59 页。

③《四联总处三十一年度办理农业金融报告》(1943 年),中国第二历史档案馆编:《中华民国史档案资料汇编》第 5 辑,第 2 编,财政经济(4),南京:江苏古籍出版社 1997 年版,第 217—219 页。

贷款 1 693 万元,农村副业贷款 120 万元,农业推广贷款 94 万元,农业运销贷款 60 万元,土地放款 860 万元,总计 5 327 万元。[①] 中国农民银行与贵州省签订农贷协议,农贷总额为 4 373 万元,其中农业生产贷款 2 500 万元,农产运销贷款 60 万元,农村副业贷款 120 万元,农田水利贷款 1 693 万元。[②] 两个史料相对照,确认四联总处核定 1943 年贵州农贷为 5 327 万元,其中,农业生产贷款 2 500万元,农业运销贷款 60 万元,农村副业贷款 120 万元,农田水利贷款 1 693 万元,农业推广贷款 94 万元,土地放款 860 万元,总计 5 327万元。1943 年底,贵州农业生产贷款结余 1 256.8 万元,农田水利贷款结余 836.4 万元,农业推广贷款结余 108.3 万元,总计结余 2 201.5 万元。[③]

1944 年,中国农民银行在贵州省的农贷余额为 7 701 余万元。在贵筑等县试行实物贷款,试贷稻谷 2 000 市担。在农产运销贷款中,发放柞蚕特种贷款 40 万元;与农林部合作,在川、陕、滇、黔收购优良稻种、麦种,贷给贵州农民,以便及时播种;发放小型农田水利贷款,协助兴修小型农田水利工程。[④]

截至 1945 年 5 月,中国农民银行本年累计贷给贵州农业生产贷款 884.74 万余元,大型农田水利贷款 1 354.84 万余元,农业推广贷款 56.94 万余元,合计 2 296.52 万余元。到 1945 年 5 月,农

---

① 《黔省本年度农贷五千余万元》,《贵州企业季刊》经济摘报,第 1 卷第 4 期,1943 年,第 105 页。

② 《三十二年度贵州省农贷协议书》(1943 年 1 月 1 日),中国第二历史档案馆藏,财政部档案,3(6)/324。

③ 郭荣生:《我国近年来之农贷》,《经济汇报》,1944 年第 9 期,第 85 页。

④ 《中国农民银行 1944 年工作报告》(1945 年),中国第二历史档案馆:《中华民国史档案资料汇编》第 5 辑,第 2 编,财政经济(3),南京:江苏古籍出版社 1997 年版,第 612—615 页。

业生产贷款结余 1 416.4 万余元,大型农田水利贷款结余 7 032.8 万余元,农业推广贷款结余 184.1 万余元,农村副业贷款结余 140.5 万余元,农业企业投资结余 411.4 万余元,总计结余 9 185.2 万余元。①

4. 对云南省的农贷

1931 年,九一八事变发生。为救亡图存,云南省政府发动全省劝募救国捐,到 1936 年,共募集救国基金 200 万元,其中一半充作军备,一半筹组农工银行,后因人手不足,改设农工银行筹备委员会,业务委托云南富滇新银行办理。1937 年 1 月,富滇新银行成立农村业务股,办理农村合作事业放款,经营农业仓库及调剂农村金融。云南省农村合作事业发轫很早,1932 年,云南昆明等 8 县已有合作社 27 所,社员 2 908 人。② 1937 年,富滇新银行在昆明组织农村贷款委员会,5 月,以村为单位组织农民成立借款联合会,作为向合作社过渡的组织,共组织百余会,贷出旧滇币 10 万元(折合法币 1 万元)。9 月,继续推行到呈贡、昆阳两县,3 县共成立 167 会,发放贷款共计 22 950.40 元。③ 1937 年,中国农民银行来云南筹设分行,兴办农贷,筹设合作金库。1938 年夏,中国农民银行昆明支行成立,同年 8 月,云南合作委员会成立。1939 年,云南省农贷已经推行到 29 县,贷款总额约 40 万元,其中一半由富滇新银行贷出,中国农民银行主要办理农场及农业推广机关贷款,中国银行注重木棉推广贷款。为推进云南麦、蚕桑、木棉、茶桐、椰子、蓖麻、樟脑、

---

① 《四联总处编制 1945 年 5 月份农贷及投资种类月报表》(1945 年 5 月),中国第二历史档案馆编:《中华民国史档案资料汇编》第 5 辑,第 2 编,财政经济(4),南京:江苏古籍出版社 1997 年版,第 250—251 页间的表。

② 林嵘:《七年来中国农民银行之农贷》,《中农月刊》第 1 卷第 1 期,1940 年,第 109 页。

③ 蒋震扬:《云南农贷之今昔及其展望》,《中农月刊》第 4 卷第 5 期,1943 年,第 48 页。

金鸡纳生产,云南省建设厅颁布《生产农场组织规程》,特约中国农民银行为贷款银行,贷款额为 100 万元,凡是经建设厅登记核准的各种农场均可以经过介绍向中国农民银行申请贷款。为提倡种植木棉,云南先在开远 18 县第一期推进,商请各银行组成贷款银团进行木棉贷款,参加银行有中国、交通、中国农民和富滇银行,贷款以棉农组织的合作社为对象,种植木棉 50 亩以上的农场可以予以贷款。农业生产放款用于开垦荒地,初种荒地每亩贷款 12 元,熟地每亩贷款 10 元,已经种植的耕地每亩贷款 5 元。农产加工放款额不超过机料设备及工资支付总额的 80%,农产品运销放款不超过时价的 70%,贷款月息 9 厘,期限 5 年。①

　　1940 年,云南合作委员会将安宁等 15 县农贷划给中国银行办理,将呈贡、晋宁、富民等 10 县农贷划给中国农民银行办理,将宣威、岁半等 20 县划为农本局辅设县合作金库区域。1941 年,交通银行、中央信托局参与云南农田水利贷款,各行局分头并进,云南农贷获得较大发展。1941 年 1 月,农本局普通区域农贷业务转给中国农民银行,中国农民银行贷款区域增至 15 县,中国银行也增办龙陵等 4 县。1941 年,四联总处与云南省签订农田水利贷款合同 1 250 万元,建水垦区贷款合同 131.5 万元。② 据四联总处报告,1941 年,中、中、交、农四行局实际贷给云南省农业生产贷款

---

① 林嵘:《七年来中国农民银行之农贷》,《中农月刊》第 1 卷第 1 期,1940 年,第 109 页。
②《四联总处 1941 年度工作报告》(1942 年),中国第二历史档案馆编:《中华民国史档案资料汇编》第 5 辑,第 2 编,财政经济(4),南京:江苏古籍出版社 1997 年版,第 55 页。

2 965.8万元,农田水利贷款 400 万元,共计 3 365.8 万元。① 其中,中央信托局贷出 69 万元,中国银行贷出 1 374.9 万元,交通银行贷出 70.9 万元,中国农民银行贷出 1 851.8 万元,合计 3 365.8(经核算应为 3 366.6)万元,占四联总处 1941 年农贷总额的 6.8%。② 蒋震扬统计,1941 年云南实际贷款区域有 59 县,贷款数额为富滇银行贷款 2 245 417.30 元,中国农民银行贷款 12 976 259.93 元,中国银行贷款14 707 233.77元,中央信托局贷款 60 万元,交通银行贷款 60 万元,总计 31 128 911 元。③ 数字上有出入,大体上都是 3 000 多万元。

1942 年,国民政府采取紧缩农贷政策,减少农贷种类和数额,集中贷放于能直接增加农业生产的领域。四联总处给云南省的农贷主要有生产运销副业贷款、农田水利贷款及建水垦区贷款 3 种。生产运销副业贷款 1942 年实际贷出 2 000 余万元,截至年底结余额为 2 300 余万元。农田水利贷款 1941 年 7 月与云南省政府订约,共 1 000 万元,云南省政府自筹垫头 250 万元,1941 年实际贷出 400 万元。后因工料价格上涨,四联总处 1942 年增贷 1 160 万元、云南省政府自筹 290 万元,加上农本局承贷的 150 万元及云南省府自筹的 50 万元垫头,共计 1 650 万元,实际贷出 1900 余万元,用于兴修文公渠、龙公渠、竹园堰、松林堰等 5 处水利工程,工程费用预计 2 900 万元,估计受益田亩 9.4 万亩。1942 年,云南省还完成安

---

① 《四联总处 1941 年度工作报告》(1942 年),中国第二历史档案馆编:《中华民国史档案资料汇编》第 5 辑,第 2 编,财政经济(4),南京:江苏古籍出版社 1997 年版,第 140—141、143 页。

② 《四联总处 1941 年度工作报告》(1942 年),中国第二历史档案馆编:《中华民国史档案资料汇编》第 5 辑,第 2 编,财政经济(4),南京:江苏古籍出版社 1997 年版,第 59 页。

③ 蒋震扬:《云南农贷之今昔与展望》,《中农月刊》第 4 卷第 5 期,1943 年,第 49 页。

宁县小型工程 1 处,受益田亩 200 余亩。① 建水垦区贷款是 1941 年
12 月四联总处与华西建设公司订约,贷款总额为 131.5 万元,其中水
利工程贷款 70.3 万元,用于兴修北堰塘及小落塘 2 处工程;旱地垦
殖贷款 54.2 万元,用于购买耕牛、推广蓖麻、桐油及木棉等。据四联
总处报告,1942 年,云南省各种农贷贷出额共为 3 900 余万元,收回
2 200 余万元,截至年底,连上年结余额共为 4 600 余万元。②

　　1942 年 1 月,云南省合作金库成立,与中、中、交、农各行局共
同推进农贷。云南省合作金库放款全以合作社为对象,放款种类
分为信用合作社放款、农产储押放款、耕牛抵押放款、特种合作社
放款、促进合作事业放款,截至 1942 年底,云南省合作金库放款余
额为 53 252 631.26 元,具体见表 42:

表 42　1942 年度云南省合作金库各县合作社放款分类统计表③

贷款种类	各县贷款金额(元)	百分比(%)	备注
信用合作社放款	42 176 083.61	79.2	
农产储押放款	1 011 799.99	1.9	
耕牛抵押放款	372 768.42	0.7	
特种合作社放款	6 390 315.70	12	多是生产合作社放款
促进合作事业放款	1 917 094.71	3.6	
其他放款	1 384 568.83	2.6	
合　计	53 252 631.26	100	

① 《四联总处三十一年度办理农业金融报告》(1943 年),中国第二历史档案馆编:《中华
民国史档案资料汇编》第 5 辑,第 2 编,财政经济(4),南京:江苏古籍出版社 1997 年
版,第 219—220 页。
② 《四联总处三十一年度办理农业金融报告》(1943 年),中国第二历史档案馆编:《中华
民国史档案资料汇编》第 5 辑,第 2 编,财政经济(4),南京:江苏古籍出版社 1997 年
版,第 220 页。
③ 蒋震扬:《云南农贷之今昔与展望》,《中农月刊》第 4 卷第 5 期,1943 年,第 49—50 页。

1942年9月之后,所有农业金融业务全部归中国农民银行举办,主要有农业生产贷款、农业推广贷款、农田水利贷款、农产抵押贷款等,共计47 099 271元,具体见表43。

表43　1942年度中国农民银行农贷分类统计表①

贷款种类	贷款金额(元)	百分比(%)
农业生产贷款	22 793 636	48.39
农业推广贷款	369 147	0.78
农田水利贷款	23 659 932	50.24
农产抵押贷款	276 556	0.59
合计	47 099 271	100

1943年度,四联总处核定云南农贷总额为3 444万元,在20省中排第11位,其中农田水利贷款2 824万元,农业生产贷款20万元,农业推广贷款600万元。1943年底,云南农业生产贷款结余3 062.8万元,农田水利贷款结余4 854.2万元,农业推广贷款结余600.8万元,农村副业贷款结余169.5万元,总计结余8 687.3万元。②

1944年,中国农民银行在云南省的农贷余额为1.297 1亿多元。中国农民银行与农林部合作贷款4 896万元,在川、陕、黔、滇收购稻种,贷给云南农民,及时播种。在川滇等16省发放农业推

---

① 蒋震扬:《云南农贷之今昔与展望》,《中农月刊》第4卷第5期,1943年,第50页。原表合计数为47 069 271,经计算为47 099 271,百分比原数字为48.36%、0.77%、50.29%、0.58%,经计算为48.39%、0.78%、50.24%、0.59%。

② 郭荣生:《我国近年来之农贷》,《经济汇报》,1944年第9期,第84—85页。

广贷款,年度结余 1.27 亿多元。[①]

截至 1945 年 5 月,中国农民银行本年累计给云南省农业生产贷款 2 642.35 万余元,大型农田水利贷款 5 152.82 万余元,小型农田水利贷款 528.024 2 万余元,农业推广贷款 332 万元,农村副业贷款 260 万元,收复战区贷款 100 万元,其他贷款 250 万元,合计 9 270.1(疑应为 9 265.1)万余元。截至 1945 年 5 月,农业生产贷款结余 3 400.9 余万元,大型农田水利贷款结余 9 891.7 万余元,小型农田水利货款结余 952.1 万余元,农业推广贷款结余 2 356.2 万余元,农村副业贷款结余 601.7 万余元,收复战区贷款结余 642 万元,农产运销贷款结余 50 万元,农业企业投资结余26 776元,其他结余 285.9 万余元,合计结余18 183.3万余元。[②]

(三)对西北四省的农贷

1. 对陕西的农贷

1933—1938 年底,陕西省的农贷主要有三种,合作社贷款,棉花产销贷款,合作社预备社、互助社贷款(救济贷款)。

(1)合作社贷款

1933 秋,豫鄂皖赣四省农民银行农业金融处应陕西省赈务会邀请,在陕西长安新民等乡组织信用合作社,1934 年上半年,共组织 5 个合作社,社员 472 人,贷款 5 000 元。1934 年 2 月,全国经济

①《中国农民银行 1944 年业务报告书》(1945 年),中国第二历史档案馆编:《中华民国史档案资料汇编》第 5 辑,第 2 编,财政经济(3),南京:江苏古籍出版社 1997 年版,第 614—615 页。

②《四联总处编制 1945 年 5 月份农贷及投资种类月报表》(1945 年 5 月),中国第二历史档案馆编:《中华民国史档案资料汇编》第 5 辑,第 2 编,财政经济(4),南京:江苏古籍出版社 1997 年版,第 250—251 页间的表。

委员会与陕西省政府合组陕西农业合作事业委员会,并设陕西合作事务局,以组织互助社方式举办农贷。6月,豫鄂皖赣四省农民银行在长安设立办事处,积极推进合作事业,到1934年底,共成立39个合作社,社员8 582人,放款162 557元;1935年4月,豫鄂皖赣四省农民银行改名为中国农民银行,长安办事处改为分行,组贷工作继续进行。① 1937年4月,陕西省合作委员会成立,中国农民银行停止组织合作社,专门从事农贷业务。中国农民银行贷款区域原为长安等7县,陕西省合作委员会成立后,鉴于在陕西省办理农贷的银行很多,决定划定各金融机构贷款区域,将蓝田、华阴、潼关等20县划为中国农民银行合作贷款区域,②交通银行放款的合作社为咸阳、大荔、兴平、武功、朝邑等5县396个合作社,中国银行放款的合作社有泾阳、长安、渭南、临潼、三原、高陵等6县374社,到1936年12月,放款额约为150万元。③ 在划定区域内,凡经合委会指导组织并完成登记的各级合作社申请贷款时,由省合作委员会办事处负责审核,附加审核意见,函送银行照贷。④ 表44是1934—1938年中国农民银行在陕西组织合作社及贷款情况。

---

① 林嵘:《七年来中国农民银行之农贷》,《中农月刊》第1卷第1期,1940年,第86页。
②《陕西省合作委员会、中国农民银行协订合作贷款合约》,《中国农民银行月刊》第2卷第4期,1937年,第5页。
③ 何潜:《陕西省之农村合作事业》,《农友》第5卷第1期,1937年,第5页。
④《陕西省合作委员会、中国农民银行协订合作贷款合约》,《中国农民银行月刊》第2卷第4期,1937年,第5页。

表 44　1934—1938 年农民银行组社及农贷统计表①

年份	合作社数	合作社社员数	已缴股金（元）	放款数额或累计放款额（元）
1934 年上半年	5	472	481	5 000
1934 年下半年	39	8 582	1 625	162 557
1935 上半年	137	7 896	8 057	113 101
1935 下半年	163	9 098	11 773	110 777
1936 上半年	235	16 620	14 790.5	272 431
1936 下半年	242	15 909	28 854	365 572.58
1937 上半年	249	1 625	34 242	887 986
1937 下半年	273	16 649	35 358	969 441
1938 上半年	280	16 766	35 641	2 879 586
1938 下半年	280	16 766	35 641	956 863

（2）棉花产销放款

为促进陕西棉花产销,1933 年,陕西省建设厅与棉业统制委员会陕西棉业改进所(简称陕棉所)试办棉花产销合作,先由上海商业银行(简称上海银行)贷款 10 余万元。② 1934 年 2 月,棉业统制委员会与中国银行、交通银行、豫鄂皖赣四省农民银行、上海银行、浙江兴业、金城银行 6 银行组成棉花产销贷款银团,在棉产最丰富的陕西、山东、河南等省组织棉花产销合作社,由银团贷款给合作社,从事棉花生产、轧花打包和运销。③ 7 月,陕西棉业改进所与六行签订贷款合同,由陕棉所组织合作社,再依合同介绍各银行贷款

---

① 林嵘:《七年来中国农民银行之农贷》,《中农月刊》第 1 卷第 1 期,1940 年,第 86—87 页。

② 林嵘:《七年来中国农民银行之农贷》,《中农月刊》第 1 卷第 1 期,1940 年,第 87 页。

③《银行界组织棉花产销贷款银团》,《纺织周刊》第 4 卷第 27 期,1934 年,第 682 页。

给合作社,每银行拨款 5 万元,总计 30 万元,作为棉苗放款,由银行缴陕棉所,转贷给农民。① 后六行又与棉业改进所组成西北农村贷款银团,截至 1934 年底,陕、晋、豫三省组织棉花产销合作社 16 所,陕西 10 所,6 行共放款 185 万元,其中利用放款 100 万元,生产贷款 25 万元,运销贷款 10 万元;②分配陕西省 67.2 万余元。③ 1935 年春,西北农村贷款银团扩大为中华农业贷款银团,中南、大陆、四行储蓄会、国华、新华银行加入,资金合计 300 万元,放款范围是陕、鲁、豫、冀、鄂、苏 6 省,以棉花运销合作贷款为主要业务。中国农民银行投入资本 40 万元。1936 年夏,中国农民银行退出中华农业贷款银团,陕西及其他省的棉花生产运销贷款终止。④

(3) 合作预备社、互助社放款(救济放款)

1936—1938 年,中国农民银行在陕西发放合作预备社、互助社放款(救济放款),1936 年、1937 年各 30 万元,1938 年 20 万元。⑤第一次,1936 年,中国农民银行放款 30 万元,由中国农民银行组织合作预备社配贷。贷款数额每社社员最高不过 30 元,利息月息 7 厘,还期以 1938 年大收为准。发放区域为陕北绥德、榆林等县 591 个合作预备社,社员 29 955 人,贷款 299 240 元。第二次,1937 年,中国农民银行贷款 30 万元,由陕西省合作委员会组织互助社配贷,贷款区域为榆林、神木等 12 县 750 社 24 949 社员,贷款 30 万

---

① 《中国等六银行举办棉业贷款合同已签订》,《商业月报》第 14 卷第 8 号,1934 年,第 3 页。

② 林嵘:《七年来中国农民银行之农贷》,《中农月刊》第 1 卷第 1 期,1940 年,第 88 页。

③ 《棉花产销银团分配陕西省贷款数额》,《农林新报》第 11 卷第 18 期,1934 年,第 383 页。

④ 林嵘:《七年来中国农民银行之农贷》,《中农月刊》第 1 卷第 1 期,1940 年,第 87—88 页。

⑤ 林嵘:《七年来中国农民银行之农贷》,《中农月刊》第 1 卷第 1 期,1940 年,第 80 页。

元。第三次是 1938 年 4 月到 8 月，中国农民银行给肤施等 8 县 565 个互助社23 696社员贷款 20 万元，还款时期以两年为度。第四次贷款为 18 万元，对象是陕西省第四区商县等 4 县 450 社 1.8 万农户。① 中国农民银行在陕北、陕南发放救济贷款，到 1938 年底，共在陕西 37 县发放救济贷款 134 万元。②

全面抗战爆发后，农本局"为积极推进后方各省农贷及农产购销业务，先后在鄂、湘、黔、川、陕、桂 6 省设立了专员办事处，分别办理各省合作金库、农仓、农贷及农产品购销等业务"③。1937 年，农本局给陕西省农田水利贷款 10 万元。为促进陕南地区栽培马铃薯，农本局与陕西农业改进所、西北农林专科学校合作，在食粮生产贷款中指定款项采购马铃薯种，分区推广。农本局与陕西省合作委员会共同贷款 100 万元，其中农本局贷款 80 万元。④ 中国银行西安分行专门设立农贷股，在泾阳、渭南、临潼、长安、三原、高陵等县举办农贷。⑤ 交通银行在咸阳、兴平、潼关、武功、华阴、华县等县发放农贷。⑥

1940 年后，四联总处统筹农贷，要求陕西省银行、地方银行和商业银行的农贷业务一律交由国家行局办理。蒋介石对陕西农贷

---

① 林嵘：《七年来中国农民银行之农贷》，《中农月刊》第 1 卷第 1 期，1940 年，第 88—89 页。

② 朱通九：《我国农业金融机关最近对于融通农业资金之鸟瞰》，《中农月刊》第 1 卷第 1 期，1940 年，第 18—19 页。

③ 毕云程：《经济部农本局概况》，农本局研究室编印，1942 年，第 9 页。

④ 农本局研究室：《中华民国二十七年农本局业务报告》，农本局研究室编印，1939 年，第 56 页。

⑤《本行农贷业务史略》，《中行农讯》，1942 年第 13/14 期，第 36 页。

⑥《四行关于设立分支行的有关函件》(三)［A］，陕西省档案馆藏四行联合办事处西安宝鸡分处档案(1937—1948)，全宗 32，目录 1，案卷号 1—3。

非常重视,指示四联总处,对于"接近陕北共区"各县,更应特别增加贷款。① 遵照蒋介石的指示,四联总处在陕西省国统区举办普通区农贷,在接近陕甘宁边区各县举办边区农贷。1940 年 8 月 31 日,四联总处与陕西省政府签订总额为 3 300 万元的农贷合约。② 中国农民银行依照四联总处普通区域农贷办法,分区贷放合作放款 2 700 万元;辅设县合作金库 7 所,贷款 165.7 万余元;以合作社兼营的农仓为放款对象,发放农仓放款,截至 1940 年 12 月底,农仓放款结余 31.5 万余元;农场放款 2 万元;农产抵押放款 60 609 元;特种农业放款 506 万元。③ 依照《四联总处边区贷款办法》,在陕北、陕南办理边区贷款,以合作预备社或互助社为对象,在陕北府谷等 30 县与各行局联合发放边区贷款 400 万元,其中中国农民银行按比例分摊贷放 140 万元。④ 截至 1940 年底,交通银行为咸阳合作金库金透支 4.5 万元,各种合作社贷款 45.7 万元。⑤

① 中国人民银行金融研究所编:《中华民国史资料丛稿——中国农民银行》,北京:中国财政经济出版社 1980 年版,第 128 页。

② 中中交农四行联合办事总处农业金融处:《中中交农四行联合办事总处三十年度农贷报告》,重庆:中中交农四行联合办事总处农业金融处,1942 年,第 20 页。

③《中国农民银行 1940 年度业务报告》(1941 年),中国第二历史档案馆:《中华民国史档案资料汇编》第 5 辑,第 2 编,财政经济(3),南京:江苏古籍出版社 1997 年版,第 563—567 页。

④《中国农民银行 1940 年度业务报告》(1941 年),中国第二历史档案馆:《中华民国史档案资料汇编》第 5 辑,第 2 编,财政经济(3),南京:江苏古籍出版社 1997 年版,第 563 页。

⑤《交通银行 1940 年度业务报告》(1941 年),中国第二历史档案馆:《中华民国史档案资料汇编》第 5 辑,第 2 编,财政经济(3),南京:江苏古籍出版社 1997 年版,第 528 页。

　　1941 年,农本局的农贷业务交由中国农民银行接办,陕西省的农贷机构调整为中国银行、交通银行、中国农民银行、中央信托局四行局,四联总处划分了四行局的农贷区域,具体见表 45:

表 45　国家行局陕西省农贷区域划分表①

类别	贷款机关	县　份	县数
普通农贷	中央信托局	商南、商县、山阳、柞水、镇安、宁陕、旬阳、汉阴、石泉	9
	中国银行	洛南、渭南、临潼、蓝田、富平、高陵、三原、泾阳、长安、洋县、城固、岐山	12
	交通银行	韩城、合阳、澄城、平民、大荔、朝邑、潼关、华阴、华县、咸阳、兴平、武功	12
	中国农民银行	白河、平利、镇平、安康、岚皋、紫阳、镇巴、西乡、耀县、礼泉、乾县、永寿、麟游、扶风、凤翔、蒲城、眉县、洴阳、陇县、宝鸡、凤县、留坝、佛坪、周至、户县、南郑、白水、宁强、略阳、褒城、勉县、邠县、长武	33
边区农贷	中国农民银行代表办理	延川、安定、安塞、靖边、定边、保安、肤施、延长、甘泉、鄜县、旬邑、淳化、府谷、神木、葭县、榆林、米脂、吴堡、横山、绥德、清涧、宜川	22
	中国银行代表办理	同官、中部、宜君、洛川	4

① 中中交农四行联合办事总处农业金融处:《中中交农四行联合办事总处三十年度农贷报告》,重庆:中中交农四行联合办事总处农业金融处,1942 年,第 20—21 页。《财政部钱币司关于陕西省农田水利签定合约及实施计划等问题与四联总处、水利委员会的来往文书》(1939 年 1 月,1941 年 5 月),中国第二历史档案馆藏,财政部档案,3(6)/323。

1941年2月,四联总处与陕西省签订了400万元的陕北边区贷款合约,①由中国银行与中国农民银行代表国家行局办理。其中,中国银行代表办理同官、中部、宜君、洛川4县的边区农贷,中国农民银行代表办理榆林、延川等22县的边区农贷,该项边区贷款由陕西四联分处及四行局会同与陕西省政府共同组织边区农贷经办委员会办理贷放事宜。② 1941年,四行局共发放农贷4.985 61亿元,其中贷给陕西省3 648.9万元,占农贷总额的7.3%。③ 具体包括普通区农贷3 088.9万元,农田水利贷款500万元,边区农贷60万元。④

1942年,四联总处与陕西省政府订立农贷合约,贷款总额为5 488万元,其中生产运销副业贷款2 600万元,农业推广贷款200万元,农田水利贷款1 888万元,黄灾贷款400万元,边区农贷400万元。⑤ 实际贷出生产运销贷款6 000余万元,农业推广贷出40余万,农田水利贷款1 760余万元,黄灾贷款400万元,边区农贷120余万,共计约8 320万元,占1942年度农贷总额的13.1%,仅次于

---

① 《四联总处1941年度工作报告》(1942年),中国第二历史档案馆:《中华民国史档案资料汇编》第5辑第2编,财政经济(4),南京:江苏古籍出版社1997年版,第54页。

② 中中交农四行联合办事总处农业金融处:《中中交农四行联合办事总处三十年度农贷报告》,重庆:中中交农四行联合办事总处农业金融处,1942年,第21页。

③ 《四联总处1941年度工作报告》(1942年),中国第二历史档案馆编:《中华民国史档案资料汇编》第5辑,第2编,财政经济(4),南京:江苏古籍出版社1997年版,第59—60页。

④ 《四联总处1941年度工作报告》(1942年),中国第二历史档案馆编:《中华民国史档案资料汇编》第5辑,第2编,财政经济(4),南京:江苏古籍出版社1997年版,第140—142页。

⑤ 《四联总处三十一年度办理农业金融报告》(1943年),中国第二历史档案馆:《中华民国史档案资料汇编》第5辑第2编,财政经济(4),南京:江苏古籍出版社1997年版,第196页。

四川,排第 2 位。①

　　1943 年,中国农民银行与陕西省政府签订农贷合约,普通区农贷 1.891 89 亿元,其中农业生产贷款 8 900 万元,农产运销贷款 1 000 万元,农村副业贷款 400 万元,农业推广贷款 1 200 万元,农田水利贷款 7 018.9 万元,边区农贷 400 万元。明确各种贷款应按照核定用途办理,不得移作他用。② 四联总处核定的 1943 年度陕西省农贷为 1.564 15 亿元,其中,农田水利贷款 8 211.5 万元,农业生产贷款 6 200 万元,农业推广贷款 1 230 万元。③ 中国农民银行"依照本省关中、陕南各县农村经济状况,农户分布情形等,核定农业生产贷款 2 500 万元,农业生产贷款之用途,以购买种子、肥料、食粮、饲料、耕畜、农具及防治病虫害药剂与器械,以及其他有关生产上必需的费用为限"④。考虑到大后方棉花供不应求,为促进陕西棉花增产,1943 年中国农民银行分区办理棉花增产贷款,于陕西省东部的临潼、渭南、华县、华阴等 4 县贷放 1 290 万元,西部的长安、鄠县、兴平、咸阳等 4 县贷放 930 万元,泾惠区之高陵、三原、泾阳等 3 县贷放 2 200 万元,汉中区之南郑、城固、洋县、褒城、沔县、西乡等 6 县贷放 650 万元,洛惠区之大荔、朝邑、平民等 3 县贷放 930 万元,合计 6 000 万元,种植棉田 90 万亩,在棉农播种前后贷放

---

① 《四联总处三十一年度办理农业金融报告》(1943 年),中国第二历史档案馆:《中华民国史档案资料汇编》第 5 辑第 2 编,财政经济(4),南京:江苏古籍出版社 1997 年版,第 198、238—240 页。

② 《陕西省政府、中国农民银行农贷协议书》(1943 年 7 月 24 日),中国第二历史档案馆藏,财政部档案,3(6)/323。

③ 郭荣生:《我国近年来之农贷》,《经济汇报》,1944 年第 9 期,第 83 页。

④ 《陕西省三十二年度各种贷款计划述略》,中国第二历史档案馆藏,财政部档案,3(6)/323。

完毕。① 到 1943 年底,陕西农业生产贷款结余 5 607 万元,农田水利贷款结余 8 566.7 万元,农业推广贷款结余 657.9 万元,农产运销贷款结余 1 622.5 万元,农村副业贷款结余 117.3 万元,边区农贷结余 367.5 万元,总计结余 1.692 16(疑应为 1.693 89)亿元。②

　　1944 年,中国农民银行在陕西省的农贷余额为 3.623 6 亿余元,仅次于四川,列第 2 位。其中农业生产运销贷款用于增产粮食和战时必需的农业特产,并贷款 30 万元用于羊毛加工和产销。与农林部、陕西省农业改进所合作贷款收购优良稻种、麦种、棉种,贷给农民,及时播种。③

　　截至 1945 年 5 月,四联总处本年对陕西农业生产贷款累计 8.067 1 亿余元,大型农田水利贷款累计 5.125 亿元,小型农田水利贷款累计 417.2 万余元,农业推广贷款累计 587.9 万余元,农产运销贷款累计 273.4 万元,农村副业贷款累计 257.41 万元,合计 13.042(疑应为 13.345 7)亿余元。截至 1945 年 5 月,陕西省农业生产贷款结余 3.259 35 亿余元,大型农田水利贷款结余 5.683 96 亿余元,小型农田水利贷款结余 475.6 万余元,农业推广贷款结余 1 627.3 万余元,农产运销贷款结余 217.5 万余元,农村副业贷款结余 384.8 万余元,合作金库提倡股结余 151.6 万余元,农业企业投资结余 176.4 万余元,合计 1.404 904 亿(经计算应为 9.246 63 亿,

---

①《陕西省三十二年度各种贷款计划述略》,中国第二历史档案馆藏,财政部档案,3(6)/323。

②郭荣生:《我国近年来之农贷》,《经济汇报》,1944 年第 9 期,第 85 页。

③《中国农民 1944 年业务报告书》(1945 年),中国第二历史档案馆:《中华民国史档案资料汇编》第 5 辑第 2 编,财政经济(3),南京:江苏古籍出版社 1997 年版,第 614 页。

差额较大,疑原始数据有误)余元。[1]

2. 对甘肃省的农贷

1935—1939 年是甘肃农贷的创始时期。1935 年 5 月,中国农民银行兰州支行成立,开始推动甘肃农村合作事业,中国农民银行派农贷员指导皋兰、榆中农民组织互助社,到 1935 年底,两县共组成合作社 50 个,社员 3 078 人,贷款 35 976 元。[2] 1936 年,中国农民银行兰州支行扩大为分行,继续推进农村合作事业,到 1936 年底,甘肃 10 县有获得承认的合作社 219 个,贷款 251 805.81 元。[3] 1936 年 3 月,甘肃农村合作委员会成立,但是因为资金不到位,工作一直无法开展,直到 1937 年,中国农民银行才将自己组织的合作社移交甘肃农村合作委员会接管,中国农民银行主要负责发放农贷,移交时共有 10 县 368 社,社员 20 336 人,累计贷款 915 567.81元。从 1936—1938 年 12 月,中国农民银行向甘肃各县合作社累计贷款 4 621 884 元(包括救济贷款实放数字),具体情况见表 46。

表 46　1936—1938 年中国农民银行甘肃合作社贷款统计表[4]

年月	社数	社员数	股金(元)	贷款累计(元)
1936 年 6 月	105	6 263	14 364	153 245
1936 年 12 月	219	12 988	31 186	330 035
1937 年 6 月	253	13 897	37 086	454 521.57

---

[1]《四联总处编制 1945 年 5 月份农贷及投资种类月报表》(1945 年 5 月),中国第二历史档案馆编:《中华民国史档案资料汇编》第 5 辑,第 2 编,财政经济(4),南京:江苏古籍出版社 1997 年版,第 250—251 页间的表。

[2] 成治田:《甘肃农贷之回顾与前瞻》,《中农月刊》,1945 年第 10 期,第 30 页。

[3] 林嵘:《七年来中国农民银行之农贷》,《中农月刊》第 1 卷第 1 期,1940 年,第 97 页。

[4] 林嵘:《七年来中国农民银行之农贷》,《中农月刊》第 1 卷第 1 期,1940 年,第 98 页。

年月	社数	社员数	股金(元)	贷款累计(元)
1937 年 12 月	638	37 983	29 006	1 059 973.86
1938 年 6 月	1 701	89 225	63 254	1 559 973.86
1938 年 12 月	2 564	166 159	63 254	4 621 884.00

1936 年秋—1937 年,甘肃旱灾、雹灾严重,国民政府决定分三期发放救济贷款,第一期预定 50 万元,第二期预定 100 万元,第三期预定 350 万元,共 500 万元。1937 年夏,中国农民银行第一期"拨款 50 万元,此项贷款,利息月息 7 厘,还期以[民国]二十七年大收为准",贷款区域为岷县、临泽、漳县等 15 县,"每社社员借款不得超过 50 元,平均不得超过 30 元,共贷出 495 245 元"。[1] 第二期中国农民银行拨付甘肃救济农贷 100 万元,贷款利息月息 7 厘(互助社贷予农民月息 1 分),还期为 1939 年底。此次农贷从 1938 年 12 月开始到 1939 年 3 月结束,实际贷款 987 694 元,[2]覆盖全省 41 个县,占甘肃总县数的 58%。为救济农村,促进灾后甘肃农业发展,1938 年 5 月,中国农民银行拨款 350 万元,作为第三期大规模的救济农贷。因为数额较大,中国农民银行与甘肃省合作委员会商定分两次放贷,第一次发放区域为与第二期农贷相同的 41 个县,贷款额为 190.5 万元[3];第二次发放区域为其余的 26 县,8 月底开始到年底结束,实际放贷 145.9 万元。[4] 到 1938 年底,实际共贷

---

[1] 林嵘:《七年来中国农民银行之农贷》,《中农月刊》第 1 卷第 1 期,1940 年,第 97、99 页。

[2] 林嵘:《七年来中国农民银行之农贷》,《中农月刊》第 1 卷第 1 期,1940 年,第 99 页。

[3] 林嵘:《七年来中国农民银行之农贷》,《中农月刊》第 1 卷第 1 期,1940 年,第 100 页。

[4] 顾祖德:《甘肃省合作事业与农业金融》,《中农月刊》第 1 卷第 4 期,1940 年,第 128 页。

放 340.9 万元,受益社员 13.3 万户①,占全省总农户的 15.8%。

1935—1939 年,甘肃省的农贷主要是救济贷款,由中国农民银行与甘肃省合作行政机关一道将贷款发放给合作社或互助社,由合作社或互助社将贷款发放给农民。1939 年,甘肃省决定所有的互助社还款之后改组为信用社,是年 10 月底,甘肃所有的互助社改为信用社,另组建新社 1 224 社,社员 12.9 万人,发放农贷 710.7 万元。②

1940 年 3 月 6 日,蒋介石手令四联总处,“四行农贷之省,除四川外,对于陕西甘肃,亦应注重”。③ 于是,四联总处开始增加对甘肃的农贷,同年 12 月 31 日,甘肃省政府与四联总处签订了 2 000 万元的农贷合约,其中合作贷款 1 400 万元,农田水利贷款 400 万元,农业推广贷款 200 万元。④ 与甘肃陇东 8 县签订边区农贷合约 200 万元,由甘肃省政府组设陇东 8 县农贷代办处负责贷放。1940 年,依照《四联总处普通区域农贷办法》,中国农民银行分区发放给甘肃农贷 1 400 万元,依照四联总处边区贷款办法,中国农民银行与各行局联合向陇东 8 县发放边区贷款 200 万元,中国农民银行分摊 70 万元。中国农民银行还在甘肃发放农民动产抵押放款 132 084 元。截至 1940 年底,甘肃合作社放款(包括合作金库放款

---

① 成治田:《甘肃农贷之回顾与前瞻》,《中农月刊》,1945 年第 10 期,第 31 页。

② 成治田:《甘肃农贷之回顾与前瞻》,《中农月刊》,1945 年第 10 期,第 31 页。

③ 中国人民银行金融研究所编:《中华民国史资料丛稿———中国农民银行》,北京:中国财政经济出版社 1980 年版,第 128 页。

④ 中中交农四行联合总办事处农业金融处编:《中中交农四行联合办事处三十年度农贷报告》,重庆:中中交农四行联合办事处农业金融处,1942 年,第 21—22 页。

在内)结余为 8 138 811.11 元。①

为促进粮食增产,1941 年,国民政府组织粮食增产委员会,因甘肃粮食增产的希望较大,1941 年 2 月,蒋介石电令四联总处给甘肃省增加农贷 850 万元,原额 2 200 万元,增加 850 万元,共 3 050 万元。"转知中信局及中、交、农三总行及陇分行,遵照本年度农贷办法纲要积极办理,勿误春耕。"② 1941 年,四联总处与甘肃省续订推广植棉贷款合同 20 万元,增粮贷款合约 850 万元,农田水利贷款合同 400 万元,农业推广贷款 200 万元,还有 1 000 万元增粮贷款按各行承贷区域分别贷放、不订合约。甘肃省政府与四行、甘肃省银行组成增粮贷款团,共同投资促进甘肃粮食增产。第一次,中央银行、交通银行各投资 127.5 万元,中国银行投资 212.5 万元,中国农民银行投资 382.5 万元,共 850 万元;第二次投资 1 150 万元,甘肃省银行投资 300 万元,中国银行投资 250 万元,交通银行投资 150 万元,中国农民银行投资 450 万元;第三次投资 1 000 万元,中央、交通银行各投资 150 万元,中国银行投资 250 万元,中国农民银行投资 450 万元。以上三次投资,共计 3 000 万元③,分发给 36 个县,"增产以小麦为主,其次为各种杂粮,贷款时,按照合作社社员田亩的多少,每亩贷予十元到十五元,秋收登场时,每亩交粮三市斗到五市斗,存于合作社农仓,再由政府介绍收粮机关,按市价收

---

① 《中国农民银行 1940 年度业务报告》(1941 年),中国第二历史档案馆编:《中华民国史档案资料汇编》第 5 辑,第 2 编,财政经济(3),南京:江苏古籍出版社 1997 年版,第 563 页。

② 中国人民银行金融研究所编:《中华民国史资料丛稿——中国农民银行》,北京:中国财政经济出版社 1980 年版,第 130 页。

③ 成治田:《甘肃农贷之回顾与前瞻》,《中农月刊》1945 年第 10 期,第 33 页。

买。"[1] 1941 年 1—12 月，四行局实际贷给甘肃省普通区域农贷
3 851.9 万元，农田水利贷款 332.4 万元，农业推广贷款 20 万元，边
区贷款 223.8 万元，共计 4 428.1 万元。[2]

　　1942 年，四联总处与甘肃省政府签订 6 108 万元农贷合约，其
中，生产运销副业贷款 3 000 万元，农田水利贷款 2 708 万元，农业
推广贷款 100 万元，边区贷款 300 万元。[3] 截至 1942 年底，实际发
放生产运销副业贷款 2 900 余万元，农业推广贷款 100 万元，农田水
利贷款 2 000 万元，小型农田水利工程贷款 308.1 万元。甘肃省政府
自筹农田水利贷款 500 万元，办理永乐渠等 9 处水利工程。给甘肃
陇东 9 县发放边区农贷 300 万元，由省合作事业管理处负责配贷。[4]

　　1943 年，四联总处核定甘肃农贷总额为 8 468 万元，其中，农
田水利贷款 7 768 万，农业推广贷款为 700 万元。1943 年度甘肃农
贷结余额为 1.354 8 亿元（疑应为 1.328 05 亿元），其中农业生产
贷款结余 3 084.2 万元，农田水利贷款结余 8 776.7 万元，农业推广
贷款结余 63.4 万元，农产运销贷款结余 290.6 万元，农村副业贷款
结余 1 065.6 万元。[5]

---

①　中中交农四行联合总办事处农业金融处编：《中中交农四行联合办事处三十年度农贷
　　报告》，重庆：中中交农四行联合办事处农业金融处，1942 年，第 22 页。

②　《四联总处 1941 年度工作报告》（1942 年），中国第二历史档案馆编：《中华民国史档
　　案资料汇编》第 5 辑，第 2 编，财政经济（4），南京：江苏古籍出版社 1997 年版，第
　　140—142 页。

③　《四联总处三十一年度办理农业金融报告》（1943 年），中国第二历史档案馆编：《中华
　　民国史档案资料汇编》第 5 辑，第 2 编，财政经济（4），南京：江苏古籍出版社 1997 年
　　版，第 196 页。

④　《四联总处三十一年度办理农业金融报告》（1943 年），中国第二历史档案馆编：《中华民
　　国史档案资料汇编》第 5 辑，第 2 编，财政经济（4），南京：江苏古籍出版社 1997 年版，第
　　196、198、241—243 页。

⑤　郭荣生：《我国近年来之农贷》，《经济汇报》，1944 年第 9 期，第 83—85 页。

1944 年,中国农民银行在甘肃的农贷结余额为 3. 447 3 亿余元,[①]仅次于四川、陕西,排第 3 位。

截至 1945 年 5 月,四联总处给甘肃农业生产贷款本年累计贷出 1. 548 46 亿余元,大型农田水利贷款本年累计贷出 2. 013 37 亿余元,小型农田水利贷款本年累计贷出 1 489. 3 万余元,农业推广贷款本年累计贷出 75 万元,农产运销贷款本年累计 4 368. 3 万余元,农村副业贷款本年累计贷出 9 722. 4 万余元,边区贷款本年累计贷出 218. 6 万余元,合作金库提倡股 60 元,其他 299. 6 万余元,合计 5. 17 亿余元。[②]

3. 对宁夏的农贷

中国农民银行从 1940 年 7 月开始向宁夏发放农贷,依照《四联总处普通区域农贷办法》,与其他行局联合贷放 100 万元。[③] 1941年,中国农民银行贷给宁夏农业生产贷款 148 万余元。1942 年,四联总处与宁夏省政府签订农贷合约,贷款总额为 300 万元,其中农业生产运销副业贷款 280 万元,农田水利贷款 20 万元,实际贷给宁夏 414. 2 万元,在 20 省中排第 18 位,农田水利贷款仅贷出 2 万余

---

① 《中国农民银行 1944 年业务报告》(1945 年),中国第二历史档案馆编:《中华民国史档案资料汇编》第 5 辑,第 2 编,财政经济(3),南京:江苏古籍出版社 1997 年版,第 614 页。

② 《四联总处编制 1945 年 5 月份农贷及投资种类月报表》(1945 年 5 月),中国第二历史档案馆编:《中华民国史档案资料汇编》第 5 辑,第 2 编,财政经济(4),南京:江苏古籍出版社 1997 年版,第 250—251 页间的表。

③ 《中国农民银行 1940 年度业务报告》(1941 年),中国第二历史档案馆编:《中华民国史档案资料汇编》第 5 辑,第 2 编,财政经济(3),南京:江苏古籍出版社 1997 年版,第 563 页。

元。① 1943 年,四联总处核定宁夏农贷总额为 720 万元,其中,农田水利贷款 200 万元,农业生产贷款 470 万元,农业推广贷款为 50 万元。到 1943 年底,宁夏农贷结余额为 171.6 万元,其中农业生产贷款结余 143.6 万元,农田水利贷款结余 12.8 万元,农业推广贷款结余 7 万元,农村副业贷款结余 8.2 万元。②

宁夏的农贷主要有农业生产、农田水利、农业推广和农村副业 4 类,农业生产贷款"是以各县各种合作社为对象,按各社社员人数的多寡及其经营业务需用资金情形,予以核贷。其贷款用途,据调查为购买籽种、农具、肥料、牲畜等。1940 年度仅办理 7 县,宁夏全省共 13 县,1942 年度扩展到全省 13 个县局。1940 年度贷款额为 362 340 元,1941 年度为 1 480 366 元,1942 年度农业生产贷款为 2 672 955 元,1943 年度农业生产贷款为 8 970 846 元,1944 年截至 6 月 10 日为 12 174 782 元,逐年均有增加,对协助农民增加食粮生产,收效至巨"③。表 47 是 1940～1944 年 6 月 10 日,宁夏各类农业贷款统计。

宁夏农田水利贷款分小型和大型两种,小型农田水利贷款 1942 年开始,仅仅贷放给中宁县水车灌溉生产合作社 2.08 万元,大型农田水利贷款 1943 年开始,贷款对象是宁夏省政府,用于修潘汉延、唐徕等水渠及河西排水沟及其他特种工程,以畅通渠水,增加流量,以利农田灌溉,1943 年贷款额为 180 万元,1944 年为 240

---

① 《四联总处三十一年度办理农业金融报告》(1943 年),中国第二历史档案馆编:《中华民国史档案资料汇编》第 5 辑,第 2 编,财政经济(4),南京:江苏古籍出版社 1997 年版,第 196、198、244 页。

② 郭荣生:《我国近年来之农贷》,《经济汇报》,1944 年第 9 期,第 84—85 页。

③ 南秉方:《宁夏省之农业金融与农贷》,《新西北》第 7 卷第 10/11 期合刊,1944 年 11 月,第 35 页。

表 47　1940—1944 年宁夏各类农业贷款统计表①
（截至 1944 年 6 月 10 日）

年度	县数	贷款种类	贷款对象	数额（元）	期限	贷款合计（元）
1940	7	农业生产	信用合作社	362 340	9—12 月	362 340
1941	10	农业生产	信用合作社	1 480 366	9—12 月	1 480 366
1942	10	农业生产	信用、保、生产合作社	2 642 155	9—12 月	2 672 955
		农田水利	灌溉生产合作社	20 800	两年摊还	
		农村副业	陶瓷生产合作社	10 000	12 月	
1943	13	农业生产	保、畜牧生产合作社	7 018 846	9—12 月	8 970 846
		农田水利	省政府	1 800 000	12 月	
		农村副业	淘盐、纺织合作社	82 000	9—12 月	
		农业推广	农林处	70 000	12 月	
1944	13	农业生产	保、垦殖生产合作社	6 934 782	9—12 月	12 174 782
		农田水利	省政府	2 400 000	12 月	
		农村副业	榨油生产合作社	40 000	6 月	
		农业推广	农林处	200 000	12 月	
		土地改良	省政府	2 600 000	五年摊还	

① 南秉方:《宁夏省之农业金融与农贷》,《新西北》第 7 卷第 10/11 期合刊,1944 年 11 月,第 36—37 页。

万元。农业推广贷款对象是宁夏农林处,1943 年农林处向中国农民银行借款 7 万元,到甘肃购买棉种 2.8 万余市斤,转贷给棉花产销合作社,推广棉田 3 130 亩,每亩平均收皮花 30 斤,取得较好成绩。1944 年继续推广,共计贷款 20 万元。农村副业贷款是协助农民利用农闲时间经营各种副业,增加农民收益,调剂市场供需。[1] 1944 年,中国农民银行在宁夏的农贷结余额为 1 241.4 万余元。[2]

截至 1945 年 5 月,四联总处给宁夏农业生产贷款本年累计为 1 038.9 万元,大型农田水利贷款本年累计为 900 万元,农业推广贷款本年累计为 65 万元,战区贷款本年累计为 2 020.9 万元,农业企业投资 17 万元。[3]

4. 对青海的农贷

1938 年 2 月,中国农民银行青海支行成立,青海省政府积极与中国农民银行洽商农贷,但因为青海省没有合作行政机构,贷款都未能进行。

1942 年,青海合作事业管理处正式成立,中国农民银行与青海省政府签订农贷协议书,其中农业生产贷款 2 000 万元。[4] 1942 年9 月,青海省牛瘟猖獗,牛羊被传染,死亡无数,四联总处责成中国

---

[1] 南秉方:《宁夏省之农业金融与农贷》,《新西北》第 7 卷第 10/11 期合刊,1944 年 11 月,第 36—37 页。

[2] 《中国农民银行 1944 年业务报告》(1945 年),中国第二历史档案馆编:《中华民国史档案资料汇编》第 5 辑,第 2 编,财政经济(3),南京:江苏古籍出版社 1997 年版,第 614 页。

[3] 《四联总处编制 1945 年 5 月份农贷及投资种类月报表》(1945 年 5 月),中国第二历史档案馆编:《中华民国史档案资料汇编》第 5 辑,第 2 编,财政经济(4),南京:江苏古籍出版社 1997 年版,第 250—251 页间的表。

[4] 《四联总处三十一年度办理农业金融报告》(1943 年),中国第二历史档案馆编:《中华民国史档案资料汇编》第 5 辑,第 2 编,财政经济(4),南京:江苏古籍出版社 1997 年版,第 245 页。

农民银行特拨专款 1 200 万元举办青海省畜牧贷款,先在青海省畜牧业最发达地区着手推动。由中国农民银行与青海省政府洽议贷款计划,并与农林部密切联系,积极推进。此项贷款以蒙藏游牧民为限,期限 3 年,以每人或每头牛贷款 100 元为标准,在共和、湟源、祁连、岗察、西乐等 9 县局放款 1 200 万元。①

　　1943 年,四联总处核定青海农业生产贷款 800 万元,1943 年度青海农业生产贷款结余 2 000 万元。② 1944 年,中国农民银行在青海的农贷结余额为 3 472 万余元。③

　　1945 年 5 月 7 日,中国农民银行与青海省政府签订农业生产贷款合约,贷款总额 1 000 万元,分配给西宁 500 万元、乐都 250 万元、民和 250 万元,贷款对象为农村合作组织及农民团体,期限为 1 年,月息 2 分 5 厘。④ 截至 1945 年 5 月,四联总处编制的农贷月报表显示,1945 年度,青海农业生产贷款累计 1 000万元,大型农田水利贷款累计 1 350 万元,战区贷款累计 2 350万元。⑤

　　1938 年春,蒋介石令中国农民银行拨款数十万元,与新疆省银行合办南疆合作事业,并由中国农民银行派员洽办,采用边区救济

---

① 《青海省拟订畜牧、农田水利、农业生产贷款合约及办理农贷等事文书》(1942 年 3 月),中国第二历史档案馆藏,财政部档案,3(6)—902。

② 郭荣生:《我国近年来之农贷》,《经济汇报》,1944 年第 9 期,第 84—85 页。

③ 《中国农民银行 1944 年业务报告》(1945 年),中国第二历史档案馆编:《中华民国史档案资料汇编》第 5 辑,第 2 编,财政经济(3),南京:江苏古籍出版社 1997 年版,第 614 页。

④ 《青海省拟订畜牧、农田水利、农业生产贷款合约及办理农贷等事文书》(1942 年 3 月),中国第二历史档案馆藏,财政部档案,3(6)/902。

⑤ 《四联总处编制 1945 年 5 月份农贷及投资种类月报表》(1945 年 5 月),中国第二历史档案馆编:《中华民国史档案资料汇编》第 5 辑,第 2 编,财政经济(4),南京:江苏古籍出版社 1997 年版,第 250—251 页间的表。

贷款办法,与新疆省银行合作贷款,总额 50 万元,中国农民银行承担 25 万元,由兰州分行就近收付,并派员到贷款区域组织预备社配贷。①

第二节　对西部各省农贷的成效与存在的问题

发放农业信贷资金主要是解决农业生产中资金不足问题。从近代西方国家农业发展历史看,增加农业信贷资金的投放,对于促进农业生产,协助农产品运销往往能起到重要作用。但是,农业生产周期长,资金周转比工商业慢;农业生产受自然条件影响大,风险较大,农业贷款的利息比较低,因此,很多商业银行不愿意从事农贷。但是,作为政府来讲,要促进农业发展,安定农民生活,必须要实行鼓励和支持农贷的政策。有的国家政府由国有银行为农民提供补贴、提供低息甚至是无息贷款。农业生产者自己也组织信用合作社,互通有无,满足内部成员的资金需求。抗战时期,我国农村金融枯竭,农民普遍缺乏生产、生活资金,为促进国统区农业发展,支持抗战,国民政府动员国家银行和金融机构、地方银行加大对西部各省的农贷,还组织合作社,辅设合作金库、农业仓库,满足农民资金需求。据不完全统计,1940—1945 年,仅国家行局对大后方农贷的余额就达到 107.69 亿元,对西部各省的农贷对当地农业发展的确起到了一定的促进作用,但因为西部地域广大,农贷数额有限,离满足农业发展的资金需求有很大差距;农贷对象主要是信用合作社,但是无地、少地的佃农、贫农加入不了合作社,因此农贷大部分为富裕农民所得,贫苦农民几乎无法得到农贷的资金支持,广大西部

---

① 林嵘:《七年来中国农民银行之农贷》,《中农月刊》第 1 卷第 1 期,1940 年,第 110 页。

地区贫苦农民仍然贫困,甚至可以说是更加贫困。

一、抗战时期对西部各省的农贷取得了一定的成效

(一)农贷在一定程度上促进了西部农业发展

1935 年,豫皖鄂赣四省农民银行改名为中国农民银行,贷款范围除豫皖鄂赣四省外,也逐渐扩充到川、黔、陕、甘等西部省份,贷款性质主要是灾后救济,如中国农民银行 1936 年的川西北灾区贷款、黔西灾区救济贷款、1937 年贵州旱灾救济贷款、1936—1938 年陕西救济贷款、1937 年甘肃救济贷款等,主要是救济灾民,但是救济款项也用于农业生产,如 1936—1937 年发放的鄂湘川边区春耕贷款,农本局 1937 年发放的总额 102.45 万元的陕西省水利贷款、川陕棉花贷款及植物油料贷款等,都是为了帮助农民购买种子肥料耕牛、兴修农田水利工程,促进农业生产。

全面抗战开始后,国民政府要求把农贷的重点放在西部,扩大对西部各省的农贷,农本局将战区农贷结束,重点转向西部各省,为西部粮食和经济作物的生产提供贷款支持。如 1938、1939 年贷款给四川农业改进所向农民收购稻麦良种,在江津、遂宁、三台等 5 县发放肥料贷款 10 万元,指导农民选用施用肥料。[1] 在四川剑阁、广元,贵州铜仁、江口等地办理耕牛贷款,供购买耕牛等。[2] 1938 年,农本局给四川、陕西、贵州等省食粮生产贷款 626 万元,帮助农民购买种子、肥料、雇用人工等。[3] 1939 年,与陕西省签订食粮及一般生产贷款 80 万元,四川推广改良麦种 10 万元,贵州耕牛及冬

---

①《农本局 1939 年 5 月业务报告》,中国第二历史档案馆藏,经济部档案,4—12492。
② 农本局研究室:《中华民国二十七年业务报告》,农本局研究室编印,1939 年,第56 页。
③ 农本局研究室:《中华民国二十七年业务报告》,农本局研究室编印,1939 年,第55 页。

作贷款 50 万元,①这些贷款都在一定程度上促进了川、黔、陕、甘等省农业发展。为刺激西部各省棉农种植棉花,增加产量,改善品质,沟通产销,调整供需,1938 年农本局与四川省建设厅合办棉花生产和轧花设备贷款,并补助经费大量购运改良棉籽,推广棉田 5 万余亩,更换良种,品种改进后,细纱原料从此可以就地取给。②

　　1940 年后,四联总处统筹农贷,颁布《二十九年度中央信托局中国交通农民三银行及农本局农贷办法纲要》,各行局按四联总处的规定联合或分区贷放。1940 年各行局放款余额为 2.05 亿多元,中国农民银行放款 9 600 余万元。③ 1940 年,中国银行实际贷出4 912.4万元,放款省份有 16 省,其中川、湘两省因能按照四联总处农贷纲要,于春耕前贷款,故成效特佳。④

　　1941 年,中国农民银行接管了农本局的农贷业务,1941 年中国农民银行农贷余额为 2.2 亿余元,占全国农贷总额的 47%,"放款用途,后方注重食粮生产及垦殖水利"⑤。

　　1942 年后,农贷紧缩,以"直接增加农业生产"为原则,贷款更加着力于直接促进农业生产。农业生产贷款、农田水利贷款可以直接促进农业生产,因此,加大了这两种农贷的比重,1942—1945

---

① 《农本局关于推进农业合作金融与农业生产贷款情形的报告》(1939),中国第二历史档案馆编:《中华民国史档案资料汇编》第 5 辑,第 2 编,财政经济(8),南京:江苏古籍出版社 1997 年版,第 91 页。

② 农本局研究室:《中华民国二十七年农本局业务报告》,农本局研究室编印,1939 年,第 59 页。

③ 顾翊群:《十年来之中国农民银行》,《中农月刊》第 4 卷第 4 期,1943 年,第 5 页。

④ 《中国银行 1940 年度业务报告》(1941 年),中国第二历史档案馆编:《中华民国史档案资料汇编》第 5 辑,第 2 编,财政经济(5),南京:江苏古籍出版社 1997 年版,第491 页。

⑤ 顾翊群:《十年来之中国农民银行》,《中农月刊》第 4 卷第 4 期,1943 年,第 5 页。

年,农业生产贷款、农田水利贷款之和分别占各年农贷总额的82.2%、75.6%、70.4%、78%,[1]可见,1942年后的农贷主要用于农业生产和农田水利建设,且取得了比较明显的成效。以1942年中国农民银行农业生产贷款为例,贷款由合作社转放于农民,供其购买种子、农具、肥料及各种生产工具,总数在3.9亿元以上,约占农贷总额的57%。农田水利贷款成效更为显著,1942年,中国农民银行在川、康、陕、甘、豫、滇、黔、桂、赣、鄂等10省,贷款1.7亿元,完成大型农田水利工程10处,受益田亩达30万余亩,加上以往水利工程,灌溉面积总计达85万亩。此外,还辅导农民办理小型水利工程,核定贷款有3 700余万元[2]。农田水利贷款的具体成效在本书第八章中有专门阐述,此处不再赘述。

科技是第一生产力,农业科技对农业生产的促进作用非常大,要发展农业科技,必须有大量的资金投入,但是1942年前,国家行局的农贷主要是合作贷款,对农业推广贷款不够重视。1942年,四联总处组织农业金融、农业科研机构、农林院校的专家学者考察四川省农贷情况,发现,"农业推广贷款,数额既属有限,而门类繁多,效果尚尠"。[3] 考察后建议国民政府,"关于农业推广贷款,过去为数不多,然此项贷款对于增加农业生产之意义,实效最大。诸如稻麦优良种籽之推广、棉种蚕种及其他各种改良种之提倡,有效肥料之推广,新式农具之推广,及防治病虫害药剂之制造等,倘能大量

---

[1]《中国农民银行1944年度业务报告书》(1945年),中国第二历史档案馆编,《中华民国史档案资料汇编》第5辑,第2编,财政经济(3),南京:江苏古籍出版社1997年版,第613页。

[2] 顾翊群:《十年来之中国农民银行》,《中农月刊》第4卷第4期,1943年,第6页。

[3]《四联总处四川省农贷视察团报告书》,南京中国第二历史档案馆藏,经济部档案,4/34321。

繁殖制售，普遍推行，则使收获增加损害减少，即每亩以数升数斗计，全省全县之总量，何啻千百万担。"农业推广贷款"虽尚有待各方之努力与配合，然其效益当不下于农田水利贷款，且今后实行实物贷放，使农业推广贷款占农贷数字之主要地位，则农贷对于增加农业生产之功效，必远胜于今日也。"①1942 年后，国民政府加大了对农业改进机关的贷款，1942—1945 年，中国农民银行对合作组织和农民团体的贷款由 57.4％减少到 35.6％，对农业改进机关的贷款则由 25.7％增加到 52.5％。

表 48　1937—1945 年农贷结余额按贷款对象分类统计表②（百分比）

年份	合作组织（％）	农民团体（％）	农业改进机关（％）	农业投资（％）	其他（％）	合计（％）
1937	74.5					
1938	60.0					
1939	72.9					
1940	76.5					
1941	84.3					
1942	56.9	0.5	25.7	7.2	9.7	100.0
1943	47.3	1.9	35.7	5.6	9.5	100.0
1944	33.1	4.8	42.1	4.9	15.1	100.0
1945	29.6	6.0	52.5	3.9	8.0	100.0

　　四联总处贷款给西部各省农业改进机关收购麦种、稻种、棉

---

① 《四联总处四川省农贷视察团报告书》(1942 年 8 月)，中国第二历史档案馆藏，经济部档案，4/34321。

② 中国人民银行金融研究所编：《中华民国史资料丛稿——中国农民银行》，北京：中国财政经济出版社 1980 年版，第 148—149、161 页。

种,制造骨粉及繁殖耕牛、役马等优良畜种。[1] 贷款购置或扩充设备建设制造防治病虫害的药剂和器械的工厂。[2] 1942 年,中国农民银行贷款协助农业改进机关收购巨量稻麦棉等优良品种,以供推广于农民,其投放总数共为 790 余万元,折合种子约 10 万担,推广面积达 126 万亩,增产数字估计为水稻 23 260 市担,小麦203 742市担,皮棉 1.29 万市担,其价值合计为 7 660 余万元。[3] 1944 年,四联总处"贷款金额 4 896 万元,在川、陕、黔、滇、鄂等省收购稻种13 925担,在川、陕、甘、鄂、黔、浙等省收购麦种 5 400 担,均于当年贷给农民,及时播种。各省优良棉种,则由陕、川、豫、湘等 14 省农业改进机关,分别向本行(中国农民银行)贷款采购,以供推广"[4]。中国农民银行贷款 600 万元给农林部病虫药械制造总厂,帮助该厂制造防治病虫害的药剂和器械。综计 1944 年农业推广贷款,遍布于川、滇等 16 省,年底结余数额,共达 1.27 多亿元。[5]

1943 年后,中国农民银行与地方政府合作试办实物贷款,贷款方法是"由中国农民银行农贷人员协同技术及推广机关人员,预期

---

[1]《四联总处四川省农贷视察团报告书》(1942 年 8 月),中国第二历史档案馆编:《中华民国史档案资料汇编》第 5 辑,第 2 编,财政经济(4),南京:江苏古籍出版社 1997 年版,第 155 页。

[2]《四联总处 1942 年度办理农业金融报告》(1943 年),中国第二历史档案馆编:《中华民国史档案资料汇编》第 5 辑,第 2 编,财政经济(4),南京:江苏古籍出版社 1997 年版,第 201 页。

[3] 顾翊群:《十年来之中国农民银行》,《中农月刊》第 4 卷第 4 期,1943 年,第 6 页。

[4]《中国农民银行 1944 年业务报告书》(1945 年),中国第二历史档案馆编:《中华民国史档案资料汇编》第 5 辑,第 2 编,财政经济(3),南京:江苏古籍出版社 1997 年版,第615 页。

[5]《中国农民银行 1944 年业务报告书》(1945 年),中国第二历史档案馆编:《中华民国史档案资料汇编》第 5 辑,第 2 编,财政经济(3),南京:江苏古籍出版社,1997 年版,第615 页。

购买稻麦棉良种或者肥料,至贷放期以低于市价贷予农民团体,以需要量多寡,分配于各农户,中国农民银行自负盈亏之责"。[1] 1943年开始在甘肃皋兰等12县试办小麦良种实物贷款。据统计,1943年,甘肃推广优良麦种51 673亩,每亩增产3市斗,共增产11 502担。[2] 1944年,中国农民银行在贵州省贵筑等县试贷稻谷2 000担,在江西省南城县试贷棉籽250市担,在福建省昭武县贷放硝肥50市担,此外在兰州收购小麦良种1 500市担,在广西行收购骨粉1 000市担,年内均转贷给农民,办理情形,极均良好。[3]

据国民政府统计,1941—1944年,利用农业推广贷款改良农作物品种,推广双季稻、再生稻对粮食增产的贡献率分别为3.13％、1.96％、14.64％、7.15％;防治病虫害对粮食增产的贡献率分别为2.11％、0.83％、2.84％、2.19％;增施肥料对粮食增产的贡献率分别为1.46％、0.73％、1.03％、1.30％;修整农田水利对粮食增产的贡献率分别为3.20％、1.56％、6.28％、3.11％。[4]从这组数据可以看出,1941年后,农业推广和农田水利贷款对粮食增产起到了明显的促进作用,尤其以1943年最为突出。

国民政府对西部各省的农贷,也促进西部农村特产和农村副业的发展。中国银行作为仅次于中国农民银行的第二大农贷机构,截至1937年6月底,发放农贷863万余元,1938年1 179万余

---

① 成治田:《甘肃农贷之回顾与前瞻》,《中农月刊》第6卷第10期,1945年,第45页。

② 李中舒:《甘肃农村经济之研究》,中央训练委员会西北问题研究室编:《西北问题论丛》第3辑,1943年,第104页。

③《中国农民银行1944年业务报告书》(1945年),中国第二历史档案馆编:《中华民国史档案资料汇编》第5辑,第2编,财政经济(3),南京:江苏古籍出版社1997年版,第612页。

④ 封昌远:《最近全国粮食增产工作概观》,《中国农民》(重庆)第1卷第4期,1942年,第58—59页。

元,1939 年 1 798 万余元,放款遍及 17 省 209 县,种类涉及农业、垦荒、水利、农村副业及各项农业特产繁殖放款,如四川之麻糖、云南之木棉及陕西之农村纺织副业等,①促进了西部各省农、副业发展。

（二）农贷对救济农村,增加农民收入起到了一定的作用

抗战时期,中国农业基本上仍然是靠天吃饭,严重依赖自然条件,风调雨顺则收成较好,一遇灾害,可能颗粒无收。在自然灾害面前,农民生产、生活会遇到严重困难,急需国家救济。全面抗战前,豫皖鄂赣四省农民银行（中国农民银行）和农本局提供了一些赈济款项,用于救济农村。尽管数量很少,但对嗷嗷待哺的灾民来说,还是起到了一定的救济作用。1939 年后,国家行局的农贷着重促进农业生产,但是在灾害发生时,也发放紧急救灾贷款,如中国农民银行对陕西黄龙山垦区发放垦荒贷款,就是为了救济黄灾（黄泛区灾害）难民。1942 年,陕西沿黄河平民、朝邑等 6 县惨遭水灾,农行贷放紧急水灾农贷 200 万元,1943 年春续贷 200 万元,以作春耕之需。②

全面抗战开始后,国民政府要求四联总处办理农产品贴现,用农产品作抵押获得农贷,农本局、中国农民银行发放农仓贷款、储押贷款,可以防止谷贱伤农,1938 年,川、陕、湘、赣农业丰收,为防止谷贱伤农,国民政府急令各农贷机构办理储押贷款,中国农民银行拨专款 1 100 余万元,办理储押贷款。③ 农本局在四川发放谷种

---

①《中国银行 1939 年度业务报告》(1940 年),中国第二历史档案馆编:《中华民国史档案资料汇编》第 5 辑,第 2 编,财政经济(3),南京:江苏古籍出版社 1997 年版,第 479 页。

②《陕西省三十三年度各种贷款计划述略》,中国第二历史档案馆藏,财政部档案,3(6)—323。

③ 顾翊群:《十年来的中国农民银行》,《中农月刊》第 4 卷 4 期,1943 年,第 5 页。

放款 503 373 元,农民贷款购种复耕者达到 223 445 户。这年丰收后谷贱伤农,农本局又贷出 852 872 元,在全川建立储押合作社 1 312所,共押谷麦杂粮 248 114 石。1938 年,农本局贷款给贵州省政府或其他机关,供购买军糈民食,且免谷贱伤农。①

为了维持生产生活,农民确实需要生产生活资金,特别是在春耕时节、青黄不接时、过年过节时、婚丧嫁娶时,都有资金需求。"各地农民大多需要资金协助甚殷。当播种施肥及粮食青黄不接时期,期望贷款尤切。倘能予以适当之接济,及良好之指导与监督,则信用贷款,于减低人民负担,厥功至伟。"②秋收时正是农产品价格最低时,但是佃农要在收获后 1—2 月交租,虽然谷物价格最低,也只能忍痛出售,过年时、青黄不接时,正是农产品价格最高时候,农民需要资金,也只能高价借钱借粮,明知道吃亏也没有办法。国家行局发放信用贷款,可以帮助农民解决暂时的资金困难,使农产品可以待价而沽,保护了农民利益。

对于战时可供出口的特产,如桐油、茶叶、蚕丝,以及对于后方生产生活必需的产品,如棉、糖、纸等,国家行局也对其生产、加工和运销给予贷款支持。四川沱江流域是甘蔗产区,"沱江流域蔗农平均可占平民半数左右,因蔗农多为资本缺乏之农民,只需略备相当人力与家具,即可从事种植甘蔗,故彼等之种子、原料各费,类多预售于糖房、漏棚,以资活动,""蔗农糖房之经济依存关系,乃一种惨酷之剥削关系,商业银行或钱庄以一分或二分取得资金,再以三五分之利息贷予糖房或漏棚,最后再由糖房贷予蔗农。故蔗农负

---

① 农本局研究室:《中华民国二十七年农本局业务报告》,农本局研究室编印,1939 年,第 54 页。

② 《四联总处四川省农贷视察团报告书》(1942 年 8 月),中国第二历史档案馆藏,经济部档案,4/34321。

担之利息最少为五六分,多则有七八分者"。① 1937 年春,中国银行与四川农村合作委员会协订贷款合约,划内江、资中、资阳、简阳、荣昌、隆昌 6 县为中国银行农贷区域,同年 5 月开始贷放,协助防旱工作。1938 年 1 月,开始办理甘蔗生产及制糖加工贷款,1939年后蔗糖产销贷款逐渐增加。1941 年度,中国银行贷给内江 320个合作社甘蔗生产贷款 550.308 万元,加工贷款 973.95 万元,糖房设备贷款 3 万元,共计 1 527.258 万元。贷给资中 305 个合作社生产贷款 3 383 744 元,加工贷款 996 532 元,合计 4 380 276 元,②帮助蔗农生产加工甘蔗。在中国银行农贷的帮助下,各县蔗农加入合作社,自己生产加工甘蔗,收入有较大增长。如资中、内江之蔗农加入合作社借款自制蔗糖者,1940 年每万公斤甘蔗多得收益150 元至 300 余元。倘糖价不落,中国银行在此数县之贷款,增加农民收益当在 2 000 万元以上。③ 至 1942 年 7 月底,各县蔗农都已摆脱糖房的束缚,自己购买制糖设备,用机器制糖,甘蔗的品质及制糖技术大有改进。

值得一提的是,通过农贷推动的农业技术改进对于提高农民收入,保护农民利益效果显著。以四川乐山牟子乡及关帝乡蚕丝产销社 1942 年年度经营情形为例,"改良蚕茧 1 公斤,缫丝 3 两,较土茧缫丝 2.4 两者,增加产量 20% 以上,因获有贷款运用结果,平均每蚕茧 1 公斤,售价及红利共约 32 元,较蚕茧上市每公斤 20 元

---

① 李德宣:《四川内江金融市况与蔗糖产销情形》,《经济汇报》第 6 卷第 6 期,1942 年,第57 页。
② 李德宣:《四川内江金融市况与蔗糖产销情形》,《经济汇报》第 6 卷第 6 期,1942 年,第57、63 页。
③ 中国银行总行、中国第二历史档案馆编:《中国银行行史资料汇编》(上编二),北京:档案出版社 1991 年版,第 1242 页。

之价格,多获 12 元。倘无贷款预付各社员货价,则社员需款孔急,必将蚕茧出售于商人,所得自不能有此结果。于此可见,贷款与技术改进,于增加人民收益,增加产量,均确有实效。"[1]

（三）农贷对缓解农村金融枯竭,打击高利贷剥削起到了一定作用

长期以来,西部农民生活贫困,很多农民靠借债度日。全面抗战前,农民借款主要来源于钱庄、典当、商店、合会和私人借款,借款利率高,特别是私人高利贷,利率很高,农民深受其害。全面抗战时期,国家行局发放的农贷利率很低,四联总处规定,农贷利率暂定为月息 8 厘,合作社或其他农民团体对社员或会员贷款,其利率最高不得超过月息 1 分 2 厘;逾期贷款,在逾期期间的利率按照原利率加 4 厘计算;贷款期限在一年以上者应分期摊还,每年结算一次;农田水利贷款、佃农购置耕地贷款、个人借款等利息临时决定。[2]

即使是在物价高涨的 1942 年,国家行局对合作社的放款利息也仅是月息 1 分,对合作金库的放款是月息 7 厘,合作金库转贷给合作社月息 1 分,合作社转贷给农户是月息 1 分 2 厘至 1 分 3 厘。[3] 1942 年,重庆市利息行市的月息为 2 分 8 厘,1943 年更上涨到月息 6 分,这还是政府限制下的贷款利息,黑市利息更高。相比较金融市场和黑市利息,合作社、合作金库的农贷利息的确是很优惠的。因此,农民更愿意接受合作社的低息贷款。据 1943 年统计,四川农民借款中,合作社和合作金库贷借款为 39%,银行为

---

① 《四联总处四川省农贷视察团报告书》(1942 年 8 月),中国第二历史档案馆藏,经济部档案,4/34321。

② 1942 年农贷准则,中国第二历史档案馆藏,财政部档案,3/22011。

③ 1942 年农贷准则,中国第二历史档案馆藏,财政部档案,3/22011。

22％,钱庄、典当业、商店等为16％,私人为23％。云南、贵州也大体如此,合作社、合作金库借款占农民借款比率,云南为37％,贵州为51％;银行借款比率,云南为15％,贵州为7％;钱庄、商店和典当业借款比率,云南为16％,贵州为10％;私人借款,云南和贵州都是32％。西北地区,甘肃合作社、合作金库借款比率为42％,银行借款为30％,钱庄、典当、商店为16％,私人为12％。陕西合作社、合作金库借款比率为31％,银行为30％,钱庄、典当、商店为15％,私人为24％;青海合作社、合作金库借款占比为30％,银行为6％,钱庄、典当、商店为35％,私人为29％。① 西南西北6省,银行、合作社、合作金库的贷款比率都大大超过私人借款,成为农民借款的重要来源。合作社、合作金库贷款利率低,1941年大后方物价暴涨,以重庆为例,1937年上半年物价基数为100,1945年6月物价则达到176 279,与飞涨的物价相比,收回农贷的利息还不及货币贬值的一个零头,因此,国家行局的农贷基本上等于对农业的补贴。

全面抗战时期,国家行局的农贷在整个国统区农民借款中所占比重逐年扩大,1938年,银行、合作社、合作金库的贷款仅占农民贷款来源的27％,1942年上升到59％,而高利贷则由战前占借款来源的80.7％下降到1942年的41％。② 据中央农业实验所资料,1938—1945年,大后方私人放款占全部放款来源的比例分别为43％、41％、38％、27％、21％、24％、24％、24％。③ 1938—1939年时

---

① 《民国三十二年各省农村放款机关及放款期限统计》,《中农月刊》第5卷第11期,1944年,第106页。

② 国民政府统计处编:《中华民国统计年鉴》,1948年,第93页,中国第二历史档案馆藏,中央农业实验所档案,424/45。

③ 裴庚辛:《抗战时期甘肃农贷对河西农业的扶持》,《中南民族大学学报》(人文社会科学版),2008年7月,第97页。

还占很大比例,大约为 4 成以上,1940—1941 年后大幅下降,1942 年下降到 21%,应该说,这和四联总处扩大农贷有很大关系。1942 年后,国民政府的紧缩农贷政策使这一比例有所上升,但也仅上升了 3 个百分点。因为有国家行局的农贷,有些私人放款也不得不降低借款利息,比如中国银行对四川内江、资中等蔗糖产区的贷款,就使得糖商不得不降低借款利率。"四川蔗糖区域,糖商放款利率由月息三四分减至八厘,并有不计利息,仅以蔗农所产甘蔗由彼购买为条件者;四川永川以往借款百元对年付利谷三石,现减至年息二分。此种情形,各地皆然。"①显然,国家行局、合作社、合作金库放款对于缓解西部农村金融紧张局面、减轻高利贷对农民的剥削起到了一定作用。四联总处这样总结道:"合作贷款的功效虽然较为抽象,然在减轻农村高利贷剥削,供给农民流动资金,扶助农村副业发展,避免中间人之剥削,以及提高农民爱护政府之热忱,种种方面,亦颇多可以赞扬之处。"②当然,在"农贷不发达之区域,贫农受高利贷之盘剥,仍极严重"③。

二、抗战时期对西部各省的农贷存在的问题

(一)农贷数额有限,远远不能满足农业发展和农民生活的资金需求

全面抗战时期,国家行局对西部各省发放的农贷,对农业生产和农民生活的确起到一定的积极作用,但是国家财政状况不容乐

---

① 中国银行总行、中国第二历史档案馆编:《中国银行行史资料汇编》(上编二),北京:档案出版社 1991 年版,第 1242 页。

② 《四联总处三十一年度办理农业金融报告》,中国第二历史档案馆藏,经济部档案,4/27142。

③ 中国银行总行、中国第二历史档案馆编:《中国银行行史资料汇编》(上编二),北京:档案出版社 1991 年版,第 1242 页。

观,特别是抗战中后期,更是入不敷出,财政赤字越来越大,通货膨胀越来越严重,国有金融机构本身经济力量有限,实施农贷的力度不可能持续扩大。1937—1942 年,国家金融机构历年农贷的结余额逐年增长,1937 年为 3 952.9 万元,1938 年增加到 7 355.1 万元,1939 年为 1.105 63 亿元,1940 年为 2.114 08 亿元,1941 年为 4.563 06亿元,1942 年为 6.828 05 亿元,[1] 1943 年为 15.275 亿元,1944 年为 27.145 亿元,1945 年为 51.256 亿元。从数字上看,农贷数额不断增加,而且增长幅度很大,但是如果扣除物价上涨因素,则呈下降趋势。折合成战前币值,1942 年、1943 年、1944 年、1945 年各年实际农贷数额分别相当于 1937 年的 62%、18%、9%、5%,相当于 1941 年的 49%、14%、7%、4%,[2]农贷数额远远不能满足农业生产与农民生活的需要。

表 49　战时历年农贷结余额折合战前币值(法币百万元)[3]

年份	农贷结余额	折合战前币值
1937	34.7	33.7
1938	66.9	51.0
1939	114.0	51.8
1940	211.4	41.2
1941	508.7	39.2
1942	682.0	17.5

---

[1]《四联总处三十一年度办理农业金融报告》,中国第二历史档案馆藏,经济部档案,4/27142;该处数据与表 49 数据不一致,请酌情参考使用。

[2] 黄立人:《抗战时期大后方经济史研究》,北京:中国档案出版社 1998 年版,第 237 页。

[3] 许涤新、吴承明:《中国资本主义发展史》第 3 卷,北京:人民出版社 2003 年版,第 495 页。

续表 49

年份	农贷结余额	折合战前币值
1943	1 527.5	12.2
1944	2 714.5	6.3
1945	5 125.6	3.1

　　四联总处自己也承认,"历年农贷数字,虽年有增加,但以我国区域之广,农民之众,加以农业生产建设须改进之迫切,此项数字,即为我国新式农业金融之全部资金,诚属微少。"[①]抗战时期,农贷总额太少,根本原因是国家财政入不敷出,各行局经济力量有限,不可能大量投入农业;二是对贷款安全性的考虑,国家行局也担心收不回贷款,因此对农贷采取谨慎态度;三是 1942 年后,有些人认为农贷是导致通货膨胀的一个因素,国民政府采取了紧缩农贷政策,农贷在工农业生产贷款中占比急速下降。即使是在获得农贷最多的四川省,也感觉农贷数额不足。比如四川省三台县"位于川北,人口众多,小自耕农及半自耕农占大部分,土地远不及川西川南饶富,干旱频仍,农民生活甚苦"[②]。1939—1940 年,该县大量推动合作组织,请求农本局贷款。农本局也认为应该推进该县农贷,但是由于农本局本身资金不足,仍未能大量放款,适应农需。1941年,农本局辅设合作金库工作转由中国农民银行接办,农贷工作一度停滞。1942 年度农贷紧缩,贷款不能大量增加,"最近贷款额虽可达二百万元,惟以三台合作社数量之多,社员之众,物价之昂,实

[①]《四联总处 1942 年度办理农业金融报告》,中国第二历史档案馆编:《中华民国史档案资料汇编》第 5 辑,第 2 编,财政经济(4),南京:江苏古籍出版社 1997 年版,第 187 页。

[②]《四联总处四川省农贷视察团报告书》(1942 年 8 月),中国第二历史档案馆编,《中华民国史档案资料汇编》第 5 辑,第 2 编,财政经济(4),南京:江苏古籍出版社 1997 年版,第 163 页。

际上仍感到不足。"①

　　因为西部各省农民数量众多,农贷总额从账面上看相当可观,但是真正落到每户农家头上就微不足道了。据行政院农产促进委员会1940年的调查,"每户农民需要的现金周转平均为255.22元,而以四川为最高,计达552.19元,云南为459.09元次之,陕西等省均在300元以上……回头看我国历年农贷的数目,最多的一年是1941年度的5亿元。此等最高农贷数字,若仅就1939年度合作社的社员400多万人来分配,每一个社员不过分到112元而已……很显然的,百余元的农业贷款,在现在是微末的很,且无济于事。"②

　　农贷数额微小,不能满足农业生产需要。据中国农民银行、四川农村经济调查委员会1939—1940年对四川11县216户农家的调查,"农民经营一亩水稻,平均需借款37.17元,经营一亩玉蜀黍需借款13.22元,经营一亩红苕18.97元,经营一亩小麦20.38元",而"各区平均经营一亩水稻仅借得16.59元,经营玉蜀黍仅借款7.33元,经营红苕仅借得9.75元,经营小麦仅借得10.74元,几仅及所需数额之一半。如此情形,足以表示农贷工作,尚未尽其应尽之责任,促进农业发展之任务,尚未切实做到,农业金融之功效,未能尽量发挥,尚有待于未来之继续努力也"③。1940—1941年,农民希望借款数额与实际借款数额比较,"水稻区每户农家需款644元,实际借到420元,相差数额与实际借款的比例为53.3%;甜

①《四联总处视察四川省农贷报告书》(1942年8月),中国第二历史档案馆编,《中华民国史档案资料汇编》第5辑,第2编,财政经济(4),南京:江苏古籍出版社1997年版,第164页。

②《建立合理的农贷制度》,《新华日报》,1942年6月12日,第2版。

③中国农民银行、四川省农村经济调查委员会:《四川省农村经济调查报告》,第4号,《四川农业金融》,中国文化服务社,1941年,第20页。

薯稻棉区每户农民需借款 675.6 元,实际借到 332.2 元,相差数与实际借款数比为 103.3%;桐油水稻区每户农民需借款 532.2 元,实际借到 262.2 元,相差数与实际借款数比为 103%;玉蜀黍区农民需款 532.2 元,实际得到 262.1 元,相差数与实际借款数比为 103%。"[1]有 63%的被调查农民认为放款数额太少[2],远远不能满足农业生产需要。中国农民银行、四川农村经济调查委员会也认为:"川省信用合作社,论其数量,堪称相当发展,论其质量,尚未臻完善,故其对外信用,自也不能十分雄厚,因此所能获得的贷款,数量上当受绝大的限制,致使杯水车薪,无以满足农民的需要。"[3]

　　特别是 1941 年后,大后方通货膨胀越来越严重,农产品价格上涨,但是农业生产资料价格也随之大幅上涨。例如,1941 年农业生产资料价格较 1937 年上涨 20 余倍,其中种苗上涨 26.1 倍,肥料上涨 16.1 倍,农具上涨 21.7 倍,设备上涨 25.7 倍,饲料上涨 10.8 倍,[4]农村雇工价格上涨幅度更大,"农村青年或参加抗战,或为城市工商业所吸引转移到城市,农村劳动力求过于供,故工价较往年为多。"[5]农民所获得的农贷大部分被物价上涨抵消,农贷增加的速度远远落后于通货膨胀的程度。1942 年 5—6 月,四联总处对四川农村调查,"就一般农村经济观察,诚远较战前为活泼繁荣。农家

① 中国农民银行、四川省农村经济调查委员会:《四川省农村经济调查报告》,第 4 号,《四川农业金融》,中国文化服务社,1941 年,第 24 页。
② 中国农民银行、四川省农村经济调查委员会:《四川省农村经济调查报告》,第 4 号,《四川农业金融》,中国文化服务社,1941 年,第 51、53 页。
③ 中国农民银行、四川省农村经济调查委员会:《四川省农村经济调查报告》,第 4 号,《四川农业金融》,中国文化服务社,1941 年,第 17 页。
④ 陆仰渊、方庆秋主编:《民国社会经济史》,北京:中国经济出版社 1991 年版,第608页。
⑤ 农本局研究室:《中华民国二十八年农本局业务报告》,农本局研究室编印,1940 年 1 月,第 55 页。

收入固增,但支出亦随物价高涨而加多。地主及中上级富农收支相抵,仍有多余;年收数十担田租之地主,一时几成为暴发户。至于小农佃户,其所收获之产品,既不能完全为自己所有,原来入不敷出者,反而支出增大,而加甚其痛苦。就个别农家经济言,苦乐殊不平均。其需要借贷资金协助者,仍不在少数。"①

即使是数量严重不足的农贷,还有很大一部分没有用于农业生产。从西部各省农贷的实际用途来看,不少农民取得的贷款用于非生产性用途。据 1940—1941 年中国农民银行、四川省农村经济调查委员会对四川 11 个县 216 户农家借款用途调查,"本省农家借债用于生产者,每家平均为 154.8 元,占总借款的 45.5%,其用于非生产方面者,每家平均为 185.5 元,占总借款的 54.5%。""非生产性用途中以买粮食一项耗费最多,此也农家主要而大宗之开支也","生产用途中,以买牲畜一项居多,其次为买肥料,盖前者价值昂贵,后者则需数量甚多,故农民用于此两种用途的数量,远较其他用途为巨也。"②农民希望贷款用于生产性用途,但实际贷到之款,主要用于非生产性用途,原因"或因数额太少,或因时间过迟,牲畜既无力购买,肥料复失其需要,惟借款机会不常,又不愿轻易放过,于是无论有无生产用途,权且借来,再为计划,其不善经营者,即大部用于非生产用途矣。"③

从贵州合作金库的农贷用途来看,用于生产的放款占

---

① 《四联总处四川省农贷视察团报告书》(1942 年 8 月),中国第二历史档案馆藏,经济部档案,4—34321。

② 中国农民银行、四川省农村经济调查委员会:《四川省农村经济调查报告》第 4 号,《四川农业金融》,中国文化服务社,1941 年,第 39 页。

③ 中国农民银行、四川省农村经济调查委员会:《四川省农村经济调查报告》第 4 号,《四川农业金融》,中国文化服务社,1941 年,第 44 页。

59.92％,其中种子占 2.18％,肥料占 1.39％,赎田占 4.47％,农具占 1.76％,牲畜占 46.92％,垦荒占 3.2％;非生产放款占 40.08％,其中粮食占 11.58％,修建房屋占 2.23％,偿债占 3.32％,婚丧占 0.83％,其他占 22.12％。①

南开大学曾耀荣博士在《南京国民政府的农业贷款问题研究》一书中对 1924－1941 年间我国农业贷款中用于生产和消费的百分比进行了统计,平均生产贷款占 40.3％,消费性贷款 59.7％。② 其中,涉及西南西北的统计有 1938 年金陵大学湘咸达对四川温江 145 农户调查,生产贷款占 25.5％,消费性贷款占 74.5％。贵州湄潭第二区信用合作社的贷款中,1939 年生产贷款占 55.8％,消费性贷款占 44.2％;1940 年生产贷款占 51.1％,消费性贷款占 48.9％。1941 年四川温江简易农仓贷款中,生产贷款占 45.5％,消费性贷款占 55.5％,合计是 101％,似乎有误。1941 年兰州中国农民银行分行对榆中放款中,生产贷款占 63.4％,消费性放款占 36.6％。③

从笔者掌握的史料看,抗战时期,西部各省的农贷到底用于生产性用途还是消费性用途其实很难判断,主要原因,一是西部各省农民通过合作社、合作金库获得农贷时填报的借款用途与实际用途可能很不一致。农民为了获得贷款随意填报,获得贷款后挪作他用,甚至有可能转为高利贷。"社员中有以借得款项转手作高利

① 姚公振:《我国农业金融之检讨与展望》,《四川经济季刊》第 2 卷第 2 期,1945 年,第 16 页。
② 曾耀荣:《南京国民政府的农业贷款问题研究》,北京:人民出版社,2013 年,第 216—217 页。
③ 曾耀荣:《南京国民政府的农业贷款问题研究》,北京:人民出版社,2013 年,第217 页。

贷,贷放于贫农之事,难保无之。"①温江简易农仓押款也有 2.1%
转借给了别人。② 二是区分生产性贷款还是消费性贷款比较困难。
种子、肥料、农具都是生产性贷款毫无疑义,但是购买牲畜,或许是购
买耕牛,或许是购买猪、鸡、鸭等,前者是生产性贷款,后者是农村副
业贷款,应该也属于生产性贷款。赎田、交纳地租、赋税是不是生产
性支出? 雇工是不是生产性支出? 以曾耀荣博士统计表中四川温江
简易农仓放款为例,具体放款数额和分类见表 50,肥料、农具肯定属
于生产性放款,占总额的 28%,牲畜呢? 是不是生产贷款? 加上就占
贷款总额的 49.9%。纳租呢? 如果算生产性贷款,就占贷款总额的
59%。食粮、偿债、转借、其他属于消费性贷款,加起来 39.8%。纳租
如果算消费性贷款,加上后占总额的 48.9%。确实很难区分。

表 50　温江简易农仓押款用途分配表③

用途	数量(元)	百分数(%)
牲畜	20 782.95	21.9
食粮	13 515,71	14.3
纳租	8 631.83	9.1
肥料	23 138.22	24.6
偿债	7 138.83	7.5
农具	3 257.60	3.4
转借	1 976.00	2.1
□田	1 181.00	1.2
其他	15 092.66	15.9

---

① 寿宇:《湄潭合作社现况之分析》,《浙大农业经济学报》,第 1 卷第 3 期,1942 年,第 27 页。

② 欧阳苹:《温江之简易农仓》,《经济周讯》第 27 期,1940 年,第 217 页。

③ 欧阳苹:《温江之简易农仓》,《经济周讯》第 27 期,1940 年,第 217 页。

　　据 1940—1941 年中国农民银行、四川省农村经济调查委员会对四川 11 个县 216 户农家借款用途调查，"本省农家借债用于生产者，每家平均为 154.8 元，占总借款的 45.5%，其用于非生产方面者，每家平均为 185.5 元，占总借款的 54.5%。"[①]平均来看，农贷用于非生产性用途的比重大于生产性用途，特别是 1938 年，四川温江 145 户农家得到贷款用于生产的只占 1/4，用于消费的占 3/4。原因一是因为银行贷款数量太少，"无论由银行机关或合作社办理者（农贷），平均每户贷款不过数十元，以区区之数，农民得之，能作何用，殊成问题，如果每户有田 10 亩，则每亩摊得不过数元，试问能买到什么呢，于是农民得款后，移作他用者，在所难免。"[②]"盖农民向合作社借款，其用途多为偿还旧债及应付日常开支，直接用于生产者甚少。"[③]"今日农贷之缺点甚多，即贷额太少、贷期太短，农民不能如愿将贷得之款变为生产成本"[④]。国民政府也发现农贷直接用于生产的比重太小，用于消费的比重太大，扩大农贷没有达到增加农业生产的目的，仅仅用于农民零星消费。"放款意义，为救济性质，放款目的，惟期本金能够收回，未暇计及生产功效。以后放款逐年扩充，渐渐注意生产指导，用途限制等方法，然贷款用途，仍多偏于零星消费，在生产上未能发生积极显著之作用。"[⑤]

　　但是在有些地区，比如甘肃，农贷用于生产的比例较大。据黄

[①] 中国农民银行、四川省农村经济调查委员会：《四川省农村经济调查报告》第 4 号，《四川农业金融》，中国文化服务社，1941 年，第 44 页。

[②] 张保丰：《今后农贷试行实物收放制度之商榷》，《中农月刊》第 4 卷第 11 期，1943 年，第 44 页。

[③] 蒋学楷：《论农村信用合作社之兼业》，《农行月刊》第 3 卷第 7 期，1936 年，第 7 页。

[④] 翟克：《中国农贷之发展与问题》，《中农月刊》第 7 卷第 9/10 期，1946 年，第 90 页。

[⑤] 孔雪雄：《对于战时农贷设施之期望》，《中农月刊》第 3 卷第 2 期，1942 年 2 月 28 日，第 2 页。

正林研究,甘肃农贷 70%—80% 用于农业和副业生产。[1] 据 1941 年中国农民银行兰州分行对榆中放款调查,64.43% 用于生产性支出,35.57% 是消费性支出。

表 51　1941 年甘肃榆中县农民借款用途调查表[2]

	生产	消费	副业	加工与运销	合计
金额(元)	43 052	30 235	7 539	4 160	84 986
百分比(%)	50.66	35.57	8.87	4.90	100

具体的用于生产贷款用在哪些方面?

表 52　1941 年甘肃榆中农贷生产用途分类表[3]

	种子	耕畜	农具	田赋租税	肥料	赎田	合计
金额(元)	5 350	11 510	1 580	20 995	1 790	1 831	43 056[4]
百分比(%)	12.43	26.60	3.6	48.70	4.18	4.49	100

由表 52 可以看出,用于生产的农贷有将近一半是交了田赋和租税,并非用于生产,如果去掉这部分,用于生产的农贷只有 22 057 元,约占总数的 26%,加上副业,约等于 35%,与用于消费的贷款大体相当,是不是不能说甘肃榆中区农贷主要用于生产? 用于生产的部分主要是购买或租用耕畜,因为耕畜购买价格高,占生产性支出的 1/2 强,不少农民买不起耕畜,只能租用,购买和租用耕畜占生产性贷款的一半有余。

用于消费的贷款用在了哪些方面?

---

① 黄正林:《近代中国农村经济史研究》,北京:科学出版社 2016 年版,第 190 页。
② 南秉方:《"紧缩"政策下农贷应有之步骤》,《中农月刊》第 3 卷第 3 期,1942 年,第 24 页。
③ 南秉方:《"紧缩"政策下农贷应有之步骤》,《中农月刊》第 3 卷第 3 期,1942 年,第 24 页。
④ 同注③:原数字为 43 052,经计算为 43 056,疑本行中某数字有误。

表 53　1941 年甘肃榆中农贷用于消费分类①

	衣着	食粮	修购房屋	婚丧	教育	合计
金额(元)	950	28 390②	415	560	140	30 235
百分比（%）	3.14	93.9	1.37	1.85	0.4	100

　　从 1941 年甘肃榆中消费性支出看，食粮消费占绝对多数，为 93.9%。从西部各省的农贷用途看，非生产性用途中有一大部分用于购买粮食，解决农民吃饭问题。吃饭问题很长时间以来一直是中国农民的首要问题。因此，可以说，"农贷款子也确实有一部分贷给农民了，即使没有购置农具、耕牛，对解决口粮也有帮助。因此，一般农民认为农贷是件好事。"③

　　据此，我们可以认为，抗战时期的农贷确实有一部分用于生产，购买种子、肥料、农具，特别是购买和租用耕畜，也有一部分用于消费，其中，主要是购买粮食，可见，抗战时期的农贷对于促进农业生产，补助农民生活起到了一定的作用，但是农贷数额太少，远远不能满足农业生产和农民生活需要。特别是占农贷比重最大的合作社贷款，并没有发挥应有的促进农业发展的作用，就连四联总处也认识到，合作贷款功效是"使一般农民知中央注重农事，顾念农民，增加其爱戴政府之热忱；地方政令之推行，因为合作组织上，得到不少帮助与便利。故在目前合作贷款所发生之作用，政治意

① 南秉方：《"紧缩"政策下农贷应有之步骤》，《中农月刊》第 3 卷第 3 期，1942 年，第 24—25 页。
② 同注①，原表数字为 6 170，按比例计算应该为 28 390。
③ 中国人民银行金融研究所编：《中华民国史资料丛稿——中国农民银行》，北京：中国财政经济出版社 1980 年版，第 173—174 页。

义或多于经济意义也"①。

　　（二）农贷发放不及时，不符合农业生产规律，影响了农贷的绩效

　　农业生产具有很强的季节性，农民贷款需求要及时得到满足，如果贷款不及时到位，很可能延误农时，影响农作物的产量。以四川为例，据中国农民银行、四川省农村经济调查委员会对四川 11县 182 农家的调查，水稻区农民希望得到贷款时间是 3、4、8、9 月，实际得到贷款最多的月份是 4、5、10、12 月；甜薯稻棉区农民希望得到贷款是 2、3、4、5 月，实际得到贷款是 2、3、4、8 月；桐油水稻区农民希望得到贷款是 2、5、6 等月，实际得到贷款多为 1、6、7 等月；玉蜀黍区农民多希望 3、6、8 月得到贷款，而实际获得贷款最多的是 3、4、12 等月。"各区实际贷予农民的借款，除甜薯稻棉区时间上出入尚小，差强人意外，其余各区实际贷款的月份，均在希望月份之后。考农业金融，贵在配合农业经营之实际需要，而尤重在不误农时，否则失去农贷之意义矣。"②合作社放款大量集中在 1 月，此时并非农忙时节，农民得到借款，"或祈神祭祖、或无谓酬酢，甚至游乐聚赌，姿贪口腹，而合作社适于此时贷予大量款项，其影响所及，每至增加农民浪费积习，此又非办理农贷之初旨"。③ 可见，四川农民获得农贷时间与农业生产季节脱节，贷款没有满足农业生产的需要，大多用于维持生计或偿还债务，甚至用于游乐赌博，

①《四联总处视察四川省农贷报告书》(1942 年 8 月)，中国第二历史档案馆藏，经济部档案，4/34321。

② 中国农民银行、四川省农村经济调查委员会：《四川省农村经济调查报告》，第 4 号，《四川农业金融》，中国文化服务社，1941 年，第 17 页。

③ 中国农民银行、四川省农村经济调查委员会：《四川省农村经济调查报告》，第 4 号，《四川农业金融》，中国文化服务社，1941 年，第 11 页。

违背了农贷的初衷,农贷成效大打折扣。

　　抗战时期,国民政府也强调农贷必须适合农时,贷款手续必须简捷,但是实际农贷审核、发放手续却很烦琐,常常延误农时。"目前各地办理贷款发放,往往逾越时限,有时竟逾越数月,如春耕贷款每每延至夏季甚至秋季始行发放,冬耕贷款每每延至春季始行发放,把社员需款之季节放在公文旅行之途上消磨过去,等到贷款发放之日,已不是社员需款的时候,贷款也失却其原来效用。"[①]

　　从农贷贷款和还款的方式上来看,不符合农业生产规律。"战时办理农贷,只需确实有助于生产之增益,农民亦希望速借速还。"[②]合作社、合作金库应该根据农业生产需要,随时放款、农民有款时随时还款,但是信用合作社和合作金库的借款大部分为一年期,一年一借一还。据中国农民银行、四川省农村经济调查委员会对四川 11 个县 97 个信用合作社的调查,"川省各地信用合作社,大多每年一借一还,在所调查各区,每年借款一次者,竟达 56% 以上,桐油水稻区且达 90% 以上。"[③]"各区合作社 1940 年的还款次数,亦与放款次数相仿,每年一次者占半数以上。"[④]"合作金库贷款的目的是供给农民农业生产所需的短期信用,……此种短期信用是以农作物种类和借款的用途不同为转移的,一般情形,豆类及玉蜀黍自播种到收获需要四个月,高粱和稻子约五个月,棉花约六个月到

---

① 王夷冰:《有关合作贷款诸问题之研讨》,《福建省银行季刊》第 2 卷第 3 期,1946 年,第 8 页。

② 《四联总处四川省农贷视察团报告书》(1942 年 8 月),中国第二历史档案馆藏,经济部档案,4/34321。

③ 中国农民银行、四川省农村经济调查委员会:《四川省农村经济调查报告》,第 4 号,《四川农业金融》,中国文化服务社,1941 年,第 79 页。

④ 中国农民银行、四川省农村经济调查委员会:《四川省农村经济调查报告》,第 4 号,《四川农业金融》,中国文化服务社,1941 年,第 85、86 页。

七个月,甘蔗约十个月。平常对普通作物和经济作物的投资,一年以内即可周转一次。其余如购置耕畜、农具和机器,以及赎田等的资金,则需要一年以上的时间,方能周转过来。如此说来,贷款的期限必须视农民借款的用途来决定。现在各金库贷款的期限,差不多划一的都是一年,有极少数是十个月,一年以上者绝无仅有,如此呆板的规定,缺陷很多",①"如种稻的农民,五个月后有收获,因为借款尚未到期,他又没有提前还款的习惯,所以必须等六七个月后才能清理这笔债务,这无形中加重了他的利息负担,而买耕牛或赎田的农民,所借的款要靠他每年微少的羡余逐渐来抵偿,既然期限为一年,到该还款时,又只得逼着将分摊几年负担的借款在这一年内筹还,平常农民借款必在他需要最殷切的时候,又是他需要资金最殷而必须借款的时候了,如此反易迫使农民走向高利贷之门,用移东补西的办法,来清偿金库的借款。"②农贷不适合农时,不符合农业生产规律,影响了农业贷款的绩效。

(三) 农贷的真正受益者是农村中的中富农,贫苦农民很难得到贷款

国民政府的农贷方针强调,贷款必须贷予真正需款的农民,尤应注重小农、贫农。③ 1941 年,中国农民银行特别指出,"本年度经农行总处依照本省关中、陕南各县农村经济状况,农户分布情形等,核定农业生产贷款 2 500 万元,提高贷额,改进手续,并注重贫

---

① 叶谦吉:《我国合作金库制度的检讨》,《财政评论》,1940 年第 5 期,第 54 页。
② 叶谦吉:《我国合作金库制度的检讨》,《财政评论》,1940 年第 5 期,第 54—55 页。
③《三十二年度农贷方针》,(1942 年 11 月 5 日),中国第二历史档案馆藏,经济部档案, 4/27142。

农贷款,以发挥农贷最大之效能。"①

抗战时期,国民政府希望运用合作贷款方式解决农业生产的资金问题,银行希望通过合作组织保证农业贷款的安全,因此,大部分的农业贷款都是合作贷款,农民不是直接的贷款对象,要通过合作社和农民团体才能获得农贷。"过去合作社多数是通过乡镇保甲长的关系,而与富绅土劣结合者。根据汪荫生的调查,参加合作社的社员成分以中富农居多,借款额也较大。这班经济小康以上的农民,衣食既感无虑,有时遂将借款大部分作为余资而流入市场,或作小额而频繁的往复买卖,致增加法币的流通速度……真正需款的贫苦农民大部分被摒弃在门外,即使偶有借贷,不是手续麻烦,就是到期因短少而押■[此字模糊无法辨认],结果,合作社变为经济小康或一部分土劣把持下的合作社。与[民国]三十年度四联总处所提出的中心纲要'继续办理农贷业务,以增进农产,实惠及于贫农为原则'的规定背道而驰。"②

农贷的对象主要是合作社的社员,合作社的社员大多是有田地房屋的农民,不让佃农、雇农参加,"怕他们还不起贷款"③,"现在之农业金库及一般商业银行,对于农民放款,其目的仍在追求利润,故往往以'殷实可靠'之富户为主要对象,而大多数贫苦农民则无形被摈于外"。④ 1940 年 8 月,西北农学院农业经济系对陕西宝鸡、南郑 2 县 11 个信用合作社调查,707 个社员中,地主富农有 5

---

① 《陕西省三十二年度各种贷款计划述略》,中国第二历史档案馆藏,财政部档案,3(6)/323。

② 《确立合理的农贷制度》,《新华日报》,1942 年 6 月 12 日,第 2 版。

③ 摘自 1979 年 9 月访问王辛任的谈话记录,中国人民银行金融研究所编:《中华民国史资料丛稿——中国农民银行》,北京:中国财政经济出版社 1980 年版,第 154 页。

④ 《从粮食问题谈到农村经济改革》,《新蜀报》社评,1940 年 9 月 14 日,第 2 版。

人,占 0.7％;自耕农有 595 人,占 84.1％;半自耕农有 71 人,占
10.1％;佃农 12 人,占 1.7％;其他职业 24 人,占 3.4％,没有雇农。
"社员中地主、富农所占比例不大,而社员中少有贫困的雇农、佃农
及半自耕农,为显然的事实,如武功杨陵镇信用合作社的社员
没有在 15 亩地以下者。这种现象的发生,主要为采取无限责
任的结果,社员所负的连带责任太重,一般农民小心翼翼,唯恐
自己受到牵累,陷生活于更悲惨的境地,所以只认财产为确实
可靠的担保,以为有田地房屋就可以变卖偿债,对于社员基本
条件的诚实与勤劳,反而不予重视,于是贫困深化的雇农、佃农
和半自耕农即使具有良好的性格,操有正当的职业,也被排斥
于合作社门外,没有入社的机会。"①1939 年 10—11 月,郭敏学对
四川德阳 100 户农家调查,100 户农家参加合作社的 47 户,占
47％,53 户农民未参加合作社,占 53％,这 53 户没有加入合作社的
农民中有 11 户农民被拒绝加入合作社,"查此十一人,除二人为中
农外,其余九人均为贫农,富农则无。"②乡村贫农加入合作社的机
会比富农、中农少,贫农得到贷款数额也比富农、中农低。富农人
均得到借款 38.75 元,中农人均得到借款 31.39 元,贫农人均得到
借款只有 29.66 元。③ 详见表 54。

---

① 宋荣昌:《陕西农村信用合作社之质的分析》,《中农月刊》第 2 卷第 11 期,1941 年,第
　4 页。
② 郭敏学:《农业贷款与农民贫富之关系》,《农业推广通讯》第 2 卷第 12 期,1940 年,第
　44 页。
③ 郭敏学:《农业贷款与农民贫富之关系》,《农业推广通讯》第 2 卷第 12 期,1940 年,第
　44 页。

表 54　1939 年 10—11 月四川德阳合作社社员成分调查统计表①

社名	被调查人社人数	被调查人之借款数（元）	富农				中农				贫农			
			人数	借款	人均借款（元）	占借款数额百分比（%）	人数	借款	人均借款（元）	占借款数百分比（%）	人数	借款（元）	人均借款（元）	占借款数百分比（%）②
双龙镇	8	213	2	60	30	28.1	3	87	29	40.9	3	66	22	31②
红庙子	10	275	2	75	37.5	27.3	3	75	25	27.3	5	125	25	45.4
歇马殿	16	510	4	170	42.5	33.3	4	136	34	26.7	8	204	34	40
皇朝寺	13	483	3	135	45	28	4	150	37.5	31	6	198	37.5	41
合计及平均	47	1481	11	440	38.75	29.2	14	448	31.39	31.5	22	593	29.66	39.3

① 郭敏学：《农业贷款与农民贫富之关系》，《农业推广通讯》第 2 卷第 12 期，1940 年，第 44 页。

② 原数为 37%，经计算为 31%。

　　1942 年四联总处视察四川省农贷情况,"川北一带,各社以小自耕农及贫农居多;成都平原及川西南一带,则以大佃农及小地主居多,惟其中也不乏小商贩、小店主及保甲人员公务人员参加在内者。乡镇社(目前仍以消费业务为主)之个人社员及消费社社员,则以公务人员、学校教员、学生及当地有职业之士绅为主。有少数信用社社员,同时加入产销社……惟一人兼有双重借款的机会,似不甚合理,亦不公允。"①

　　据 1940 年浙江大学农业经济学会对贵州湄潭第二区信用合作社成员进行的调查,信用合作社成员中以自耕农和半自耕农为主,自耕农占 34.19%,半自耕农占 18.06%,佃农占 15.48%,地主占 6.45%。②

表 55　贵州湄潭县第二区信用合作社被调查社员职业分布表③

	职业	社员数	百分比(%)	职业	社员数	百分比(%)
农	地　主	10	6.45	自耕农	53	34.19⑤
	半自耕农	28	18.06④	佃农	24	15.48⑥
商	杂货	6	3.87	油类	3	1.94
	粮店	3	1.93	屠户	4	2.58
	饭店	4	2.58	麦粉店	5	3.23
	布匹	2	1.29	其他	5	3.23

---

① 《四联总处视察四川省农贷报告书》(1942 年 8 月),中国第二历史档案馆藏,经济部档案,4/34321。

② 曾耀荣:《南京国民政府的农业贷款问题研究》,北京:人民出版社 2013 年版,第 301—302 页。

③ 李克定:《湄潭县第二区信用合作社放款之分析》,《浙大农业经济学报》第 1 卷第 1 期,1941 年,第 42 页。转引自曾耀荣:《南京国民政府的农业贷款问题研究》,北京:人民出版社 2013 年版,第 301 页。

④ 原数字为 18.07,经计算为 18.06。

⑤ 原数字为 34.20,经计算为 34.19。

⑥ 原数字为 15.40,经计算为 15.48。

	职业	社员数	百分比(%)	职业	社员数	百分比(%)
学		3	1.94			
工		5	3.23			
合计		155	100.0			

　　据浙江大学农业经济系对贵州湄潭第三区信用合作社成员租佃关系的调查,自耕农占 60.19％,半自耕农占 14.81％,纯佃农占 15.74％,纯地主仅占 3.70％,经营地主占 5.56％。[1]

表 56　贵州省湄潭县第三区信用合作社社员职业统计表[2]

类别	社员数	百分比(%)	类别	社员数	百分比(%)
纯地主	4	3.70	经营地主	6	5.56[4]
自耕农	65	60.19[3]	半自耕农	16	14.81[5]
纯佃农	17	15.74	合计	108	100.00

　　为什么自耕农加入合作社的比较多,地主加入的反而比较少呢? 据调查者分析,合作社社员"以自耕农为最多,盖因地主收入好者,不急于加入合作社,毫无田地或者纯佃农,则亦不易被邀为社员。惟自耕农一类,其自有田地为其信用之保证,而自耕农对于

---

[1] 寿宇:《湄潭合作社现况之分析》,《浙大农业经济学报》,第 1 卷第 3 期,1942 年,第 24 页。

[2] 寿宇:《湄潭合作社现况之分析》,《浙大农业经济学报》,第 1 卷第 3 期,1942 年,第 24 页。

[3] 原数字为 60.28,经计算为 60.19。

[4] 原数字为 5.50,经计算为 5.56。

[5] 原数字为 14.82,经计算为 14.81。

田地耕种较为精良,故需款较多,入社需要较切也"①。云南的"农贷对象一般为富农、中农及半贫农,因为有交地契房契等为担保的限制,一部分贫农佃农不得加入"②。据1941年《甘肃建设年刊》刊载,在21919个合作社社员中,自耕农占82.27%,半自耕农占11.24%,佃农占4.26%,半地主占1.55%,地主占0.12%,说明合作社社员以自耕农占大多数,半自耕农次之。③

　　各银行、合作金库对于农贷对象的选择主要是基于对贷款安全性的考虑,"我国各农贷机关办理农贷,于盈亏上过于认真,即以四行局而论,其承办农贷业务,无论为联合贷放或分区办理,所有盈亏仍由各行局自行负担。故对各种贷款安全性之大小,不能不特加注意,如此在贷款机关即以安全性为第一义,试问在此种条件之下,中下级农民经济地位岂能与地主富农相抗衡,故结果受农贷之实利者,乃为不急需救济之地主和富农,而中下级农民如佃农及小自耕农反无沾受之机会。此等富有阶级,亦即高利贷之放款人,地租之收益人。其组织合作社或个人提供押品之能力,俱远过于一般农民大众。"④"过去农贷多以合作社为贷款对象,此种合作社多为富有阶级所把持,彼等接受低利之农贷转以高利贷予农民或用于其他不正当用途。"⑤即使四联总处自己也承认农贷因各地合作社"非有名无实,即为地方土劣所把持,合作徒具虚名,社员未能

① 寿宇:《湄潭合作社现况之分析》,《浙大农业经济学报》,第1卷第3期,1942年,第24页。

② 郭树人、孙宏:《云南中部农村概况和农贷合作调查》,《中农月刊》第2卷第2期,1941年,第71—72页。

③ 罗舒群:《抗日战争时期甘宁青三省农村合作社运动述略》,《开发研究》,1987年6月,第57页。

④ 赵之敏:《论我国今后农贷政策》,《经济汇报》第5卷第11期,1942年,第35页。

⑤ 赵之敏:《论我国今后农贷政策》,《经济汇报》第5卷第11期,1942年,第37页。

蒙受实利"①。

有些中农、富农获得农贷不是用于扩大再生产,而是囤积居奇,进行商业投机,操纵粮价,引起了粮食价格的高涨。因为物价高涨,甚至有合作社的职员利用贷款进行商业投机,如贵州的一个信用合作社"原借款 3 402 元,仅贷出 1 290 元,其余数及股金均由理事主席经手经营食盐棉纱等业务,结果,从非社员手里赚到3 500元。另由××社股金由职员附带经商,计获利 100 元左右,现该社收回之贷款除还农行者外,均由各职员附带经营商业"②。当时有学者指出:"商资以农业放款流入农村,可以提高农村物价,亦有以放款对象不尽是贫农而多为地主阶级,故有利用借款作囤积居奇的嫌疑者"。③ 还有人认为,农贷"大多数是用以兼并农村中的大批土地,一部分则流入市场经营商业。很少能在农村中用于新的生产事业,使货币成为 种再生产的媒介物,因为他们目前,是希望由货币去增加更多货币,而不是由货币去增加实物,因此货币虽大量流入农村,转入市场,但操在向不会运用大钱的农村财主手中,对于整个农村经济,并无裨益"④。"抗战以后,虽农贷推动较力,农村资金稍形活动,然此皆在一部分有势力者的手中操纵,真正耕种土地的农民与佃户,仍是贫苦不堪,欲求其有余力改良土地,充分利用,乃是不可能的事。"⑤

---

① 《四联总处四川省农贷视察团报告书》(1942 年 8 月),中国第二历史档案馆藏,经济部档案,4/34321。

② 《有关合作事业二三事》(松),《贵州合作通讯》第 4 卷第 1 期,1941 年,第 2—3 页。

③ 南秉方:《"紧缩"政策下农贷应有之步骤》,《中农月刊》第 3 卷第 3 期,1942 年,第24 页。

④ 高越天:《四川农贷应有的趋向》,《中农月刊》第 2 卷第 4 期,1941 年,第 1 页。

⑤ 聂常庆:《战时中国土地利用问题》,《人与地》第 3 卷第 2/3 期,1943 年,第 22—23 页。

　　但是确实也有一部分农贷贷予真正的农民,比如甘肃获得农贷的贫农就比较多。据中国农民银行兰州分行 1941 年 10 月初—12 月底对榆中调查,该县农贷的主要对象是农民,在借款的农民中,尤以贫农占最多数(约为 80%)以上。[1] 所以,农民希望不要紧缩,更不要停止农贷。"虽农贷多流于富有阶级之手,然亦必有一部分贷予真正农民,一旦农贷全部停止,而农民需用资金时,自不得不乞援于富有阶级,如此将使农村高利贷死灰复燃或变本加厉。"[2]

---

[1] 南秉方:《"紧缩"政策下农贷应有之步骤》,《中农月刊》第 3 卷第 3 期,1942 年,第 24 页。

[2] 赵之敏:《论我国今后农贷政策》,《经济汇报》第 5 卷第 11 期,1942 年,第 37 页。

第七章　农田水利建设与西部农业的发展

第一节　国民政府重视西部农田水利建设

一、全国水利机构的设立与调整

　　南京国民政府成立后,鉴于水利行政分属不同的部门,各自为政,不利于统一管理,1934 年,国民党中央政治会议决定以全国经济委员会为全国水利总机关,主持全国水利行政事务。1934 年 7月 14 日,国民政府公布《统一全国水利行政及事业办法纲要》,规定:中央设立水利总机关主办全国水利行政,各省水利行政由建设厅主管,各县水利行政由县政府主管,受中央水利总机关之指挥监督。水利关涉两省以上者,由中央水利总机关统筹办理,水利关涉两县以上者由建设厅统筹办理。[①]　自 1934 年度起,"中央总预算内年列中央水利事业费 600 万元,由全国经济委员会按月请领 50 万

---

① 全国经济委员会编:《统一全国水利事业纪要》,沈云龙主编:《近代中国史料丛刊》
　　(469—70),台北:文海出版社 1988 年版,第 29 页。

元统筹支配"①。全国经济委员会编制的 1934 年下半期兴办水利事业方案中就编列了陕西洛惠渠工程款 236 624 元,甘肃灌溉工程款 27 万元。②

　　全面抗战爆发后,由于发展农业是抗战建国的迫切需要,国民政府对农田水利建设比较重视。1938 年 1 月,经济部成立,接管全国水利事务,全国经济委员会撤销,其下水利委员会并入经济部。经济部在《抗战建国之经济建设工作报告》中指出:"抗战期间,西南西北各省农田水利之开发,及后方水道运输之改进,需要殊为急切,均已指定各水利机关,分别举办。至于江河整治,堤防修筑,关系于军事民生者,尤为重大,允宜妥为筹划继续进行。故现在水利方面以农田水利及改进水道与整饬修防三项,为工作进行之主要方针。"③经济部强调了西部农田水利建设的重要性,并将农田水利建设作为抗战时期水利建设的三项中心工作之一,先后颁布了一系列兴办农田水利的办法与奖励条例,并具体组织和筹划了西部各省的农田水利建设。

　　1939 年,国民党五届七中全会决议水利专设机构——水利委员会,国民政府公布《水利委员会组织法》。

　　1940 年 1 月 9 日,国民政府颁布《水利建设纲领》,指出:抗战时期的水利建设"以祛除水患,增进农产,发展航运,促进工业为目

---

① 全国经济委员会编:《统一全国水利事业纪要》,沈云龙主编《近代中国史料丛刊》(469—70),台北:文海出版社 1988 年版,第 31 页。

② 全国经济委员会编:《统一全国水利事业纪要》,沈云龙主编《近代中国史料丛刊》(469—70),台北,文海出版社 1988 年版,第 83 页。

③《经济部关于战时水利建设方针的报告》(1938 年 6 月),中国第二历史档案馆编:《中华民国史档案资料汇编》第 5 辑,第 2 编,财政经济(8),南京:江苏古籍出版社 1997年版,第 376 页。

标,并力求科学化"①。"为增进农产,应注重灌溉、排水,及土壤之改良与保护。"②"西南西北农田灌溉,应力谋发展,以足民食。"③"原有灌溉事业,应设法整理改进,并视农田之需要,积极举办新灌溉工程。"④《水利建设纲领》将全国农田水利建设分为三个层次,"大规模灌溉水力发电及其他有关两省市以上之水利建设,由中央政府主办。次要航道开辟,及灌溉排水工程由地方政府主办。小范围农田水利,及水力发电由政府奖励人民办理之。"⑤

　　1941 年 4 月,行政院拟定《管理水利事业暂行办法》,规定在行政院下设置水利委员会,管理全国水利事业;经济部所管水利事业移归行政院水利委员会接管,所属各水利机构,一律改归水利委员会监督指挥。⑥ 1941 年 9 月 1 日,水利委员会成立,在各省成立水利局,各县成立水利委员会作为省、县水利行政机构。水利委员会附属机关有导淮委员会、黄河水利委员会、扬了江水利委员会、华北水利委员会、江汉工程局、珠江水利局、泾洛工程局等。全国水利委员会划分战时各水利机关管理区域,导淮水利委员会为皖北、四川(扬子江以南各支流流域)、贵州(扬子江流域)、乡南;黄河水

---

①《水利建设纲领》,中国第二历史档案馆编:《中华民国史档案资料汇编》第 5 辑,第 2 编,财政经济(8),南京:江苏古籍出版社 1997 年版,第 444 页。

②《水利建设纲领》,中国第二历史档案馆编:《中华民国史档案资料汇编》第 5 辑,第 2 编,财政经济(8),南京:江苏古籍出版社 1997 年版,第 444 页。

③《水利建设纲领》,中国第二历史档案馆编:《中华民国史档案资料汇编》第 5 辑,第 2 编,财政经济(8),南京:江苏古籍出版社 1997 年版,第 445 页。

④《水利建设纲领》,中国第二历史档案馆编:《中华民国史档案资料汇编》第 5 辑,第 2 编,财政经济(8),南京:江苏古籍出版社 1997 年版,第 444 页。

⑤《水利建设纲领》,中国第二历史档案馆编:《中华民国史档案资料汇编》第 5 辑,第 2 编,财政经济(8),南京:江苏古籍出版社 1997 年版,第 445 页。

⑥《管理水利事业暂行办法》,《行政院水利委员会季刊》第 1 卷第 1 期,1941 年,第 12 页。

利委员会为河南、陕西、甘肃、绥远、宁夏、青海；扬子江水利委员会为湖南、四川(扬子江及扬子江以北各流域)、西康；华北水利委员会为江西、皖南、浙东、福建；珠江水利局为广东、广西、贵州(非扬子江流域)；江汉工程局为湖北、河南(汉水流域)、陕西(汉水流域)。① 各水利机关负责本区域内水利建设，包括农田水利建设。

1942 年 7 月 7 日，国民政府颁布了《水利法》，共 9 章 71 条，对水利区域划分及水利机关、水权、水权登记、水利事业、水之蓄泄、水道防护等做了比较详细的规定，为战时农田水利建设提供了法律依据和法律保障，减少了水利纠纷。

1945 年 5 月 30 日，国民政府通过《水利建设纲领》，其中第 10 项规定"以西北各省之黄河流域，及内海流域为经营之重心"。

二、对西部各省农田水利贷款

全面抗战爆发后，为促进西部农田水利事业发展，国民政府提供了较多的资金支持。1940 年前，主要是由农本局提供贷款；1940 年后，主要由四联总处提供农田水利贷款；1942 年后，主要由中国农民银行提供贷款支持。

1938 年，经济部农本局在大后方举办农业生产贷款，其中农田水利贷款是重要的组成部分。农本局认为农田水利是农业发展的基础条件，"水利不兴、灌溉不便，纵有优良技术，亦无所用之，故拟多致力于此。"②1938—1939 年，农本局的农田水利贷款主要采取

①《水利委员会关于战时水利建设概况报告》(1943 年 7 月)，中国第二历史档案馆编：《中华民国史档案资料汇编》第 5 辑，第 2 编，财政经济(8)，南京：江苏古籍出版社 1997 年版，第 443 页。

②《农本局接收农业调整委员会设置调整处设置其业务范围与界限划分要点有关文件》(1938 年 3 月)，中国第二历史档案馆藏，经济部档案，4/12489。

两种形式,一是由农本局与省政府合组农田水利贷款委员会,负责农田水利之查勘、测量、设计、督导施工及贷款监管工作。贷款资金由省政府筹集 2/10—5/10,农本局贷放 5/10—8/10。西部川、康、滇、黔及桂、赣、豫几省均采用这种办法;二是由省政府按照已设计之水利工程需要工款,自筹 2/10,向农本局订立借款合约,借款 8/10,并由省政府设立工程局负责办理,农本局指派贷款稽核及工程处会计负责贷款稽核和工程监督,陕西省汉惠、褒惠渠就采用此种办法。川、康、滇、黔等 7 省政府与农本局订立贷款合同,由双方合组的农田水利贷款委员会举办大规模的农田水利工程,零星小规模工程则由民众组织水利协会接受农贷会的指导监督,自行办理。贷款主要用于筑坝引水、开渠引水、汲水或戽水、筑塘蓄水、排除农地积水、凿井、疏浚农业有关的河流等。贷款对象为受益农田之所有人,农民、农场、合作社及各县区水利协会等,贷款以借款人所有的田亩为抵押,并指定此项田亩全部收入作为偿还本息的保障,贷款还款期限少则 2 年,多则 5 年,贷款利率最高不超过月息 9 厘。1938 年,农本局与四川、广西、陕西、贵州、云南、江西订立了总计 11 696 301 元的农田水利贷款合同,具体情况见表 57。

四川、云南、贵州、广西都组织了农田水利贷款委员会经办贷款工程,陕西省汉惠渠、沣惠渠工程,关中各县凿井由该省水利局承办,江西省水利工程由江西省水利局承办。[①] 各省地方政府与农本局合组的农田水利贷款委员会,在资金和技术上对各省农田水利工程进行扶助。各省农田水利贷款委员会获得贷款后忙于调遣人员安排工作,然后查勘、测量、设计,1938 年底只有四川部分工程

---

① 农本局研究室:《中华民国二十七年农本局业务报告》,农本局研究室编印,1939 年,第 45 页。

表 57　1938 年农本局农田水利贷款一览表①

合办贷款机关关机关	经办贷款工程机关	编定贷款总额(元)	农本局参加贷款		工程地点	工费估计(元)	受益田亩(亩)
			订定数(元)	1938 年底贷款余额(元)			
四川、西康委员长行营、四川省政府	四川省农田水利贷款委员会	3 880 000	2 500 000	506 383.48			约 1 200 000
广西省政府	广西省农田水利贷款委员会	2500 000	2 000 000	400 000.00	贺县、都州、桂林等县 15 处	250 000	约 370.000
陕西省政府	陕西省水利局	1 216 301 / 500 000	1 000 000 / 500 000	100 000.00	洋惠、汉惠二渠关中各县凿井	100 000	260 000 / 2 000
贵州省政府	贵州农田水利贷款委员会	1 200 000	1 000 000		定番、都匀、平舟、安顺、安龙等 10 处		约 161 600
云南省政府	云南省农田水利贷款委员会	2 000 000	1 000 000		计划中		
江西省政府	江西省水利局	400 000	200 000		赣河上游修筑场堰及蓄水库	400 00	约 320 000
合计		11 696 301	8 700 000②	1 006 383.48			约 2 313 600

① 农本局研究室：《中华民国二十七年农本局业务报告》，农本局研究室编印，1939 年，第 45—46 页。

② 同①注，原数字 8 700 000，经计算为 8 200 000，所缺应是农本局向河南省提供的农田水利贷款 500 000 元。参见《农本局关于推进农业合作金融与农业生产贷款的报告》，中国第二历史档案馆编：《中华民国史档案资料汇编》第 5 辑·第 2 编·财政经济（8），南京：江苏古籍出版社 1997 年版，第 89—90 页。

开工建设,四川省彭县、新津、中江、绵阳、巴县等 15 县零星工程"其以贷款举办者,1938 年底已有 16 批,其款项多者达 25 000 元,少者也有 210 元,总计已付贷款 132 566 元,估计受益亩数 38 999 亩"[1]。"川省农贷会代办工程,主要有绵阳龙西渠、袁公堰,眉山醴泉渠,岳池、武胜的堵水堰,乐山楠木堰,三台郑泽堰(三台由水利局代办)规模较大,工费也巨,由农贷会组织工程处负责办理,到 1939 年 1 月,农本局已付贷款 428 557 元,估计受益亩 66 150 亩。"[2]贵州查勘了定番、都匀等 18 县 30 余处大小工程,定番小龙三都两区、安顺之羊昌坝、安龙之陂塘海子测量完毕,定番小龙完成了设计,12 月间筹备成立了定番小龙工程处。[3]　云南省只是进行了勘测和规划,没有施工。

　　1939 年,农本局继续贷款协助西部各省兴修农田水利工程,表 58 是截至 1939 年 12 月底,农本局农田水利贷款概况,已拨贷款四川最多,达到 160 万余元,陕西也比较多,有 58 万余元,云南、贵州比较少,只贷款 3 万余元和 2 万余元;预定农本局贷款 870 万元,到 1939 年 12 月只拨出 268 万余元。

　　四联总处改组后,考虑农田水利建设直接关系到农业生产的兴衰,国民政府非常重视,指定由四联总处办理农田水利贷款。四联总处认识到,"农民知识落后,经济力量薄弱,因此缺乏改造环境之能力,尤其因农田水利失修,以致灾荒频仍,死亡相继,生产减低,

---

① 农本局研究室:《中华民国二十七年农本局业务报告》,农本局研究室编印,1939 年,第 52—53 页。

② 农本局研究室:《中华民国二十七年农本局业务报告》,农本局研究室编印,1939 年,第 53 页。

③ 农本局研究室:《中华民国二十七年农本局业务报告》,农本局研究室编印,1939 年,第 53 页。

表 58　农本局农田水利贷款概况表①（截至 1939 年 12 月底）

省别	合办贷款机关	经办贷款工程机关	约定贷款总额(元)	农本局参加贷款		施工工程	已完工程	受益田亩(亩)
				订定数额(元)	已拨贷款(元)			
川康	委员长成都行营,四川省政府	川康水利贷款委员会	3 880 000	2 500 000	1 629 168.84	绵阳龙西渠,洪雅花溪渠,各县堰塘	三台郑泽堰,眉目山醴泉堰,各县堤塘103处,452处	158 000
广西	广西省政府	广西农田水利贷款委员会,广西农业管理处	2 500 000	2 000 000	310 000	柳州凤山河柳城沙埔河田阳那坡思乐海渊		67 000
陕西	陕西省政府	陕西省水利局	1 500 000	1 000 000	587 852.45	汉惠渠,褒惠渠		110 000
贵州	贵州省政府	贵州省农田水利贷款委员会	1 200 000	1 000 000	23 000.00	定番小龙都匀附廓四坝		20 000
云南	云南省政府	云南省农田水利贷款委员会	2 000 000	1 500 000	31 368.11	楚雄弥勒宜良各灌溉区在测量中		20 000
河南	河南省政府	河南省农田水利贷款委员会	860 000	500 000		尚未施工		
江西	江西省政府	江西省农田水利贷款委员会	400 000	200 000	100 000	报告未到		
合计			12 340 000	8 700 000	2 681 389.40			355 000

①《农本局关于推进农业合作金融与农业生产贷款情形的报告》，中国第二历史档案馆编，《中华民国史档案资料汇编》第 5 辑，第 2 编，财政经济(8)，南京：江苏古籍出版社 1997 年版，第 89—90 页。

国力之损耗难以数计。本总处认为兴办农田水利,收效最速,其功最著,年来积极倡导。此项放款近年特别增多。"①1940 年,四联总处把农田水利贷款列为农贷的中心工作,督促国家行局与各省订立贷款合约,确定各省的农田水利建设资金原则上由各省自筹总额的二成,余额由国家银行贷放,贷款期限多为 3—10 年。1941年,四联总处贷款 30 368 698 元用于四川、云南、贵州、甘肃等大后方 14 省农田水利建设,其中,贷款给四川 1 700 万元,四川省政府自筹 100 万元;贷款给云南 400 万元,云南省政府自筹 50 万元;贷款给陕西 500 万元,陕西省政府自筹 50 万元;贷款给甘肃 332 万余元,甘肃省政府自筹 162 万余元。"各省藉此项贷款举办之水利工程,已完成者,计大型工程十五处,小型工程一千六百十处,受益田亩达三十余万亩,预计[民国]三十年度内受益农田可以完成放水之工程,共可达二百万亩以上。"②1942 年追加安排上年未完工程贷款1 708万元,新办工程贷款 4 712 万元,两年投入农田水利建设资金97 376 302元。③ 1942 年,四联总处农田水利贷款占农贷总额的 24.9%,14 省政府自筹资金 6 723 217 元。后财政收支系统改变,各省自筹大型农田水利贷款垫头改由国库拨付,水利委员会审

---

①《四联总处三十一年度办理农业金融报告》(1943 年),中国第二历史档案馆藏,经济部档案,4/27142。

②《四联总处 1941 年度工作报告》(1942 年),中国第二历史档案馆编:《中华民国史档案资料汇编》第 5 辑,第 2 编,财政经济(4),南京:江苏古籍出版社 1997 年版,第13 页。

③《四联总处 1941 年度工作报告》(1942 年),中国第二历史档案馆编:《中华民国史档案资料汇编》第 5 辑,第 2 编,财政经济(4),南京:江苏古籍出版社 1997 年版,第61 页。

核,并将垫头减低到一成。[1] 1942 年 5 月 1 日,行政院指拨农贷经费,确定各省农田水利贷款为非营业循环基金,并将 1942 年中央所拨农田水利贷款垫头 1 500 万元作为各省农田水利贷款非营业循环基金,分拨于川、康、黔、桂、粤、闽、浙、赣、鄂、豫、陕、甘等省,举办工程 62 处,可灌溉农田 1 303 494 亩,已完成 14 处计 405 530 亩。[2]

　　1942 年后农贷紧缩,四联总处制定的《三十二年度农贷办法纲要》指出:农田水利贷款特别注重大型工程与旧有工程之修治,小型工程以利用农闲自动举办为主。[3] 当年农田水利贷款总计 5.67 亿元,占农贷总额的 37.1%,仅次于农业生产贷款,位居第 2。行政院水利委员会会同中国农民银行给川、康、陕、甘、豫、湘、滇、黔、桂、闽、粤、皖、宁、绥 14 省农田水利贷款 414 521 178.6 元,水利委员会应拨贷款垫头 3 000 万元。川、康、滇、粤、豫、陕等 8 省完成灌溉工程 24 处,可灌溉农田 343 860 亩,甘肃河西及宁夏完成旧渠整理工程 66 处,可灌溉农田 2 846 657 亩。以上共可灌田 3 190 517 亩,按每亩平均增谷 1 市担,共可增产 3 190 517 市担。[4]

　　1944 年,四联总处农田水利贷款总额为 11.7 亿元,占农贷总额的 48.1%,超过农业生产贷款,居第 1 位。国民政府共拨农田水

---

[1]《促进各省大型农田水利工程》(1940 年 9 月 5 日),四联总处秘书处:《四联总处重要文献汇编》,四联总处秘书处,1947 年,第 231 页。

[2]《国民政府行政院水利委员会 1942 年度工作考察报告》(1942 年),中国第二历史档案馆编:《中华民国史档案资料汇编》第 5 辑,第 2 编,财政经济(8),南京:江苏古籍出版社 1997 年版,第 437 页。

[3] 四联总处秘书处:《四联总处重要文献汇编》,四联总处秘书处,1947 年,第 207 页。

[4]《国民政府行政院水利委员会 1943 年工作报告》(1944 年 1 月),中国第二历史档案馆编:《中华民国史档案资料汇编》第 5 辑,第 2 编,财政经济(8),南京:江苏古籍出版社 1997 年版,第 468 页。

利贷款垫头基金 5 200 万元,"悉经分配各省作为农田水利贷款垫头。"①1944 年,各省举办的农田水利工程有的因物价高涨,工程款不敷,有的因材料人工缺乏,施工不善而中途停顿,于是四联总处决定先集中力量办理未完工程,其已核定贷款而未兴工者暂缓贷款,但是缺粮与西北特别干旱地区不在此列。② 此外,为增加粮食生产,粮食增产工作联席会议要求加强后方各省农田水利建设,行政院水利委员会电请滇、黔、陕、甘四省政府酌拨田赋超收部分兴办农田水利工程,同时函请四联总处对滇、黔、陕、甘 1945 年度贷款数额特予放宽。③ 1945 年,四联总处农田水利贷款总额为 27 亿元,占农贷总额的 53%。④

　　全面抗战以来,国民政府采取中央拨款、四行贷款等方式为西部各省农田水利建设提供资金保障。其中有些规模大、技术难度高的农田水利工程直接由中央拨款建设,如陕西大荔县洛惠渠五号隧道,工程费用高,技术难度大,由国民政府直接拨款建设。有些经济落后省份,因地方财力有限,也由国民政府拨款进行水利建设。如甘肃省水利工程,一向由中央协助办理。甘肃河西地区,因为关系到西北国际交通和抗战前途,蒋介石指示从 1943 年起,中

---

① 国民政府行政院编纂:《国民政府年鉴》第三回,中央之部,第 1 编,《第 6 章　水利,第 3 节　工程概况》,第 2 页。

② 《促进各省大型农田水利工程》(1940 年 9 月 5 日),四联总处秘书处:《四联总处重要文献汇编》,四联总处秘书处,1947 年,第 231 页。

③ 《行政院水利委员会关于后方各省农田水利速筹有效办法的公函》(1944 年),第二历史档案馆藏,农林部档案,23/1744。

④ 中国人民银行金融研究所编:《中华民国史资料丛稿——中国农民银行》,北京:中国财政经济出版社 1980 年版,第 147 页。

央每年拨专款 1 000 万元用于河西水利建设。① 后来还追加了部分资金,支持兴修河西农田水利工程。

在中央拨款和银行贷款支持下,西部各省农田水利工程建设获得了较大发展,西南西北各省以陕西省农田水利建设成就最大,到 1947 年,陕西省已完工的大型农田水利工程有渭惠渠、梅惠渠等 7 处,灌溉农田达 138 万亩。甘肃省农田水利建设成绩也比较突出,抗战期间共修新渠 10 处,灌溉农田 50 万亩,修复旧渠 44 处,恢复灌溉面积 100 万亩。② 1941 年—1947 年 6 月,四川省完成大型水利工程 24 处,受益农田 41 万亩。③ 除此 3 省外,其他西部各省也陆续兴建了一批大型农田水利工程,据行政院统计,到抗战结束时,大后方共完成农田水利工程 72 处,可灌溉农田 151 万余市亩,年可增收稻谷 226 万余市石。④ 据四联总处统计,截至 1946 年,后方各省完工之大型农田水利工程 64 处,约可灌田 153.1 万余亩。已贷款兴办尚未完工之大型工程还有 30 处,可受益农田将近152.8万余亩。⑤

除大型农田水利工程外,国民政府还通过拨款、贷款、督导等方法,协助各县推进小型农田水利建设。1942 年 10 月,四联总处理事会通过《办理各县小型农田水利贷款暂行办法纲要》,指定由

---

① 国民政府行政院编纂:《国民政府年鉴》第二回,地方之部,《第 20 章　甘肃省,第 4 节　建设二　水利,丑　河西水利》,第 7 页。

② 沈宗瀚:《抗战时期的粮食生产与分配》,薛光前:《八年对日抗战中的国民政府》,台北:台湾商务印书馆 1978 年版,第 213—215 页。

③《中华民国统计年鉴》,《第 5 章　水利,第 1 节　农田水利》,第 98、100 页。

④ 行政院新闻局:《近年来的农田水利》,南京:行政院新闻局印行,1947 年 10 月,第 2 页。

⑤《促进各省大型农田水利工程》(1940 年 9 月 5 日),四联总处秘书处:《四联总处重要文献汇编》,四联总处秘书处,1947 年,第 232 页。

中国农民银行负责小型农田水利贷款,明确各县举办小型农田水利工程,如有融通资金的必要时,得向当地中国农民银行申请借款。贷款用途为挖塘或浚塘、修缮堰闸圩堤、凿井或修井、排水或汲水等。贷款对象为合法登记的合作社或专营水利的合作社,专办农田水利事业的农民组织及农民个人。贷款额度以全部工程所需工料及设备费用的 8 成为最高限额,贷款期限为 1—3 年。① 从此,小型农田水利建设也有了固定的资金来源。

农林部以垫头贷款方式协助各省举办小规模灌溉排水工程,拨贷贵州省 10 万元,协助其举办贵筑县乌当区灌溉工程,受益农田 3 800 亩。由农林部粮食增产委员会拨款 29 万元协助浙江、湖南、贵州等 7 省粮食增产督导机关举办小规模农田水利示范工程。拨款 10 万元在四川巴县新发乡兴办农田水利示范工程,以增加重庆附近粮食生产,拨付川、滇、黔、陕、甘等省 16 万元农田水利行政事业费,保障水利行政工作。② 1943 年,农林部分别给粤、赣、湘、桂、黔、闽各省拨专款,举办示范工程,直接指导小型农田水利建设。1944 年,中国农民银行"小型农田水利工程贷款原定贷额1.69亿元,其中 3 440 万元商定由农林部在川、黔、粤、桂、豫六省负责督导办理,余由本行(中国农民银行)直接洽商各省配贷"③。中国农民银行统筹贷放于川、康、滇、黔、陕、甘、宁等 17 省,推进西部各省小型农田水利事业的发展。

---

① 《办理各县小型农田水利贷款》(1942 年 3 月 19 日)四联总处秘书处:《四联总处重要文献汇编》,四联总处秘书处,1947 年,第 234 页。

② 《农林部工作报告》,中国第二历史档案馆藏,农林部档案,23(2)/120。

③ 《中国农民银行 1944 年度业务报告》(1945 年),中国第二历史档案馆编:《中华民国史档案资料汇编》第 5 辑,第 2 编,财政经济(3),南京:江苏古籍出版社 1997 年版,第616 页。

三、对西部各省农田水利建设提供技术支持

为支持西部农田水利建设,导淮委员会实地查勘四川、云南、贵州水利情况。1938 年 2 月—7 月,应四川农田水利贷款委员会的委托,导淮委员会派技术人员查勘四川水利,研究农田水利工程灌溉计划,先后查勘了涪江、岷江、雅河(青衣江)沿岸 10 县区,嘉陵江流域、嘉陵江三峡乡村实验区、川东 9 县、川南 6 县、青神县、江津县、綦江县通惠乡水利,因地制宜提出非常具体的水利工程建设方案。① 为支持云南省农田水利建设,1938 年 8 月—12 月,导淮委员会应云南省建设厅之请,派顾问许心武率领一批专业人员前往云南宾川、祥云、楚雄、广通、霑益、曲靖、陆良、宜良、罗平、弥勒、开远、建水、蒙自 13 县实地勘查,协助规划洱海、龙川江、南盘江、盘龙江、元江各流域的农田水利灌溉工程。② 1939 年,经济部派第 2 测量队勘测云南弥勒竹园坝,第 5 勘测队勘测楚雄城坝,第 6 测量队测量宜良西渠灌溉区。③ 应贵州省政府、贵州省农田水利贷款委员会的委托,导淮委员会派出专业技术人员查勘贵州水利。1938 年 2 月—6 月,组织贵州省农田水利测勘队从重庆出发,前往贵州定番、安龙、安顺 3 县实地测勘,6 月查勘工作完成后改组为测量队,进行测量,以便计划施工。1938 年 9 月初—1939 年 2 月,导淮

---

① 许心武:《四川省农田水利查勘报告》,《导淮委员会半年刊》,1939 年第 3 期,第 15—83 页。

② 许心武:《云南省农田水利查勘报告》,《导淮委员会半年刊》,1939 年第 3 期,第 134—162 页。

③ 《云南省农田水利贷款委员会第三次委员会会议记录》、《核准云南省农田水利贷款委员会呈送有关贷款细则等事的会议记录(1940—07—09)》,云南省档案馆藏云南省政府档案,1106—004—03376—019。转引自刘春秀:《抗战时期云南农田水利研究》,硕士学位论文云南师范大学,2019 年,第 46 页。

委员会派陈志远、谭炳辉、蔡作翔组成贵州省农田水利查勘队，由重庆出发，前往贵州都匀、平舟、铜仁、江口、石阡、湄潭、遵义7县查勘，根据各县具体情况，对贵州省政府的农田水料工程建设计划，提出查勘后的意见建议。① 导淮委员会技术人员的设计方案、意见建议大部分为国民政府、各省政府接受，在以后的农田水利工程建设中得以实施。

1940年，农林部拟定《非常时期修筑塘坝水井暂行办法》《兴修小型水利办法》等法规，协助各省推进小型农田水利建设。1941年，行政院水利委员会鉴于农田水利事业缺乏统筹规划，各省各自为政，且限于人力物力财力，很难普遍推进，决定与四联总处拟订《发展各省农田水利事业合作办法》，由行政院水利委员会直接办理大后方各省农田水利工程的勘察、设计与技术监督指导。

1942年，行政院水利委员会成立设计测量队赴各地勘查，推进农田水利事业，在川康等16省测完面积1 379平方公里，受益农田田115.31万亩，②1942年，农林部直接派员赴各地督办示范工程，并先后成立测量队，在川东、川北、黔西等处设立防旱督导站，督办各地水利工程。农林部还设立农田水利工程处，统筹规划农田水利工程，收集各省水文资料，协助各省进行农田需水量实验。③1942年，资源委员会、黄河水利委员会与甘肃水利林牧公司合组3个查勘队，分区普遍查勘甘肃水利，第一队1942年5月出发，第二

---

① 夏寅治：《贵州省农田水利查勘报告》，《导淮委员会半年刊》，1939年第3期，第84—132页。

②《国民政府行政院水利委员会1942年度工作考察报告》（1942年），中国第二历史档案馆编，《中华民国史档案资料汇编》第5辑，第2编，财政经济(8)，南京：江苏古籍出版社1997年版，第437页。

③ 郑起东：《抗战时期大后方农业改良》，《古今农业》，2006年第1期，第57页。

队 1942 年 7 月出发,分别到黄河、洮河、渭河、泾河、红水河、疏勒河等流域查勘水利情况。①

　　1943 年,川北、川东、黔西三处防旱督导站查勘塘坝工程 10 万余亩,督修塘坝工程 5 万余亩。② 1943 年,农林部拨付小型农田水利督导费 145 万元,协助福建、广东、甘肃、山西、湖南等省兴办小型农田水利工程 130 余万亩。次年,拨付各省督导费 570 万元,继续查勘督修农田水利工程。1944 年,川北、川东、黔西三处防旱督导站改称第 3 测量队及第 7、第 8 工程队,继续督导该地区兴修塘坝水井等工程。第 1、第 2、第 3 工程队及第 1 设计测量队除第 1 工程队协助川北各县办理防旱工作外,其余分别在南溪、江安及重庆等地,查勘 7 万余亩,督修 1 万余亩。③

　　新疆迪化附近的红盐池和天池蓄水工程原来是俄国人设计的,负责施工的是新疆学院水利专科学校的毕业生,仅有 17 人,学识和经验不足。1944 年左右,国民政府派技术人员赴新工作。行政院水利委员会派勘察队或设计测量队来新工作,必要时派高级技术人员前去督导。1944 年派查勘队 1 队、测量队 1 队先由哈密、迪化二区开始工作,④计划第二阶段开发南疆水利,第三阶段大量开发伊犁及其他各区水利事业。⑤ 1944 年,全国水利委员会还派

---

① 甘肃水利林牧公司总管理处:《甘肃水利林牧公司概况》,甘肃水利林牧公司总管理处,1942 年,第 9 页。

② 郑起东:《抗战时期大后方农业改良》,《古今农业》,2006 年第 1 期,第 57 页。

③ 郑起东:《抗战时期大后方的农业改良》,《古今农业》,2006 年第 1 期,第 57 页。

④ 《水利委员会技正杨乃俊参加西北建设考察团报告》,中国第二历史档案馆藏专题档案,黄河水利委员会档案,5/35。

⑤ 《水利委员会技正杨乃俊参加西北建设考察团报告》,中国第二历史档案馆藏专题档案,黄河水利委员会档案,5/35。

水利勘测总队对沙湾县新盛渠进行了勘测。[①]

第二节　战时西部各省的农田水利建设

一、战时西南农田水利建设

（一）战时四川农田水利建设

四川省有大小河流 1 300 余条,河流径流比较丰富,年际年内变化不大,有利于农田灌溉。自古以来,四川水利事业就比较发达,秦有都江堰,汉有湔渠,唐有通济渠,还有朱李火堰等,大都是自流渠,其中都江堰最大,灌溉面积 300 万亩;第二为通济堰,灌溉 3 县;第三为朱李火堰,经什邡、绵竹两县,灌溉面积 22 万亩;再次为湔堰,灌溉彭县 11 万亩农田。都江堰水利工程位于灌县城西,流经 17 个县,大小支流共计有 600 余条,总长度约 900 公里,自灌县到成都 60 公里,倾斜而下,成极均匀的坡度,自灌县作引水工程,顺流灌溉,花费工力很少,而收益很大。除成都平原外,四川盆地丘陵起伏,虽然有河流穿过,但河面与农田高距相差很大,除少数地方可利用筒车灌溉外,多数地区因引水困难,只能种植旱作。四川省每年平均雨量并不少,但是在水稻蓄秧插秧时,正值春末夏初干旱之际,雨量不足,兴修堵水坝、蓄水塘,可以蓄积雨水,需要时可以取用,或储蓄冬水,每年在水稻收割后,将田埂整理,尽量储存晚秋及冬春雨水,以备春耕,同时将树叶草根浸入水中,使之腐烂,充作化肥,至插秧时,可以利用,但是也只能耕作一季。

[①]《中国水利史稿》编写组:《中国水利史稿》下册,北京:水利电力出版社 1989 年版,第 417 页。

　　1935 年,国民政府在四川灌县设四川省水利局,1936 年迁移到成都,在灌县设都江堰工程处,1942 年改称都江堰工程管理处,负责都江堰的管理,每年冬春季都要对都江堰水利工程进行大规模维修,扩大灌溉面积。

　　1937 年四川大旱,赤地千里,军委会委员长重庆行营与经济部农本局、四川省政府筹集水利建设基金,兴修农田水利工程。农本局贷款 250 万元,重庆行营出资 50 万元,四川省政府发行赈灾公债 88 万元,共 388 万元。① 1938 年夏,成立四川农田水利贷款委员会,以借款方式,借予农民,专办四川各县农田水利,兼办西康省小部分农田水利。1939 年 11 月,扩组为川康农田水利贷款委员会,但大部工作还是在四川。②川康农田水利贷款约定 250 万元,用于兴修眉山醴泉渠,绵阳袁公渠、龙西渠、广济堰,三台郑泽堰,乐山楠木堰,彭县湔堰,洪雅花溪堰等。为统一事权,1940 年 11 月,川康农田水利贷款委员会与四川省水利局合并改组,仍名四川省水利局,扩大组织,增加人员,负责川省水利行政。此后 3 年,四川省水利局经办水利工程,主要有开凿自流渠、修筑堵水坝、挖塘等。

　　1940 年 11 月,原有农田水利工程基金告罄,四川省政府向四联总处商借 1 700 万元,四川省政府自筹 100 万元,每月 150 万元拨给各工程使用。到 1941 年底,还有 5 项工程即遂宁南北坝、洪雅花溪渠、三台可亭堰(北坝)、峨眉熊公堰、雅安青衣渠经费已经用完,工程却没有完工。四联总处与四川省签订的《三十一年度四川

---

① 《四联总处四川农贷视察团报告》(1942 年 8 月),中国第二历史档案馆藏,经济部档案,4/34321。

② 《张季春著战时四川省农田水利述论》(1942 年 4 月 1 日),中国第二历史档案馆编:《中华民国史档案资料汇编》第 5 辑,第 2 编,财政经济(8),南京:江苏古籍出版社 1997 年版,第 429、433 页。

续办农田水利未完工程贷款合同》写明,由中央信托局、中国银行、交通银行、中国农民银行按 15%、25%、15%、45% 的比例联合贷放 2 600 万元,四川省政府自筹垫头 520 万元,用于遂宁南北坝、洪雅花溪渠、三台可亭堰(北坝)、峨眉熊公堰、雅安青衣渠及璧山工务所,南充、乐至工务所工程费用,月息 8 厘,合同要求各工程 1942 年 6 月底放水,12 月底完工。[①] 1942 年,四川省政府自筹 180 万元,四联总处追加上年未完工程贷款 900 万元,于 1942 年 3 月前拨付到位。四川水利局全力以赴,督促施工单位昼夜赶工,青衣渠、熊公堰于 6 月中旬先后完工,遂宁南北坝、洪雅花溪渠、三台可亭堰(北坝)主体工程完工。绵竹官宋棚是一个旧有堰坝,年久失修,全部工程费用预计需要 120 万元,四行局贷款 60 万元,省府自筹 60 万元,[②]修复官宋棚堰坝。1942 年,四川开办 17 处新灌溉工程及简阳等 10 县堵水坝,预计工程费用需要 1.1 亿元,中国农民银行、四川省政府签订《三十一年度四川省农田水利贷款合约》,贷款总额 8 800万元,四川省政府在四川省农田水利基金项下拨付 1 200 万元,行政院水利委员会拨付 1 000 万元作为垫头,总计 1.1 亿元;贷款用于巴县梁滩河、北碚黛湖、华阳沙河堡、灌县导江堰、罗江野坝堰、梓潼宏仁堰、乐山牛头堰、夹江永兴堰、邛崃三桥堰、德阳獐子堰、彰明青莲堰、江油女儿堰、内江大小青流、奉节圆坝河、三台大围坝、犍为清水溪、三台东坝三坝等 17 处大型工程 1 亿元,简阳等

---

① 《三十一年度四川续办农田水利未完工程贷款合同》(1942 年),中国第二历史档案馆藏,财政部档案,3(6)/909。

② 《四联总处 1942 年度办理农业金融报告》,中国第二历史档案馆编:《中华民国史档案资料汇编》第 5 辑,第 2 编,财政经济(4),南京:江苏古籍出版社 1997 年版,第211 页。

10 处堵水坝 1 000 万元。[①]

　　1943 年,四联总处与四川省政府签订《三十二年度四川省农贷协议书》,农田水利贷款是 2. 143 亿元。[②] 1944 年,四川省水利局兴办的大型水利工程未完工程,因为物价高涨,各工程款项严重不足,请求四联总处追加贷款 9 500 万元,中国农民银行按 9 成增贷 8 550万元,其余 1 成 950 万元由四川省自筹,[③]四川省自筹的 950 万元由行政院水利委员会在农田水利贷款非营业循环基金项下代为拨付 200 万元。[④]

　　全面抗战时期川康兴修的主要农田水利工程见表 59:

表 59　抗战时期主要川康农田水利工程一览表[⑤]

工程名称	所在县	贷款数额 (万元)	每亩工费 (元)	受益田亩 (市亩)	开工时间	完工时间
北泽堰	金堂、广汉	95	158.33	6 000	1940.12	1941.05
龙西渠	绵阳	103.9	59.37	17 500	1939.01	1941.04
天星堰	绵阳、彰明	21.7	16.69	13 000	1938.12	1940
涪翁堰	绵阳	120	133.33	9 000	1940.9	1941.12

---

① 《三十一年度四川农田水利贷款合约》,中国第二历史档案馆藏,财政部档案,3(6)/909。

② 《中国农民银行、四川省政府三十二年度四川农贷协议书》,1944 年 5 月,中国第二历史档案馆藏,财政部档案,3(6)/909。

③ 《川省各未完工程三十三年度追加贷款》,中国第二历史档案馆藏,财政部档案,3(6)/909。

④ 《四川省农田水利贷款合约附件》(1945 年 3 月),中国第二历史档案馆藏,财政部档案,3(6)/909。

⑤ 《近年来的农田水利》,南京:行政院新闻局,1947 年,第 7—14 页;《四联总处四川省农贷视察团报告书》,南京中国第二历史档案馆藏,经济部档案,4/34321;《三十一年度四川农田水利贷款合约》,南京中国第二历史档案馆藏,财政部档案,3(6)/909。

工程名称	所在县	贷款数额（万元）	每亩工费（元）	受益田亩（市亩）	开工时间	完工时间
郑泽堰、永城堰	三台	50	11.06	45 200	1938.01	1939.04
可亭堰	三台	200	400	5 000	1941.11	1943
四联堰	遂宁	1 010	306.06	33 000	1940.12	1943
花溪渠	洪雅	730	211.59	34 500	1939.08	1943
龙门堰	峨眉	75	250	3 000	1941.02	1942.08
楠木堰	乐山	1.73	10.81	1 600	1938.10	1939.05
涪济堰	彰明	15.18	37.95	4 000	1940.02	1940.12
鸿化堰	青神	4.6	2.25	20 400	1939.12	1940.04
熊公堰	峨眉			3 000	1941.02	1942.06
官宋棚	绵竹	120	14.29	84 000		1942
醴泉渠	眉山	40	22.22	18 000	1938.11	1941
野坝堰	安县、罗江	261.3	373.29	7 000		1943
黛湖	北碚	100	1 000	1 000		1943
梁滩河	巴县	1 928.3				
獐子堰	德阳	111.8	37.27	30 000		1943
女儿堰	江油	178	222.5	8 000		1943
褚公堰	江油			3 500		1943
长青堰	彰明			13 000		1944
宏仁堰	梓潼	513	657.69	7 800		1944
三桥堰	邛崃	317	396.25	8 000		1944
牛头堰	乐山	83	47.7	17 400		1944
清水溪	犍为	640	640	10 000		1944
大小清流	内江	473.1	251.94	18 778		1944
永兴堰	夹江	171.5	428.75	4 000		1944

续表 59

工程名称	所在县	贷款数额 (万元)	每亩工费 (元)	受益田亩 (市亩)	开工时间	完工时间
沙河堡	华阳	1 507	941.88	16 000		1947 年
导江堰	灌县	627.1	783.88	8 000		1947 年
大围坝	三台	821.6	632	13 000		1947 年
青衣渠	雅安	48	73.73	6 510		1942.06
周公渠	雅安			7 500		1947.07 申请整顿
天全渠	天全			4 700		1944

此外,建设金堂寨水电灌溉工程,从广元到金堂途中农田多用水车戽水灌溉,因为金堂地势较高,灌溉不易,金堂水电厂采用抽水机、水轮提水 2 公尺,可灌溉 2 万亩以上农田。①

除大型水利工程外,国民政府贷款帮助四川兴修小型农田水利工程。1937 年,川康农田水利贷款委员会贷款 308 733 元,在南充、岳池、武胜、西充等县修筑塘堰,共完成 109 个水塘、73 座堵水坝、1 处防洪工程,受益农田 95 214 亩。1939 年 3 月底止,川康水利委员会已核定贷款 2 184 005 元兴修农田水利工程,其中不少是小型农田水利工程,贷款所办工程全部完工后,估计受益田亩可达 408 792.85 亩,每年增加收益可达 1 661 924.60 元。② 1940 年,南充工务所成立,主办川北数县小型农田水利工程,主要是修塘筑堰。1941 年,在螺溪河修筑堵水坝 6 座,灌田 3 300 亩,用款 25 万

---

① 《四联总处四川省农贷视察团报告书》(1942 年 8 月),中国第二历史档案馆藏,经济部档案,4/34321。
② 《农本局 1939 年 3 月工作报告》,中国第二历史档案馆藏,经济部档案,4/12492。

元。[①] 1940 年 10 月—1942 年 5 月,乐至工务所贷款 352 330 元,修塘 346 口,灌田 8 393 亩,筑堰 3 处,灌田 2 021 亩。乐至 1940 年雨水充沛,降水量 950 毫米,1941 年天旱,降水量仅有 427 毫米,相差一半,而 1941 年农产品产量却增加约 4 万担,是堰塘之效已见。[②] 1941 年,四联总处拨款 988 771 元在四川各县筑坝 170 处,受益田亩 16 062 亩;拨款 1 181 135 元挖塘 1 447 处,受益田亩 97 171 亩;拨款 651 194 元修建其他小型工程 19 处,受益田亩 12,11(原文如此,疑有误)亩;又拨款 60 万元,支持各县紧急挖塘防旱。[③]

从 1938 年—1943 年 10 月约 6 年中,四川共完成大型灌溉工程 15 处,灌田 30 万亩;修建堵水坝 227 座,灌田 95 895 亩;凿塘 2 826 口,灌田 125 849 亩;各项水利工程共计灌溉田地 521 744 亩。到 1945 年,又陆续建成彭明长清堰、乐山牛头堰、内江大水沟、犍为绥水堰、夹江永兴堰等,新增灌溉面积 78 978 亩,总计受益农田面积约 66 万亩。[④]

1940 年,四联总处与西康省签订农田水利贷款合约总额 200 万元,[⑤]用于兴修农田水利工程。1942 年完工的有青衣渠,灌溉面

[①]《四联总处四川省农贷视察团报告书》(1942 年 8 月),中国第二历史档案馆藏,经济部档案,4/34321。

[②]《四联总处四川省农贷视察团报告书》(1942 年 8 月),中国第二历史档案馆藏,经济部档案,4/34321。

[③]《四联总处 1941 年度工作报告》(1942 年),中国第二历史档案馆编:《中华民国史档案资料汇编》第 5 辑,第 2 编,财政经济(4),南京:江苏古籍出版社 1997 年版,第 62 页。

[④] 侯德础:《试论抗战时期四川农业的艰难发展》,《四川师范大学学报》,1987 年第 6 期,第 84 页。

[⑤]《四联总处 1941 年度工作报告》(1942 年),中国第二历史档案馆编:《中华民国史档案资料汇编》第 5 辑,第 2 编,财政经济(4),南京:江苏古籍出版社 1997 年版,第 54 页。

积 2 800 亩,灌水后每亩每年可增益 600 元,年共增益 160 余万元。[1] 1941 年 7 月,四联总处核定雅安周公渠水利工程贷款 300 万元,西康省府自筹垫头 75 万元,作为第一期大兴场灌溉工程费用。[2] 1943 年 7 月,设立周公渠工程处,筹备施工,预计完工后,可以灌溉 1.1 万亩农田。[3] 西康天全的始落阴三坝,1943 年设计完成。1944 年建成的天全渠,灌溉面积 4 700 亩。[4]

（二）战时云南农田水利建设

云南省属亚热带和热带高原季风性气候,受季风和地形影响,气候差异大,干湿分明,雨季雨水多,容易发生洪涝灾害,干季降水极少,容易发生旱灾。因此,必须兴修农田水利工程,应对旱涝灾害,发展云南农业,改善人民生活。民国年间,云南省政府致力于农田水利建设。1913 年,云南昆明积善村的电力排灌站建成,这是该省内第一座电力排灌站。此后,昆明明家场灌溉场、官渡抽水站陆续建成,滇池沿岸通过电力提水可灌溉农田 1 万余亩。[5] 1913 年,嵩明当地乡绅倡导兴修嘉丽泽排水工程,拟对该县约 10 万亩耕地进行排水作业,到全面抗战前,已有 3 万亩农田受益。1933

---

[1]《水利委员会关于战时水利建设概况报告》(1943 年 7 月),中国第二历史档案馆编:《中华民国史档案资料汇编》第 5 辑,第 2 编,财政经济(8),南京:江苏古籍出版社 1997 年版,第 452 页。

[2]《四联总处 1941 年度办理农业金融报告》,中国第二历史档案馆编:《中华民国史档案资料汇编》第 5 辑,第 2 编,财政经济(4),南京:江苏古籍出版社 1997 年版,第 214 页。

[3]《水利委员会关于战时水利建设概况报告》(1943 年 7 月),中国第二历史档案馆编:《中华民国史档案资料汇编》第 5 辑,第 2 编,财政经济(8),南京:江苏古籍出版社 1997 年版,第 449 页

[4]《中国水利史稿》编写组:《中国水利史稿》下册,北京:水利水电出版社 1989 年版,第 438 页。

[5] 云南省地方志编纂委员会:《云南省志·水利志》,昆明:云南人民出版社 1998 年版,第 330 页。

年,昭鲁河老鸦岩水利工程竣工,解决了昭鲁河整治中最难处理的老鸦岩段石峡问题。[1] 1933 年,云南省水利局对省内河流和水利工程进行勘察,勘测了嵩明嘉丽泽、盘龙江、大理洱海、昆阳海口河、阳宗海、架衣坝蓄水塘等处水利情况,并制定详细兴修水利工程计划。[2]

1938 年,水利委员会划归经济部,为协助各省水利建设,经济颁布《经济部协助各省办理水利工程办法》,对于各省兴办水利所需技术援助、工程经费以及竣工后的验收等都做出了具体规定。[3] 1938 年,经济部导淮委员会派工程技术人员前往云南实地勘查了云南祥云、楚雄、广通、沾益、曲靖、陆良、宜良、罗平、弥勒、开远、建水、蒙自等 13 县的水利情况,协助规划洱海、龙川江、南盘江、盘龙江、元江各流域的农田水利工程。[4] 1939 年,经济部成立云南农田水利设计测量队赴云南工作,帮助查勘该省水利,并令其于测勘后长期留滇,协助该省发展农田水利事业。[5]

20 世纪 30 年代,云南省小型灌溉工程或排水工程,大多由地方自办,规模较大之水利工程,则由省政府投资兴办。各地组成水利合作社,筹集水利经费自办小型水利工程,云南省经济委员会、云南省农田水利贷款委员会筹资兴办大型水利工程。1938 年 7 月,经济部农本局为支持云南水利事业发展,与云南省政府组成云

[1] 李珪编:《云南近代经济史》,昆明:云南民族出版社 1995 年版,第 253 页。
[2] 刘春秀:《抗战时期云南农田水利建设研究》,硕士学位论文云南师范大学,2019 年,第14页。
[3]《经济部协助各省办理水利工程办法》,《云南日报》,1938 年 11 月 9 日,第 4 版。
[4] 许心武:《云南省农田水利勘查报告》,《导淮委员会半年刊》,1939 年第 3 期,第 134—162 页。
[5]《经济部派员来滇查勘本省水利》,《云南日报》,1939 年 10 月 30 日,第 4 版。

南农田水利贷款委员会,筹集资金 200 万元,其中农本局出资 100
万元,①派农业调整处专员蔡邦霖等赴滇参加组建云南省农田水利
贷款委员会。1939 年,经济部农本局与云南省政府签订水利贷款
合同,由农本局出资 150 万元兴修农田水利工程,云南省自筹垫头
50 万元。到 1939 年 12 月,农本局实际贷款 31 368 元②,到 1940
年 2 月底,实际贷款 181 368 元。③ 1940 年冬,经济部第二水利测
量队测量设计沾益松林坝,1941 年春,由农田水利贷款委员会
兴办。

　　1941 年后,四联总处接替农本局办理云南农田水利贷款。
1941 年 7 月,四联总处与云南省政府签订《云南农田水利贷款合
约》,贷款 1 000 万元,云南省政府自筹 250 万元,共 1 250 万元,举
办文公渠等 5 处灌溉工程。后物价上涨,工款不敷,四联总处增贷
1 160 万元,省府自筹垫头 290 万元,加上以前农本局承贷的 150 万
元,云南省府自筹垫头 50 万元,共计 1 650 万元。其中,宜良文公
渠,工程费用预计 380 万元,估计受益田亩 3 万亩;宜良龙公渠,工
程费用预计 435 万元,估计受益田亩 1.4 万亩;弥勒竹园堰,工程费
用预计 1 570 万元,受益田亩 2.3 万亩;沾益松林堰,工程费用预计
500 万元,受益田亩 2.6 万亩;□(此处史料如此)坝,工程费用预
计 15 万元,受益田亩 1 000 亩。④ 上述五项工程由云南农田水利贷

---

① 农本局研究室:《农本局业务报告》,农本局研究室编印,1939 年,第 45—46 页。
②《农本局二十九年度一月业务报告》,中国第二历史档案馆藏,经济部档案,4—12493。
③《农本局二十九年度二月业务报告》,南京中国第二历史档案馆藏,经济部档案,
　　4—12493。
④《四联总处 1942 年度办理农业金融报告》,中国第二历史档案馆编:《中华民国史档案
　　资料汇编》第 5 辑,第 2 编,财政经济(4),南京:江苏古籍出版社 1997 年版,第
　　219—220 页。

款委员会与会泽县水利协会经办。1942 年内共贷出 1 900 余万元，年底结余 2 300 余万元。①

　　1943 年，行政院水利委员会、云南省政府、中国农民银行昆明分行签订农田水利贷款合约，云南省自备垫头 170 万元，中国农民银行对文、龙、甸、华四渠工程的贷款 5 426 万元。在中国农民银行贷款支持下，云南宜良文公渠 1940 年 5 月开工，1943 年 3 月完工，工程费用 831 万余元，灌溉农田 4.7 万亩；宜良龙公渠 1942 年 3 月开工，1943 年 4 月完工，工程费用 600 万元，灌溉农田 2 万余亩；沾益华惠渠 1942 年 8 月开工，1943 年 4 月完工，工程费用 954 万余元，灌溉农田 20 690 亩；弥勒甸惠渠 1940 年 10 月开工，1943 年 3 月完工，工程费用 3 263 万余元，灌溉农田 2.3 万亩。到 1943 年 7 月，云南弥勒竹园坝、宜良文公渠、龙公渠、沾益松林坝 4 处工程共可灌溉农田 92 760 亩。宜良菁口村、安宁之患郭沟、罗平之城坝、陆良之响水坝、中宁之禄褚□（此处史料如此）等 5 处已测量完毕，安宁、青龙寺、晋宁县之灌溉区均在测量中，②计划施工。1945 年，中国农民银行、云南省政府签订云南甸惠渠改善工程贷款合约，贷款额 450 万元，云南省政府垫头 50 万元由水利委员会代拨，利率月息 2 分 5 厘，云南省建设厅负责督导经办，工程处负责甸惠渠施工。③

---

① 《四联总处 1942 年度办理农业金融报告》，中国第二历史档案馆编：《中华民国史档案资料汇编》第 5 辑，第 2 编，财政经济(4)，南京：江苏古籍出版社 1997 年版，第 219—220 页。

② 《水利委员会关于战时水利建设概况报告》(1943 年 7 月)，中国第二历史档案馆编：《中华民国史档案资料汇编》第 5 辑，第 2 编，财政经济(8)，南京：江苏古籍出版社 1997 年版，第 449 页。

③ 《云南省甸惠渠改善工程贷款合约》(1945 年)，中国第二历史档案馆藏，财政部档案，3(6)—2416。

　　1942 年 1 月，云南省建设厅水利局前往测量，计划重启嘉丽泽排水工程，同年秋开始施工，预计 1945 年 6 月可以完成，受益农田约 8 万亩，以水稻小麦为主要农产，除泽内工程征工办理外，预算经费 4 000 万元，由农民银行贷借，建设厅嘉丽泽工程处主办，受益农田约 8 万亩。① "惟[民国]三十四年春，物价激涨，米价已超越十倍以上，故工款不敷甚巨。嗣由工程处变更计划，……农行嘉丽泽水利工程贷款[民国]三十三、三十四两年度总额共为五千三百万元（水委会垫头在内），不敷之一千万元，由工程处自理。本工程于[民国]三十四年四月廿六日开工……至六月中旬汛期至，遂告停工。计开挖土石砂砾约一万五千公方，用去国币五七一〇万元，完成全部百分之七十强，其未完工程，俟秋后赓续实施。"②

　　云南省经济委员会、企业局，云南富滇新银行也积极投资兴修农田水利工程。云南省经济委员会、企业局投资 50 万元兴修的宾川水利工程，可以灌溉农田 11 493 亩。1938 年动工、1939 年完成的宜民海塘工程，云南省经济委员会投资 29 万元兴建，可以灌溉能种甘蔗、棉花、水稻的 2.2 万亩良田。③ 投资 4 118 856 元兴修的嘉民河工程 1937 年开工，1943 年 8 月完成，可灌溉农田 8 万亩；新桥灌溉场工程于 1943 年 6 月完工，工程费用 210 万元，可灌溉农田 3.5 万亩。云南企业局 1943 年投资 2 300 万元宾祥水利监督署主办的西平海治平渠，可灌溉农田 4.5 万余亩；投资 725 万元兴修的昭通鲁甸二县工程，可灌溉农田 1.1 万亩；1939 年云南省府决议修建开远稼依坝，开始由财政厅负责，后由企业局接办，工程费用 500

① 吴绍墨：《云南农田水利事业的检讨》，《云南建设》，1945 年第 1 期，第 38 页。
② 孙延釐：《云南嘉丽泽水利工程》，《水利》第 14 卷第 2 期，1946 年，第 61—62 页。
③ 吴绍墨：《云南农田水利事业的检讨》，《云南建设》，1945 年第 1 期，第 38—43 页；邱勤宝：《云南灌溉问题》，《云南建设》，1945 年第 1 期，第 42 页。

万元,到 1943 年完成 85％的工程,原可灌溉农田 2.38 万亩,有效受益农田 1.55 万余亩。①富滇新银行与云南省建设厅、经济部农本局合组云南省农田水利贷款委员会,1941 年上半年,投资 1 200 万元,与中中交农四行局合办大规模农田水利工程贷款,同时对各县自办的小型水利工程提供贷款,还负责了弥沪及宾川两水利监督署的运行经费。② 另外,富滇新银行还提供了本省水利建设事业费、工程管理费,1944 年,文、龙、甸、华四渠工程在农贷会的主持下完工后,由建设厅临时接管,由于工程管理费不在农行贷款范围内,富滇新银行便将当年应收未收的息金作为四渠工程临时管理处事业经费,③使四渠临时管理处得以顺利成立,解决了工程完工后无人管理的问题。

据记载,云南省政府也投资了文、龙、甸、华四渠工程及晋宁马家塘蓄水工程。马家塘蓄水工程 1944 年 4 月开工,预计 1945 年 12 月完工,预算经费 4 600 万元,由云南省政府拨款 1 000 万元,其余向四联总处贷借,由晋宁水利工程处、晋宁水利协会办理,完工后,可灌溉受旱灾影响的农田 3 万亩。蜻蛉河排水及灌溉工程 1944 年 1 月开工,预计 1946 年 12 月完工,征用民工 20 余万名,预算经费连同民工补助费 2 293.5 万元,云南省建设厅以工代赈款 50 万元,其余由地方自筹。建设厅两姚水利工程处主办,完工后,受益农田 12 万亩。云南驿中河疏浚工程,1943 年冬季,水利局派队

① 吴绍墨:《云南农田水利事业的检讨》,《云南建设》,1945 年第 1 期,第 38—43 页;邱勤宝:《云南灌溉问题》,《云南建设》,1945 年第 1 期,第 42—45 页。
②《半年来富滇银行/经济委员会工作概况》,《云南日报》,1941 年 8 月 23 日,第 4 版。
③《据省建设厅呈临时接管文龙甸华四渠工程贷款各情一案分令由(1944—06—08)》,云南省政府档案,云南省档案馆藏,1106—004—03595—0080,转引自刘春秀:《抗战时期云南农田水利建设研究》,硕士学位论文,云南师范大学,2019 年,第 29 页。

前往测计,1945 年春季开工,预计 1945 年 6 月完成。土方工程由受益农户义务服役,建闸工程由建设厅以工代赈,其余由合作金库贷借。全部完工后,中河两岸万余亩农田可以全部免除水灾。[①]

（三）战时贵州农田水利建设

1938—1940 年,贵州农田水利工程由贵州省政府与农本局合组农田水利贷款委员会贷款支持。1938 年 4 月,贵州省政府与经济部农本局签订合同,贷款百万元组建农田水利贷款委员会,主持农田水利事宜。1938 年 6 月该会成立,赴贵州各地勘察,先就产米之区,改进原有的灌溉工事,计划在安龙县修筑排水工程,将湿地之水吸去,可耕种田地 4 000—5 000 亩;在安顺扩大旧水闸,灌溉面积较原来增加 1/3;在定番县修筑灌溉工程,预计可灌溉 7 700 余亩农田。利用农本局贷款举办的贵州惠水满管灌溉工程、安龙陂塘海子排水工程于 1942 年完工,4 000 余亩农田受益。[②]

1940 年后,由四联总处为贵州农田水利工程提供贷款。贵州惠水县小龙农田水利工程贷款 21 万余元,1940 年 6 月完工,受益田亩 8 500 亩;惠水三都及老公坡水利工程贷款 198 481 元,1941年 10 月完工,受益田亩 3 400 亩;都匀附廓工程贷款 8 300 元,1940年 4 月完工;平霸乾溪模范农场贷款 7 826 元,1940 年 5 月完工。[③]

1942 年,四联总处核定贵州大型农田水利工程贷款 400 万元,贵州省政府自筹 100 万元,共 500 万元,完成惠水满管水利工程,灌

---

① 吴绍墨:《云南农田水利事业的检讨》,《云南建设》,1945 年第 1 期,第 38 页。

②《四联总处 1942 年度办理农业金融报告》,中国第二历史档案馆:《中华民国史档案资料汇编》第 5 辑,第 2 编,财政经济(4),南京:江苏古籍出版社 1997 年版,第218 页。

③《四联总处 1941 年度工作报告》(1942 年),中国第二历史档案馆编:《中华民国史档案资料汇编》第 5 辑,第 2 编,财政经济(4),南京:江苏古籍出版社 1997 年版,第63 页。

溉面积 1 043 亩,完成安龙陡坡海子一期工程,灌溉面积 5 220
亩。① 举办三处工程,贵阳中曹司灌溉工程,工程费用预计 40 万
元,估计受益田亩 5 000 亩;惠水县附廓区灌溉工程,工程费用预计
160 万元,估计受益田亩 2.3 万亩;咸宁草海排水初期工程,工程费
用预计 300 万元,估计受益田亩 7 万亩。② 后因为物价上涨,实际
需要工程费用大大超出原估计数,由四联总处在 1943 年度增贷。

　　1943 年,贵州省政府与四联总处签订农田水利贷款合约,贷款
1 318.5 万元,贵州省政府自筹垫头 146.5 万元,用于修筑惠水涟
江灌溉工程,总预算 1 200 万元,预计 1944 年 12 月完工;贵筑中曹
司灌溉工程,预算 310 万元,预计 1943 年 12 月完工;贵筑乌当灌溉
工程,预算 90 万元,预计 1943 年 12 月完工;安龙陂塘海子第二期
工程,预算 165 万元,预计 1943 年 12 月完工。贷款利息为月息 1
分 2 厘,指定贵州省农田水利贷款委员会负责规划督导经办,设立
工程处负责施工。③ 后因为物价上涨,原贷款不足,1943 年 9 月,
由中国农民银行增贷 1 370 万元,共 2 688.5 万元,贵州省政府自筹
垫头 1 522 222.22 元,增贷利息 1 分 5 厘。④

　　1944 年,中国农民银行给贵州省增贷 52 350 570 元,贵州省政
府自筹垫头 5 816 730 元。1943、1944 年三次贷款,贵州省政府自
筹垫头共 8 803 952 元,都是由行政院水利委员会在农田水利贷款

---

① 《近年来的农田水利工程》,南京:行政院新闻局,1947 年,第 9—10 页。

② 《四联总处 1942 年度办理农业金融报告》,中国第二历史档案馆编:《中华民国史档案
　资料汇编》第 5 辑,第 2 编,财政经济(4),南京:江苏古籍出版社 1997 年版,第 217—
　218 页。

③ 《贵州省三十二年度农田水利贷款合约》(1943 年),中国第二历史档案馆藏,财政部
　档案,3(6)—324。

④ 《中国农民银行贵阳分行、贵州省政府农田水利贷款合约换文》(1944 年 9 月),中国
　第二历史档案馆藏,财政部档案,3(6)—324。

非营业循环基金项下统筹拨付。① 1944 年,贵州完成贵筑乌当水利工程,受益农田 4 200 亩。② 1945 年,四联总处给贵州大型农田水利增贷84 757 410元,贵州省政府应备垫头 9 417 490 元,贷款利息月息 2 分 5 厘。1943—1945 年,四联总处总计发放农田水利贷款 163 992 980 元,贵州省政府的垫头共 18 221 442.22 元,都由行政水利委员会在农田水利非营业循环基金专户项下代垫。③

1942 年,四联总处核定贵州小型农田水利贷款 108 万元,贷款 30 万元给龙里县开沟筑堤挖塘,贷款 15 万元给麻江县开渠,贷款 25 万元给平塘县挖塘,贷款 10 万元给兴仁县开渠筑坝,给惠水县贷款 28 万元兴办小型农田水利工程。④

1944 年,中国农民银行贵阳分行与贵州省政府签订乡镇造产放款协议,总额 100 万元,分配清镇 36 万元、修文 13 万元、平越 19 万元、桐梓 10 万元、凤岗 22 万元,其中有一部分用于农田水利建设。⑤

抗战时期,西南地区农田水利事业有较大发展,据 1947 年统计,1938—1945 年间,全国共完成农田水利建设 72 处,灌溉面积 151 万余亩,年可增产稻谷 226 万余市石。⑥ 云贵川三省(包括西

①《中国农民银行贵阳分行、贵州省政府农田水利贷款合约换文》(1944 年 9 月),中国第二历史档案馆藏,财政部档案,3(6)—324。
②《近年来的农田水利工程》,南京:行政院新闻局,1947 年,第 14 页。
③《中国农民银行贵阳分行、贵州省政府农田水利贷款合约换文》(1945 年 9 月),中国第二历史档案馆藏,财政部档案,3(6)—324。
④《四联总处 1942 年度办理农业金融报告》,中国第二历史档案馆编:《中华民国史档案资料汇编》第 5 辑,第 2 编,财政经济(4),南京:江苏古籍出版社 1997 年版,第218 页。
⑤《中国农民银行贵阳分行、贵州省政府三十三年度乡镇造产放款协议书》(1944 年),中国第二历史档案馆藏,财政部档案,3(6)—324。
⑥《近年来的农田水利》,南京:行政院新闻局,1947 年,第 2 页。

康省雅安地区)为 39 处,占总数的 54%,灌溉面积 57 万多亩,占全部灌溉面积的 38%。[①] 其中四川 29 处(含西康省 3 处),灌溉面积达 631 410 亩;云南 4 处,灌溉面积为 354 260 亩;贵州 6 处,灌溉面积为 168 750 亩。[②]这些都是大型农田水利工程,小型农田水利工程没有准确统计数据。

二、战时西北农田水利建设

西北各省深居中国西北部内陆,距离海洋很远,从海上吹来的风很难到达西北地区,因此干旱少雨。自陕西的关中平原向西向北由半干旱的气候区(年降水量 250—500 毫米)转为干旱气候区(年降水量 125—250 毫米),再转为沙漠气候区(年降水量为 125 毫米以下),雨量最少的塔里木盆地,有的地方甚至一年一滴雨也不下。水对于西北农业至关重要,无水则无农业,农田水利是西北农业发展的关键。民国年间,西北五省总面积约 337 万平方公里,其中有水灌溉者只有 2 850 余万亩,尚不及总面积的 0.52%,五省总人口约为 2 200 余万,每平方公里不及 7 人,每人摊得水地不及 1.5 亩。[③] 从 1928 年开始,西北发生了持续五六年的大旱灾,农业减产,有的地方甚至绝收,饿殍遍地,惨不忍睹。大旱灾给人们敲响了警钟,也引起了政府和水利专家的注意。1931 年,九一八事变爆发,内忧外患促使人们更加关注西北,开发西北的呼声愈加强烈,

---

① 《中国水利史稿》编写组:《中国水利史稿》下册,北京:水利水电出版社 1989 年版,第 436 页。

② 《中国水利史稿》编写组:《中国水利史稿》下册,北京:水利水电出版社 1989 年版,第 417—425 页。

③ 《西北建设考察团报告》水利篇,中国第二历史档案馆藏专题档案,黄河水利委员会档案,5—782。

而西北开发的首要问题是水利问题。不少专家、学者和社会团体为西北水利事业出谋划策,"开发西北协会"20世纪30年代曾提出《西北水利计划》。著名水利专家、黄河水利委员会委员长李仪祉早在20世纪30年代初就对西北水利进行了广泛深入细致的调查,并提出西北水利建设规划。

　　1941年,滇缅路被切断,西南形势严峻,开发西北愈加有必要。1941年5月,国民党五届八中全会通过"大兴水利以增农产及设立西北灌溉局普遍开发西北新青甘等省农田水利增加粮食生产"案,计划设置西北灌溉局,发展蒙古、新疆、甘肃河西、宁夏、青海非黄河流域农田水利。西北建设考察团建议以灌溉为西北水利建设的重点,西北灌溉又以甘肃河西,宁夏河套,新疆焉耆、哈密、迪化,陕西关中6区为水利开发之基点。"以上各区地广水丰,最适宜大规模国营灌溉区之开发,以建筑集体农场之基础。"①1943年,《西北十年建设计划》出台,计划1943—1944年在陕、甘、宁3省完成167万亩农田水利工程,此项工程完成后,每亩每年平均可增收粮食8市斗,共增益2620万元,而地价增值尚不计算在内。如10年完成1700万亩,其收益更增10倍,年达26亿元,使"西北平均每人至少有水田1亩,以水田收入供民食需要,旱田收获为军糈及其他工业原料和畜牧饲料"②。《西北十年建设计划》非常宏伟,目标也很远大,但是在抗战时期,由于各种条件限制,这个十年计划难以完成。

　　全面抗战时期,西北农田水利建设取得了突出的成绩,尤其是陕西、甘肃,成绩更加突出。陕西农田水利无论是工程数量还是质

①《西北建设考察团报告》水利篇,中国第二历史档案馆藏专题档案,黄河水利委员会档案,5/782。
②《西北十年建设计划》,中国第二历史档案馆藏专题档案,黄河水利委员会档案,5/756。

量都达到近代以来最高水平,甘肃兴修的农田水利工程不仅数量多,质量也较好,其采用的建设和管理模式达到近代水利工程建设和管理的最高水平。

（一）战时陕西省农田水利建设

民国初年,陕西省农田水利工程较少,规模也较小。据统计,1912—1929年间,该省水利工程只有7处,且全部为灌溉面积只有几百亩的小型水利工程,灌溉总面积也不过2 060亩。1928—1930年,陕西发生严重旱灾,赤地千里,庄稼颗粒无收,许多民众因饥饿而丧生。1930年,杨虎城主政陕西,请李仪祉主持陕西水利建设。1930—1935年间,李仪祉主持泾惠、洛惠、渭惠三大水利工程的修建。泾惠渠1930年10月动工,1932年第一期工程建成,秋季放水,1935年4月,工程全部竣工,"总计花费1 675 392.18元,经费主要来自全国经济委员会、陕西省政府、华洋义赈会、个人捐助和水利奖券"[1]。泾惠渠干支渠总长273公里,灌溉泾河下游泾阳、三原、高陵、临潼、醴泉5县农田,各期工程完成后,干支渠灌溉面积逐步扩大,1932年为40余万亩,1934年为457 016亩,1935年为528 646亩,1936年为646 352亩[2],1940年达到709 557亩,[3]灌溉区域内农产品产量大幅提高。1935年3月,渭惠渠开工,干支渠总长177公里,计划灌溉郿县、扶风、武功、兴平、咸阳农田60万亩,1937年底完工,共用工款219万余元,灌溉区域内主要农产品是棉花、小麦及玉蜀黍,年可两收。"据1938年总计,确得水利农田20

---

[1] 叶遇春主编:《泾惠渠志》,西安:三秦出版社1991年版,第116—123页。

[2] 《泾惠渠各干支渠灌溉面积逐年增进统计表》,陕西省水利局:《陕西水利季报》第1卷第1期(1936年9月),《统计》,第1页。

[3] 陕西省水利局:《陕西省水利事业概况》(1940年8月),中国第二历史档案馆藏,农林部档案,23/1742。

余万亩,因为水利而增加的生产,每亩已达 10 元,总共收益达 200
万元。"①洛惠渠 1934 年 6 月动工,由经济部泾洛工程局主持。洛
惠渠总干渠长 21 公里,干支流总长 83 公里,中经 9 座桥梁,5 个山
洞,钢筋混凝土建筑,到 1936 年已完成工程的 7—8/10,预计 1936
年 6 月可完工,全部工程完成后,可灌溉大荔、朝邑、澄城 3 县农田
5 000 余顷。② 但是,其中五号隧洞工程最为艰巨,施工中常常遇到
沙泥,且开凿所需机件物料因为海口被封锁,来源断绝,施工民工
技术不熟练,工程一再延期,直到 1950 年才建成。梅(郿)惠渠
1936 年 10 月开始修筑,1938 年 6 月全部完成,工程费用 21 万元,
干支流 121 公里,引渭水南岸支流石头河之水,灌溉郿县及岐山农
田 13.2 万亩。③

　　全面抗战开始后,军粮民食需求迫切,为增加大后方粮食生
产,国民政府要求经济部农本局和四联总处给陕西省发放农田水
利贷款,陕西的大型农田水利工程主要依靠贷款完成。1938 年,农
本局给陕西省农田水利贷款 100 万元,到 1938 年底已贷出 90 万
元,用于沣惠、汉惠渠建设及关中各县凿井。④ 1939 年,农本局给
陕西农田水利贷款 100 万元,由陕西省水利局负责兴修汉惠渠、褒
惠渠等工程,1939 年底农本局已贷 587 852 元;⑤到 1940 年 2 月

① 沈春雷、陈禾章:《中国战时经济志》,沈云龙主编:《近代中国史料丛刊》(197),台北:
　文海出版社,中国战时产业动员(一)农业,第 16 页。
②《洛惠渠工程今夏可完成》,《陕西水利月刊》第 4 卷第 1 期,1936 年,第 1 页。
③ 陕西省水利局:《陕西省水利事业概况》(1940 年 8 月),中国第二历史档案馆藏,农林
　部档案,23/1742。
④ 农本局研究室:《中华民国二十七年度农本局业务报告》,农本局研究室编印,1939
　年,第 45—46 页。
⑤《农本局二十九年度一月业务报告》,中国第二历史档案馆藏,经济部档案,4/12493。

底,已贷出 648 114 元。①

　　1941 年,四行局按中央信托局出资 15%,中国银行 25%,交通银行 15%,中国农民银行 45% 的比例联合办理陕西农田水利贷款,贷款总额 500 万元,贷款利息月息 8 厘,陕西省政府自筹 50 万元。1942 年,四行局追加上年未完成工程贷款 720 万元,陕西省政府自筹 180 万元;新办工程四行局贷款 480 万元,陕西省政府自筹 120 万元,总计 1 500 万元。② 1943 年,陕西农田水利贷款为 4 225.5 万元,贷款利息为月息 1 分 2 厘,陕西省政府自筹垫头 469.5 万元。1941—1943 年 3 年合计四联总处贷款 5 925.5 万元,陕西省政府自备垫头 819.5 万元,用于汉惠、褒惠、沣惠、定惠、湑惠渠水利工程。③ 陕西省政府指定陕西省水利局负责各项工程的规划与施工,工程完成后,由陕西省政府设管理处负责工程管理养护、征收水费偿还贷款。④

　　黑惠渠 1938 年 9 月开工,第一期四联总处拨款 66.68 万元,第二期四联总处拨款 17.3 万元,陕西省政府自筹 58.8 万元,于 1942 年底完工,可以灌溉农田 143 436 亩。黑惠渠内原有旧渠 6 道,灌溉稻田 11 907 亩,除旧渠外,新建工程增灌面积为 131 529 亩。⑤

---

① 《农本局二十九年度二月业务报告》,中国第二历史档案馆藏,经济部档案,4/12493。

② 《四联总处 1941 年度工作报告》(1942 年),中国第二历史档案馆编:《中华民国史档案资料汇编》第 5 辑,第 2 编,财政经济(4),南京:江苏古籍出版社 1997 年版,第 61 页。

③ 《陕西省政府就本府商借三十二年度农田水利贷款给四联总处的公函》,中国第二历史档案馆藏,财政部档案,3(6)/323。

④ 《陕西省三十一年度农田水利贷款合约》,中国第二历史档案馆藏,财政部档案,3(6)/323。

⑤ 陆士基:《黑惠渠工程概要》,《行政院水利委员会季刊》第 1 卷第 2/3 期合刊,1942 年,第 11 页。

澧惠渠 1941 年 9 月开工,四联总处贷款 120 万元,1947 年完成,引澧河水灌溉长安县及咸阳等地农田 23 万亩。1943 年 3 月,在关中兴修泔惠渠,干支流 5 公里,1944 年 2 月完成,引泔河灌溉醴泉县 3 000 亩农田。涝惠渠 1943 年 7 月开工,1944 年 12 月完工,中国农民银行贷款 80 万元,引涝河水灌溉农田 5 万亩。[①] 到 1947 年,关中八渠全部完成。

　　陕南方面,1938 年 3 月 1 日,陕西汉惠渠工程处成立,1938 年 12 月开工,原预算 70 万元,由农本局贷款兴修,因为物价上涨,复增加工款 39 万余元,期于 1940 年冬全部告竣。1940 年四联总处又贷款 50 万元,[②]1945 年 6 月完工,引汉水灌溉沔县、南郑、褒城等县农田 11 万亩。褒惠渠 1939 年 12 月开工修建,挪用了农本局沣惠渠贷款 30 余万元,1940、1941 年四联总处又贷款 100 万元,1945 年完成,干支流 55 公里,引褒水灌溉褒城、南郑、城固 14 万亩农田。湑惠渠 1941 年 9 月开工,经济部贷款 120 万元,陕西省政府承担 60 万元,1940—1941 年再贷款 60 万元,1948 年 5 月工程大体完成,干支流 41 公里,引湑水灌溉城固、洋县 16 万亩农田。

　　陕北方面,1937 年 8 月开始修筑织女渠,1938 年底完成,共用工款 11.2 万元,干支流全长 18 公里,引无定河水灌溉榆林、米脂、绥德 1.1 万亩农田。定惠渠 1941 年 4 月开工修筑,1940、1941 年国民政府贷款 140 万元,引无定河水灌溉横山、榆林 4 万亩农田。定惠渠是陕北灌溉面积最大的水利工程,但是直到抗战结束也没有完成,1946 年 10 月停工。

---

① 《西北十年建设计划》(水利部门初稿),中国第二历史档案馆藏专题档案,黄河水利委员会档案, 5/756。

② 陕西省水利局:《陕西省水利事业概况》,1940 年 8 月,中国第二历史档案馆藏,农林部档案,23/1742。

自 1930 年到 1947 年,关中已经修成八道水渠,陕南修成 3 道,陕北修成 2 道,陕西全省共修成 13 道灌溉渠,干支流全长 973 公里,灌溉农田面积 291.6 万亩①。"自〔民国〕二十一年泾惠渠放水,迄今〔1946 年 7 月〕相继完成者,计有渭、梅、黑、汉、褒、沣六渠,经二十余年之艰难缔造,始具今日规模。〔民国〕三十四年统计,该七渠实灌面积已达 50 万余亩,收获食粮(麦稻及杂粮)2 536 825 市石,棉花262 828市担,以〔民国〕三十五年春季市价折合,共计 727 亿元。其中受水益增产之部分,估值约 240 亿元。"②

除了上述新修农田水利工程,陕西省还有 464 道旧有规模较大的渠堰可以灌溉农田 70 万亩,小型的堰塘有 1 147 处,灌溉农田 147.47 万亩。在新旧灌溉渠道不及的地方,农民挖井汲水灌溉农田,虽然灌溉能力小,但是为数众多,散布在地势较高或不易引渠水的地方,对陕西农业发展也很有好处。③ 早在 1936 年,陕西省就开始筹备凿井贷款,农本局贷款 50 万元,在长安、临潼、渭南、华县、华阴、蓝田等地下水比较高的县凿井灌溉农田,每口井最高贷款 200 元,购买畜力水车,到 1937 年七七事变时,已贷款 10 万元,完成原计划的 1/5。④ 1940、1941 年四联总处贷款 185 万元整理旧渠,贷款 100 万元用于塘田。⑤

抗战时期,陕西省的大型农田水利工程取得了较显著的成绩,

① 王成敬:《西北的农田水利》,上海:中华书局 1950 年版,第 17—20 页。
② 周矢勤:《陕西省已成各渠之灌溉管理及征收消费标准》,《陕政》第 7 卷第 11 期,1946 年,第 14 页。
③ 王成敬:《西北的农田水利》,上海:中华书局 1950 年版,第 25 页。
④ 陕西省水利局:《陕西省水利事业概况》(1940 年 8 月),中国第二历史档案馆藏,农林部档案,23/1742。
⑤ 陕西省水利局:《陕西省水利事业概况》(1940 年 8 月),中国第二历史档案馆藏,农林部档案,23/1742。

无论是工程数量还是质量在西部各省都首屈一指,特别是运用了近代水利工程技术,有的工程用钢筋水泥材料,采用新法施工,施工技术确实比较先进,工程质量也比较好。

(二)战时甘肃农田水利建设

1924—1933 年,西北大旱 8 年,而 1928—1930 年更是毁灭性的大旱,加上水、雹、霜等灾害,还有兵匪侵扰,造成了甘肃历史上空前的大饥荒。甘肃 78 县有 65 县受灾,受灾严重的县份灾民高达 90% 以上。1929 年,甘肃及宁夏固原地区"灾民约 457 万,死亡 200 万人"①。

要开发西北、赈济灾民、恢复农村经济,必须发展西北水利与交通。1934 年,全国经济委员会设西北办事处,地点暂设西安,俟交通便利,迁至兰州。② 为发展甘肃水利,全国经济委员会"按照'灌溉面积大,建筑经费小'的原则,选定永登之红古城渠、皋兰之达家川渠,两渠合并兴修,长 71 公里,灌溉面积 140 500 亩,工程需款 253 400 元;临洮之民生渠(洮惠渠),长 29 公里,灌溉面积 5 300 亩,需费 51 500 元;永靖之永丰川渠,长 29 公里,灌溉面积 30 500 亩,需费 61 600 元;又靖远之北湾河工,需费 5 万元,连同其他各渠测量费 18 500 元,由经委会筹拨基金办理,如有不敷之数,由省自筹"③。1934 年,全国经济委员会拨款 23 万元,1935 年再拨 27 万元,④兴办上述水利工程。1935 年 11 月,国民党四届中央执行

---

① 袁林:《西北灾荒史》,兰州:甘肃人民出版社 1994 年版,第 71 页。

②《经委会设西北办事处》,《开发西北》第 1 卷第 1 期,1934 年,第 106 页。

③ 刘景山:《一年来之全国经济委员会西北各项建设事业实施简要状况》,《开发西北》第 3 卷第 1/2 期,1935 年,第 185 页。

④ 全国经济委员会编:《统一全国水利行政纪要》,沈云龙主编:《近代中国史料丛刊》(469—70),台北:文海出版社,第 83 页。

委员会第六次全体会议通过了朱绍良、戴愧生提出的《请拨款兴修甘肃省杂大两渠以利灌溉案》,交给国民政府核办,计划 5 年内投资 50 万元,用于整治、修建甘肃武威境内杂渠、大渠两大水利工程。[1] 同年,国民党第五次全国代表大会通过甘肃省党务整理委员会提出的《提倡甘肃造林兴修水利案》,国民政府行政院令实业部、全国经济委员会会同内政部、交通部会商办理。[2] "令全国经济委员会迅将已定甘肃渠工完成,并拨款凿井、兴修水车、提倡虹吸,使全省农田均沾利益而免旱灾"。[3] 但是因经费投入不足,最后落到实处的主要是洮惠渠工程,洮惠渠于 1938 年完工,灌溉面积 3.5 万亩。[4] 其他如通惠渠、新古渠只是完成了测量设计工作,但也为以后甘肃省农田水利建设奠定了基础。

全面抗战时期,国民政府重视甘肃农田水利建设,一直由中央拨款兴修水利工程。1939 年,经济部拨借工款 60.984 万元修筑湟惠渠。1941 年,四联总处与甘肃省签订农田水利贷款合同,贷款总额 400 万元,1—12 月已贷 332.36 万元,甘肃省政府自筹 162.32 万元。1942 年,四联总处补拨 1941 年贷款余额 67.63 万元,未完工程四行局追加贷款 88 万元,甘肃省政府自筹 22 万元,新办工程四行局贷款 1912 万元,甘肃省政府自筹 478 万元,总计 1942 年甘

① 朱绍良、戴愧生:《请拨款兴修甘肃省杂大两渠以利灌溉案》,《中央党务月刊》第 88 期,1935 年 11 月,第 1011 页。

②《函全国经济委员会:林字第一九四七号(1936 年 1 月 10 日),奉行政院令转奉中央交办五全大会关于甘肃党务整理委员会提议,提倡甘肃造林兴修水利案饬即核议具覆一案》,《实业公报》第 266/267 期,1936 年,第 50 页。

③ 温艳:《危机与契机:甘肃农田水利研究——以 20 世纪三四十年代国民政府及国家银行投资为中心》,《青海民族研究》,2018 年 7 月,第 122—123 页。

④《近年来的农田水利》,南京:行政院新闻局,1947 年,第 7 页。

肃农田水利贷款 2 567.63 万元。① 1941—1942 年,甘肃省自筹的两成垫头由甘肃水利林牧公司酌垫。1943 年,四联总处给甘肃农贷 8 468 万元,其中农田水利贷款 7 768 万元,当年甘肃农贷结余额为 1.354 8 亿元,其中农田水利贷款结余 8 776.7 万元。②截至 1945 年底,甘肃农贷余额 7.989 16 亿元,其中,大型农田水利贷款 5.358 08 亿元,小型农田水利贷款 3 595.9 万元。③ 可见国民政府对甘肃农田水利的重视。

　　1941 年 4 月 23 日,中国银行与甘肃省政府签订《发展甘肃农田水利及林牧事业合作办法》,合组甘肃水利林牧公司,公司资本国币 1 000 万元,甘肃省政府出资 300 万元,中国银行认募 700 万元。公司以农田水利为主要业务,森林畜牧为附属事业,农田水利事业费,不得少于投资额的七成。"公司兴办事业,关于应用人工、土地、征收水费,及其他有关农田水利及林牧之行政有关事项,由省府协助之。"④ 1942 年 9 月,甘肃水利林牧公司增资 500 万元,12 月又增资 1 500 万元,共 3 000 万元,甘肃省政府承担 30%,中国银行承担 70%。1941 年 8 月 1 日,该公司正式成立,所有甘肃农田水利工程的查勘、测量、设计、施工、修养都委托该公司办理。已完工和已开工的洮惠渠、湟惠渠、溥济渠也于 1941 年 8 月一并移交该公

---

① 《四联总处 1941 年度工作报告》,中国第二历史档案馆编:《中华民国史档案资料汇编》第 5 辑,第 2 编,财政经济(4),南京:江苏古籍出版社 1997 年版,第 61 页。

② 郭荣生:《我国近年来之农贷》,《经济汇报》第 10 卷第 9 期,1944 年,第 83、85 页。

③ 《甘肃省统计总报告》(1945 年),甘肃省档案馆藏,4/3/72/196—197。转引自黄正林:《农贷与甘肃农村经济的复兴(1935—1945)》,《近代史研究》,2012 年第 4 期,第 82 页。

④ 甘肃水利林牧公司总管理处编:《甘肃水利林牧公司概况》,甘肃水利林牧公司总管理处,1942 年,第 2 页。

司整理改进,继续施工。[1] 1941—1942 年,甘肃水利林牧公司开工兴修 8 个大型农田水利工程。表 60 是截至 1947 年 5 月,该公司兴修、续修的 12 处农田水利工程,可灌溉农田 46 万多亩,取得了较显著的成效。不过,这 12 处农田水利工程的灌溉面积比陕西渭惠渠一道水渠的灌溉面积还少 10 万多亩,其原因主要是甘肃黄河流域和泾河流域沿岸都是狭长平地,除了兰丰渠灌溉区域是一片难得的广阔山地外,其余大多是狭长的小面积耕地,两岸的高台地距离水面太远,引水灌溉不易,因此兴修水渠能灌溉的农田面积较小,无法与陕西相比。

甘肃河西地区从永登至敦煌 17 县共有土地 31 万平方公里,占甘肃全省面积的 1/3,因为水利失修,灌溉面积仅有 230 万亩,人口只有 120 万人,如果整理旧渠,建筑新渠,可以增加灌溉面积 150 万—200 万亩,每年可以增收粮食 200 万—300 万石,至少可以供 40 万人食用。1942 年 8 月,蒋介石巡视西北,认为甘肃河西水利对于西北边陲开发非常重要,特向行政院提议,每年由中央拨款1 000万元,专办河西永登至敦煌 17 县的水利工程,以十年为期。[2]

---

[1] 甘肃水利林牧公司编:《甘肃水利林牧公司成立两年概况》,1943 年,第 5—6 页。
[2]《甘肃河西水利工程案》(1942、1943 年),第二历史档案馆藏专题档案,中国银行档案,5/486。

表 60　甘肃水利林牧公司新修、续修水利工程一览表①（截至 1947 年 5 月）

渠　名	水源	位置	长度（公里）	灌溉面积（市亩）	1941—1943年四行贷款（万元）	1943年8月已拨（万元）	开工时间	完工时间
洮惠渠	洮河	临洮	28.300	35 000	180	179	1935.10	1943
湟惠渠	湟水	永登	31.327	25 000	450	550	1939.03	1942.04
溥济渠	洮河	临洮	19.290	35 000	150	218	1939.11	1944
沩丰渠	沩河	泾川	13.141	10 000	450	521	1942.05	1944.03
永丰渠	黄河	永靖	35	23 000	1 000	916	1942.01	1947
永乐渠	大夏河	永靖	25	56 000	1 000	867	1942.01	1944.12
靖丰渠	黄河	靖远	75	20 000	1 000	851	1942.01	1946.07
兰丰渠	黄河	皋兰	75	110 000	1 700	1 407	1942.11	1946 停工
登丰渠	大通河	永登	8	4 500	70	70	1943.04	1946.04
平丰渠	泾河	平凉	83	80 000	700	172	1941	1945.12
肃丰渠	临水	酒泉金塔		70 000	600	515	1942.07	1947.05
鸳鸯池水库			蓄水量 1 400 万立方尺					
合计				460 500	7 300	6266		

① 甘肃水利林牧公司编：《甘肃水利林牧公司成立两年概况》，1943 年，第 6—11 页。合计数为笔者计算所得。

　　1943 年 1 月,行政院遵照蒋介石的指示,在西北建设费项下拨款1 000万元,交由甘肃水利林牧公司承办河西农田水利工程。[①]甘肃水利林牧公司制定《甘肃开发河西水利十年实施计划》,计划分两期,第一期 1943—1946 年,以整理旧渠、开辟新渠为基本工作,第二期 1947—1952 年,全力开辟新渠,"扩大灌溉面积,增加粮食生产,保持现有人口,招徕外省移民"。该公司将河西分为 4 区,在武威、张掖、酒泉、安西 4 县设立工作站,依据"人口集中优先开发","工程简易,需时较短者尽先实施"的原则,以整理旧渠为工作中心,一面勘测,一面设计督导施工,[②] 1943 年秋,中央设计局西北考察团考察河西水利,认为整理旧渠过于迟缓,与甘肃水利林牧公司商定分为两期,第一期 2 年整理旧渠,第二期 10 年开发新渠,到 1943 年底,已完成工程 48 处,可灌溉农田 572 389 亩。[③] 1944 年,因为物价高涨,原拨经费不敷使用,向中国农民银行抵借 4 000 万元。1943 年整理旧渠 44 道、工程 86 处,受益田亩 99 万亩;1944 年整理旧渠 76 道、工程 114 处,受益农田 863 562 亩。[④] 1944 年 5 月,国民党中执委会第 12 次会议通过朱绍良、谷正伦、沈鸿烈"拟请确认开发甘肃河西农田水利为国家事业,所需经费由中央指拨,尽十二年内加速完成"的提案,甘肃水利林牧公司制定《甘肃河西水利十二年计划》,计划在 12 年内整理旧灌区 370 万亩,开发新灌区

---

①《甘肃河西水利工程案》(1942、1943 年),第二历史档案馆藏专题档案,中国银行档案,5/486。

② 甘肃水利林牧公司编:《甘肃水利林牧公司成立两年概况》,1943 年,第 16 页。

③《国民政府行政院水利委员会 1943 年工作报告》(1944 年 1 月),中国第二历史档案馆编:《中华民国史档案资料汇编》第 5 辑,第 2 编,财政经济(8),南京:江苏古籍出版社 1997 年版,第 461 页。

④ 赵宗晋:《甘肃农田水利概述》,《新甘肃》创刊号,1947 年 6 月,第 43 页。

500 万亩,全部经费由国库负担。1943 年春,鸳鸯池水库工程开工,1945 年 11 月 25 日完工,受益农田可达 10 万亩。甘肃水利林牧公司还整理高台三清渠、永昌金龙坝、武威西营河各渠口,修理旧渠 11 道。①酒泉洪水坝渠原可灌溉农田 19 万亩,因为渠首被毁,每年仅可灌溉农田 7 万亩,1944 年春开始整修,全部完成后可以恢复灌田 19 万亩。甘肃水利林牧公司修理金塔东西两个拦水坝,1944 年开工,完工后可灌溉农田 45 万亩,增辟荒地 15 万亩;酒泉茅庵蓄水工程,可以引灌小沙渠、中渠一带农田 12 万亩。修理鼎新双墩湾蓄水工程,完成后可灌溉原耕地 4 万亩,还可以新辟荒地 4 万亩。②

抗战时期,中国农民银行贷款协助甘肃修建小型农田水利工程,贷款对象为农村中合法登记的专营水利合作社及组织健全的农民团体,社员以自耕农和业主为限。小型农田水利工程主要有整渠、修渠、凿井、筑堤、护滩、放淤、新造或修理水车等。1941 年 9 月,从皋兰及兰州附近开始办理,以黄河流域为主要试验区,渐及泾渭流域,最后到弱水流域。1941 年 9—12 月贷款 14.746 万元,受益田亩 10 335 亩,平均每亩增粮 1 石,按当时市价 80 元折合,每亩受益除工费还余 65.73 元,大于工费的 4 倍。1942 年 1—12 月贷款 122 万余元,受益田亩 37 125 亩。③ 1942 年,中国农民银行小型农田水利贷款配贷给皋兰 160 万元、武威 15 万元、靖远 34.3 万元、临夏 4 万元、临洮 33.3 万元、康乐 10 万元、洮沙 5 万元、武都

---

① 赵宗晋:《甘肃农田水利概述》,《新甘肃》创刊号,1947 年 6 月,第 43—44 页。

②《西北建设考察团报告》,中国第二历史档案馆藏专题档案,黄河水利委员会档案,5/782。

③ 成治田:《战时甘肃省小型农田水利概述》,《中农月刊》第 5 卷第 9/10 期,1944 年 10 月,第 39 页。

30 万元、宁安 1.5 万元、永定 5 万元、漳县 10 万元,共 308.1 万元,[1]主要用于修水车、开渠、淤地等。1943 年 1—12 月小型农田水利贷款 435 万余元,受益田亩 116 715 多亩。1944 年 1—4 月底,小型农田水利贷款 640 万余元,受益田亩 147 671 多亩。[2]

表 61　1941 年 9—12 月甘肃贷款兴修小型农田水利工程一览表[3]

地点	合作社(社)	工程种类	受益田亩(亩)	贷款累计(元)	结余额(元)
皋兰	4	水车	535	107 460	107 460
靖远	2	水车	800	10 000	10 000
临洮	1	放淤	9 000	30 000	30 000
合计	7		10 335	147 460	147 460

表 62　1942 年 1—12 月甘肃贷款兴修小型农田水利工程一览表[4]

地点	合作社(社)	工程种类	受益田亩(亩)	贷款累计(元)	收回累计(元)	结余额(元)
兰州市	7	水车	3 874	106 000		106 000
靖远	17	水车、开渠	11 616	492 700	9 575	483 125
临洮	6	开渠、淤地	10 981	191 200		191 200
洮沙	1	开渠	1 112	20 000		20 000
皋兰	26	水车、开渠	9 542	414 660	8 000	406 660
合计	57		37 125	1 224 560	17 575	1 206 985

---

① 《四联总处 1942 年办理农业金融报告》,中国第二历史档案馆编:《中华民国史档案资料汇编》第 5 辑,第 2 编,财政经济(4),南京:江苏古籍出版社 1997 年版,第 242—243 页。

② 成治田:《战时甘肃省小型农田水利概述》,《中农月刊》第 5 卷第 9/10 期,1944 年 10 月,第 40—41 页。

③ 成治田:《战时甘肃省小型农田水利概述》,《中农月刊》第 5 卷第 9/10 期,1944 年 10 月,第 39 页。

④ 成治田:《战时甘肃省小型农田水利概述》,《中农月刊》第 5 卷第 9/10 期,1944 年 10 月,第 39 页。

表63　1943年1—12月甘肃贷款兴修小型农田水利工程一览表①

地点	合作社数(社)	工程种类	受益田亩(亩)	贷款累计(元)	收回累计(元)	结余额(元)
皋兰	36	水车、开渠、淤地	14 746.05	949 160.00	260 368.00	688 792.00
兰州市	13	水车	6 974.00	366 000	29 900.00	336 100.00
靖远	24	水车、开渠、淤地	19 120.00	922 925.00	19 970.60	902 954.40
永靖	15	水车、开渠	6 488.80	576 000.00		576 000.00
天水	4	修渠	1 559.60	207 488.00		207 488.00
榆中	2	修渠	1 674.00	120 000.00		120 000.00
临洮	6	修渠、淤地	17 150.00	297 491.52		297 491.51
洮沙	2	修渠	2 070.00	40 546.00		40 546.00
泾川	1	修渠	5 000.00	280 000.00		280 000.00
张掖	1	整渠	20 000.00	12 000.00		12 000.00
高台	4	整渠	4 860.00	61 000.00		61 000.00
山台	1	整渠	2 500.00	64 000.00		64 000.00
敦煌	1	修渠、凿井	1 300.00	130 000.00		130 000.00
武威	1	修渠、凿井	4 200.00	70 000.00		70 000.00
安西	6	修渠	5 750.00	173 000.00		173 000.00
宁定	1	淤地	3 000.00	30 000.00		30 000.00
甘谷	2	筑堤、护滩	323.00	60 000.00		60 000.00
合计	120		116 715.45	4 359 610.52		4 049 371.91

---

① 成治田:《战时甘肃省小型农田水利概述》,《中农月刊》第5卷第9/10期,1944年10月,第40页。

表 64　1944 年 1—4 月甘肃贷款兴修小型农田水利工程一览表①

地点	合作社数（社）	工程种类	受益田亩（亩）	贷款累计（元）	收回累计（元）	结余额（元）
皋兰	36	水车、开渠、淤地	17 299.05	1 697 160	230 928	1 466 232
兰州市	16	水车、开渠	3 924	841 000	136 800	704 200
靖远	25	水车、开渠、淤地	19 000	989 925	155 693.2	834 231.8
永靖	18	水车、开渠	8 480.80	736 000	207 000	529 000
天水	4	修渠	1 559.60	207 488	91 800	115 688
榆中	2	修渠	1 674	120 000		120 000
临洮	8	修渠、淤地	39 550	552 852.8	14 997.3	537 855.5
洮沙	4	修渠	8 112	95 368		95 368
泾川	1	修渠	5 000	450 000		450 000
张掖	2	整渠	21 004	62 000		62 000
高台	4	整渠	4 860	61 000		61 000
山丹	1	整渠	2 500	64 000		64 000
敦煌	2	修渠、凿井	2 600	130 000		130 000
武威	2	修渠、凿井	2 500	40 000	8 100	31900
安西	6	修渠	5 750	173 000		173 000
宁定	1	淤地	3 000	30 000		30 000
甘谷	2	筑堤、护滩	858	160 000	30 000	130 000
合计	134		147 671.5	6 409 793.8	875 318.5	5 534 475.3

　　渭济渠原是甘谷县民众自发修建的，1945 年被甘肃省政府列入小型农田水利贷款范围，由中国农民银行贷款 1 300 万元，指

---

① 成治田：《战时甘肃省小型农田水利概述》，《中农月刊》第 5 卷第 9/10 期，1944 年 10月，第 41 页。

定甘谷县政府组织农会并征工修建,历时半年终于完成,2.5万亩农田受益。① 在徽县,政府发动公务员修理县城外西河渠,并劝导农民担任河工,将河道浚深修直,受益农田1 400亩,增产700担。②

　　黄河甘肃段沿岸河低岸高,多用水转筒车提水灌溉,甘肃有大水车,一个水车可以灌溉300亩农田,在甘肃农田灌溉中也占有重要地位。据1941年资料,黄河沿岸各县登记在册的水车有254架,灌田59 249亩,其中皋兰县最多,共有176架,灌田2.971万亩,③全省境内有361架水车,可以灌溉农田面积将近10万亩。④ 中国农民银行贷款新造和维修水车。"各县小型农田水利工程,如修堰筑坝与修水车等,中国农民银行亦积极提倡,不仅贷放款项,而且加以技术上之指导,贷款对象或合作社,或农会,或其他农业团体,推行以来,颇著成效,且普遍于各地,现已受惠者有皋兰等15县,共有135处,贷款8 632 028元,受益田亩达131 550亩。"⑤截至1945年,中国农民银行3年共投资6 220 874元,修整水车92处,受益田亩55 963亩。⑥

---

① 朱允明:《甘肃乡土志稿》,吴坚(常延喜)主编:《中国西北文献丛书》第1辑,《西北稀见方志文献》第31卷,兰州:兰州古籍书店影印,1990年,第347—348页。

②《甘肃省三十一年度修整农田水利专门报告》,第二历史档案馆藏,农林部档案,23/1744。

③《中国水利史稿》编写组:《中国水利史稿》下册,北京:水利电力出版社1989年版,第421页。

④ 王成敬:《西北的农田水利》,上海:中华书局1950年版,第55页。

⑤ 王树基:《甘肃之水利建设》,1945年,第2—3页。转引自温艳:《危机与契机:甘肃农田水利研究——以20世纪三四十年代国民政府及国家银行投资为中心》,《青海民族研究》,2018年7月,第126页。

⑥ 王成敬:《西北的农田水利》,上海:中华书局1950年版,第50—51页。

（三）战时新疆农田水利建设

新疆气候干燥，尤以塔里木盆地为最，但是因为有高山积雪融化，人们便修渠筑坝，引水灌溉农田。历代经营新疆都以屯垦水利为要务，因此，新疆的农田水利事业有悠久的历史，农田水利工程在新疆分布很广泛。但是因为年久失修，到1942年，新疆灌溉面积仅1 700万余亩（1.5万平方公里），不到总面积的0.6%。①

1938年，在新疆伊犁区伊宁县修大裕农渠，长124公里，引哈什河和山沟水，灌溉农田60万余亩。1940年，伊宁小裕农渠开工，1942年完工，引喀什河水，可灌溉农田12.64万亩。② 此外，伊犁区还有伊犁河、特克斯河、空好河、卡不卡尔渠、胡拿海等均可灌溉农田，同时，由于水利的完善，伊宁县灌溉面积达39 950公顷，绥定县灌溉面积达15 169公顷，霍城县灌溉面积5 513公顷，博乐县5 839公顷，精河县2 091公顷，温泉县3 372公顷，鞏哈县5 537公顷，恰可满灌溉面积1 595公顷，鞏留县14 765公顷。鞏留老满营渠是该县主要干渠，水量能灌溉全县1/3的耕地。特克斯县灌溉面积3 762公顷，昭苏县灌溉面积5 382公顷，河南县7 617公顷。③ 乌苏独山子渠1942年开工，1943年完工，引奎屯河水，灌溉农田1.5万亩。焉耆吐尔曼渠1943年完工，引吐尔曼坡河灌溉农田7.5万亩。哈密石城子渠1941年11月开工，1943年2月完工，引石城子河水灌溉农田3万亩。阿勒泰阿苇滩渠1942年开工，1943年完工，引克拉音河水灌溉农田4.5

① 《西北建设考察团报告》，中国第二历史档案馆藏专题档案，中国银行档案，5/7827。
② 王成敬：《西北的农田水利》，上海：中华书局1950年版，第74页。
③ 韩清涛编著：《今日新疆》，贵阳中央日报总社，1943年，第65页。

万亩。疏附阿尔吐什分水闸 1942 年完工,引阿尔吐什河灌溉农田 13.5 万亩。库尔干河分水闸 1941 年完工,引库尔干河灌溉农田 22.5 万亩。巴楚县的红海蓄水池 1942 年完工,引莎车河水灌溉农田 33 万亩。喀什区麦盖提的渠道 1941 年完工,引莎车河水灌溉农田 1.05 万亩。抗战时期新疆合计兴修农田水利工程增加灌溉面积 157.74 万亩,加上旧有灌溉面积,共有灌溉面积 18 622 726 亩。①

　　1939—1941 年,国民政府计划分年度投资 43.6 万元(政府 60%)、16.2 万元(政府 55%),29.50 万元(政府 50%),在新疆迪化(乌鲁木齐)、哈密、阿萨三区兴修农田水利工程。② 迪化西南红盐池水库是新疆第一个大水库,1941 年 9 月动工,1943 年 9 月完工,蓄水量 2 000 万立方尺,可灌溉农田 4.5 万亩。新疆省政府在乌拉泊一带辟建了晋庸农场,1942 年 8 月,晋庸渠开工,1943 年 7 月建成,红盐池水库的水可以通过晋庸渠,灌溉晋庸农场的农田。③天池蓄水库是新疆第二大水库,蓄水量 1.5 亿立方尺,1942 年 8 月,在天池的东缺口阜康修建拦水坝,堰坝下游修建引水道,入六运湖渠,六运湖渠 1943 年完工,可灌溉阜康县六运河农田 2.25 万亩。④

　　1941 年前后,新疆省政府曾发放水利贷款 275 000 元新币,1942、1943 年继续发放水利贷款兴修农田水利工程,使农民尽量

---

① 王成敬:《西北的农田水利》,上海:中华书局 1950 年版,第 74—75 页。
② 沈春雷、陈禾章:《中国战时经济志》,沈云龙主编:《近代中国史料丛刊》(197),台北:文海出版社,中国战时产业动员(一)农业,第 20 页。
③ 王成敬:《西北的农田水利》,上海:中华书局 1950 年版,第 74—76 页。
④《中国水利史稿》编写组:《中国水利史稿》下册,北京:水利电力出版社 1989 年版,第 417—418 页。

耕种土地,大幅提高农产品产量。①

　　千百年来,新疆吐鲁番盆地都是依靠坎儿井灌溉农田,吐鲁番盆地的人口至少有半数以上依靠坎儿井生活。吐鲁番盆地有坎儿井 379 道,较大型的坎儿井占总数的 10%,每道坎儿井约灌溉农田 800—1 000 亩,中等坎儿井可灌溉农田 300—500 亩,小型坎儿井可灌溉农田 70—100 亩。全县坎儿井可灌农田 17 万多亩。由于坎儿井的灌溉,全县农作物亩产达 2 石之多。② 1942 年度,皮山县从吐鲁番聘请挖掘坎儿井技工,挖掘了十几个井眼,井身深度长约 40 余丈,工程极大,坎儿井下游的官荒,已由县府放农民开垦耕种。据统计,1932—1942 年间,新疆增加和修补的水渠和坎儿井总长度达到了 5 000 公里以上,耕地面积增加了 6 万公顷。③

　　1944 年,全国水利委员会对新疆水利进行指导,派遣水利勘测总队对沙湾县新盛渠进行测量和施工,兴建拦河坝,干渠长 34公里,引玛纳斯河水,可灌溉该县西北荒地约 8 万亩。④工程费用新疆省币 8 738 万元,折合法币 4.369 亿元,由中央银行贷款,依照四联总处农贷准则,全部工程费用按 9 折贷放,共 4 亿元,月息1 分 2 厘,贷款期限最多为 10 年,其余 1 成由省库拨款。⑤

　　据统计,1945 年,新疆全省有水渠 1 575 条,总长 31 263 公

---

① 韩清涛编著:《今日新疆》,贵阳中央日报农社,1943 年,第 64、65 页。

② 《中国水利史稿》编写组:《中国水利史稿》下册,北京:水利电力出版社 1989 年版,第 418—419 页。

③ 韩清涛编著:《今日新疆》,贵阳中央日报农社,1943 年,第 64、65 页。

④ 《中国水利史稿》编写组:《中国水利史稿》下册,北京:水利电力出版社 1989 年版,第 417 页。

⑤ 《新疆沙湾新盛渠水利工程贷款案》(1945 年 12 月),中国第二历史档案馆藏,财政部档案,3(6)/3338。

里,灌溉面积 13 087 688 亩。①

　　1944 年 5—10 月,中央设计局西北建设考察团考察新疆水利,认为开发新疆水利对于西北交通和国防建设具有重大意义,建议分三个阶段开发新疆水利。第一阶段侧重哈密、迪化二区水利的开发;第二阶段等交通和运输问题解决后即从事南疆水利开发;第三阶段俟国防力量充实后,可大量开发伊犁及其他各区水利事业。② 根据新疆各河水量,西北考察团估计,新疆水利开发后,北疆可增灌田 600 万亩,南疆可增灌田 1 000 万亩,共 1 600万亩,可以安置移民 200 万人。③ 可见,新疆水利事业发展潜力巨大,但是,抗战时期,因为时间、经费、人才的限制,新疆水利事业成效有限,各水利工程并没有达到预定的灌溉面积,各处工程所用的材料大都比较简陋,工程质量较差,难以持久。

　　(四)战时青海农田水利建设

　　青海可以灌溉的农田集中于东部地区,其中农田水利比较发达的在湟水流域。古代青海人民在西宁、湟源、乐都、互助等地开凿水渠引水灌溉。黄河流域以贵德的灌溉面积较大。青海还有少数地方引用融雪之水灌溉农田,如都兰境内有水渠 8 道,灌溉农田约 9 000 亩。全面抗战前,青海灌溉总面积只有 70 万亩,不到陕西泾惠渠一道渠的灌溉面积。

　　全面抗战时期,国民政府协助青海运用近代水利工程技术兴修农田水利工程,40 年代初,黄河水利委员会拟定发展青海灌溉

---

① 程鲁丁:《新疆问题》,上海:文献书局 1949 年版,第 175 页。

②《水利委员会技正杨及俊参加西北建设考察团报告》,中国第二历史档案馆藏专题档案,黄河水利委员会档案,5/35。

③《水利委员会技正杨乃俊参加西北建设考察团报告》,中国第二历史档案馆藏专题档案,黄河水利委员会档案,5/35。

计划,引黄河灌溉 5 处,引湟水灌溉 4 处,灌溉面积约 10 万亩,但是由于经费困难,未能成建。① 1940 年,四联总处指定由中国银行西宁办事处主办青海农贷,中国银行与青海省政府两度洽商,都因为青海没有合作行政组织而作罢。1942、1943 年,黄河水利委员会两度勘察青海水利,并做了工程预算,行政院水利委员会同意由中国农民银行贷款 5 000 万元兴修农田水利工程。② 在国民政府的协助下,青海修筑贵德曲卜格河渠,渠长 40 公里,1942年完工,导引曲卜格河,可以灌溉 2 000 亩农田。西宁县属镇海堡至杨家寨、东营子至杨起堡,韻家口至曹家堡各渠,亦均于1942 年度勘测完竣,开始挖掘。③ 1943 年,青海成立灌溉工程处,行政院水利委员会派员协助规划,酌予经费补助,利用兵工在西宁附近修筑曹家堡渠(又名芳惠渠)。④ 1944 年 9 月 9 日,中国农民银行与青海省政府签订青海曹家堡渠农田水利工程贷款合约,贷款总额 1 350 万元,青海省政府 150 万元垫头由水利委员会在农田水利非营业循环基金专户项下贷拨,青海省建设厅负责规划督导经办,1 年半内完成。1945 年 12 月增贷 2 250 万元,连同 1944 年度贷款 1 350 万元,1944 年底结算利息转入本金122.333万元,1945 年上期结算利息转入本金 362.490 万元,共计4 084.823 3万元。 贷款垫头水利委员会 1943 年拨付 150

①《中国水利史稿》编写组:《中国水利史稿》下册,北京:水利电力出版社 1989 年版,第 422 页。

② 罗舒群:《民国时期甘宁青三省水利建设论略》,《社会科学》,1987 年 5 月,第124 页。

③ 国民政府行政院编纂:《国民政府年鉴》,地方之部,第 22 章,青海省,第 4 节建设,1944 年 3 月再版,第 320 页。

④《西北十年建设计划》(水利初稿),中国第二历史档案馆藏专题档案,黄河水利委员会档案,5/756。

万元,1944 年拨付 150 万元,共计 300 万元,全部贷款用于曹家堡渠工程。[1]经过努力,到 1945 年,青海东部 12 县共有新式水利工程灌渠 181 条,灌溉面积达 63.71 万亩。[2]

抗战时期,青海省政府还协助各县兴修小型农田水利工程,青海省政府拨麦、面 2 500 斤,国币 3 490 万元修筑贵德县防汛工程,渠长 1 公里,1941 年 11 月完工,受益农田 1 500 亩;湟中县平安镇渠,政府补助小麦 50 公石,渠长 75 公里,1946 年 6 月完工,可以灌溉农田 1 600 亩;乐都县双滩沟渠,政府补助小麦 50 公石,渠长 2 公里,1946 年 9 月建成,受益农田 160 亩;湟中县石头磊渡槽,政府拨款 1.4 亿元,1947 年 9 月完工,受益农田 3 100 亩;互助县林家庄渠,渠长 2 公里,1947 年 12 月完工,受益农田 1 300 亩,共计有 7 660 亩农田受益。[3] 另外,在黄河沿岸的贵德、循化、化隆、民和及共和等地,也有使用水车汲水灌溉的,但是水车不多,灌溉面积也较小。

抗战结束后,1946 年青海兴海唐乃亥渠建成,渠长 10 公里,可以灌溉农田 5 500 亩;贵德鲁仓渠 1946 年完工,渠长 25 公里,可以灌溉农田 3.5 万亩;互助县的芳惠渠(曹家堡渠)1947 年建成,渠长 23 公里,可以灌溉农田 1.3 万亩。[4]

根据青海地理位置、地形和气候条件,除东部黄河、湟水沿岸可以发展农业外,其余高山草原区、沙漠区适合发展畜牧业,并不

---

[1]《青海省拟订畜牧、农田水利、农业生产贷款合约及办理农贷等事文书》(1942 年 3 月),中国第二历史档案馆藏,财政部档案,3(6)/902。

[2]《中国水利史稿》编写组:《中国水利史稿》下册,北京:水利电力出版社 1989 年版,第 421 页。

[3]《从数字上看青海》,《西北通讯》第 2 卷第 7 期,1948 年 4 月 15 日,第 20 页。

[4]《从数字上看青海》,《西北通讯》第 2 卷第 7 期,1948 年 4 月 15 日,第 19 页。

适合发展农业，如果在草原牧区强行开垦，不仅有害于牧业，而且会造成水土流失，破坏三江源生态环境。1942 年，青海省政府曾在海晏县开凿哈拉近渠，但仅第一年收获一季，后二年没有收获，以致废弃。① 因此，青海水利建设应该遵循科学规律，尽量利用科学方法，把现有的旱地变为水地，在不影响畜牧及水土保持的原则下，将现有的荒地开垦为水地。

（五）战时宁夏农田水利建设

宁夏平原土壤肥沃，自古以来引黄河水灌溉农田，秦、汉、唐、元、明、清历代开渠，据统计有干渠 45 道，共长 2 773 公里，支渠 3 356 道，共可灌田 270 万亩。② 其中唐徕、汉延、惠农、大清、昌润、云亭、美利、七星、秦渠、汉渠、天水渠等 11 大干渠连同其他大小干支渠，总计 37 道，灌溉面积约 230 余万亩。③ 但是因为黄河入宁夏后，水流平缓，黄河含沙量大，容易淤积在各渠渠口，"因排水不良，渠口淤塞，影响收成者亦复不少，故能长沾水惠确保灌溉之田亩约估亦不过半数以上而已。"④ 除了宁夏平原外，宁夏磴口地区水渠也比较多，如公众、渡口堂、大滩、沈家河子、协成丰、乌拉河、三圣公等渠，可以灌溉农田将近 10 万亩。⑤

1929 年，国民政府协助宁夏整顿水利工程，用近代水利工程技术改进宁夏水利设施，宁夏省建设厅下设宁夏水利局负责实施。

---

① 王成敬：《西北的农田水利》，上海：中华书局 1950 年版，第 62 页。
② 王成敬：《西北的农田水利》，上海：中华书局 1950 年版，第 38—41 页。
③《西北建设考察团报告》，中国第二历史档案馆藏专题档案，中国银行档案，5/782。
④《西北建设考察团报告》，中国第二历史档案馆藏专题档案，中国银行档案，5/782。
⑤ 王成敬：《西北的农田水利》，上海：中华书局 1950 年版，第 43 页。

1930—1932 年间,宁夏在旧有灌渠的基础上新建 8 条小渠。[①] 1934
年 11 月,全国经济委员会拨款 20 万元,由华北水利委员会在永宁县
境内修建云亭渠,1935 年 4 月完成。[②]"所有土方工程,由第十五路
军六团兵工担任,渠长一百三十余华里,灌田四十余万亩。"[③]

　　宁夏地势低洼,故排水不易,湖沼连绵,土质多碱,碱滩到处可
见,因此,宁夏水利开发是沟渠并重,灌溉和排水同等重要。抗战
时期,宁夏省在宁夏、宁朔、平罗区内疏通黄阳沟,翻修永畅、永固、
云亭洞,金积、灵武区内翻修山水沟洞,但是因为人才缺乏,各沟线
多未能按科学方法改良,收效甚微。[④]

　　1939 年,国民政府从宁夏生产建设费 60 万元中,每年以半数
划归水利事业费。预计 5 年,将宁夏全省重要水利工程修建完
成。[⑤] 国民政府制定了五年建设计划概算书,1939 年列水利经费
30 万元[⑥]。1942 年,四联总处与宁夏省政府签订农贷合约,总额为
300 万元,其中农田水利贷款 20 万元,但 1942 年仅贷出 2 万余
元。[⑦] 在国民政府水利经费的支持下,1939—1942 年,宁夏农田水
利工程灌溉农田面积有较大幅度的增长。1939 年前原有灌溉面积
为 2 109 788 亩,1939 年增加 170 838 亩;1940 年增加 52 956 亩,

---

① 王华崇:《黄河中游调查报告》,《中国水利史稿》编写组:《中国水利史稿》下册,北京:水
　利电力出版社 1989 年版,第 422 页。

② 全国经济委员会编:《统一全国水利行政纪要》,沈云龙主编:《近代中国史料丛刊》
　(469—70),台北:文海出版社,1988 年,水利建设报告,第 24 页。

③ 宁夏省政府秘书处:《十年来宁夏省政述要》第 5 册,建设篇,第 38 页。

④ 宁夏省政府秘书处:《十年来宁夏省政述要》第 5 册,建设篇,第 6 页。

⑤ 宁夏省政府秘书处:《十年来宁夏省政述要》第 5 册,建设篇,第 6 页。

⑥ 南秉方:《宁夏省之农业金融与农贷》,《新西北》第 7 卷第 10/11 期合刊,1944 年 11
　月,第 35 页。

⑦《四联总处 1942 年办理农业金融报告》,中国第二历史档案馆编:《中华民国史档案资
　料汇编》第 5 辑,第 2 编,财政经济(4),南京:江苏古籍出版社 1997 年版,第 244 页。

1941 年增加 174 328 亩,三年共增加 398 122 亩。① 灌溉面积增加,宁夏粮食增产,1939 年增产粮食 85 419 石,1940 年增产粮食 111 897石,1941 年增产粮食 199 062 石,三年共计增产粮食 396 378石。② 1943 年,宁夏省政府与中国农民银行签订《宁夏省农田水利贷款合约》,农贷总额 200 万元,贷款利率为月息 1 分 2 厘,期限暂定为 1 年,到期本息一并归还,③主要用于整理旧渠,建设排水工程,1943 年共完成 10 万亩。④ 1944 年,四联总处给宁夏农田水利贷款 240 万元。⑤ 同年,四联总处还给宁夏中宁县 1 所水车合作社小型农田水利贷款 2.08 万元。⑥ 全省总计有干支渠 40 余道,总长 1 346 公里,共灌溉田地 200 余万亩。⑦《西北十年建设计划》也曾设想在宁夏阿拉善旗兴修灌溉工程,引黄河水灌溉农田,如果按计划全部完成的话,可以灌溉阿拉善旗农田 11 万亩。⑧

---

① 《宁夏省各县渠三年来(二十八至三十年)增加灌地统计表》,《宁夏水利事业》(2),出版者不详,1942 年,第 66 页。

② 《宁夏省各县渠三年来粮食增产统计表》,《宁夏水利事业》(2),出版者不详,1942 年,第 67 页。

③ 《宁夏省政府与中国农民银行签订宁夏省农田水利贷款合约》,中国第二历史档案馆藏,399—638。

④ 《西北十年建设计划》(水利部门初稿),中国第二历史档案馆藏专题档案,黄河水利委员会档案,5/756。

⑤ 南秉方:《宁夏省之农业金融与农贷》,《新西北》第 7 卷第 10/11 期合刊,1944 年 11 月,第 36 页。

⑥ 南秉方:《宁夏省之农业金融与农贷》,《新西北》第 7 卷第 10/11 期合刊,1944 年 11 月,第 35 页。

⑦ 国民政府行政院编纂:《国民政府年鉴》,地方之部,《第 21 章　宁夏省,第 4 节　经济建设》,1944 年 3 月再版,第 311 页。

⑧ 《西北十年建设计划》(水利部门初稿),中国第二历史档案馆藏专题档案,黄河水利委员会档案,5/756。

第三节　西部农田水利建设成效与西部农业发展

一、农田水利建设促进了西部农业发展

抗战时期,西部各省兴修农田水利工程使荒地得到开垦,耕地面积增加,土地得到改良,单位面积产量增加,各省的农产品产量和农民收益都有较大幅度的增长,西部地区农业获得了一定的发展。

西部各省兴修的大小型农田水利工程,使荒地得到开垦,旱地、沙漠变成良田。四川水利工程完工后,"农田得以适时灌溉,土地因此改良,地方富力,遂亦增进。各新开渠道之处,已由旱地沙坟变成良田,有的正在引水灌溉栽插新秧,受益农户,莫不喜形于色;地方人士,亦至感兴奋,视为德政。此等新灌溉区域,较诸未垦之前,地价之增高,粮产之收益,平均多在十倍以上。"①"四川天星堰,实际灌溉面积7.15万亩,未给水前,每亩每年最高收获量为小麦1.6市石,玉蜀黍2市石;最低收获量小麦0.6市石,玉蜀黍0.6市石,平均收获量为小麦1市石,玉蜀黍1市石。给水后,每亩每年最高收获量为小麦1.6市石,谷6市石,最低收获量为小麦1.2市石,谷2市石,平均收获量为小麦1.4市石,谷3.8市石。"②经过灌溉,小麦每亩每年平均收获量增加了0.4市石。"贵州省的小龙、

①《四联总处视察四川省农贷报告书》(1942年8月),中国第二历史档案馆藏,经济部档案,4/34321。

②《四联总处1942年度办理农业金融报告》(1943年),中国第二历史档案馆编:《中华民国史档案资料汇编》第5辑,第2编,财政经济(4),南京:江苏古籍出版社1997年版,第199页。

三都两灌溉渠,实际灌溉面积 5 300 亩,没给水前,每亩每年最高收获量为 6.6 市石,最低收获量为 3.5 市石,平均收获量为 5 市石,给水后,每亩每年最高收获量为 7.5 市石,最低收获量为 5.5 市石,平均收获量为 6.5 市石"①,每亩每年平均收获量增加 1.5 市石。

　　特别是西北干旱少雨地区,过去因为干旱,土地荒芜,有的甚至沦为沙漠,兴修农田水利工程,土地得到灌溉,荒地得到开垦,耕地面积和产量均大幅增加。比如,新疆兴修农田水利工程后,耕地面积有较大幅度增长,1939 年新疆耕地面积为 9 129 849 亩,1940 年增加到 10 882 829 亩,1941 年增加到 13 206 603 亩,1942 年增加到 14 992 497 亩,1943 年降为 10 110 705 亩,1944 年增加到 17 521 087亩,五年间增加了 8 391 238 亩,增加的耕地面积占原耕地面积的 91.9%。② 甘肃湟惠渠建成后,"原有荒地,多已垦殖。据调查,[民国]三十一年秋,增产总值达一千四百万元。"③"甘肃省的湟惠渠,实际灌溉面积五千七百余亩,未给水前,砂地每亩每年平均收获量为一市石,旱地多不生产,给水后,每亩每年最高收获量为 3.3 市石,最低收获量为 2 市石,平均收获量 2.7 市石,每亩每年平均收获量较前大增。"④"陕西省的褒惠渠,实际灌溉面积八万四千余亩,未给水前,每亩每年最高收获量 3 市石,最低收获量 0.8 市石,平均收获量为 1 市石,已给水后,每亩每年最高收获量为 1.8

---

① 《四联总处 1942 年度办理农业金融报告》(1943 年),中国第二历史档案馆编:《中华民国史档案资料汇编》第 5 辑,第 2 编,财政经济(4),南京:江苏古籍出版社 1997 年版,第 200 页。

② 程鲁丁:《新疆问题》,上海:文献书局 1949 年版,第 173—174 页。

③ 赵宗晋:《甘肃农田水利概述》,《新甘肃》创刊号,1947 年 6 月,第 40 页。

④ 《四联总处 1942 年度办理农业金融报告》(1943 年),中国第二历史档案馆编:《中华民国史档案资料汇编》第 5 辑,第 2 编,财政经济(4),南京:江苏古籍出版社 1997 年版,第 200 页。

市石,最低收获量为 1.4 市石,平均收获量为 1.6 市石。"①每亩每
年平均收获量增加了 0.6 市石。

　　据农业专家估计,通常情况下,同样条件下的土壤,兴修水利
使农田得到灌溉,每亩可增产 1 市担,推广优良种子每亩可增产 3
市斗,利用休闲地每亩可增产 1 市担,防治病虫害每亩可减少 3 市
斗损失,增施肥料每亩可增产 5 市斗,可见兴修农田水利工程对农
业生产的促进作用。据国民政府统计:"[民国]三十一年农田水利
已完工程,共用款 31 374 814 元,灌溉面积达 517 400 市亩,每亩约
增产粮食 1.35 石,以当时粮价每石 200 元计算,每亩增益 270 元,
共计增益 13 982 万(疑应为 13 969.8 万)余元。"②自"[民国]三十
一年十月至[民国]三十二年十月,完工放水工程已达 80 处,计可
灌田 824 555 市亩"③,如按陕西省标准"每亩平均增益食粮五斗
计"④,则增产粮食 41 万余石。"自[民国]三十二年十月至[民国]
三十三年十月,各省灌溉工程完工放水者,已达 24 处,计可灌溉农
田 326 548 亩"⑤,如每亩可增收粮食 2 石,全国共可增收粮食 65 万

---

① 《四联总处 1942 年度办理农业金融报告》(1943 年),中国第二历史档案馆编:《中华
　民国史档案资料汇编》第 5 辑,第 2 编,财政经济(4),南京:江苏古籍出版社 1997 年
　版,第 200 页。

② 《三十一年度农田水利已完工程经济价值表》,国民政府行政院编纂:《国民政府年
　鉴》,中央之部,第 1 编,《第 15 章　水利,第 3 节　工作概况,一、发展农田水利》,
　1944 年 3 月再版第 300 页。

③ 国民政府行政院编纂:《国民政府年鉴》第二回,中央之部,第 1 编,《第 16 章　水利,
　第 3 节　工程概况》,第 3 页。

④ 《陕西省已完成及进行中各渠灌溉效益初测表》,国民政府行政院编纂:《国民政府年
　鉴》第一回,地方之部,《第 19 章　陕西省,第 11 节　水利》,1944 年 3 月再版,
　第 287 页。

⑤ 国民政府行政院编纂:《国民政府年鉴》,第三回,中央之部,第 1 编,《第 16 章　水利,
　第 3 节　事业概况》,第 2 页。

石。整理旧渠也完成 97 处,共灌溉农田 3 088 596 亩。① 1941—1944 年,兴修整农田水利工程对粮食增产的贡献率分别为3.20％、1.56％、6.28％、3.11％。②以上仅是中央拨款或贷款的大型水利工程所产生的经济效益,后方 19 省举办的小型农田水利工程成效见表 65。

由表 65 可见,兴修小型农田水利工程也对提高单位面积产量起到了重要作用。1941 年,通过修整小型农田水利增产粮食近300 万担;1942 年粮食虽然歉收,但仍增产 74 万余担;1943 年增产280 万余担;1944 年增产粮食也达到 110 万担以上。1941—1944年,通过整修小型农田水利带来的增产在提高单位面积产量中所占的比重约为 22％—32％。加上中央拨款、贷款兴修的大型农田水利工程增产的粮食,每年共可增产粮食约 400 万—500 万担,为缓解大后方粮食紧缺局面,满足军需民食起到了重要作用。兴修农田水利与改进农业生产技术一道成为促进西部粮食增产的两大重要手段。

具体到西部各省,农田得到灌溉后,每个省的农产品产量和经济效益都有较大幅度的增长。陕西泾惠渠完工,解决了关中平原的灌溉问题,灌溉区域内以棉麦为主要农产物,"该区因受渠水灌

---

① 国民政府行政院编纂:《国民政府年鉴》第三回,中央之部,第 1 编,《第 16 章 水利,第 3 节 事业概况》,第 2 页。
② 封昌远:《最近全国粮食增产工作概观》,《中国农民》(重庆)第 1 卷第 4 期,1942 年,第58—59 页;《民国二十九年至三十一年度之农林工作》,秦孝仪主编:《革命文献》第102 辑,台北:"中央"文物供应社,1988 年,第 133—134 页;《民国三十一年至三十二年之农林工作》,秦孝仪主编:《革命文献》第 102 辑,台北:"中央"文物供应社,1988年,第 152 页;《民国三十二年至三十三年之农林工作》,秦孝仪主编:《革命文献》第102 辑,台北:"中央"文物供应社,1988 年,第 173 页。

表 65　后方 19 省整修小型农田水利措施面积及成效总表①

年度 项目	1941 年		1942 年		1943 年		1944 年	
	面积（亩）	成效（担）	面积（亩）	成效（担）	面积（亩）	成效（担）	面积（亩）	成效（担）
整修小型农田水利	3 768 814	2 987 972	1 509 386	747 963	2 992 356	2 807 618	2 223 465	1 163 535
提高单位面积产量	17 144 571	9 246 406	9 431 661	2 618 965	15 938 132	11 084 459	11 519 573	5 145 532
整修小型农田水利在提高单位面积产量中所占百分比（%）	21.98		16.00		18.77		19.30	
	32.31		28.56		25.33		22.61	

资料来源：《国民政府年鉴》第一、二、三回，中央之部，第 1 编，第 12 章，农林。

① 《民国二十九年至三十一年度之农林工作》《民国三十一年至三十二年之农林工作》《民国三十二年至三十三年之农林工作》，秦孝仪主编《革命文献》第 102 辑，台北："中央"文物供应社，1988 年，第 134、152、174 页。

溉之益,产量甚丰,每亩产量(棉花)高达七八十斤"①,"关中灌溉棉田产量之丰(每亩产皮花一百斤是常事,最多可达一百四五十斤,即合每英亩 700—1 000ebo),不仅国内所罕见,即世界著名高产量之埃及(每英亩平均约 450ebo)亦不能比拟也。"②当地农民因水利而得的利益,据统计,"[民国]二十三与[民国]二十四两年份全区农民增益各约三百万元,[民国]二十五年份约八百万元,[民国]二十六年份约六百万元,[民国]二十七年份约七百万元,[民国]二十八年份约一千万元以上。"③地价也因此大大提高,泾惠渠灌溉区域水田地价,1929 年大灾期间每亩 10 元,1932 年放水,1933 年底每亩地价涨到 20 元,1934、1935 年每亩 30 元,1936 年涨到每亩 45元。灌溉区内旱地,1929 年大灾期间每亩仅 1 元,1932 年放水,1933 年底地价涨到每亩 3 元,1934 年每亩 8 元,1935 年每亩 15元,1936 年涨到每亩 25 元。④ 黑惠渠灌溉区农作物以麦、棉、豆类为主,灌溉后的农田,"如以半数 65 000 亩种麦,每亩增产 5 市斗,共 32 500 市石,以 1/3 约 44 000 亩植棉,每亩增产棉花 50—60 市斤,共约 250 万市斤,以现时麦价每市石 200 元,棉价每市斤 3 元计,全年生产增值 1 400 万元"。⑤ 甘肃湟惠渠"本灌溉渠地亩,暂以 25 000 亩计之,则每年超收之值为 100 万元;盖田地经灌溉后,

---

① 鲍昭章:《陕棉购销近况及棉价问题之商榷》,《中农月刊》第 5 卷 3 期,1944 年 3 月,第 16 页。
② 俞启葆:《关中植棉之考察》,《新西北》第 3 卷 2 期,1940 年 9 月,第 27 页。
③ 陕西省水利局:《陕西省水利事业概况》,1940 年 8 月,中国第二历史档案馆藏,农林部档案,23/1742。
④《泾惠渠道灌溉区域历年地价增进表》,陕西省水利局:《陕西水利季报》第 1 卷第 1 期,1936 年 9 月,《统计》,第 5 页。
⑤ 陆士基:《黑惠渠工程概要》,《行政院水利委员会季刊》第 2/3 期合刊,1942 年,第 11 页。

地价增至百倍,收获量亦增三四十倍"①。皋兰永登原来每乡旱地
(合两市亩)每年只收谷 1 担,改水田后,每亩每年可收麦 8 斗、谷 5
斗,按 1941 年 4 月物价计算,每亩年增益 200 元,共计增益 500 万
元,地价增值约 2 倍。溥济渠 1942 年 4 月完工,全部工程费用不超
过 38 万元,灌溉地亩以 3.5 万亩计算,一年可超收 80 余万元,是工
程费的两倍。若以增加地价计算,本地(渠灌的地)每亩平均 120
元,旱地每亩平均 30 元,则全区增加地价为 315 万元。② 原来旱地
每乡(合两市亩)年产量约 300 斤,大旱之年颗粒不收,灌溉之后,
每亩年增益计 200 元,共增益 700 万元,地价增值数倍。③云南龙公
渠修成之后,流域内的灌溉状况得到较大地改善,尤其是使水门桥
以下的农田,摆脱了往日的缺水状况,稻田得以及时栽种。据 1944
年中国农民银行统计数据显示,本灌溉区当年受益的共有 23 村,
受益农田面积 1.1 万余市亩,全区增产 2.2 万余石,除去 60% 的成
本,仍可得谷 8 800 余石,按照当年物价,可得纯益 3 500 余万元。
该渠实际所借贷款 480 万元,仅 1944 年 1 月的收益还贷便绰绰有
余,可见工程的经济效益非常可观。④

　　有些农田水利工程因为地势优良,水源丰富,设计周密,施工
质量高,收益很大,而且开工越早,工程费用越省,经济效益越高。

---

① 沈春雷、陈禾章:《中国战时经济志》,沈云龙主编:《近代中国史料丛刊》(197),台北:
　　文海出版社,《中国战时产业动员(一)农业》,第 18 页。

② 沈春雷、陈禾章:《中国战时经济志》,沈云龙主编:《近代中国史料丛刊》(197),台北:
　　文海出版社,《中国战时产业动员(一)农业》,第 18 页。

③ 《水利委员会关于战时水利建设概况报告》(1943 年 7 月),中国第二历史档案馆编:
　　《中华民国史档案资料汇编》第 5 辑,第 2 编,财政经济(8),南京:江苏古籍出版社
　　1997 年版,第 448 页。

④ 刘春秀:《抗战时期云南农田水利建设研究》,硕士学位论文,云南师范大学,2019 年,
　　第 71 页。

如四川绵阳龙西渠,1939 年 1 月开工,1941 年 4 月完工,灌溉农田 1.75 万市亩,每亩所摊工程费用还不到 60 元。灌溉区内的农田 1941 年获得了好收成,每亩小春收麦 2 市担,秋收稻谷 4.8 市石,每亩地价平均多在 2 000 元以上,以前每亩仅得玉米旱粮数斗者,现在均能收稻谷 2 担以上。因此该渠贷款,预计 1942 年内全部可以清偿。[①] 遂宁南北坝,灌溉面积 3.35 万市亩,灌水后每亩年可增益 400 元,共增益 1 300 余万元。峨眉熊公堰灌溉面积 3 000 亩,灌水后,全埝共增收小春(麦子、菜籽)3 500 市石,以每石售价 320 元计,共增收 112 万元;增谷 1 800 市担,以每担售价 200 元计,共 36 万元,总计每年增益 148 万元;四川洪雅花溪渠灌溉面积 3.45 万亩,灌水后每亩年可增产谷 8 市石,麦 1 市担,按市价折合 600 元,共增益 2 070 万元;三台北坝灌溉面积 5 600 市亩,灌水后以每亩年可增益 400 元计,共增益 224 万元;绵竹官宋棚灌溉面积 8.4 万市亩,灌水后每亩年可增益 400 元,共增益 3 360 万元。西康青衣渠灌溉面积 2 800 市亩,灌水后每亩每年可增益 600 元计,年共增益 160 余万元。地价增值还不包括在内。[②] 三台郑泽堰,1942 年实际灌溉农田 8 000 亩,征收堰谷 3 100 市担,折合 80 万元,可以还贷。[③]

因为兴修农田水利工程,"陕西全省及甘宁二省之一部,所以能供给西北大部人口粮食,全由近年开渠灌溉有效,凡灌溉之地,

[①]《四联总处视察四川省农贷报告书》(1942 年 7 月),中国第二历史档案馆藏,经济部档案,4/34321。

[②]《水利委员会关于战时水利建设概况报告》(1943 年 7 月),中国第二历史档案馆编:《中华民国史档案资料汇编》第 5 辑,第 2 编,财政经济(8),南京:江苏古籍出版社 1997 年版,第 451—452 页。

[③]《四联总处四川省农贷视察团报告书》(1942 年 7 月),中国第二历史档案馆藏,经济部档案,4/34321。

每亩超过旱田两倍有余,此证明水利收效之宏不可忽视。再观川省历年米谷丰收,鲜有灾旱之虞,亦固过去讲求农田水利之故。"①以上史料说明,抗战时期农田水利建设的确促进了西部粮食增产、农业发展。

二、受财力、人力限制,西部农田水利建设成效有限

抗战时期,西部各省大型农田水利建设大多由中央贷款、拨款举办,虽然农田水利事业贷款年年增加,但是大后方物价上涨太快,预算严重不足,工程时常不得不停工待款,一再拖延,迟迟不能完工,大大影响了农田水利工程的功效。1944 年农贷异常紧缩,中国农民银行核定农田水利贷款总额仅 4 亿元,而物价高涨,工款严重不足。1945 年各省农田水利工程所需经费预计 50 亿元,中国农民银行仅能贷放半数,只能用于已开工工程,至新办工程,"须视所余贷款及行政院前颁'各省酌拨田赋超收部分成数兴办农田水利工程办法'实际上能筹得的经费之多寡酌量办理。"②为筹集农田水利资金,行政院水利委员会电请滇、黔、陕、甘四省政府酌拨田赋超收部分兴办农田水利工程,同时函请四联总处对滇、黔、陕、甘 1945年度贷款数额特予放宽。③

西部各省许多农田水利工程因为经费原因未能举办。如甘肃兰丰渠经过兰州市南郊,灌溉区域是"甘肃难得的广大川地,面积13 万亩,其间崔家崖跌水,上下游水位差近 24 公尺,利用水力发

---

① 聂常庆:《战时中国土地利用》,《人与地》第 3 卷第 2/3 期,1943 年,第 22 页。
② 《改进农田水利贷款与增强农业金融意见》(1945 年 6 月 1 日),四联总处秘书处:《四联总处重要文献汇编》,四联总处秘书处,1947 年,第 235 页。
③ 《行政院水利委员会关于后方各省农田水利速筹有效办法的公函》(1944 年),第二历史档案馆藏,农林部档案,23/1744。

电,可达最大马力1 766匹,最小亦达1 480匹,足供工厂动力需要,及安自来水管,以供市民饮用。惜以工艰费巨,未能兴办"。后经艰苦努力,1942年开工,但1946年5月因工款无着,又暂行停办。① 临丰渠和永康渠也因工款无着,未能兴办。

1940年,云南农田水利贷款委员会第三次会议提到经费问题,"因各县请求派员查勘水利工程并申请贷款与兴办者过多,会方颇感应付困难。该会表示,原本本会贷款基金额定国币贰佰万元,因工料价之继涨增高,犹恐不敷弥勒竹园坝及宜良文公渠两处工程之用,事实上难以再办其他工程。"②因此,决定先集中人力财力办理弥勒、宜良两处大型工程,其余工程暂缓办理。当年,因为经费不足而无法举办的重要工程,包括罗平县城坝灌溉工程、南盘江水利工程以及曲溪水利工程。这三个大型工程若能修建完成,数10万亩土地可得灌溉,但仅南盘江及曲溪两处水利工程所需工程费就高达370万元不止。③ 可见,经费不足是制约抗战时期西部各省农田水利事业发展的最大障碍。

从经济角度看,四川农田水利工程首要任务是整修旧有水利工程,因为四川旧有水利工程大多占据最优良的地势,水源丰富,只是年久失修,不能发挥应有的功效,如果能重予勘测整修,比兴修新的水利工程更加经济实惠。因此,四川农田水利建设顺序应该是首先整修旧工程,其次是自流灌溉,最后为高地灌溉。高地灌

① 赵宗晋:《甘肃农田水利概述》,《新甘肃》创刊号,1947年,第42页。

②《核准云南省农田水利贷款委员会呈送有关贷款细则等事的会议记录(1940—07—09)》,云南省档案馆藏,云南省政府档案,1106—004—03376—0190。转引自刘春秀:《抗战时期云南农田水利建设研究》,硕士学位论文,云南师范大学,2019年,第35页。

③ 刘春秀:《抗战时期云南农田水利建设研究》,硕士学位论文,云南师范大学,2019年,第35页。

溉费用高,收益小,经济效益较差。但在抗战时期,四川农田水利建设并没有完全遵循这个原则,有些农田水利工程是高地灌溉,如四川三台可亭堰,贷款200万元,用水轮直接转动抽水机灌溉高地农田5 000亩,每亩工费达400元,农民感觉费用高,负担太重。①工程花费太高,而成效太小。遂宁四联堰贷款1 010万元,完工后,只能灌溉农田3万亩。还有的水利工程因为计划设计不周,工程虽完工,但却不能放水或灌溉面积太小。如绵阳天星堰由于水量不足,灌溉面积难以达到设计要求;②眉山醴泉渠,因为设计欠周,水源缺乏,工程虽已全部完工,然迄未能用水。③因为计划不周、物价上涨,工程费用不断提高,农民感觉负担太重,④政府花费了巨款,却没有取得应有的成效。有专家建议,农田水利工程应该注重开工前的准备,做好设计规划,完工后注重养护,完善给水制度,工程才能久远,民众也能乐与其成。小型农田水利应该普遍提倡,可以动员民间力量自动举办,政府设立工务局,派驻技术人员,协同县政府办理。这样能够动员基层和民间力量兴修农田水利工程,花费少,却可以取得更好的经济和社会效益。⑤

水利人才缺乏也是影响西部农田水利事业发展的一个重要因

---

① 《四联总处四川省农贷视察团报告书》(1942年7月),中国第二历史档案馆藏,经济部档案,4/34321。

② 《四联总处四川省农贷视察团报告书》(1942年7月),中国第二历史档案馆藏,经济部档案,4/34321。

③ 《四联总处四川省农贷视察团报告书》(1942年8月),中国第二历史档案馆藏,经济部档案,4/34321。

④ 《四联总处四川省农贷视察团报告书》(1942年7月),中国第二历史档案馆藏,经济部档案,4/34321。

⑤ 《四联总处四川省农贷视察团报告书》,中国第二历史档案馆藏,经济部档案,4/34321。

素,据1942年登记,大后方只有水利人才1 300余人,而且因为水利机关待遇较低,从业人员人心浮动,希望能改从他业。① 还有就是宣传不够,西部各省农民大多是文盲,比较保守,沿袭旧习惯,对新办水利工程,往往持反对或怀疑态度,不能积极支持或投入农田水利建设。工程完成后,又因为用水利益不均,引起纷争。② 1943年,国民参政会三届一次大会曾经提出"注重小型农田水利贷款宽筹经费严定考核以防旱灾一案",要求将"县长、乡镇保甲长办理小型农田水利之考成与征实、兵役并重"③,即把办理小型农田水利工程的成绩作为考核县长、乡镇保甲长的指标,目的是促进各县农田水利事业发展,但是也很难激励基层人员积极投身于农田水利建设。

---

① 《国民政府行政院水利委员会1943年工作报告》(1944年1月),中国第二历史档案馆编:《中华民国史档案资料汇编》第5辑,第2编,财政经济(8),南京:江苏古籍出版社1997年版,第472—473页。

② 《四联总处四川省农贷视察团报告书》(1942年8月),中国第二历史档案馆藏,经济部档案,4/34321。

③ 《财政部与行政院关于国民参政会建议注重小型农田水利宽筹经费事宜的来往文书》1943年,中国第二历史档案馆藏,财政部档案,3(6)/1337。

结　语

　　抗战时期，中国是农业国，农业是国民经济中最主要的部门，在国民经济中占有重要地位。农业对抗战的贡献主要是产品贡献和外汇贡献，产品贡献是为军民提供衣食等生存必需品，外汇贡献是出口农产品，换取外汇。这两项贡献对于支持抗战都至关重要。

　　抗战时期，国民政府有几百万军队要供养，还有几亿老百姓要吃饭，对农产品需求不断增大，但是大后方农业供给能力却严重不足。大后方，特别是西部，农业发展的自然条件较差，西南西北地区土地面积虽然广大，但是大量高山、深谷、沙漠，耕地面积少，西北地区干旱少雨，可以说除了四川外，农业生产的自然条件都比较差。农业发展水平很低，还处于传统农业阶段。"在传统农业中，农民以传统的直接经验为基础，使用简陋的铁木农具和人力、畜力以及水力、风力进行生产，农业技术的进步和生产的发展极其缓慢，农业完全以世代使用的各种生产要素为基础"[①]，很少有外部生产要素的投入，"由于技术停滞，粮食产量的增加主要依靠两种途

----

① 李秉龙、薛兴利：《农业经济学》，北京：中国农业大学出版社 2015 年版，第 278 页。

径,一是扩大耕地面积,形成粗放式耕作;二是增加单位面积上劳动的投入,形成劳动密集型的精耕细作,但由于技术停滞,劳动生产率呈下降趋势。"[1]农民生产的农产品主要满足自己的生产生活需要,产品剩余很少,农业商品化程度很低。一方面是对于农产品的旺盛需求,一方面是农产品供给能力的严重不足,国民政府必须动用国家力量促进西部农业发展,最大限度提高农产品供给能力。抗战时期,国民政府确定战时农业建设的总目标是满足战时军事需求,同时注意改善人民生活,为达此目标,必须扩大战时生产,全力发展农村经济,促进西部各省农业发展。国民政府调整了中央和西部各省的农业机构,出台了一系列促进农业发展的方针政策:

一是增加耕地面积,开垦荒地,利用隙地、冬夏闲田,推广冬耕,提高复种指数和土地利用率,减少不急需的农作物的种植,扩大粮食、棉花等急需农作物的种植面积。从实际实行效果看,国民政府通过难民移垦、兴修水利等措施,使西部各省耕地面积有所增加,但是,西部大量荒地土地瘠薄或气候条件太差,或者地处偏僻,开垦费用浩大,以当时国民政府的财力难以负担,短期内难以取得明显成效。从国民政府采取的增加农业生产的措施效果看,推广冬耕成效最为显著,1941—1944 年,大后方推广冬耕面积分别为2 298.5万亩、4 093.8 万亩、3 023.5 万亩、2 237.8 万亩,增产粮食4 260万担、4 326.5 万担、3 023.5 万担、2 567 万担,推广冬耕对粮食增产的贡献率分别为 45.62%、90.01%、67.68%、68.61%。[2]

---

① 李秉龙、薛兴利:《农业经济学》,北京:中国农业大学出版社 2015 年版,第 278 页。

②《民国二十九年至三十一年度之农林工作》《民国三十一年至三十二年之农林工作》
　《民国三十二年至三十三年之农林工作》,秦孝仪主编:《革命文献》第 102 辑,台北:
　"中央"文物供应社,1988 年,第 133、152、173 页。

　　在农业社会,土地是最基本的生产要素,也是最主要的财富形式。土地的占有形式基本决定了社会财富的占有和分配形式,土地制度是农业社会最基础的社会经济制度。在传统农业社会中,实现耕者有其田的土地政策更有利于农业发展和社会稳定。抗战时期,国民政府制定《战时土地政策纲要》,倡导保护佃农、扶植自耕农,实现平均地权、耕者有其田,国民政府在西部选择了一些地区建立自耕农示范区,中国农民银行贷款帮助无地农民购赎土地,但也只是在川、甘、陕等省选择个别地区试办,并未广泛推行,成效有限。保护佃农,扶植自耕农的政策成效有限的主要原因是抗战时期,大后方人口集中,粮价、地价飞涨,土地投机日益严重,地主趁机提高地租和押金,甚至以收回自耕名义撤租撤佃,保护佃农、减租减押政策法规根本无法贯彻执行;抗战中期后,随着粮食价格上涨,农业劳动力缺乏,工价上涨,有些地主收回出租的土地自耕,成为地主兼自耕农。大地主有所减少,中小地主、地主兼自耕农有所增加,但是封建地主土地所有制并没有改变,佃农、贫农的生活愈加贫困。为了抑制土地投机同时增加财政收入,国民政府对大后方土地进行了清查和地籍整理,在地籍整理完成的部分地区开征了地价税和土地增值税,但是范围很小,税收收入有限,对平均地权的作用微乎其微。

　　二是动员农业劳动力。“广义的农业劳动力是指具有劳动能力的人口或劳动资源,是一定区域内能参加农业劳动的人的数量和质量。狭义的劳动力是指人的劳动能力,是人的体力和智力的总和。”[1]全面抗战前,西南特别是四川,农业劳动力数量较多,西北,特别是甘肃、宁夏、青海、新疆农业劳动力数量较少,西南西北

---

① 李秉龙、薛兴利:《农业经济学》,北京:中国农业大学出版社 2015 年版,第 278 页。

各省农业劳动力质量都比较差,文盲占很大比重。全面抗战开始后,国民政府试图努力维持农村秩序,安定农民生活,使农民能安心耕作,但是随着国土沦陷,大量农业劳动力损失,西南西北几省,除四川人口较多外,其余省份人口都比较少,从沿海迁移到西部人口虽然也不少,但有一部分是公务人员、教师,其余大多从事工业商业,很少有人直接从事农业生产。战争时期,农村大量青壮年劳力被征入伍,还有征工劳役,西部各省农业劳动力缺乏。而且西部各省农业劳动力不仅数量少,质量也比较差,农民的体力、智力、科学文化水平都比较低。为了动员农业劳动力,国民政府出台难民移垦政策,引导难民到西部垦荒,动员妇女、儿童参加农业生产,号召士兵、学生、党政人员协助耕种和收获等。难民移垦虽然增加了农业劳动力,但也需要政府大量资金投入,有些垦区到抗战结束时还不能实现自给自足。劝导农家妇孺、党政军学参加农业生产,大多只是停留在政策层面,实际效果不大。国民政府也提出要发展农村教育医疗卫生事业,提高农业劳动者的身体素质和科学文化水平,但是教育医疗科学文化水平提高绝非一日之功,短期内难以取得明显成效。

　　抗战时期,西部各省大多数农民拥有的田地面积狭小,是分散细碎的小规模经营,既不经济,也不利于土地的充分利用和农业劳动生产率的提高。为了改善农业经营组织,提高农业劳动生产率,国民政府试图实现土地适度规模经营。"土地适度规模经营是指农户根据农业生产发展的客观要求和社会、经济、技术以及自然条件的可能,改变狭小的分散经营,将土地生产要素适当集中使用,从而获得最大经济效益的经营方式。"①土地适度规模经营可以降

---

① 李秉龙、薛兴利:《农业经济学》,北京:中国农业大学出版社 2015 年版,第 126 页。

低单位劳动成本,有利于劳动分工和提高专业化程度,提高农业劳动生产率。土地适度规模经营也有助于实现农业机械化、推广先进耕作技术,进而提高农产品产量和质量,增加农民收益。抗战时期,国民政府筹办国营农场、组织农业生产合作社、示范指导农民经营较大规模的农场等,但实际举办的国营农场只有3—4个,成立的合作社大多是信用合作社,生产、运销合作社数量较少,组织农民互助合作,改善农业经营方式,提高农业劳动生产率、促进农业发展的成效非常有限。

三是改进农业生产技术,提高单位面积产量。科学技术是第一生产力,农业科学技术一旦应用到农业生产实践中,就会变成强大的物质力量,成为改造传统农业的重要推动力量。农业技术进步包括适合当地良种的选育技术的进步、农作物栽培技术的进步、土壤改良技术的进步、化肥和平衡施肥技术的进步、动植物病虫害防治技术的进步等。抗战时期,农业科研机构和农业院校内迁到西部,中央、地方、院校农业科研技术人员不辞辛劳,深入西部农村,根据西部各省具体的情况,因地制宜、因陋就简进行农业科技研究,取得了不少科研成果,特别在农作物优良品种的选育和推广、植物病虫害防治、肥料的制作和使用、农具改良、农作物耕作和栽培技术改进等方面,都取得了一些成就,提高了农产品的产量,促进了西部各省农业的发展。国民政府建立的农业科研制度和农业推广制度,也对西部各省农业科技发展起到了促进作用,但是国民政府对农业科研投入有限,西部各省基层农业科研和推广机构非常薄弱,农业科研人才严重缺乏,影响了农业科研和推广的成效。特别是在传统农业向现代农业转变的主要标志,即采用现代化的机器设备、使用化肥农药等现代生产要素方面,没有取得大的进展,没有实现从传统农业向现代农业的转变。抗战时期,西部农

业科技发展只是使西部农业得到了改良，农业改良的成效在 1943
年有所显现，当年推广改良稻、麦、杂粮良种，推广双季稻、再生稻，
防治病虫害，增施肥料对粮食增产的贡献率达到18.52％，但是，这
一数据到了 1941 年只有 6.70％，1942 年只有 3.52％，1944 年只有
10.64％。① 抗战时期，西部农业并没有实现农业技术革命，根本原
因是抗战时期，大后方不具备农业技术革命的经济、技术条件，农
业改良未能令农业得到突飞猛进的发展。

　　四是发展农村金融。"农业信贷资金是一种金融资本，是农业
发展必需的一种生产要素。由于农业信贷的特殊性（低收益、高风
险、高交易成本）使得在完全市场条件下会出现农业信贷私人供给
的低效率"②，因此，靠商业资本投资农业几乎是不可能的。何况在
战争时期，资本趋利和避险的特性使得农村金融枯竭状况更为严
重。为了促进农业发展，必须由政府成立政策性银行，发放政策性
信贷资金。"政策性农业信贷资金是指由政府的农业政策性信贷
机构提供的农业信贷资金。农业政策性信贷机构是由政府出资成
立并经营，专门为农业提供政策性信贷的金融机构。农业政策性
信贷机构一般不直接吸收存款，其信贷资金来自政府提供的信贷
资本金及其公积金，提供的农业贷款一般按照优惠利率提供给农
业信贷的需求者，并且不以盈利为主要经营目标。因此，通过农业
政策性信贷为农业发展提供资金，是纠正农业信贷市场失灵，调节

---

① 笔者根据《三十年三十一年后方十九省粮食增产措施面积及成效总表》《三十二年后
　方十九省粮食增产措施面积及成效总表》《三十三年后方十九省粮食增产措施面积及
　成效总表》计算而得，秦孝仪主编：《革命文献》第 102 辑，台北："中央"文物供应社，
　1988 年，第 134、152—153、173—174 页。
② 李秉龙、薛兴利：《农业经济学》，北京：中国农业大学出版社 2015 年版，第 180 页。

和引导农业发展的一种政策工具。"①抗战时期,国民政府成立了农本局和中国农民银行,类似于农业政策性金融机构,但又不完全是政策性金融机构。从农本局的资金来源看,政府投资占大头,5年政府投资 3 000 万元,加上接受农产调整处的 1 000 万元,总计4 000万元,商业银行的投资只有不到 600 万元。中国农民银行是国有银行,发行的货币是法币,其主要任务就是为农业发展提供资金支持;以中国农民银行、农本局、中国银行、交通银行、中央信托局等国家行局为主体,向西部各省提供了农贷,这些农贷属于商业性农业信贷资金,同时又具有政策性农业信贷资金的性质。农本局、中国农民银行资本构成中,政府投资占大头,但又有商业资本投入;农本局提供的农业贷款利率比较优惠,但也要盈利,中国农民银行也是如此。四联总处农贷纲要是国民政府农业政策的集中体现,中国农民银行、农本局和其他国家行局农贷要贯彻政府农业政策,但又追求盈利,这种角色混乱导致抗战时期农贷出现诸多问题。本来应该承担政策性银行任务,贯彻国家农业政策,以促进农业发展作为信贷目标,但是以盈利为目的,自然要考虑农贷的安全性,农贷能否归还成为必须要考虑的问题。贷款给地主、富农、富裕自耕农比较安全,而这类人有的并不急需资金,而是从事土地投机或者囤积居奇,真正需要资金的中小自耕农、佃农、贫苦农民得不到贷款,生活都困难,根本没有余力投资农业,不可能促进农业发展。农贷数量少是受政府财力限制,农贷种类抗战后期以农田水利贷款和农业生产贷款为中心,一定程度上促进了西部农业发展,但是对农业发展有重大促进作用的农业推广贷款太少。农业生产季节性非常强,农贷必须符合农时,但由于国家行局官僚作

---

① 李秉龙、薛兴利:《农业经济学》,北京:中国农业大学出版社 2015 年版,第 180 页。

风,致使农贷手续复杂,审核发放周期太长,贻误农时,影响农贷成效。

抗战时期,国民政府组织了信用合作社和合作金库。本来信用合作社和合作金库应该是合作性农业信贷资金,"合作性农业信贷资金是由农业合作信贷组织提供的农业信贷资金。合作性农业信贷组织一般是由农业信贷的需求者按照合作制原则组建的信贷组织。一些有农业信贷需求的农业经营者共同出资组成信贷资本金,一般只在合作组织内部提供信贷服务,相互融通资金,以营利性和服务性为双重目标的一种合作组织。"[①]抗战时期,西部各省都组织了农村信用合作社,但是,信用合作社社员出资非常有限,主要由辅导机关——政府、农业金融机构拨付提倡股,信用合作社成立是为了承接贷款,而不是相互融通资金。抗战时期,中国农民非常贫困,依靠农民自身积累,为农业发展提供必需的资金几乎不可能,必须依靠政府资金投入。因此,信用合作社和合作金库采取了提倡股的形式,主要农贷投放者也是国家行局,这是由抗战时期农民经济状况决定的,有历史的必然性,但结果就是信用合作社和合作金库自有资金极度短缺,一旦失去国家行局和政府的支持,结果就是亏损倒闭。

抗战时期国民政府的农贷向西南西北倾斜,特别是向四川倾斜,的确为西部农业发展起到了一定的促进作用。特别是农田水利工程,农业科技的研究和推广都是农业公共产品,需要大规模的投资,不可能依靠农户私人投资,必须国家投入。国民政府确有资金投入,促进农业科研发展、农业技术成果推广,但遗憾的是,农业推广贷款太少。特别是农业投资,其中非常重要的固定资本投资,

---

① 李秉龙、薛兴利:《农业经济学》,北京:中国农业大学出版社 2015 年版,第 180 页。

如果用于购置机械设备、运输工具等，可以大大节约劳动时间，降低劳动强度，提高农业劳动生产率，还可以起到替代农业劳动力的作用，可惜抗战时期，国有金融机构基本没有农业固定资本投入，这是抗战时期农业金融的最大缺陷。

五是大力发展农田水利事业。水是农业的生命。水既是农业生物生理组成的不可缺少的物质，又是参与农业生产中物质和能量转化的重要因素。无水则无农业，西北地区更是如此。抗战时期，国民政府在西南西北投资进行农田水利建设，既有大型农田水利工程，也有小型农田水利工程，既有灌溉工程，也有排水工程。西部各省通过兴修农田水利工程，扩大灌溉面积，提高农作物产量，改善土地人工肥力，提高土地生产力，促进了西部农业发展。

总之，在国民政府及西部地方政府、农林科研机构和农林院校科技人员、农业金融机构的工作人员，尤其是西部农民的共同努力下，抗战时期，西部农业获得了一定程度的发展，西部各省生产的粮食由国民政府粮食部配拨给各战区，或供应当地驻军，如1941年度，第八战区军粮由甘肃、宁夏、绥远供给，共供给麦130万大包。陕西省驻军由陕西省供给小麦200万大包，贵州省驻军由贵州省供给米59.769 2万大包、面粉5万袋，驻西康部队由西康供给米10万大包，川省驻军由四川供给米140万大包，云南省政府供给驻滇部队军米60万大包，补购米10万大包。① 但因各省农业发展水平不同，粮食产量有高有低，粮食部对军粮配拨采取了酌盈济虚的方式，统筹调剂。如西康的粮食接济云南；四川的粮食除接济贵

---

① 《三十年度拨各战区及后方省区军粮数量表》，中国第二历史档案馆藏，《军政部军粮总局档案》，810—63。

州、西康外,还接济第六战区;陕西的粮食接济河南、山西,甘肃的粮食接济新疆等。[①] 抗战时期,每当发生大的战役,军队云集,国民政府也会紧急调运外省粮食供给作战部队。1941 年度,云南聚集了大量部队,而英国迫于日本的压力中断了滇缅路,使原定向缅甸采购军米的计划落空,一时间驻滇部队军粮告急,国民政府调集了康、黔两省的粮食接济。[②]

表 66　1942、1943 年度西部各省配拨各战(省)区军粮及已拨数量表[③]

配拨省份	拨付战(省)区	单位	1942 年度		1943 年度	
			配拨数量	已拨数量	配拨数量	已拨数量
四川	川	米(大包)	1 910 000	1 620 141	1 939 000	1 264 557
	康	米(大包)	40 000	40 000	41 000	24 570
	六战区	米(大包)	750 000	750 000	750 000	439 614
	小计	米(大包)			2 730 000	1 728 741
西康	康	米(大包)	80 000	66 693	74 000	36 354
	滇	米(大包)	50 000	20 000	50 000	21 518
	小计	米(大包)			124 000	57 872

① 《函复六全大会有关本部主管事项办理情形》,1945 年,中国第二历史档案馆藏,《粮食部档案》,83(2)—87。

② 《三十年度拨各战区及后方省区军粮数量表》,中国第二历史档案馆藏,《军政部军粮总局档案》,810—63。

③ 《三十一年度各省配拨军粮及已拨数量表》、《三十二年度各省配拨军粮及已拨数量表》,中国第二历史档案馆藏,《粮食部档案》,83(2)—86,合计数为笔者根据上述档案数据计算所得。

配拨省份	拨付战（省）区	单位	1942 年度		1943 年度	
			配拨数量	已拨数量	配拨数量	已拨数量
云南	滇（昆明区）	米（大包）	1 160 000	710 000	550 000	275 586
	远征军	米（大包）			600 000	327 707
	税警团	米（大包）	1 932	1 932		
	小计	米（大包）			1 150 000	603 293
贵州	黔	米（大包）	650 000	455 000	570 000	301 428
	滇	米（大包）	50 000	25 000	50 000	31 157
	六战区	米（大包）			30 000	17 513
	小计	米（大包）			650 000	350 098
陕西	一战区	麦（大包）	350 000	300 000		
	二战区	麦（大包）	240 000	229 914	250 000	120 000
	五战区	米（大包）	100 000	100 000	抢购 110 000	
	八战区	麦（大包）	2 060 000	1 936 592	1 840 000	1 300 000
	榆	麦（大包）	80 000	80 000		
	税警团	麦（大包）	5 024	5 024		
	小计	米（大包）			110 000	
		麦（大包）			2 090 000	1 420 000
甘肃	八战区	麦（大包）	800 000	741 900	600 000	356 655
	税警团	麦（大包）	8 906	8 906		
宁夏	八战区	麦（大包）	160 000	160 000	180 000	109 752
	税警团	麦（大包）	1 382	1 382		
青海	八战区	麦（大包）	80 000	80 000	105 000	62 218
	税警团	麦（大包）	1 300	1 300		
合计		米（大包）	4 791 932	3 788 766	4 764 000	2 740 004
		麦（大包）	3 786 612	3 545 018	2 975 000	1 948 625

　　由表 66 可以看出,抗战时期,西南西北各省为一、二、五、六、八战区部队、驻境部队、远征军、税警团提供了军粮,为抗战做出了贡献。

　　但是,在抗战时期,在土地、劳动力、资金、技术稀缺的约束下,农产品一直是供不应求,价格飞涨。在农产品市场、价格和流通方面,国民政府基本没有调控能力,粮价飞涨,国民政府没有储备粮,因而无力调控粮食价格;由于交通运输能力有限,粮食地区间的调剂也难以实施。为了保障军公粮供应,国民政府只能采取田赋征实政策,农业税收改征收实物,避免粮食价格狂涨对军粮公粮保障造成的影响。1941—1945 年,大后方田赋征实、征购、征借总计共征得稻谷 213 321 773市石,小麦 46 792 286 市石,合计260 114 059市石之巨。"就地区言,四川省出粮最多,计自[民国]三十年度起至三十四年度止,共征获稻谷 82 285 990 市石,占全国起征稻谷总量的38.57%。"[①]田赋征实征购征借获得的粮食首先满足军粮供应。全面抗战时期,国统区(包括西部各省)生产的粮食供养了国民政府几百万军队,据何应钦统计,1937 年供养的军人有 42 万余,1938 年为 254 万余,1939 年为 246 万余,1940 年为 387 万余,1941 年 10 月—1942 年 9 月为 425 万余,1942 年 10 月—1943 年 9 月为 512 万余,1943 年 10 月—1944 年 9 月为 546 万余,1944 年 10 月—1945 年 9 月为 681.86 万。[②]供给军队的大米从 1937 年的100 多万包,增加到 1945 年的 1 000 多万包,增加了 10 倍,供养军队人数增加了 15 倍之多。这表明,抗战时期大后方(包括西部各省)农业生产的产品优先保证了军粮的供应,使广大将士的基本生活需求得到满足,坚持抗战直到胜利。

---

① 徐堪:《抗战时期粮政纪要》,秦孝仪:《革命文献》第 114 辑,台北:"中央"文物供应社,1988 年,第 32 页。

② 何应钦:《八年抗战》,台北:"国防部"史政编译局 1982 年版,附表十三。

表 67　全面抗战期间军粮筹备及补给数量统计表①

年度	筹备				补给			
	人数（人）	大米（包）	小麦（包）	面粉（袋）	人数	大米（包）	小麦（包）	面粉（袋）
总计	38 020 000	60 233 491	30 635 076	16 527 400	29 963 485	53 412 377	28 446 960	14 728 767
1937	5 000 000	1 386 441		1 500 000	428 650	1 039 431		918 227
1938	3 000 000	3 595 200		5 570 400	2 540 100	3 086 200		4 670 800
1939	3 000 000	3 184 400		4 120 000	2 460 750	2 656 876		4 024 140
1940	5 000 000	6 645 700		5 337 000	3 876 500	5 465 860		5 125 600
1941.1—9								
1941.10—1942.9	5 000 000	10 790 000	7 400 000		4 257 820	8 764 600	6 548 200	
1942.10—1943.9	5 500 000	12 286 250	7 665 500		5 120 640	10 257 450	7 458 340	
1943.10—1944.9	6 000 000	11 600 000	7 952 000		5 460 425	10 895 260	7 595 480	
1944.10—1945.9	5 520 000	10 645 500	7 617 576		6 818 600	11 246 700	6 876 940	

① 何应钦:《八年抗战》,台北:"国防部"史政编译局1982年版,附表十三。

　　国民政府在保证军粮供应的同时,还积极筹集公教人员的粮食。公粮的供应对象为中央、省、县三级公务员及大学、中学、小学老师。据不完全统计,配发给中央及省县各级公教人员的粮食,除平价购领和折发代金外,1943—1945 年,免费配发现品谷 5 920 万石、麦 828 万余担。① 公粮的基本保证供应对于维持公务员和教师的生活,维持政府机关和学校的正常运行起到了积极的作用。

　　国民政府通过"三征",在保证了军公粮供应外,剩余的粮食非常少,只在重要城市拿出极少量的粮食平抑粮价,实际上没起到多大作用,粮价依然飞涨,人民生活非常困苦。

　　在粮食和棉花价格问题上,国民政府也没有进行很好的调控。1942 年陕西棉花种植面积大幅减少,根本原因就是因为政府不作为,棉花价格太低,棉农辛勤劳作,收入反而减少,为了完成农业税,棉农只得低价卖掉棉花,高价买入稻谷,完成田赋征实任务,农民苦不堪言。可见,抗战时期,国民政府出台了促进农业发展的方针政策,取得了一定的成效,西部农业有所改良与发展,但成效有限。政府宏观调控能力弱,农业金融政策、土地政策、价格政策都没有得到有效的贯彻执行。

①《抗日战争时期国民政府财政经济战略措施研究》课题组:《抗日战争时期国民政府财政经济战略措施研究》,成都:西南财经大学出版社 1988 年版,第 50 页。

参考文献

一、档　案

1. 中国第二历史档案馆藏经济部档案，全宗号4。

2. 中国第二历史档案馆藏农林部档案，全宗号23。

3. 中国第二历史档案馆藏财政部档案，全宗号3。

4. 中国第二历史档案馆藏中央农业实验所档案，全宗号424。

5. 中国第二历史档案馆藏社会部档案，全宗号11。

6. 中国第二历史档案馆藏军事委员会档案，全宗号761。

7. 中国第二历史档案馆藏专题档案，黄河水利委员会档案，全宗号5。

8. 中国第二历史档案馆藏专题档案，中国银行档案，全宗号5。

9. 陕西省档案馆藏陕西农业改进所档案，全宗号73，目录号2。

10. 陕西省档案馆藏陕西省地政局档案，全宗号62，目录号2。

11. 陕西省档案馆藏西北农林专科学校档案，全宗号84，目录号2。

12. 陕西省档案馆藏中国农民银行西安分行档案，全宗号36。

13. 陕西省档案馆藏陕西省农会档案，全宗号4，目录号1。

14. 陕西省档案馆藏陕西省棉花改进所档案，全宗号75，目录号1、2。

二、资料汇编、调查报告、工作报告、统计年鉴

1. 中国第二历史档案馆编：《中华民国史档案资料汇编》第5辑第2编 财

政经济,南京:江苏古籍出版社,1997年。

　　2. 秦孝仪主编:《革命文献》第 102—105 辑,《抗战建国史料——农林建设》(一)(二)(三)(四),台北:"中央"文物供应社,1985、1986 年。

　　3. 李文海主编:《民国时期社会调查丛编》二编,乡村经济卷,福州:福建教育出版社,2017年。

　　4. 胡浩、钟甫宁、周应恒编著:《卜凯农户调查数据汇编(1929—1933)》,北京:科学出版社,2017年。

　　5. 重庆市档案馆、重庆市人民银行金融研究所编:《四联总处史料》,北京:档案出版社,1993年。

　　6. 宁夏档案馆编:《抗战时期的宁夏——档案史料汇编》,重庆:重庆出版社,2015年。

　　7. 四川省档案馆、四川民族研究所合编:《近代康区档案资料选编》,成都:四川大学出版社,1990年。

　　8. 四川省档案局(馆)编:《抗战时期的四川——档案史料汇编》,重庆:重庆出版社,2013年。

　　9. 重庆市档案馆编:《抗日战争时期国民政府经济法规》,北京:档案出版社,1992年。

　　10. 云南省档案馆编:《近代云南人口史料(1909—1982)》第 2 辑,昆明:云南省档案馆,1987年。

　　11. 章有义编:《中国近代农业史资料》,北京:生活・读书・新知三联书店,1957年。

　　12. 许道夫编:《中国近代农业生产及贸易统计资料》,上海:上海人民出版社,1983年。

　　13. 严中平等编:《中国近代经济史统计资料选辑》,北京:中国社会科学出版社,2012年。

　　14. 南开大学中国社会史研究中心资料丛刊:《民国大学校史资料汇编》第 19 卷,南京:凤凰出版社,2014 年。

　　15. 萧铮主编:《民国二十年代中国大陆土地问题资料》,台北:成文出版有限公司,美国中文资料中心重印发行,1977 年。

　　16. 中国第二历史档案馆编:《四联总处会议录》第 28 册,桂林:广西师范大学出版社,2003 年。

　　17. 四联总处秘书处:《四联总处重要文献汇编》,南京:四联总处秘书处,1947 年。

　　18. 行政院农村复兴委员会:《云南省农村调查》,沈云龙主编:《近代中国史料丛刊》第三编,第 89 辑,台北:文海出版社,2000 年。

　　19. 陇海铁路西兰段经济调查队:《陇海铁路甘肃段经济调查报告书》,1935 年,沈云龙主编:《近代中国史料丛刊》三编,第 51 辑,台北:文海出版社。

　　20. 陕西省银行经济研究室:《陇海铁路潼宝段沿线经济调查》,陕西省银行经济研究室,1942 年 9 月。

　　21. 陕西实业考察团:《陕西实业考察》,上海:汉文正楷印书局,1933 年。

　　22. 安汉、李自发:《西北农业考察》,武功:国立西北农林专科学校,1936 年。

　　23. 西南经济调查合作委员会编著:《四川经济考察团考察报告》,重庆:独立出版社,1940 年 5 月。

　　24. 沈百先:《考察西北水利报告》,出版地、出版者不详,1941 年。

　　25. 华西协和大学西北考察团编:《华西协和大学西北考察团报告》,1941 年,张研、孙燕京主编:《民国史料丛刊》第 818 册,郑州:大象出版社,2009 年。

　　26. 许济航:《陕西省经济调查报告》,张研、孙燕京主编:《民国史料丛刊》第 818 册,郑州:大象出版社,2009 年。

　　27. 中国农民银行四川省农村经济调查委员会:《中国农民银行四川省农村经济调查委员会调查报告》七种,1941 年。

　　28. 资源委员会、中央农业实验所、贵州省农业改进所:《贵州省农业概况调查》,贵州省农业改进所,1939 年。

　　29. 农本局研究室:《中华民国二十七年农本局业务报告》,1939 年 1 月。

　　30. 何廉:《农本局业务报告》,南京图书馆藏,出版地、出版年不详。

　　31. 毕云程:《经济部农本局概况》,重庆:农本局研究室,1942 年 12 月。

32. 农本局研究室：《中华民国二十八年农本局业务报告》,农本局研究室编印室,1940 年。

33. 农产促进委员会编：《农产促进委员会工作报告》,农产促进委员会,1939 年。

34. 中央农业实验所：《三年来之农情报告概况》,重庆：中央农业实验所刊印,1941 年。

35. 国民政府主计部：《关于战时农村租佃关系状况的调查统计》,1948 年6 月。

36. 叶懋、王嘉谟合编：《川东农业调查》,四川省建设厅,1939 年。

37. 韩启桐、南钟万：《黄泛区的损害与善后救济》,行政院善后救济总署,1948 年。

38. 农产促进委员会编：《农产促进委员会各项章则及办法汇集》,农村促进委员会,1941 年。

39. 郭元觉辑校：《中华民国土地法》,上海：法学编译社,1930 年。

40. 国民政府主计部统计局编：《中华民国统计年鉴》,南京：中国文化事业公司,1948 年。

41. 申报年鉴社编：《申报年鉴》,北京：国家图书馆出版社,2010 年。

42. 国民政府行政院编纂：《国民政府年鉴》第二回、第三回,1944 年3 月再版。

43. 实业部中国经济年鉴编纂委员会编：《中国经济年鉴》,上海：商务印书馆,1935 年。

44.《江西省政府公报》1930 年、1934、1936 年。

45. 中国合作事业协会编：《抗战以来之合作运动》,南京：中国合作事业协会印,1946 年。

46. 行政院新闻局编：《中国合作事业》,南京：行政院新闻局,1948 年。

47. 甘肃省政府编：《甘肃省试办扶植自耕农初步成效的报告》,兰州：甘肃省政府,1946 年。

48. 四川省农业改进所编：《四川省农业改进所事业概况报告》,四川农业改进所,1941年。

49. 云南省政府公报。

50. 甘肃省合作事业管理处编:《甘肃合作事业报告》,出版地不详,甘肃省合作事业管理处(出版时间不详)。

51. 四川省合作事业管理处编:《四川合作事业概览》,四川省合作事业管理处,1941年。

52. 中国银行总行、中国第二历史档案馆编:《中国银行行史资料汇编》(上编二),北京:档案出版社,1991年。

53. 中国人民银行金融研究所编:《中华民国史资料丛稿——中国农民银行》,北京:中国财政经济出版社,1980年。

54. 全国经济委员会编:《统一全国水利事业纪要》,沈云龙主编《近代中国史料丛刊》三编47辑,台北:文海出版社,1988年。

55. 行政院新闻局:《近年来的农田水利》,南京:行政院新闻局印行,1947年10月。

56. 甘肃水利林牧公司总管理处编:《甘肃水利林牧公司概况》,甘肃水利林牧公司总管理处,1942年。

57. 甘肃水利林牧公司编:《甘肃水利林牧公司成立两年概况》,1943年。

58. 梅白遧:《战时宁夏农林概况》,银川:宁夏省政府农林局扩广组,1942年。

59. 金陵大学农艺系编:《金陵大学农学院总场分场及各合作试验场第十届讨论会报告》,南京:金陵大学农学院,1936年。

60. 贵州省农改所编:《贵州省农业改进所概况》,贵州省农业改进所,1946年。

61. 贵州省政府财政厅土地陈报处编:《贵州省土地陈报汇编》,贵州省政府财政厅土地陈报处,194?年(出版时间不详)。

62. 陕西省地政局:《十年来之陕西地政》,陕西省地政局,1946年11月。

三、著作

1. 叶祖灏:《宁夏纪要》,南京:正论出版社,1947 年。

2. 王金绂:《西北之地文与人文》,上海:商务印书馆,1935 年。

3. 王金绂:《西北地理》,北平:立达书局,1932、1935 年。

4. 国民政府主计处统计局:《中国租佃制度之统计分析》,南京:正中书局,1946 年。

5. 陈正谟:《中国各省的地租》,上海:商务印书馆,1936 年。

6. 吕平登:《四川农村经济》,上海:商务印书馆,1936 年。

7. 蒋君章:《战时西南经济问题》,重庆:正中书局,1943 年。

8. 张肖梅:《贵州经济》,上海:中国国民经济研究所,1939 年再版。

9. 应廉耕:《四川租佃制度》,重庆:中国农民银行,1941 年。

10. 国民政府主计处统计局:《中国土地问题之统计分析》,重庆:正中书局,1941 年。

11. 王兆新:《战时农业政策》,重庆:独立出版社,1941 年。

12. 乔启明、蒋杰:《抗战以来各省地权变动概况》,重庆:农产促进委员会印行,1942 年。

13. 傅作霖:《宁夏省考察记》,南京:正中书局,1935 年。

14. 马鸿逵:《宁夏水利事业》,出版者不详,1942 年。

15. 陈正祥:《西北区域地理》,上海:商务印书馆,1947 年。

16. 中国经济学社:《战时经济问题》,商务印书馆,1940 年。

17. 尹以瑄:《国防与粮食问题》,南京:正中书局,1936 年。

18. 蒋君章:《西南经济地理》,上海:商务印书馆,1946 年。

19. 郑励俭:《四川新地志》,南京:正中书局,1947 年。

20. 梁漱溟:《乡村建设理论》,邹平:乡村书店,1937 年。

21. 郭汉鸣、孟光宇:《四川租佃问题》,《民国时期社会调查丛编》(二编),乡村经济卷(下),福州:福建教育出版社,2014 年。

22. 费孝通:《禄村农田》,重庆:商务印书馆,1943 年。

23. 俞庆棠：《农村生活丛谈》，上海：申报馆，1937年。

24. 章之汉、李醒愚：《农业推广》，上海：商务印书馆，1936年。

25. 陆费执、管义达、许振等：《农业推广》，北京：中华书局，1948年。

26. 章元善编：《乡村建设实验》第三集，上海：中华书局，1936年。

27. 何辑五：《十年来贵州经济建设》，南京：南京印书馆，1947年。

28. 姚公振：《中国农业金融史》，上海：中国文化服务社，1947年。

29. 程鲁丁：《新疆问题》，上海：文献书局，1949年。

30. 甘肃省银行经济研究室：《甘肃之特产》，兰州：甘肃省银行总行，1944年。

31. 宁夏省政府：《宁夏资源志》，银川：宁夏省政府，1946年。

32. 宁夏省政府秘书处：《十年来宁夏省政述要》，银川：宁夏少数民族古籍整理出版规划小组办公室重印，1987年。

33. 陕西省银行研究室：《陕西经济十年(1931—1941)》，1942年，西安：西安市档案局1997年重印。

34. 王成敏：《西北的农田水利》，北京：中华书局，1950年。

35. 郑宝恒：《民国时期政区沿革》，武汉：湖北教育出版社，2000年。

36. 张轲风：《民国时期西南大区区划演进研究》，北京：人民出版社，2012年。

37. 刘奕频、张继书：《西北的气候》，西安：陕西人民出版社，1988年。

38. 中国科学院《中国自然地理》编委会：《中国自然地理·总论》，北京：科学出版社，1985年。

39. 郑度、杨勤业、刘燕华：《中国的青藏高原》，北京：科学出版社，1985年。

40. 《青海省情》编委会：《青海省情》，西宁：青海人民出版社，1986年。

41. 曾昭璇：《中国的地形》，广州：广东科技出版社，1985年。

42. 史念海、曹尔琴、朱士光：《黄土高原森林与草原的变迁》，西安：陕西人民出版社，1985年。

43. 萧正洪：《环境与技术选择：清代中国西部地区农业技术地理研究》，

北京:中国社会科学出版社,1998年。

44. 任美锷、杨纫章、包浩生编著:《中国自然地理纲要》,北京:商务印书馆,1979年。

45. 张怀渝主编:《云南省经济地理》,北京:新华出版社,1988年。

46. 冯绳武:《甘肃地理概论》,兰州:甘肃教育出版社,1989年。

47. 冯迈:《青海地理概况》,西宁:青海人民出版社,1958年。

48. 李伟中:《20世纪30年代县政建设实验研究》,北京:人民出版社,2009年。

49. 路遇、滕泽之《中国人口通史》(下),北京:中国社会科学出版社,2015年。

50. 侯杨方:《中国人口史》第6卷,上海:复旦大学出版社,2001年。

51. 郭声波:《四川历史农业地理》,成都:四川人民出版社,1993年。

52. 〔美〕费正清编:《剑桥中华民国史(1912—1949年)》,北京:中国社会科学出版社,2017年。

53. 刘克祥、吴太昌:《中国近代经济史(1927—1937)》,北京:人民出版社,2010年。

54. 〔美〕珀金斯:《中国农业的发展(1368—1968年)》,上海:上海译文出版社,1984年。

55. 史全生:《中华民国经济史》,南京:江苏人民出版社,1989年。

56. 周澹宁:《中国近代经济史新论》,南京:南京大学出版社,1991年。

57. 陆仰渊、方庆秋:《民国社会经济史》,北京:中国经济出版社,1991年。

58. 丛树海:《中国经济发展史(1840—2010)》,上海:上海财经大学出版社,2016年。

59. 周天豹、凌承学:《抗日战争时期西南经济发展概述》,重庆:西南师范大学出版社,1988年。

60. 李平生:《烽火映方舟——抗战时期大后方经济》,桂林:广西师大出版社,1995年。

61. 黄立人:《抗战时期大后方经济史研究》,北京:中国档案出版社,

1998年。

62. 丁焕章:《甘肃近现代史》,兰州:兰州大学出版社,1989年。

63. 陈育宁:《宁夏通史》,银川:宁夏人民出版社,1993年。

64. 崔永红、张得祖、杜常顺:《青海通史》,西宁:青海人民出版社,1999年。

65. 李清凌:《西北经济史》,北京:人民出版社,1997年。

66. 王致中、魏丽英:《中国西北社会经济史研究》,西安:三秦出版社,1992年。

67. 李清凌:《甘肃经济史》,兰州:兰州大学出版社,1996年。

68. 翟松天:《青海经济史》(近代卷),西宁:青海人民出版社,1998年。

69. 徐安伦、杨旭东:《宁夏经济史》,银川:宁夏人民出版社,1998年。

70. 陈舜卿:《陕甘近代经济研究》,西安:西北大学出版社,1994年。

71. 杨新才:《宁夏农业史》,北京:中国农业出版社,1998年。

72. 李珪主编:《云南近代经济史》,昆明:云南民族出版社,1995年。

73. 李振纲、史继忠、范同寿主编:《贵州六百年经济史》,贵阳:贵州人民出版社,1998年。

74. 彭通湖主编:《四川近代经济史》,成都:西南财经大学出版社,2000年。

75. 罗群等:《云南省经济史》,太原:山西经济出版社,2016年。

76. 刍以勇、田牛、龙海峰:《贵州省经济史》,太原:山西经济出版社,2016年。

77. 葛志强:《青海省经济史》,太原:山西经济出版社,2016年。

78. 李澜等:《宁夏回族自治区经济史》,太原:山西经济出版社,2016年。

79. 马胜春、阿不都艾尼:《新疆维吾尔自治区经济史》,太原:山西经济出版社,2016年。

80. 魏永理:《中国西北近代开发史》,兰州:甘肃人民出版社,1993年。

81. 马敏、王玉德:《中国西部开发的历史审视》,武汉:湖北人民出版社,2001年。

82. 杨红伟:《抗战时期西北经济开发思想研究》,北京:中国社会科学出版社,2013 年。

83. 王荣华:《危机下的转机:国民政府时期的西北经济开发研究》,北京:中国社会科学出版社,2015 年。

84. 黄正林:《农村经济史研究——以近代黄河上游区域为中心》,北京:商务印书馆,2015 年。

85. 谭刚:《抗战时期大后方交通与西部经济开发》,北京:中国社会科学出版社,2013 年。

86. 赵德馨:《中国近现代经济史》(1842—1991),厦门:厦门大学出版社,2013 年。

87. 李德英:《国家法令与民间习惯:民国时期成都平原租佃制度新探》,北京:中国社会科学出版社,2006 年。

88. 王洪峻:《抗战时期国统区的粮食价格》,成都:四川省社会科学院出版社,1985 年。

89. 候坤宏:《抗战时期粮食供求问题研究》,北京:团结出版社,2015 年。

90. 何莉萍:《民国时期永佃权研究》,北京:商务印书馆,2015 年。

91. 赵泉民:《政府·合作社·乡村社会——国民政府农村合作运动研究》,上海:上海社会科学院出版社,2007 年。

92. 易棉阳:《金融统制与战时大后方经济——以四联总处为中心的考察》,北京:北京大学出版社,2016 年。

93. 刘志英:《全面抗战时期中国金融现代化》,北京:科学出版社,2017 年。

94. 曾耀荣:《南京国民政府的农业贷款问题研究》,北京:人民出版社,2013 年。

95.《抗日战争时期国民政府财经战略措施研究》课题组:《抗日战争时期国民政府财经战略措施研究》,成都:西南财经大学出版社,1988 年。

96. 杨天石、庄建平:《战时中国各地区》,北京:社会科学文献出版社,2009 年。

97. 李顺毅:《民国时期合作金库发展研究》,北京:中国社会科学出版社,2016年。

98. 成功伟:《民国时期四川合作金库研究》,成都:四川大学出版社,2017年。

99. 成功伟、周海峰:《合作组织与乡村社会——民国时期四川农村合作运动研究》,成都:四川大学出版社,2017年。

100. 〔日〕笹川裕史、奥村哲著,林敏、刘世龙、徐跃译:《抗战时期中国的后方社会——战时总动员与农村》,北京:社会科学文献出版社,2013年。

101. 〔美〕卜凯著,张履鸾译:《中国农家经济》,太原:山西人民出版社,2015年。

102. 〔匈牙利〕马札亚尔著,陈代青、彭桂秋译:《中国农村经济研究》,太原:山西人民出版社,2015年。

103. 〔美〕马若孟著,史建云译:《中国农民经济:河北和山东的农民发展》,南京:江苏人民出版社,2013年。

104. 〔加〕伊莎白、〔美〕柯临清著,〔美〕贺萧、〔美〕韩起澜编,邵达译:《兴隆场:战时中国农村的风习、改造与抵拒》,北京:外语教学与研究出版社,2018年。

105. 张萍主编:《中国近代经济地理》第八卷《西北近代经济地理》,上海:华东师范大学出版社,2015年。

106. 杨伟兵主编:《中国近代经济地理》第四卷,《西南近代经济地理》,上海:华东师范大学出版社,2015年。

107. 许涤新、吴承明:《中国资本主义发展史》第三卷,《新民主主义革命时期的中国资本主义》,北京:人民出版社,2003年。

108. 魏本权:《农村合作运动与小农经济变迁——以长江中下游地区为中心(1928—1949)》,北京:人民出版社,2012年。

109. 徐建国:《减轻封建剥削:抗日战争时期的减租减息》,石家庄:河北人民出版社,2015年。

110. 孙艳魁:《苦难的人流》,桂林:广西师范大学出版社,1994年。

111. 〔俄〕尼·维·鲍戈亚夫连斯基著,新疆大学外语系俄语教研室译:《长城外的中国西部地区(其今昔状况及俄国臣民的地位)》,北京:商务印书馆,1980年。

112. 成崇德主编:《清代西部开发》,太原:山西古籍出版社,2002年。

113. 陈跃:《新疆农牧业历史研究》,北京:人民出版社,2017年。

114. 赵兴胜等:《中华民国专题史》第八卷《地方政治与乡村变迁》,南京:南京大学出版社,2015年。

115. 晏雪平:《困境与变革——江西国统区社会动员研究:以苏区为参照(1928—1945)》,北京:中国社会科学出版社,2012年。

116. 李荫乔:《贵州田赋研究》,贵阳:贵州人民出版社,2011年。

117. 安尊华等:《抗战时期贵州田赋研究》,北京:知识产权出版社,2015年。

118. 顾颉刚:《新津游记》,《宝树园文存》卷五,北京:中华书局,2015年。

119. 周邦任、费旭主编:《中国近代高等农业教育史》,北京:中国农业出版社,1994年。

120. 郭文韬、曹隆恭:《中国近代农业科技史》,北京:中国农业科技出版社1989年。

121. 曹幸穗等:《民国时期的农业》(《江苏文史资料》第51辑),南京:《江苏文史资料》编辑部出版发行,1993年。

122.《南大百年实录》编辑组编:《南大百年实录》(中卷),南京:南京大学出版社,2002年。

123. 张宪文:《金陵大学史》,南京:南京大学出版社,2002年。

124. 费旭、周邦任:《南京农业大学史志》,南京农业大学内部发行,1994年。

125.《南京农业大学史》校史编委会编:《南京农业大学史》,北京:中国农业科学技术出版社,2004年。

126. 程雨辰主编:《抗战时期重庆的科学技术》,重庆:重庆出版社,1995年。

127. 四川大学校史编写组编:《四川大学史稿》,成都:四川大学出版社,1985 年。

128. 中国科学技术协会编:《中国科学技术专家传略·农学编·作物卷》第 1 册,北京:中国科学技术出版社,1993 年。

129. 白鹤文、杜富全、闵宗殿:《中国近代农业科技史稿》,北京:中国农业科技出版社 1995 年。

130.《南京农业大学发展史》编委会:《南京农业大学发展史》历史卷,北京:中国农业出版社,2012 年。

131. 王连铮主编:《金善宝文选》,北京:中国农业出版社,1994 年。

132. 陕西省地方志编纂委员会编:《陕西省志·农牧志》,西安:陕西人民出版社,1993 年。

133. 关联芳主编:《西北农业大学校史》,西安:陕西人民出版社,1986 年。

134.《云南省志·农业志》编纂委员会:《云南省志·农业志》,昆明:云南人民出版社,1998 年。

135. 朱允明:《甘肃乡土志稿》,《中国西北文献》丛书第 1 辑,《西北稀见方志文献》第 30、31 卷,兰州:兰州古籍书店,1990 年。

136. 李秉龙、薛兴利主编:《农业经济学》,北京:中国农业大学出版社,2015 年。

137. 中国人民政治协商会议西南地区文史资料协作会议编:《抗战时期西南的金融》,重庆:西南师范大学出版社,1994 年。

138.《中国水利史稿》编写组:《中国水利史稿》下册,北京:水利水电出版社,1989 年。

139. 云南省地方志编纂委员会:《云南省志·水利志》,昆明:云南人民出版社,1998 年。

140. 袁林:《西北灾荒史》,兰州:甘肃人民出版社,1994 年。

141. G. William Skinner, Rural China on the Eve of Revolution: Sichuan Fieldnotes, 1949—1950, eds. by Stevan Harrell and William Lavely, Seattle: University of Washington Press, 2017.

142. 张献廷:《新疆地理志》,台北:成文出版社,1968 年影印。

143. 胡焕庸:《四川地理》,重庆:正中书局,1938 年。

144. 京滇公路周览会贵州分会宣传部:《今日之贵州》,京滇公路周览会贵州分会宣传部,1937 年。

145. 冯泽芳:《中国的棉花》,北京:财政经济出版社,1956 年。

146. 张其昀:《甘肃省夏河县志》,台北:成文出版公司影印,1970 年。

147. 林兢:《新疆纪略》,东京:天山学会,1918 年。

148. 《宣威县志稿》,台北:成文出版社,1967 年影印。

149. 李春龙审定,李春龙、江燕点校:《新纂云南通志》,昆明:云南人民出版社,2007 年。

150. 韩清涛编著:《今日新疆》,贵阳:中央日报总社,1943 年。

四、民国时期期刊、报纸

1.《地理学报》

2.《地理》

3.《现代防空》

4.《川康建设》

5.《国际贸易导报》

6.《新亚细亚》

7.《四川经济季刊》

8.《西北问题论丛》

9.《中国建设》

10.《经济汇报》

11.《实业部月刊》

12.《开发西北》

13.《西北论衡》

14.《边疆》

15.《中国农村》

16.《甘肃贸易季刊》

17.《农业推广通讯》

18.《西康经济建设季刊》

19.《人与地》

20.《中行月刊》

21.《经建季刊》

22.《陕西合作通讯》

23.《地政通讯》

24.《中农月刊》

25.《农报》

26. 香港《大公报》

27.《现代妇女》

28.《妇女杂志》

29.《女子月刊》

30.《世界知识、妇女生活、中华公论、国民周刊战时联合旬刊》

31.《西北妇女》

32.《妇女合作运动》

33.《江西妇女》

34.《妇女月刊》

35.《甘肃妇女》

36.《妇女生活》

37.《国立四川大学周刊》

38.《国立四川大学校刊》

39.《金陵大学校刊》

40.《新西北》

41.《合作事业》

42.《云南合作事业》

43.《云南合作》

44.《贵州企业季刊》

45.《中国合作》

46.《科学》

47.《农业生产》

48.《农林新报》

49.《金陵大学农学院三十年来农事改进工作简报》

50.《贵州合作通讯》

51.《新农林》

52.《国立四川大学周报》

53.《中华农学会通讯》

54.《全国农林试验研究报告辑要》

55.《贵州经济建设月刊》

56.《农业通讯》

57.《甘肃农推通讯》

58.《甘肃贸易》

59.《陕行会刊》

60.《浙江省建设月刊》

61.《经济建设季刊》

62.《新中华》

63.《西北资源》

64.《陕西合作》

65.《社会工作通讯》

66.《纺织周刊》

67.《商业月报》

68.《中行农讯》

69.《新华日报》

70.《农行月刊》

71.《福建省银行季刊》

72.《财政评论》

73.《浙大农业经济学报》

74.《导淮委员会半年刊》

75.《云南建设》

76.《陕西水利季报》

77.《行政院水利委员会季刊》

78.《陕政》

79.《中央党务月刊》

80.《新甘肃》

81.《西北通讯》

82.《资源委员会季刊》

83.《农情报告》

84.《建设周讯》

85.《西北导报》

五、学术论文

1. 王方中:《旧中国农业中使用机器的若干情况》,《江海学刊》1963/9。

2. 易劳逸:《农民、农税与国民政府》,《中华民国建国史讨论论集》,第 4 册,台北,1981 年。

3. 罗舒群:《抗日战争时期甘宁青三省农村合作社运动述略》,《开发研究》1987/6。

4. 曾宇石、吴元厘、黄侃如:《抗战时期的中央农业实验所》,《中国科技史料》1992 年/13 卷第 3 期。

5. 毛磊、项晨光:《抗战时期西南农村经济的矛盾发展》,《档案史料与研究》1998/1。

6. 周春英:《抗战时期西部农业发展略论》,《济南大学学报》哲学社会科学版,2006/2。

7. 林建曾:《抗战时期贵州农业的发展及其特点》,《贵州社会科学》

1996/6。

8. 徐涛:《抗战时期国民政府的农业政策及其对四川农村经济发展的作用》,《安徽农业科学》2012/4。

9. 张奇、杨红伟:《论抗日战争时期中国西北地区的农业开发》,《甘肃社会科学》2002 年/4。

10. 马进霞:《抗战时期国民政府开发西北农业的措施及其成效》,《河西学院学报》2011/6。

11. 石慧玺:《抗战时期国民政府对甘肃农业的开发及成就》,《西北民族大学学报》哲学社会科学版 2009/1。

12. 赵喜军、宋美媛:《抗战时期陕西传统农业向近代农业的转变》,《西北农林科技大学学报》社会科学版,2009/6。

13. 喻泽文:《试论二十世纪三四十年代甘肃国统区农业结构的转变》,《内蒙古农业科技》2007/6。

14. 林志彬:《抗战时期国统区农业生产力问题探析》,《河南师范大学学报》2008/1。

15. 陈鹏飞:《土地、技术与劳动力——抗战时期川东地区农业生产》,《山东农业大学学报》社会科学版,2016/3。

16. 陈鹏飞:《抗战时期川东地区农业生产状况考察》,《重庆交通大学学报》社会科学版,2016/4。

17. 陈鹏飞、陆希:《抗战时期川东地区农民生活水平量化分析》,《农业考古》2016/4。

18. 秦晖:《封建社会的"关中模式"——土改前关中农村经济研析之一》,《中国经济史研究》1993/1。

19. 郑磊:《民国时期关中地区生态环境与社会经济结构变迁(1928—1949)》,《中国经济史研究》2002/3。

20. 黄立人、章欣:《论"北碚扶植自耕农示范区"》,《档案史料与研究》1998/1。

21. 黄正林:《国民政府"扶植自耕农"问题研究》,《历史研究》2015/3。

22. 王强:《"地力动员":抗战时期国统区的农地整理运动及成效》,《社会科学辑刊》2015/3。

23. 赵黎花、陈雷:《试论抗战时期四川的粮食增产问题》,《山西师大学报》社会科学版,2014/S4。

24. 魏殿金《国民政府战时公粮配给制度》,《南京财经大学学报》2009/3。

25. 郑康齐:《抗战时期陕西国统区军粮研究》,《经济社会史评论》2019/3。

26. 许峰:《论抗战时期贵州农业技术下乡之路》,《农业考古》2016/3。

27. 杨伟兵:《贵州省农艺作物的品种改良与农业发展(1938—1949)》,《贵州文史丛刊》2012/5。

28. 冯成杰、郭根秀:《抗战时期西北农业科技推广初探——以陕、甘、宁三省为中心的考察》,《农业考古》2017/4。

29. 杨伟兵:《由糯到籼:对黔东南粮食作物种植与民族生境适应问题的历史考察》,《中国农史》2004/4。

30. 朱荫贵:《抗战时期国统区的农村金融》,《安徽史学》2015/5。

31. 易棉阳:《抗战时期四联总处农贷研究》,《中国农史》2010/4。

32. 张朝晖:《抗战大后方合作金库网络的构建及其特点》,《西南大学学报》2016/6。

33. 成功伟:《论析抗战时期川省农贷的时效性》,《兰州学刊》2015/3。

34. 陆和健:《抗战时期西部地区农田水利建设述论》,《扬州大学学报》人文社会科学版,2004/9。

35. 温艳:《危机与契机:甘肃农田水利研究》,《青海民族研究》2018/7。

36. 程得中:《抗战时期重庆大后方水利建设》,《北方论丛》2017/4。

37. 黄正林:《农贷与甘肃农村经济的复苏(1935—1945)》,《近代史研究》2012/4。

38. 黄正林:《"到农村去":金融进村与农村经济变化研究》,《史学集刊》2019/1。

39. 赵汝成、陈陵江:《民国时期陕西的棉花生产》,《古今农业》1992/3。

40. 顾朴光:《抗日战争时期贵州农林牧业概述》,《贵州民族学院学报》哲学社会科学版,2001/4。

41. 鲁彦:《金陵大学农学院农业推广及其效益》,《莱阳农学院学报》社会科学版,2005/9。

42. 马凌云:《西北农学院的沿革和现状》,《高等农业教育》1985/1。

43. 李俊:《抗战时期四川农业改进所对川省粮食作物的改良述略》,《天府新论》2006/12。

44. 林建曾:《抗战时期贵州的农业发展及其特点》,《贵州社会科学》1996/6。

45. 俞智法:《抗战时期贵州棉业规模经营及其原因窥探》,《农业考古》2017/6。

46. 石涛:《民国时期商业银行农贷业务述评——以中国银行为中心的考察》,《历史教学》2013/8。

47. 刘一民:《抗战大后方的农田水利建设》,《求索》2005/9。

48. 王聿铭:《抗战期间西北开发问题》,《中华民国建国史讨论论集》,第4册,台北,1981年。

五、学位论文

1. 杨宁:《抗战时期陕西国统区农业开发研究》,西南大学硕士论文,2008年。

2. 高航:《抗战时期陕西的农业改良与农村经济发展研究》,西北大学硕士论文,2012年。

3. 喻泽文:《20世纪20—40年代甘肃农村经济研究》,西北师范大学硕士论文,2008年。

4. 裴庚辛:《1933—1945年甘肃经济建设研究》,华中师范大学博士论文,2008年。

5. 樊瑛华:《抗日战争时期国民政府农业经济问题研究——自耕农示范区、农业贷款和农产品贸易的个案分析》,西北农林科技大学博士论文,

2005 年。

6. 刘珊珊：《全面抗战时期国民政府的粮食生产研究》，湘潭大学硕士论文，2016 年。

7. 吴美芳：《抗战时期国民政府的粮食储运研究》，湘潭大学硕士论文，2016 年。

8. 陈新征：《抗战时期国统区粮食供给研究》，湘潭大学硕士论文，2009 年。

9. 陈学祥：《抗战时期国统区的粮食管理体制探析》，湘潭大学硕士论文，2009 年。

10. 陈丹丹：《抗战时期国民政府的粮食征收述论》，湘潭大学硕士论文，2009 年。

11. 张静：《抗战时期陕西国统区军粮问题探析（1937—1945）》，陕西师范大学硕士论文，2018 年。

12. 陈善本：《1937—1945 年国统区军粮问题探析——以安徽省为例》，河北大学硕士论文，2007 年。

13. 沈柳光：《全面抗战时期贵州难民问题研究》，贵州师范大学硕士论文，2019 年。

14. 葛明宇：《中央大学农学院与金陵大学农学院比较研究》，南京农业大学硕士论文，2013 年。

15. 张永汀：《"打通一条血路"：国立四川大学农学院的建设与发展（1935—1945）》，四川大学硕士论文，2007 年。

16. 滕昱廷：《抗战时期中央大学农学院的农业科研与推广》，四川师范大学硕士论文，2018 年。

17. 李勇：《抗战时期国统区农贷研究》，湘潭大学硕士论文，2010 年。

18. 李奕君：《抗战时期贵州合作金库研究》，贵州大学硕士论文，2015 年。

19. 杜洪银：《民国时期云南合作金库研究（1942—1949）》，云南大学硕士论文，2015 年。

20. 杜军辉:《抗战前后陕甘宁三省农田水利建设探析》,西北师范大学硕士论文,2009年。

21. 刘春秀:《抗战时期云南水利建设研究》,云南大学硕士论文,2019年。

22. 赵肖:《农产促进委员会与战时农村经济(1938—1944)》,华中师范大学硕士论文,2018年。

23. 黄娟娟:《民国时期农本局研究(1936—1941)》,华中师范大学硕士论文,2011年。

24. 张兴:《抗战时期陕西地政研究》,陕西师范大学硕士论文,2019年。

25. 赵军斌:《民国时期宁夏水利建设研究》,宁夏大学硕士论文,2015年。

索　引

后　记

　　2008 年博士论文《抗战时期国民政府经济动员研究》出版已有13 年,由于时间、精力和能力的限制,作为经济动员重要组成部分的农业动员当时只是做了比较概况性的研究,侧重点放在国民政府的粮食管制和军粮供应上。2017 年,南京大学启动教育部重大委托项目《中国抗日战争专题研究》,本人有幸在张宪文老师的指导下,开始《战时西部农业改造与发展》的研究,觉得很有意义,也非常感兴趣,当然也曾有过犹豫,主要是觉得抗战时期西部农业研究成果众多,超越前人不易。但是经过搜索发现:学术界对抗战时期西部农业改造和发展的研究成果大多集中在一个省或几个省、一个方面或几个方面,还没有一部完整地系统地研究战时西部农业的专著,特别是现有研究成果大多集中在国民政府的农业政策、农业科技和推广、农业金融等几个方面,对西部农村土地问题、租佃制度、农村劳动力状况的研究还很不够。于是,本人在现有研究成果的基础上,依据农业发展规律,从战时农业生产要素的主要方面如耕地、劳动力、农业生产技术、农业资金以及农田水利等方面进行了比较全面的、系统的分析和研究,以便对此问题有一个总体把握。

　　经过四年多的努力，书稿终于要付梓了。我首先要衷心感谢张宪文老师的悉心指导和大力帮助。张老师作为中华民国史、抗日战争史的开创者和著名专家，对抗战史研究的发展和走向、哪些问题需要深入研究等有着宏观的思考和精准的把握。我有机会能随时随地向张老师请教，真是非常荣幸、收获良多。特别是在平时工作、生活中，还得到师母刘老师的关心和爱护，令我感念难忘。

　　在艰苦的研究过程中，我荣幸地得到了复旦大学吴景平老师、陕西师大黄正林老师的指点。吴老师是著名的民国经济史专家，他在选题、书稿的框架结构、核心史料选择等方面提出了具体的指导意见；黄老师作为抗战时期西北问题研究专家，其大作《农村经济史研究——以近代黄河上游区域为中心》对我的研究有直接的深刻的影响，我在研究中遇到困惑和问题，黄老师都给予了指导和帮助。南京大学史全生老师、陈谦平老师、李玉老师、马俊亚老师，南开大学江沛老师，西南大学谭刚老师，南京师范大学谢世诚老师、张连红老师，江苏省社会科学院王卫星老师，江苏省委党校李继锋老师也给予我诸多关心和鼓励，让我铭记在心。

　　我的书稿在审稿过程中得到了山东大学徐畅老师和南京大学姜良芹老师的指导和帮助。徐畅老师非常准确地指出书稿的问题与不足，姜老师非常细心地审读了书稿，指出书稿的疏漏之处，使我的书稿能够得到改进和提高。还要感谢中国第二历史档案馆马振犊馆长、南京大学图书馆李佳老师为我查找史料提供了巨大的帮助，没有他们的大力支持，我的书稿不可能完成。我在与南京大学民国史中心吕晶老师的交流中也得到了很多启发。江苏人民出版社张晓薇老师、责任编辑周晓阳老师为本书的出版付出了大量心血。

　　2019年夏，本人有幸到南京工程学院人文社科学院工作，我的研究得到了刘朝晖院长、王晓红书记的大力支持和鼓励,非常感谢。杨金娥老师、刘小红老师、宋伶俐老师、朱莎老师、程思婷老师、赵迪老师等满腔热情给予帮助和支持,令我内心十分感动。在与胡志彬、张志鹏、王仕军等老师的交流中,也收益良多。

在诸位老师的关心、指导和帮助下,书稿虽然完成了,但我感觉仍只是对抗战时期西部农业的基本情况有了一个较为完整的描述,还有不少问题值得深入研究。比如,抗战时期,西康、青海、新疆的农业改造与发展也取得了一定成效,不过因为目前掌握的史料有限,对上述省份农业改造和发展的研究还不够深入;抗战时期国民政府的农业政策要落实到农村基层、农民中间,就应该对县以下、特别是农民在农业改造与发展中所起的作用进行研究。抗战时期,农民是失语者,没有话语权,也缺少代言人,很难找到有关县以下和农民在农业改造和发展过程中发挥作用的第一手史料,因此研究的初步设想并没有完全实现。还有,就是书稿对战时西部农业改造与发展的描述较多,理论分析、总体把握还需要加强,笔者虽然努力运用农业经济学、农村金融学理论对战时西部的农业劳动力、农业生产经营问题、租佃制度、农贷等问题进行分析探讨,但是仍觉得比较粗浅,力度不够。

通过几年的研究,我感觉好像触摸到了 20 世纪 30—40 年代辽阔西部地区农业农村的发展脉搏,朦胧中看到了西部农民既有愚昧落后的一面,又始终坚强向上的形象。由于时间、精力尤其是水平的限制,本研究还只是开端和起步,还有许多不成熟和遗憾之处,期待专家学者给予批评指正,也期待能在今后的研究中加以改进。

张燕萍

2021 年 3 月 20 日于南京